中国改革开放40年｜研究丛书

史正富｜主编

新兴市场经济下企业发展40年

困惑、选择和希望

刘小玄 ◎ 著

格致出版社　上海人民出版社

前　言

当我提笔写这本书时，思绪不禁又回到了 40 年前。40 年前的 1978 年，是我踏入大学的第一年，也是我生命历程的转折点。不过，我当时还未曾明确地意识到，这一年实际上也是中国命运的一个重要转折点。从此之后，我们和祖国一起，共同开始了全新的生命历程，也开始亲历改革大潮带来的风风雨雨。

研究生毕业后，我留在中国社会科学院经济所工作。从 20 世纪 80 年代中后期起，我就参加了经济所刚成立的国有企业改革课题组，课题前后持续了 5 年多的时间。后来，我又参加了世界银行资助的乡镇企业与国有企业比较的课题组，参与了一系列研究课题，大都与企业改革有关。因此，可以说我们一直见证和经历着改革的每一步进程，总是处在企业改革的第一线进行观察和思考。

20 世纪 80 年代中期，国有企业改革是经济所第一批确定的重点研究项目。实际上中国的经济改革就是从国有企业改革入手的，选择这个课题完全是由于当时改革的需要，是要为改革提供理论和实证基础。研究课题完全按照实证研究的规范进行，讨论调查的主题，设计调查问卷，进行实地考察调研，培训调查人员，发放问卷并回收，将问卷数据录入计算机，然后清理数据，计算数据和分析数据，得到统计描述和假设检验的经验数据的结果，最后形成研究报告和学术论文。

这项研究可以说是中国最早进行的经验数据的实证研究，不像当年盛行的教条主义式的研究，而是完全以实践为基础，首先到实践中去进行试调查，发现问题，形成基本逻辑思路，然后在此基础上进行问卷设计，把问卷发放下去，看看反馈，经过几个来回，最后再把确定后的最终问卷通过国家统计局系统发放到企业。我们不仅从这一整个研究过程中受益良多，学到了很多研究路径和方法，掌握了如何用现代经济学做研究的核心思路，更重要的是，通过这一系列的研究，通晓了中国经济发展的脉络，掌握了大量的第一手信息和以往难以得到的第一手数据。在这个过程中，我们带着问题去学习理论，去实地考察，去进行研究，去处理和分析数据，并享受这个过程带来的快乐。

不过，当年的研究团队的成员，下海的，退休的，出国的，改行的，调离的，现在已经所剩无几了。30 多年弹指一挥间，当我再去寻找当年的一些调查材料时，泛黄的纸张，印装简单的小册子和书籍，都似乎在显示着某些历史的沧桑。翻开这些 20 世纪 80 年代企业课题调查的原始材料，一页一页就让人回想起当年的实践经历，一切似乎都变得那么鲜活。当年在企业进行调查访谈的那些细节，大家一起热烈讨论的场面，在计算机房练习操作和编写程序的日日夜夜，也都还历历在目。

这是一个激情似火的年代，人人都抱着一个美好的信念，都抱着对中国未来改革成功的希望和憧憬。大家都在发奋和努力，都在想着怎么为中国的改革出谋划策，或者深沉思考，或者热情洋溢，或者奔走呼喊，或者建言献计，思想的火花在不时地碰撞，思考的轨迹在不时地展现出未来的蓝图。然而，热情不能代替理性，改革更多地需要脚踏实地的研究和思考，需要沉下心来，做一些扎扎实实的工作。那些风靡一时、哗众取宠式的所谓的理论家，都经不起历史的检验，往往如昙花一现，很快被人们淡忘。

回顾 20 世纪 80 年代，那时经济学家们冒着一定的政治风险，小心谨慎地引进商品经济和市场经济概念。然而，检验真理的唯一标准，只有来自实践，来自时间和历史的考验。40 年来，我们证明了市场经济的优越性，再有一个 40 年，或许我们能证明更多。

随着中国改革转轨向纵深发展，形势已经变得越来越复杂，各种利益盘根交织，各种问题牵一发动全身，各种多元化系统性的均衡点的权衡，都不像改革初期那么简单，因而需要更多的智慧和更深入的研究。

中国改革开放的40年，最值得记录的一页就是企业改革。没有这场企业制度的变革，中国的发展就不会有今天的成就。当我们开始进入人均2 000美元的小康时代，我们可曾想过，这些财富来自何处？成千上万的能够创造价值的经济原子——企业的大量涌现，无数充满活力的企业的重生，都是借助谁的力量？仿佛存在着某种"无形之手"，创造出以前从未有过的巨大生产力，使得中国改革开放40年的经济发展，堪称"奇迹"，似乎超过了中国历史上的任何一个鼎盛朝代。我们作为这一时代的亲历者和直接见证人，有责任和义务来记录和重现这一段历史。

本书将尽可能真实地描述改革开放以来，企业所经历的这场革命。它没有刀光剑影，而是被市场经济开放的大潮所不断推动，逐渐或急剧地在发生演变和进化。我们主要关心的是，企业制度的变迁或企业革命究竟是如何发生的，其直接和间接的原因何在？企业变革的历程是怎样的，这种变革又带来了什么结果？我们试图全方位地对这场企业变革的原因、背景、行为、过程以及结果进行详尽描述，忠实地反映中国改革开放历史上值得特别记载的这一页。

我们将在充分翔实可靠的实证数据基础上，借助科学的统计描述和计量分析工具，在现代经济学的理论逻辑基础上，试图提供一个对于这段转轨历史的全面的和有深度的理解，也为后代留下中国曾经经历的重大转折时代的历史轨迹。

本书将按历史发展的线索，结合其内在的理论逻辑，来展开研究。历史的发展不仅是单纯的编年史或大事记，而是充满着制度演变的内在逻辑的必然性。因此，我们将把上述理论框架融合到历史演变的过程中来进行研究，使得40年的改革历史不再是简单的一系列事件的堆砌，而是按照深刻的社会历史的内在发展逻辑来推进的。所以，我们的研究方法基本上是以实证方式来记录历史，同时把历史发展的经验数据和事实的描述与经济科学的理论逻辑融为一体。

本书基本特点之一是按照事件发展的逻辑线索进行梳理，而不是把一个具有发展连续性的事件隔离成一段一段地来描述，以尽可能保持比较完整的事件发展的动态连续性，并在每个重要的发展点上给予充分的论证和说明，展示出历史本身的发展逻辑。不同于分年的编年史或大事记的历史资料的堆砌，我们把这些各年发生的相关事件和相关主体，以一条理论逻辑线从头至尾连接起来，以便能够充分地展示历史发展的完整性和连贯性，以及展示中国转轨历史的内在理论逻辑。

本书的特点之二是尽可能采用数据说话，尽量采用比较全面的数据来反映 40 年的发展历史，并力图通过这些数据来表明或证实企业制度的变迁及其原因，从而把对 40 年的这段历史研究建立在一个较为可靠的实证基础上。此外，当某些全面数据难以得到的时候，采用抽样调查的局部数据来进行统计描述，也能较好地反映一些典型发展特征。采用数据进行统计描述的同时，本书还经常配合各个发展阶段穿插各种案例，以便能够从数据无法反映的角度，对中国企业的发展逻辑进行更深入的探讨。案例研究是任何数据经验研究的必不可少的补充，尤其是在那些面临一些重大转折的时期，正是这些经典的案例，才构成了发展的每个环节和细节，而且许多重要的行为动机及其特征，不靠案例是无法提炼出来的。

采取经济学理论研究经济史不同于一般历史事件的描述，其不仅需要描述历史事件，而且还要着重论史，以史为鉴，总结和挖掘其中蕴含的理论价值和现实意义，以便对之后的发展有所警示、帮助和促进。尤其是要着重论述我们刚刚经历的历史，因为这不像已经久远的历史，而是与我们目前的选择密切相关的。我们今天的发展路径是强烈地依赖于刚刚走过的昨天的路径，趁现在记忆清晰，来梳理和总结这些历史发展的内在理论逻辑，并通过一个个鲜活的案例，来挖掘其中内含的本质，以使我们对下一步的发展路径有更清醒的判断。

以上原因是促使我写这本书的动机之一，我想把曾经考察研究过的这段历史再重新梳理一遍，为中国的转轨历史，尤其是这段 40 年的难能可贵的历史轨迹，留下值得纪念的一页。在漫长的人类历史上，40 年是短短的一瞬间，然而它对于中国来说，这一历史瞬间承载的分量却是沉甸甸的。因为正是从这里开始，我们开启了市场经济的大门，开创了一个全新的时代，历经了企业革命的风雨，并涌现了成千上万的企业家，铸成了中国最早的富裕阶层的雏形，从而奠定了市场经济的微观基础，使中国走上了市场经济之路。

20世纪80年代和90年代时期，国内的实证研究很少，很难找到这方面的文字和数据，多数是一些在理论上的误区澄清和相应政策建议的研究。所幸的是，我们在那个年代还留下了一些实证研究的痕迹。这就为我们现在对40年前期的企业改革的考察提供了较好的基础，使我们能重现那段历史及某些细节。这些素材能在今天被重新审视，进而能够从中发现一些在当时未能觉察到的规律。许多过去的事件现在再来重新梳理，其内在的逻辑似乎变得十分清晰。在看似错综复杂和混乱无序的现象后面，实际上存在着很有规律的理论。古人云，温故而知新。只有善于总结过去，才能发现未来之路。重新思考过去的40年，我感到某种重新发现的快乐。过去的混沌，现在变为清晰，过去的迷惑，现在变得清醒。人生的感悟和万物兴衰发展的真谛，或许就在这样的对历史的重新审视中才能得到。

本书的写作构思基本上是以四大类不同企业为基础展开的，即以国有、民营、股份和外资这四种企业作为企业发展的主要线索，按照年代，逐层逐步地展开。企业分类有很多种，最简单的按照所有制来分类可得到国有与非国有两大类，或者可得到国有、内资民营和外资这三大类。为什么要加上股份公司这一类型？这种类型的企业在理论上与另外三种类型实际上是交叉的，并不是一种独立的企业组织。然而，在实践中，这种形式的企业组织相对于另外三种企业却具有很大的独立性，它具有很大的包容性，也具有某种发展的趋同性，即各类企业，尤其是发展到一定规模的时候，其发展的方向都有着向股份公司演变的趋势。这种特点是中国特定的市场和制度环境决定的，具有某种强烈的转轨经济特征。虽然在股份公司中，我们可以区分出民营股份、国有股份等的不同性质，但在更多的情形下，我们往往难以找出企业的最终所有者，混合多元化的股份制似乎有意无意地在模糊这些界限，似乎在充分利用这些灰色区域，来获得各种体制的优越性，获得各种资源要素的通道，从而实现最大化的效益目标。

因此，股份公司作为一种正处在不断上升趋势、不断扩大其势力范围的新兴企业组织形式，我们不能忽视它的存在。不能忽视它与一般的民营企业或一般的国有企业的区别，而且，这种独特的企业性质正是中国转轨经济的特色，是中国的市场制度环境决定的产物。因此，我们需要将其作为一种独立的形态来加以描述，区别其中的类型，探讨其中的原因，发现其中的问题，找出进一步的发展方向。

我们不仅着重从经济的发展逻辑，关注这些不同类型企业之间的相互关系，以及它们与政府或市场的相互关系，从这些主体企业之间互动的角度来考察这些企业的发展；我们还将其放在一定的历史环境下，即一定的社会、政治和意识形态的环境下，来观察企业是如何演变的，来发现它们演变的路径依赖。

对于企业改革的描述和分析，贯穿这段历史的一条主线是企业的制度环境，即政府与企业的关系，因其决定了企业行为的基本特质。政府是决定企业外部环境的最重要因素，政府作为一个包含多种不同领域或势力范围利益的总体代表，其行为与企业行为的互动，直接决定了经济发展的进程。政府的利益目标在推动经济发展进程时有着积极的作用，但也有着一些消极的作用。政府的积极作用在发展早期比较明显，而在后期，消极作用会越来越大，表现为越来越高的制度成本。如果不加控制，不对政府部门的负面行为进行遏制，那么经济发展带来的大量的效益都可能被这种越来越高的制度成本所吞噬，社会由此也会变得越来越不公平，经济也最终将会受累于这种负担而停滞不前。

另一条主线是企业的市场环境，即企业之间的关系。企业之间的竞争在早期短缺经济时代还不明显，而随着经济日益摆脱短缺，走向买方市场时，这种竞争也越来越激烈。国企与民企之间，外资与内资之间，竞争不断升级，最终导致国企的大量退出，民企与外资占据大部分市场。在这三种力量的博弈中，民企虽然最具竞争力，但受到政府的准入限制和融资歧视，以及来自国企的压力，还是比较弱小。国企虽然竞争力较弱，但其具有强大的融资支持和垄断特许权，这些可以明显地抵消其不利之处。外资则往往有政府的鼎力支持和优惠政策，同时也有一定的技术竞争优势和融资优势，这些都是民企所没有的，其竞争力也是国企的关键欠缺之处，因此外资获得迅速扩张的原因在于，我们对民企的遏制和国企的先天不足，这样的环境对于外资来说真是天时地利。因此，经济的不平衡发展在于政策的偏差，政府的导向是问题的根源。也就是说，企业之间的关系实际上受制于其与政府的关系，由于政府的作用导致了企业的经济地位和经济竞争力，有经济竞争力的民企往往没有地位，有经济地位的国企又往往没有竞争力。这两种类型的内资企业各有自己的软肋，外资则在这两方面都具有优势，因而能够轻而易举地获取大量中国市场。

　　根据企业发展的上述主线，我们把 40 年的发展区间分成几个不同时期，并分别来考察每个阶段的不同特点的变化。区分的企业发展阶段大体上与年代的更替基本一致，即 20 世纪 80 年代、90 年代和 21 世纪以后。虽然从理论上来区分发展阶段需要根据某些标志性事件的出现，这三个阶段的起始或结束年份未必能够十分准确，但也能够从大体上反映出发展的基本特点的阶段性。相对来说，国企发展的阶段性非常明显，因为经常有一些明显的政策出台来标志其变化的开端，从国企的发展波动来看，也存在着明显的周期特征。这样我们就能够将这些政策变化特征及其产生的相应效果，作为划分国企发展阶段的依据。在此基础上，把国企发展区分为三个阶段，虽然每个阶段的时间长短不同，但有了这些发展特征作为标志，基本上能够大致准确地区分出各阶段的本质不同以及原因。

　　民企的发展阶段基本上是按照大环境气候的变化来把握的，因为民企的发展波动往往与政治经济的政策变化周期密切相关。20 世纪 80 年代，民企的政治合法地位经常受到质疑，因而经常被打压和封杀，不要说产权权益得不到保护，就连人身自由和安全都受到威胁，动辄被抓被关被判刑，因此绝大多数民企都是在集体企业或乡镇企业的名义下才能得到发展。20 世纪 90 年代，民企的合法性逐渐被承认，产权得到了明晰化，企业有了较大发展，并取得了一系列的竞争优势。进入 21 世纪，民企的政治地位得到完全承认，宪法规定保护民企的经济权益。不过，民企实际面临的制度环境还是非常糟糕。总之，根据它们发展所面临的制度环境的变化以及相应的重大事件来区分不同阶段，是区分民企发展阶段的基本方式。

　　外资企业的发展阶段更加模糊，大的政策变化基本没有，发展基本上是比较稳定的，较少出现大的起伏，因而似乎无法找到发展阶段性的依据。我们大体上是依据基本的年代顺序，依据外资企业的发展速度和一些重大事件或案例，来大致区分其发展的不同阶段的。从这些不同年代的发展速度上的差异，从各年代出现的一些案例，来考察外资企业在每个阶段发展的不同典型特征，以及其背后的原因。

　　总之，根据这些不同企业的动态发展特征，来对其进行连续的分析，可以发现决定其变化的一些重要原因。这样的按照时间序列的分析，能够提供完整的企业发展线索，进而清晰地把握各类型企业从出现到成长、壮大的发展史，企业制度的演变史和历经艰辛的创业奋斗史。

因此，这本书的框架就是这样形成的：以中国改革开放的大历史环境为背景，以四种类型的企业为主体，按照它们的发展时间的顺序，以它们面临的外部环境的变化为主线，追溯企业在制度或市场环境下的互动行为及其演化过程，发现其中推动制度变迁的原因，发现这种变迁的主要推动者。全书基本上是围绕着40年的大历史发展线索来展开的，因此主要着眼于大的框架布局和重大事件，并为此提供相应的实证描述和理论解释。

把40年的企业制度革命放在大历史的过程中来考察有极其重要的意义。中国历史的演变一直是在某种往复循环的圈子里难以摆脱，一直未找到一种能够长期持续有效的发展路径和支撑这种发展的制度，少则几十年，多则几百年，一个又一个的轮回，每次都会又回到发展的起点，一切都要从头来起。新的生产力的萌芽，在这些轮回中，也总是不断地被扼杀，无法成长为参天大树。集权的计划经济既无法从根本上改变传统的封闭的农业经济基础，也无法形成能够使社会福利最大化目标实现的有效率的经济持续发展的路径。如今，40年的时间，我们是否可能完成这个历史性的逆转，突破两千多年来难以摆脱的怪圈？

现在来看，我们还无法乐观。市场经济的确带来了很大的优越性，带来了财富的增长、百姓的富裕，但同时也带来了寻租腐败、社会不公和贫富两极分化。问题出在哪里？是往回走，重新诉诸改革之前的计划经济发展思路，依靠国家和政府，集中力量干大事，发展国有经济，还是继续向前推进深化改革，更多依靠全面的市场化，依靠激发千百万民众的内在潜力？对这样的问题有必要澄清混乱，取得共识，否则我们就无法选择未来的发展之路。

为什么继续推动市场化改革能够解决现在面临的腐败不公问题？需要明确的是，那些腐败寻租的问题固然与市场经济有关，但更多的是与垄断权力相关。市场经济的天然本性是破除等级公平竞争，而传统的"命令经济"则需要依靠等级制来维系，本质上是一种权力配置资源，即按照权力大小来实行激励约束的机制。实际上大量的腐败正是来源于权力，如果一种权力既不受市场约束，也不受公众约束，那么腐败是必然的。只有破除垄断，破除权力对经济的不当干预，腐败才会无空可钻，无路可走；只有依靠市场公平竞争，而非依靠权力来行贿受贿，按照能力和努力获得市场回报，才会实现社会公平。在这样的形势下，如果想回归到过去的"命令经济"，哪怕只是小部分回归，那也会更加强化权力对经济的干预，垄断权力会更加有恃无恐，寻租腐败也会更加恶化。

因此，我们只能向前走，只能更进一步完善现有的市场经济，更多地放开要素市场，推进资本市场、人力资源市场、土地市场等的放开，尽可能地缩小和明确权力的边界，使之主要局限在公共利益的部门。经济上的事，政府只能从企业外部进行公共监管。行政干预实属大忌，与政府对自身市场经济的定位完全相悖。

中国改革开放的40年，是国有企业经历转轨过程的40年，即从计划向市场的转轨经历；是民营企业大发展的40年，尤其是伴随着新经济而来的民企全面升级扩张的经历。这两种企业的发展经历构成了40年的中国经济主旋律，经济崛起的内在力量主要就是来源于此。这两大类型的企业实际上也构成了中国的新兴市场经济的主体。尽管在这个发展历程中，它们面临着种种困惑，面临着如何选择的难题，尽管现有的企业制度还存在许多问题，还存在着走回头路的危险，外部环境还有着种种弊端，但是，只要敢于突破现有的封闭僵化的壁垒，希望就在前方。

如果要用一句简单的话来概括40年来企业改革发展的本质，我认为是：企业家基于自由的创新。可以说，没有放开的政策，没有民众的自由，就不会有新兴市场经济的形成，也不会有千千万万个新兴企业的出现。同样，没有企业家的创新自由，也就没有市场竞争的形成和企业制度的创新。因此，对政府来说是放开，对民众来说是自由，对企业家来说是创新，这些因素共同构成了40年企业改革发展的本质。

最后，谨以此书献给40年来所有为实现中国改革开放和经济转轨的推动者，包括成千上万的企业家或创业者，包括无数为中国经济改革牺牲了自己利益的改革先驱者或芸芸众生，也包括那些为了改革而呐喊，为了奠定中国的市场经济和法制基础而殚精竭虑的一代知识分子，以及那些高瞻远瞩、不畏风险的各级政府的改革决策者。

目　录

第1章 企业 40 年的总体发展：市场化进程和所有制变化特征

1976 年"四人帮"的下台，标志着"文革"的结束。"文化大革命"把中国推到了"左"的极端，全国上上下下不满，强烈要求改变现状，加上国门的打开，大家普遍感受到实行市场经济的必要性，对计划体制和国有制经济开始反思。上层领导及学者对过去的以意识形态来指导经济发展路径开始反思，民众迫切要求摆脱贫困，提高生活水平。这些都表明了中国的各阶层普遍要求改变现状的强烈愿望，由此形成了当时诉诸改革开放的根本动机。

改革开放始于 1978 年，当年的标志性事件是党的十一届三中全会的召开和安徽小岗村的家庭联产承包责任制的实行。同年恢复了全国统一的高考招生，中美正式建立了外交关系。从最高决策者的思想解放，到最基层的农民要求获得自身权益的觉醒意识，从那个时代开始进行培养人才的准备，到打开通向发达市场经济世界的国门，这一切都预示着，从此中国义无反顾地走向了一个全新的时代。

为了实现雄心勃勃的发展中国现代化建设的蓝图，习惯了计划经济的政府有关领导曾经策划过一个庞大的 10 年引资计划，计划引进 600 亿美元的外资，包括 120 个大型项目等，如矿山、钢铁和石油化工设备等等。其中，钢铁产量需要翻一番多，计划在 1985 年达到 6 000 万吨。据估计，这些钢铁的计划指标必须花费 400 亿美元的外汇才能实现，而 1978 年中国的全部出口所得只有 97.5 亿美元。[1]由于这些目标大大超过了中国的实际支付能力，决策层不得不大幅度降低目标，取消或推迟了许多已经与外国签订的合同。不过，尽管如此，在 1978 年底，中国仍旧签订了 78 亿美元的外资引进协议。[2]从 1978 年最早引进宝钢的生产线，到 20 世纪 80 年代各地区都大量引进各种国外设备和技术，"引进"成为这个阶段工业企业发展的主旋律之一。

不过，单纯靠引进来使中国富强是不可能的，无论从硬件来看，还是从软件来看，中国与发达国家还存在着巨大的差距，要想富强还是要靠自己的内在力量。中国的企业如果还像过去那样低效率、官僚化、不求进取、吃大锅饭，那就根本无法承担这个重任。因此，通过企业制度的改革，激发个人的主动性和积极性，创造出新的财富和价值源泉，则成为当时最为必要和迫切的任务之一。

1.1　市场化：自由进入和企业数目迅速增长

市场化的一个最根本的特点在于，个人具有进入市场的自由。过去看来是不可思议甚至天方夜谭的个人办企业行为，在市场化政策下，都成为了可能。过去有谁想到过自己去办企业？那是政府的事情，个人绝无这种自由，既不会得到批准，也没有相应的资源，即使在十分有限的条件下搞起来，也更是会受到种种歧视和封杀，动辄受到批判，甚至坐牢。然而，在市场化的导向下，创业是光荣的，是成功的必由之路，是无数人愿意通过这条道路取得成功的方向。因此，我们衡量进入市场自由度的一个基本标志，就是看企业数目的增加。企业数目的大量增长，往往标志市场自由放开程度的增长。

改革开放的初始时期，伴随着市场的放开，大量的个人创业者涌现出来，他们纷纷创办个体企业，形成改革开放以来最早的一大批私营企

---

[1]　参阅麦克法夸尔、费正清：《剑桥中华人民共和国史（1966—1982）》，中国社会科学出版社 1992 年版，第 519—520 页。

[2]　参阅吴晓波：《激荡三十年》，中信出版社、浙江人民出版社 2007 年版，第 21 页。

业。在这段时期，我们可以看到，无数默默无闻的小人物都成了创业者，他们白手起家，依靠对市场需求机会的把握，凭借摆脱贫困的渴望和希望，办起了自己的简陋企业、窝棚作坊，并在这个基础上，逐渐发展壮大自己的企业。这是中国的第一代个体企业，也是后来无数私营企业的先驱者。

根据全国工商总局对个体工商户的统计，1981 年的全国所有个体企业的初始数目是 182 万多家，此后每年都有上百万家企业的增长。尤其在 1983—1985 年期间，出现了一个小高峰，每年增长 200 多万家个体企业。1989 年出现了一个低谷，企业数量一下子锐减 200 多万家。此后，又开始逐渐上升，至 1992 年又开始出现了另一个高峰增长期。直至 1999 年，每年都以约 100 万—400 多万的数量在增长。从 2000 年开始，个体企业数出现了负增长，至 2006 年企业数为 2 595 多万家，低于 1999 年最高峰时的 3 160 多万家企业的水平。经过了一段时期徘徊不前的发展后，个体企业又开始了新一轮的增长，2010 年之后增长不断加速，不仅超过了历史最好水平，而且还达到了新的高度，2015 年企业总数为 5 407 多万，超过 2006 年近 3 000 万家，也就是说不到 10 年企业数就翻了一倍之多。图 1.1 提供了 40 年来个体企业不断增长的发展趋势。

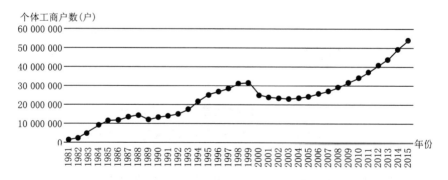

图 1.1　个体企业增长轨迹（1981—2015 年）

资料来源：国家工商行政管理总局：《工商行政管理统计汇编》历年。具体数据参见本章附表 1。

乡镇企业的异军突起是始料未及的，这是市场化闸门打开的结果，是千千万万农民在当时的制度环境下所寻求的一种能被社会主流所认同或接受的一种企业组织形式。20 世纪 80 年代中期是乡镇企业高速增长的黄金时代，从初始的 1978 年的 152 万户，猛增至 1988 年的 1 888 万多户。1989 年的经济低谷对乡镇企业的影响似乎并不太大，紧接着在 1992 年乡镇企业又开始了新的增长，直至 1993 年达到顶峰，达到 2 453 万户。此后，乡镇企业就再也没有超过这个峰值，仅保持着某种低速的缓慢增长态势。乡镇企业实际上是一个模糊概念，它由农村集体和私营企业所组成，随着私营企业合法化地位的加强和越来越强势的发展，乡镇企业这个概念也越来越淡出人们的视野，它已经成为一个曾经辉煌过的历史，在其到达顶峰之后，便逐步走向衰落。绝大多数较早的乡镇企业现在都已不在乡村，而是进入城市，融入工业化之中，而那些留在乡村的企业则主要从事农业或以农产品加工业为依托。因此，现在已经很难找到与原定义统计口径相一致的乡镇企业的统计数据（见图 1.2）。

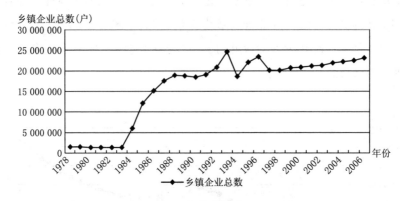

图 1.2　乡镇企业增长轨迹（1978—2006 年）

资料来源：《中国乡镇企业年鉴》历年。具体数据参见本章附表 1。

虽然个体企业的数据早就有所统计，但私营企业的统计数字直至 1989 年才开始在国家工商局提供的年鉴中出现，此前根本就没有这个统计栏目。在国家统计局的数据中，最早是在 1995 年的工业普查数据中，才出现了私营企业的统计范畴。在国家统计局每年发布的年鉴中，最早的关于私营企业的统计数字也只能追溯到 1999 年。这表明，私营企业获得政府的某种正式认可，经过了相当漫长的阶段。

私营企业实际上是在个体企业的基础上发展壮大而形成的。私营企业能够得到比较正式的承认大约是在 1992 年之后，在此之前绝大多数的私营企业都不得不戴着乡镇企业或集体企业的"红帽子"，只是在外部大环境放宽之后的 1992 年，私营企业才获得了迅速的发展。从 1989 年的 9 万余户，到现在的 2 000 多万户，增加了 200 多倍。这个期间大体分三个阶段：第一阶段，增长较为缓慢，每年大约递增十几万户；第二阶段，开始增速，每年增加几十万户；第三阶段，尤其是 2009 年之后的若干年，又开始了新的加速度，私营企业每年以 100 万—300 万的数量增长（见图 1.3）。如果不考虑几千万家个体企业的话，私营企业则可以成为中国经济中数量最大的企业群体。

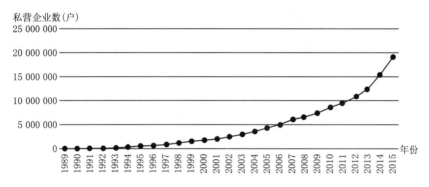

图 1.3　私营企业增长轨迹（1989—2015 年）

资料来源：《工商行政管理统计汇编》历年。具体数据参见本章附表 1。

股份公司是 20 世纪 90 年代后半期至今最活跃的企业组织，从有股份公司的统计数据的 1995 年以来，这类公司迅速增长，并成为中国企业的中坚力量。其中，股份合作企业是许多国有和集体中小企业改制的首选。根据国家工商行政管理总局的统计资料，股份合作企业自 1995 年以来获得迅速发展，从近 14 万户，至 2002 年达到近 25 万户，不过，此后就开始出现下降趋势，直至 2012 年下降到 13 万多户，又回到了初始阶段的水平。由此可见，股份合作企业的数量变化趋势在整个时期呈现出倒 U 形的轨迹（见图 1.4）。

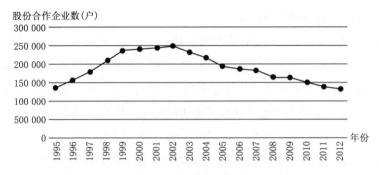

图 1.4 股份合作企业增长轨迹（1995—2012 年）

注：2012 年之后，相关统计资料已经不提供股份合作企业的数据。

资料来源：《工商行政管理统计汇编》历年。具体数据参见本章附表 1。

然而，股份有限责任公司则一直在不断地增长，其增长速度远远超过了其他形式的股份企业。有限责任公司具有很大的包容性，各种改制企业，包括原股份合作企业以及新创立的私营公司，都乐意选择这种有限责任公司。因此，有限责任公司在短短的 12 年内，很快就从初始时期（1995 年）的 17 多万户，增长至 2016 年的 1 400 多万户。

不过，由于统计口径的问题，有限责任公司的统计数据经常比较混乱，即使是国家统计局和国家工商总局的数据，也往往很不统一，相差甚大。因此我们选取统计局的近年数据，从中能够看到两种股份公司的大致发展趋势。从图 1.5 可见，在两类股份公司中，有限责任公司的发展明显快于股份有限公司。

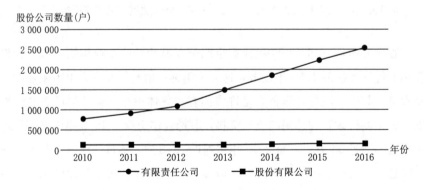

图 1.5 股份公司增长轨迹（2010—2016 年）

资料来源：《中国统计年鉴》历年。

改革开放初始的 1980 年，外资企业在中国仅有 7 家，第二年即达到 82 家，此后每年都成倍增长，10 年期间，从几家发展到几万家。然而真正的高速发展是在 1991 年之后，1992 年的外资数目猛增至 8 万多家，比上年净增近 5 万家，1993 年则在 1992 年的基础上翻了一倍，达到 16 万多家。此后 10 年，外资企业数从 20 多万增至 30 多万，保持平均每年增长 1 万家的平稳增速。然而从 2004 年开始的 10 年，外资企业又进入了新一轮快速增长，至 2015 年，总计达到 48 万多家。近来 10 年，增长了近 20 万家，平均每年增长 2 万家。

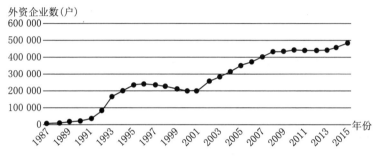

图 1.6　外资企业数量增长轨迹（1980—2015 年）

资料来源：《工商行政管理统计汇编》历年。具体数据参见本章附录附表 1。

然而，与上述企业都在迅速增长的发展趋势不同的是，国有与集体企业则表现为下降的发展趋势。国有企业在 20 世纪 80 年代中期从 90 万家左右，逐步增长，到 1995 年达到最高峰，为 221 多万家。此后，国有企业就开始不断缩减其数量，至 2015 年，全国的国企数目约为 32 万多户，下降趋势十分明显，20 年间平均每年减少约 10 万户（见图 1.7）。不过，这些企业仍然掌握着中国的经济命脉，是支撑中国经济发展的重要组成部分。

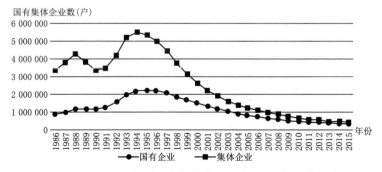

图 1.7　国有和集体企业数目的变化轨迹（1986—2015 年）

资料来源：《工商行政管理统计汇编》历年。具体数据参见本章附表 1。

综合以上几种类型的企业发展趋势可以看到，在 1994—1995 年前，所有的企业都大致保持着增长的趋势，不论是国有企业和集体企业，还是私营企业与乡镇企业或者外资企业。由于计划经济带来的市场需求的饥渴和供应的不足，所有的企业都能够在这段改革初始时期分享到市场改革带来的蛋糕增大的好处。

然而，1994—1995 年之后，国企和集体企业出现了明显的下降趋势，而个体企业、私企、外企等企业仍然保持着高速增长势头，同时，1994—1995 年之后股份企业开始大量出现，其增长速度也令人瞩目。这些都表明，在 1994—1995 年之后的发展阶段中，市场不再是大量的供不应求的卖方市场，市场竞争真正开始出现了，这时就不再会有各类企业的共同增长，而是有进有退、优胜劣汰了，这也是市场化发展的必然结果。市场竞争让企业不得不进行重新选择，那些最能够给企业带来活力和竞争力的企业制度和企业组织，便成为多数企业的最优选择。

通过这个较长时期的企业数量变化的分析，我们能够看到企业是如何在市场竞争的过程中进行选择的。这个选择过程伴随着那些不适应于市场竞争的国企和集体企业的大量退出，或者关闭破产，或者重组转变为股份企业，或者实行民营化的结果。总之，市场化打破了单一类型企业一统天下的局面，各类企业的自由进出和大量个体创业，不同所有制的多元化，这些都导致市场竞争愈益激烈，导致国企与集体企业进行重组改制，以便适应市场竞争的要求。这是 40 年来，中国经济发生的最重要的变革，也是中国经济走向开放自由的最重要的标志之一。

1.2 市场化导致所有制结构的演变

市场放开一方面导致大量的自发创业的企业涌现，另一方面也导致原有计划体制下的国有制企业单一化的格局发生了根本变化。各种各样的多元化的企业所有制出现，从最基层的个体户和私营企业，到基层农村的乡镇企业，从小型的股份合作制企业，到大规模的股份有限公司或上市公司，从街道居委会层次上的新办企业，到中央一级的大型企业，从而使得中国经济的所有制结构发生了重大变化。

在企业进行登记注册时，我们可以见到共有 23 种形式的企业所有制类型，即国有、集体、股份合作、各类联营企业、国有独资公司、有限责任公司、股份有限公司、私营独资与合伙、私营股份、港澳台合作合资或独资、外商合作合资或独资等，这些多种形式的所有制类型便构成了中国经济的基本单位的多元化基础，也是市场放开政策下经济主体进行自由选择的结果。

尽管存在多种形式或类型，但是总的概括起来，这些不同的组织形式可以归结为三大所有制特征的企业分类，即国有、民营和外资。具体来说，国有范畴包括传统国有企业、国有独资公司和国有控股公司，外商或港澳台投资企业包括外商或港澳台投资占 25％ 以上的企业，除了国有范畴和外商范畴之外的就是内资民营企业的范畴。根据这样的分类范畴，我们可以比较这三大类企业的发展趋势。由于统计口径在 1998 年之后有所变化，为了统一标准，我们分成两个阶段来考察。第一阶段是 1978—1997年，计算产值比重的分母是全部工业企业的总产值（见图 1.8）；第二阶段是 1998—2016 年，计算产值比重的分母为全部规模以上的工业企业（见图 1.9）。

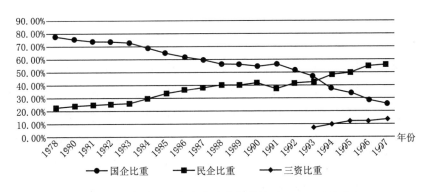

图 1.8　三大类企业产值比重变化趋势（1978—1997 年）

注：国企是按注册类型的口径，外企为 25％ 以上外资和港澳台投资，其余的为民企。

资料来源：《中国统计摘要》（1995 年、1998 年、1999 年）；《中国统计年鉴》相关各年。具体数据参见本章附表 2。

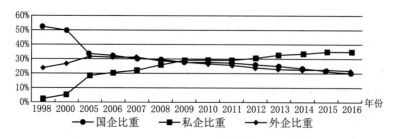

图 1.9　三大类企业产值比重的发展变化（1998—2016 年）

注：近 10 年来中国统计年鉴一般不公布企业产值指标，故采用最为近似的主营业务收入替代企业产值，来测定比重。为保持可比性，本表依据《中国统计年鉴》近 20 年来的三类企业数据（统计口径与图 1.8 有所不同），国企指国有及国控股企业，私企定义不包括集体企业和其他混合类企业，外企定义不变。

资料来源：《中国统计年鉴》（2017 年）。具体数据参见本章附表 3。

从企业的所有制结构来看，粗略地可分为三大板块的所有制结构。最为引人注目的是国企，随着改革开放，其比重从 80％急剧下降到 1995 年的 30％甚至更低。经过统计口径的调整，国企重新定义为国有控股企业，其比重有所上升，但是其趋势也在逐步下降，从 1998 年的 50％，下降至 2016 年的 20％。外商或港澳台投资企业大量进入中国是在 1992 年之后，此后就开始了迅速的增长，至 2005 年，外商或港澳台投资企业已经达到了与国有企业几乎不相上下的水平。发展至 2016 年，外企的比重达到 21％，还略微超过国企 20％的比重。民营企业的发展更是相当迅速，从 1994 年开始就超过了国有企业的份额，虽然经过 1998 年统计局的数据调整，大量规模以下的小企业不再计算在内，民企的比重出现明显下降，然而，经过几年的发展，即使是按规模以上的统计口径，民企也获得了迅速的增长，到 2009 年就又超过了国企的比重，在全部工业企业的总产值中占有 35％的最大份额。由此可见，中国经济的高速增长与民营企业和外商投资企业的迅速发展是分不开的，而民营企业和外资企业能够进入市场，也是与中国实行了改革转轨中的市场自由放开的政策密不可分的。

以上是从三大所有制板块来看的工业部门的所有制结构及其发展趋势，从更具体的注册类型来看，这些企业所有制结构的变迁是怎样的呢？以下我们进行几个时间段的比较，即 1980—2015 年期间，每隔五年作为比较的时点。由于缺乏发展前期的统计数据，我们只能得到完整连续的国有和集体企业的数据，而其他类型的企业数据则是不连续和不完整的，但可以看到它们的大致发展趋势。

可以看到，多种类型的所有制形式为创业者提供了充分的自由选择，在 40 年的长期发展过程中，这种自发的选择逐渐趋于向股份化和民营化的方向发展，而纯粹的国有企业在这个制度演变过程中从 1980 年的大约 76％的比重，逐渐减少至约 8％的比重；集体企业也趋于萎缩，从过去鼎盛时期的 36％下降到仅有 0.6％的比重。股份制企业的出现似乎是异军突起，1995 年尚未有这方面的统计数据，而到 20 年之后的 2015 年，其比重居然占全部规模以上企业的 1/3，上升速度之快是惊人的。私营企业的增加速度也很快，其在早期几乎完全空白，即使是个体企业也仅为 0.2％（1980 年）。私营企业发展的快速时期是从 2000 年开始，短短十几年从 6％的比重迅速上升到现在的 35％，比重甚至超过股份企业。三资企业的增长也相当快，在 1980 年时外资企业仅有 0.1％，其发展的顶峰时期是在 2006 年，达到 31％之多，然而，此后便开始逐步下降，到现在只有 22％。虽然外资的绝对投资数额仍在持续增长，但是其相对比重却在下降，这表明其他所有制企业发展得更快。

表 1.1　各种注册类型工业企业相对比重（总产值）的发展变化（1980—2015 年）

	1980 年	1985 年	1990 年	1995 年	2000 年	2006 年	2010 年	2015 年
国有企业	0.759 7	0.648 6	0.546 1	0.339 7	0.290 6	0.148 7	0.121 7	0.082 8
集体企业	0.238 9	0.320 8	0.356 2	0.365 9	0.141 9	0.029 6	0.015 2	0.006 1
股份企业					0.279 1	0.290 2	0.281 3	0.338 9
港澳台资企业					0.123 4	0.106 6	0.093 6	0.087 3
外商投资企业	0.000 1	0.003 8		0.128 7	0.150 5	0.209 5	0.178 3	0.134 0
私营企业					0.060 9	0.212 4	0.305 4	0.348 1

注：（1）1995 年的三资企业数据来源于《中华人民共和国 1995 年第三次工业普查资料摘要》，第 3 页；1980 年和 1985 年的外资企业数据包括港澳台资企业，来源于《中华人民共和国 1985 年工业普查资料》简要本，第 36、34 页。

（2）1990 年的三资企业数据没有单列。

（3）2000 年之前没有股份公司的统计数据，也没有私营企业的统计数据。

（4）计算本表的比重所采用的分母有统计口径的变化，2000 年以前的统计口径是全部工业企业，2000 年开始则为规模以上的全部工业企业。

（5）1995 年前（含 1995 年）的外商投资企业项目中包含港澳台资企业。

（6）股份企业中包含了国有控股企业和私营控股企业等所有股份企业，国有企业范畴则包括传统国有、国有独资和国有联营企业。

（7）2005 年的相关数据没有在《中国统计年鉴》中公布，故以 2006 年的数据代替。

资料来源：《中国工业交通能源 50 年统计资料汇编（1949—1999）》，中国统计出版社 2000 年版；《中华人民共和国 1985 年工业普查资料》简要本，中国统计出版社 1987 年版；《中国统计年鉴》历年。

由此可见，改革最先导的政策就是市场化，从企业的角度来看，市场的自由进入直接表现为企业所有制结构的变化。大量新生的民营企业进入市场和各个产业领域，国外资本的进入和外资企业的出现，都标志着中国企业进入了一个多元化的时代，也标志着中国的市场机制将通过这些企业之间的竞争开始发挥更大的积极作用。

1.3 企业改革 40 年来产值、效益和效率的变化及原因

1.3.1 产值增长趋势及其原因

中国的经济增长被认为是一个经济奇迹，其中工业企业的增长对促进经济具有不可忽视的重要作用。图 1.10 表明，按可比价格计算，工业产值在 40 年内增加了 50 多倍。

从图 1.10 可见，中国的工业生产的增长在 1992 年之后出现了明显加速。以 1992 年为基本分界，改革前半期的 14 年，工业产值大约增长了 4 倍多，而在改革的中期的 10 年，至 2002 年，工业产值增长了 10 多倍，开始提速。最近的 14 年，即 2002—2016 年，工业产值相对 1978 年则增长了 50 多倍，表明这一时期的增长明显的加速递增。

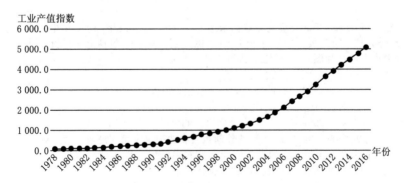

图 1.10 工业企业 GDP 增长趋势图（1978—2016 年）

注：可比指数，1978 年为 100。

资料来源：《中国统计年鉴》（2017 年）。具体数据参见本章附表 4。

那么，中国经济增长的源泉在哪里？

为了更好地理解改革开放 40 年的企业发展史，我们有必要对改革开放之前的那段历史做一个简单回顾。考察 1949—1978 年的企业发展历史，我们可以看到在工业领域，国有与非国有企业的发展轨迹。从 1949 年来看，工业领域中大约 70%—80% 的企业都是非国有企业，经过公私合营等社会主义改造，至 1958 年，国有企业的比重上升到约 90%。从非国有主导地位转变为国有主导地位的这一过程，前后约持续了不到 10 年的时间，我们就以大规模的疾风暴雨般的运动完成了所有制的根本转变。从图 1.11 中可以看到这个国有化的过程，曲线的正常持续在 1957—1958 年那段时期被忽然打断，表明现实中企业以一种突变的方式完成了国有化的转变。

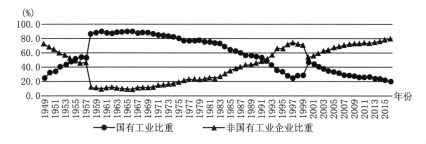

图 1.11　1949—2016 年国有与非国有工业企业的产值比重

注：（1）1998 年以后国有企业为国有及国有控股工业企业。图中曲线的异常表现是由于 2000 年统计口径的变化，此前比重计算中的分母为全部工业总产值，此后分母为全部国有及规模以上非国有企业工业总产值。规模以上非国有企业为年主营业务收入在 500 万元以上的企业。

（2）数据覆盖时期为 1949—2016 年，但软件做图时由于横轴采取按单数年份标识，因此未列出双数年份。

资料来源：《中国统计年鉴》历年。

从 1958 年至 1978 年约 20 年间，虽然仍有少量的非国有企业的存在，但是那些都还是集体企业。中国经济在单一的公有制下缓慢地发展，人们曾经忍受饥荒，节衣缩食，艰苦奋斗，为的就是能够实现理想的目标。然而，无休止的政治运动和阶级斗争，使这个目标似乎越来越远离我们，而贫穷和落后却像摆脱不掉的阴影始终伴随。直到改革开放，人们才骤然发现，我们的体制有问题，只有改革才是唯一出路。

　　1978 年是改革的元年，正是从这一年开始，中国开始发生巨大的转变。从图 1.11 可以看到，从 1978 年开始，国有企业的比重不断下降，非国有企业的比重不断上升，在 1992 年间，非国有的比重开始超过了国有的比重。此后，非国有企业不断发展壮大，其比重持续上升，直至 2016 年，工业领域的非国有企业的比重大约达到 80％。与 1957—1958 年间的激进国有化过程不同的是，非国有化基本上是以一种渐进的方式在发展，曲线一直在以一种自然的方式延伸，只是由于统计口径的变化，才导致了 2000 年的某种断裂式的变化。

　　实际上，2000 年之后，工业领域的非国有比重比图中显示的比重更高，由于 2000 年开始，国家统计局改变了统计口径，不再公布全部企业的工业产值，而只公布规模以上企业的总产值，这就排除了大量小企业，而大量的小企业恰恰是非国有企业的主体，因而明显降低了非国有企业在总量中的比重。所以，表现在图中，从 2000 年开始，国有比重忽然有了较大幅度提高，接近并略低于非国有企业的比重，这是调整统计口径的明显结果。如果仍然保持原先的统计口径，不会有如此明显的变化。然而，即使调整了统计口径，从规模以上企业的发展趋势来看，国有企业比重仍在不断下降，而非国有比重仍在持续上升。这样的发展趋势仅仅经过了一个小小的曲折，便又按照持续自发的力量向前发展了。

　　与 1955—1958 年间的激进的国有化比较，民营企业的发展过程持续了较长的时期，从 1978 年至 2016 年，经过大约 40 年基本上实现了占 70％—80％的地位。这是一个缓慢的自发的渐进过程，不是依靠国家直接的运动式的推动，而是在国家放开市场的大政策下，依靠民营企业自身的强大生命力，在不断受到种种遏制的环境下发展起来的。这 40 年的发展与 1958—1978 年的 20 年发展相比较，远远超过了上一个 20 年。生产率的迅速提高，中国奇迹的出现，人民生活水平的极大提高，都是伴随着这个重大的制度变化而来的，这种鲜明对照十分清楚地表明了中国增长的根本来源。可以说，没有改革开放，没有市场化和民营企业，就没有今天的中国增长奇迹。

1.3.2　利润增长及其原因

　　经济的发展，不仅仅体现在企业产出的迅速增长，还必然体现在企业效益的增长。因此，利润的增长往往是反映社会财富增长的基本标志。图 1.12 提供了改革前期的 20 年的企业利润变化趋势。可以看到，在前 20 年期间，国有企业的利润只是在 1978—1988 年期间有稳定的缓慢增长，而后来的 10 年则表现为大起大落。1994 年以前，全部企业的利润波动幅度与国企利润的波动幅度较为相似，这很可能反映了整体经济波动的变化。但 1994 年以后，国企出现大幅度的利润下降，全部企业的利润增长幅度明显地高于国企。很显然，在这个阶段，几种不同所有制企业的竞争激烈，导致国企在竞争中大面积失利，而其他企业则仍然能保持效益不变或上升，这表明经济中显然存在着不同于国企的其他增长来源，在国企逐渐衰落的过程中，正是这些民间企业推动着中国经济的发展，创造出新的价值源泉，确保了中国经济的持续稳定发展。

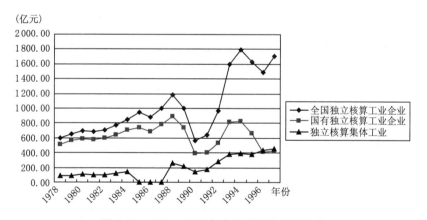

图 1.12　1978—1997 年企业利润的增长趋势

资料来源：《中国统计年鉴》历年。

　　1998 年以来的数据由于统计口径有所变化，与 1998 年之前的数据缺乏可比性。因此，我们根据国家统计局的新分类，即以国有控股，私营和外资这三类企业为基础，来进行比较。图 1.13 提供了这三种类型企业的利润变化趋势。

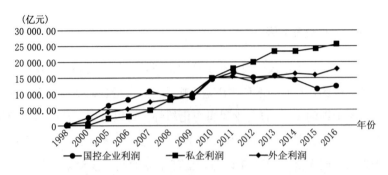

图 1.13 1998—2016 年三种类型企业的利润增长趋势

资料来源：《中国统计年鉴》（2017 年）。

1998 年以后，利润增长的态势与此前阶段有着明显不同，所有的企业利润走势都表现为上升势态。2009 年之后，私营企业利润增长幅度明显高于其他企业；外资企业的利润增长慢于私企，但略高于国企。国企的利润增长最慢。

导致 1998 年以后经济快速增长和效益持续上升的原因在于，政府推出的住房商品化改革方案从 1998 年以后开始全面启动。全国各城市先后推出了出售已分配的公有住宅的改革方案，同时也对最后一批待分配住房实行了半市场化、半分配的方案。经过各种复杂的折算和付出一笔在当时还不算少的现金，几乎每个城市的家庭在短时间内就成为了自己住房的业主，住房成为每个业主的第一笔不动产。从此以后，大量的住宅开始有了市场的身份，获得了进入市场交易的通行证。

大量住房存量的商品化很快就带动了住房增量市场的人气，使过去萎靡不振的住房市场逐渐变得炙手可热。人们的第一笔不动产尽管在起初阶段还不那么值钱，但是只要在此基础上稍增加一点投资，就能明显改善居住质量，因此，存量住房商品化推动了增量市场滚雪球式的发展，并有效推动了所有房屋的增值，不管是存量还是增量。

住房商品化的深刻意义在于，它带来的是整个市场的复兴，使过去沉睡多年的土地的潜在价值一下子被释放了出来，使人们的消费需求提高了很大一个档次。单纯有需求还不会形成价值，就像过去住房紧缺，通过单位分配而不通过市场，就没法给住房定价。只有把需求通过市场进行诉求，才会产生价值。因此，住房商品化是推动住房市场化的根本前提，而住房的市场化引致的大量的市场新需求又带动了整个国民经济的增长。

因此，1998年以来，由住房市场化刺激而形成的经济高涨，也推动了企业效益的提升。在此期间，似乎所有的企业都因为市场蛋糕的做大而受益，与1998年以前的情形不同，表现为各种类型企业都出现利润上升的普遍趋势。从图1.13可见，私营企业一直保持利润持续上升势头，外资企业则在2011年之后保持利润稳定略有微增长的趋势，而国企则在2011年后出现利润持续下降趋势。这表明，即使有短期需求刺激造成的波动，经济也总归会恢复稳定，这就是存在着某种长期稳定的效益常态。

1.3.3　效率变化及其原因

改革开放更重要的成果是，企业的效率取得了较快的增长。按照经济学上的效率的含义，全要素生产率（简称 TFP）是测定效率的常用的经典指标，它反映了企业将投入要素转化为产出过程的效率，它比单要素生产率，例如劳动生产率或资金产出率指标，能更加全面准确地反映出企业的综合效率。从一般意义上来讲，通常的投入要素（例如投入原材料、资本和劳动）所产生的价值仅仅是某种投资价值的形式转化，而全要素生产率才是创造新价值的源泉。正是得益于这样较长时期迅速增长的全要素生产率，中国的企业创造出了极大的财富源泉，为中国经济的增长奇迹奠定了坚实的基础。

根据陈宽等人采用生产函数的计量经济模型的测算[1]，工业企业的全要素生产率从1957年至1978年，年均增长率仅为0.4%，几乎是停滞不前，而从1978年开始到1985年，全要素生产率出现了向上的转折，年均生产率增长为4.8%。

根据郑玉歆等人的类似测算（见表1.2），从1980年至1990年间，全要素生产率一直保持增长势态。

---

[1] 陈宽、谢千里、罗斯基、王宏昌、郑玉歆：《中国国营工业生产率之变动（1953—1985）》等，载郑玉歆、罗斯基主编：《体制转换中的中国工业生产率》，社会科学文献出版社1993年版。

表 1.2 工业全要素生产率年均增长率（％）

	1980—1984 年	1984—1988 年	1988—1990 年	1980—1990 年
国营企业	1.80	3.01	2.55	2.44
集体企业	3.45	5.86	8.58	5.42
整　　体	2.16	3.87	4.66	3.48

注：该项计算的统计口径是乡以上独立核算工业企业。

资料来源：郑玉歆、罗斯基主编：《体制转换中的中国工业生产率》，社会科学文献出版社 1993 年版，第 315 页。

在 20 世纪 80 年代，不管是什么企业，国有还是集体，都表现出生产率不断提高的趋势。国有企业实行的一系列改革措施，集体企业（主要是乡镇企业）的大量涌现和成长，都展示出那个时代充满了活力。尤其是市场自由放开导致的乡镇企业的异军突起，为市场竞争带来了很大的动力和压力。集体企业的效率增长显然大大快于国有企业，并促使国有企业在这种竞争压力下也不断努力进取，效率取得了一定提高。因此，80 年代整体企业效率增长的主要源泉为市场化和国有企业激励机制的改革，以及非国有企业的大量出现带来的活力。这三方面因素都是相辅相成，互为促进的。经济的自由放开使得非国有企业能够进入市场，成为具有强烈经济效益动机的生产主体，国有企业自主权的扩大和留利奖金激励机制的加强能够使其对来自市场的收益做出积极的反应，市场竞争的加强也加速激发了企业的努力和潜力的发挥。

生产的增长或扩张，通常会伴随着生产率的一定程度的增长，从 20 世纪 90 年代产出增长率的加速，90 年代，尤其是 1992 年之后，中国企业的生产率相对 80 年代来说，取得了更迅速的增长。对此，Harry X. Wu[1]、张军和施少华[2]也采用增长核算方法，得出长期的 TFP 的增长率在 90 年代比 80 年代明显具有不同程度的加速增长趋势。此外，涂正革和肖耿[3]采用随机前沿生产函数模型的研究证明，在 1995—2002 年期间，各行业加权平均的 TFP 的年增长率为 6.8％，面对这样的增长速度，他们称之为中国的工业生产力的革命。

---

[1] Harry X. Wu, 2007, "Measuring Productivity Performance by Industry in China, 1980—2005", International Productivity Monitor, Fall: 55.

[2] 张军、施少华：《中国经济全要素生产率变动》，《世界经济文汇》2003 年第 2 期。

[3] 涂正革、肖耿：《中国的工业生产力革命》，《经济研究》2005 年第 3 期。

表 1.3　改革的不同阶段的全要素生产率（TFP）年均增长率的估计值

Selin Ozyurt		白重恩、张琼		孙早、刘李华		Adam Szirmai、柏满迎、任若恩	
1979—1992 年	−0.2%	1978—2007 年	3.9%	1990—2002 年	3.06%	1980—1992 年	3.3%
1993—2005 年	3.8%	2008—2013 年	1.8%	2003—2013 年	7.97%	1993—1999 年	6.7%

资料来源：Selin Ozyurt，2007，"Total Factor Productivity Growth in Chinese Industry：1952—2005"，LAMETA，University of Montpellier，Documents de Recherche DR n°2007-13，http://www.lameta.univ-montp1.fr/En/Productions/DR.htm；白重恩、张琼：《中国生产率估计及其波动分解》，《世界经济》2015 年第 12 期；孙早、刘李华：《中国工业全要素生产率和结构演变：1990—2013》，《数量经济技术经济研究》2016 年第 10 期；Adam Szirmai、柏满迎、任若恩：《中国制造业劳动生产率：1980—1999》，《经济学季刊》2002 年 7 月。

表 1.4　改革的不同阶段的全要素生产率（TFP）年均增长率的估计值*

伍晓鹰		张军、陈诗一、Jefferson		钟世川、毛艳华		杨汝岱		Brandt, Biesebroeck, and Zhang
1980—1991 年	−0.8%/−2%	1981—1991 年	2%	1991—1999 年	2.12%	1998—2009 年		3.83%
1992—2001 年	1.5%/5%	1992—2000 年	9%	2000—2007 年	1.6%	1998—2007 年		7.96%/2.85%*
2002—2007 年	1.2%/2.3%	2001—2006 年	10%	2008—2014 年	−0.68%			
2008—2010 年	0.3%/−2.3%							

注：*该估计值的估计方法分别按照不同的生产函数得到。
资料来源：伍晓鹰：《测算和解读中国工业的全要素生产率》，《比较》总 69 期，2013 年第 6 期；张军、陈诗一、Jefferson：《结构改革与中国工业增长》，《经济研究》2009 年第 7 期；钟世川、毛艳华：《中国全要素生产率的再测算与分解研究》，《经济评论》2017 年第 1 期；杨汝岱：《中国制造业企业全要素生产率研究》，《经济研究》2015 年第 2 期；Loren Brandt，Johannes van Biesebroeck，and Yifan Zhang，2012，"Creative accounting or creative destruction? Firm-level productivity growth in Chinese manufacturing"，*Journal of Development Economics*，97。

由于估计 TFP 的方法、数据和时期各有不同，估计的结果也很不相同。不过，我们仍然可以从这些结果中，发现存在某种共同的阶段性发展特点。1992 年是一个明显的分界线，在此之后，TFP 有了显著的加速增长。

Selin Ozyurt 对 1952—2005 年的工业数据进行了研究，采用了标准的增长核算方法，估计了中国的长期 TFP 增长动态。她发现 1992 年以后，是中国的 TFP 增长业绩的最好时期，工业的 TFP 以 3.8% 的速度增长，这是支持中国经济高速增长的重要来源。她的研究基础是两万多家大中企业的经验数据。Szirmai等的研究也表明，中国工业企业的劳动生产率从1992年以后加速，1993—1999年期间，以每年6.7%的惊人速度增长，甚至超过了美国在20世纪90年代的劳动生产率的增长速度。

1992—2008/2009年期间，TFP的平均增长率大致在3%—5%，甚至更高达7%—10%。表1.4中的结果表明了这一期间的高速增长特点。然而，2010年前后或之后，TFP出现了下降趋势，估计值普遍低于2%，甚至还有为负值的。这个下降的趋势从表1.4中也可看出。大体上看，改革40年可以分为这样的三个阶段，即1978—1992年、1993—2009年、2010—2017年。

这些不同阶段的发展特点各表明什么？1992年之前，改革处于"文革"混乱状态的恢复期，许多新生的萌芽刚刚冒头和起步，经济发展还处于有一定争议的早期徘徊阶段。这时的TFP并没有明显的增长效果。1992年邓小平南方谈话，给全国人民以明确的信号，各个经济主体的热情高涨、普遍出现的下海潮和民工潮，标志着人力资源从封闭体制中大量释放。由此可以看到，此阶段的TFP值有了显著增长。然而，在经历了这个时期的大发展之后，从2008年起，TFP开始出现下降趋势，经济改革的红利与潜力似乎有所消耗，经济增长的势头明显减弱。这几个不同阶段的发展特点，都可以从TFP的变化看出来，也就是说，TFP经历了初期的低速增长，然后进入快速增长，近10年间，则出现了明显的下降趋势。伍晓鹰的研究认为，1992—2001年是中国工业的TFP表现的最好时期，而2002—2008年之后有所下降，但仍然是TFP增长的第二个最好时期。

40年来高速的经济增长的源泉究竟来自何处？从以上这几个阶段的变化可以看到，国内外学者从TFP的角度考察，发现增长的主要源泉来自两方面。一方面很大程度上依靠大量的资本投入，例如大量吸引外资，大量依靠政府投资和民间投资，因此被称为投资驱动型的增长。国内外的一些学者研究的结果都从不同角度和不同程度证实了这一点。例如，Ozyurt认为，在改革的早期阶段，资本对于净产出增长的贡献达到90%，劳动贡献13%，而TFP贡献则为−2%；又如，郑玉歆的研究认为[1]，在20世纪80年代

---

[1] 郑玉歆：《80年代中国制造业生产率变动及其来源》，载郑玉歆、罗斯基主编《体制转换中的中国工业生产率》，社会科学文献出版社1993年版，第126页。

制造业的产出增长中，中间投入的贡献占 59.66％，资本投入贡献占 17.58％，劳动投入的贡献占 4.61，而 TFP 贡献为 18.15％。根据张军等人的研究[1]，1981—1991 年间处于改革早期的粗放型增长阶段，81％的工业增长是由要素投入贡献的，TFP 的贡献率仅为 19％。

在改革的第二阶段，即 1993—2010 年，生产率增长的源泉主要来自何处？这个阶段，TFP 对于产出增长的贡献较大。根据 Ozyurt 对 1993—2005 年间的研究，资本贡献率为 65％，劳动贡献为 1％，而 TFP 的贡献率达到 33％，这与张军等测算的 TFP 对产出贡献率为 28.9％比较类似。[2]伍晓鹰认为，这个时期，即从邓小平南方谈话到中国进入 WTO，正是经历了工业改革的全面深入时期，特别是国企改革。伍晓鹰的测算结果表明，这一时期，TFP 在制造业的成品和半成品部门增长最快，而且在基础材料部门和能源部门增长也是较快的。

由 WTO 带来的国际市场需求的刺激，导致了经济的高速增长，尤其是政府在金融危机时期 4 万亿的资金刺激，经济大量地依靠投资和中间投入的更快增长来拉动，在更多的外部市场需求拉动和大量的信贷投资资金投入下，企业缺乏外在竞争压力，国企改革的动力明显不足，尤其是那些国有垄断的部门，例如上游的能源和基础材料部门，它们的 TFP 增长几乎陷入停滞，尽管下游部门的 TFP 在持续改进，但这些上游垄断部门阻碍了整体 TFP 的不断改善。[3]

TFP 的增长主要来源于两方面：一是来自企业内部的技术进步和效率改进，二是来自市场配置效率的改进，也就是企业之间的资源再配置，通过进入和退出，资源的自由流动导致资源使用从低效转为高效。在改革开放前期，即 20 世纪 80—90 年代，企业的 TFP 提升主要诉诸企业内部的技术进步和效率改进，这是通过大量引进先进设备和技术，即内嵌于资本设备的技术进步，以及通过承包制等提高企业激励的方式来实现的。20 世纪 90 年代中后期到 21 世纪初期，前期的个体和乡镇企业转变为民企，大量的新兴民企进入市场竞争，出现了国企改制，抓大放小和"国退民进"的大趋势，这时

[1] 张军、陈诗一、Jefferson：《结构改革与中国工业增长》，《经济研究》2009 年第 7 期。

[2] 张军、施少华：《中国经济全要素生产率变动》，《世界经济文汇》2003 年第 2 期。

[3] 伍晓鹰：《测算和解读中国工业的全要素生产率》，《比较》2013 年第 6 期。

的 TFP 快速增长主要来源于资源配置效率的改进。据孙早等对 1990—2013 年的工业行业面板数据考察[1]，国企总产值增长率每降低一个百分点，工业 TFP 会增加 2.79%。根据 Brandt 等人的研究[2]，1998—2007 年期间，企业的进入和退出可以有效地提升 TFP，该时期总 TFP 增长的 2/3 是由新进入企业所贡献的。这表明，所有制结构改革对全要素生产率的促进作用主要是通过改善资源配置效率来实现的。

那么，近年来 TFP 增速下降趋势的原因何在？张军等的研究[3]把资源配置效应称为结构红利，在改革时期，这种结构红利对于 TFP 增长有着重要贡献。然而，随着时间的推移，尤其是进入 21 世纪以后，这种结构红利对于 TFP 的贡献逐渐下降，配置效率趋于恶化。杨汝岱[4]对生产率变化进行分解的结果表明，企业自身成长，即来自内部的效率提升，贡献份额为 56.4%，而其余份额则来源于企业间或企业进入退出的贡献。从增长趋势来看，企业之间的配置效率的贡献越来越低，十余年来，社会有限资源更多流向国有企业，尽管民企的投资效率高于国企 43%，这样的逆市场流动的资源配置势必会造成 TFP 的下降。此外，孙早等人的研究也表明[5]，进入 21 世纪之后，TFP 主要依靠技术进步，配置效率的改善明显放缓甚至恶化，所有制结构的促进作用明显小于 2003 年之前。

20 世纪 90 年代之后市场化的深入、人力资源的大量释放、竞争的加强、民营企业的迅速发展与扩张、企业大量改制、加入 WTO，这些都是效率增长的重要来源。近年来 TFP 的下降趋势表明，打通资源在企业之间、产业之间、区域之间的流动渠道，破除市场进入的壁垒和增加企业自由进入和退出的机会，可以发现更多的市场新价值，获得更多的创新源泉，提高资源使

[1]　孙早、刘李华：《中国工业全要素生产率与结构演变：1990—2013》，《数量经济技术经济研究》2016 年第 10 期。

[2]　Loren Brandt, Johannes van Biesebroeck, and Yifan Zhang, 2012, "Creative accounting or creative destruction? Firm-level productivity growth in Chinese manufacturing", *Journal of Development Economics*, 97.

[3]　张军、陈诗一、Jefferson：《结构改革与中国工业增长》，《经济研究》2009 年第 7 期。

[4]　杨汝岱：《中国制造业企业全要素生产率研究》，《经济研究》2015 年第 2 期。

[5]　孙早、刘李华：《中国工业全要素生产率与结构演变：1990—2013》，《数量经济技术经济研究》2016 年第 10 期。

用率的优化，才能够有效地通过改善资源配置效率实现 TFP 的持续增长。

1.4　40 年来分行业的所有制结构变化特征

我们选取 1985 年、1995 年、2006 年和 2016 年这四年的行业产值指标数据进行比较对较，考察国有、私营和三资企业的分布及其产值比重的行业变化特征，从中可以发现各个产业的所有制结构是如何变化的，也能把握产业结构的基本特征。

1985—1995 年，乡镇企业大量涌现，在一些采矿业，主要都是在基层乡村，其产值比重甚至高达 60％—70％，在食品、服装、家具、建材等产业，比重也高达 40％—70％，然而在 40 年的改革史中，大约不到 10 年，这些企业就退出了历史舞台。集体企业也大量退出，至今为止只有不到 1％的比重，几乎可以忽略不计。因此，我们在这里主要考察的是国有、私营和外资这三大类企业的产业结构变化及其特征。

1985—1995 年，国有企业经历了大量的退出。从各产业来看，1985 年国企还占据主导地位，几乎所有行业都是国企产值占比 80％或 90％以上。然而到了 1995 年，在煤炭、石油、木材等资源类产业，在钢铁、化工、交通运输设备和专用设备等重化产业，在医药和化纤等传统优势产业，在电力等公用产业部门，还保持着国有企业的主导地位，另外大约有一半的产业都已不再是国企主导，取而代之的则是大量的非国有企业。

私营企业在 1985 年还没有相关的公开统计数据，但是，不到 10 年时间，在 1995 年就涌现出了大量可观的数量。可以从表 1.5 看到，私营企业最早是从轻工业产品、纺织服装以及建筑材料类部门进入的，一旦进入，就迅速地占据大量市场。此外还有一些基层的小矿山，是国有大矿无法覆盖的领域。在这些行业，私营部门逐步取代了原来的乡镇企业或集体企业，占据着30％—40％的市场份额。

三资企业从 1995 年开始也大量出现，可以看到，三资企业最先是从一些科技部门进入的，那些领域正好是中国当时的薄弱环节，例如在电子通信产业的产值比重甚至高达 56％，在仪器仪表类的部门，也占据 1/3 强的份额，在服装、文体用品等轻工业也达到 30％以上。

表 1.5 按行业的三类所有制企业产值比重变化（1985 年和 1995 年）（%）

行　业	1985 年	1995 年		
	国有企业	国有企业	私营个体	三资企业
煤炭采选业	88.05	66.51	14.38	0.21
石油天然气开采业	100.00	95.38	—	4.04
黑色金属矿采选业	87.56	28.79	36.36	0.13
有色金属矿采选业	90.49	45.60	19.90	0.53
建材等非金属矿	50.86	17.76	44.36	1.89
木材采运业	98.66	95.69	0.60	0.01
食品加工		40.80	21.22	16.11
食品制造	92.87	30.50	19.95	24.21
饮料制造业	88.07	47.92	10.05	21.12
烟草加工业	99.60	96.55	0.30	0.55
纺织业	87.36	33.24	16.17	15.01
服装	74.25	4.71	32.26	33.98
皮革皮毛制品		5.91	29.37	37.89
木材加工	82.73	11.44	34.94	18.37
家具制造业	74.66	4.86	45.54	16.28
造纸及纸制品业	84.47	27.21	27.08	12.40
印刷业		31.59	22.26	13.99
文体用品		7.63	28.65	35.77
石油加工业	99.56	83.08	5.81	1.34
化学工业	93.75	48.54	13.38	11.42
医药制造业	96.50	47.87	6.51	18.30
化纤制造业	96.49	32.24	7.00	12.78
橡胶制品业	90.37	32.45	18.85	20.31
塑料制品业	74.58	8.31	32.82	22.41
建筑材料	68.86	21.85	32.58	7.87
黑色金属冶炼加工业	96.58	60.74	11.89	5.54
有色金属冶炼加工业	94.25	46.86	15.40	10.68
金属制品业	72.85	8.80	36.27	16.97
普通机械制造业	87.96	29.68	25.90	10.51
专用设备		42.83	15.49	7.48
交通运输设备制造业	90.46	45.88	10.87	21.94
电气机械及器材制造业	83.58	18.63	18.38	19.87
电子及通信设备制造业	82.96	23.59	6.02	56.38
仪器仪表	89.19	28.16	14.29	33.96
电力蒸汽热水生产供应	98.69	77.41	0.29	13.75
煤气生产供应	94.34	88.74	1.30	3.36
自来水生产供应		84.08	1.09	0.16

注：1985 年的国有企业范畴包含县级以上集体企业，由于它们共同属于国有计划系统，统计上按一个系统计算，没有单独独立列出来。1985 年官方统计数据中没有私营企业，外资企业数量极少，故忽略不计。1985 年的某些行业为空白的表明当年这些行业没有独立单列，而是合并在其他行业中。计算依据的分母为全部乡及乡以上企业的总产值。

资料来源：《中华人民共和国 1985 年工业普查资料》，中国统计出版社 1988 年版；《中华人民共和国 1995 年第三次全国工业普查资料摘要》。

　　1995 年是私营和外资企业大发展的起点，它们最初从那些具有比较优势的部门进入，然后很快就获得了迅速的发展。此后的 20 多年来这三大类企业的行业发展趋势，我们从 2006 年和 2016 年的数据加以考察。

　　从表 1.6 可以看到，1995 年后的 10 年，即至 2006 年，国有企业的发展趋势依然是大量的退出。保持在 30% 以上的产业为 12 个，主要由资源类和重化、交通运输设备和公用部门所组成，一些具有一定科技含量的医药和化纤类部门已不再具有主导地位。不过，在那些传统的行政垄断部门，例如煤炭、石油及其加工、烟草、电力等部门，国有的市场份额仍然保持基本不变。在下一个 10 年，即至 2016 年，总体占比下降了十多个百分点。除了烟草和电力部门外保持不变外，原有的行政垄断格局都开始有了一些松动，它们也都分别下降了十来个百分点。

表 1.6　按行业国有控股企业的主营业收入比重变化（2006 年和 2016 年）（%）

2006 年	收入占比	2016 年	收入占比
国企总体占比	32.3	国企总体占比	20.6
煤炭开采	67.6	煤炭开采	58.8
石油天然气	99.0	石油天然气	81.2
有色金属矿	40.8	有色金属矿	35.0
烟草制品	99.3	烟草制品	99.3
石油加工	75.6	石油加工	54.2
化学工业	30.3	化学工业	15.0
黑色金属冶炼	45.3	黑色金属冶炼	27.0
有色金属冶炼	34.5	有色金属冶炼	30.4
交通运输设备	51.4	汽车制造业	40.3
		铁路船舶航空航天	38.5
电力生产供应	90.8	电力生产供应	92.0
燃气生产供应	59.0	燃气生产供应	46.4
水的生产供应	71.1	水的生产供应	68.3

　　注：（1）本表以 2006 年国企总收入在全部工业企业收入的占比为基础，即选择超过 30% 的行业作为比较的基准行业。2016 年的行业随同 2006 年的行业保持不变，以便观察变化。

　　（2）2006 年的交通运输设备行业到了 2016 年分为两个行业，即汽车制造和铁路船舶航空航天。

　　资料来源：《中国统计年鉴》（2007 年、2017 年）

　　国企退出的同时，则是私企和外企的进入。私企的总体行业比重提高了大约 15 个百分点，表现在表 1.7 中的各个产业，几乎每个产业的私企市场份

表 1.7　按行业私营与外资企业的主营业收入比重变化（2006 年和 2016 年）（%）

私　企	2006 年	2016 年	外企（三资）	2006 年	2016 年
行业总计比重	20.7	35.4	行业总计比重	31.5	21.6
黑色金属矿	52.3	53.4	食品制造	39.4	24.9
有色金属矿	23.1	31.7	饮料制造	39.9	21.7
建材非金属矿	42.0	58.5	纺织服装	45.4	26.3
其他采矿	55.9	67.7	皮革皮毛	53.0	31.8
食品加工	36.2	49.3	家具制造	51.1	21.0
食品制造	24.8	35.3	造纸及纸制品	36.1	24.9
纺织业	43.5	54.2	印刷业	31.9	15.9
纺织服装	33.1	46.9	文体用品	61.6	28.0
皮革毛皮制品	31.5	45.5	橡胶制品	36.0	20.1
木材加工	56.2	69.3	塑料制品	41.3	
家具制造	35.8	54.6	金属制品	35.4	15.5
造纸及纸制品	29.8	40.4	化纤	29.3	23.8
印刷业	28.5	51.7	通用设备	27.8	22.6
文体用品	26.4	47.6	交通运输设备	46.9	45.4
化学工业	22.4	38.3			14.9
化学纤维	30.9	41.6	电气机械器材	37.7	23.3
橡胶制品	20.9	51.9	计算机及通信设备	82.1	56.9
塑料制品	35.1		仪表仪器	65.7	27.5
非金属矿制品	38.6	52.9	燃气生产供应	32.1	34.6
黑色金属冶炼	20.0	37.8			
有色金属冶炼	22.4	30.9			
金属制品业	38.9	57.2			
通用设备	33.5	45.1			
专用设备	23.4	47.6			
电气机械器材	22.8	36.0			
仪器仪表	12.8	40.2			
其他制造	35.8	48.1			
废弃资源综合	41.0	47.2			

　　注：（1）选择的行业依据是以 2006 年或 2016 年行业总体占比值上下的行业为基础，在本表中私营即为 35% 左右。2006 年的行业则随同 2016 年的行业保持不变；外企为 2006 年的 30% 左右，2016 年随同 2006 年的行业保持不变。为了观察 10 年期间的变化，采取行业不变的方法，追踪各类所有制企业的比重变化。

　　（2）2006 年的交通运输设备行业到了 2016 年分为两个行业，即汽车制造和铁路船舶航空航天。2006 年的橡胶制品和塑料制品这两个行业到 2016 年合并为橡胶和塑料制品一个行业。

　　资料来源：《中国统计年鉴》（2007 年、2017 年）

额都提高了 10—20 个百分点。至 2016 年，总共近 30 个产业的私营企业占有超过了 35% 的市场份额，一些产业的市场份额比重甚至高达 50% 以上。

这表明，私企的比较优势从最初的轻工业、纺织服装、食品制造和建材产业，已经逐步扩大到所有的产业，包括化学工业、钢铁、机械、仪表，显示了私企的强大生命力。与此同时，外资的相对比重却在下降，10 年期间外资的行业总体比重下降了 10 个百分点。其中下降最多的是轻纺、轻工、食品、饮料等，这些都是私企最擅长的，表明在这些领域，外资缺乏竞争优势。然而，在一些技术含量较高的部门，例如机械、交通运输设备，则下降幅度较小。不过，原先外资占据绝对优势的计算机及通信设备和仪器仪表部门，近 10 年来外资市场份额出现大幅度下降，下降幅度达到 20%—30%，表明这些外资最早进入的拥有技术优势的部门，现在已经优势不再，显然其有力的竞争对手已经出现，这个竞争势力可从私企增长的相应市场份额看到，另外，竞争很可能还来自那些没有明显产权性质的混合股份公司。[1]

总的来看，在不同的产业，所有制的分布结构也很不相同。40 年来，每种所有制的企业大体上都形成了自己相对应的重点产业。形成这样的产业结构主要是与企业竞争力以及与政府控制政策相关。民营企业覆盖面较大的行业，例如轻纺工业、建材和机械产业，基本上是可以较为自由进入的；而外资比重很高的产业，例如电子和仪表产业，则与它们的技术和资金实力雄厚密切相关。国企占有绝对优势地位的产业，则是在政府的严格控制行业准入政策下形成的，例如石油和电力产业，这样的产业往往具有很高的行政垄断或自然垄断特征。

经历了 40 年形成的不同产业的所有制结构特征很有特点，例如有些自由竞争的行业基本是以私企发展为主，而另外一些不完全竞争的行业，如机械及专用设备、仪器仪表，它们是私营、外资和国企共同发展的产业，在这些产业中，三种类型的企业相互竞争，各有高下。还有的产业，例如钢铁等重化产业，其表现为行政和市场的两种准入性质的混合特征，前者主要是靠行政项目审批来控制进入，后者则靠企业效益来进行市场筛选和竞争。由于民企和外资企业在行政审批上没有优势，难以获得政策支持。没有得到批准的项目，自然也得不到相应的土地和贷款，无法形成必要的规模竞争优势。

---

[1]《中国统计年鉴》提供的各工业产业的不同所有制企业的基本指标，只有国有控股、私营和外资这三大类，不包括那些产权性质难以判定的股份公司。

煤炭之类的资源行业也类似，由于政府掌握了资源控制审批权，一般国企有进入的优先权，而民营企业很难与之公平竞争。由此可见，在这样的进入壁垒下形成的产业结构，并非市场竞争的产物。

1.5 40年发展过程中企业隶属等级的变化

计划经济的特点就是，任何企业都有其行政隶属关系，从中央到省市、地县、乡镇村等，形成一个庞大的无所不包的等级网络，每个企业都处在这个行政控制网络之中。然而，市场化则需要突破传统的行政管制网络，建立起以市场横向联系，而非纵向隶属的关系网。因此，从计划经济向市场经济的转轨时期，最大的变化之一就是，企业也需要从传统的公有层级制或各级政府行政管制下的企业，向无隶属管制的市场企业的转化。

从企业的行政隶属关系的变化可以看到在这一时期的转轨剧烈变化的特征。

表 1.8 企业隶属等级变化（1980 年、1985 年和 1995 年）

隶属等级	1980 年产值比重（%）	1985 年企业数（户）	1985 年产值比重（%）	1995 年企业数（户）	1995 年产值比重（%）
中央	20.72	3 825	19.57	4 738	12.93
地方（包括省和地市）	51.59	31 254	44.57	33 044	16.88
县属	12.33	68 811	13.76	109 020	11.32
街道	1.27	30 518	2.09	7 935	0.46
乡镇	4.58	170 364	8.23	213 188	37.64
村级（包括居委会）		632 601	6.82	680 684	15.51
其他			4.96		5.26

注：这里的计算比重的分母为全部独立核算的工业企业。

资料来源：《中华人民共和国 1985 年工业普查资料》第 3 册，第 6、88 页；《中华人民共和国 1995 年第三次工业普查资料摘要》，第 5 页。

从图 1.14 可见，1980—1995 年期间，总趋势是乡镇企业的产值比重迅速上升，而中央和省市企业的产值比重不断下降，尤以省市地方企业下降的幅度最为明显，而中央企业仅为小幅下降。

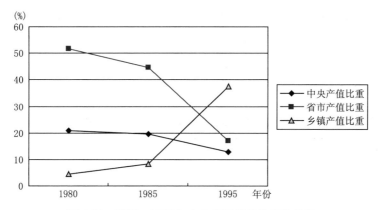

图 1.14　1980—1995 年企业隶属等级的变化趋势

改革之初的 1980 年，大约 85％的企业都是隶属等级在县以上的企业，其中中央企业的产值比重约占 21％，地方约 52％，而县级以下的则微乎其微，仅有 5％多一点。到了 1985 年，来自最低层隶属等级的企业产值增加了不少，县级以下企业约占 20％，而中央和地方企业的比重则有所下降。到 1995 年，中央企业虽然数量有所增加，从 1985 年的 3 800 多家增至 4 700 多家，但产值比重明显下降了约 7 个百分点。地方企业数量大体未变，但产值比重更是大大下降，从 1985 年的 44％降至 1995 年的 16.88％，减少了约 27 个百分点。县属企业数量虽然大大增加了 3 万多个，但产值比重却下降了 2 个百分点，表明增加的新企业大都是规模很小的企业。乡镇企业和村办企业增长得最多，两者合计增量约 9 万多家。

在县级和乡镇企业中，新增企业极少是国企，而是以集体企业或民营企业为绝对主体。因此，在这些新增加的大约 12 万多家企业中，基本上均为体制外的企业。这些新创企业刚刚形成时都很小，都是局限在自己所处的社区内，因而在隶属上都归结到最低层的等级类别上。在这个级别上，没有计划指标，也无计划配额，更无紧缺原材料、进口设备和贷款支持，全凭自己闯市场，故形成了大批的最早面向市场的企业。

1995 年之后，情况开始有了变化，来自隶属县区、乡镇和城市街道的企业数量从原来的大量增加转为持续下降，这可能与统计口径的变化有关，大量的小企业被排除在规模以上企业之外，而这些小企业的主体大多处在乡镇街道的层级上。然而，这个下降趋势十分明显。对于那些省市级别的企业来说，下降的趋势也是十分明显，虽然下降幅度没有乡镇企业那么大。那么，这些减少的企业数量都到了哪里？可以很明显地看到，无隶属的其他企业的数量大量增长，从1998年的1万多户猛增到2013年的近30万户，接近30倍的增长率。

表1.9　企业隶属等级变化（企业数）（1998年、2003年、2008年和2013年）（户）

年份	中央	省	地市	县区	乡镇村	街道	无隶属
1998	4 667	10 449	24 364	48 630	41 736	20 216	14 522
2003	3 481	8 389	17 284	30 199	33 934	13 658	82 780
2008	3 318	6 981	18 454	31 095	26 233	6 376	318 937
2013	3 580	4 908	10 542	19 065	10 354	1 987	294 439

注：计算分母的统计口径为规模以上全部工业企业。
资料来源：作者根据国家统计局规模以上全部工业企业数据计算。

表1.10　企业隶属等级变化（产值比重）（1998年、2003年、2008年和2013年）（％）

年份	中央	省	地市	县区	乡镇村	街道	无隶属
1998	17.6	12.1	18.7	15.3	19.7	8.2	8.4
2003	15.6	11.0	14.5	10.5	12.6	4.8	30.9
2008	13.4	9.1	7.3	7.9	4.4	1.1	56.9
2013	11.0	6.6	5.5	6.2	2.5	0.6	67.6

注：计算分母的统计口径为规模以上全部工业企业。
资料来源：作者根据国家统计局规模以上全部工业企业数据计算。

在1998之后的15年，即至2013年时可以看到，将近30万家企业不再具有传统的行政隶属关系，其产值比重占67.6%，即2/3之多的份额，而这些无隶属企业在1998年只占8.4%的产值份额，只有1万多户。这表明大量新增企业不再具有传统行政隶属关系，成为直接面向市场的企业了。伴随无隶属关系的新增企业的产值增加，不仅乡镇之类的企业由于纷纷转型，导致产值大大下降，省地市级企业的产值比重也下降了很多，其中尤以地市企业的产值下降最多，达到13个百分点。回顾那个阶段的改革史，大规模的企业改制主要就发生在地方企业。实际上，当市场竞争导致大量企业不断从上层下放，当这种下放到了地市层级，改制重组就会大量发生。因此，从企业隶属关系的变迁过程，可以看到企业改制重组的相对应过程。

由此可见，2013 年出现的近 30 万无隶属关系的企业，除了新创业的企业外，主要来源之一是大量国有、集体企业或乡镇企业，它们经过改制和转型，大都脱离了原先的行政隶属关系，成为面向市场的新生企业。

中央企业的情况有所不同，1998—2013 年，从绝对数量来看，中央隶属企业仅减了 1 000 多家，相比其他省市地级企业的变化来说比较轻微。当然，伴随着这个下降过程的还有某种程度的增加，因此总体变化不太大。不过中央企业的产值也在持续下降，15 年下降 6 个百分点。总体来说，政府对于中央企业还是采取了比较保守温和的政策，没有出现像地方企业那样剧烈变化的政策。从目前来看，在中央直接控制的 100 多家大企业集团中，通过集团的层层控制，实际上已发展出一个庞大的具有几千家子孙公司的央企集团系统，通过这种集团的连带关系，其中可能存在不少的优惠政策或关联保护。市场竞争似乎只对中低层级的独立企业产生压力，对于中央及其关联企业来说，则会存在较强的行政垄断力量的支持，因而还远未形成足够的市场压力。

在中央、省地和市县级别的企业中，出现了普遍的数量下降。从图 1.15 中可以看到，在这四种隶属关系的企业中，下降最大的是地市和县区企业，其次是省级企业，这三类企业无论在数量还是产值比重上，都具有发展的趋同化，这显然是市场经济的结果。不过，中央企业相对来说下降趋势明显缓慢，虽然它们与省级企业具有差不多相同的发展起点，但后来，它们一直保

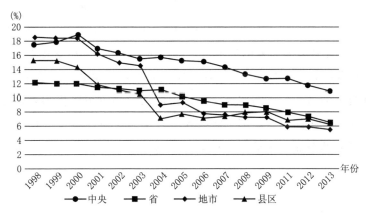

图 1.15　1998—2013 年四类隶属等级企业的相对产值比重变化趋势

持着显著的慢速下降，并未与那些地方企业同步发展。这里显然有中央政府的特殊政策的保护，这也是中央企业所具有的特定市场地位。

从总的隶属变化趋势来看，在这一时期，最大的变化就是无隶属级别的企业大幅度上升，而其他各种隶属级别的企业数量及其产值份额普遍下降，这是市场化进步的重要标志。不过，中央企业仍然是下降幅度最小的，至2013 年时仍保持了大约 11％的产值份额。

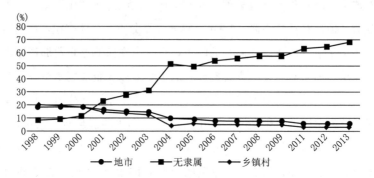

图 1.16　1998—2013 年无隶属等级企业与地市乡镇隶属企业的相对产值比重变化趋势

从图 1.16 还可以看到，地市隶属企业与乡镇隶属企业有着共同的缓慢下降的发展轨迹，与这种缓慢发展趋势成鲜明对比的是，无隶属关系的企业的飞速增长，产值占比 67％的发展的结果远远超过了前两者的 2％—5％的产值比重。

40 年来，市场化的一个重要标志就是企业越来越多地摆脱了原有的隶属等级的控制，成为独立自主的市场法人，成为自由竞争的经济主体。通过以上对于企业隶属关系的描述，我们看到，最初的隶属变化表现为大量的低隶属等级的企业的崛起，例如乡镇村企业，使得底层企业迅速增加，形成了庞大的市场竞争的主体。第二阶段的隶属等级变化则表现为，大量较高隶属等级的企业，都直接摆脱了任何传统隶属等级的控制，成为无隶属关系的企业。这是计划经济向市场化更进一步转变和深化发展的表现。

附表 1　全国各类企业数目（1980—2015 年）（户）

年份	国有企业	集体企业	私营企业	外资企业	个体企业	有限责任公司	股份合作企业	股份有限公司	乡镇企业
1980				7					1 424 600
1981	—	—	—	82	1 829 000				1 337 500
1982	—	—	—	330	2 636 000				1 361 700
1983	—	—	—	616	5 901 000				1 346 400
1984	—	—	—	1 999	9 304 000				6 065 200
1985	—	—	—	4 912	11 710 000				12 224 600
1986	890 707	3 376 142	—	6 524	12 111 000				15 153 100
1987	982 291	3 791 086	—	8 546	13 725 000				17 501 000
1988	1 150 726	4 275 605	—	13 747	14 527 000				18 881 600
1989	1 146 908	3 829 614	90 581	18 968	12 472 000				18 686 282
1990	1 151 472	3 581 937	98 141	25 389	13 283 055				18 504 400
1991	1 253 725	3 479 971	107 843	37 215	14 168 386				19 078 800
1992	1 547 190	4 159 417	139 633	84 371	15 339 113				20 916 200
1993	1 951 695	5 156 519	237 919	167 507	17 668 669				24 529 272
1994	2 166 331	5 456 818	432 240	206 096	21 865 978				18 667 138
1995	2 218 612	5 337 734	654 531	233 564	25 284 968	179 021	139 689	880	22 030 000
1996	2 163 346	5 013 416	819 252	240 447	27 036 798	309 416	159 644	2 287	23 363 285
1997	2 078 348	4 470 469	960 726	235 681	28 508 641	446 821	180 757	5 865	20 148 598

续表

年份	国有企业	集体企业	私营企业	外资企业	个体企业	有限责任公司	股份合作企业	股份有限公司	乡镇企业
1998	1 836 289	3 736 365	1 200 978	227 807	31 202 038	568 101	210 690	7 266	20 039 353
1999	1 649 870	3 172 471	1 508 857	212 436	31 600 615	593 835	235 901	6 125	20 708 863
2000	1 492 164	2 627 061	1 761 769	203 208	25 713 618	643 868	240 958	7 447	20 846 637
2001	1 317 822	2 208 516	2 028 548	202 306	24 329 997	679 486	243 516	8 397	21 155 389
2002	1 172 477	1 885 879	2 435 282	259 170	23 774 852	715 188	247 930	8 727	21 326 857
2003	1 049 744	1 625 482	3 005 524	284 959	23 531 857	741 204	234 224	8 809	21 850 797
2004	915 997	1 393 719	3 650 670	316 468	23 504 911	762 602	219 615	8 158	22 132 161
2005	794 530	1 206 996	4 300 916	353 030	24 638 934	760 514	193 731	8 174	22 495 902
2006	716 913	1 094 245	4 980 774	376 711	25 956 066	804 798	186 773	8 191	23 144 697
2007	637 434	963 494	6 030 505	406 442	27 415 298	826 024	183 512	101 329	
2008	568 793	856 677	6 574 171	434 937	29 173 323	938 296	167 460	111 844	
2009	498 176	756 060	7 401 539	434 248	31 973 663	972 001	162 271	144 736	
2010	457 820	647 858	8 455 158	445 244	34 528 876		151 439		
2011	422 128	591 171	9 676 776	446 487	37 564 672	1 021 353	141 230	169 871	
2012	394 985	536 693	10 857 169	440 609	40 592 731	1 051 597	132 643	190 999	
2013	364 005	480 788	12 538 648	445 962	44 362 945				
2014	346 314	449 740	15 463 661	460 699	49 840 561	1 085 995		239 167	
2015	324 563	419 399	19 082 267	481 179	54 079 372				

资料来源：《工商行政管理统计汇编》历年；《中国对外经济统计年鉴》历年；乡镇企业数据来源于《中国乡镇企业年鉴》历年。

附表 2　国有企业、民营企业和外商投资企业工业
总产值及比重（1978—1997 年）（亿元，%）

年份	国有企业		民营企业		三资企业	
	产值	比重	产值	比重	产值	比重
1978	3 289	77.60	948	22.40	—	—
1980	3 916	76.00	1 214	23.60	—	—
1981	4 037	74.80	1 331	24.60	—	—
1982	4 326	74.40	1 446	24.90	—	—
1983	4 739	73.30	1 671	25.90	—	—
1984	5 263	69.10	2 278	29.90	—	—
1985	6 302	64.90	3 297	33.90	—	—
1986	6 971	62.30	4 060	36.30	—	—
1987	8 250	59.70	5 284	38.30	—	—
1988	10 351	56.80	7 378	40.50	—	—
1989	12 343	56.10	8 916	40.50	—	—
1990	13 064	54.60	9 813	41.00	—	—
1991	14 955	56.20	10 070	37.80	—	—
1992	17 824	51.50	14 141	40.90	—	—
1993	22 725	47.00	20 325	42.00	3 614	7.50
1994	26 201	37.30	33 554	47.80	6 645	9.50
1995	31 220	34.00	45 444	49.50	10 722	11.70
1996	28 361	28.50	54 652	54.90	12 117	12.20
1997	29 028	25.50	63 723	56.00	14 399	12.70

注：1978—1997 年期间，计算比重的分母为全部独立核算工业企业。民营企业
数据为全部独立核算工业企业减去国有企业和外商投资企业的数据。

资料来源：《中国统计摘要》（1995 年、1998 年），《中国统计年鉴》历年。

附表 3　国有及国有控股、私营和外商投资企业
主营收入及比重（1998—2016 年）（亿元，%）

年份	国有控股		私企		外资	
	主营收入	比重	主营收入	比重	主营收入	比重
1998	33 566	52.3	1 846	2.9	15 605	24.3
2000	42 203	50.2	4 792	5.7	22 546	26.8
2005	85 574	34.4	45 801	18.4	78 564	31.6
2006	101 405	32.3	64 818	20.7	98 936	31.5
2007	122 617	30.7	90 278	22.6	125 498	31.4
2008	147 508	29.5	131 525	26.3	146 614	29.3
2009	151 701	28.0	156 604	28.9	150 263	27.7
2010	194 340	27.9	207 838	29.8	188 729	27.0
2011	228 900	27.2	247 278	29.4	216 304	25.7

续表

年份	国有控股		私企		外资	
	主营收入	比重	主营收入	比重	主营收入	比重
2012	245 076	26.4	285 621	30.7	221 949	23.9
2013	257 817	24.8	342 003	32.9	242 964	23.4
2014	262 692	23.7	372 176	33.6	252 630	22.8
2015	241 669	21.8	386 395	34.8	245 698	22.1
2016	238 990	20.6	410 188	35.4	250 393	21.6

注：（1）本表中为规模以上工业企业，国有企业是指国有及国有控股企业。

（2）《中国统计年鉴》（2017 年）提供了国有控股、私营和外企这三大类企业的近 20 年数据，为了与近年的数据保持可比性，这里采用了这个统计口径。

（3）近 10 年来《中国统计年鉴》一般不公布企业产值指标，故本表采用最为近似的主营业务收入替代企业产值，来测定产值比重。

资料来源：《中国统计年鉴》（2017 年）。

附表 4　工业产值变化趋势（1978—2016 年）

年份	工业产值指数	年份	工业产值指数	年份	工业产值指数
1978	100.0	1991	346.9	2004	1 669.1
1979	108.7	1992	419.9	2005	1 863.5
1980	122.4	1993	503.7	2006	2 104.4
1981	124.5	1994	598.3	2007	2 418.9
1982	131.7	1995	682.0	2008	2 660.1
1983	144.5	1996	767.2	2009	2 901.9
1984	165.9	1997	854.1	2010	3 266.9
1985	195.8	1998	930.0	2011	3 624.4
1986	214.7	1999	1 009.7	2012	3 918.9
1987	242.9	2000	1 109.2	2013	4 221.9
1988	279.5	2001	1 205.9	2014	4 519.1
1989	293.6	2002	1 327.0	2015	4 791.9
1990	303.5	2003	1 496.2	2016	5 080.0

资料来源：《中国统计年鉴》（2017 年）。

附表 5　1985 年分行业的所有制结构（总产值比重）（%）

行　业	国有企业和县级以上集体企业	乡镇企业	三资企业	城镇街道企业
煤炭采选业	88.054	11.578	—	0.350
石油天然气开采业	100.000	—	—	—
黑色金属矿采选业	87.558	11.982	—	0.346
有色金属矿采选业	90.494	8.723	—	0.324

续表

行　　业	国有企业和县级以上集体企业	乡镇企业	三资企业	城镇街道企业
建筑材料及非金属矿	50.855	45.577	—	3.118
采盐业	94.229	5.663	—	0.108
木材采运业	98.656	1.256	—	0.035
食品制造业	92.874	5.778	0.149	0.849
饮料制造业	88.066	9.873	0.560	1.308
烟草加工业	99.604	0.072	—	0.017
饲料工业	86.128	5.589	6.474	1.649
纺织业	87.358	9.336	0.222	1.840
缝纫业	74.252	11.631	0.309	11.113
木材加工及竹藤棕草	82.728	13.641	—	3.490
家具制造业	74.657	19.176	0.338	5.407
造纸及纸制品业	84.466	9.886	0.091	4.602
工艺美术品制造业	76.678	14.257	2.791	5.318
电力蒸汽热水生产	98.690	1.204	—	0.031
石油加工业	99.555	0.379	—	0.063
炼焦、煤气及煤制品业	94.340	4.285	—	1.140
化学工业	93.749	4.729	0.207	1.055
医药制造业	96.503	2.546	—	0.644
化纤制造业	96.494	3.090	—	0.126
橡胶制品业	90.371	4.004	0.109	2.034
塑料制品业	74.580	15.617	0.510	7.444
建筑材料及非金属矿	68.864	28.273	0.035	2.581
黑色金属冶炼加工业	96.577	2.975	—	0.315
有色金属冶炼加工业	94.253	3.916	—	0.804
金属制品业	72.846	20.177	0.265	5.397
普通机械	87.964	9.177	0.325	1.674
交通运输设备	90.455	4.646	1.571	1.321
电气机械及器材	83.576	9.849	0.118	4.743
电子及通信设备	82.957	3.305	5.006	3.259
仪器仪表计量器具	89.189	4.917	0.374	4.068

注：由于统计口径不一致，本表有些指标无法与 1995 年的有关数据直接相比较。

资料来源：《中华人民共和国 1985 年工业普查资料》（简要本）第 44、104、328页，（第 7 册）第 6、62 页，中国统计出版社 1988 年版。

附表 6　1995 年分行业的所有制结构（总产值比重）（%）

行　　业	国有企业	集体企业	乡镇企业	三资企业	私营个体企业
煤炭采选业	66.51	18.59	27.99	0.21	14.38
石油天然气开采业	95.38	0.05	0.02	4.04	—
黑色金属采选业	28.79	33.24	63.36	0.13	36.36
有色金属采选业	45.60	32.52	44.56	0.53	19.90
建筑材料及非金属矿	17.76	34.85	74.51	1.89	44.36
木材采运业	95.69	2.53	2.71	0.01	0.60
食品加工业	40.80	19.22	38.55	16.11	21.22
食品制造业	30.50	23.23	40.56	24.21	19.95
饮料制造业	47.92	16.66	23.01	21.12	10.05
烟草加工业	96.55	2.48	0.50	0.55	0.30
纺织业	33.24	33.73	41.60	15.01	16.17
服装制造业	4.71	29.12	55.90	33.98	32.26
皮革毛皮制品业	5.91	26.40	54.75	37.89	29.37
木材加工及竹藤棕草制品	11.44	34.17	63.70	18.37	34.94
家具制造业	4.86	32.25	67.12	16.28	45.54
造纸及纸制品业	27.21	29.62	48.21	12.40	27.08
印刷业	31.59	30.87	34.84	13.99	22.26
文教体育用品	7.63	26.25	50.92	35.77	28.65
石油加工业	83.08	5.90	9.54	1.34	5.81
化学工业	48.54	21.68	29.29	11.42	13.38
医药制造业	47.87	15.63	17.71	18.30	6.51
化纤制造业	32.24	17.56	23.43	12.78	7.00
橡胶制品业	32.45	23.56	35.61	20.31	18.85
塑料制品业	8.31	34.74	53.30	22.41	32.82
建筑材料及非金属矿制品	21.85	34.89	61.62	7.87	32.58
黑色金属冶炼加工业	60.74	17.64	25.43	5.54	11.89
有色金属冶炼加工业	46.86	25.84	36.87	10.68	15.40
金属制品业	8.80	35.63	60.89	16.97	36.27
普通机械设备制造业	29.68	29.04	45.61	10.51	25.90
专用设备制造业	42.83	30.37	35.05	7.48	15.49
交通运输设备制造业	45.88	17.96	20.76	21.94	10.87
电气机械及器材制造业	18.63	32.85	39.47	19.87	18.38
电子及通信设备制造业	23.59	10.05	12.84	56.38	6.02
仪器仪表办公用机械	28.16	22.73	26.58	33.96	14.29
电力蒸汽热水生产供应	77.41	4.47	2.79	13.75	0.29
煤气生产供应业	88.74	3.13	3.27	3.36	1.30
自来水生产供应业	84.08	13.76	10.01	0.16	1.09

　　注：由于普查资料统计口径的不一致，本表中的集体企业、乡镇企业、三资企业和个体私营企业存在着不同程度的相互交叉的情形，集体企业包含城市集体和乡镇集体企业，而乡镇企业则包含部分三资企业和个体私营企业。所以几项加总不一定为 100%，但是这并不妨碍我们从中得到大致的所有制结构关系。

　　资料来源：计算依据的分母为全部乡及乡以上企业的总产值，见《中华人民共和国 1995 年第三全国工业普查资料摘要》，第 8 页。五种类型所有制企业的数据分别来自《普查资料汇编：国有三资乡镇卷》第 16、276、516、678 页和《普查资料摘要》第 14 页。

附表 7　2006 年分产业的所有制结构（总收入比重）（亿元，%）

	全部营业收入	国企	占比	私企	占比	外企	占比
全国总计	**313 592**	**101 405**	**32.3**	**64 818**	**20.7**	**98 936**	**31.5**
煤炭开采	7 461	5 041	67.6	1 030	13.8	100	1.3
石油天然气	7 791	7 710	99.0	8	0.1	326	4.2
黑色金属	1 377	276	20.0	720	52.3	33	2.4
有色金属	1 715	700	40.8	396	23.1	30	1.7
非金属矿	993	208	21.0	417	42.0	66	6.7
其他采矿	4	0	1.6	2	55.9	0	2.3
食品加工	12 695	1 179	9.3	4 590	36.2	3 561	28.1
食品制造	4 602	591	12.8	1 139	24.8	1 813	39.4
饮料制造	3 925	924	23.5	666	17.0	1 567	39.9
烟草制品	3 174	3 153	99.3	1	0.0	11	0.3
纺织服装	5 910	99	1.7	1 958	33.1	2 681	45.4
皮革毛皮	4 014	27	0.7	1 263	31.5	2 129	53.0
木材加工	2 340	179	7.7	1 314	56.2	492	21.0
家具制造	1 829	69	3.8	656	35.8	935	51.1
造纸制品	4 944	579	11.7	1 474	29.8	1 785	36.1
印刷业	1 653	294	17.8	471	28.5	527	31.9
文体用品	1 704	37	2.1	449	26.4	1 050	61.6
石油加工	15 050	11 382	75.6	1 200	8.0	1 534	10.2
化学工业	20 322	6 151	30.3	4 546	22.4	5 476	26.9
医药制造	4 719	1 035	21.9	892	18.9	1 187	25.1
化学纤维	3 145	669	21.3	971	30.9	922	29.3
橡胶制品	2 668	414	15.5	558	20.9	961	36.0
塑料制品	6 226	297	4.8	2 184	35.1	2 570	41.3
非金属矿制品	11 347	1 352	11.9	4 382	38.6	2 113	18.6
黑色金属冶炼	25 768	11 664	45.3	5 157	20.0	3 583	13.9
有色金属冶炼	12 848	4 426	34.5	2 874	22.4	2 051	16.0
金属制品	8 329	620	7.4	3 242	38.9	2 947	35.4
通用设备	13 312	2 843	21.4	4 459	33.5	3 701	27.8
专用设备	7 725	2 066	26.7	1 805	23.4	2 078	26.9
交通运输设备	20 137	10 341	51.4	2 562	12.7	9 442	46.9
电气机械器材	17 649	1 868	10.6	4 028	22.8	6 652	37.7
通信电子	33 054	2 585	7.8	1 161	3.5	27 126	82.1
仪器仪表	3 497	326	9.3	447	12.8	2 298	65.7
工艺品	2 495	169	6.8	894	35.8	1 017	40.7
废弃资源	429	31	7.3	176	41.0	123	28.7
电力生产供应	22 222	20 171	90.8	168	0.8	2 008	9.0
燃气生产供应	881	519	59.0	24	2.7	283	32.1
水生产供应	670	477	71.1	17	2.5	88	13.1

资料来源：《中国统计年鉴》（2007 年）。

附表 8　2016 年分产业的所有制结构（总收入比重）（亿元，%）

	全部营业收入	国企收入	占比	私企收入	占比	外企收入	占比
全国总计	1 158 999	238 990	20.6	410 188	35.4	250 393	21.6
煤炭开采	22 329	13 137	58.8	4 596	20.6	447	2.0
石油天然气	6 470	5 255	81.2	25	0.4	415	6.4
黑色金属	6 086	989	16.2	3 249	53.4	271	4.4
有色金属	6 175	2 163	35.0	1 956	31.7	86	1.4
非金属矿	5 435	566	10.4	3 178	58.5	109	2.0
开采辅助	1 553	1 291	83.2	52	3.3	110	7.1
其他采矿	30			21	67.7		
食品加工	68 825	3 716	5.4	33 909	49.3	9 975	14.5
食品制造	23 955	1 180	4.9	8 464	35.3	5 967	24.9
饮料制造	18 538	2 696	14.5	6 116	33.0	4 030	21.7
烟草制品	8 686	8 623	99.3	13	0.2	7	0.1
纺织业	40 844	874	2.1	22 141	54.2	5 650	13.8
纺织服装服饰	23 741	188	0.8	11 129	46.9	6 253	26.3
皮革毛皮	15 163	116	0.8	6 893	45.5	4 822	31.8
木材加工	14 791	203	1.4	10 248	69.3	1 015	6.9
家具制造	8 780	117	1.3	4 793	54.6	1 847	21.0
造纸制品	14 623	715	4.9	5 908	40.4	3 642	24.9
印刷业	8 058	483	6.0	4 169	51.7	1 279	15.9
文教工美体育	16 993	581	3.4	8 086	47.6	4 750	28.0
石油加工	34 532	18 732	54.2	6 088	17.6	3 511	10.2
化学工业	87 294	13 052	15.0	33 403	38.3	18 340	21.0
医药制造	28 206	2 450	8.7	8 149	28.9	5 517	19.6
化学纤维	7 782	780	10.0	3 237	41.6	1 849	23.8
橡胶塑料	32 457	892	2.7	16 835	51.9	6 533	20.1
非金属矿制品	62 002	4 865	7.8	32 825	52.9	5 298	8.5
黑色金属冶炼	61 987	16 755	27.0	23 401	37.8	6 539	10.5
有色金属冶炼	53 393	16 254	30.4	16 525	30.9	6 034	11.3
金属制品	39 917	2 007	5.0	22 835	57.2	6 203	15.5
通用设备	48 200	4 677	9.7	21 716	45.1	10 892	22.6
专用设备	37 415	4 049	10.8	17 816	47.6	6 172	16.5
汽车制造	81 347	32 780	40.3	14 403	17.7	36 905	45.4
铁路船舶航空	19 325	7 440	38.5	6 069	31.4	2 877	14.9
电气机械器材	73 642	5 773	7.8	26 519	36.0	17 148	23.3
计算机通信电子	99 629	8 654	8.7	16 396	16.5	56 645	56.9
仪器仪表	9 536	897	9.4	3 834	40.2	2 623	27.5
其他制造	2 793	378	13.5	1 342	48.1	583	20.9
废弃资源	4 071	182	4.5	1 921	47.2	389	9.6
金属品设备修理	1 184	574	48.5	166	14.0	581	49.1
电力生产供应	55 007	50 632	92.0	991	1.8	2 644	4.8
燃气生产供应	6 061	2 813	46.4	612	10.1	2 097	34.6
水生产供应	2 142	1 462	68.3	164	7.6	337	15.7

资料来源：《中国统计年鉴》（2017 年）。

第 2 章　国有企业

顾名思义，国有企业就是指国家所有的企业。在中国，国家由不同层级的政府机构作为代理者来直接行使所有权的职能，因此，我们的国有企业是分层级的，是不同级别的政府分别所有的。改革前经常说国有制企业是全民所有制企业，这是指企业归全民所有，国家则代表全民行使所有权，其中的代理链条很长，大体上是全民—国家—各级政府—政府主管机构或部门—企业。改革后大家逐渐摒弃了全民所有制的用法，直接用国有制。

国有企业的含义好像十分清楚，没有异议。不过 40 年来，这个含义也在与时俱进。从国家统计局的这个范畴来看，已经几度更改国有企业的统计口径，经常让人难以得到 40 年期间的统一口径。这使我们的研究经常需要跟着这些变化的统计口径走。

大体来说，国有企业的概念可分以下三种。一是传统的国有企业，是从改革前的工厂制沿袭下来的体制；二是国有独资公司，这是按照公司制进行打造，具有公司董事会、监事会等一整套公司规范的国有企业；三是国有控股公司，这是除了国有股权以外，还吸收了非国有股权的企业，但国有股保持控股权地位的公司制企业。

以上三种国有企业的概念似乎代表了三个不同的发展阶段。改革前期，所有的国企都属于第一种，即传统国企。到了推行公司制的 20 世纪 90 年代中后期，许多国企变成了国有独资公司。现在我们又看到，许多国有独资公司又通过上市或者吸收非国有股，而进一步改造成为国有控股公司。当然，并非所有的国企都是按照这三个阶段发展的，实际上，现在也还存在少数传统国企和不少国有独资公司，不过它们的发展趋势，大都是要按照股份公司的模式进行改革。

几经变迁，根据《中国统计年鉴》最新版本，目前官方统计口径常用的国企概念指的是国有控股企业，这里包含国有绝对控股、国有相对控股和国有协议控股。可以说，这是一个较为宽泛的国企范畴，它表明了国企发展的新阶段或新特征，即多元化和契约化。

2.1 发展的三个阶段和产业结构的变化

2.1.1 国企发展的三个阶段

从工业企业总体来看，国有企业的产值或增加值在近 40 年来，基本保持增长态势，虽然在不同阶段的增长有不同特点。这里我们将根据公开的统计数据，大体描述国企的发展过程。国企的发展大体上可分为以下几个阶段。第一阶段是 1978—1993 年，这是一个保持比较匀速的增长时期，是经历了企业激励机制改革与走向市场进行竞争的过程，也是从面临巨大市场短缺的卖方市场，转变为供给较充裕的买方市场的阶段。第二阶段是 1994—2008 年，这一阶段的特点是较大波动的增长，伴随着各项剧烈的改革措施，包括具有根本转型特征的价格改革与所有制改革，都是在这个阶段实现的。第三阶段则是 2008—2018 年，虽然这个阶段没有实行较为重大的涉及体制转型的改革方案，但是从名义产值来看，这个时期的平均增长率显著高于前两个阶段。因此，考察其后的原因，挖掘隐含其中的增长模式，应该是有意义的。上述三个阶段划分主要是根据每个时期的主要标志性事件和出台的相关重大政策来确定的，但是经济发展往往有很大的惯性和滞后性，不同地区的发展也有先有后，相互交叉。

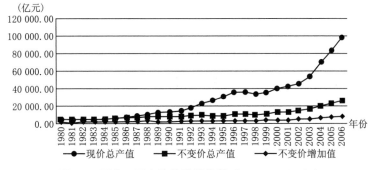

图 2.1　国企不同产值的增长趋势（1980—2006 年）

注：（1）根据工业品出厂价格对现价产值进行平减，得到不变价产值。

（2）由于 2006 年之后统计局不公布总产值和增加值，故以此为一个阶段。

资料来源：《中国统计年鉴》历年。

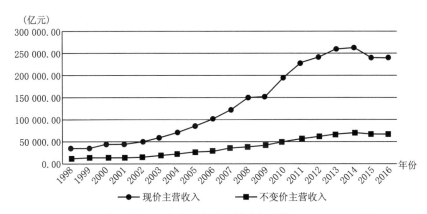

图 2.2　国企现价和不变价主营收入的增长趋势（1998—2016 年）

注：由于 2006 年之后统计口径调整，此处采取主营收入作为总产值的替代值。

资料来源：《中国统计年鉴》历年。

大致以 2003 年为界，在此之前国企总产值的增长幅度都不太大，一直围绕着 6% 的增长率波动，现价产值和不变价产值之间基本保持平行增长的态势。但自从 2003 年之后，增长率忽然猛增，明显高于此前的时期。从现价产值和不变价产值的比较来看，2003 年之后，两条曲线的差距越来越大，这似乎表明价格因素对于产值增长的影响非常强烈，也就是说，扣除了价格上涨，实际产值可能并没有那么多的增长，其中的水分或泡沫不少。

利润是国企效益的集中体现，以下我们再简单考察其利润的动态发展趋势。

从图 2.3 和图 2.4 可见，国有企业的利润 40 年来经历了 20 世纪 80 年代的低速稳定增长、90 年代的持续下降，甚至达到接近零的利润率，到 2000 年以后的持续高速增长。这几个阶段具有十分明显的特征和区别，其与产值增长率的变化趋势（参见图 2.1）阶段也大体一致。国企效益变化的趋势与国企的改革是密切相关的，也是与中国的市场化的进程密切相关的。

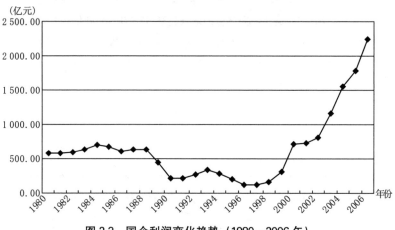

图 2.3　国企利润变化趋势（1980—2006 年）

资料来源：《中国统计年鉴》历年。

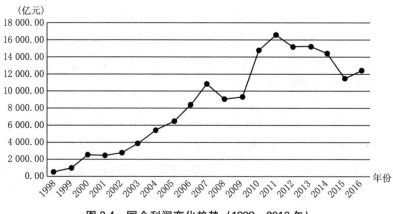

图 2.4　国企利润变化趋势（1998—2016 年）

资料来源：《中国统计年鉴》历年。

利润综合性地反映了国有企业的发展行为和市场地位，为什么国企的利润会出现这样的变化趋势？为什么这几个阶段具有如此之大的不同特点？我们将根据国企的产值变化趋势，结合利润变化，按照其发展的不同阶段，分别进行深入的研究，探讨其中存在的原因。

2.1.2　国企产业结构变化分类

从总体上来看，国有企业在国民经济的份额，尤其是在工业部门的产出份额，经历了一个大幅度的下降过程。在反映一国主要经济实力的工业部门，国有企业的产值所占比重从 1980 年的 76％，下降到 2016 年的 20％。这个巨大的变化是伴随着经济的高速增长而来的，它反映了传统的国有企业已经不适合市场经济的发展需要，而要让位于更有效率、更能适应市场竞争的企业所有制结构或新的企业组织。

从国有企业自 1980 年以来的产业结构变化（参见第 1 章附表），可以看到，在纺织服装、皮革、造纸、家具、食品、塑料品和金属制品这样的轻工业部门，国有企业仅占较小的比例，基本上退出了这些产业。国企比重较高的主要是在煤炭、石油、矿山以及电力水务等资源类产业和具有公共品性质的部门。我们可以按照国企产值和总资产的占比，来考察这样的所有制结构与产业性质是否相对应，是否具有某种内在的逻辑相关性或密切关联性。

考察近年来国有企业的产业结构的变化，根据国家统计局的官方数据，按照国有控股企业在各行业的总资产和总产值比重，可以大致把 10％的产值（收入）比重以下作为一类行业，设定为竞争行业的基本边界，把占产业 50％以上产值比重设定作为垄断行业的边界，而处于两者之间的领域，即 10％—50％之间，则为垄断竞争的产业，即具有一定程度的市场进入退出壁垒，同时又具有一定自由竞争性质的产业。由此，我们可以从全部的工业部门（两位数代码产业）中根据国企比重，区分出三种性质的产业结构：垄断、竞争和垄断竞争（不完全竞争）。

从表 2.1 中可以看到，按照国有控股企业的一定产值比重和资产比重区分的不同产业，正好与产业经济学中定义的市场性质是相对应的，也就是说，国有控股企业比重低于 10％的产业，属于竞争性质，因为这通常是那些可以自由进出的市场领域；国有控股企业比重在 50％ 以上的行业，则是垄断性质的，从表 2.2 中可以清楚地确认这些都是垄断行业，不管是自然垄断，还是行政垄断；至于那些中间地带的领域，应属于垄断竞争性质，即具有一定进入壁垒，但又有一定自由进入的机会，表 2.3 提供了这些行业的数据，例如钢铁、化工、运输设备之类的重化工业部门。

表 2.1 国有控股公司的产业分布（1）：竞争行业（％）

	2006 年		2016 年	
	产值占比	总资产占比	主营收入占比	总资产占比
农副食品加工	8.2	11.7	5.4	7.6
食品制造	12.4	19.4	4.9	7.3
纺织业	5.9	10.7	2.1	5.0
服装鞋帽	1.8	3.2	0.8	2.0
皮革毛皮	0.7	1.3	0.8	1.0
木材加工	7.6	18.6	1.4	4.3
家具制造	3.7	4.0	1.3	2.3
造纸及制品	10.1	19.1	4.9	12.4
印刷业	17.5	26.2	6.0	12.4
文体用品	2.0	5.0	3.4	3.6
医药制造	19.9	29.5	8.7	15.6
化学纤维	20.5	30.9	10.0	12.9
橡胶制品	14.2	18.8	2.7	6.1
塑料制品	4.6	9.0		
非金属矿制品	11.5	23.5	7.8	18.2
金属制品	7.1	10.5	5.0	11.0
通用设备	21.5	31.5	9.7	21.5
电气机械	10.8	16.0	7.8	13.8
计算机通信设备	7.7	15.3	8.7	17.1
仪器仪表	9.3	19.8	9.4	16.0
废弃资源	2.9	17.8	4.5	9.5

注：（1）由于 2016 年官方统计年鉴不再公布工业总产值的数据，故以最为近似值即主营业务收入替代。

（2）本表所选择行业的依据，国企 2016 年的主营收入占该行业比重为 10％以下。

（3）2016 年的橡胶塑料制品合为一个行业。

资料来源：《中国统计年鉴》（2007 年、2017 年）。

表 2.2　国有控股公司的产业分布（2）：垄断行业（%）

	2006 年		2016 年	
	产值占比	总资产占比	主营收入占比	总资产占比
煤炭开采	66.0	82.3	58.8	74.9
石油天然气	98.9	98.4	81.2	94.5
烟草制品	99.3	99.2	99.3	99.2
石油加工	75.6	65.1	54.2	50.7
电力生产供应	90.0	88.6	92.0	88.2
燃气生产供应	54.7	71.1	46.4	51.9
水生产供应	69.5	76.1	68.3	82.0

注：（1）由于 2016 年官方统计年鉴不再公布工业总产值的数据，故以最为近似值即主营业务收入替代。

（2）本表所选择行业的依据，国企 2016 年的主营收入占该行业比重为 50% 以上。

（3）只有一个行业例外，即燃气行业。不过考虑到该部门的公用品性质，以及可能涉及的合资性质，应属于国有相对控股或契约规定的国有公司。

资料来源：《中国统计年鉴》（2007 年、2017 年）。

表 2.3　国有控股公司的产业分布（3）：垄断竞争行业（%）

	2006 年		2016 年	
	产值占比	总资产占比	主营收入占比	总资产占比
黑色金属矿	18.4	42.8	16.2	52.8
有色金属矿	38.8	53.5	35.0	49.4
非金属矿	19.9	40.0	10.4	28.6
饮料制造	22.9	33.0	14.5	26.6
化学制造	29.1	42.1	15.0	28.2
黑色金属冶炼	43.1	59.8	27.0	53.1
有色金属冶炼	33.4	47.2	30.4	35.8
专用设备	26.3	37.9	10.8	24.2
交通运输设备	50.2	58.2	40.3	46.7
			38.5	54.6
其他制造业	5.7	12.7	13.5	41.7

注：（1）由于 2016 年官方统计年鉴不再公布工业总产值的数据，故以最为近似值即主营业务收入替代。

（2）本表所选择行业的依据，国企 2016 年的主营收入占该行业比重为 10%—50% 之间。

（3）2006 年的交通运输设备行业在 2016 年分为两个行业：汽车类与船舶航空类。

资料来源：《中国统计年鉴》（2007 年、2017 年）。

从表 2.2 中可以看到，国有垄断的产业包括石油开采、石油加工、煤炭、烟草、电力、燃气和自来水这七个产业。近 10 年来在石油开采、烟草、电力和水务行业，国企的比重基本没有什么变化，依旧保持着完全垄断的地位。不过在石油加工、煤炭和燃气部门，2016 年的国企比重相对 2006 年则不同程度地降低了，下降最多的是石油加工部门，接近 20 个百分点。

改革前，化工、钢铁、机械和交通设备等传统的重化工业都是国企的重仓之地，经过改革过程的推进，大大降低了国有比重，不过仍保留很大的国有地盘，尤其是一批大型国企仍然保留其原有市场领地，还包括一批主要买方来自政府基础设施等官方机构，或来自政府垄断企业所需专用装备采购，或者是政府认为需要保护的重要部门，通常给予其各种特殊政策优惠，例如项目审批、信贷支持、土地划拨、优先进口先进装备，等等。这些都形成了高度的资本密集型结构，因而有较强的市场垄断力量和特殊的市场地位。然而，这些具有垄断势力的国企并不能完全控制所在的行业，在地方政府的支持下，各种民企、外企往往也能大量进入，结果就形成了垄断竞争的格局，形成了多元化竞争，及国企、民企与外企共同竞争的局面。

此外，在那些竞争激烈的行业，国企早已大部分退出，竞争迫使他们做出尽早的选择。不过，在这些行业中，国企仍然保持着一定的比重，主要是原有国企的传统市场优势，或者某些地方政府控制或国有集团控制的局部垄断造成的。

2.2 改革的初始发展阶段（1978—1993 年）：市场化和企业合同的激励

2.2.1 1978—1982 年扩大企业自主权和利润留成制：增加企业激励

如何进行企业改革？当时受东欧和南斯拉夫的改革理论及一系列的工人自治企业的实践的影响，认为传统的计划集权的企业效率低下的原因在于，劳动者缺乏积极性，需要重建劳动者所有制。这种理论在当时很有影响，因为其源自正统的马克思理论，又在东欧和南斯拉夫盛行，因而就成为中国政府在刚刚摆脱极"左"思潮束缚的历史条件下，能够首先接受并采用的改革方案。

1978 年 10 月，四川宁江机床厂等 6 个企业首先进行了扩大企业自主权的试点，确定在增产增收的基础上，企业可以提取一些利润留成，职工可以得到一定奖金。由此产生了企业和职工积极性的极大提高，促使四川省在 1979 年初就把扩大企业自主权的试点推广至 100 个。根据四川经验，紧接着在 1979 年 5 月，国家经委等 6 个部委联合发文，确定在北京、上海、天津三个城市选择首钢、上汽等 8 家企业，进行扩大企业自主权的试点。当年 7 月，国务院又下达了文件，要求各地各部门均开展试点，便把扩大企业自主权的工作推广到了全国。1979 年末试点企业增加到 4 200 多家，1980 年又增加到 6 600 多家，到 1981 年，又进一步对 86 000 家工业企业实行了利润包干，推行各种经济责任制，涉及范围达到预算内国有企业的 80%。

企业的自主权分为两类，即财务自主权和管理自主权[1]，前者主要指资本筹措和使用方面的权力，后者则指日常生产经营决策的权力。在改革早期，企业自主权扩大基本上都是指经营管理自主权。

具体来看，扩大企业自主权的一个重要方面是生产经营权的扩大，允许企业在完成国家计划的前提下，自产自销其产品，因而可以从中获得额外收益。同时，国家还规定，企业可以将基本折旧、大修理费和利润留成中的生产发展基金，留作企业挖潜、技术改造及投资。因此，企业的可支配收入大大增加，除了可以用作奖金的发放，还可以用作投资和技改。

这个阶段扩大企业自主权的核心是实行国有企业的利润留成制度，利润成为考核企业的最重要指标。按照规定，企业的留利，主要用于生产发展和职工福利奖金。国企因而开始有了自己的独立利益和较多的可支配收入，而不再像过去的计划时代那样，需要将所有收益都上缴，需要使用时要向上级打报告得到批准才行。

利润留成制实际上是在 1978 年之前企业实行的奖励基金制的基础上形成的。利润留成制是按照利润来决定企业的留成比重和相应数额，而以前的

[1]　参阅阿尤布、赫格斯特德：《公有制工业企业成功的决定因素》，中国财政经济出版社 1987 年版。

奖励基金制是按照传统计划规定的一套复杂的计划指标和工资总额，来决定企业可支配的奖励基金。新方式能够简单明确地根据企业的综合效益指标，来考察企业的经营能力，因而能够把企业和职工利益紧密地与企业经营绩效——利润——密切相关，因而大大提高了企业的留利数额。在 1978—1982 年间，实行利润留成制的结果是，企业财力较大增长，各种利润留成增加的财力大约 400 多亿元。[1]

因此，利润留成制的关键是以利润作为企业绩效的考核标准，这在很大程度上是按市场经济的标准，而非按照计划经济的标准来考核企业。

利润留成制带来的直接效果就是，职工的收入大幅度上升，尤其来自超额留成的奖金收入大大增加，因而有力地刺激了消费需求的增长。各种产品似乎都供不应求，物价也呈明显上涨的趋势。

同时，利润留成制也带来了一些其他问题。在计划经济下形成的企业利润是极其不均等的，而且一时也难以平均化，因此很难确定利润留成基数，必然导致"鞭打快牛、保护落后"的不合理现象的出现。而且，在改革初期，市场化程度很低，受到价格、上下游资源约束、税收、技术装备、计划指标等外在因素的影响和制约，企业的利润很难反映其真正的经营能力。尤其是不少亏损企业，往往无法区分是政策性亏损还是经营性亏损，这导致亏损企业无法实行利润留成制，苦乐不均现象十分严重。

虽然在奖金收入的激励下，企业效益取得一定提高，但是企业之间广泛存在不平衡，企业相互攀比，为了压低利润包干基数不断向国家讨价还价等等，加上国家财政困难，面临财政赤字，大量新形成的消费需求导致的物价上涨压力，不少人认为这是政府财政对于企业的让利过度所致，是企业追求职工收入最大化的结果。由此，利润留成制导致了下一步的利改税政策的出台。

2.2.2 1983—1987 年利改税政策的实行：确保政府收入稳定增长

1983 年至 1987 年期间实行了利改税的政策，以便规范和稳定企业上缴财政的收入，提出"国家得大头，企业得中头，个人得小头"的分配原则。具体来说，对大中型企业的利润一律实行 55％的所得税率，税后利润按比例

---

[1] 参阅韩英杰、夏清成：《国有企业利润分配制度新探》，中国经济出版社 1995 年版。

留成，其余上缴国家。税后上缴利润的数额是以 1982 年上缴利润为基数，核定上缴比例，若干年不变。具体的核定比例的方法包括：（1）递增包干，即上缴利润按一定比例递增；（2）固定比例，即上缴比例保持不变；（3）定额包干，即按固定数额上缴利润；（4）缴纳调节税，即针对企业超过合理留利的部分进行征收。同时，对于年利润不超过 20 万或 30 万元的小企业，则按 8 级累进税缴税，税率最低 10％，最高55％。[1]

在全国普遍实行利改税政策的同时，政府不再批准实行利润递增包干制，原有的试点企业到期以后也一律实行利改税。这一政策出台的大背景是：出现了投资和消费膨胀以及物价上涨的宏观失控现象，政府认为这是前一阶段的利润留成制导致的，向企业利益分配过多倾斜的结果。因此，实行利改税在很大程度上否定了前期的利润留成包干制，目的是为达到一方面确保政府收入，另一方面也试图遏制企业收入过快增长导致的经济过热。

1984 年 9 月，国务院正式颁发了《中华人民共和国增值税条例和所得税条例》，作为向企业征税的法律依据。利改税在很大程度上规范了企业与政府的关系，政府得税，企业获利，两者泾渭分明，互不干扰，这是市场经济的基本规范和特征。这样，就把以前在计划经济下，企业与国家之间利税不分的状况厘清了，确立了企业增值税和所得税的法律地位，从而为走向市场经济的利税分流的规范奠定了良好的基础。

利改税政策实行后的几年，基本上实现了政府大幅增加财政收入的目标。不过，政府试图通过税收来拉平企业之间的不平等条件，解决苦乐不均的问题，却仍然无法实现。

由于价格混乱的问题，企业之间的外部市场环境面临严重的不平等。政府试图通过一户一率的调节税来解决企业外部竞争条件的不一致，但是仍然陷入与企业之间无休止的讨价还价过程。越是经营好的企业，上缴的利润越多，企业得不到合理的激励，这显然是与市场经济的优胜劣汰规则相悖的，也与增加企业激励的改革初衷是相悖离的。在市场价格和市场机制未能发挥作用的那个时期，试图依靠政府来解决企业公平竞争的利益激励是不可能的，这种不合理的现象也是当时无法消除的。

---

[1]　参阅韩英杰、夏清成：《国有企业利润分配制度新探》，中国经济出版社 1995 年版。

实行利改税同时，政府还实行了拨改贷政策，于 1985 年开始实施。对于国有企业的投资由过去的财政拨款改为银行贷款，根据不同行业，实行差别利率，利率由 2.4％到 12％不等。实行这种方式的意图在于，扭转国有企业吃财政"大锅饭"的行为，希望能够通过银行贷款来加强对企业的约束，使财政软约束改变为银行硬约束。尽管这种拨改贷的方式还不可能一下子扭转国有企业的行为和软约束的方式，国有银行后来在很长一段时期成为新的软约束来源，但是不管怎样，国有企业总算是告别了对国家财政体制的依赖，逐步走上了市场之路。

利改税和拨改贷的最大受益者是政府，这两项政策使得政府的财政收入通过税收得到稳定逐步增长，也使得政府大大减少直接用于投资的财政支出。实行利改税的 1983 年当年，国家财政收入增长率为 12.8％，远远超过前几年徘徊在 1％—3％的增长水平，1984 年和 1985 年，国家财政收入的增长率高达 20％—22％。但是，到 1986 年，财政收入增长率一下子跌至 5.8％，1987 年仅为 3.6％，与利改税前的 1982 年的增长水平大致持平。[1]很明显，政府已经感受到了这一政策带来的消极后果，寻找新的改革方式已经是势在必行了。

同时，企业的负担加重，原先占用资产不用付费，拨改贷改革后需要支付贷款利息。尤其是对于一户一率的调节税，又把企业的税后留利拿走了一块，这种建立在不公平竞争之上的绩效评价方式与相应的上缴负担，使得要求变革的呼声十分强烈。

2.2.3　1988—1993 年承包制阶段：以合同契约来确定企业与政府的关系

利改税政策的实行虽然给政府带来了稳定收入，但是原先实行的利润留成制中止后，企业的剩余权激励似乎被削弱了。尤其是利改税期间实行的调节税，似乎又回归到效益越好上缴利润越多的时代，鞭打快牛的现象变得更严重了，由此产生了一系列的不利于企业进一步提高效益的消极效果，其直接表现为国家财政收入的大幅度下跌。

由于需求的不断膨胀带来的宏观经济的过大压力，以及早期的企业改革

---

[1]　参阅《中国统计摘要》（1999 年），中国统计出版社 1999 年版。

是以东欧和南斯拉夫的工人自治模式为蓝本的，因此，改革后的企业行为往往以职工收益最大化为目标，这可能成为需求膨胀的根源之一。这时，人们开始寻求新的两权分离的现代企业模式，把注意力转向经营者，期望在国有制企业内部发动"经理革命"，通过对经营权激励，使经营者能够以利润最大化为企业目标，而不是以职工收益最大化为目标，来有效地提高国有企业的效益，同时又减缓和约束来自职工的过度需求的压力。

在这样的指导思想下，产生了一系列强化经营权的企业改革试验，最主要表现为租赁制和承包制形式的经营责任制，试图通过强化经营者在企业的地位和作用，强化对经营者的个人利益的激励，来促使他们提高国有企业的整体效益。

实际上，早在 1979 年实行的放权让利和利润留成的改革试点就是最初形式的承包制，后来实行利改税的政策，绝大多数企业的承包制被中止。但是利改税在某种意义上对企业激励的削弱和效益下滑，以及一些地方推行的承包租赁试点取得的积极效果，促使政府又重新实行了承包租赁的政策，当然，这次的承包制是在更大范围内推行，比原先的利润留成制更加强调经营者的作用及其激励方式。

承包制在 20 世纪 80 年代各地的企业改革试验中，就得到了广泛的发展，至 1986 年底，有近 20％的企业实行了承包制，1987 年达到了 60％，1988 年则达到 80％以上。[1]实际上，许多企业改革都是试点在先，而政策在后。当政府发现这些试点取得了较好的效益后，再进行总结提高和形成相关政策条文，进行大面积推广。企业承包制的发展也是遵循着这种发展轨迹进行的。

承包制从 1988 年 2 月正式开始在全国推行，主要标志是在此时间国务院发布的《全民所有制工业企业承包经营责任制暂行条例》和当年 5 月发布的《全民所有制小型工业企业租赁经营暂行条例》。由此可见，承包制主要适于大中型国企，而租赁制主要适合于小型国企。承包和租赁的规则大体相同，只是后者是给政府缴租金，而前者是上缴承包利润。租赁者按规定需要

---

[1]　参阅董辅礽、唐宗焜、杜海燕主编：《中国国有企业改革：制度与效率》，中国计划出版社 1992 年版。

缴纳一定的风险担保金，同时也不再领取原有工资，对于租赁期获得的收入，在按章纳税之后，具有较大的支配权和内部分配权。由于小企业的税收和租金计算简单，通常都比较固定，企业的剩余控制权也更大些。总之，这两种模式的实质是一样的，只是程度有所不同。为了简化起见，我们在这里主要考察承包制。

由于是在利改税基础上实行的承包制，因此，企业实行承包后，仍应按原有税法缴纳产品税[1]（或增值税）、所得税、调节税和其他各种税收，然而，如果企业按规定缴纳的上述各种税收超过了承包合同规定的上缴数额指标，其超过部分由财政部门如数退还给企业。因此，承包制确定的上缴承包利润实际是包含了税收在内的。此外，在承包期内，如果遇到税种变化，提税或降税，以及价格变化，企业合同规定的上缴承包利润一律不作调整，仍然遵守合同的规定。这样做，就把企业的上缴利润在承包期内定死，以便激励经营者更多地努力。

在此之前，各地均有一些小范围的企业承包和租赁试点。例如首钢，其从最早的试点开始，承包期长达 15 年，其间虽然经历了利改税等阶段，但一直没改变其实行的利润递增承包方式和每年递增 7% 的上缴承包指标。在此期间，首钢获得了极大的发展，在全国的钢铁行业中，各项指标遥遥领先。无论是效益，还是福利，或者是技术改造和装备升级，首钢都领先于同行业的其他企业。

承包制的主要内容是两包一挂，即包上缴国家利润，包完成技术改造或资本升级更新，实行工资总额与经济效益挂钩。承包制可归结为"包死基数，确保上缴，超收多留，欠收自补"。根据行业和企业的不同，承包制有以下多种具体形式，但实质大都相同：（1）上缴利润递增包干，确定上缴利润基数和递增比例，一定几年不变。（2）上缴利润定额包干，即核定上缴利润基数，超额部分留给企业。承包期限可以具体商议。（3）上缴利润超收分成，即完成上缴利润后，超过部分企业与国家分成，期限灵活掌握。（4）微利亏损企业实行利润包干和减亏补贴包干。承包主体有 5 种：个人、合伙、集体、部门和企业，后者是以某个企业为主体，承包另一企业，通常是某些

---

[1] 产品税是在增值税改革前使用的税种，后改为增值税。

盈利企业去承包亏损企业。

对于贷款问题，政策规定，实行承包制前企业从银行得到的贷款，在规定期限内，可以按税前利润还贷。实行承包后的贷款，原则上要用企业自有资金偿还。这样的还款方式，大大减轻了企业从拨改贷以来增加的还贷负担。

承包制全面实行之后，发挥了相当大的经济效益。1988 年当年，承包制企业的各项指标都完成得很好，在全国性范围内，政府、经营者和职工的收入都得到较大增长。由于承包合同的完成率极高，财政收入从 1985 年以来持续下降的局面得到扭转。1988 年和 1989 年的财政收入增长率分别是 7.2％和 13.1％，超过了 1986 年和 1987 年的 5.8％和 3.6％的增长率。[1]

不过，承包制的问题很快就显现出来了。1989 年之后的外部环境恶化，需求疲软，经济走入低谷。宏观政策的不稳定导致经济的失调，出现"死基数，活市场"的矛盾，许多企业完不成承包合同，经济效益出现全面下滑。

外部环境的不确定首先表现在价格和需求上，原材料和能源价格的猛涨对企业影响极大，加上市场需求的大起大落等不确定等因素，使考核指标失真，无法反映企业真正效益，一些企业即使尽了最大努力也难以完成承包合同。其次，1989 年之后某些外部舆论的不利影响，使得许多企业即使超额完成合同，但面临的非经济压力增大，导致承包收入难以兑现，或者经营者自己不敢拿，或者主管部门不敢发。本来设计的强化企业家个人激励的承包制，在某种特殊的外部环境下也失去了发挥人力资本效应的基础和支持。

由于承包期过短，通常只是 3 年，企业的短期行为则不可避免。承包制普遍采取的"两保一挂"方式，只有工资挂钩的目标能真正落实，故无法避免企业收入在短期内向个人消费倾斜的趋势，各地普遍出现了收入超前的现象。保技术改造是培养国企长期竞争力的措施，但因其效益发挥往往要超过企业承包期，而难以考核，没法真正落实。至于保上缴利润，许多企业不得不减少留利、折旧等自有资金和减少还贷，来上缴财政。这样明显的杀鸡取卵的短期行为削弱了企业实力，使其再生产能力趋于恶化。即使如此，许多地方仍然无法完成上缴利润指标，只好采取挂账办法，即企业把欠缴的利润

---

［1］ 参阅《中国统计摘要》（1999 年）。

挂在账上，以后再说。吉林省在 1990 年挂账高达 12 亿元，辽宁也达 4.55 亿元。[1]

在这样的外部环境和机制下，在市场走向不明朗和不确定的条件下，许多企业都不愿意签署第二轮承包合同，普遍出现不好包、不愿包、不敢包的心态。结果，承包人和发包人之间的关系也发生变化，通过招标来竞争企业经营者的做法几乎绝迹，选择经营者的方式仍恢复了传统行政任命，没有竞争机制的承包必然出现一对一地对承包基数进行讨价还价，"人情基数"和"行政基数"相当普遍。

第二轮的承包基数，包括利润实现和上缴，均大大低于第一轮水平，普遍出现下调 50% 的情况。由于很多外部因素企业无法预料，不是企业经过自身努力能改变的，许多地方对承包基数采取了灵活政策，例如浙江规定可以有 5%—15% 的调整幅度，山东采取了"长包短核"的办法，根据市场变化对企业逐年核定，黑龙江实行弹性基数法，辽宁实行"近死远活"的基数确定法，等等。诸如此类的变通有助于提高承包制的可行性，但这样必然软化承包约束，硬性的承包指标可能逐渐变为传统计划体制下的日常生产计划，企业与政府的具有法律保护的契约关系面临解体。[2] 同时，承包期面临进一步缩短的趋势，更无法避免本来就已经很严重的急功近利和负盈不负亏的短期行为。

总之，承包制虽然在 20 世纪 80 年代曾经发挥过它短暂的辉煌作用，但似乎只是如同流星一般，转瞬即逝。承包制陷入困境，这既是企业产权体制的原因，更是外部市场和政策环境造就的结果。

2.2.4 相关的实证研究及其案例分析

1. 反映 20 世纪 80 年代的经验研究成果

根据中国社会科学院经济所国有制课题委托国家统计局进行的问卷调查，我们可以获得从 1980 年至 1989 年共 800 家企业连续 10 年的数据。这个数据库是我们所能得到的在那个时代唯一比较全面的涉及企业改革的数据

---

[1][2] 参阅董辅礽、唐宗焜主编：《中国国有企业改革：制度与效率》，中国计划出版社 1992 年版。

库，它基本覆盖了改革的早期阶段的数据，不仅包括了企业各类统计或财务数据，也包含了大量的改革指标信息，因而为我们提供了翔实可靠的实证分析基础。对这些数据的分析研究，能够使我们发现改革的最初 10 年企业的生产率是否有所提高，能够检验初始阶段改革的成效如何。

Groves 等人运用上述 10 年的数据，估算了具有部门特征的生产函数，通过对这个简化的对数线性模型的回归，测量了 10 年来样本企业的全要素生产率的变化。总体来说，上述样本企业的全要素生产率在 10 年期间的年平均增长率为 4.5%，相对于改革开放以前的年均增长率 0.4% 来说，这个增长速度大大加快了。同样的结果也被其他数据的类似研究证实，例如根据 Chen 等人的相关研究，1978—1985 年期间，工业生产率增长 4.8%；Gordon 等人的研究发现，1983—1987 年期间，年平均生产率增长 4.6%。[1]

在样本企业涉及的六个生产部门，在 1980—1989 年期间，六个部门都显示出显著的生产率的增长。从 1982 年以后，每个部门的生产率增长都非常显著（见表 2.4）。大致来看，食品和纺织业的总体生产率增长率较低，为 2.37%—2.5%；其次是化学工业和建材工业，生产率增长分别为 2.7% 和 3.4%，显示出生产率按照适度水平稳步增长。第三类部门包含机械制造和电子工业，这两部门的生产率增长为 6.1% 和 7.9%，显示出极端迅速的生产率增长。

表 2.4　1980—1989 年各部门的生产率增长（每年的百分比增长）

食品业	纺织业	化学工业	建材工业	机械制造业	电子工业
2.37%	2.5%	2.7%	3.4%	6.1%	7.9%

资料来源：格罗夫斯、洪、麦克米伦、诺顿：《80 年代国有企业生产率的增长》，载董辅礽等主编：《中国国有企业制度变革研究》，人民出版社 1995 年版，第 58 页。

那么，20 世纪 80 年代企业全要素生产率增长的主要来源是什么？

格罗夫斯等人根据上述的 10 年企业面板数据，对样本国有企业进行了详尽的分析，他们发现企业的边际留利和产出自主权对于奖金变量有着强烈的影响，而奖金率和合同工人比例又对企业生产率具有显著的积极作用。[2]因

---

[1] Groves，T.，Y.Hong，J.McMillan and B.Naughton，1994，"Autonomy and Incentives in Chinese State Enterprises"，*Quarterly Journal of Economics*，Vol.109 (1).

[2] 由于采用了固定效应的模型和一阶或二阶滞后的工具变量的方法，因而这项研究能够在一定程度上消除奖金与留利等自主权的互为因果关系。

此，企业自主权或留利权的增加，导致企业行为发生变化，刺激企业增加对奖金的使用，加强了对工人的激励因而导致了较高的生产率。通过这种企业行为方式的链条，剩余支配自主权能够间接地对于全要素生产率产生积极的影响作用。这种主要对工人进行激励的方式，可能是 20 世纪 80 年代国有企业生产率提高的主要源泉之一。

此外，国内外的相关的实证研究都对这个阶段的国有企业的效率增长及其决定因素进行了分析，从不同角度发现企业激励机制的改善对于效率具有显著的积极意义。其中，较多的研究共识表明，留利自主权、职工奖金（或浮动工资）自主权和厂长工资奖励制以及教育程度等变量都对企业的效率具有积极的促进作用。[1]

2. 企业案例及点评

(1) 中国的承包制的首创：首钢案例。

1979 年 5 月，首都钢铁公司是国家经委等六部委确定为第一批国家经济体制改革试点单位之一，实行扩大自主权及利润留成。1981 年，首钢在国务院和北京市的支持下，改变国家与企业之间分成的办法，实行承包制，即全年上缴利润 2.7 亿元定额包干，超过部分利润全部留给企业，并按照 4∶3∶3（生产发展基金、集体福利基金、个人消费基金）的比例分配使用。实行定额包干后，极大地调动了企业和广大职工的积极性，当年就实现利润 3.16 亿元，不仅完成了上缴利润包干任务，企业还留利 4 000 多万元。1982 年，经国务院批准，首钢开始实行上缴利润递增包干办法，承包期 15 年，以 1981 年上缴利润 2.7 亿元为基数，每年上缴利润递增 6%（1983 年又主动把递增率提高到 7.2%）。国家不再给首钢投资；留用利润的分配比例改为 6∶2∶2；职工工资总额与实现利润按 0.8∶1 挂钩浮动；企业计划内产品自销 15%，超产产品全部自销，承包期限 15 年。企业内部，实行全员承包，责、权、利到人。

---

[1] 相关研究可参阅 Hay, Donald, Derek Morris, Guy Liu and Shujie Yao, 1994, *Economic Reform and State-owned Enterprises in China 1979—1987*, Clarendon Press, Oxford；刘小玄、郑京海：《国有企业效率的决定因素：1985—1994》，《经济研究》1998 年第 1 期。

案例

首 钢 案 例

1979年，周冠五已经61岁，在他的争取下，首钢定为"利润留成"的试点单位，由此拉开了承包制的序幕。

1982年，国务院批准首钢试行承包制方案，曾任周冠五多年秘书的任为民把当时的改革简称作"利润递增包干"，他对《中国企业家》说，"没有这个改革，就没有首钢的今天"。但是当时的改革也充满风险，国家计委其实并不支持，是迫于国务院的批准才同意的，社会上的非议也时有耳闻。1985年，周冠五被选为《中国企业家》创刊号封面人物。

当时国家经济平均增幅是4%，苏联是2%，要做到连续15年每年递增7%难度很大。但是因为"有好处"，大家的热情空前高涨。节约生产运动再次大规模展开，100项合理化建议被提出并实施。承包制实行当年，上缴利税后余额4 000万元，工人都乐开了花。

周冠五把"利润递增包干"的潜力发挥到了极致，严格管理，进口二手设备，改造挖潜，加上职工的热情高涨，从1983年到1991年，首钢的钢产量稳步爬升，逐渐逼近500万吨。

1992年7月，国务院发文《进一步扩大首钢自主权改革试点的通知》，扩大首钢的投资立项权、外经外贸外事权、资金融通权。随后，首钢加快在国内兼并企业的步伐，成立了中国首钢国际贸易工程公司、华夏银行，通过国际招投标收购了秘鲁铁矿，与李嘉诚的香港长江实业公司联手收购香港东荣钢铁股份有限公司，以及宝佳集团等4家香港上市公司。这些扩张活动，后来也给首钢带来一些麻烦。

到1994年，周冠五把首钢带到了巅峰状态。这一年，首钢以823.7万吨的粗钢产量一跃而成国内钢铁业群雄之首。11月，他被评为中国改革风云人物，这时距他离职不过3个月的时间。

1995年2月，周冠五的企业家生涯戛然而止。他和这个他奋斗了45年，一手带大的企业，划清了界限。往后，首钢继续了几年多元化扩张，然后就拖着疲惫庞大的躯体，进入低迷不振的阶段。

周冠五的眼光和魄力，在那个时代是难能可贵的。他意识到国有企业需要体制改革才有活力，而体制改革又离不开政策支持，于是他就不遗余力地去争取政策。有了政策的支持也不能坐享其成，于是他实行了严格高效的管理。

资料来源：《中国企业家》2005 年第 24 期。

这就是周冠五，那个时代的风云人物，他代表的首钢的崛起标志着那个时代的开始，他的出局也意味着那个时代的结束。随着他退出历史舞台，另一场大幕拉开，不过其主角将换成民营企业及其企业家。

在研究首钢的案例中，值得注意的是首钢与政府的矛盾一直贯穿始终。在整个承包过程中，首钢与北京市财政部门的矛盾几度激化，当面临利改税时，一般企业都需要服从，但首钢仍然坚持保持承包制合同的连续性。

首钢的承包期长达 15 年，这是中国国有企业中承包期最长的企业。然而，首钢的案例不可持续，也无法复制，首钢最后还是无法摆脱它的宿命回归。

（2）企业实地调查案例。[1]

1988 年 9 月，中国社会科学院经济所国有制课题的研究团队赴武汉、湖南、江苏和浙江进行了实地调查，走访了 32 个国有企业，获得大量的一手案例资料。从这些企业调查的原始记录中，我们可以从经济的最基层细胞——企业的视角和眼光，来观察 20 世纪 80 年代企业改革的进展、存在的问题，以及对今天的启示。

案例

武汉企业案例

调查对象：武汉市体改委，武汉市经委（时间：1988 年 9 月 7 日）

1984 年 5 月中央批准武汉市计划单列，享受省一级管理权限，省属企业

---

[1] 以下案例均来自作者及其课题组 1988 年的原始调查记录。

下放到武汉市，开始综合改革试点。

1985 年以前主要是放开了消费品市场，1985 年以后则放开了生产资料市场，其中机电产品 100％市场调节，木材 80％市场调节，钢材 27％市场调节。

1986 年开始，实行两权分离，搞各种形式经营承包责任制。主要是从国营企业开始，从小型企业租赁开始，1987 年开始推行承包责任制。全市 377 个全民企业实行承包，租赁的 353 户，合计占 93.63％。全部 837 个商业企业实行承包的 811 个，占 96.83％，406 户市属集体企业承包的有 364 户，占 92％。

承包制使企业由过去政府的附属物转变为相对独立的企业，给企业带来了生命力，经济效益也同步增长。

武汉冷柜厂：该厂是全国同行业最大的企业之一，也是轻工部八大定点厂家之一。企业从厂长负责制过渡到承包制，主要由厂长向工业局承包，承包合同一定 4 年不变，实现利税每超过 1％，厂长可得其工资的 10％作为奖金，每下降 1％，扣厂长工资的 1％，扣至 60％为止。此外，还实行层层承包，即车间科室向厂部承包，班组向车间承包等。

企业实行工资总额与实现利税挂钩，1987 年挂钩比例 1∶0.78，即实现利税每增长 1％，工资总额可增长 0.78％。

存在问题包括承包基数很难合理，需要讨价还价，未考虑不确定因素。原材料双轨价格若不尽早结束，会导致严重失控。钢材价格已由 1 440 元/吨上涨到 5 800 元/吨，现在每天以 100 元的速度上涨，企业无法承受。商业利润远远高于工业利润，各种官倒和私倒盛行。

武汉金笔厂：全民企业，职工 430 人，实行个人租赁制。1986 年 8 月，在市公证处监督下，厂长与一轻局正式签订租赁经营合同，租期 3 年。厂长以 4 000 元作抵押金，3 名保证人的抵押金各位 2 000 元，共计 1 万元。合同规定，第一年实现利润 16 万，第二年 45 万，第三年 55 万。完成指标后，承租人和保证人可得职工年均收入 3 倍的奖励，达不到基数利润，不仅租金不减，还要按利润差额的 5％进行赔偿。

实行租赁后，企业效益不断提高，1986 年超额完成基数利润，比租赁前增长约 29 倍。1987 年提前 4 个月完成全年利润指标，1988 年上半年就超额完成全年基数利润。3 年租赁期满，企业投入的更新改造资金约 120 万，相当于 30 年国家投入该厂的总和。职工收入增加，精神振奋，提出合理化建议 982 条。

从以上武汉的国有企业来看，实行承包制后，多数企业取得了较好绩效，能完成承包指标，有的还能超额，受益很大，但也有少数企业承包后完不成指标，只好与政府主管部门谈判，降低上缴利润指标。总体来看，企业受历史影响较大，承包合同都是建立在以前绩效基础上，再经过谈判达成一户一率的合同。

案例

浙江企业案例

浙江临安造纸厂：县属全民企业，职工 548 人。所需原材料大部分是紧缺物资，价格不断上涨，企业难以消化。职工劳动热情低落，原因是物价上涨过快，部分职工热衷于第二职业，个人挣钱，工作随便，劳动纪律差，对生产造成损失。针对此情况，企业将车间划成小组承包，优化组合，联产计酬，提高了效率，但是剩余人员去向是大问题。劳动工资改革是当务之急，按生产需要减少 1/4 的职工没问题，人浮于事严重，一人事情两人干，艰苦工作无人干，正式职工闲着，却需要聘用农民工从事一线工作。

临安水泥厂：县属国企，职工 412 人，加上临时工共 600 多人。1988 年以来，原材料价格上涨很快，许多计划供应无法保障，但计划水泥一定要上交。

企业缺少用工权和人事权，职工总量可减少 1/3，但生产一线、脏活重活还缺人，只能找临时工（农民工），他们收入较低，正式工还歧视他们，因此，曾发生过临时工罢工、怠工和毁坏设备的事情。轻松岗位人浮于事现象严重，不少来自各种关系户和职工的亲戚关系。

临安化肥厂：县属国企，建厂 18 年来，盈余 7 年，亏损 10 年，盈亏相抵，共亏损 342 万元。1987 年开始搞承包，实行后效果较好。原材料价格上涨幅度超过产品价格上涨幅度，因此，综合算来，今年利润将比去年减少很多。化肥价格没有放开，计划供应煤只能满足 60%。职工不安心工作。流动性大，招工不肯来，来了不肯学，技术素质下降，事故频繁。社会摊派严重。

临安内燃机配件厂：县属国营企业，职工 514 人。反映强烈的是价格问题，虽然有 40% 的计划原材料供应指标，但经常拿不到货，或者拿不到所需要的型号与规格。因为各部门都设法将计划内原材料专程计划外议价供应。企业生产的产品价格很难上涨，而原材料一天一个价，日子不好过。价格上涨幅度大，中间环节是关键因素，必须解决官倒问题。企业正在努力加强内部管理，消化成本上升。关于招工制度，上面主管部门每年都有招工指标下来，厂里无法拒绝，但是现有正式工太多，效益低下，负担太重，企业愿意多招临时工，实行计件工资。

从所选择的浙江国有企业来看，普遍是县属企业，规模较小，通常仅有几百人。这些企业所关注的问题与武汉有所不同，对于承包合同及指标的谈判并不特别在意，而是更多关注市场，关注价格，关注劳动用工权的改革。这可能与企业所处的外部环境有关，因为他们的生存与市场息息相关。浙江的市场环境竞争更加激烈，这些县属国有企业首当其冲面临市场的强大压力，因此，他们对于市场的敏感程度远高于武汉的那些大型国有企业。按照某厂长的说法，若企业垮了，退休后也没了依靠，如企业兴旺发达，对大家也有好处。承包的时间不算短，市场变化迅速，必须不断开发新产品，否则光拼设备是危险的。这表明，县级国企处在计划体制的末端，更难以得到来自政府的保护，因而更接近市场，需要更多依靠企业自身的努力才能生存。

案例

湖南企业案例

湖南曙光电子管厂：隶属电子部。1985 年实行厂长负责制，1987 年实行承包制，采取上缴利税递增包干形式，上缴基数 56 万元，利税递增率

10%。企业冗员过多，各种社会关系安排人员进来，冗员率至少达20%。所需原材料只有5%由电子部拨，其余靠高价外汇进口。产品分配权电子部占50%，省局50%。

湖南省橡胶厂：国营企业，职工3 500人。1984年前全部产品由国家包销，1984年后，每年指令性计划大约60%—70%，其余自销。1984年厂长负责制，1988年承包制，承包合同确定上缴利税递增包干，递增率6%。企业内部层层签订承包合同。

株洲硬质合金厂：隶属中国有色金属总公司长沙分公司（相当于部属企业，作者注），职工6 000人。1984年实行厂长负责制，厂长由中国有色金属总公司任命。1987年搞"两保一挂"的承包制，与总公司核定承包基数。该厂产品占国内同类产品市场的45%，供不应求，价格由总公司定。主要原材料大约有70%的计划供应指标，市场购买部分的涨价幅度很大。

湖南调查的基本上都是千人以上的大企业。这些企业都实行了承包制，同时，也大都在企业内部实行了车间和班组的承包，实行了优化劳动组合，加强了管理，消化了部分价格上涨导致的成本。但是，难以解决冗员对于生产率的不利问题，则是企业普遍的无奈。

案例

江苏企业案例

镇江塑料一厂：职工693人，1987年承包制，上缴利润，核定基数，每年递增5%，超收部分国家和企业2∶8分成，留利部分必须优先还贷。工资与实现利税挂钩，挂钩比例为0.7∶1。企业所需原材料没有计划指标，只能自己采购，价格上涨幅度大，1987年以来，化工原料吃紧，各种贸易公司、服务公司及个人利用关系倒买倒卖，价格一再抬高。

镇江钛白粉厂：中型化工企业，职工922人。1984年厂长负责制，1987年承包制，实行"两保一挂"。一保上缴利润，以1986年实际上缴额为基数，每年递增4%，超额部分全部留企业，用于归还企业技改贷款。二保技改项目。挂钩则为工资总额与上缴利税挂钩，比例为 0.7∶1。原材料钛精矿价格连续上浮，1988 年一季度出现亏损，经省化工局调整产品价格，全厂 6 月份以后利润开始上升。企业冗员率高达 40%。

镇江脱粒机厂：1987 年承包，与市机械局签订合同，"两保一挂"，一保核定的上缴利润基数，以上年为基础每年递增 4%。二保技改和还贷，规定承包期内技改总投资，规定承包期满时固定资产的增值额，以及规定 4 年内归还的银行贷款额。工资与上缴利税挂钩比例为 0.7∶1，若超过，则征收工资调节税。企业认为，除了上缴利润能基本保证，其余均是一纸空文。例如，技术改造投资，主要靠银行贷款，银行那里根本贷不到足额资金，故无法保证技改投资任务完成。国家每年提供部分计划供应原材料，例如钢板计划供应 76%，但江苏省要扣 10%，到市里又要扣 10%，用剩下的指标去物资部门购买时，要么规格型号不对，要么需花高价，物资部门经常是"牌价转议价"，有的供货单位要回扣，有的明确表示要好处费。计划平价电价为 0.13 元/度，而议价电为 0.25 元/度。企业用电也需要核定额度，超过额度的要支付议价价格。企业产品由上级管制定价，赢利空间很小，困难重重。企业内部职工收入平均化，职工普遍怠工，生产下降。厂长名义上有权辞退职工，但实际上根本无法做到。

镇江蓄电池厂：机械电子部重点企业，职工 630 人。1984 年实行厂长负责制，1987 年实行承包制。"两保一挂"，即保利润上缴，保技术改造，工资总额与经济效益挂钩。承包基数一般以 1986 年上缴利润为基础，如 1986 年低于 1984 年和 1985 年，则按 3 年平均数确定基数，然后乘上一个递增比率。该企业与主管局讨价还价，最后由上面来确定。本来递增比率是 7%，经讨价还价后定为 5%。工资与效益挂钩的比例为 0.8∶1。

与其他同类厂比，该厂上缴多，负担重，因为过去上缴就较多，现在降不下来。该厂"六五"和"七五"期间用于技术改造的贷款较多，还款任务很重。由于基数太高，留利就少，影响职工收入。

工效挂钩比例虽然较高，但是基数完不成，工资就要下浮。1987 年工资下降 15%，而同期产量增长了 10%。生产发展了，职工收入反而下降了。

自 1988 年起，原材料价格上涨迅猛，企业难以承受。原材料价格上涨远远高于产品价格上涨。涨价原因之一在于，中间环节太多，大大小小的倒爷，人为制造紧张，哄抬价格。目前是流通部门赚生产部门的钱。

　　从这些调查企业总的情况来看，绝大多数都实行了承包制，大都采取"两保一挂"的方式。其中，工资与上缴利税挂钩是最直接的促使企业提高效益的激励方式，它适用于每个企业，只要利税比原先有所提高，就必然会带来工资的相应比例的提高。但是利润指标，由于需要考虑前期的实际利润，因而不可避免地会出现"鞭打快牛，保护落后"的结果。这始终是困扰这一阶段的问题，无法解决。[1]承包制由于是从计划经济脱胎而出的，所以需要照顾由历史的政策因素形成的落后与亏损企业。但是，那些经营性亏损和管理不善的企业往往混杂其中无法识别，只好让它们一起享受保护。这样就会失去市场的公平竞争性，无法真正解决企业的市场激励问题。

　　为了避免短期行为，除了保上缴利润外，还实行了保技术改造，以便政府考核企业的长期行为。然而，技术改造的考核基本上是流于形式的，实际上根本无法实现。由于技改需要贷款和还款，银行政策往往难以配套，不是贷不到足够的资金，就是技改后负担沉重，企业难以承受。加上市场不确定，企业利润无法稳定持续，对于需要一定时间之后才能见效的投资，其风险相当大，很可能会因此而影响利润指标。所以，在这样的体制下，企业的短期利润目标比较容易得到保障并实现，而长期行为缺乏最必要的缓冲余地，因而是无保障的。

　　再次，承包制给企业确定了利润目标后，企业在一定的考核压力下，需要加强内部管理，实行奖金或浮动工资制，通过打破平均主义，收入向一线工人倾斜，实行劳动优化组合，解决过多科室冗员等方式，这方面普遍取得了较好的激励效果。但是，企业在劳动用工权上仍然缺乏足够自主权，对这方面的改革呼声很高。

　　由此可见，企业在这一阶段的效益主要来源于留利目标和内部管理的加强，这也是与相应实证研究的数据分析中得到的结论一致，即效率来源于奖金和留利等自主权的激励。

　　一个企业反映特别突出的问题就是价格"双轨制"。几乎所有的调查企

---

　　[1]　对这些案例的考察，或许能够解释 Groves 提出的谜，因为工资总额（含奖金）具有与利税增长直接挂钩的比例，但留利指标却经常会表现出苦乐不均的现象，其与企业自身努力的相关性并不很大，而过多受到价格"双轨制"、讨价还价能力以及历史因素的影响。所以，才会出现留利并不直接影响效率的结果。

业都对价格问题表示了强烈的不满，都对价格上涨带来的对企业的冲击表示了担忧。企业的盈亏受外部市场环境的影响太大，而受自身努力的影响较小，所以无法做到公平竞争。这是当时的一个普遍问题。其中一个重要原因在于官倒盛行，大量利润流到了掌握物资分配权的人的手里，他们实质上通过这种方式剥夺了企业应有的收益。企业对此表示了强烈的不满，迫切要求尽快实现价格统一，实现市场并轨。整个计划流通系统就是建立在这样的基础上，即依靠从双轨差价牟利的方式，获得大量垄断利润和差价收益的。当价格并轨后，这些物资流通系统就没有存在的土壤，也失去了赖以生存的温床。这个阶段流通部门大发横财，经济整个出现不平衡不合理，生产者被流通者剥夺，后者凭借手中的物资分配权来进行垄断，获得高额垄断利润。

价格"双轨制"还是当时企业与政府讨价还价的重要依据，由于价格波动，由于计划指标减少，计划外价格增加导致企业利润减少，使企业经常无法得到较为确定的收益预期。因此，利润受此影响较大的企业必然要与政府力争降低承包利润，而能从"双轨"价格中受益的企业则也能从承包指标中受益，因为政府也无法预测未来的价格走势。总之，"双轨"价格使得承包合同难以确定，导致苦乐不均，竞争不公平，这已成为当时普遍的一大问题，也是使得承包制后来越来越趋于短期化的原因之一。

1994 年实行了税利分流的政策，这标志着企业改革走出了以政府绩效考核为依据的承包制阶段，从此进入了以市场绩效评价为依据的经济发展阶段。

2.2.5 改革初始期的三个时段的政策演变动因

回顾改革初始时期（1978—1993 年）三个不同特点的发展时段，我们发现这是一个"否定之否定"的过程。利改税阶段是对上期利润留成制改革的某种否定，但是它又不是单纯倒退，而是吸收了一些符合市场经济的规范，从过去的利润上缴中分解出了所得税的范畴。承包制则是对上一期利改税方案的否定，仿佛又回到了最初的利润留成制，然而，这却是在更高级层次上的回归。

这种改革方案的不断更迭和不断否定的发展过程，可能是整个改革史的一个基本特点。我们以后还会反复看到这个特点不断出现。那么，为什么会出现这种现象？从我们对各阶段改革方案出台的前因后果的分析中，可以看到，政府目标行为是导致这种改变过程的根本动因。

中国社会科学院经济所的国际合作研究课题[1]在 20 世纪 80 年代对承包制企业的研究认为："中国各级政府的收入几乎完全依赖于国企的利润，1980 年从国企征收的利润和税收占当年财政收入总额的 85%，后来虽然也开辟了一些新的收入来源，但直到 1989 年，国企的上缴利润仍占政府财政收入总额的 52%。因此，政府与国企在利润分配方面存在着强烈的利害关系，设计一种有效的利润承包机制显然对政府是有利的。"[2]

正是由于政府具有这种对国企利润的高度依赖性，政府在国企效益不佳时，总是想寻找一种能够有效刺激企业提高效益，从而提高政府财政收入的改革方式。改革初期，当政府推行利润留成的改革方案后，企业得到的收益似乎较快提高，而政府的财政收入增长放慢，年年出现财政赤字。于是，政府否定了旧方案，推行新方案，来保证自己能够获得较大比重的收益。利改税政策就是这样出台的。然而，利改税方案虽然使政府财政收入迅速增长，但预期结果只维持了两年，此后企业效益就大幅下滑，政府收入也随之下降。不得已，政府推出了承包制，部分否定了利改税政策，来确保企业效益，这实际上是对最初利润留成制的某种程度的恢复。

可以看到，在这一阶段，双方争利十分激烈，反反复复，不断博弈。政府和企业就是在这样的博弈中互动，俗话说，上有政策，下有对策。政府拿出什么方案，企业就应对什么行为。政府采取对企业有较大激励性的改革措施，企业就有较高的积极性和效益，反之，政府政策偏重于增加财政收入，在分配上向政府倾斜，企业则以消极行为来对抗，企业效益下降的结果是政府收益也下降，这是一个两败俱伤的结果。在这样不断博弈的调整过程中，政府也意识到这不是一个此长彼消的关系，而是一个要么双赢，要么双输的结果。只有企业效益好了，国家才会有上缴利税，而企业只能依靠良好的激

---

[1] 该课题组成立于 1986 年，主要的国际合作者是英国牛津大学、美国加州大学圣地亚哥分校与美国密歇根大学。

[2] 麦克米伦、诺顿、林岗：《国有企业与政府的承包合同的性质与特征》，载董辅礽、唐宗焜、杜海燕主编：《中国国有企业制度变革与研究》，人民出版社 1995 年版。

励机制来激发企业的潜力。

在这个阶段的博弈过程中，政府总是把自己的目标放在第一位，即国家财政的增收速度要高于企业利润的增长速度，以便减少财政赤字。因此，政府总是想不断调整政府与企业的利益分配关系，以便达到某种它所设想的最佳状态，使政府目标能够实现。然而，几经调整，这个目标仍然难以实现，财政赤字反而越来越高。企业在这种每隔几年就要换一种政策的预期下，短期行为愈演愈烈。政府和企业在这个"死胡同"中相互纠缠了十几年，也没能真正解决问题。

我们应当反思的是，政府收入最大化的目标是否绝对合理？政府的这个目标是建立在传统计划体制上的，但是，当企业有了市场选择权和自主权的时候，问题就不那么简单了。企业才是市场经济的主体，政府必须尊重并有责任保护企业最根本的权利，而不是反其道而行之。在市场经济的社会，就像在一个公民社会，每个企业或每个公民都有自己最根本的权利，国家权利与其在本质上是平等的，而不是凌驾于其之上的，更不能对其实行掠夺或杀鸡取卵的政策。这就是市场经济的基础和规则。只有当政府真正意识到这一点时，我们才能走出这条死胡同，我们就不会为"政府拿的多，还是企业拿的多"的问题而困扰，也不会对于"究竟是工资侵蚀利润，或是利润侵蚀税收"的问题而争议。市场是最好的裁判员，在处理大量的市场利益关系上，它远比政府这个裁判员要聪明得多，也公平得多。

在一种典型的承包合同形式中，要求企业每年向政府上缴一个固定数额的利润，超过这个数额的全部利润可以 100％地留在企业。这种承包形式比较普遍，到 1989 年，在调查样本中接近 1/4 的企业采用了这种形式。这种形式在边际水平上可以得到充分刺激。根据格罗斯曼和哈特的企业产权理论，所有权就是剩余控制权。在改革过程中，这种剩余控制权逐渐转移到企业手中。改革给企业带来的额外经营自主权，包括在生产、工资奖金等方面的基本决策权，除了剩余控制权，还有剩余收益权，这是由政府与企业之间签订的合同确定的。承包合同允许企业留下 100％的边际利润，赋予企业充分的剩余收益权，从而产生了这样的结果，使剩余控制权和剩余收益权得到统一（可是剩余权有期限，最长 3—5 年）。承包合同规定，把边际利润全部留给企业，企业的管理人员按照这种合同来经营，实际上就非常接近成为企业的所有者，尽管名义上还不是。[1]

无论是从实践还是从理论上来看，承包制都是改革初始阶段达到的最顶峰，也是最有研究价值的一种改革模式。承包制的核心意义就在于，它既来自中国的朴素实践，即"缴足国家的，剩下是自己的"农村成功经验，同时，又最接近现代产权理论的所有权就是剩余权的理论模式。将中国的实践与现代产权理论相结合，就形成了改革过程中的企业承包制模式。这个模式虽然已经成为了过去式，但仍然有很多值得我们回味的地方。

承包制的产生和结束，贯穿着改革初始阶段的始终。承包制走过的这一段曲折的道路，正反映了计划体制向市场化转轨的第一阶段。承包制正是适应着这个市场化的磨合阶段的产物，它是在计划体制的公有制下所能走得最远的企业改革方式。

承包制本来还可以走得更远一些，可惜碰上了 1989 年之后的经济低谷，政策反复，需求疲软和市场的不确定，企业对未来缺少信心，也缺乏稳定的预期。政府的财政收入最大化的改革动机，导致了政策的反复调整，也使得改革方案时断时续，无法保持较长时期的连续性，因而失去了其原本应有的效力。

承包制的出现，是市场经济发展的必然。在市场化的早期，在卖方经济向买方经济的转化阶段，价格还不可能成为正确的市场信号，企业生产还在很大程度上由计划决定，企业利润也还不能反映企业的真实绩效。在企业之间，存在着大量的从计划体制里带出来的先天条件的差异。在这样的情形下，企业还不可能一下子完全摆脱计划走进市场，也不可能立即摆脱政府依附关系独立生存，而需要有一个过渡缓冲期，来适应市场经济和市场竞争。企业承包制就是在这样的外部环境下产生的，它赋予企业以独立利益，因而能够与政府进行谈判，能够与政府去争取自身利益。同时，它还让企业开始从生产边际上去面对市场，赋予企业剩余权来得到最大的激励，使企业逐步学会如何去进行市场竞争，如何通过改善竞争力来获得自身利益的最大化。这个学习过程就是伴随着承包制进行的，目的是让企业有限度地进行市场竞争，逐步地摆脱对政府的依附。

---

[1] 麦克米伦、诺顿、林岗：《国有企业与政府的承包合同的性质与特征》，载董辅礽、唐宗焜、杜海燕主编：《中国国有企业制度变革与研究》，人民出版社 1995 年版。

承包制的结束，也是市场经济发展的必然。从企业方面来看，企业既要面临巨大的不确定市场和确定的承包指标的矛盾，还要面临政府不断提高指标和改变政策的干扰，市场动荡和政府行为多变使企业无所适从。从政府方面看，通过十几年与企业的博弈争利，政府发现自己已无法通过这种方式来解决财政收入和赤字的问题，政府对无休无止地与企业讨价还价也已厌倦，政府更是无法解决企业之间不公平的矛盾。更重要的是，在向市场化过渡的时期，政府收入已经越来越不依靠国企的利润了，政府的财政收入越来越多地来自乡镇企业、私营企业和外资企业。于是，结束这种过渡时期的承包制，使企业真正全面地走进市场，成为完全独立的法人，是彻底解决承包制陷入困境的出路。

承包制对于中国后来的企业发展具有深刻的影响，后来企业的一系列发展，往往都是建立在承包制形成的路径依赖上。对此，我们将会在后来的发展过程中发现这一路径依赖的重要特点。

2.3　"双轨制"的出现、市场对计划的挤出效应和实现并轨（1985—1994 年）

中国的计划经济是从苏联那里移植来的，然而，中国的中央计划的分配范围要比它们小得多。按照管理权限划分，按照重要程度和通用性质，工业生产资料可分成三类。一类是统配物资，即由国家计划委员会平衡，物资总局调拨，二类是部管物资，三类则是地方管理和平衡的物资。物资管理机构按照行政系统设置，各级地方政府设物资局，国家物资局下设金属、机电、化工、木材、建材等物资专业总公司。各公司在各大行政区设采购供应站（一级站），组织物资供应，各省、市物资局也都设有自己的专业公司和供应站。企业所需物资需要按隶属关系去申请，统配、部管物资一般通过每年两次的全国订货会由供需双方按国家分配指标签订供货合同。物资用量大的企业直接同供货企业签订合同，而物资用量小的企业由主管部门或地方物资部门集中同供货方签订合同。[1]

---

［1］参阅唐宗焜：《中国现行物资供应体制》，《经济研究资料》1986 年第 3 期，第 5 页。

2.3.1 "双轨制"最早的出现及其原因：计划外生产和交易市场的形成

"双轨制"最早的萌芽出现在 20 世纪 80 年代初期，即企业扩大自主权的改革时期。1980 年国务院规定，企业超计划和自己组织原材料生产的产品，以及试制的新产品，原则上可以自销。不过，对于生产资料的价格上调，则必须报经批准。1981 年，国务院批转的《关于工业品生产资料市场管理暂行规定》提出，企业可以自销的工业品生产资料，计划外的其他工业品生产资料，企业自己组织主要原材料、燃料生产的产品和试制的新产品等，允许进入市场自由购销。

扩大自主权使得国有企业产生了很强的激励和很大的生产灵活性，生产出了更多的产品。然而传统经济中的计划并没有也不可能把这些额外的产量增量纳入计划体系，因为事先不可能知道增量的数额，也无法知道企业激发出来的潜力有多大，加上在那个产品短缺的时代，乡镇企业、个体经济的大量产生，形成了巨大的计划外市场。对此，计划体制更是无法行使配置资源的功能，只能是诉诸市场。1981 年，中国一、二类物资总共只有 837 种，而苏联有 6 500 多种。中国的地方政府分配的一类物资的比重如下：煤 46%，钢 42%，有色金属 36%，木材 18%，水泥 71%。[1]

因此，由于企业自主权的激励和计划外的各种企业的市场激励，催生了计划外的生产供给的出现，加上大量的市场需求，形成了游离于计划体制外的一个新的交易系统。这样，为计划生产和为市场生产的最早的生产"双轨制"也就诞生了，并形成了计划外的生产系统。在其中，最重要的供给之一主要来源于国企在计划外的生产增量，而其需求则主要来自计划外的大量新生的乡镇企业或个体户，以及消费者，这样的供求关系形成了中国最早的市场交易主体，其表现为计划体制下的生产者和市场体制下的需求者之间的独特的交易关系。

计划外产品进入市场自由销售后，尽管国家强调，其价格仍要按国家计划价销售，但实际上已经行不通了。市场力量和价值规律必然要发生作用，其结果表现为计划外价格迅速向市场均衡价格移动，价格管制难以奏效。根据 1993—1995 年期间有关物价的文件来看，大量的通知都涉及对企业提价

---

[1]　蒂德里克：《中国计划体制的主要特征》，《经济研究资料》1986 年第 3 期，第 3 页。

的禁令，政府不断下发通知和文件，三令五申企业不得擅自提价，不得在计划外加价，等等。

在强大的市场压力下，国家不得不放松了部分价格管制，对中小企业的产品价格可实行向上浮动 20%。这种放松管制表现在 1983 年 7 月，国务院对制止生产资料乱涨价的几个政策界限作了规定。其中规定，钢铁、焦炭、主要机械等全国统一定价产品，大型企业不得制定临时出厂价，中小型企业在正常生产下，执行全国统一定价发生亏损的，可制定临时出厂价，成本利润率不能超过 5%，具体价格不能超过全国定价的 20%。

1984 年 5 月，政府进一步放开计划外产品及其价格的范围，国务院发布《关于进一步扩大国营工业企业自主权的暂行规定》提出，钢材，属于国家计划内的可以自销 2%，超计划生产的全部可以自销。生铁、铜、煤炭、水泥、橡胶等产品，超计划生产的全部可以自销。机电产品，国家安排原材料生产的由国家调拨分配，其余的可以自销。工业生产资料属于企业自销的超产部分，一般在不高于或低于 20% 幅度内，企业有权自定价格，或双方在规定幅度内协商定价。属于生活资料和农业生产资料，要执行国家规定价格，包括规定的浮动价格，但企业可用计划外自销产品与外单位进行协作。

这时，计划外价格的浮动已经从中小企业扩大到了大型企业，计划外的市场自销范围也有所扩大，价格浮动范围达到 20%，但仍然受到计划管制，尚未完全放开。

计划外价格完全放开是在 1985 年 1 月，当时国家物价局、国家物资局联合发出《关于放开工业生产资料超产自销产品价格的通知》，通知规定，取消原先规定的计划外产品的自销价格不高于国家定价 20% 的规定，可按稍低于当地的市场价格出售，参与市场调节，起平抑价格作用。这个通知标志着"双轨制"的正式开始实行。

从生产"双轨制"的萌芽出现，到完全的价格"双轨制"的实行，前后约 5 年时间。在这个过程中，我们可以看到"双轨制"出现的起源，其从萌芽状态到完全状态的发展过程。从这个过程可以看到，"双轨"价格来自"双轨"生产，来自企业独立于计划外的自身利益的出现，来自计划外的交易市场的出现。这些都是一环套一环的，就像多米诺骨牌那样，只要触发了第一张牌，后面的连锁反应都是必然的了。

"双轨"价格的出现是"双轨"生产体系的必然结果。如果当初采用单一的计划价格来对应于计划外生产和需求，在产品短缺的年代，在供不应求的条件下，势必产生配给现象。那么由谁来配给？计划体制似乎是无力应对大量的市场需求的。再退一步想，即使能够按照计划价格实行配给，那么配给谁，按什么规则来供应？如何能够满足巨大的需求缺口？其结果必然又会出现类似"双轨制"下的大量开后门和行贿的腐败现象。

当然，如果一下子全部把市场放开，实行单一的市场价格，恐怕不仅生产计划体系本身会难以承受这种冲击，而且在短缺经济时代，必然引发全面的通货膨胀，造成社会经济的动荡。为了经济的稳定发展，避免转型中可能出现的通货膨胀危机，采取渐进的市场放开的方式比较合理。

所以，无论是实行单一计划价，还是单一市场价，在那个年代，恐怕都是行不通的。"双轨制"是从单一计划价向单一市场价转轨时期的产物，这是不以人的意志为转移的结果。问题在于，这段价格"双轨"并行的时期需要多长才是合理的，是否越短越好，还是越长越好？当然，恐怕没有人同意这个转轨期拖延很长时间，那么，实际过程是怎样运行的呢？

2.3.2 "双轨制"的发展过程：市场对计划的挤出效应和寻租的并存

1985 年国家正式放开计划外生产资料价格，使原已存在的"地下市场"和"非法价格"公开化、合法化，于是，同一生产资料在同一时间和同一地点出现了两种不同价格。在计划外的市场价格刺激下，企业的计划外生产产量不断增加，有效地刺激了产品供给量的增加。然而，随着时间的推进，其副作用日益明显，表现为各种截留或变相截留计划内的生产资料转为计划外高价出售，计划内产品与计划外产品之间的隔绝难以控制，各种产品转手加价、倒买倒卖等现象大量出现。为此国务院和国家各部委办不断发文或发通知，进行物价大检查，加强生产资料市场管理，查处违反物价政策的行为，实行物价监督，等等，仅 1985 年当年就下发各种此类通知或文件十几个。1985 年当年全国查处物价违纪案件 16 万多起，其中主要是转手加价，倒卖重要生产资料，抬价紧缺耐用消费品等，罚没违纪收入 1.3 亿元。[1]1984—

---

[1]《价格理论与实践》编辑部：《物价大事记》，中国财政经济出版社 1986 年版，第 294 页。

1988 年期间，全国查处价格违法案件 249 万起。[1]

案例 1

南京钢管厂等倒卖钢材案例

1987 年 11 月，南京钢管厂从华东交易中心购进计划外镀锌板 2 125 吨，其中卷板 1 649 吨，进价每吨 1 750 元，平板 476 吨，进价每吨 1 750 元。同时，从中南交易中心购进计划外镀锌平板 350 吨，进价 1 750 元每吨。到货后，南京钢管厂以资金占压为由，将 1 487 吨平板和卷板转手加价，销给南京绿洲贸易公司等 31 家经营单位。其中镀锌卷板 667 吨，每吨加价 387—2 387元，平板 820 吨，每吨加价 800—2 050 元。共获非法所得约 136 万元。

绿洲贸易公司等 31 家单位，又将从南京钢管厂购进的镀锌板全部加价，转手倒卖给其他单位。按实际价格计算，这些单位倒卖镀锌卷板加价约 12.8 万元，倒卖镀锌平板转手加价 39.5 万元。两项合计，共获非法收入 52.3 万元。整个倒卖活动共有 83 个单位参与，合计倒卖 129 次。处理结果：没收各个经营单位的非法所得。

资料来源：《中国物价年鉴》（1990 年），第 144 页。

案例 2

尿素擅自加价销售案例

1988 年 8 月，四川省广元市某进出口公司从市农贸公司使用外汇额度以每吨 546 元购进尿素 100 吨，用于换购出口干辣椒，支付外汇额度 3.9 万元，加上尿素款，以及加上各种运杂费用综合进货价格每吨 949 元。同年，该公司以每吨 1 200 元价格将尿素卖给剑阁县的一些个体户 54 吨，还以同样价格卖给陕西某供销社 6 吨，每吨超过规定价格 650 元。以每吨 550 元规定价格

---

[1]《中国物价年鉴》（1990 年），第 24 页。

作正式销售发票，差额收现金，获非法收入 3.9 万元。

尿素是国家管理的重要农业生产资料，1987 年四川物价局规定，各部门、各地自行组织的尿素，不论进价多高，对农民的零售价格都必须执行全省统一价格每吨 550 元。1988 年物价部门再次重申，不分计划内外，尿素全省统一价格每吨 550 元。国务院规定中，严禁对重要生产资料倒买倒卖，其中就包括尿素。处理结果：没收全部非法收入，罚款 8 000 元，主要相关负责人处以 150—200 元罚款。

案例 3

西宁空压机厂倒卖铝锭案例

1988 年 4 月，西宁空压机厂从市金属材料公司以每吨 4 656 元购计划内铝锭 4 吨，用于生产牙膏管。后该项目停产，铝锭本应退还物资部门，但该厂未提货就以每吨 7 000 元价格倒卖给省微电机厂，其中每吨 2 000 元收现金，不开发票。该厂从中牟取非法收入 9 376 元。当年 6 月，省微电机厂未提货，又以每吨 8 400 元价格将铝锭卖给省交通厅物资处，谋取非法收入 5 600 元。此外，该物资处还以信息费名义，付给该厂两当事人 1 400 元现金。交通厅物资处未提货，则又以每吨 9 200 元价格，转手倒卖给兰州物资中心，其中有 15 000 元收现金，不开发票，转手获取非法收入 3 200 元。4 吨铝锭，未出仓库，四易其主，价格涨了将近一倍，参加倒卖的 3 个单位共获非法收入 18 176 元。上述案件处理结果，对这几个单位所获非法收入全部没收，有关单位共处罚 4 000 元罚金，有关直接负责人处以 300 元罚款。

资料来源：案例 2 和案例 3 均来源于《中国物价年鉴》（1990 年）。

在实行"双轨"价格期间，寻租行为愈演愈烈，形成了全民寻租，"10 人 9 倒"的现象，使得社会寻租租金大量增加。在种种倒买倒卖的推波助澜下，计划外价格失去控制，加上通货膨胀，市场价格不断上升，在此情形下，1988 年 1 月，政府正式实行生产资料最高限价政策。其中规定，限价权由地方政府制定。结果，各地为了争抢货源，在销售价格上竞相攀高，实际上起了哄抬市场物价的反作用。1989 年 3 月国家物价局等又颁布计划外黑色金属、有色金属的全国统一最高限价，使限价覆盖率达到计划外产量的 90％左右。同时，强化了行政管理和物价监督。

由于计划内价格偏低，一些企业出现了严重亏损局面。例如，国家统配煤矿从 1984 年承包以来，生产成本上升速度大大超过煤炭价格调整速度，全行业亏损不断扩大，1989 年扣除加价收入后净亏损 40 亿元。原油行业也出现全行业亏损，1989 年亏损额达 42 亿元。计划内黑色金属亏损面已达 70％，其他的计划内有色金属和农业机械等行业的亏损也在不断增加。在这些严重亏损长期得不到补偿的情况下，企业和部门为了完成承包任务，不得不采用"计划内亏损，计划外补偿"的办法。[1]因此，最高限价屡屡被突破，限价阻力极大，难以得到有效实行。

表 2.5 提供了从正式实行"双轨"价格的 1985 年至"双轨"价格结束的 1995 年期间，主要钢材品种的计划内外价格的变化趋势。

表 2.5　实行"双轨制"的钢材价格的变化（1985—1995 年）（元/吨）

年份	普碳圆钢（10—20 mm）		线材（6.5 mm）	
	计划价	市场价	计划价	市场价
1985	535—630	1 500	610	
1986	535—630	1 468	610	
1987	535—630	1 275	610	
1988	535—630	1 750	610	
1989	535—630	1 724	610	1 932
1990	535—630	1 709	610	1 836
1991	I 类价 1 010—1 130 II 类价 1 300—1 460	1 683	I 类价 1 070 II 类价 1 430	
1992	1 340—1 460	2 210	1 430	2 290
1993	3 510—3 600	3 667	3 680	3 673
1994	3 050—3 150	3 267	3 170	3 232
1995		2 815		2 794

注：（1）1985—1990 年计划价为国家指令价，大型钢铁企业一直执行指令价，地方中型骨干企业执行地方临时价格，比国家指令价高出 10％左右，小型企业则可加价 20％左右。

（2）1991 年大型钢厂执行 I 类价格，地方中型骨干企业执行 II 类价格。1992 年两类价格统一。1994 年价格放开，企业自主定价，随行就市。

（3）由于当时的价格信息缺少系统的搜集整理，因此现在很难找到较全面的数据，有些年份的信息缺失也难以补齐，但不妨碍从中看出大致的变动趋势。

资料来源：《中国物价》各期；《物价文件选编》1983 年、1985 年和 1989 年；《中国物价年鉴》历年；冶金工业部编：《冶金产品出厂价格》。

---

[1]《中国物价年鉴》（1990 年），第 28 页。

从图 2.5 中可以更加清楚地看到"双轨"价格的变动趋势，由于 1990 年之前，计划价格完全不动，而市场需求在上升，两种价格差距则有所扩大，但总体来看，两条价格曲线还是大致平行的，价差并未出现显著的扩大态势。具有决定性的一步是从 1991 年开始的，从此之后，价格差距明显地不断缩小，仅 3 年功夫，就基本到位，实现成功并轨。

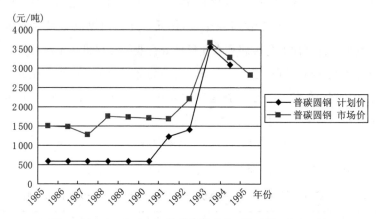

图 2.5　1985—1995 年普碳圆钢价格"双轨"变动趋势

在 1991 年之前，两种价格之间的差距实际上就是一个巨大的寻租空间，而从 1991 年之后，寻租空间越来越小，最后基本消失，不再有大规模的倒买倒卖的社会现象，也不再存在某些人利用权力牟取私利的土壤，因而在这个意义上来说，"双轨制"的结束意味着实现了公平的资源分配，从此开始了合理的市场竞争。

从实行"双轨"价格的 10 年间，可以看到，1988 年市场价格出现明显上涨，年初生产资料市场价格比计划价格高 30%，到年末两者价格相差 50%，呈现出"双轨"价格扩大态势。[1]然而到 1990 年，由于市场进入低谷，需求疲软，导致"双轨"价格之间的差距略微缩小。在 1990 年之前，市场价格总走势基本是向上浮动的，其大约相当于计划价格的 3 倍。到 1991年，由于计划价格上调，且上调幅度较大，市场价格则出现下浮，两种价格差距明显缩小。然而，1992 年的经济出现高涨热潮，钢材市场价格又出现

---

[1]　黄朗辉：《1989 年工业品出厂价格形式概览》，《中国物价》1990 年第 5 期。

较大幅度上涨，不过，计划价格也同时小幅上调，两者差距并未显著增加。到了 1993 年，计划价格基本上按照市场价格的走势实行大幅度上调，已经非常接近市场价格了，在 1993 年试探性的实行市场价格后，1994 年则完全放开，两种价格并轨。

"双轨制"的实行是转轨的必然产物，其本身是中性的，并没有好坏的问题，但是它可能存在两种不同的发展方向和趋势。一种是依然保持计划的僵化体制，计划价格保持低价不变，给任何掌握低价产品的供给者提供很大的寻租空间；另一是以市场价格为依据，及时进行计划价格的调整，向市场价格靠拢，逐渐消除两者之间的差距，最终消除寻租空间。就这两种发展方向来说，则很清楚地存在着十分明显的好坏之分，前者极不公平，资源配置效率低下，社会寻租费用巨大，造成资源浪费；后者则体现了公平和效率的兼顾，也杜绝了资源浪费的寻租和带来社会不公平的结果。

因此，"双轨制"产生的效应主要取决于政府，作为计划价格的决定者，是否把市场价格作为一个基准准星，来调整计划内外价差，这是"双轨制"能否成功的关键。不过，政府当时尚未意识到这一点，习惯了行政计划管理的政府，只是不断地强化行政管理，实行计划外产品最高限价。结果，这些行政方式很难奏效，在市场价格和寻租空间的巨大利益驱使下，企业采取各种方式回避限价，绕开限价，有令不行，使许多限价都落了空。此外，政府还采取行政手段严格查处价格违法案件。1988 年实行最高限价，1989 年再次重申限价，其结果导致企业缺乏增产动力，很多品种市场上有价无货，加大了供不应求的缺口。同时，市场实际成交价很难监督，大量变相高价交易，根本控制不住。1989 年查处各种价格违法案件 99 万多起，其中，大案要案居多，不少都是得到当地政府和主管部门的支持。[1]

在"双轨制"价格的经济中，真正的均衡价格是处在两种价格之间，它可能会低于计划外市场价格，但必然高于计划内价格。正是因为存在供小于求的缺口，才会形成计划配给和配给价格，也才会有计划外价格。缺口越小，价格差距则越小，计划外市场价格越可能接近于市场均衡价格。相反，缺口越大，两种价格的差距也越大，越是可能背离均衡价格。

---

[1]《中国物价年鉴》（1990 年），第 24 页。

　　在市场信息极度不完全的计划经济下，长期处于配给条件下的需求方，一旦面临某种计划松动和计划外价格的放开，便会出现普遍的价格上涨的预期。在这种预期下，真实需求被放大，价格的上涨得到不断推动。同时，计划内价格依然不变，其更加低于均衡价格，而不断上涨的计划外价格则更加高于均衡价格。

　　两种价格表明了两种体系，计划体系内依靠低价格来运营，而计划外体系则依靠高价格运行。两个体系的交易是不可避免，一旦出现交易，前者实际可以从低价格中得到来自后者的变相补贴或租金。计划外生产者支付的高于均衡价格的那部分就形成了这种补贴的来源。如果在这种双轨体系中，国企是计划体系，而民企是计划外体系，就像工农业产品的价格剪刀差那样，那么就可以很容易地实现计划外生产者对计划内生产者的实际补贴，国有企业或计划体制就可以轻而易举地得到来自体制外企业或消费者支付的价格补贴。

　　然而，"双轨制"恰恰存在于国企内部，存在于计划体系内部，这就无法保持两个体系的封闭运作。尤其是，当同一产品的生产者同时面对两种价格时，这种封闭几乎就是不可能有效的。结果，企业为了获得更多的价格补贴或租金，计划不断地被蚕食，计划外交易不断增加。在市场的挤压下，计划失去了其原有的权威性和指令性，面临崩溃的边缘。这就是典型的市场挤出效应，即市场把计划的势力范围越挤越小。计划外支付的高价格，实际上就相当于市场生产者从计划供应者那里，用金钱或补贴买来了市场经济运行的许可证，因而才可能不断实现市场扩张。

　　"双轨制"成功地促使越来越多的交易活动在市场上进行，但是在 20 世纪 80 年代后半期，宏观通货膨胀导致市场价格水平大大提高，而计划价格远远滞后，结果，随着按实物计算的计划价格不断降低，市场价与计划价的差额进一步扩大，因而"双轨制"没能成功发挥作用。所以，"双轨制"的潜在好处之一，即作为一种手段推动计划价格接近市场价格，实际上并未很快实现。然而，"双轨制"产生了一种负效应，即随着计划价与市场价差距的扩大，计划控制更迅速地减弱，其仍然有一种促进转型的作用。[1]在这

　　[1] Barry Naughton：《价格"双轨制"对国有企业的影响》，载董辅礽等主编：《中国国有企业制度变革研究》，人民出版社 1995 年版。

个意义上，价格"双轨制"在推动经济走向完全自由的市场定价方面的确发挥了作用，不过是以一种相当高的赎买金为代价的，这种赎买金是支付给那些计划产品供应者的，刺激他们更多地增加产品供应，或者通过减少计划控制的范围，来得到这些补贴差价。

"双轨制"的消极效应是产生巨额的寻租租金和高昂的交易成本，这种成本是一种赎买金的性质，它实际上替代了可能潜在的通货膨胀和经济动荡的代价。也就是说，如果实行价格改革一步到位的话，则可能不会存在这样的大量明显的租金（地下交易活动的租金不可避免），但可能导致社会难以承受的经济动荡不安和很高的通货膨胀率。总之，无论怎样，转轨必然都是有代价的。"双轨制"的积极效应也很明显，它从边际上调整价格向市场出清水平变动，能够刺激生产者更多地增加供给，缩小供不应求的市场短缺缺口。结果，它最后能带来统一的市场价格和市场经济，顺利地成功实现产品市场的转轨。

2.3.3　"双轨制"基本结束：促成并轨的原因和实现价格并轨的跳跃

实现转型并轨的基本约束条件在于，确保经济能有一定的内在稳定性的承受力，即在保证最基本稳定条件下实行并轨，不致出现社会经济大动荡。在这样的前提下及时实现并轨，可以避免出现无限期延长"双轨制"带来的巨额交易成本和寻租代价。也就是说，实现代价最小的转为单一市场价格，这就是合理的和成功的选择。

"双轨制"消亡的基本前提是，计划生产指标和原材料配额不再存在，因为"双轨"价格对应的是"双轨"生产体系，即存在计划内生产和计划外生产的并存，如若没有这种并行存在的计划内外的区别，也就不会有"双轨"价格存在的土壤。如果这种计划内外的生产面临的是两种分割的交易市场，那么就必然存在两种价格。

实际上，上述基本的约束条件取决于"双轨制"产生的前提是否还存在。在实际过程中，这是个渐进的发展进程，即随着产量供给的增加，市场短缺越来越少，两种价格之间的差距也相应会越来越小。因此，当供求差距达到一个较小的缺口时，实现单一价格的社会承受力就没有问题了。"双轨"变单轨也就在这种消除短缺的渐进中稳定地完成。

1988 年的价格闯关，欲求一次性地彻底解决困扰多年的"双轨"价格造成的一系列问题，然而，由此引发的全国抢购风，造成了前所未有的通货膨胀。这是典型的预期性通货膨胀。由于政府未考虑到长期以来生活在短缺经济和计划配给时代人们的普遍心态，人们难以适应计划一下子放开到市场的调节局面，以及对此的恐慌担忧引发的不良预期。实际上经过改革开放以来的生产力的释放，不少消费品并未存在严重的供不应求的缺口。然而，经历了短缺经济时代的老百姓，已经把价格放开等同于价格上涨，因而出现了普遍的恐慌心理，由此产生的预期起到了对价格上涨推波助澜的作用。

价格闯关固然造成了宏观经济的某种失控和市场一定程度的动荡不安，不过，这个决策的方向是正确的，只不过在方式上有些急躁，未考虑到民众的预期心理。如果能采取渐进调价的方式，向市场价格靠拢，那就是非常成功的。实际上，在价格闯关紧急刹车后的不久，政府就在逐步地、低调地小幅调整价格。对一些比较紧缺的原材料和一些严重供不应求的产品，都适当提高了其价格。如此整顿后的价格，高于原来的计划价格，但仅略低于上年的市场价格，明显缩小了计划内外价格的差距，为进一步的"双轨"变单轨打好基础。此外，对于农业生产资料实行了专营，把计划内外的价格统一为综合平均价。[1]这些价格调整政策都是以市场价格为基准进行的，因而为后来完全消除"双轨"价格奠定了基础。

除了以上因素，"双轨制"的最终消失还得益于另一方面的原因。1989年后的经济发展陷入低谷，宏观紧缩政策加上治理整顿，以及政治风波之后对计划外企业的整肃和来自国外的经济制裁，都使得经济发展速度降到了改革开放以来的最低点。在这种情形下，市场需求疲软，市场价格势必下跌。因此，自 1989 年以后市场价格一路走低，到 1991 年则落入一个最低谷，正好为"双轨"价格并轨提供了一个绝好机会。这时计划价格再作上调，"双轨"价格之间差距明显缩小。

"双轨制"期间，企业经常为原材料大幅上涨导致的成本上涨而困扰，因此，不断要求提高出厂价或销售价。在此期间，可以看到，物价管理部门大量出台的各种文件政策，都是涉及对于各类企业的提价要求的批准。不少

---

[1]《中国物价年鉴》(1990 年)。

企业都是由于亏损严重，要求提价，批准可以提价 20％—50％不等；有的企业由于是优质产品，可以批准提价 12％；还有对于中小企业，批准它们可以在原计划价格基础上加价 20％，等等。因此，计划价格在这种推动下，不断上涨，向市场价格逐步靠拢。

从企业在这段时期的价格指数可以看到，一些紧俏生产资料，例如钢材等黑色金属的出厂价格指数明显普遍低于原材料购进指数。这表明这些企业的原材料价格的上涨速度超过了产成品的价格上升速度，后者主要是由于出厂价格由计划价格控制，而原材料则不能保证全部采用计划价格购进。这里的投入产出差额在于物资分配机构不可能确保完全封闭的计划内体系的投入产出的均衡运作，不可避免地会有许多"渗漏效应"或"虹吸效应"，即许多计划内物资通过各种方式被吸引到计划外的市场，导致计划原材料供应总是不足，企业为完成生产任务而不得不以市场价购买原材料，这样势必就导致无法完成按照计划价格的生产任务，否则就必然亏损。在这样的情形下，企业要求提价的呼声特别高，要么就挤压计划指标，减少计划产出量。结果，来自提价和缩减计划产量的压力，迫使计划内的领域日益缩小，也逼迫计划价格向市场价格的方向不断上调。

1991 年初，国家大幅度调整计划价格，钢材平均提价 30％—40％，水泥实行计划内外价格并轨，并轨后的水泥价格比原来的计划出厂价提高了约 41％。不少物资的进销差价大幅度下降，从过去的上千元或上百元，下降至十几元或几元。调价后甚至有些产品出现了计划内外价格倒挂现象，即计划价格高于市场价格的情况。例如上海的螺纹钢计划价高出市场价 100 元，无缝钢管高出 500 元。结果用户纷纷弃计划去市场采购，致使物资分配计划难以完成。[1]不少地方还出现了指导性煤价高于计划外煤价的倒挂现象，而化工产品计划内外价格倒挂现象从 1990 年初就开始了。当大多数企业面临的购进原材料价格上涨速度不再高于，甚至低于产出品价格上涨时，离"双轨制"的并轨也就不远了。

1991 年工业品计划外价格高于计划内价格的综合价差率（以计划价格

---

[1]　周大力：《1991 年生产资料市场价格形势分析及对 1992 年的预测》，《中国物价》1992 年第 1 期。

为 100）由上年的 29％降为 15％。[1]同期，生产资料"双轨制"价格差距也进一步缩小，综合价差率由上年同期的 30％降至 20％。[2]据相关研究，钢材价差率由 1988 年的 45.9％降为 1991 年的 10.3％，煤炭价差率从 1989 年的 167％降为 41％，铜、铝、铅、锌及烧碱的差价率只有 6％—11％。[3]

1992 年 3 月，在邓小平南方考察发出的改革信号的推进下，体改委发出有关文件，提出当年改革的重点在于，积极稳妥地推进价格改革，对供需平衡、计划内外价差接近的生产资料，采取不同办法逐步实行并轨，大部分价格放开，对一般中下游产品，有步骤地放开价格，实行市场调节。

在这种精神的鼓舞下，经过一系列的准备，当年开始实行了全面的价格并轨。这一年的夏天是"双轨制"价格并轨的重要日子，从 6 月到 8 月的期间，政府下发了一系列重要通知：[4]

6 月 13 日，国家物价局通知，冷热轧钢板由一类价格转为二类价格，同日，国家物价局通知，对镀锌板、低合金板等实行计划内外价格并轨。

7 月 1 日，由国家定价分配的指导和定向煤炭在价格上全部放开，取消最高限价。

7 月 3 日，国家物价局通知，取消钢材全国统一出厂一类价格，将鞍钢等八大钢铁企业生产的统配钢材全部转为二类价格。同日，国家物价局通知，放开统配玻璃价格。

7 月 4 日，国家物价局通知，放开优质碳结钢等三大类钢材的价格，对合金结构钢等 5 类产品实行计划内外价格并轨。同日，调整钢坯价格，由每吨 950 元提到 1 200 元。同日，决定纯碱、烧碱实行计划内外价格并轨。

7 月 6 日，国家物价局通知，提高计划内铜、锌等产品的出厂价。

7 月 15 日，国家物价局决定，即日起对国家定价的焦炭、生铁价格实行国家指导价。

7 月 20 日，国家物价局通知，即日起放开部分化工产品价格，实行市场调节，放开的产品共计 40 种。

---

[1]　黄朗辉等：《1991 年工业品价格走势》，《中国物价》1992 年第 4 期。

[2]　乔刚等：《1991 年市场物价分析与展望》，《中国物价》1992 年第 1 期。

[3]　王远鸿等：《当前市场物价走势》，《中国物价》1992 年第 6 期。

[4]　参阅《中国物价》1992 年各期。

　　8 月，国家物价局通知，从 9 月 1 日开始，取消原油、钢材、生铁、铜、铝等计划外生产资料的全国统一最高出厂价，这部分商品定价权完全属于企业。

　　大体来说，在这一年，国家物价局共放开了 571 种产品价格，国家直接管理的生产资料和交通运输价格的品种，已由 1991 年底的 737 种减少到 89 种，其中实行国家定价的只有 33 种。[1]这样的价格放开力度是前所未有的。

　　从 1993 年起，首钢、湘钢、酒钢、重钢等 7 家钢铁企业将不再承担指令性计划任务，产品全部自销。此外，十大钢铁企业中除首钢外的其余 9 家，指令性计划也大幅度减少。

　　指令性计划的废除，产品全部自销，价格由企业自行决定，这些都是标志市场并轨的重大信号，这是使得中国走进市场经济的决定性的一步。

　　图 2.6 表明了生产资料价格的转轨过程。通过 1991 年、1992 年和 1993 年 3 年的较大幅度的调整价格，"双轨制"出现了重大转折，尤其是 1992 年那一次，有了一个突然的跳跃。这 3 年基本上完成了生产资料价格"双轨制"的并轨过程，此后则是小幅度的较长时期的缓慢调整。

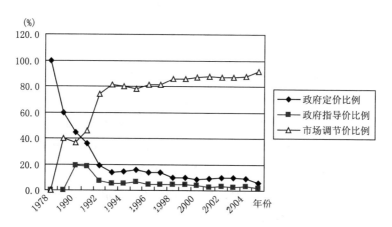

图 2.6　生产资料价格转轨过程

资料来源：《中国物价年鉴》（2006 年）。

　　对于商品零售来说，"双轨制"是通过 1988—1992 年这 4 年的时间完成

　　[1]　孙湘一：《1992 年价格改革述评》，《中国物价》1993 年第 1 期。

并轨的，这几年的调整幅度都较大，调整速度大致相同。大约从 1992 年之后，基本上就是实行市场价格了。

当经济存在巨大的无法满足市场需求的缺口时，计划价格无法调节这种缺口。这时，只有依靠市场价格才能刺激供给的增加，填补供求缺口，而"双轨"价格正是逐步地引进市场价格的作用和扩大了市场价格的作用范围，在保持社会总体稳定发展的前提下，使得供求缺口逐步缩小，以致最终消失。

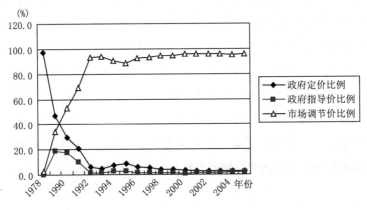

图 2.7　商品零售价格转轨过程

"双轨"价格的消亡是逐渐的，企业承包制激发了潜能，大量民间企业的兴起，越来越多的计划外的生产供给的增加，产品越来越丰富，从一般消费品到生产资料，从轻工产品到紧缺重工产品，产品逐渐地不再紧缺，甚至出现过剩，企业生产不再需要受到计划的控制，没有"双轨"生产，也就没有"双轨"价格产生的土壤。"双轨制"最终成为历史。

从此之后，中国的价格"双轨制"逐渐消亡，统治中国几十年的计划价格退出了历史舞台，"倒爷"现象最终消失，由此产生的全民寻租现象也失去了存在的土壤。市场价格开始真正发挥其积极有效的配置资源的功能，中国的市场经济从此进入了一个逐步发展的良性轨道。

"双轨"价格的消亡，意味着中国的商品市场经济真正全面地开始发挥作用了。

2.4　改革的第二阶段的初期(1994—1998 年)：国企面临市场化竞争

2.4.1　建立统一的市场规则：税利分流政策的出台

"双轨制"价格改革实行大部分放开之后，正值 1992—1993 年全国经济发展如火如荼的时期，价格普遍出现大幅度上涨。1993 年上半年，固定资产投资的高速增长导致了各种生产资料价格的全面上涨，其中钢材的价格更是上涨到了历史最高水平。"双轨制"刚刚开始并轨就面临着严峻的考验，是实行严格的行政管制价格，还是顺应市场规律，积极组织扩大供给，缩小供求缺口，达到调控价格水平稳定的目标？

在这样的经济形势下，政府采取两条方针，一是控制货币，面临资金紧张的企业没有能力去购买大量钢材。二是组织进口，1993 年全年钢材进口达 3 034 万吨，而当年全国钢材产量则为 7 590 万吨。1994 年全国钢材产量增长 6% 左右，钢材进口 2 000 多万吨[1]，使得钢材库存量上升，有效地增加了供给能力，确保了市场价格的基本稳定。

"双轨制"的并轨和放开标志着市场发育的逐渐成熟，统一的市场初步形成，合理的市场环境使得价格能够发挥其调节供求的信号作用。市场化的统一为进一步规范企业改革提供了良好的外部环境。

统一规范的市场要求企业行为的规范，承包制的一对一的谈判使政府无法应对千变万化的市场和企业的博弈。按照统一的市场方式来规范企业，摆脱那种无休无止的谈判和扯皮，成为政府的当务之急。

承包制固然比起计划经济的企业对政府的完全依附状态是一大进步，但是，当它落入了企业与政府不断进行一对一博弈的陷阱之后，就会造成严重的信息不对称的扭曲状态。企业的信息相对政府来说要灵敏得多，而政府在面对大量市场信息时，其处理方式远不如市场灵活有效。可想而知，在这种不对称的谈判下，政府是如何的被动。在这种情况下，政府很难判

---

[1]　李迎春：《1994 年工业生产资料价格变动情况与 1995 年前景》，《中国物价》1995 年第 2 期。

断，究竟企业的业绩好坏是什么原因，是自身经营不善，还是外部条件不合理？

于是，大量的谈判基础实际上建立在企业既定的上期业绩水平上，这些上期的业绩就成为企业的谈判筹码，成为确定企业下期发展的指数。结果，企业的生产往往根据这些指数来进行，而不是根据市场信号来进行。在改革早期，市场处于短缺状态下，保持某种在上期基础上的递增发展，问题也不大。然而到了市场发育成熟，市场波动周期出现时，企业再根据这种指数来生产，必然会出现种种问题。结果，第二轮承包普遍难以签约，企业对市场前景的不确定性实在难以把握，承包制出现一年一签，约束软化，流于形式，企业总是与政府在有限利益盘子里争软预算、软指标，其可能的积极激励作用基本消失殆尽。

因此，承包制的指数实际上成为企业的保护伞，盈利企业可以制定递增包干，亏损企业可以实行减亏包干，而不管业绩如何，总之都能够免于市场竞争的直接压力。既然政府无法一一识别这些企业的经营绩效究竟是什么原因造成的，那么为什么不让市场来直接识别呢？在这样的格局下，政府面临的一个必然选择是，不再为那无休止的谈判而困扰，由市场信号来决定和指导企业的经营，而不是由承包指数来决定企业的发展。

实际上，早在 1983 年实行的利改税政策，就是税利分流的雏形。不过，在当时价格关系混乱、市场不统一的条件下，政府只能采取一户一率的调节税，结果始终无法解决鞭打快牛、苦乐不均的问题。尽管后来实行了承包制，但税利分流的试点从 1988 年开始一直在重庆市和厦门市进行。1989 年河南南阳 52 家国有企业，牡丹江市 124 户国有企业等 200 多家企业进行了试点，1990 年本溪、成都、荆门等市 100 多家企业均试点税利分流。1991年，由于第一轮承包到期，第二轮普遍积极性不高，税利分流试点迅速扩大，一些中央企业例如一汽、二汽等部属大企业和许多省属、市属大中企业，都实行了税利分流。1991 年纳入税利分流的企业近 2 000 家，试点面覆盖了 35 个省和计划单列市，其中部属企业 1 600 多户，占 80%。

1992 年宝钢等十几家大中型企业也加入税利分流试点。1993 年试点企业更是大量迅速增加，其中天津市是第一个以全市作为全面试点的，影响很大。这些大量的试点对于 1994 年在全国推行税利分流起了重要作用。

从政府层面看，财政部是推行税利分流政策的主要推动者，各地试点也大都是在他们的指导下进行的。获得稳定增长的财政收入自然是财政部的首要目标。根据财政部测算，1990—1992 年试点企业的实现利润中，上缴占32.2%，留利占 38.8%，还贷占 29%，每年变化不大。而承包制企业的变化较大，以 1987—1992 年期间来看，上缴利润最高 39%（1987 年）和 38%（1990 年），最低仅 27%（1988 年和 1992 年），各年似乎都不太稳定。由于包死基数的特征，经济高峰期（1988 年和 1992 年）国家所得比例下降，企业留利增加；经济萧条期（例如 1990 年）国家所得比例上升，企业留利下降。[1]这种分配机制对经济波动起着某种加剧的作用，因为企业留利的增加会促使企业增加投资，而留利减少会减少投资。但是，实行税利分流的试点表明，不管是经济高峰还是低谷，国家收入和企业收入都是同涨同落，相对来说，不受承包基数的影响而比较稳定。

从企业层面来看，对于许多试点的大型企业来说，大都免征了"两金"，即能源交通重点建设基金和国家预算调节基金，也就是人们通常所说的调节税，这一政策吸引了很多企业，因为这比承包制对企业更为有利。但是，也有不少企业进入试点后，又纷纷退出，因为它们感觉，与原先承包制相比，负担更加重了。由于各地政府在承包制过程中对企业采取的利益分配政策差异较大，一些地区条件比较宽松，留利较多的企业通常不愿实行税利分流政策。因此，对于是否实行税利分流政策在当时有很大争议，这些大都是从企业角度，从企业对上期承包指标的依赖来考虑的。

1993 年 7 月实施的新会计准则，进行了企业财务和会计制度的改革，进而与国际惯例接轨，形成统一的企业财务核算体系。因此，新会计准则为统一市场下的企业绩效比较提供了可靠的基础参照系，这是实现税利分流改革的基本前提。没有统一标准的按市场规范设计的财务指标和财务账户，仍像过去计划经济时期那样的工资、利息、利润和税收混合一体的一笔糊涂账，企业无法实现规范的税利分流。因此，新财务制度是实行税利分流改革的前期基础准备工作。

---

[1] 韩英杰、夏清成：《国有企业利润分配制度新探》，中国经济出版社 1995 年版。

1994 年开始，新财务制度推行半年之后，国务院决定对国有企业全面实行税利分流的改革政策。按照这个新税制的规定，所有企业不再上缴利润，而代之以缴纳规范的所得税和增值税，进而改变了过去连同各种税收一起承包的上缴利税基数，导致增值税和所得税以及利润混淆不清的现象，彻底厘清了计划经济遗留下来的种种问题，明确了国家和企业之间的各自权利和义务。

与税利分流同时配套实行的是企业所得税和增值税等条例，规定从 1994 年 1 月 1 日起全国统一实行。增值税实行全国统一的按行业的费率，对所有企业，不论外资内资，一律在流转环节加以严格征收，废除了以前存在的各种五花八门的销售税或产品税，以增值税为统一的工业企业征税。所得税则对所有内资企业一律征收利润所得的 33％。这样就完全否定了过去承包制的上缴利润基数，代之以新规范的全国统一税率，为实现统一市场、公平税负、公平竞争创造了基本前提。

同时，从 1994 年开始还实行分税制，打破原有的中央与地方的财政包干体制，破除了一省一率的中央财政与地方财政的利益分配关系，代之以明确和统一的中央地方分享税收增量的新税制。过去的财政包干与企业承包类似，包死上缴额，增量归己，造成中央财政严重赤字，而地方财政则手头宽裕。实行分税制后，则能使中央地方共同分享增量收益。而分税制的实行，必然要建立在企业的税利分流基础上。也就是说，首先是企业与政府共享增量收益，其次才是中央与地方共享增量收益。

1994 年 1 月，《中华人民共和国公司法》正式开始实施。虽然企业从此在法律意义上成为一个完全的独立法人，依法享有它应有的一切权益，但实际存在的对企业法人进行干预的潜在力量却远远不是一纸法令所能解决的，企业要成为一个真正的法人还需要经过漫长的发展过程。

这样几大配套的改革措施的出台，标志着对前一时期承包制的全面否定。承包制实行的一对一的与政府进行讨价还价的机制，是在缺乏市场统一标准的条件下采取的不得已的方法。当企业的真实业绩无法通过市场表现出来，只能通过政府考核大体反映出来的时候，承包制是不可避免的。然而，当有了市场统一的标准之后，市场就能给出正确的判断，由市场来决定企业的业绩优劣，决定企业的生死存亡，或是兴旺发达，就是必然的结果。在这样的情形下，摒弃承包制，走向规范化的公司制，就是企业发展的必然趋势。

总之，从 1994 年开始是一个转折点，伴随着建立企业的新财务体系和税利分流的改革，全国开始实行统一的内资企业所得税法，一系列政策法律出台奠定了统一的市场经济的相配套的基础。从此，中国经济结束了改革初期政策的反反复复，举棋不定，进入了一个长期的、规范的、稳定的政策实行阶段。从 1994 年开始，企业便要真正开始面向市场，而不再面向政府，这是一个市场经济的转折点，它标志着企业之间的竞争真正开始。

2.4.2　适应统一市场的要求：国有企业的公司化改造

1993 年 11 月党的十四届三中全会的决议，首次提出了建立现代企业制度，这实际上是确认了下一步企业改革的方向。实际上，在此之前，理论界对于产权问题的研究和讨论已经相当热烈，公认的意见是，实行产权清晰的现代公司制度应当成为下一步改革的主攻方向。

然而，究竟怎样才能做到产权清晰？这个问题似乎并不很清晰。

这是一个完全陌生的领域，大家都不知道现代公司是怎么回事，只知道按照国外的现成的公司形式去照搬，以为只要依样画葫芦地建立了董事会、监事会等一套组织机构就可以解决问题，这时，形式似乎高于一切，决定一切，全然不知现代公司制的基本核心是什么，绝不是简单照搬形式就能马上造出来的。实际上，这种模式是经过了市场经济的长期发展，无数人的反复实践才演变形成的，而我们却以为现代企业制度是很快就可以人为地造出来。

1994 年 11 月，国务院决定在全国范围内选择 100 家大中型国有企业进行现代企业制度试点，所选的试点企业包括汽车、纺织、航天、冶金等重要工业部门。同时，国家经贸委在上海召开试点企业培训班。此后，各省市政府也进行了自己的试点，到 1996 年，省市两级政府确定的现代企业制度试点企业达到 2 500 家。[1]

---

[1] 章迪诚：《中国国有企业改革编年史》，中国工人出版社 2006 年版，第 370、429 页。

在各地，普遍出现企业公司化的趋势。这种所谓的公司化实际上就是企业原主管部门，例如机械局、纺织局等等摇身变为某国有资产管理公司，将下属企业都变成其独资的子公司。这种被称为"翻牌公司"的政府部门在当时比比皆是。企业对此反映强烈，普遍反映原来承包制时政府受到合同约束，尚不能随意干预企业，而搞了公司制以后，政府则可以名正言顺地作为股东到企业要求其权益。原先的行政职能又加上了作为"股东"的产权职能，政府对企业的干预似乎比以前承包制时更多了。

从政府主管部门来看，实行所谓现代企业制度的公司就是改变企业的组织形式，其实质在于有关政府部门可以保留公司的全部权益，这样的公司化不会失去什么利益，而可能得到更多。于是，似乎只要翻个牌成为公司就解决了公司化的转型，因此，政府主管部门对于推动现代企业制度最为积极的，速度也最快，一大批大大小小的翻牌公司就应运而生了。

因此，1994 年之后的公司化实际上有两种类型，一种是以企业为主体，例如百家试点企业；另一种是以政府主管部门为主体，例如大量的翻牌公司。大家实际上都在按照自己理解的现代企业制度去做，不可避免地将自己原有的利益印记烙在了新出现的公司制度上。然后，各自按照所选择的这种模式去进行博弈，在市场上去进行竞争。

对于企业来说，如果能够争取到政府"授权"，成为自立门户的公司，而不受作为行业主管部门的翻牌公司的管理，那是较好的结果。但是，这并不是那么容易的，需要企业去力争，需要有一定规模和实力才行。于是，某些特大型的企业争取到了授权，而大多数中小国企，则仍然得在政府的行业主管部门或翻牌公司的管理下生存。

实际上在这时，承包制也并没有被完全否定，很多承包指标成为一年一定的短期合同指标，按照税利分流的分配规则在继续实行。因为企业主管部门还没有找到一种能够更好管理企业的方式，即使它们成为翻牌公司之后，它们除了依靠承包合同指标外，也别无他法。不过，这时的承包制已经成为政府管理企业的某种手段，越来越具有双方博弈的短期性质。

对于获得授权的企业，改为公司后又怎么样呢？

根据有关研究，1994 年选择的 100 家试点企业在 1995 年和 1996 年经过了漫长的方案论证，还有不少配套方案难产，实行公司制改造和债务重组后，1997 年利润率甚至普遍出现下降，除了负债率有所下降，其他各项经济指标都没有得到显著改善。这表明，这些试点企业在运行机制上是换汤不换药，公司化未能改变低效亏损状况。[1]

至于由行业主管部门变形出来的翻牌公司，则更是换汤不换药。如果说企业的状况没能得到根本转变，还只是停滞不前而已，那么行业性的控股公司则是阻碍企业发展的因素，成为某种改革的障碍了。于是，在经过两年多的公司化试点之后，在以企业为主体的公司化和以政府行业主管部门为主体的公司化的博弈中，基本上否定了政府行业主管部门变为公司的发展路径，而确定了以企业的公司化改造为主体的方向，为未来更大的发展奠定了基础。

所以，要完成从计划经济到市场经济的转型，并非形成了统一市场和相应的市场价格就行了，还需要有无数个能够对市场作出足够反应的企业。如果在市场上的多数企业仍然不能形成正常的市场激励和市场约束的机制，仍然受到各种行政力量的作用，那么，只能是有市场，但无市场机制，有公司形式，但无公司机制。因此，以政府为主体的公司并不是真正的企业，也不可能具有合理的企业行为。而对企业来说，摆脱政府控制则是合理的公司化的首要前提，在此基础上，才有可能获得进一步竞争发展的市场空间。因此，建立现代企业制度和市场经济，并不是按照某种天真的想法，以为价格改革成功，市场形成，再把企业改造为公司，我们就能完成任务了，在前面还有漫长的发展道路需要一步一步地去完成。

2.4.3 企业与政府的博弈行为：企业案例调查

以下这几个企业都是在 1996 年调查的，从企业提供的访谈信息中，我们可以更直观地看到当时企业是如何经历了承包制、新税制、税利分流的过程，在这个过程中企业与政府的博弈关系，以及一旦面对市场竞争，它们是如何面临困境的。

---

[1] 张威威：《国有企业现代企业制度公司化改制的实证研究》，《经济科学》2002 年第1 期。

案例

某机床厂（国家大一型企业）

1985 年开始搞承包制，共搞了两期。1985 年始是第一期，1990 年代初是第二期，效果都还不错。承包制之前企业才 2 000 万—3 000 万元的资产，企业现在主要的家底子是在这十年发展起来的。在这 10 年，企业以每年 2 000 万元固定资产的增长速度发展，直至现在达到 2.6 亿元的资产规模。

1991 年企业实行的是递增承包制，在核定的利润基数基础上以每年 7％的速度递增，上缴完规定数额之后剩下的就是自己的。第二期承包制 1995 年结束。然而 1994 年全国实行了新税制的改革。按新税制的上缴利润要大大超出承包制规定的上缴额，再加上增值税的调整，使得该企业负担大大加重。

1996 年不搞承包制了，上面要求搞股份制。因为法人股没有来源，企业也无法搞股份公司。

企业投资 500 万元以内的投资企业可以自行决定，500 万—3 000 万元之间的需要省市政府批准，而 3 000 万元以上的则需要国家批准。1992 年市政府在该厂亲自抓了一个市里的重点投资项目，投资 9 000 多万元，是一个较大的技改项目。结果形成生产能力之后却没有了产品需求，原因是乡镇企业争夺了这一块市场需求。于是，该厂又调整了产品结构，反反复复折腾了好几年，至今为止这笔投资没有任何收益。由于这笔投资未能得到回报，故无法收回也无法还贷。结果几年下来，现在这笔贷款中的一部分（2 000 多万元）的利率已经滚到了月息 16‰的水平，因其当初贷款时就为 13‰。这样企业每年为这项投资贷款支付的利息就是一项沉重的负担。

企业的各项考核指标主要是机械局来定，劳动局批准，然后由企业来执行。主要考核对象是厂长、书记和常务副厂长。1996 年规定他们的最高收入可拿职工收入的 4 倍，后来又加以调整，主要按综合考核分数来决定年薪。总分达到 800 分时可拿 8 倍工资。考核指标包括生产指标、财务指标、质量等级系数、安全、环保、新产品比例、出口创汇、设备管理，等等，各项指标的权数不同因而分值也不同，定死上限。主管部门根据这些指标来考核厂长，否则就会被扣分。承包制时曾简化对企业的考核，使之只留有最重要的利润指标。可后来考核又趋于繁琐化，十几项指标比起计划体制下有过之而无不及，实际上这些考核根本无法一一做到。

企业的厂长经理由主管部门提名，组织部门任命，任期 3 年，有问题可随时撤换。副厂长等由厂长提名，上级任命，总会计师由厂长任命，报上级部门备案。企业为了应付上面的行政管理的"条条"，各种科室都要设。机构庞大，人员臃肿的问题始终得不到解决。

对企业干部来说，所有的纪律约束都参照行政干部的标准和条款，但同时工资福利待遇则不按政府干部待遇，而是按某种政府核定的基数与企业效益挂钩。在这样的约束机制下，激励经营者的动力很难存在并持续下去，正如该企业厂长或许多其他的厂长所说，我们实际上是在凭良心干活。

资料来源：作者 1996 年实地调查。

可以看到，这个企业实际上在 1985—1995 年间打下了较好的经营基础，但是从承包制废除的 1996 年以后，企业似乎又回到了计划体制。在没有可能的股权来源的情形下，他们既无法搞股份制，又面临激烈的市场竞争，企业处在转型阶段的青黄不接状态，内功不足，再加上民企的竞争，真是雪上加霜。

在市场波动较大的情形下，在市场约束日益加强，市场竞争压力越来越大的情形下，政府规定的考核指标往往越来越难以与实际市场波动的要求相符。所以企业虽然处在市场竞争压力之下，但经营者受到的约束除了来自市场，还来自原有计划体制中的上下级的行政关系。同时，其受到的根本性激励主要不是来自市场激励，而是来自政府规定的有关奖惩指标的激励。在这种情形下，企业很难完全真正面向市场，很难真正成为市场的竞争主体。

国有企业进入市场后势必要受到来自市场的激励和约束的支配，但是同时其又受到来自政府行政控制的另一套激励和约束的控制。然而，市场信号与行政信号的不一致势必会导致企业无所适从。

因此，企业实际受到双重体制的约束和激励。当企业在市场竞争中面临风险或不利时，企业会受到亏损的惩罚，而当企业在市场竞争中成功时，企业却得不到其应有的市场激励。任何单一体制，或者是市场体制，或者是计划体制，都会有其对称的激励约束结构，这种典型的双重体制则是明显的非对称的激励约束机制，因而大大削弱了国有企业的竞争效率。

案例

某铁合金厂（国家大二型企业）

1992年之前企业按国家规定从利润中上缴55％的所得税，留利45％，80年代企业情况较好，基本上都有留利。

1990年实行工资总额与实现利税挂钩，挂钩系数为0.43，即利税增长1元，工资总额增长0.43元。这种挂钩方法一直持续到1992年。1993年企业效益不好，改为工资总额与亏损与否挂钩，如亏损，工资总额下浮，最多可下浮50％。1994年核定工资总额为1 500多万元，当年亏损1 854万元，工资总额被扣了50万元。1995年亏损485万元，工资总额也大约扣了50万元。实际上也没有按比例扣，挂钩制度没有硬性执行，都是带照顾性的。

市冶金局变成了冶金公司，冶金公司是行政管理公司，又是经济实体，其供销公司就是具有商业性的实体。公司实际是个翻牌公司，可以说没任何积极有效的作用。每年企业还要按照销售收入的0.15％上缴管理费，一般要缴30万元。公司对厂级干部有任免权，包括厂长、副厂长等。中层干部由厂长聘用任命。

新税制改革以前，企业纳税是价内税，是在利润中提取。由于税款是事先提取，故在事后企业如为零利润，则可以退税。所以企业作账时有意做出零利润来，完全是为了退税的需要。退税是行业部门、税务部门以及地方政府有关部门根据企业的上缴情况核定的，其相当于减免税的状况。在1993年以前，企业的财务报表是传统的资金平衡表，往往无法看出企业存在的亏损问题。由于企业的零利润是做的，企业自己对于是否亏损以及亏损多少都不清楚，所以经常造成企业决策的失误。

现在银行利息是要列入企业成本之中的，但是过去则往往挂在那儿，有时冲减还贷，有时作为减免税对待。企业核算混乱，该列入成本的未列，例如工资中的一部分，折旧中的一部分，以及一部分税金，包括土地税、房产税等，都未列入成本。这些都使得过去的企业成本不实，往往被低估。

当然，企业还有一个隐瞒利润的动机在于工效挂钩的体制。当企业亏损时要按比例扣发工资总额，而零利润则可至少保持工资总额不变。

新会计制度实行了价外税，税不进成本。所以可明显地看出各项亏损，看出产品根本消化不了各种财务管理费用，包括利息支出。

企业总的银行贷款为 9 700 万元，其中固定资金贷款有 400 多万元，而用于固定资金的为 1 100 万元，因为其中有 700 万元是挪用流动资金项目的。其余全部为流动资金贷款。1992 年又投资 700 万元，是用流动资金投入的，因当时没别的钱。当时该项目论证得还可以，但后来投资过程中有管理问题，有资金困难问题，等等。该设备要启动至少需要 500 万元，但无法筹得这笔钱。至今该设备还闲置在那儿未能投产，已经 3 年多了，成为"死钱"。

全部流动资金贷款中有相当大的部分是在 1990—1992 年期间出现的，主要是购买进口原材料而从银行贷来的款。原材料进来之后，产品销售价格又跌下来了，成本高于售价，所以这些贷款无法收回偿还，沉淀下来很快增至 4 000 万元。1992 年挪用流动资金 700 万元上项目，又占用了一块无效资金，结果造成大量的债务无法偿还，此后就没能再得到什么贷款了。这两大块资金占用实际上相当于企业亏损，其总额大约为 5 000 万元。

工厂现有各项应收货款近 9 000 万元。法律上一般认为两年以上的欠款就属于坏账，而该企业两年以上的有近 2 000 万元。据估计，完全还不了账的欠款有 1 700 万元。两年以内的欠款有 5 000 万元，其中也可能有一部分会成为死账。此外，还有垫料（即代制材料，为来料加工所需）等约 2 000 万元，其中 40％有偿还障碍的问题。许多欠账的厂家都是国有大中型企业，去要账时发现他们往往连工资都发不出，十分困难。

企业的主要欠债大户如下：

大连钢厂	180 万元
抚顺钢厂	1 700 万元
齐齐哈尔钢厂	80 万元
中原钢厂	60 万元
莱芜钢厂	40 万元
大冶钢厂	500 万元
合肥钢厂	30 万元

太原钢厂　　　　　　　200 万元

总计　　　　　　　　　大约 2 790 万元

其余欠款由 100 多家钢厂和材料厂以及 1 000 多家有色金属厂家的欠账所组成。

1992—1993 年前该企业应收款加上产成品资金，再加上发出商品，这几项共 4 500 万元左右，当时资金大体周转正常。故该企业正常的流动资金贷款为 4 500 万元左右比较合适，而工厂目前欠银行短期贷款 9 000 万元，应付账款 6 500 万元，长期贷款 480 万元。流动资金的大部分被应收款所占用，以及被亏损吃掉。至 9 月底，该厂欠银行利息 500 多万元。流动资金贷款的年利息率平均为 13.1%，今年降为 10.1%。银行的债务还不起怎么办？借新债还老债已行不通了，只好挂账，到期贷款转下年。罚滞纳金也没有。"三角债"问题没法根本解决，多半采取"磨账"（即若干家企业在一起相互核账，相互抵消各自的债务）或实物交换的方式来解决。

企业欠别人的账大约 6 500 万元，主要是应付款。欠冶金部某些公司的原材料款 3 000 多万，冶金部有六大办事处，既有行政职能，又有经济职能，他们主要管原材料的供给。另一块是欠市供电局的电费，约 800 万元，还有欠银行利息等等。

企业若想作假，十分容易。若不想作亏损，可以在存货中作假，把存货作大。在建工程也可容下亏损，往来账上应收应付款亦可做手脚。

企业在资金十分紧张的情形下，有了钱首先要发工资每月要支出 160 万元（包括退休工资）。然后再考虑购买原材料等问题，"三角债"基本上不予考虑偿还。

资料来源：作者 1996 年实地调查。

从这个企业中可以看到，国企在实行新财务制度之后亏损的必然性，主要与过去对成本的低估密切相关。也可看到，企业对付政府考核的办法，通过做假账和零利润等，政府考核实际上是无效的。企业与银行在起初是软预算关系，利用短贷长投，结果亏损收不回来，遇上通货紧缩，形成一大笔不良资产或债务。在那个紧缩时代，不仅是这一家企业，几乎所有的国企都面临这种捉襟见肘的窘境，只好占用其他企业资金，这就是"三角债"产生的根源。

案例

某灯泡厂（国家中二型企业）

20 世纪 80 年代以前，国家的净投入大约在 500 万元左右，主要是厂房大楼等固定资产，80 年代初期国家投资大约不到 100 万元，当时总共大约 500 万—600 万元的固定资产，那时企业的全部利润和折旧都上缴政府，所需也都相应由政府拨款。此后企业就不再由拨款投资，而转变成为依靠贷款投资。相应的企业的折旧和利润留成也逐步有所扩大，80 年代初折旧交 30％，留 70％，利润留成 5％；1985 年开始不缴折旧；利改税后则交 55％的利润或所得税和一部分其他税费，其余留归企业支配。现在（指 1996 年）则为交 33％的所得税，其余留归企业。

企业在 20 世纪 80 年代期间发展较快，其原因在于获得了生产经营自主权，能够自己决定产量、品种和价格，完全脱离计划控制而走向市场。企业可以根据市场需求对产品结构进行调整和更新换代，因而得到较好发展。然而 1987 年时市里搞了 50 个投资大项目，该厂引进的生产线项目是其中之一。此项目投资贷款 120 万美元，外加 100 多万元人民币配套资金，从日本引进了一条二手设备的生产线。现在这条生产线已经基本报废，致使这笔投资占用资金 1 600 多万元，形成了高达 83％的资产负债率。造成这条引进生产线报废的直接原因在于，该设备不适合中国的原料，生产出来的产品的废品率极高，成品率只有不到 20％。企业花了很大的努力也无法使其达到较好的合格率。另一原因是生产需求估计不确。这种灯具主要用在东南亚，但它们的车型更换之后就用不上这种灯具了。日本淘汰这个设备的原因就在于考虑到这个更新问题。当时市一轻局分别在 4 个厂共引进了 4 条生产线，结果全部报废，即使是新的生产设备也是如此。

由于该投资项目的报废使企业背上了沉重的债务包袱，资产负债率高达 83％。这也使企业的新投资项目成为不可能，因为银行不愿给其贷款，嫌其负债率高而可能有风险。其他合作投资项目往往也因此而泡汤。现在一时还无法批准核销这个不良债务，只能停息挂账。

这是改革以来该企业的唯一一项较大投资，然而却导致了这种难以解脱的债务包袱，其在很大程度上阻碍了企业的进一步发展和投资。这次投资失败后企业一直没有较大的投入，尤其是附加值高的先进设备更无力投资。目前企业大部分还是自制的机器设备，已经用了 20 多年还在继续用。许多建厂时的设备还没更新，基本上靠手工和半机械化生产。

1987 年的投资使企业元气大伤，然而在当时的承包体制下，原厂长却不从企业的实际发展考虑，为了完成承包利润指标，而不惜虚报利润，甚至把折旧都当利润缴纳上去，以至于企业处于十分困难的境地。

政府行为还表现在对企业的投资决策的干预，20 世纪 80 年代中后期，盲目的投资热情导致了大量的政府决策或干预的投资行为，然而这些投资决策的绝大部分都严重失误，导致许多国企背上了沉重负担。在市场竞争中，这个苦果却只有企业自己来承担。

1996 年实行资产评估时将土地价值全部算进企业资产，因而使该企业的资产负债率从原先的 82.63％降至 70.44％。但是问题并没有根本解决，因为困扰企业的那条报废的生产线占用了企业的约 1 600 万元的宝贵资金而不能发挥任何效益。该企业的总资产为 6 000 万元，其约占总资产的 1/4 不到，成为企业的一个沉重负担。企业无法进行新的较大投资来改造现有的落后设备，因而一直徘徊在生产低附加值的状态，很难期望通过贷款投资得到根本性的改造，而且在这种微利的状态下，依靠自我积累的速度来进行改造投资，那将是一个相当长期和缓慢的过程。

20 世纪 80 年代后期企业开始搞承包制。最初是四年期的承包，搞了一段时间发现市场变化太大，无法把握，无法预测四年的变化，于是就搞一年期的承包。至今为止，企业一直在搞一年期的承包，每年都要与主管局签一个承包协议，但现在，尤其是在新税制后，这种承包协议实际上已经流于形式，没有多大作用了。

承包指标现在的主要作用在于，主管局根据该指标来考核企业领导班子，例如，去年企业与主管局订了 20 万元的利润指标作为考核标准。企业通常根据自己的市场状况，预测今年的大致变化，而主管局则根据去年企业的实现利润基础，考虑略有增长的可能状况，双方在某种可以接受的范围之内来确定指标。

主管局还通过工资总额与实现利润挂钩的方式对企业工资总额实行约

束，这是为了防止企业滥发工资奖金。在该灯泡厂，完成 9.8 万元利润就可拿核定的工资总额 670 万。在此基础上，利润每上升一个单位，工资可上升 0.8 个单位，利润下降一个单位，工资则要下降 0.8 个单位。因此企业在原材料涨价、市场压力很大的情形下，努力保住这 9.8 万的利润基数，以保证工资不下浮。即使利润超过了 9.8 万，企业也不能按挂钩系数提取效益工资，因为主管局还有另一考核领导班子的利润指标 20 万要完成才行。所以企业在工资总额方面受到主管局的双重指标约束。例如，1995 年企业共完成利润 24 万元，企业就一分钱效益工资也未提。提了效益工资之后就要进成本，不能算利润了。实际上企业也并不愿意提取较多的工资总额增长额，因为工资是刚性的，上去了就不易下来，此后为了保住这种刚性工资水平会更困难。

实际上，20 万元利润的指标对企业来讲并没有什么决定意义，一旦有什么重大市场变化，企业不能完成承包指标，政府也没有办法，企业也不会因此而承担什么责任。市场的千变万化、宏观政策的调整、国际市场的难以捉摸和种种政治或经济贸易战的持续，都会影响到企业，政府不能完全依据这种事先确定的指标来惩罚企业。既然市场能够对企业的努力与否和绩效好坏进行较为合理的评价和奖惩，那么这种承包指标实际就是较软的指标，真正起作用的还是市场。

此外，今年承包指标上面给定了 30 万，实际上企业搞 40 万也没问题。这些指标都是无所谓的东西，真正有意义的是看你有无市场。有市场约束根本用不着订这些指标，订了实际也不起作用，甚至起负作用。该厂原厂长在承包期间，对于设备更新改造根本不搞，把所有的利润都交了。对于他个人来说，期满后就要退休了，只要满足其任期内的规定指标就行。结果造成企业设备严重老化，发展后劲不足，无资金投入改造和更新产品结构。

资料来源：作者 1996 年实地调查。

从企业发展的角度来看，提高了工资势必会减少实现利润水平，因此政府顾虑企业滥发工资并没有多少依据。企业往往更看重企业在市场中的各方面关系，例如劳动市场上的工资水平与企业工资水平的关系，企业的利润率水平以及企业在市场上的地位，还有其他种种与别的企业的合作关系，等等。这些市场关系是约束企业的最重要因素，而相比之下，政府对企业的工资总额的约束实际也越来越流于形式，成为可有可无的了。

由此可见，政府部门往往不可能通过与企业制定利润指标来激励或约束企业。企业实现利润若高于指标，则企业往往会搞留有余地的埋伏，以免以后增加指标。实现利润若低于指标，则企业往往搞虚盈实亏，不提或少提折旧，以完成指标。无论怎样，企业要么是无法实现利润最大化的目标，损失的效率相当于最大化利润大于利润指标的差额；要么是不利于企业长期发展的需要，以牺牲企业未来利益来换取眼前利益。

改革以来，每每出台一项新政策，企业总是会考虑有什么优惠，以此来决定其激励效应的发挥。在这种企业与政府的博弈关系中，政府出台新政策先发制人，而企业后发制人的对策则是等待观望，对我有利就干，利多多干，利少少干，无利则不干。等到后来，政府如果觉得弊大于利，还会再调整政策的。这是企业在过去十几年与政府博弈中屡试不爽的真理。然而新税制确定之后，讨价还价的余地变得很小。地方政府如果想拿走企业的利润，很快就会发现企业会变成微利或零利润状态，这样的话，地方政府就连有限的所得税都拿不到了。为了能够得到长期持续的所得税的收益，政府自然不能"杀鸡取卵"，需要留给企业一些自由的空间，才能保持政企双赢。

总之，无论怎样博弈，在这样有限的空间内，国有企业都只是某种"悠着干"的状态，最大化的努力通常是很少出现的现象。国有企业与政府就是在这样的博弈中耗尽了能量，当两者在这里无休止地争利时，民营企业正在迅速地崛起，它们很快就占领了半壁江山甚至更多，这时，局势就开始发生了微妙的变化。国有企业开始要面对激烈的市场竞争。一方面，在资本密集度较低的市场上，企业面临着大量乡镇企业的竞争；另一方面，在较高技术产品的市场上，企业面临着三资企业的有力竞争。当国企仅仅只拿出部分的努力去应对这种市场竞争，结果可想而知。

从 1992 年起，在工业总产值中，非国有的比重开始超过了国有的比重，大约从 1994 年起，在全国的 GDP 中，非国有的比重也开始超过了国有的比重，经济力量的对比发生了根本变化，政府不再仅依靠国有部门才能生存和发展了，有了更多的其他经济来源后，政府就有了更大的市场选择空间，因而可以不再受到国有企业的制约了。所以，政府的政策可以稳定地保持较长期的不变，并没必要像以前那样反复调整，也没必要与企业进行反复博弈。这就是市场竞争带来的优越性。对于国有企业来说，它们的命运从此主要就由市场来决定，而不是由政府来决定了。

2.4.4 国有企业从"条条"到"块块"、从集权到分权的重组

新中国成立初期，中央政府确定了组建新中国的工业部，新的工业部包括了燃料工业部，重工业部，轻工业部，食品部和纺织部。随后，以这五个部为基础，不断成立新部，从电力、煤炭到石油、化工，从机械到冶金，从轻工到材料，形成了包括全部工业领域的、按各行业划分的行业主管部门。这些行业主管部门形成了计划经济的集权控制网络，也就是我们常说的自上而下的"条条"。

然而，企业的生产责任和物资分配都是分层级的，在各级都有一个自我完备的工业体制的细胞模式。实际上，形成了一个多级的细胞计划模式，在分级的计划模式中，各区域都有内在的自给自足倾向。因此，地方主义是中国经济特有的现象。[1]这种地方的计划模式则形成了人们常说的"块块"。

所有的国有企业都分别属于不同的政府部门，每个企业都有其级别，即中央级的是部属企业，省级的是省属企业，地市级的是地市隶属的企业。县级和乡镇（街道）级的是隶属县和乡镇（街道）地方政府的企业，最低至村级或居委会的层级。

改革的初始状态表明，当时国务院下设电力工业部、地质部、冶金工业部、第一机械部至第八机械部、农业机械部、煤炭部、石油部、化工部、纺织部、电子工业部、轻工部、医药管理总局、建筑材料总局、有色金属工业管理总局等等，分别管理这些行业内的大中型重点企业。作为中央的部属企业，在那个时代是一种荣耀，表明该企业在同行内具有较高的等级

---

[1] 蒂德里克：《中国计划体制的主要特征》，《经济研究资料》1986 年第 3 期，第 3 页。

地位。

改革以来一个最主要的特征是，中央政府不断向地方政府进行分权，中央部委所属企业不断下放给地方，通过这种分权，使地方政府培育起支撑本地区经济发展的微观基础。

当时改革的趋势是，不断地下放国有企业，从较高等级的隶属关系下放到较低等级，这种下放的依据主要是根据企业规模和企业效益，在企业所处的行业中，较大规模的企业通常都保留其部属关系，但是如果效益持续下降，则会被降格，下放到省市级别。例如江苏的熊猫集团，从部属下放到省，由于效益不好，又从省属下放到市。一般来说，国有企业在整个改革过程中就是伴随着这种不断下放的过程，一直下放到自己所在的城市为止。

第一次比较大规模的下放企业是在 1984 年，以机械部为试点，率先下放了 62 个由部里直接管理的企业，其隶属关系由部转为企业所在城市。同时，各省机械厅直属的 332 家企业，有 274 个下放到市里，占 82.5%。隶属于其他各部的机械企业，也在陆续下放。[1]这样，除了军工企业外，其余的全部部属企业的隶属关系都已经下放到城市。

第二次较大规模的分权是在 1986 年，这是电子工业部实施的改革方案。至当年年底，电子工业部所属企业除保留两家有重大技术改造任务的企业外，其余 170 家企业全部下放到省市级。[2]

第三次较有意义的放权是在 1993 年，撤销了纺织部和轻工部，将其改为中国纺织总会和中国轻工总会，撤销了航空航天部，改为航空工业总公司和航天工业总公司。[3]2001 年中国纺织总会又进一步改组为中国纺织工业协会。当年，纺织部之所以从"政府管理机关"逐步变身为"民间组织"，一个很重要的理由就是为了应对中国加入 WTO 的挑战——在成熟的市场经济国家，没有纺织部这样的政府行业管理机构，国际间的交流都是由行业协会来完成的。

1998 年对工业管理体制实行了力度最大的改革，15 个部委被撤销或降

---

[1]　章迪诚：《中国国有企业改革编年史》，中国工人出版社 2006 年版，第 134 页。

[2]　同上，第 158 页。

[3]　《中国工业发展报告》(1998 年)。

格，或更改名称和职能，它们是电力部、煤炭部、冶金部、机械部、电子工业部、化工部、国内贸易部、邮电部、广电部、地质部等，新组建了国土资源部和信息产业部。同时，把国家计划委员会更名为国家发展计划委员会，科学技术委员会更名为科学技术部，等等。

至此为止，国务院下属的主管企业的部委基本上都不再保留原有的职能，它们或被完全撤销，或被降格，权力大大削弱。中央的企业主管部门的撤销，意味着它们实际上已无存在的必要，绝大多数企业都已经下放到了地方，少数特大型企业都获得了国务院的授权，那些部委已经成了空壳，其职能已经不再存在。这时，撤销部委就成为势在必行的结果。

主管企业的中央部委的撤销，意味着国有企业大都成为隶属地方政府的企业。"条条"因而转变为"块块"，这一转变具有深远的意义，它成为从计划经济到市场经济的最重要的一次跳跃。企业在条条管理下是最无法实行竞争的，"条条"式的管理本身就与计划集权密切相关，而"块块"则较接近市场经济，也容易形成竞争态势。

在这个过程中，虽然整个国有企业的比重下降较快，但是，隶属中央的企业数量几乎没有减少多少，虽然其产值比重下降了 6—7 个百分点。下降最快的是省市级企业，不仅数量有了大幅下降，比重也有很大下降。县级国有企业表现比较明显的是数量的大量下降。

可以看到，1995 年之前，上升最快的、数量最大的企业是隶属乡镇村级（包括街道和居委会）的企业，数量达到 90 万左右。进入 21 世纪之后，上升最快、最大数量的则是无隶属关系的企业，数量达到 22 万多户[1]，产值比重约为 54%。与其成鲜明对照的是，乡镇村企业数量明显下降，与其他企业数量一起都表现为下降的趋势。

无隶属或隶属等级最低的企业的大量出现，标志着企业创业的自由，即企业能够自由进入经济领域，这是自由的市场经济的显著特征。企业越来越多地无需挂靠或隶属某一级别的政府，能够摆脱计划，摆脱集权，自主地进入生产经营活动，这也是市场化日益成熟的标志。

---

[1]　1995 年前的企业数据是全部工业企业，2000 年后的数据则是全部规模以上工业企业，故数量较少。

在改革的后一阶段，主要是指 1998 年之后，国企比重的下降不仅仅是非国企的增长，而且是伴随着国企的大量退出来实现的。最初的退出是通过各层级企业不断地下放，大企业不断地缩小的重组过程，最终在地方企业和小企业的层面上逐步实现国企的退出。

因此，虽然在 20 世纪 80 年代出现过两次较大规模的部属企业下放，然而，真正完成这样的中央"条条"的下放和解体，转为以"块块"特征来进行竞争的市场经济，却是在 1998 年的那次大刀阔斧的"条条"机构改革之后。

从"条条"到"块块"的转变，明显加强了企业之间的竞争。垂直的"条条"控制系统与市场经济的横向竞争关系是格格不入的，前者适合于通过集权的计划来分配物资和产品，而后者更接近依靠竞争来不断配置资源。企业下放到地方后，则为这种"块块"之间的竞争提供了必要的竞争前提。然而，竞争的加剧也导致了供大于求的生产过剩，导致了各地的重复建设。不过对于市场经济来说，没有过剩，就没有优胜劣汰的基础。问题不在于重复建设，而在于我们是否有着合理的退出机制。

2.4.5 市场机制的优胜劣汰结果开始显现

对于企业来说，如果说在改革开放初期，企业获得与政府讨价还价的权利是一种进步的话，是企业开始有了摆脱对政府的依附、获得自主权的表现的话，那么 1994 年之后，这种权利就转化为一种面对市场的自主权，而不是面对政府的自主权了。这无疑也是一种进步，因为市场是最公正的裁判，是具有透明信息的平台和载体，它能够展示和比较企业的优劣，因而实现竞争的优胜劣汰。

然而，从 1994 年至 1998 年，国有企业出现了大面积的持续亏损，原因何在？如果说 1994 年以前的企业亏损，很大程度上与价格扭曲相关，计划制度下形成的产品价格无法反映企业的真实经营能力。那么，"双轨制"价格并轨后，绝大多数企业按照统一的市场价格来进行生产经营和参与市场竞争，出现亏损的结果很大程度上则要归之于企业内在的问题，而不能单纯归结为外部原因了。

表 2.6　国有企业亏损盈利指标对照状况

年份	全部单位数（户）	亏损企业数（户）	亏损企业亏损额（亿元）	利润总额（亿元）	利税总额（亿元）	资金利税率（％）	资金利润率（％）	亏损面（％）	亏损率（％）
1986	70 511	9 221	54.49	689.91	1 341.37	20.7	10.6	13.08	7.32
1987	72 803	9 459	61.04	786.96	1 514.14	20.3	10.6	12.99	7.20
1988	72 494	7 912	81.92	891.85	1 774.87	20.6	10.4	10.91	8.41
1989	73 501	11 785	180.19	743.01	1 773.14	17.2	7.2	16.03	19.52
1990	74 775	20 603	348.76	388.11	1 503.14	12.4	3.2	27.55	47.33
1991	75 248	19 443	367	402.17	1 661.15	11.8	2.9	25.84	47.71
1992	74 066	17 299	369.27	535.1	1 944.12	9.7	2.7	23.36	40.83
1993	80 586	23 196	452.6	817.26	2 454.7	9.7	3.2	28.78	35.64
1994	79 731	24 632	482.6	829.01	2 876.25	9.8	2.6	30.89	36.79
1995	87 905		639.6	665.62	2 874.16	7.2	1.7	33.53	49.00
1996	86 982	29 196	790.7	412.64	2 737.13	6.5	1	33.57	65.71
1997	74 388	28 433	831	427.83	2 907.22	6.3	0.9	38.22	66.01

注：亏损面 ＝ 亏损企业个数／企业单位数 × 100％；亏损率 ＝ 亏损企业亏损额／（利润总额 ＋ 亏损企业亏损额）× 100％；资金利税率 ＝ 报告期累计实现利税总额／（报告期流动资产平均余额 ＋ 报告期固定资产净值平均余额）× 100％。

资料来源：《中国工业经济统计年鉴》（1993 年、1994 年、1995 年、1998 年、2007 年）；《中国统计年鉴》（1996 年）。

如图 2.8 所示，1989 年以后，国企的亏损就成为一个摆脱不了的阴影，始终伴随在国企左右。自 1990—1991 年达到亏损的高峰之后，便开始下降，1993 年是亏损的一个小谷底，然而，从 1994 年之后，亏损又不断攀高，直至 1996—1997 年达到亏损的历史最高峰。由此可见，国企亏损的波动与外部环境的相关性。1989 年后的亏损高峰与国内外经济紧缩局势相关，这是一个短期冲击的结果，此后企业回归正常发展，亏损下降。但是，1994 年后的亏损如何解释？

1994 年以后，全国的国有企业出现大量亏损，请看以下几个数字[1]：

1994 年国企亏损总额 483 亿元，利润总额 829 亿元，国企在 13 个行业全部亏损。

---

[1]　参见章迪诚：《中国国有企业改革编年史》，中国工人出版社 2006 年版，第 403 页。

1995 年国企亏损总额 639 亿元，利润总额 665 亿元，国企在 16 个行业全部亏损。

1996 年国企亏损总额 790 亿元，利润总额 412.64 亿元，国企在 21 个行业全部亏损。

1997 国企亏损总额 831 亿元，利润总额 428 亿元，国企在 25 个行业全部亏损。

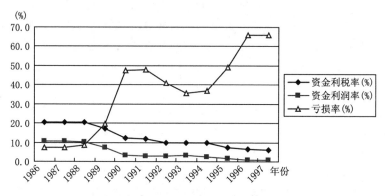

图 2.8　1986—1997 年国企亏损情况

资料来源：《中国工业经济统计年鉴》历年。

具体考察各个行业的盈亏状况，大致来看，在 20 世纪 90 年代中后期，煤炭、石油和电力的利润上升，钢铁的利润下降，而大量的行业，例如食品、纺织、服装、化工、机械等部门，则为负利润。一个很明显的原因在于，价格回归正常的市场调节后，一些稀缺资源的价格不再受到严格控制而放开了，因此这些资源产品价格上涨带动了利润的上升。钢铁之类的产品自从 1994 年实行价格并轨之后，过去虚高的价格下降，因此利润相应下降。同时，那些轻工业品和化工机械产品，由于原先价高利大，当产品市场放开后，大量民营企业的进入，导致市场竞争激烈，同时原材料价格上涨，产品价格下跌，利润率下降并出现负利润是必然结果。

亏损的原因还在于以下方面：

新财务制度使得许多企业由隐亏转为明亏。在此之前，企业成本少计，利润虚增，成本费用补偿不足，这是过去计划经济下优先保证上缴国家造成的，反正是统收统支，需要花钱再打报告去要。按照市场规范统一了新财务制度之后，所有的成本都不能忽略，包括以前不算的折旧和利息等。因此，新财务制度扩大了成本计算范围，加速企业折旧和技术进步投入，从而直接影响到利润。国家经贸委对 81 家企业做了个调查，发现实行新会计制度的企业的账面利润比原制度下平均减少 31.8%，某市因会计核算制度改变，减少利润 1 亿元。[1]新会计制度实施，实际上只是企业亏损从暗处转到明处，从潜亏变为明亏。

新财务制度似乎是导致亏损的一个原因，但是，这只是表明计划经济不计成本核算下的普遍低效率，这种低效到了市场经济的标准下便显现出来了。企业实际上业绩究竟如何，还是要看它们在这个统一标准下的竞争实力。因此，把原先被掩盖的真相揭示出来，在公开透明的统一标杆下进行竞争，则成为 1994 年之后企业要努力实现的目标。

另一重要原因是，1994 年之后企业不再能够与政府进行一对一的讨价还价了。亏损就是亏损，一切都是透明的，没法再用承包指数得到庇护了。部分原先实行承包制的企业实行公司制后不再能够与政府讨价还价，不再能够得到优惠保护，但是它们仍旧采用原先与政府博弈的方式，以激励被削弱的方式来面对新的局面，因此严重地不适应市场竞争。当外部环境已经转变时，它们还未实现自身行为的转变。同时，外部市场竞争激烈，大量民营企业和外资企业的兴起，争夺市场份额的行为，与国企行为形成鲜明对照。

由此产生的亏损，实际上是国企沿袭过去一直采用的与政府博弈的行为的结果，是国企缺乏面向市场进行竞争的市场行为的必然结果。

当然，在这段时期，政府实行宏观紧缩政策，严格控制货币发行，控制投资需求，对于一直依赖银行软预算的国企来说，更是雪上加霜，成为一个致命的硬约束。

几方面的原因都在同一时间内出现，因此，使得亏损问题表现得非常严重。从市场放开的必然性来说，竞争激烈必然导致市场份额的下降，优胜劣汰，这是改革开放走到这个阶段的必然。同时，统一的财务制度和税收制度的实行，国企不得不与市场经济规则的接轨，亏损也是它们不适应的表现，表明长期以来，一些国企就是在某种亏损状态下经营的，只不过问题被掩盖了而已。但是，最根本的问题则在于，国企的内在制度是导致其走向大面积

---

[1]　参见郑海航：《国有企业亏损研究》，经济管理出版社 1998 年版，第 86 页。

亏损的致命之处。

20 世纪 90 年代普遍亏损的另一个表现则是"三角债"的大量普遍的出现，当企业资金周转失灵，现金流入不敷出，其在很大程度上必然是亏损造成。只不过在"三角债"的情形下，企业把亏损都隐藏在各种应付款或银行欠债中了。因此，一些看似"三角债"的现象，实则为亏损引发。

国有企业发展到了这个阶段，有外部竞争压力但无竞争的内在动力，企业产权机制与市场的不匹配和不协调，势必导致国企的竞争失利。任何人都能看出来，这其中的问题所在。也就是说，即使有着统一的市场和价格，但是企业机制不一样，行为就会不同，其结果产生的绩效也必然不同。当国企无法取得政府和市场的保护时，要么改革或改制，要么面临停产或破产，如何选择应该是一目了然的。

2.4.6　国企大量退出的原因：利润持续下降和大面积亏损

我们再进一步从行业的角度来考察国企在这一阶段的发展趋势。在 38 个工业部门中，自从 1993 年以后，绝大多数行业都出现了国企的边际利润明显下降的趋势。从图 2.9 可以看到，当国企的产值不变时，利润却在持续走低，这就表明了国企的利润率在不断地下降，即每增加一单位的产值，会减少相应的利润。

图 2.9 和图 2.10 列出了一些代表性行业的利润产值的变化[1]，从中可以看到，在 1993—1997 年期间[2]，在产量产值大体不变的条件下，利润则是不断下降，表现出十分明显的边际收益下降的趋势。在所有的工业产业中，除了煤炭、石油、有色金属矿、饮料、烟草、通信设备和电子设备，以及电力这 7 个产业外，其余的产业都表现出不同程度的利润下降趋势。

虽然这段时期的效益递减与经济紧缩周期相关，但是仍可看到，越是竞争性的产业，民营企业进入越多的行业，利润下降越明显，负利润的程度也越严重，例如家具行业。大多数竞争性行业的边际利润在 1994 年前后出现明

---

[1]　这些图均来源于《中国统计年鉴》相应年份，为省略起见，各图不再一一列出资料来源。

[2]　1998 年的国有企业分行业的相关数据没有公布，在所有相关统计年鉴以及后来的资料中都未曾找到。

显下降，例如文体用品、机械、金属用品、电机等。反之，存在一定进入壁
垒的行业，利润虽然也表现为下降趋势，但是边际收益仍然为正值，例如钢
铁和医药行业。不过，从图中也可以看到，钢铁业已经处于亏损的边缘了。

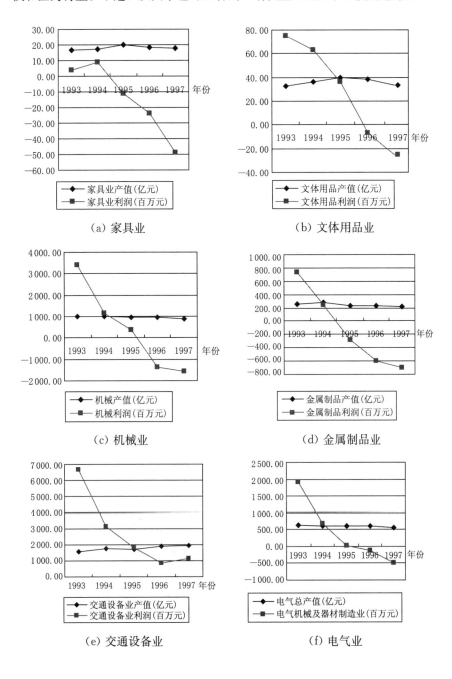

（a）家具业　　　　　　　　　（b）文体用品业

（c）机械业　　　　　　　　　（d）金属制品业

（e）交通设备业　　　　　　　（f）电气业

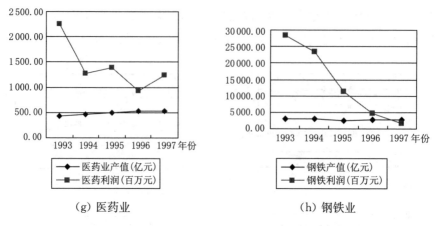

（g）医药业　　　　　　　　　　（h）钢铁业

图 2.9　1993—1997 年若干行业国企利润的变化

　　同时，我们还可看到，在绝大多数产业面临收益递减的趋势下，煤炭、石油等几个不多的产业却逆势而上（见图 2.10），表现出利润递增的强劲趋势。这明显是与价格上涨密切相关，与其所在的资源行业的垄断性质密切相关。

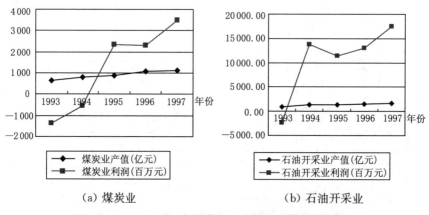

（a）煤炭业　　　　　　　　　　（b）石油开采业

图 2.10　1993—1997 年煤炭和石油行业国企利润的变化

　　总之，从上述大多数产业的情形来看，国有企业的边际收益下降，表明它们已经无利可图，退出则势在必行。从表 2.7 中全部行业的利润变化趋势来看，也是如此。

表 2.7　国有企业利润的行业分布（1990—1997 年）（亿元）

	1990 年	1991 年	1992 年	1993 年	1994 年	1995 年	1996 年	1997 年
国企利润总计	**388.11**	**402.17**	**535.10**	**817.26**	**829.01**	**665.62**	**412.64**	**427.83**
煤炭开采	−61.46	−62.16	−53.66	−13.76	−5.42	23.45	22.93	34.81
石油和天然气开采	−29.15	−19.03	−48.75	−23.42	138.12	114.61	131.01	175.29
黑色金属矿采选	2.06	2.50	3.10	3.47	−0.38	−1.84	−1.09	−0.26
有色金属矿采	8.91	6.41	4.78	5.03	5.80	9.34	4.23	7.98
非金属矿采选业	2.99	2.81	2.64	3.05	0.33	−0.92	−1.16	−1.87
其他采矿业	—	—	—	0.01	0.01	0.04	0.01	−0.02
农副食品加工业	—	—	—	6.26	10.32	−1.42	−59.67	−55.78
食品制造业	22.44	27.96	2.52	−4.43	−5.55	−1.51	−5.75	−3.02
饮料制造业	2.59	9.21	19.47	17.82	8.52	15.06	17.46	38.04
烟草制品业	−1.25	−11.21	−0.52	35.46	92.75	124.71	117.72	123.21
纺织业	20.10	−7.72	−2.99	−31.17	−17.03	−60.28	−95.60	−65.55
服装、鞋、帽制造	—	—	—	1.83	1.07	−0.91	−0.91	−1.38
皮革毛皮制品	—	—	—	−2.66	−3.50	−2.97	−4.32	−4.40
木材加工	−1.64	−1.75	−1.18	2.03	−2.58	−3.52	−3.56	−3.97
家具制造业	−0.11	−0.32	0.23	0.04	0.09	−0.11	−0.24	−0.49
造纸及纸制品业	—	—	—	−0.69	−7.91	6.36	2.00	−6.82
印刷业	—	—	—	7.96	3.06	2.64	3.95	5.56
文教体育用品	—	—	—	0.75	0.63	0.36	−0.07	−0.25
石油加工炼焦等	18.35	31.15	37.62	70.18	38.05	61.88	42.01	46.68
化工	63.88	48.35	44.80	8.59	15.62	54.35	37.92	−6.29
医药制造业	—	—	—	22.53	12.77	13.95	9.34	12.35
化学纤维制造业	25.32	27.36	26.86	10.64	−0.34	4.48	−5.60	−3.53
橡胶制品业	5.14	4.79	4.58	3.14	−1.23	−1.02	−0.27	−0.32
塑料制品业	2.18	2.68	3.25	0.90	−1.39	−0.64	−1.68	−2.09
非金属矿物制品	11.69	18.14	42.13	89.37	38.49	−1.09	−33.91	−40.96
黑色金属冶炼	67.88	67.74	103.02	283.27	233.31	112.55	47.95	16.03
有色金属冶炼	19.38	15.30	19.97	18.65	18.95	30.44	−4.52	−4.10
金属制品业	5.85	4.26	5.88	7.32	2.43	−2.84	−5.94	−6.97
通用设备制造业	—	—	—	34.21	11.51	3.55	−13.56	−15.82
专用设备制造业	—	—	—	15.51	−3.95	−7.22	−17.59	−15.93
交通运输设备	21.50	32.92	67.32	66.49	31.04	18.04	8.42	11.30
电机电器	18.13	13.99	18.81	19.26	6.88	0.09	−1.37	−4.93
通信和电子设备	14.23	11.17	13.04	5.67	14.34	19.26	17.10	32.97
仪器仪表	3.57	3.46	4.05	0.31	−3.12	−2.45	−6.53	−6.52
电力	73.41	87.39	107.93	130.64	183.57	128.33	218.04	176.69
燃气生产和供应	—	—	—	−3.23	−6.20	−4.75	−8.71	−5.63
水的生产和供应	3.46	11.16	11.06	15.56	12.39	15.33	13.49	10.91

资料来源：《中国统计年鉴》历年。

因此，1992 年之后市场的逐步规范化，价格的全面并轨，企业之间无论什么所有制，都能大体上进行公平竞争，这实际上就是为下一步更深入的所有制的转轨进行准备的阶段。同时，公司法的出台，促使企业成为完全独立、自负盈亏的法人实体，在统一的市场价格基础上按照市场标准评价企业绩效，不再有承包契约的保护。这时，市场竞争的优胜劣汰的结果开始显现，许多企业亏损和濒临破产。国企的所有制改革呼之欲出，建立更稳定和清晰的作为市场独立法人的企业与国家的关系已经是不可避免了。

2.5 改革的第二阶段的深化（1998—2008 年）：国企效益的迅速 增长和国企改制

1998 年经济总量下降到了最低点，国企几乎处于全面崩溃的状态。此时，为了增加内需，刺激经济增长，政府启动了住房制度的改革，于是，在人们的日常消费需求已经趋于疲软时，住房制度改革以及相应的住房市场化催生了大量新产生的市场需求，这些需求通过市场释放，并层层传递到建筑业、建材业、钢铁业、采矿业、机械业等，并进一步通过乘数效应扩大到更广的范围，带动整个经济出现新一轮的高速增长。因此，城市化和住房商品化释放出来的市场需求的高涨，甚至与 20 世纪 80 年代一度出现的经济热潮相类似，有力地推动所有的企业都出现持续的效益增长的趋势。

2.5.1 国企的迅速发展：产值、税收和利润的增长特点

进入 21 世纪以来，国企似乎也进入了一个新阶段。无论是从产值、税收，还是从利润指标来看，国企都大大地超出了以往的业绩水平，取得了具有新高度的发展绩效指标。

对现行价格的总产值或利润进行平减之后，我们比较了真实增长和名义增长的区别，结果发现，实际增长和名义增长这两条曲线之间的距离随着时间在不断拉大。大致来说，以 2003—2004 年为界，在此之前，增长比较平缓，两者之间的距离较小，而在此之后增长加速，真实与名义的增长率的差别越来越大。这表明，国企的产量或效益的增长很大程度上是依靠整体的市

场需求拉动，进而表现为价格的直接拉动，表现为名义的增长大大快于实际的增长。这一点可以从图 2.11 中看到，市场需求明显地拉动了国企的持续增长。

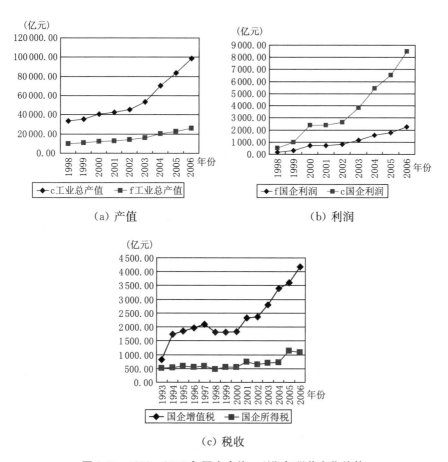

（a）产值　　　　　　　　　　（b）利润

（c）税收

图 2.11　1993—2006 年国企产值、利润与税收变化趋势

注：图中的 c 工业总产值表示现行价格的总产值，f 总产值则为固定价格的总产值；c 国企利润表示现价的利润，f 利润为经过平减的固定价格利润，增值税和所得税均为现价。

资料来源：《中国统计年鉴》历年；《中国税务年鉴》历年。

从国有企业的增值税和所得税的增长情况来看，十分明显地表现为增值税的增长率明显地高于所得税。在 2004 年以前，所得税一直处于较平缓的增长势态，而在此之后，所得税则有小幅加速增长，然而，增值税的增长一直明显地大大快于所得税的增长，尤其是 2002 年之后，这种增长的差异就更加明显。所得税大体上是与利润增长同比例的，而增值税则与企业的产值或销售收入成某种固定比例，反映的是企业产值的增长。因此，上述情形似乎反映了国有企业的产值增长较快，但效益增长较慢。从两种税种的差别来看，企业的增值税是会通过产品价格转嫁给社会的，是一种由下游消费者来承担的税种，而所得税则是企业新创价值的一部分，这是社会财富的源泉，是形成的新的财富。企业的产值增长如果靠需求就能带动起来，增值税也能随着销售收入而相应增加，但是只有企业的效益真正提高，企业才能形成新价值的源泉，企业所得税才能随之增加。靠单纯的增加投入导致的增长，没有形成新的价值，社会财富不会有实质性的增加。

2003 年到 2006 年之间，无论是传统注册类型的国有企业还是改制了的国有独资公司，都取得了利润总额的大幅度增长。尤其是国有独资公司，在同期全部规模以上工业企业利润总额只增长了 134％的情况下，超大幅度地增长了 479％。相比之下，私营企业利润增长了 271％，外商投资企业的增长幅度为 94％，即使是外商独资企业，其利润增长幅度也才达到 201％。[1]

那么，为什么由需求拉动的增长对于国有企业特别明显呢？国企自身特有的优势在哪里呢？通过表 2.8，我们可以看到国企利润的主要产业分布，从而知道国企利润的主要来源。

表 2.8　2006 年国企利润的主要产业来源

产　　业	利润比重	产　　业	利润比重	7 个产业利润比重合计
石油开采	0.429 2	煤炭开采	0.046 7	
电力	0.173 0	烟草	0.054 7	
		钢铁	0.088 3	
		有色金属加工	0.053 4	
		交通运输设备	0.055 9	
合计	60.22％	合计	29.90％	90.12％

注：利润比重＝该产业国企利润／全部工业国企利润，国企的统计口径是全部国企及国有控股企业。

资料来源：根据《中国统计年鉴》（2007 年）有关数据计算。

根据 2006 年的利润分布来看，石油和电力这两个行业的利润就占工业国企总利润的 60％多，而煤炭、钢铁、烟草、有色金属和交通运输设备这 5

---

[1]　根据《中国工业经济统计年鉴》中历年的有关数据计算所得。

个行业的利润约占总利润的 30%。以上这 7 个产业的利润总共占全部国企利润的 90%。因此，可以说，这 7 个产业是国有企业利润的主要来源，其余的 30 余个产业则分摊剩余的 10% 的利润。

这 7 个产业具有稀缺资源性和垄断性的典型特征，这也是国企能够在这些行业取得高额利润的最主要原因。在这些行业，其他企业是不被允许进入的，这些进入的行政壁垒有效地保护了国企，使其能够不受市场竞争的压力，并能够充分利用市场需求持续高涨的空间，获得高额的增长利润。

此外，国企这十多年来的不断增长伴随着大规模的退出的出现，也就是说，通过不断地退出竞争行业，国企甩掉了大批的亏损企业包袱，留下的大都是"精兵强将"，即那些具有市场垄断势力和地位的企业，那些装备精良、设备先进的"嫡系"企业。考察 1999—2016 年期间竞争性行业的国企退出和重组（参见本章附表 1）。可以看到，在那些国有企业数量明显下降的产业，其利润和产值指标并未相应下降，反而有明显上升趋势。这表明，这些产业中退出的国企主要都是效益不好的亏损企业，或者是产值利润比重都很小的中小企业。这样的国企退出趋势在所有竞争较强的产业都普遍存在，它减少了对大量资源的无效或低效占用，提高了整个产业的生产率。

很明显，为了保持现有的效益水平不变或增长，亏损或效益低下的国企的退出是必要的，这种退出在 21 世纪前期一直在持续，这主要是通过"甩包袱"的方式，即放掉那些差企业，留下好企业，通过减少负利润而直接增加了总利润。由此可见，国企改制重组的规则是中小企业先退，不良效益的企业先退，所谓"靓女先嫁"往往是少数先行的试点企业，实际存在的可能性很小，现实中存在的大量情形则是丑女先嫁，好的留下来。对于作为国有企业所有者的政府来说，出现亏损或效益不佳，自然不愿意买单，退出是合理的选择。

由此可见，如果国企的退出临界点提高，例如在经济高速增长时期，利润水平普遍提高，可能会显著提高国企可维持生存的门槛；或者，某些国有企业具有一定市场力量或局部垄断性，可以提高国企生存的底线，那么这种垄断保护就会成为国企的生命线。因此，可以看到（见本章附表 1），对于那些具有很高进入壁垒的垄断产业，例如钢铁、煤炭和电力，主要由那些大型国企所构成，其数量几乎没有明显减少，但国企的产值和利润自 2003—2004

年以后仍不断增长，表现出明显的效益递增趋势。在这样的市场高速增长和垄断保护的双重条件下，国企自然不会退出，相反却不断扩张。这种规模扩张还会提高融资或资本市场的抵押能力，这实际上形成了又一道保护门槛，使其能够在别人资金链断裂纷纷出局时仍能维持生存。

2.5.2　国企改制：路径依赖和模式选择

1. 改制选择和改制推动者

国企退出的一种最主要方式就是改制，这是一种比单纯的关闭和破产更稳妥、更有效率的转型方式，也是为了适应市场经济竞争格局不得不采取的一种涉及所有制变化的企业改革。这实际上是中国经济转型过程中的最后的关键一步，也是比以前的任何改革都更痛苦和具有更多矛盾冲突的过程。

改制固然是一种退出，但又与一般的关闭破产的被动退出不同，这是一种主动的退出，是一种有准备的、有步骤的退出。这样的退出力求为以后的发展提供一种良好的企业治理前提和基础，力求减少国企退出过程中生产受到破坏的震荡和冲击，力求确保改制企业生产力的持续稳定地发展。从理论上来说，改制是国企的一种最优选择。

然而，现实的复杂性使得改制不得不受到各种力量的牵制。由于社会中各种力量的不均衡，必然导致改制会偏向于那些强势利益方，而忽视弱势利益方，难以形成一种各方利益相关者都满意的格局。更复杂的问题还在于，除了纯粹的经济利益需要进行合理调整外，还存在着许多不匹配的外部环境因素，例如传统的意识形态的干扰，政府腐败者的寻租等等，这些都为改制造成了诸多难题，有时往往把改制引向了歧途。

总体上来看，改制大体分两个阶段，前一阶段主要涉及大量的中小国企的改制，后一阶段则开始涉及国有大中企业的改制。两个阶段各有特色，也各具不同效果。中小国企的民营改制，大规模出现在 1998—2003 年期间。大中国企的股份制改制，较大规模出现在 2001—2004 年间。由于我们在后面还有一章专门考察股份企业的形成与发展，因此，在这里我们主要考察中小国企的民营改制。

国企改制的基本动因源于政府的财政压力。1994—1998 年间，国有企业面临全面亏损，政府财政压力明显加大。虽然政府在这个阶段的财政收入并不像 20 世纪 80 年代那样完全依赖国企，但是，国企的亏损需要政府拿钱出来埋单，这是政府无法忍受的。在面临通货紧缩的时期，就连政府的工资发放都有困难，哪还有钱承担国企的亏损，填补国企的亏损窟窿呢？唯一出路就是改制，充满活力的民营企业给僵化保守的国企提供了一个最好的示范，因此把这些亏损或可能亏损的国企完全推向市场，让它们像民企那样自负盈亏，自主竞争，或许能够闯出一条生路，或许能像民企那样获得良好的效益，至少这样总比无所作为或等死要强得多。

实际上，许多基层地县的国企早就自发地行动起来了，这些处在计划体制边缘的中小国企，吸取了地方乡镇民营企业率先改制的经验，结合自身的特点，大胆地开始了改制的探索。最早的国企改制典型是"诸城模式"，1995 年 7 月，山东省政府在诸城召开了全省县域企业改革会议，肯定了诸城模式。1996 年中央也基本肯定了诸城的企业改制。

2. 改制模式：若干案例

自此之后，一系列不同地方特色的改制模式普遍开花。那段时间，每天翻开报纸，都能看到各种改制经验的报道，看到各地改制的实践和经验总结，改制已经席卷全国的绝大多数中小企业，掀起了全国的民营改制热潮。

案例

诸 城 模 式

1992 年，35 岁的陈光走马上任诸城市长，对市属 150 家独立核算国有企业进行资产清理。结果吓了他一大跳：103 家企业中，明亏和暗亏，亏损总额高达 1.47 亿元。一些表面红火的企业，实际上资不抵债，成为名存实亡的"空壳"。全市市属国有企业资产负债率 80% 以上，每年光支付利息就达 1.5 亿元。陈光不得不操刀上阵，当年底选择山东开元电机有限公司（以下简称开元电机）前身诸城电机厂作为试点，开始了一场震动全国的号称"诸城模式"的改革。当时改革方案做了两套：一是个人股不得超过 20%，国家完全控股；二是将企业存量资产出售给职工，国家以土地作价入股。没想到职工强烈反对，后经广泛征求意见，全新的方案出台：决定由全体职工以企业内部股权证形式集资 270 万元，将企业资产全部买下，成立诸城市开元电机股份有限公司，把这个国有企业变成由 277 名股东共同拥有的股份合作制企业。1993 年，以职工买断企业资产的改革形式在诸城大面积推行。这种形式实际是人人有股，企业管理层和普通职工购股数量上差别不大。

诸城企业改制之前，陈光先撤销了所有的企业主管局，如物资局、化工局、纺织局、商业局等，为企业改制扫清障碍。一批老干部为此而上访、告状，省、地相应的主管部门也反对裁撤。因为诸城改制是国内第一次国企产权改革，陈光找到了十四大报告中的一句话，"国有小型企业有些可以出租或出售给集体或个人经营"，作为诸城改革的政策依托，顶住了来自各方的压力。

初步改制后，大多数改制企业由死变活、由亏变盈。但是，问题也随之而来：随着企业规模扩大，光靠职工入股筹资已不能满足企业发展的需要，产权对股东的约束力明显减弱，职工对企业的关切度下降。就连四达公司这样的改革标兵，也很快遇到了新问题：企业每一次分红都会导致股本的扩大，职工以前想着不把股本亏进去就行，现在一心想要赚钱，风险意识淡化了；相对平均的持股，导致管理难度加大，管理者与职工都是企业股东，可能某个职工的股份比管理人员还要多，凭什么你要管我？这个世界上究竟谁怕谁？特别是由于平均持股，新的"小锅饭"局面形成，改革又开始陷入困难。诸城有 20 多家改制企业，后来仍不得不走上破产之路。

改革不得不进入调整阶段，二次改制也就自此开始。从 1997 年到 1999年，诸城市推行"四扩一调"，即内部职工增资扩股、转让银行贷款扩股、量化新增资产扩股、吸引社会法人资金扩股。一调即调整股权结构，鼓励经营者和经营管理层人员多参股、控大股。1999 年之后，政府又根据公司法要求，推动改制企业升级为有限责任公司或股份有限公司，大力推动股权向管理层集中。以开元电机为例，1992 年有股东 277 名，现在只有 18 人，而且全部是管理人员。这样经过 12 年，200 余家企业终于顺利完成"MBO"，目前，根据诸城官方的资料，在诸城市工业企业中，企业经营管理者平均持股比例达到 58%，董事长平均持股比例则达到 31%。

经过大规模"MBO"之后，绝大部分改制企业发展迅速。在改制后的企业中，利税过千万元的有 22 家，利税过亿元的有 5 家，利润、利税等指标增长幅度为 30%，10%—15% 的增长幅度算一般的了。据当地政府介绍，四达公司是诸城改制早、效果最好的企业之一，1997 年后，四达公司对股权结构进行了四次大的调整，到 2001 年，四达公司董事会成员的持股比例已经达到 71.7%，董事长的个人持股达到 32%，达到了《公司法》关于股份有限公司的规范要求。该公司的绝缘产品的全国市场占有率达到 70%，企业几乎不负债，去年的产值 1.87 亿元，销售收入 1.66 亿元，利税 1 853 万元，利润达 1 287 万元，均达到改制前最好年份 1992 年的 10 倍以上。

诸城改制以前，和周围的县城经济实力差不多，现在 GDP 增长很快，基本没有失业问题，早把周围的县城甩在后边。诸城市经贸局有官员透露，现在诸城的经济实力是其周围县城的 2—3 倍，而且由一个农业县成功转型为工业县，由于经济发展快，提供的就业岗位多，在诸城常常招不到人，要到外地去招。

资料来源：参见石破：《改革者的功过是非：陈光三部曲》，《南风窗》2008 年 2 月；蒋培宇：《12 年山东诸城国企产权改制，亿万富豪批量生产》，《21 世纪经济报道》2004 年 12 月 1 日。

从诸城模式可以看到中国改革的渐进性和半自发性。在市场放开，面临竞争的压力下，亏损的危机迫使国企不得不放弃原有的所有权体制，选择新的更适合市场竞争的民营体制。这就是改制的起因之一。然而，在外部大环境下，在平均主义的意识形态传统下，这样的改革每向前迈出一步都需要小心谨慎。因此，诸城企业改制的第一步选择了职工平均持股的所有权结构，这是一种风险最小、阻力最小而支持最多的一种改制模式。即使是这样一种现在看来存在许多问题、很不规范的股份制，但在当时，相对于国企制度来说，仍然是一种进步。因为企业获得了自由，获得了不依附于政府的自由选择的发展路径。正是这样的自由选择的机会，从此才可能使企业一步步地向更广阔的天地发展。

诸城模式迈出的第一步，为它此后的发展奠定了良好的基础。有了这个开端，它们才能在此基础上不断进行新的选择和调整，一步一步地逼近最优。这就是企业产权制度的变迁过程，在自由选择的市场机制下，只要没有政府的干预和强权，那么企业就能通过自己的自由选择，发现最符合自身发展的企业所有制结构和组织。

因此，我们不必苛求任何改革在一开始就要到位，就要规范，任何改革都是在某种特定条件下，某种外部环境下，在各方面约束因素形成的框架内形成的。只要是某种事件普遍地发生，就必然是具有某种共同的外部约束条件形成的框架。这些约束条件不仅综合了相关者的基本利益诉求，还综合了中国的现行制度政策、意识形态和文化、市场环境以及当时当地的官员的偏好等，共同形成了这种存在的必然性。

3. 选择这些改制模式的原因：路径依赖和外部环境

在国有企业的改制中，我们可以看到，它们大都具有强烈的对原有发展路径的依赖。

从 1978 年企业扩大自主权的改革到承包制在全国的推行，企业改制在很大程度上吸收了农村的承包制经验，这是第一个路径依赖，依赖于农村承包的成功实践，以及依赖于相应的现代产权理论，所有的企业改革都是围绕着加强内部激励和增加剩余支配权的方式展开。产权激励，无疑是最强的一种激励方式，因此，这是企业一系列激励机制改革发展到最后的必然结果。

第二个路径依赖，产品市场放开，金融市场和资本市场仍未放开，这不仅与政策有关，而且与发展的落后有关，通常后两类市场的发展相对产品市场都会具有较长时期的滞后性。在这样的条件下，国企改制主要诉诸企业内部的产权收购和重新配置，而很难通过诉诸外部市场，诉诸并购，诉诸产权交易来实现。这是发展阶段的制约，也是市场发育不成熟条件的制约。

第三个路径依赖，正统意识形态认定，工人是企业的主人，这种身份感在企业改制中，必然会转化为对于股权的要求。这种心态是所有国企职工，尤其是改革以前进厂的老职工的普遍心态。对于不少国企的老职工来说，在过去他们的确是"爱厂如家"，的确对企业倾注了全部热情和作出了重要贡献。倘若忽视这一点，在国企改制过程中完全排斥员工利益和股权诉求，改制势必无法得到广大职工的支持。所以，国企改制起初，推行较为平均的股份合作制，往往阻力最小，这也是最为稳定的一种发展路径。

第四，改制需要大环境大背景的配合，只要改革者能够在中央文件或有关政策文件中找到一点依据，哪怕是一句话，都能够为具体的改制实践提供方向，成为改制的一个依据。中央领导的一个表态，一个暗示，都会成为改革者获得许可的积极信号，从而为改制铺平道路。党的十三大、十四大、十五大和十六大中，每一次都有新的进步和新的具体政策的推出，为改制提供了十分详尽具体的发展路径。

第五，市场竞争对改制模式的矫正和制约。在初始改制模式选择之后，企业并不是自然而然就能获得竞争优势，还需要不断调整股权配置，以便更好地适应竞争格局，增加竞争力。在这时，企业不得不依赖市场才能生存和发展，市场就会成为企业发展的另一个强有力的路径依赖。当市场力量越来越强大，最终成为企业的主导路径依赖时，其他的路径就会逐步淡化或减弱其作用，这是一个转轨的发展过程，是一个从完全依赖政府规定的路径，到主要依赖市场规定路径的转变过程。

所以，中国企业的改制从平均持股的改制模式，逐步转变为主要采取以经营者收购或经营者持大股的改制模式，实际上既是几种路径依赖共同作用的结果，又是不断调整路径依赖的结果，同时也是一种路径依赖逐渐地取代另一种路径的结果。

2.5.3　国企改制实证研究

1. 改制推进的时间

从整体上来看，国企大规模的改制发生在 1998—2005 年期间，在此之前，主要是比较零散的、局部的改制。中国式的典型国企改制的发生，则主要集中在这 8 年期间，尤其是比较密集地集中在 2000—2004 年这 5 年期间。在 2000 年之前，改制以中小国企为主，此后则逐渐转向大中企业。在 2005 年之后，则大规模改制基本停止，仅有局部小范围的改制，而且以破产、重组和兼并为主要方式。

表 2.9　全国的国企数目的变化

年份	企业数（口径 1）（万户）	当年国企比上年减少数（万户）	企业数（口径 2）（万户）	当年国企比上年减少数（万户）
1996	216.33	5.53		
1997	207.83	8.50	26.2	
1998	183.63	24.21	23.8	2.4
1999	164.99	18.64	21.7	2.1
2000	149.22	15.77	19.1	2.6
2001	131.78	17.43	17.4	1.7
2002	117.25	14.53	15.9	1.5
2003	104.97	12.27	14.6	1.3
2004	91.60	13.37	13.6	1
2005	79.45	12.15	12.7	0.89
2006	71.69	7.76	11.9	0.78

资料来源：口径 1 的企业数目来源于《工商行政管理统计汇编》历年，其包括全部注册登记的国企；企业 2 口径的数目来源于《中国财政年鉴》和《中国国有资产监督管理年鉴》，其数据范围包括全国 36 个省（自治区、直辖市和计划单列市），81 个中央部门单位和 162 家中央企业所属的全部国有及国有控股工商企业（不包括金融类），按产业分类则包括基础性行业、一般生产加工行业和商贸服务及其他行业。

根据全国工商局统计的注册的国企数目（统计口径 1）来看，1996 年是个分界线，在此之前，国企数字表现为上升，在此之后，则开始下降。1998 年是一个下降高峰，国企数目减少了 24 万多户，此后，则以每年十几万户的速度递减。直至 2006 年递减速度才放慢。根据财政年鉴（或国资年鉴）的国企口径 2 来看，国企从 1998 年开始，每年以 2 万多户的减少额下降，从 2001 年开始，则以 1 万多户的减少额下降，从 2004 年以后，下降速度减缓，但每年仍有 7 000—9 000 多户的下降额。

国企数目的减少，表明大量国企退出或改制，其中改制的比重有多少则缺乏详尽的统计数字。从数字减少的时间段来看，1996—1998 年这个时期减少的数目较大，表明大量的小型国企破产、改制或退出，由于小企业主要集中在地县级及以下层次的企业，其影响并不太大。1998—2004 年时期减少的数目虽然有所下降，但退出的大都是具有一定规模的国企，它们的退出或改制则有很大的影响力。因此，这段时间则是改制的高潮时期。2005 年以后，改制明显减缓，虽然仍有部分国企在退出，但显然已经过了改制高峰时期。

根据 2004 年底世界银行委托国务院发展中心进行的一项全国范围内的国企改制调查，可以看到改制推进的时间表大致如下：

表 2.10 改制进展的时间表

改制年份	全部改制样本企业			中央企业		地方企业	
	企业数（户）	改制样本企业百分比	全部样本企业百分比	企业数（户）	改制样本企业百分比	企业数（户）	改制样本企业百分比
1997 之前	13	1.18	0.48	2	0.82	11	1.31
1997	29	2.65	1.07	7	2.87	22	2.59
1998	38	3.47	1.41	10	4.10	28	3.29
1999	73	6.67	2.71	13	5.33	60	7.06
2000	112	10.24	4.15	21	8.61	91	10.71
2001	211	19.29	7.83	87	35.66	124	14.59
2002	208	19.01	8.0	29	11.89	179	21.06
2003	294	26.87	7.72	51	20.90	243	28.59
2004	112	10.24	4.15	24	9.84	88	10.35
改制样本企业	1 094	100		244	100	850	100
全部样本企业	2 696		40.58	1 044		1 652	

资料来源：刘小玄、刘芍佳：《国有企业改制重组调查研究报告》，世界银行委托国务院发展研究中心调查的课题项目报告，2005 年 5 月。

可以看到，在这个调查的企业样本中，改制在 2001—2003 年这三年中达到高潮，尤其是 2003 年，从 2004 年后，改制则开始降温。在所有改制企业中，75％以上的企业都是在 2000—2003 年期间进行改制的，因此，样本企业的改制阶段大体上反映了国有企业的改制进展时间表。

2. 产权转让方式和改制类型

国企改制主要通过三种基本方式实现，一种是通过出售存量，变更所有者，或减少国有股权存量，转让国有股。另一种是通过引入个人投资增量来改变股权结构，减少国有股比重。把转让存量和引进投资增量这两种方式结合起来，则是国企改制的第三种方式。

表 2.11 显示，在调查的 1 101 家国有企业中有 497 家通过股权转让方式实现国有股份数目的减少，占统计样本的 45.14％，股权转让成为国有企业改制的主要途径。但数据同时表明在 231 家中央控股公司中，股份转让与投资引入两种方式所占比重基本相当，而地方政府控股企业较少采用个人投资

引入的方式，这种方式所占比重仅为股权转让方式所占比重的一半左右。因此中央控股公司较地方控股公司更倾向于个人投资引入方式。同时，存量转让与投资引入的组合方式，在中央企业并未占有重要地位，但在地方企业，仍有足够多的企业是通过这种方式运作的。

表 2.11　产权转让方式的分布

	全部企业		中央控股企业		地方控股企业	
	企业数（户）	百分比（%）	企业数（户）	百分比（%）	企业数（户）	百分比（%）
国有存量股权转让	497	45.14	105	45.45	392	45.06
私人增量投资引入	340	30.88	102	44.16	238	27.36
转让与引入结合	264	23.98	24	10.39	240	27.59
合　计	1 101	100%	231	100%	870	100%

资料来源：同表 2.10。

国企改制可以定义为向国有独资企业中引入私人股份，那么按照引入私人股份的程度，我们可以把改制区分为完全民营和部分民营这两种。企业的改制主要包括以下 3 大类型：完全的私人或私企收购的民营，经营者和员工控股的民营，和国有控股的产权多元化这三种不同的类型。前两种是"完全的民营"改制类型，因其所有制属性决定了其改制类型，而如果仍由国有控股，只是部分股权为私人投资者、经营者或员工所有，那么，这样形成的是"部分民营"改制类型。

完全的民营对应的是非国有控股的模式，而部分的民营则对应的是国有控股的模式。以上这些改制类型基本上涵盖了中国最为普遍和大量存在的改制实践，由此出发可以概括出它们各自的主要特征。

由于改制数据的极度缺乏，我们仍然只能从上述调查数据库[1]中得到几种改制类型的企业分布。大体来说，在涉及的改制样本企业中，只有 31% 多的企业通过改制把企业的控股属性从国有改为非国有。在中央企业，90%

---

[1]　该调查的样本不是随机抽样，而是国资委选择其有影响力范围内的企业，因此样本可能偏重于国有及国有控股企业，而可能较少涉及外部人收购的民营改制的企业。

左右的改制企业仍保持国有控股。相比之下，地方对国有企业的产权改革力度要大，将近 38% 的地方改制企业让国有产权退出了企业的控股地位（详见表 2.12）。

表 2.12　改制企业的国有与非国有控股属性

	全部样本企业		中央企业		地方企业	
	企业数（户）	占改制比重(%)	企业数（户）	占改制比重(%)	企业数（户）	占改制比重(%)
政府或国有企业控股	**652**	**68.63%**	**219**	**89.39%**	**419**	**62.17%**
非国有企业控股	**298**	**31.37%**	**26**	**10.61%**	**255**	**37.83%**
改制企业有效观察数	950	100.0%	245	100.0%	674	100.0%

资料来源：同表 2.10。

同时，改制也形成了不同股东控制企业的产权模式，其中包括政府及其部门控股、民营企业控股、职工持股会控股等 9 大类不同的控股模式。各自所占比重如表 2.11 所示，其中，政府及其职能部门、国有或国有控股公司、国有资产经营公司、大学等国家资产的所有者作为第一大股东的企业，实质上仍为国有性质，而由民营企业、管理者、外资企业、职工及境内自然人等控股的企业的实质是私有企业性质。表 2.13 则提供了这些不同所有制性质的企业分布。

表 2.13　不同控股模式的分布

按第一控股股东分组	户数（户）	百分比（%）
政府及其职能部门	43	4.53
国有资产经营（管理、投资、控股）公司	123	12.95
国有或国有控股企业	486	51.16
民营企业及民间资本	64	6.74
外资企业	13	1.37
经营层或其投资设立的公司	48	5.05
职工持股会或职工投资公司	91	9.58
境内自然人	63	6.63
其他（含国有参股企业、大学科研机构及事业单位、集体企业、非银行金融机构等）	19	2.01

资料来源：同表 2.10。

当然，以上样本的分布并不能代表全部企业，这种分布在各不同地区、不同行业和不同阶段都是变化的，因此并不可能得出一个统一的指标。但是，它大体反映了现实中存在的几种典型的改制模式。这些改制模式构成了主要普遍存在的几大类的国企改制选择。

值得注意的是，政府及其职能部门对企业的直接控制仅占4.5%，其逐渐地被政府代理机构或国有法人公司取代，这些国有法人的控股模式约占64%，这是"部分民营"改制的特点。同时，以经营层和职工持股会为第一大股东的企业合计占14.63%，成为占大头的私人控制者，这种现象揭示了中国的"完全民营"改制可能主要是MBO或EMBO占主导型的模式。

3. 改制成本之一：职工补偿金

所有的国企在面临改制时都无一例外地碰到的一个难题是，"人到哪里去"。冗员问题是国企的通病，每个国企都存在着或多或少的冗员，当面临改制时，每个企业都希望能够裁减这些冗员，以便企业能够轻装上阵，提高劳动生产率，从而提高竞争力。

那么如何解决这个问题？把这些冗员推向社会，显然是不合适的，这会影响社会稳定，也是对这些员工利益的伤害，同时也违反了国有企业过去对职工的某种隐性承诺。实际上，政府和国企员工之间的这种利益保障的契约关系，从过去到将来是有延续性的，至少对于在一定时点之前进入国有企业的员工来说，这种契约关系是持续有效的。

对于裁减员工，通常的方式是采取"赎买"政策，国家拿钱买下员工的"铁饭碗"，即对员工从国家雇员变为民企雇员进行补偿，把员工本来在计划经济下的永久固定的待遇和身份，转变为市场经济下的可变化的合同契约的待遇和身份。这种身份的转变，是企业从计划走向市场的基础，也是企业改制的重要基础。

在这段改制期间，政府政策对于安置改制或破产的国企职工的安置费标准，大体上是按照企业职工所在城市上年平均工资收入的3倍计算。各地参照这个标准时，略有上下浮动和变化。在改制企业裁减员工的比例上，通常并没有统一标准，有些地方政府规定，最高不得超过原有员工数量的30%。

根据上述调查数据来看，改制企业通常要支付员工改制补偿金每人大约33 800元，如果辞退该员工的话，还要再加上辞退费每人约18 300元。辞退职工的比例则从 6%—21% 不等。此外，一些改制企业还向政府承诺，3 年内不解雇职工。

表 2.14　改制企业支付的平均补偿费用和辞退职工比例

	职工平均补偿费用（千元）	支付裁员补偿费用（千元）	辞退职工占全部员工比重（%）
按隶属分类			
中央企业	15.9(20)	18.1(20)	6.4%(24)
地方企业	35.5(198)	17.8(198)	18.8%(199)
按改制模式分类			
完全民营改制企业	37.8(143)	21.7(126)	19.8%(116)
其中：经营者和员工控股的民营改制企业	42.2(80)	25.9(63)	21.4%(63)
国家控股的改制企业	28.2(104)	14.0(99)	15.4%(102)
全部样本平均	**33.8(247)**	**18.3(223)**	**17.8%(218)**

注：括号中的数字是企业数目（户）。
资料来源：同表 2.10。

从表 2.14 中看到，中央企业或国有控股企业的补偿费用普遍较低，这是与其改制模式相关的。地方企业的补偿费用较高，也是由于地方企业较多改为完全民营改制企业。值得注意的是，经营者和员工控股的改制企业，其支付给职工的补偿金是最高的，不仅高于国有控股企业，也高于外部人控股的民营改制企业。这表明，改制模式较多地选择内部人控股，原因可能在于，职工能够从中得到较多的利益。所以，职工在改制中的支持力量非常重要，他们的倾向性在很大程度上决定着改制模式的选择。职工作为企业的利益相关者，其实际上已经成为企业的实际所有者之一，在改制中具有很重要的话语权。

对于国有控股的企业来说，82% 是以现金来支付的。与国有控股的分组企业相比，仅有 62% 的完全民营改制的企业是以现金支付。相当数量的民营改制企业是以股权来支付补偿。尤其是，在经营层或职工持股会为控股股东的企业中，大约 40% 的企业以股权来支付补偿。这意味着，经营者和职工用以买断企业资金的很大部分实际上是来源于以股权来交换补偿索取权，这样的方式有助于购买者节省大量的收购现金。因此，补偿费用被算作为是购买企业的交易价格的一部分，如表 2.15 所示。

表 2.15　支付职工改制补偿的形式（户）

	现　金	股　权	债　权	总体反应
国有控股的改制企业	274（82%）	49（15%）	12（4%）	335
完全民营改制企业	154（65%）	71（30%）	11（5%）	236
其中，内部人为第一大股东企业	74（54%）	54（39%）	9（7%）	137
合计	428（75%）	**120（21%）**	23（4%）	571

注：括号中的数字为每种所有制企业分组在总体反应中的比重。
资料来源：同表 2.10。

4. 改制成本之二：不良资产和不良债务

国有企业的不良资产是一个老大难问题，几乎所有的国企都存在大量的非经营性资产，库存积压的卖不掉的产品，闲置的接近报废的设备机器，等等，都构成了国企的沉重包袱，例如某国企库存产品 2 000 多万元，这些产品都是按原价登记的，按账面资产都是企业的净资产，但实际上，如果不打折根本就卖不掉。这些账面资产中存在大量的水分，也是不良资产的重要来源。此外，许多不良资产，例如当初靠贷款引进的设备无法使用，以及各种闲置不配套的机器等等，都形成了相对应的不良债务。

国企的不良债务和亏损窟窿，一直是困扰银行的大问题，也是政府推动企业改制的动力之一。为了解决这些不良债务，中央政府先后出台了若干政策，不断地通过核销呆坏账，通过给"三角债"注资，以及组建四大国有资产管理公司等方式，来处理国企的坏账问题。

对于基层的大量国企，破产是得到债务豁免的重要途径。许多亏损累累、资不抵债的中小企业，通过破产来解决高额负债。还有许多国企，实际上是借破产逃债，先破产，把债务甩掉，后来再用原班人马重建一新企业，一下子成为无债一身轻的企业。

这些种种破产的逃债，成为银行不良债务的重要来源和组成部分。还有些企业虽然不破产，但就是没钱还债，银行也无可奈何。有些银行诉诸法院，来追缴债务，但法院即使判企业还账，也往往无法执行，因为国有企业需要解决那么多人的吃饭问题，还了钱就发不出工资来，这时银行和法院都无法再强硬下去，只能听之任之。因此，当企业能够通过改制来承担这些历史欠债时，银行无疑是很欢迎的。

除了银行债务外，企业的应收款也是一个大问题。不少国企的应收款几乎与企业净资产相等，有的企业按账面净资产有数千万元，实际上现金却不多，因为应收款太多。许多企业还存在着为其他企业进行担保的问题，这些大都是计划经济下大锅饭时代采取的促进经济发展的方式，在市场经济下，则演变为担保企业的连带责任，一个链条断裂，则导致了一系列企业的责任，形成了担保企业为被担保企业承担的不良资产。

一些企业在提出改制方案时，大都要求核销不良资产和债务，不愿承担这些历史负担。对此，政府通常需要与银行协调，对于年代久远，确实还不上的旧债，对于因投资失误造成大量设备长期闲置报废的欠账，通常银行也能够给予核销。不过，对于银行来说，其可核销的坏账比例是有限度的，如果超过了规定的比例，银行则无法核销。因此，民营经济发达、不良债务少的地区，银行的负担较轻，反之，国有经济比例高，大量不良债务存在的地区，则银行无法应付这些沉重负担。

总之，对于大多数企业，核销不良债务是极其困难的，银行作为强势集团，往往并不买地方政府的账。因此，企业改制方通常需要权衡，在可以承受的债务负担条件下，尽量通过改制来逐步消化这些历史债务。

相对银行来说，政府就好办多了。由于政府与这些国有企业之间的直接利益依存关系，政府是急于要摆脱其所处的财务困境的。因此，政府往往利用自己的可控资源来解决不良资产和债务问题。最可行的方式就是利用土地来解决，也就是说，通过出卖土地，或置换土地的方式，得到一笔土地出让金，以此来解决改制的部分资产和债务清偿。2000 年以后改制的大规模实行，与土地价值的提升密切相关。政府能够通过置换土地轻而易举地解决改制成本问题，则解决了一个阻碍改制的大难题。

当然，最直接的解决不良资产和债务的方式就是给出售企业的价格打折，这也是政府最常采用的简单易行的方式。银行难通融，土地置换有时也有障碍，只有价格打折是最方便的，也是企业和政府能够进行协商和博弈的直接基础。

总之，不管采用银行核销，还是土地置换，或者是价格打折，这些不良资产和不良债务的清偿都构成了企业改制的必要成本支出。

5. 改制企业价格的构成和确定

由此可见，一个改制企业的价格通常都会包括上述两大项成本，或者说，扣除上两项成本之后，便是实际销售价格。

在许多企业的改制方案中，都无一例外地包含了以上两项改制成本的明细表，例如职工补偿额的确定、不良资产的登记、应收款的处理，等等。从企业的资产评估价格中扣除这些成本之后，才形成企业的实际销售价格。因此，一个改制企业价格的高低，取决于其需要支付的改制成本和评估的净资产价格。如果两者之间的差额太大，较高的价格会使接盘者无法承担，因而改制通常都是在一定有限的范围内才能实现。也就是说，要么企业净资产价值较低，要么企业需要支付的改制成本很高，即职工补偿金较高，符合这样条件的企业往往成为改制的首选企业。尤其是，当职工补偿金和企业净资产评估价值十分接近时，企业经营者和员工就可能在不需要支付现金的条件下进行改制，经营者和职工能够通过股权交换补偿权的途径，来购买企业，或者获得企业的控股权。

根据调查数据，我们能够得到改制企业的净资产的账面价值和评估价值，得到实际交易价格和改制补偿成本这些数据，分析这些指标的关系，我们可得到表2.16。

表 2.16 改制企业定价：账面价值、评估价值、补偿金和销售价格（百万元，户）

	净资产账面价值	净资产评估价值	实际交易价格	补偿金
净资产价值＞0 的企业分组				
国有控股企业	39.1(43)	24.9(43)	14.3(43)	14.4(36)
完全民营改制企业	19.3(75)	18.9(75)	12.1(75)	10.6(76)
内部人控股企业	18.9(42)	18.6(42)	9.97(42)	9.6(41)
总样本企业	**26.5(118)**	**21.1(118)**	**12.9(118)**	**11.9(107)**
净资产价值＜0 的企业分组				
国有控股企业	−4.1(2)	−2.8(2)	0.0(2)	2.0(2)
完全民营改制企业	−3.6(10)	−2.8(10)	0.05(10)	7.7(10)
内部人控股企业	−1.3(5)	−1.3(5)	0.03(5)	8.5(5)
总样本企业	−3.7(12)	−2.8(12)	0.02(12)	6.4(12)

注：括号中的数字是企业数目。
资料来源：同表2.10。

　　表 2.16 表明，交易价格加上补偿费的总和近似地等于净资产的评估价，即净资产的账面价格经过资产评估机构调整后所得价值。在改革实践中，评估价通常被当作为销售价。可以看到，当职工补偿金越高，实际销售价格就会越低，同样，当不良资产越多，企业的净产值评估价格也会越低，这两方面因素都会对改制企业的销售价格产生重要影响。

　　从表 2.16 的有关价格指标来看，完全民营改制（包括内部人控股企业）的企业分组的评估价与账面价几乎完全一致，实际出售价（含补偿金）与评估价也非常接近。相比之下，国有控股的改制企业的评估价值为 2 400 万元，仅占其账面价值的 63%，远低于评估价，而包含补偿金的实际出售价则高于评估价，但仍显著低于账面价。从样本总体来看，两种改制模式的企业交易价格差异表明，在完全民营改制的企业中，包括经营者或职工买断的企业，基本上并不存在国有资产价值的低估，而在国有控股的改制企业中，这种低估才普遍存在。

　　当净资产价值小于零时，也就是说，企业销售价格不足以支付改制成本或职工补偿金，那么改制成本将来源何处？

表 2.17　当销售价格低于补偿成本时补偿成本的来源（个）

企业分类	资金来源					回答些问题的企业总数
	出售土地	母公司	政府	社会保障机构	其他	
国有控股企业	59(35%)	41(25%)	22(13%)	1	42(25%)	165
完全民营改制企业	70(55%)	23(18%)	3(2%)	—	32(25%)	128
其中:内部人控股企业	42(63%)	11(16%)	1(1%)	—	13(19%)	67
总样本	129(44%)	64(22%)	25(9%)	1(0.2%)	74(25%)	293

注：括号中的数字是这类企业占企业总数的百分比。
资料来源：同表 2.10。

　　企业的资产价格为负值时，改制成本的支付实际上是由国家来负担的。出售土地的价值是其中一个重要来源。实际上，这就相当于国家拿土地使用金支付职工的身份补偿金，这是改制中最为普遍的一种"以土地权赎买身份权"。对于国有控股的改制企业，政府往往愿意给予资金来支付补偿金，而对完全民营改制企业，则很难得到政府的直接资金支持。这表明政府在对国有和民营之间，存在明显的厚此薄彼的歧视政策。

6. 改制绩效的比较

在中国，改制是个比较敏感的话题，这方面的数据调查难度较大。因此，尽管有不少案例研究，但是比较详尽的经验数据的研究并不太多，相关的实证研究与改制实践的广泛程度很不匹配。不过，在 1998—2004 年期间经过了较大规模的国企改制之后，相关的经验研究成果陆续出来了。因此，我们能够把这些研究成果加以汇集和总结，来综合考察改制究竟取得了怎样的绩效，比较改制前后的绩效差异，以及比较不同的改制模式的效果。

表 2.18　关于改制实证研究概览

作者、发表时间及媒体或形式	数据和方法	主　要　结　论
刘小玄、李利英，2005 年 3 月，《中国社会科学》	中国社会科学院经济所在 5 城市和 4 行业中随机抽样 451 家企业（1994—1999 年），生产函数效率测定及回归，固定效应模型回归	改制企业效率高于未改制企业，国有股权变化与企业效率负相关，个人股权正相关；内部人控股与外部其他投资者控股模式之间不存在显著效率差异
宋立刚、姚洋，2005 年 3 月，《中国社会科学》	国际金融公司和国家经贸委共同调查数据 1995—2001 年 683 家企业 11 城市利润率和劳动生产率回归，控制滞后变量和固定效应模型	改制对企业利润率有显著的正影响，尤其是私人股份达到一定比例，能显著增进企业盈利能力，但对单位成本和劳动生产率的影响较弱或不显著；改制带来的最明显效果是改制后的第二年至第四年
刘小玄、李利英，2005 年 3 月，《中国工业经济》	中国社会科学院经济所调查随机样本 451 家企业 1994—1999 年检验企业改制的经营绩效，采取非参数检验，多元回归和 logit 模型	国有股权下降和个人股权上升明显提升企业利润率，在不同的个人持股者之间，经营者持股的积极作用最为明显，单纯的公司化不能带来企业效益的提高
胡一帆、宋敏、张俊喜，2006 年 7 月，《经济研究》	世界银行调查数据 299 家制造业 5 城市 6 行业 1996—2001 年对企业绩效变量包括销售额、增加值、利润等回归，固定效应模型	民营改制显著提高企业销售收入，降低生产成本，盈利能力大幅度提高，完全民营的公司比部分民营公司效率更高
郝大明，2006 年 7 月，《经济研究》	2001 年山东省基本单位普查工业企业数据库中选取符合国企公司化改制的 2 629 家样本企业，生产函数效率测定，OLS 多元回归	国有企业公司制改革后效率明显提高，但不同类型公司的效率差异很大，国家资本比重在 25%—50% 之间的公司效率最高，其次是 0—25% 的国有比重分组，国有比重 50% 以上的公司效率低于 50% 以下的企业

续表

作者、发表时间及媒体或形式	数据和方法	主　要　结　论
白重恩、路江涌、陶志刚，2006 年 8 月，《经济研究》	国家统计局规模以上工业企业中选取 1999—2002 年全国的改制国有工业企业 2 866 家，含所有行业和地区对企业效益变量回归，固定效应模型	改制后资产使用效率、利润率和劳动生产率均显著上升，效益改善主要通过节约管理费用和财务费用实现；改制带来的社会成本相对国际经验较小，价格稳定，裁员幅度不太大；国有控股与非国有控股企业改制效益差异不显著
黄玲文、姚洋，2007 年 3 月，《经济研究》	国际金融公司和国家经贸委共同调查数据 1995—2001 年 386 家企业 11 城市对企业就业增长率回归，固定效应模型和差分内差分估计方法	改制平均能提高企业就业增长率 17.7 个百分点，控制绩效等变量后，积极影响仍达 11.5 个百分点。改制对就业的积极影响在改制后 4 年是递增的
Shahid Yusuf, Kaoru Nabeshima and Dwight Perkins，2006 年 6 月，《世界银行东亚研究丛书》第 5 卷	世界银行委托统计局企调队调查 736 家工业企业 5 城市 7 行业 1996—2001 年生产函数固定效应模型	各种类型的改制企业业绩优于国有企业，其中股份有限公司居于榜首，合资企业紧随其后，改制为有限责任的国企绩也有所提高，但小于其他类型
刘小玄、刘芍佳，2005 年 5 月，《国务院发展中心国企改制重组调查项目研究报告》	国务院发展中心委托国资委和中国企业家调查系统搜集 2 696 家有效样本企业（1997—2003 年），涉及 16 个省和除了金融、电力、石油开采以外的所有行业，采用非参数检验，logit 模型和多元回归	改制后的企业比改制前取得显著绩效，盈利能力提高，不同改制模式的比较，民营企业控股模式改制绩效最好，经营者控股其次，职工持股会控股再次，国有控股较差。分析否定"靓女先嫁"，证实了完全民营改制的企业改制前的绩效明显差于国有控股的改制企业
陆挺、刘小玄，2005 年 6 月，《经济研究》	中国社会科学院经济所调查随机样本 451 家企业 1994—1999 年使用两种不同的固定效应估计方法，以及 Ordered Probit 的估计方法，对企业利润率和绩效进行回归	改制从整体上来讲提高了经营效率，不同的改制模式是改制绩效的重要决定因素，经营者持大股从效率上来讲是较优的改制方式，其绩效不仅高于平均分配的股份合作制，也好于非改制企业和其他改制方式包括外部人控股的企业

以上 10 篇论文或研究报告，分别用不同的数据，从不同的角度，用不同的方法证实了改制确实提高了企业绩效，带来了比改制前更好的经营绩效指标，从而为中国政府在 21 世纪初前后推行的大规模改制转型的效果做出

了基本合理的客观评价。

改制提高了企业绩效这一点，基本上已不再有疑问，问题主要在于：这种绩效的提高是一次性的释放，还是可持续的提高？由于数据的限制，我们还无法完整地回答这个问题。至于不同改制模式的绩效比较，对于不同数据，则有不同的结果。不过至少有一点比较相同的，这就是国有控股的改制企业效果不如完全民营改制的企业，经营者持大股的改制模式，效果也好于职工平均持股的改制模式。

较有争议的问题是，究竟是"好企业先改制"，还是"差企业先改制"？这个问题关系到选择性偏差可能产生的有偏的度量改制效果。以上文章中有3 篇文章证实了"靓女先嫁"的改制，但其他一些文章的分析结果正相反。这其中的原因很可能在于不同的数据选择。上述支持靓女先嫁的相关数据，主要来自国外相关机构在中国地方政府配合下进行调查的小样本数据调查，这些样本并不是随机抽样的，而是政府从其改制样板中拿出来的典型。地方政府总是乐于向外人展示自己优秀的业绩，而不愿意把那些绩效很差的企业拿出来。这也是为什么支持"靓女先嫁"的证据总是来源于世界银行、国际金融公司的调查数据，而非来源于其他的国内机构的调查数据。

总之，正是在这样的经济改制的基础上，中国的企业取得了高速的发展和增长，为本阶段的经济繁荣奠定了良好的基础。

2.5.4 改制的教训和反思

改制的成功案例很多[1]其主要来自企业家的努力和创新，来自具有积极进取精神的政府的开明政策和大力支持。然而，改制重组失败的案例或许也不少，其中的原因虽然多种多样，但最主要的原因正好与成功改制相反，来自权势者对于企业的掠夺，或来自企业经营者与腐败政府官员的内外勾结，串通一气，不惜伤害国家和职工利益，从改制重组中牟取暴利。如此大的反差，因而形成了改制过程中截然对立的支持和反对的意见，这实际上反映的是完全相反的来自两种实践的效果。

---

[1] 关于改制的成功案例，可参阅刘小玄：《转轨过程中的民营化》，社会科学文献出版社 2005 年版；齐欣：《国有企业改制案例》，经济日报出版社 2002 年版。

以下我们摘取了两个案例，期望能够从中发现造成改制失败的一些重要原因。

河南镇平案例

镇平县原有 34 个国有企业。1997 年，镇平县被河南省定为国企改革特试县，对全县 34 家国有企业进行了改制。

据镇平县经贸委反映，"由于改制时机不成熟，企业管理人员的素质差，导致我县国企改革试点不成功。特别是一些厂长经理在改制期间，仍然向政府部门和个人高息借贷，时间大多是一两个月，这都是明摆的套，一到时间，他们马上向法院起诉，法院一执行，土地就被没收了"。

结果，政府职能部门成了高利贷者和受惠者。镇平县有线电厂破产后，大量债主涌上门来，将厂里值钱的东西一扫而空。为了保护工厂剩下的设备，有线电厂的职工自发组织了工人护厂队，但护厂队难以护厂。

记者在调查时发现，一些企业"负债明细表"上显示的债权人，除了金融部门以外，还有镇平县财政局、民政局、粮食局、经贸委、社会保险局等许多政府部门。这是企业为了生存，厂里把土地作为抵押，向政府有关部门高息贷款的结果。

采访中，镇平县的国有企业职工纷纷向记者反映，政府职能部门的高息放贷，是造成企业倒闭停产、国有资产流失的重要原因，而这些不合情理的借贷行为没有企业领导的参与是不可能发生的，企业借来的钱也大都在改制过程中，被企业领导以各种名义据为己有，有些厂长已经潜逃。

初步调查统计，在镇平县的 17 家企业的厂区中，有 500 多栋洋房别墅。记者先后来到原镇平县羊毛衫厂、原镇平县玉雕厂、原镇平县有线电厂、原镇平县丝织厂的生产区，现在这些地方都已变成了洋房别墅区。其中，原镇平县有线电厂里的 40 多亩地也被分了 13 块抵押、拍卖给了县财政局、民政局、养老保险局、银行等单位和个人，厂区变成了少数特权人员的别墅区。

资料来源：参见陆欢、张彩霞等：《河南镇平：国企改革怪现象调查》，2004 年6 月 21 日新华每日电讯。

案例 2

莆田外贸公司案例

2002 年，莆田市外贸公司已累计负债 1.6 亿元，负债主要是银行贷款。其中，欠中国银行 8 600 万元，政策性剥离给中国东方资产管理公司福州办事处 6 256 万元，欠工商银行 7 000 万元，政策性剥离给中国华融资产管理公司福州办事处 4 400 万元，其他债务约 500 多万元。

企业到了资不抵债的境地，业务无法经营、职工工资无法发放，改制成为企业的选择。但是，2003 年着手改制工作，2004 年进行职工分流安置，直到 2008 年该企业仍没有改制完毕。按法定程序，企业应对现有资产进行公开评估拍卖，并按有关偿还原则，依次支付改制工作经费、职工工资、社保金、职工安置费及国家税收等，然后才按一定比例有限偿还一般债权。

企业的存量优质资产只有前述的旧办公大楼一幢和位于香港的一处写字楼。然而，职工万万没有料到的是，改制前的 2002 年，这幢旧办公大楼已经在内外串通及利益相关方的运筹下，悄然易主。这幢大楼的买卖交易，没有召开过职工大会，也没有告知职工，大家始终被蒙在鼓里。

据透露，这幢大楼的买卖交易是早有策划和预谋的。2002 年 4 月 1 日，"香港商人"曾文镇与中国东方资产管理公司福州办事处（以下简称东方公司）、莆田市外贸公司三方签订《债权买断协议》。协议约定，曾文镇以 500 万元价款买断东方公司对莆田市外贸公司所享有 816 万元的债权。这其中包括对上述旧办公大楼享有的 180 万元抵押担保权。

4 月 20 日，曾文镇依据《债权买断协议》，与莆田市外贸公司签订产权协议书。协议约定，曾文镇已享有对莆田市外贸公司 816 万元的债权，莆田外贸公司同意将坐落在莆田市文献路 23 号的办公大楼全部产权过户给曾文镇。

但据业内人士根据莆田市房地产市场行情估算，莆田市外贸公司这幢办公大楼地处繁华的市中心，一层又是商业店面，当时价值至少 5 000 万元。

2002 年 4 月 16 日，莆田市外贸公司向莆田市国有资产管理局提请《关于旧办公楼转让问题的报告》，申请将位于文献路 23 号的办公大楼转让并过户给曾文镇。当时莆田市国有资产管理局不同意这样做，始终没有在《报告》上签字。莆田市财政局却在该《报告》上盖章并签上"同意"。

2002 年 11 月 4 日，曾文镇取得了该办公大楼 2 689 平方米的《房屋产权所有证》。2003 年 8 月 12 日，曾文镇获得了该大楼相关的使用面积1 735.38平方米的《国有土地使用证》。对曾文镇来说，他最终以 800 万元的价格获得了价值 5 000 多万元的资产。

"这背后，有一个真正发力的幕后推手，否则很难越过层层关卡"，一位知情者告诉记者。知情者说，这幕后推手就是时任外经局局长和一位副市长，曾文镇只是"利益代言人"。

莆田市外贸公司职工向记者再曝内幕消息：该公司位于香港银高国际大厦的写字楼同样遭遇暗箱操作。该职工向记者出示了此写字楼的房屋买卖合同。该房屋买卖合同用英文签署。该合同载明，买方郑玉瑞系莆田市人，卖方代理人是莆田市国资委副主任及莆田外贸公司经理，房屋交易价格为 301万元港币，交易时间为 2007 年 11 月。

据知情人透露，该买卖又是典型的"暗箱操作"：物业价值没有经过评估；交易价格为 301 万元港币，却只收回 150 万元人民币，其余的钱直接抵消了莆田市外贸公司对买方郑玉瑞的债务。时任卖方代理人的市国资委副主任认为，外贸公司在香港的写字楼属境外资产，评估起来手续麻烦、时间较长，因此没有进行评估，但该房产是通过中介机构进行挂牌交易的。对于"只收回 150 万元人民币，其余的钱直接抵债"一事，有关人士告诉记者，他们只负责该房产的交易，至于其他事项，那是市政府定的。

资料来源：李晋田、陈衍水：《福建莆田外贸公司 5 000 万办公大楼被 800 万贱卖》，《中国经济时报》2008 年 7 月 30 日。

改制失败的原因很清楚，首先是企业经营失败，亏损累累，债台高筑，资不抵债，无法经营下去，不得已只好改制。然而，实际上早在改制之前，企业就已经千疮百孔，资产暗地易主，或被抵押，或资产很快要被清偿还债，这样的企业不是改制能改好的问题，而是早就被蛀空了，只要最后轻轻一推，就必垮无疑。改制实际上是一次清算，它把以前看不到的亏损窟窿都一一揭示出来，实际上家底子早已败光，企业已经成为空壳。

造成这种现象的原因在于"公地悲剧"，没有改制的时候，各种蚕食、侵吞、私占行为天天发生，只不过在大规模的改制过程中，这种掠夺式的瓜分更加明显，更加速了这种瓜分。从以上案例可见，少数政府部门的直接卷入，大大加剧了这种行为的恶性程度。在小部分腐败的政府官员的指导下，无论是内部人还是外部人参与的改制，他们都能从中牟取暴利。

问题不在于改制是 MBO 或 EMBO，还是外部人并购，区分的标准不在于这两类人之间，而在于究竟是企业家，还是投机者，还是掠夺者。只要是真正干出来的企业家，改制成功的概率就大，投机者则成功的概率相对较小，掠夺者则不可能成功，其获暴利的代价必然是搞垮企业。

问题的关键是主宰企业改制的政府，他们的目标在很大程度上决定着改制的成败。在改制普遍成功的地方，政府必然普遍清廉无私，官员风气正，社会环境氛围好，市场竞争公平，在相反的政府治理条件下，则必然问题重重，鲜有改制成功案例，大规模的改制往往导致的就是大规模的腐败和掠夺，以及普遍性的企业破产关闭的结果。但是，如果不改制，大量的暗地里的腐败问题依旧存在，不会因为拖延时间而消失，而只会不断地增加新的亏损和蛀空，最终的清算总是不可避免的。

因此，当某些人谴责改制的时候，实际上弄错了对象。改制本身没错，而是那些借改制为名，行掠夺之实的行为。改制正是为了从根本上杜绝这些侵吞掠夺公共财产的行为。在改制过程中出现的这种种恶性问题，实际上的根源不在改制，而在国企固有的弊端，在于政府严重的失职行为或者渎职行为。区分企业家与掠夺者，是善意的改制以便促进企业长期发展，还是恶意的攫取不惜以搞垮企业为代价？区分清廉政府与腐败政府，是站在公开公正的立场充当合理竞争的裁判，还是暗箱操作、搞权钱交易以便插手从中牟利？进行这样的区分是至关重要的，否则我们会因噎废食，会使市场深化改革的进程受阻。

如前所述，改制是企业对于原有利益分配格局按照市场的要求进行重新配置的结果，是企业的各种利益相关者对于其利益诉求进行平衡的结果。在这个利益重新分配的过程中，存在着两种不同的规则，一种是企业奉行的市场规则，另一种是政府部门奉行的公共规则。前者较多地体现了效率原则，因为企业更多地要考虑竞争力，考虑生存发展等商业原则；后者则需要较多地考虑社会公平稳定和谐发展，以及较长远的社会福利最大化目标。这两种规则虽然有些不一致的地方，但是总的来说是可以互补的，可以双赢的，可以共同实现各自的最优化目标的。这样的企业与政府的行为基础就构成了合理改制的均衡模型，实际上也是一种来自改制实践的合理化总结。

然而，实践总是会或多或少地偏离这些最优目标的，在偏离较少的地方，改制就比较成功，而在偏离较大的地方，改制则存在诸多问题。尤其是政府需要奉行的公共规则，在改制的过程中，经常被丢在一旁，而偏离了应当由政府来进行把关的公平规则。

没有哪一个时期和地方，像中国的大规模转轨过程中那样，使得政府的作用如此重要。在市场经济自然成长的国家，政府不可能有这样大的作用，因为市场规则和产权保护具有的权威地位是政府无法相抗衡的，政府永远只是为了维护这种社会规则以及充当这些规则的执行者。但是在中国，政府具有的强势地位则是市场无法与之抗衡的。可怕的是，少数地方政府具有自身的利益目标，这些目标并不与公共目标相一致，一旦这些利益目标得不到有效约束，就会给社会带来很大的消极作用，其不仅会伤害企业效率，也会破坏社会公平，从而使得公共福利最大化的目标受到极大的损害。

对于政府来说，改制应是个公共问题，应有一个长远的体现公共福利最大化的发展方向和战略目标，而不是把改制当作一种短期商业化目标，对企业"无利则退，有利则留，无利则改，有利则不改"，割断过去历史上对职工的欠账，把改制作为某些部门牟利的工具，更有甚者成为个人牟利的手段。由于各地或各级政府的素质高低参差不齐，有些地方政府方向正确、目标明确、手段正确、规则透明公正、公平兼顾企业利益相关者，使改制取得较好结果，但有些地方则相反，改制陷入困境，带来了极大的消极作用。因此，政府相关部门需要统一思想，理直气壮地明确发展的目标，提高公共服务素质，同时建立有效的约束制度，而不是任凭各地政府官员或企业自发无约束的行为，这是确保改制顺利健康进行的必要前提。

从企业来看，在政府缺位下，改制是否能体现公平和稳定，就主要取决于企业经营者的个人素质和道德水准了，这自然是靠不住的。为此，建立有效的制度约束和保护弱者利益的机制，是避免出现恃强凌弱，损害职工利益的根本之道。

计划经济本质上是特权经济和等级经济，资源配置基本上按照严格的等级来进行，是一种金字塔式的层级结构。在这个结构中，每个人都有自己的位置，都处在某一个层级水平上。人数最多的群体是农民，他们处于塔的底部。无论是政治上，还是经济上，都是没有话语权的最底层的人群。这一最庞大人群地位的上升，打破了原有的城乡之间禁锢流动的壁垒，能够有望成为"城里人"和具有发家致富的可能性，无疑应是市场经济冲破了等级经济的一种公平和进步。

在转型过程中，企业家的地位上升，这是市场经济对于财富创造者的回报，也是一种资源合理配置的表现。当然，随着市场化而来的还有资本的贪婪，血汗工厂，原始积累的掠夺。市场中的企业家也有好有坏，若能够最大限度地利用市场的合理性，充分发挥企业家对社会经济发展的巨大贡献，同时通过法治来遏制可能产生的恶行，乃是体现政府治理能力的最高境界。只有做到了这一点，政府的公共福利目标才能最大限度地实现。

近几年来，政府在完善公共规则和职能方面做了很大的努力，大力建立全方位的社会保障体系，建立城市低保和失业救济制度，等等，这些都可能为未来的改制提供强有力的保障。实际上，以前在改制中，许多地方政府在这方面就做了很好的工作，创造了一系列良好的示范经验，稳妥地完成了改制和转轨。但是，从全国来说，关于改制的种种配套工作尚未完善，尤其是一些地方急于求成，没有把改制的社会保障问题作为公共职能的一个重要组成部分，没有把这些为市场化改革配套的公共政策当作政府的头等大事来抓，以至于造成了对部分职工的伤害。这个问题错不在改制，更不在市场化，而是我们的政策不配套的错，是政府社保职能失灵的表现。

改革开放的 40 年来，是政府放权最多的时代，即使如此，政府仍然是最强势的各种资源的控制者。

在人类的市场经济发展的漫长过程中，初期的市场与政府的关系基本上是相互完全独立的，后者不得随意干预前者。随着市场的作用越来越强，市场失灵的表现越来越多，政府的作用则逐渐渗透市场，并在民主制约下不断增强，以便弥补市场的不足和市场失灵的缺口。但是，市场经济的萌芽如果一开始就是处在强势政府的不合理干预下，则可能很难发育成熟。

不可否认，政府的强势曾经为推动企业改革和制度变革起过重大的积极作用。虽然政府有很多做出巨大贡献的积极强势者，但是，政府的某种贪婪的势力也为大量的权钱交易和寻租腐败行为提供了最好的基础，政府因而有可能成为阻碍改制、把改制引入歧途的最大既得利益集团。因此，解决这种既得利益集团对中国改革的阻碍，将是未来发展的关键。

2.6　近 10 年的发展阶段（2008—2018 年）：投资驱动和反腐败

2.6.1　国企发展的剪刀型趋势

为了更好地观察近 10 年来的发展趋势，有必要追溯到上一个 10 年，因而需要把整个发展过程的近 20 年进行完整的描述，这样就能够区分两个不同阶段，并进行合理的比较和对照分析。以下我们选择几个典型产业，考察大规模的改制重组及其后续 10 年来的基本发展趋势。首先选择如下几个典型产业：食品制造、金属制品、机械、建材。选择原因在于这些产业基本具有竞争市场的性质。其次，选择钢铁和煤炭产业，其中的国企具有较大规模，具有较强市场地位和垄断力量，因而与竞争市场的国企有所不同。

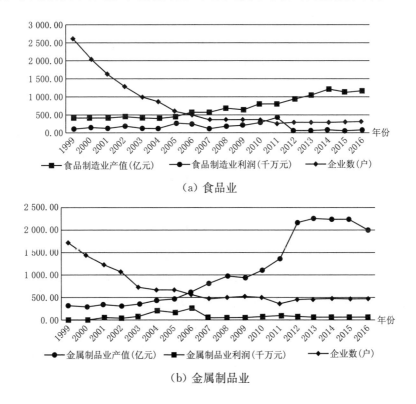

（a）食品业

（b）金属制品业

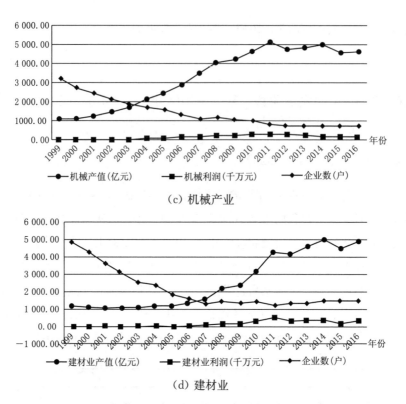

（c）机械产业

（d）建材业

图 2.12　1999—2016 年食品制造、金属制品、机械、建材行业的国企发展趋势

资料来源：《中国统计年鉴》历年。

我们把几个基本指标放在一个坐标系中进行描述，考察的目的是看发展趋势，因而忽略了各指标的单位不同。从上图可以看到的基本特征是，几个产业共同表现出剪刀型的发展趋势，即相对于利润趋势的发展平缓，产值发展趋势明显上升。此外，几个明显特征如下：首先，以 2006—2007 年为基本时点，国企的退出基本停止，在此之前，国企数量急剧下降，而在此之后，国企数量则保持大体上的平稳不变或仅有很小下降。其次，同样以 2006—2007 年为界，此后国企的产值或主营收入出现较大增长，增长趋势明显。在国企数量基本不变的前提下，这表明了国企的产出规模正在迅速增长。然而，国企的利润并未出现相应增长，而是保持不变或有所下降的趋势。这表明了国企发展主要体现在数量增长，从经济效益的角度来看，国企发展似乎陷入了停滞状态。

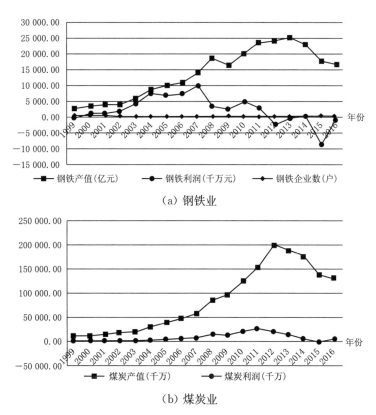

（a）钢铁业

（b）煤炭业

图 2.13　1999—2016 年钢铁和煤炭产业的国企发展趋势

资料来源：《中国统计年鉴》历年。

从钢铁和煤炭产业来看，尽管其具有较强的市场力量和局部垄断性，但是同样表现出了剪刀缺口特征，即产值增长趋势显著，而利润发展保持平缓。与图 2.12 不同的是，图 2.13 忽略了企业数量的变化，这是由于这两个产业的国企规模较大，企业数量较少，变化幅度也不大，无法与上千万的产值数值在同一图形中表现出来。不过，如果另外考察这两个行业的国企数量变化，也能够发现国企数量的下降趋势停止在 2007 年。与其他行业不同的是，钢铁业的一个显著特征表现为，近 10 年来利润呈现明显下降趋势。从 2007 年开始不断波动式下降，至 2012—2015 年期间甚至下降到零利润和负利润的亏损状态。

2.6.2　投资刺激与产能过剩

上一阶段的改革深化带来了全面的国企改制浪潮，这个过程由南到北，由东向西，逐渐波及扩大范围。然而，由于改制过程中出现的种种问题，以及政府对于改制缺乏一个完整统一的理论或规划方案，经常是摸着石头过河，走一步看一步，一旦改制受到非议，不是考虑如何解决这些问题，而是本能地回避风险。于是，全面的改制运动就停了下来。改制仅仅持续了大约 10 年时间，即在 20 世纪 90 年代中后期，持续到 21 世纪的中后期，便基本停止不再推进。于是，改革煮成了"夹生饭"，从全国来看，南方珠三角和东南长三角地区大部分已经完成改制，而东北地区与西部地区本来发展就较慢，当时还未来得及全面实行改制，就赶上不合时宜的气候环境，改制的难度更大，发展差距也就更大了，结果形成了发达区域与不发达区域之间十分不平衡的格局。

1. 投资刺激

那么，经济发展没有了改革红利怎么办？依靠投资的数量驱动经济增长的模式，是国企通常的发展路径。在这个阶段，尤其是当出现全球金融危机的时期，政府强化这一模式，就势在必然。众所周知，2008 年以来，政府推出了"四万亿"的刺激方案，成为这个阶段发展的一个标志。

据官方数据，2008 年四季度到 2010 年底期间，中央政府计划外新增投资 4 万亿元，据官方公布，其来源如下：新增中央投资共 11 800 亿元，占总投资规模的 29.5%，主要来自中央预算内投资、中央政府性基金、中央财政其他公共投资，以及中央财政灾后恢复重建基金；其他投资 28 200 亿元，占总投资规模的 70.5%，主要来自地方财政预算、中央财政代发地方政府债券、政策性贷款、企业（公司）债券和中期票据、银行贷款以及吸引民间投资等。[1]

2008 年下半年，"投资闸门打开，国家发展改委不断给各地打电话，催促上报项目，很多挤压了几年的报告都得到快速批复"。"从 2008 年底到 2009 年初，发改委一口气批复了 28 个城市的城轨规划，总投资超过一万亿元。""在 2008 年的最后两个月，中央政府好像一个繁忙的管道工，拧开了每一个可能被拧开的水阀。"例如，提前发放 3G 牌照，可以拉动 6 000 亿元的投入，又如，实行汽车购置税减税政策，来应对当时汽车全行业亏损的局面，如此等等。为了实现"保八"，即 GDP 增长维持在 8% 的水平，需要继续出台刺激需求政策，包括刺激购房需求，扶持房地产等。[2]据笔者的调查，许多地方投资机构，编

---

[1] 发改委：《万亿新增中央投资有四大来源》，《中国证券报》2009 年 5 月 22 日。
[2] 吴晓波：《激荡十年，水大鱼大》，中信出版社 2017 年版。

个名目就可以跟政府要到大笔资金，例如某市交通局反映，当时编个公路预算，不管是否有必要，也无需经过论证，就能轻易获得大量资金修建公路。

大量的新增投资势必导致货币大量超发。这些资金大都进入了国企或者政府投资公司，这些资金注入之后，在现有机制下，通过各种渠道，都流入那些有机会先入为主获得资金和土地等资源的企业或机构。只要能占有资源平台，就能坐享后来价格上涨的好处，而社会则要为此承受巨大的通货膨胀压力。对于国企来说，在这种过于宽松的信贷资金条件下，由于它们受到了前所未有力度的资金支持，给其带来了大量的坐享其成的优惠。

以中央政府为主导的这种投资资金，加上地方和银行的配套贷款，形成巨额的超发货币。在当时体制下，主要通过国有四大银行发出，这些银行往往只看重抵押，有土地或有政府担保即可。因此那些政策性贷款主要通过利益关系定向流入了各大国企以及地方政府投资公司。从行业来看，根据当时配套的十大产业振兴计划，很多资金也流入了这些传统产业，首当其冲的是钢铁，2008 年钢产量突破 5 亿吨，当时已经开始出现产能过剩，故当年产量仅增长 2.2%，结果在政府资金刺激下，2009 年和 2010 年钢产量增长率分别达到 13.5% 和 10.5%，2012 年产量飙升到 7.1 亿吨，产能过剩愈加严重。[1]因此，这些来自政府财政刺激的支持，对于国企并不是好事，相反，它使得受支持或保护的企业加剧了产能过剩，质量下降，不求创新，免于市场竞争的压力，成为"僵尸"企业，因而在未来发展中隐藏着深刻的内在危机。

2. 化解产能过剩

2008 年以后，中国的部分产业出现了较为严重的产能过剩。2013 年 10 月，国务院印发《关于化解产能严重过剩矛盾的指导意见》（国发〔2013〕41 号），为积极有效地化解钢铁、水泥、电解铝、平板玻璃、船舶等行业产能严重过剩矛盾，同时指导其他产能过剩行业化解工作。[2]然而产能过剩的化解一直难以推进，直至 2016 年，国务院再次发文，提出关于钢铁行业化解过剩产能实现脱困发展的意见。为什么三番五次都解决不了这个问题？原因在哪里？

---

[1]《2003—2013 中国历年钢铁产量数据》，https://wenku.baidu.com/view/fd62bd09168884868762d6e9.html。

[2]《国务院关于化解产能严重过剩矛盾的指导意见》，http://www.gov.cn/zwgk/2013-15/content_2507143.htm。

　　说到底，市场经济有其自己的发展逻辑，而政府总想采用传统方式来解决市场的问题，这样的矛盾很难兼容。判断一个企业是否处在产能过剩的状态，是否需要退出，在市场经济下只要根据它们的盈亏状态、产品需求市场，及在银行的偿债能力等指标，即可判定。但是，在行政干预管理下，由于各地方政府都有自己的势力范围，不愿让自己控制范围内的企业下马或停产，于是产能过剩屡禁不止，尽管中央连连发文，企业和地方政府依旧不买账，效益好的企业自然不愁产品订单，而效益差的企业由于种种原因，往往能得到补贴，得到政府或银行的贷款救助，也能勉强维持。于是，化解产能过剩就面临着两难境地。

　　在这样的局面下，政府习惯于采取行政干预来解决。首先，政府采取了一系列的兼并重组，把一些效益差的产能过剩企业兼并到效益好的企业，例如武钢与宝钢合并，成立了宝武集团，还让宝钢兼并了一些其他效益差的国企，指望能通过宝钢的先进管理带动那些差企业。不过，效果并不理想，很多企业兼并后依旧故我，外来兼并者很难融入，有的效益差的企业内部矛盾重重，没法化解，无法形成一个有凝聚力的高效率的团队。

　　兼并收效甚微的情形下，政府采取了严厉的行政干预措施。2017 年 2 月，国务院 6 号文和 7 号文分别给出钢铁、煤炭去产能的目标，然后分解给各地，部际联席会议有关成员单位与地方政府、国务院国资委与中央企业分别签订了目标责任书。每个地方都要有专人负责，不完成这些指令的则免职。这样的行政措施果然有效，各地纷纷签订煤炭、钢铁去产能目标责任书，立下"军令状"，年底要盘点交账。作为进一步的对接落实，各地相继制定了钢铁、煤炭行业化解过剩产能实施方案，明确了"十三五"期间的总体安排，拟定了分年度的产能压减或退出计划。

　　据报道，2017 年 9 月 27 日，唐山市在迁安市唐山燕山钢铁公司举行 2017 年 9 月份化解钢铁过剩产能集中行动，市委副书记、市长下达封存令。此次集中行动，共封存 2 家企业的 2 座 50 吨转炉、1 座 450 立方米高炉，合计化解炼钢产能 127 万吨、炼铁产能 52 万吨，如期完成该市化解任务。唐山市委常委、副市长、市发改委主任出席集中行动。据悉，该次集中行动后，唐山市累计压减 12 家钢铁企业的 12 座转炉、9 座高炉，全面完成当年省达唐山市钢铁去产能任务。[1]

---

　　[1]《安阳限产提前　河北山东发布最严停工令》，https://mp.weixin.qq.com/s/btFXyWv2m3ZDHQ-iPJS7rw。

案例

韶　钢　案　例

　　因连续两年亏损戴上了"＊ST 帽子"的韶钢松山，在 2016 年钢铁业基本面复苏的背景下，营业利润依然亏损 2.1 亿元，然而，韶钢 2017 年 1—9 月同比增长 1 652％，盈利 11 亿。根据韶钢松山发布的近期投资者关系活动记录，公司业绩大幅增长的原因在于，主营产品螺纹的价格大幅增长，致使毛利扩大。2017 年二季度，广东地区螺纹均价在 3 950 元/吨，到了三季度螺纹的均价涨到了 4 420 元/吨，涨价接近 500 元。从公司业绩上来看，二季度吨净利 370 元，三季度依照业绩预告，吨净利达到 733 元。据 2017 年第三季度业绩预告："2017 年以来，在国家淘汰中频炉以及整治'地条钢'等政策措施的大力推进下，钢材价格比去年同期大幅上涨，公司产线有效产能充分释放。"因此，价格因素是韶钢松山盈利大增的核心原因。2017 年以来，相较钢材价格的逐渐走强，原材料成本上涨有限，这样的剪刀差最终形成了韶钢的亮眼业绩。

　　2017 年 2 月，广东省公示第一批涉及地条钢生产的非法钢铁产能，共计 35 家企业，涉及超过 1 550 万吨的中频炉产能，其后，在 2017 年 5 月、2017 年 6 月以及 2017 年 7 月，广东省相关部门又相继公示了三批涉及地条钢生产的非法钢铁产能。四个批次合计关停相关企业 97 家，共计淘汰中（工）频炉及相关设备 300 余座。在此之前，广东省于 2016 年化解了钢铁过剩产能 297 万吨，其中中频炉产能约为 245 万吨。地条钢企业的主要产品即以生产建筑钢材为主。韶钢松山在相关公告中的分析认为，在打击地条钢行动中，广东省清除的大量中频炉企业，使得螺纹钢供给偏紧。在国家不允许新增产能情况下，广东省螺纹钢紧缺局面将长期存在。

　　资料来源：李紫宸：《韶钢逆袭：单季狂赚 11 亿　1 吨净利 733 元》，经济观察网 2017 年 10 月 28 日。

　　从以上提供的部分资料，可以看到，2017 年的经济形势好转，似乎主要是政府采取的严格压缩产能的行政措施，导致产量和产能大幅度削减，从而导致供给紧缺，价格上涨，企业扭亏为盈。这样直接以行政方式大力压缩产能产量，的确也产生了立竿见影的效果。不过，令人质疑的是，这种方式毕竟是短期的权宜之计，是否长期可持续？经济发展是要靠市场规律还是靠行政计划？没有行政命令干预，市场供求均衡能否实现？

没有根本性质的改革，就不再会有改革红利的出现，靠财政刺激和行政命令等方式至多只是短期见效，不能解决根本的效率低下问题。在这样的困境下，政府想方设法，试图通过兼并扩充规模，加强国企的市场势力，来提高其盈利能力。这样的路径是否可行呢？

2.6.3　国企追求规模最大化的行为及效应

在 20 世纪末期的大规模改制前后，政府对于国企的基本发展定位是，抓大放小，做大做强。在大部分中小国企改制重组或退出之后，国企的重要发展目标是追求产值最大化和规模最大化，同时适当兼顾其他目标，但是首要目标则是规模。在这个意义上，政府追求的 GDP 最大化目标，就是国企的目标。国企之所以把此目标放在首位，根本原因在于，这与国企领导的个人利益基本一致，也就是说，企业规模做大了，国企领导的地位或级别也就相应提高，这就满足了他们的晋升需求。除此之外，在晋升地位的后面，通常还会隐藏着大量私人利益，个人效用也能够得到最大化。这些个人效用往往能够通过各种内部关联交易进行利益输送，企业越大，可覆盖的范围越大，可进行内部关联交易的机会也就越多。此外，还有各种在职消费可以满足个人效用，越大的企业，可供在职消费的范围也会越大。

从图 2.14、图 2.15 可以看到，以民企、外企作为参照系，国企的规模（无论是资本衡量还是收入衡量）在 2003 年之后都有了不断加剧的扩张。这一方面是由于大量中小国企退出的缘故，另一方面，也是来自国企强烈扩张的行为动机。因为到了 2008 年之后，大规模的国企改制基本已经停止，然而这样的扩张趋势依然有增无减。究其外部原因，主要还是与政府的财政货币刺激有着密切关联，与政府关于国企做大做强的政策有关。究其内部原因，则与国企领导追求自身晋升地位和个人利益的行为动机相关。

那么，国企做大的同时，是否产生了相应的效益或相应的利润？

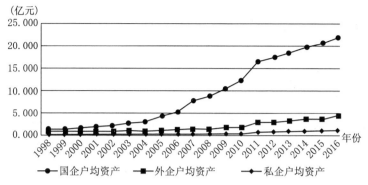

图 2.14 1998—2016 年国企平均规模的增长（户均总资产）

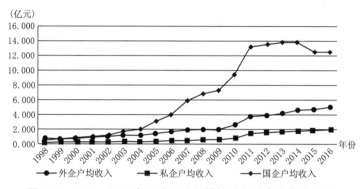

图 2.15 1998—2016 年国企平均规模的增长（户均营业收入）

注：表中的规模以上工业企业的统计口径：1998—2010 年为年收入 500 万元以上，2011 年之后则为年收入 2 000 万元以上。

资料来源：《中国统计年鉴》（2014 年、2017 年）。

从图 2.16 看到，国企的做大做强首先是表现在资本的持续扩张，随后

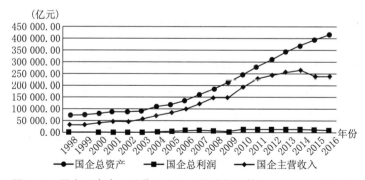

图 2.16 国企总资产、总收入和总利润增长趋势图（1998—2016 年）

资料来源：《中国统计年鉴》（2014 年、2017 年）。

是营业收入的相应增长，然而到了 2014 年之后，尽管资本仍然在上升，但营业收入开始下降。利润的增长远远落后于资本与收入，而且落后的差距还越来越大，这表明企业成本在不断持续上升，企业规模的扩张并未带来效益相应变化，相反却持续下降。

从图 2.17 可见，从 2007 年/2008 年之后，国企的利润变化以一种特殊的方式表现。在此之前，利润变动保持一种缓慢上升的趋势，虽然上升较慢但还算正常，然而到了 2007 年/2008 年之后，利润出现下降势态，这可能与全球金融危机有关。不过很快，这种情况就得以扭转，利润开始上升，这显然与四万亿政府投资刺激有关。这种上升仅持续了大约两年，利润就开始回落，随后的 5 年都一蹶不振，持续徘徊不前。如果说，这是经济周期波动所导致，但与此同期，我们看到，私企的利润变化曲线则一直保持正常的上升势态，并未出现这种奇怪的波动表现。

图 2.17　国企利润变动图（1998—2016 年）

国企在 2008 年之后持续出现的这种状态十分异常，显然是在某种强大的外部力量的作用下形成的。我们通过国企在这一阶段的名义收入与实际收入增长的曲线（见前文图 2.2）就能看到，过多的货币刺激导致的名义产值增长趋势非常强烈。很显然，国企的利润增长趋势也与此密切相关。不过即使如此，这种刺激也是不能持久的，很快这种利润的增长势头就减弱，以致持续萎靡不振。国企在这个阶段的 TFP 表现也是如此，如第一章所述，出现了下降的趋势。

由此可见，一个最直接简单的扩张结果就是产能过剩，投入大量资本，但是没有相应的市场需求，于是销售收入下降，利润自然下降。国企这种不计成本的投入扩张行为，以及带来的产能过剩结果是体制的必然。因此，产能过剩表明了过度投资扩张，表明了企业并不服从市场规则，也表明了企业并不把来自市场的回报作为自身追求的第一目标。这样的结果就会导致大量扭亏无望、长期低效率、成本居高不下、负债累累的"僵尸企业"出现。

"僵尸企业"是近几年来政府反复强调的问题重点。2017 年 7 月召开的中央政治局会议强调，要求"紧紧抓住处置'僵尸企业'这个牛鼻子，更多运用市场机制实现优胜劣汰"。这说明解决"僵尸企业"已经刻不容缓。根据相关研究[1]，"僵尸企业"主要分布在东北、西北和西南地区；在制造业，"僵尸企业"的最高比例是在钢铁业，达到 51%；从所有制来看，国有企业中僵尸企业数量和资产规模占比始终最高。僵尸企业的这些分布特征正好与国企的产能过剩重点区域基本一致。

根据我们关于"僵尸企业"的研究发现[2]，从 1999 年至 2013 年，"僵尸企业"的资本占比经历了先下降后上升的过程，"僵尸"状态趋于扩大化。针对中国的"僵尸企业"反反复复出现的状况，我们着重从长期视角来研究"僵尸企业"，力图消除各种短期生存周期和经济波动的影响，把决定企业"僵尸"状态的市场因素与非市场因素（或制度因素）加以区分。国有企业的数量中有 38% 属于长期保持不变的"僵尸企业"，远高于其他四种所有制的占比（18%、16%、20%、20%）。同时，国有企业的长期非"僵尸企业"占比仅为 13%，远低于其他四种所有制的占比（37%、41%、28%、32%）。通过计量模型的回归分析，我们发现，存在着两种不同的行为模式，与非"僵尸企业"的正常市场行为相比，"僵尸企业"具有明显违背市场规则的反常行为，而这正是国有企业通常的行为方式。

2.6.4　中央企业的行政地位和市场地位

经过上一轮大规模改制，又经过一段整合重组过程，至 2017 年，国企

---

[1]　聂辉华等：《中国僵尸企业研究报告：现状原因和对策》，人大国发院年度研究报告 2016 年 7 月；黄少卿、陈彦：《中国僵尸企业的分布特征与分类处置》，《中国工业经济》2017 年第 3 期。

[2]　王万君、刘小玄：《为什么僵尸企业能够长期生存》，《中国工业经济》2018 年第 10 期。

的布局基本稳定在两大类企业，即中央企业和地方企业，前者是中央管理企业，简称央企，后者主要是地方政府管理，主要以省级企业为主，也有少量地市级企业。以下我们简单考察中央企业。[1]

判断一个单位对应的行政级别，最简单的方法是看一把手的任命权。一把手由中央组织部、国务院国资委或其他部委任命的，就是央企；由地方党委、国资委任命的，就是地方国企。中央企业主要特征有三：财务关系在财政部，人事关系归人社部，经营由国家计划单列。经过多年持续重组整合，截至 2017 年 4 月，中央企业有 134 户。

根据产权属性和管控主体，可以将央企大体分为三类：实业类中央企业，金融类中央企业，其他部门管理的中央企业。其中，实业类中央企业主要是 102 家由国务院国资委代表国资委履行出资人职责的企业，也就是一般意义上所指的中央企业。

国资委央企名录的前 51 户中央企业的董事长、党委（党组）书记、总经理的人选由中央政治局常委会研究决定，由中央组织部任命（63 岁到退休年龄）这与一般副部长级干部的任免权限相同，因此被认为相当于副部级干部。所以，前 51 户在媒体报道中被称为中管企业，但是在中央发文中，一般称为部分国有重要骨干企业。前 51 户的副职领导，以及非 51 户的正职、副职领导均由国资委党委研究决定并任命，60 岁退休。非 51 户央企的法定代表人（多数是董事长）须报国务院党组任前备案同意。

中央企业高管与政府官员之间的对等关系大致如下：

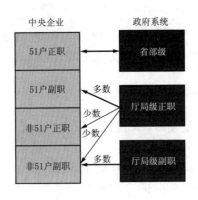

---

[1]《中国最全央企名录及其行政级别划分》，https://mp.weixin.qq.com/s/52d15NS2iz8tl73h8K2pxw。

　　由此可见，中央企业具有较为严格的政府等级系统特征，也可以推广至省市级的国企，它们也有类似的行政级别，只不过层级较低一些，但本质上都差不多。政府等级制推广至企业，从中央到省，再到市级，逐级递减，越往下就越少，市场越发达地区越少，反之则相反。实际上政府和市场两种系统往往很难兼容，市场更多是依靠横向联系来运作和经营，而政府更多是依靠纵向等级制来传输信息，发布指令。如果国有企业更多靠纵向等级来经营，则有回归到计划经济的倾向，这样的企业会趋于僵化而缺乏市场活力，不考虑如何提高市场横向竞争力，也必然不利于企业进行横向的市场竞争和市场创新。

　　中央企业主要是中央为了保持行业控制力而需要控制的企业，它们是各行业的龙头企业，不过有一部分可能曾经具有这样的地位，而现在作为央企，只是为了保持过去的既得利益和行政级别地位。与中央企业相类似，它们是为了便于省市级政府掌控的行业龙头，或者是过去地位延续下来的既得利益性质的企业。

　　2015 年中央出台了关于深化国有企业改革的文件，提出把国企分为商业类和公益类两大类。其中，商业类被界定为两大类，一是充分竞争的，另一是非充分竞争的，后者即关系国家安全、国民经济命脉、承担重大专项任务的国企。这些国企不同程度地承担着服务于国家战略、发展前瞻性战略产业的特殊任务。从理论上来说，中央企业应该承担国家层面的战略性功能，也就是说，央企应当以战略性产业为主业。[1]

　　因此，这是中央企业应该发展的方向。突破过去的行政"框框"的限制和既得利益"条条"的束缚，按照最优的合理投入产出与成本效益模式，摒弃计划经济的集权思维方式，按照市场创新发展的需要，来选择新的战略产业，应当成为国企改革的发展路径。

　　实际上，在有限且为数不多的央企集团下，还覆盖着大量的子公司或孙公司，具体来说，这样的企业如何改革？2017 年 7 月，国务院办公厅印发了《中央企业公司制改制工作实施方案》，要求 2017 年底前，国资委监管的中央企业全部改制为按照公司法登记的有限责任公司或股份有限公司。根据这个明确的时间表，69 户央企集团公司和 3 200 户央企子企业，必须在半年时

---

　　[1]　什么是"战略性产业"，这应当经过充分论证，绝不可拍脑袋决定。

间内完成从全民所有制到公司制的"变身"。这意味着遵循市场化、法治化机制的"以管资本为主"的国资监管路径可能得到完善。

2.6.5　改革的切入点：从反腐败到反垄断

近年来，在国企领域最有影响力的大变革是反腐败，这几乎是一场大地震，对国企的所有高层领导无疑地具有强烈的震撼力。[1]权威媒体或政府官方网站不乏关于国企领导人受到腐败查处的公开报道。从特大国企或中央企业（例如中石油、中石化、中海油、中铝、东风汽车、一汽集团、南航、华润集团、武钢、宝钢、南方电网、中化集团、中国电信、中国移动、中远集团等），到地方国企（例如贵州省开发投资有限公司、上海华谊（集团）公司、广东电网公司、上海市电力公司、青岛饮料集团有限公司、柳钢集团、西藏自治区盐业总公司、青岛远洋运输有限公司、成都工业投资集团有限公司、天津市燃气集团有限公司、深圳投资公司、深圳对外贸易集团、广州越秀集团、广州万力集团、广州新华出版发行集团、广州白云农工商联合公司等）。可见，中央企业或省市属国有企业普遍地存在着腐败问题。

1. 国企腐败典型案例及特征

案例 1

中石油腐败窝案

2015 年 3 月 16 日晚间，中纪委网站发布消息称，中国石油天然气集团公司总经理廖永远涉嫌严重违纪违法。在此次反腐风暴中，中石油从高管到中层，已经有超过 45 人涉嫌腐败被查。中石油原董事长落马后，中石油高管层持续动荡，多名石油系统高管及关联人员相继落马。同时，中石油下属分公司也被波及，由分公司往下的基层追溯，又可以牵涉出一串腐败案。

中石油分公司高管腐败在其表现形式上有两个明显特点：

---

[1]《3 月份至少 15 位国企高管落马：油电系统占半壁江山》，新华网 2015 年 4 月 3 日，http：//www.xinhuanet.com/fortune/2015-04/03/c_127653111.htm。

"一把手"落马成为中石油分公司腐败的一个突出特点，然而这不仅在中石油系统，就是在整个国企腐败中也是个日渐突出的问题。有关统计显示，在查处的国企腐败专案中，"一把手"违法违纪的占91%。"一把手"既是企业的决策者和执行者，又是企业的管理者和监督者，实际上处于无约束的真空地带。

"窝案""串案"是中石油分公司腐败最主要的表现形式。从查处的情况来看，往往是一个单位内多人合伙，或领导贪污、挪用，有关人员群起效尤，或内外勾结，共同犯罪，往往是办一案，带一串，端一窝，甚至是整个管理层全军覆没。

资料来源：《中石油腐败窝案》，央广网，http：//news.cnr.cn/special/fanfu/。

案例 2

华润集团连环案

2014 年 4 月 17 日，中央纪委监察部官方网站公布，华润集团董事长涉嫌严重违纪违法。2017 年 6 月，其被判刑 14 年。自此之后，这家在港央企的管理层处于持续动荡中，至少已有 8 名华润集团级高管卷入窝案。华润集团是国资委监管的 53 家副部级央企之一，该集团横跨七大业务板块，掌控11 家上市公司，总市值近 5 000 亿元。集团业务涉及火电、煤炭、风电、水电、分布式能源、核电、光伏发电等领域，掌控大量的资源。

资料来源：《华润宋林翻船》，新华网 2014 年 4 月 18 日，http：//www.xinhuanet.com/fortune/xhcy57.htm；《华润集团原党委书记、董事长宋林一审被判刑十四年》，新华网 2017 年 6 月 1 日，http：//www.xinhuanet.com/legal/2017-06/01/c_1121071782.htm。

案例 3

一汽寻租腐败案

2017 年 2 月，中国第一汽车集团公司董事长由于受贿罪被判刑十一年

半。在此前后，一汽销售部门的高管相继落马，受贿的原因之一主要涉嫌
4S 店的权力寻租腐败以及实验车低价销售中存在的腐败问题，为有关单位
在取得一汽大众品牌汽车特许经销商资质、承接一汽大众销售公司广告业务
等事项上收受贿赂。此外，由于一汽有大量的生产土地资源，企业将工业用
地变为房地产项目。因此，涉及房地产开发领域的问题也特别突出。一汽股
份公司旗下 13 家企业，几乎每家都有自己的土地资源。一汽集团的房地产
项目在长春当地亦占有相当的优势。据长春市当地人士称，长春几乎一半以
上房地产项目都有一汽的影子，或参股，或直接开发。很多都是以工业用地
先审批，而后再违规操作变成房地产开发项目。一批去向不明的资金主要集
中在一汽集团旗下的房地产项目中，"这一巨大资金漏洞存在多年，并非一
日之寒"。

资料来源：《一汽原董事长一审获刑 11 年半》，新华网 2017 年 2 月 10 日，
http：//www.xinhuanet.com/legal/2017-02/10/c_1120441598.htm；《中央巡视组约
谈超 150 人　一汽腐败案收网》，《第一财经日报》2014 年 10 月 30 日；《中共中国第
一汽车集团公司委员会关于专项巡视整改情况的通报》，中央纪委监察部网站 2015
年 1 月 30 日，http：//www.ccdi.gov.cn/yaowen/201501/t20150129_134721.html；
《揭一汽高管贪腐窝案内幕》，央视网 2015 年 3 月 24 日，http：//news.cntv.cn/
2015/03/24/ARTI1427151279153980.shtml。

案例 4

中移动连锁案

位居副部级的两名中国移动副总裁因受贿，于 2011 年和 2013 年分别被
法院判刑。他们落马后，中国移动各省高管频频被抓。近年来，中国移动已
经成了腐败的重灾区。十八大以来，中国移动落马高管已达十多名，均属省
级公司高管，香港、广东、天津、河北、北京、福建、湖南、山西、广西等
省属公司均有涉及。2011 年至 2016 年，中国移动每年都有多名中层以上管
理者落马。

为什么中国移动集团内部会出现如此大规模的腐败问题？业内人士认为

原因之一在于，中国移动在各地都是以子公司形式为主，独立法人在人财物方面的权限大，在垄断市场上基本不受任何约束。

资料来源：《全国 14 名中移动高管被查　数据业务是腐败温床》，新华网 2016 年 1 月 20 日，http：//www.xinhuanet.com/fortune/2016-01/20/c_128649046.htm，原载《法制晚报》；《从死缓到无期　中移动原党组书记张春江获准减刑》，《新京报》2015 年 6 月 11 日，http：//www.bjnews.com.cn/news/2015/06/11/366788.html；《中国移动原副总鲁向东未上诉　判决生效》，财新网 2013 年 12 月 3 日，http：//china.caixin.com/2013-12-03/100612820.html。

2. 国企腐败的高发领域和行业

据中纪委网站 2015 年 5 月报道[1]，2014 年以来，中央纪委监察部网站至少公布了 115 名国企高管涉嫌违纪违法的信息。我们根据这些信息，大致分析了国企腐败的高发领域以及特征如下。

（1）国企腐败的高发领域。

第一，权力集中、资金密集、资源富集型企业最易滋生"硕鼠"。

从类型上看，涉案人数分布如下：能源领域 24 人，占 20.9%；机械与制造领域 14 人，约占 12.2%；建设投资领域 13 人，约占 11.3%；电信领域 11 人，约占 9.6%；交通运输领域 6 人，约占 5.2%；金融领域 4 人，约占 3.5%；传媒、冶金、出版、烟酒等其他十多个领域 43 人，约占 37.3%。这一分布在一定程度上说明，国企腐败高发区在权力集中、资金密集、资源丰富的企业尤其严重。

第二，能源、通信、电力和运输为腐败重灾区。

石油、煤炭、天然气、电力等能源领域毫无意外地成为国企高管腐败的高发区。除中石油系统外，全球最大的煤炭企业神华集团，先后有 5 名高管落马。电力系统在此轮巡视的过程中成为腐败重灾区，国家电网与南方电网各有 4 名高管落马。在通信领域，中国联通下属分公司也有数人先后落马。中国移动在党的十八大后也有 5 名高管落马。此外，在运输领域，南航 2017 年底也创下了 4 名核心高管在一周内落马的纪录，财、投、建、购领域成为

---

[1]　张磊：《国企反腐，众多案例表明——有油水的地方最滑》，中央纪委国家监委网站 2015 年 5 月 16 日，http：//www.ccdi.gov.cn/yaowen/201505/t20150516_136204.html，原载《中国纪检监察报》。

民航腐败易发多发的"高危地带"，企业内部串通，监守自盗。以上这些企业关系国计民生，不仅资本雄厚，还居行业垄断地位，掌握着稀缺市场资源，因而容易成为权力寻租和以权谋私的重灾区。

第三，一把手、企业副职、关键岗位负责人等"实权派"最易身陷贪腐。

董事长、总经理等一把手毫无意外地成为国企腐败分子中的"大多数"。经梳理发现，在 115 名"落马"国企高管中，董事长、总经理等企业一把手共有 65 人，占比约 56.5%。

一把手之外的副职，则成为因腐败"落马"的第二大群体。115 名"落马"国企高管中，副董事长、副总经理等副职共有 39 人，占比近 33.9%。

另外，身居要职或"肥缺"的关键岗位负责人，也是腐败高危人群。115 名"落马"国企高管中，总经济师、总会计师、运行总监等关键岗位负责人共有 11 人，约占 9.6%。

值得注意的是，国企腐败分子常常在政治上拉帮结派，在经济上相互牵连，往往导致"查处一个、揪出一窝"。"'群蛀'是国企腐败的一大特点。

第四，财务管理、业务承揽、物资采购等生产经营环节风险系数最高。

国企生产经营环节，腐败风险点在哪？梳理 115 个国企高管"落马"案例，发现有 26 人公布案情，主要涉及受贿、贪污、挪用公款、经商办企业等事项。其中，涉嫌受贿者最多，约为 21 人。具体来说，一是财务管理环节。发生于此类环节的腐败主要为贪污。二是业务承揽、招投标等环节。发生在此类环节的腐败多为权钱交易和为亲友谋利。如中央巡视组指出，中国海运集团有的通过关联公司承揽大量业务，贴着企业发财；三峡集团公司有的领导人员亲友插手工程建设，一些招投标暗箱操作，工程建设项目分包现象比较普遍。三是物资采购、销售等环节。发生在此类环节的腐败也多为权钱交易和为亲友谋利。如中央巡视组指出，相关领导和关键岗位人员利用职权与承包商、供应商内外勾结，搞权钱、权色交易。

《2014 中国企业家犯罪报告》也印证了这一分析。[1]该《报告》显示：在 109 例国有企业家犯罪案件中，有 104 例案件的案发环节明确。其分布情况为：

---

[1]《〈2014 中国企业家犯罪报告〉发布》，中华人民共和国最高人民检察院网站 2014 年 12 月 22 日，http://www.spp.gov.cn/zdgz/201412/t20141222_85791.shtml，原载《检察日报》。

财务管理过程 18 例，工程承揽过程 12 例，物资采购过程 10 例，产品生产过程
和贸易过程均为 5 例，薪资管理过程 2 例，公司设立变更过程、融资过程、人事
变动过程各为 1 例，其他日常经营过程 49 例。该《报告》还披露，据统计，
2013 年 12 月 1 日至 2014 年 11 月 30 日，一年中共有 657 例企业家犯罪案件。

（2）腐败主要特点概括。

特点之一：企业的关联交易和利益输送。

这种腐败方式最为隐蔽和普遍，不管是国企还是民企，只要是所有权和
经营权分离，具有较多层级的较大企业，都有可能采用这种方式。不过，国
企相对民企，具有更合适于这种腐败方式的土壤。两权分离，层级较多，官
商一体，缺乏约束，都是促成关联交易和利益输送的温床。

中央巡视组总结的高管常用腐败手段，在已经通报的 5 家大型国企中，
存在一些非常相似的通用的腐败手段。其中，国企领导以权谋私的"利益输
送"问题最为突出。

例如在东风公司，巡视组发现，该公司部分领导干部的亲属违规经商办
企业、与东风公司存在关联交易，"靠山吃山"问题突出。在神华集团，巡
视组指出，一些企业领导人操控重点合同煤审批权谋取腐败"黑金"；煤炭
经营销售中结成利益同盟，利用煤炭政策价差谋取私利；还在煤炭灭火工程
存在利益输送"黑洞"，使得灭火工程成为少数人的暴利工程。

总之，国企的资财是全民的，经理人所赚的利润与自己没有密切联系。
为了获取好处，把公司的利益输送给他人，然后由他人进行反输送，进入自
己腰包，是触犯法律底线的行为。

特点之二：官商不分，利用权力全面扩张，覆盖范围巨大，实现多领域
连环垄断。

这种情形常见于大型或特大型企业集团，央企集团较多，也包括一些上
市公司和地方国有控股集团。例如，上海最有名的老字号国有商业集团，涵
盖了上海的生活资料中，从上游原料到下游零售的各个环节[1]，此后通过

---

[1]《上海光明原董事长王宗南案一审开庭　挪用公款 1.9 亿》，中国新闻网 2014 年 12 月
12 日，http://finance.sina.com.cn/chanjing/gsnews/20141212/102421061229.shtml；《"上海商
业教父"王宗南获刑 18 年》，网易新闻 2015 年 8 月 12 日，http://money.163.com/15/0812/
09/B0QCMSR800253G87.html，原载《第一财经日报》。

并购，把集团业务拓展到了全国，涉足百货、购物中心、超市商业、专业专卖、物流、商业房产、投资和汽车 8 个领域。这样的巨无霸集团，无疑具有相当大的垄断市场实力，也有着无数的设租寻租和利益输送空间。2015 年该集团董事长获刑 18 年，他的职业生涯，有扭亏为盈、快速扩张的光辉业绩，最后却由于腐败而结束。反思一下，这种巨大的垄断市场，正是导致腐败无约束滋生的温床。

特点之三：利用特定领域的局部垄断权进行寻租受贿。

常见于地方性国企的腐败行为，各种各样的地方性腐败案例都可以表明这个特点。例如，秦皇岛北戴河供水公司的负责人[1]，就是小官巨贪的典型，其涉嫌受贿、贪污、挪用公款案，办案人员在其家中搜出现金 1.2 亿元、黄金 37 公斤、房产手续 68 套。

这个腐败典型具有普遍性，现实中大量存在的都是这种多如牛毛的小官，或某个地方性的关键机构。这些机构或企业的掌权者握有很大的权力斟酌空间，往往很难从外部清晰观察到。因此，官不一定要很大，但权力覆盖的范围则有较大的寻租空间，在没有约束和监督下，造成小官必贪的结果，也是不可避免的。

这样的特定领域的局部垄断行为较多见于地方国企，它们往往形成官商一体联盟，设立地方市场或某个局部范围的进入壁垒，这种壁垒有的是有形的，更多的是无形的，是通过"关系"来体现的，在这种关系网中的壁垒，俗称"玻璃门"，不仅体现了不公平，而且还是阻碍生产力发展的无形枷锁。

3. 找出腐败的根本原因

从根本上解决腐败，首先要找出其原因，有的放矢，对症下药。从以上腐败行为来看，根据哪些领域是易发、多发腐败的重点领域和关键环节，则主要在以下几个关键方面存在很大漏洞，需要加以改革或修补完善。[2]

---

[1] 《最高检披露河北"小官巨贪"马超群案案情》，中国青年网 2015 年 3 月 12 日，http://news.youth.cn/gn/201503/t20150312_6521475_2.htm，原载《法制晚报》。

[2] 十九届中央纪委二次全会公报指出："着力解决选人用人、审批监管、资源开发、金融信贷等重点领域和关键环节的腐败问题。"参见《"选人用人审批监管资源开发金融信贷"被"点名"专家剖析：中纪委为何紧盯这几个领域》，《法制日报》2018 年 1 月 23 日。

（1）政企不分，官商不分，公权私权不分，产权界定混乱。

从腐败的企业高管"一把手"名单或履历中，可以发现不少人都具有从政经历，有的是从政府部门下海的，有的是从政府部门调入的，这些人脉关系，为他们的业绩加分不少，同时也为其腐败提供了更多的方便。对于央企来说，本身就是处在政企不分的灰色地带，其一把手大都是中央任命，因此，官商不分也是必然。官商不分的结果就是公权私权不分，作为政府官员，是公权力的执行者，而作为企业，大多是私权的执行者，两者不可混淆。否则，产生腐败是不可避免的。所以，我们看到，央企所在领域和行业都是腐败的高危区域。如果想从根本上解决这个问题，必须有清楚的权力界定。

央企如果承担的是国家的战略发展职能，主要对国家负责，由政府制定专门的考核体系，要有严格的成本核算与财务规范。对于企业高管和技术骨干，制定必要的激励和奖惩制度，通过公开透明的规章条例来执行，以此杜绝腐败。当然，是否所有的央企都纳入这个系统，需要斟酌，但这是一个值得去做的、有效防止腐败的基本路径。

需要权衡的是，政府应如何确定央企的职能？是作为服务于国家利益的执行者，还是作为一般市场身份的企业？如果混淆两者，那么腐败恐怕很难避免。

这里就要涉及国企分类改革的问题。大多数国企还是应作为一般市场身份意义的企业，也就是与民企同样的面对市场竞争，不应享有特殊权利。因此，这样的国企主要受到市场约束，在市场优胜劣汰的竞争中，倘若企业腐败，则会自取灭亡，企业在市场压力下也不会这样做。从大量的腐败案例中，可以看到，能够有腐败空间的，大都是垄断领域，具有很大寻租空间和受贿机会的，这样的企业无需面对市场竞争，背靠大树好乘凉，就能不费力地获取种种利益。

（2）审批监管。

审批监管是中国经济一大特色，也是计划经济遗留的产物。虽然随着市场经济转型，这些审批监管趋于减少，但是既得利益集团仍然通过种种方式，不同程度地把握着大量的审批权。同时，由于市场经济秩序和规范的管理需要，也需要保留一定程度的监管权。这就给那些腐败分子留下了很大的寻租空间。近 10 年来的反腐，很大一部分都是在这个领域进行的，而且具有相当大的普遍性。可以说，审批监管权覆盖的范围和深度，决定了腐败的相应程度。

根据近年来搜集的数据，可得到中国经济中的审批监管权所覆盖的范围大致如表 2.19 所示。

表 2.19 行业进入壁垒：中央政府核准的投资项目目录（2004 年/2013 年）

行 业	2004 年国家级核准项目	2013 年国家级核准项目	2013 年核准、审查（审批）或备案的相关部门
发电和电网	较大规模的电力电网项目	基本同 2004 年	国务院投资主管部门核准部分项目下放至地方政府
煤 炭	国家规划矿区内的煤炭开发项目	国家规划矿区内新增年生产能力 120 万吨以上项目，禁止新建中小煤矿	国务院行业主管部门核准
原 油	年产 100 万吨及以上的新油田开发	新开发项目由具有石油开采权的企业自行决定	国务院行业主管部门备案
天然气	年产 20 亿立方米及以上新气田开发	新开发项目由具有石油开采权的企业自行决定	国务院行业主管部门备案
炼油（石化）	新建炼油及扩建一次炼油项目、新建乙烯及改扩建新增能力超过年产 20 万吨乙烯项目	基本同 2004 年	国务院投资主管部门核准
铁道、公路、桥梁、水运、航空	涉及跨地区或较大规模项目	基本同 2004 年	国务院投资主管部门核准
电信、邮政	全部项目	基本同 2004 年	国务院投资主管部门核准
汽车（整车）	新增汽车和发动机项目	同 2004 年	省政府主管部门报国家发改委审查
钢 铁	储量 5 000 万吨及以上规模的铁矿开发项目和新增生产能力的炼铁、炼钢、轧钢项目	同 2004 年	国务院投资主管部门核准
有色金属	新增电解铝项目、新建氧化铝项目和总投资 5 亿元及以上的矿山开发	基本同 2004 年	国务院投资主管部门核准
稀 土	矿山开发、冶炼分离和总投资 1 亿元及以上稀土深加工项目	矿山开发	国务院行业主管部门核准冶炼分离和稀土深加工项目下放至省级政府核准
化工原料	新建 PTA、PX、MDI、TDI 项目，以及 PTA、PX 改造能力超过年产 10 万吨的项目	新建 PX、MDI 项目，以及年产超 50 万吨或 100 万吨的项目	国务院投资主管部门或行业主管部门核准
燃料乙醇/聚酯	未指定项目规模	下放	由国家发改委核准下放至省级核准

续表

行　业	2004 年国家级核准项目	2013 年国家级核准项目	2013 年核准、审查（审批）或备案的相关部门
化　肥	年产 50 万吨及以上钾矿肥项目	下放	由国家发改委核准下放至省级核准
船　舶	新建 10 万吨级以上造船设施（船台、船坞）和民用船舶中、低速柴油机生产项目	新建 10 万吨级以上造船设施（船台、船坞）	国务院投资主管部门核准
纸　浆	年产 10 万吨及以上纸浆项目	下放	由国家发改委核准下放至省级核准
烟草、盐	全部项目	基本同 2004 年	国务院行业主管部门核准

注：企业投资建设本目录内的项目，须按照规定报送核准。本目录外的项目，则实行备案管理。

资料来源：《国务院关于投资体制改革的决定》（国发〔2004〕20 号），http：//www.gov.cn/gongbao/content/2004/content_62883.htm；《国务院关于发布政府核准的投资项目目录（2013 年本）的通知》（国发〔2013〕47 号），http：//www.hlj.gov.cn/wjfg/system/2014/03/14/010638198.shtml。

在国家发改委的官方网站上，我们可以发现，政府对于市场准入的行业与项目有着详细的规定。绝大多数企业，无论是自有资金还是政府投资资金，只要想进入这些行业，都需要经过限制准入的审核，只有通过了才能立项，才能投资开工，进入市场。这些投资受规制的行业，政府分别给予不同程度的控制，最常见的行业规制表现为"核准制"，这个核准制投资项目的目录涵盖了农林水利、能源、交通运输、信息产业、各种重要原材料行业、机械制造、轻工、高新技术产业、城建和各类社会事业（学校医院等文化事业），可以在很大程度上体现出中央政府设置的各种行业进入壁垒。

对于企业进入市场，政府设置了三种壁垒：备案制、核准制与审批制，分别对应不同类资金来源的企业和投资项目。其中，审批制是最严格的，主要对应资金来源于政府的投资项目；核准制则对应某些特定行业的投资项目（不包括外资）；备案制相对较为宽松，它不是按照行业标准，而是对应全部行业，按照投资规模来设置的不同控制等级。通过这三种不同的进入壁垒，政府可以基本上控制所有企业的投资和扩张。

一般来说，地方政府的审核制以中央政府投资项目目录为依据，在本省地域范围内进行重新界定，例如水利、矿山、公路、桥梁之类；除了这些公共或公用事业部门之外，另一些则按照规模来区分控制的等级，例如较大规模的投资项目由省发改委来审核，较小的则由地市审核或备案，更小的则由县区审核。

核准制是地方政府控制市场准入的重要环节，通过对各种项目的详细审查，来决定企业是否可以进入。地方政府以中央政府发布的核准行业目录为基础，并按中央政府要求，确定各级地方政府的审核范围。表 2.20 给出了地方政府负责的规制项目的详情。

表 2.20　地方政府核准（或备案）的投资准入项目一览

项目名称	项目内容	项目核准（或同时备案）
煤　炭	新增年生产能力 120 万吨以下 禁止新建中小煤矿	省发改委核准
炼油（石化）	年产 20 万吨以下乙烯项目	省发改委核准
房地产	总建筑面积 50 万平方米以上 总建筑面积 10 万平方米至 50 万平方米项目 总建筑面积 10 万平方米以下	省发改委核准 地级发改委核准 县（市）级发改委核准
汽车（整车）	现有汽车企业扩产 新增汽车和发动机项目	省发改委核准并报送国家发改委备案 省政府主管部门报国家发改委审查
汽车（零部件和摩托车）	摩托车及其发动机汽车和摩托车零部件	地级以上政府投资主管部门核准，报省政府发改委备案
铁　矿	储量 5 000 万吨以下规模的铁矿开发项目	省发改委核准
有色金属	5 亿元以下的矿山开发	省发改委核准
稀土	稀土深加工项目	省发改委核准
化工原料和燃料乙醇	年产 50 万吨或 100 万吨以下的项目	省发改委核准
化　肥	钾矿肥、磷矿肥项目	省发改委核准
船　舶	新建 10 万吨级以下造船设施（船台、船坞）	省发改委核准
纸　浆	年产 3.4 万—10 万吨纸浆项目 3.4 万吨以下不批准	省发改委核准
水　泥	所有新建扩建项目	省发改委核准
糖	1 500 吨及以上项目，以下不批准	省发改委核准

注：本表主要涉及工业和房地产业，不包括公用部门和服务业。

资料来源：《国务院关于发布政府核准的投资项目目录（2013 年本）的通知》（国发〔2014〕47 号）；《广东省政府核准的投资项目目录（2004 年本）》http：//www.zetdz.gov.cn/detail.asp?id＝343；《山东省人民政府关于发布政府核准的投资项目目录（山东省 2013 年本）的通知》（鲁政发〔2013〕32 号）；《汽车产业发展政策》（国家发改委 2004 年 8 号令），http：//www.gov.cn/gongbao/content/2005/content ＿63336.htm。

　　与中央政府审核项目比较，地方政府设置市场进入壁垒的行业更多。除了中央要求的审核项目外，地方审核的行业还增加了房地产、纸浆、糖和水泥这几个行业，此外，由于审核的规模起点低于中央政府，地方政府往往还控制了那些中央政府不再审批的、规模相对较小的企业投资项目。

　　腐败都是围绕着审批机制而大量出现。在各级政府严格控制市场进入，设置壁垒的情形下，政府掌控了一级垄断权，同时，获准进入行业优先权的国企，则具有二级垄断权。通过层层设立关卡，相关部门则可设租寻租，牟取私利，通过各种方式向相关审批对象索要好处。

　　（3）资源开发和金融信贷。[1]

　　资源开发领域的腐败，尤其是涉及土地资源、矿产资源的腐败非常严重。这一领域的腐败问题由来已久。资源越是集中的地方，越容易发生腐败。特别是随着改革的深入，资源开发和配置的权力显得越来越重要。在这种情况下，一旦缺失监督和管理，资源开发这块"肥肉"就会被腐败分子觊觎，进而滋生大量腐败。

　　在金融信贷资源供给不足的情况下，现在有些金融信贷部门的相关人员几乎垄断了金融和信贷的资源，他们利用手中所掌握的金融决策权来牟取私利，甚至形成外界无法察觉的利益集团。不具备金融信贷等相关专业知识的人员，难以发现其中所隐藏的潜规则和腐败内情。

　　资源（例如土地、矿产、招标项目等）为国家或各级政府代理者所有，理论上由他们代表政府行使所有权，但实际上谁能拿到资源的实际使用权或代理权，谁就可以作为垄断者来代理政府实现对该资源的开发与配置。国企往往就是这样得到政府授权的垄断者，它们掌握着资源的唯一使用权，因而能够利用这种独占的地位，实现垄断收益最大化。由于分散的众多资源开发者与集中的单一资源代理者之间的双方力量高度不对称，交易双方的信息不完全和不透明，于是，垄断者就会成为众人追逐的核心，可以待价而沽，坐地起价，不劳而获，大量腐败的结果是必然的。

　　金融也是一种资源，金融市场的特点是信息不完全，金融产品的复杂多

---

　　[1]《"选人用人审批监管资源开发金融信贷"被"点名"专家剖析：中纪委为何紧盯这几个领域》，《法制日报》2018 年 1 月 23 日。

样性导致其中存在诸多陷阱，不易被识别和发现。在中国，金融机构的集中度很高，金融市场不成熟，金融监管也不到位，老百姓缺乏选择的余地，民间投资也没有选择的空间，为数不多的金融寡头机构面临众多需求者，显然是一种供不应求的卖方市场。在这样的交易格局中，较为稀缺的融资资源便有了寻租的机会，这就为金融腐败提供了温床。

以上这两个领域的特点都是一对多的交易，具有高度垄断性质，同时具有信息不完全、供不应求的市场特征。这些都为腐败提供了大量的机会。

4. 对症下药：反垄断可从根本上解决腐败

（1）腐败的原因和反垄断。

从以上几方面可以看到，绝大多数腐败原因在于政企不分，官商不分，公权私权不分，产权界定混乱；过度审批监管导致对企业的不合理行政干预；资源过度集中和信息不完全导致的市场不对称或不均衡。简言之，腐败大量滋生的主要原因可以归结为产权不清、监管过度和市场不均衡这三大方面的问题。从上述原因再追根溯源，可以发现，无论哪一种原因都与垄断密切相关，倘若没有垄断，则腐败没有依附的载体。找到了根本原因，则需要对症治疗。

首先，要产权清晰，企业与政府界限明确，相关契约通过平等协商充分体现各方权益。由于权益界限分明，各方都会尽力维护自身权益，腐败则很难有存在的空间。腐败只是在那些无人看管、无人负责的区域大行其道，一旦每寸地盘、每件东西或每种新创价值都有事先确定的归属，那么腐败还能有生存空间吗？

其次，审批监管行政干预都是计划经济的产物，那时候几乎所有的生产经营都需要得到上级计划的批准，然而这个权力并没有随着计划经济转型为市场经济而自然消除，而是保留了很大一部分，这显然也为腐败提供了方便之路。计划经济中的审批体制，实际上就是最大的、覆盖最全面的垄断体制，在这样的体制下，经济高度短缺，效率低下，一切生活资料和消费品都按照等级制来分配，哪里有什么创新和积极性？这种体制充其量也就相当于战时体制，生产自给自足，没有任何剩余可以分配，也就没有什么腐败来源。然而，现在计划经济虽然不复存在，但行政垄断权力依然存在，它们不是经过计划，而是通过行政干预，来插手企业运作，获取企业创造的剩余。尤其是在计划经济放开后，企业生产积极性高涨，创造大量新价值的阶段，正好提供了可供腐败者获取剩余的来源。因此，行政干预和行政垄断屡禁不止，政府以各种借口频频强调行政干预的重要性，不是积极努力地推动向市场经济的转型，而是通过各种方式加大权力的分量和范围。结果，腐败得以依附于这些权力，再加上法制不健全，国企及相关官员们既不受法制约束，也不受市场约束，腐败就会大量发生。解决的方式实际上也不难：第一，尽量减少不必要的行政干预和审批，能由市场约束的尽量交给市场，按照市场规则来运作；第二，如果有必要干预或监管，规则需透明公开，做到民众可查看，第三方机构可监督，把政府的审批监管放在阳光下操作，才可能减少和杜绝腐败。

最后，倘若市场存在很大的供给短缺的缺口，也很容易产生腐败。就像在计划经济时期，物资供应极其匮乏，不要说那些掌握物资供应权的人有更多机会涉嫌腐败，就连一个小小的售货员都可能利用一点小权力来占些便宜，只不过当时的资源太少，能侵占的剩余极其有限。一旦到了市场经济，物资越来越丰富，不需要由政府来确定物资分配，而是从市场来购买，这种腐败也就渐渐消失了。也就是说，市场经济天然就有趋于供求均衡的内在调节功能，那么也就不存在利用缺口来加价倒卖、投机或借机寻租等腐败行为。除非存在政府干预，或存在操纵市场的外部势力，这种操纵市场的行为就是垄断者行为。正是这种人为干预市场均衡的垄断者的插手，才是腐败的始作俑者。因此，要消除腐败，得从反垄断行为开始，首先要消除供给不足的缺口，尽可能地满足需求，直到垄断者或投机者不再能从中牟利。

凡垄断资源的产业，都会出现这种供给不足的现象。在这个意义上，供给侧改革，实质上就是要对决定市场供给的政府和企业进行改革，使它们适应市场，由市场来决定其行为目标。市场经济的决定作用体现在，真正让市场需求，也就是以民生大众的需求为导向，来决定供给目标，而不是让供给来决定需求，或操纵市场供求。只有确立以市场导向为目标的合理企业行为，才是形成合理均衡的产业结构的根本基础。

总之，哪里有壁垒，哪里就有垄断，也就有寻租和腐败。当前的重中之重，就是迫切需要消除市场壁垒。

（2）消除市场壁垒，实现公平竞争。

以上这些消除垄断的方式，都是市场经济的常识，只要市场经济完善，能够有效地调整供求关系，垄断就会失去其土壤。然而，我们的经济却无法践行这些市场经济的基本规则，改革的向前推进总是十分艰难，经常是走一步退两步，徘徊不前，从而导致腐败的大量滋生，各种垄断权力不愿退出市场，反而不断加强，甚至不断地侵蚀已经形成的市场经济根基。结果，腐败就成为一种难以消除的顽疾。

腐败主要来自垄断，来自某种独占式的专营，在一定的区域和范围，只此一家，别无分店。因此，垄断者可以轻而易举地操纵市场供给，形成供不应求的缺口，进而获取高价格和高利润。垄断者也可以借机大肆寻租，利用市场缺口，获取差价，从中得到垄断租金和腐败收益。这是历来所有的垄断者成为腐败者的必然通道，也是从垄断高价到腐败收益的基本路径。高利润还可能部分上缴国家财政，但高腐败收益则完全归垄断者所有，这里没有什么合理性。当然，也许腐败收益也是一种创造利润的激励，但是如果通过竞争，而非垄断，那么或许可以创造更多利润，这样的机制也更合理。因为是通过努力得到的回报，而不是通过"关系"、寻租得到的。更重要的是，不仅从企业自身公平激励来讲，而且从全社会的市场公平竞争来讲，任何高垄断利润，或是高腐败收益，都是来自对于下游交易者的攫取，即消费者或中小企业，都是通过不公平交易得到的。总之，无论是效率还是合理公平，市场机制都比垄断机制更优，这是经典理论和实践历史所证明的。

因此，对于改革从反腐败到反垄断，这是一个最为合理的发展路径，否则反腐败就没有任何意义。只要垄断机制存在，孕育腐败的温床就会一直存在，腐败就会源源不断地产生。反腐败就需要一直继续，因为根源还在。根子不除，则腐败难除。

附表 1　几个行业的国企主要指标变化趋势（1999—2016 年）

年份	食品制造业			金属制品业			机械制造业		
	产值（亿元）	利润（千万）	企业数（个）	产值（亿元）	利润（千万）	企业（个）	产值（亿元）	利润（千万）	企业（个）
1999	405.27	108.20	2 608	314.72	0.40	1 704	1 150.52	2.29	3 202
2000	428.64	153.80	2071	307.97	22.30	1 426	1 168.83	8.96	2 761
2001	438.41	143.90	1 624	331.13	56.70	1 239	1 275.77	11.40	2 475
2002	458.87	191.60	1 298	315.59	41.90	1 034	1 505.81	37.44	2 180
2003	410.56	134.20	1 012	356.12	100.60	730	1 761.72	61.01	1 921
2004	422.98	130.6	872	452.9	209.3	676	2 166.66	94.27	1 786

续表

年份	食品制造业			金属制品业			机械制造业		
	产值（亿元）	利润（千万）	企业数（个）	产值（亿元）	利润（千万）	企业数（个）	产值（亿元）	利润（千万）	企业数（个）
2005	476.50	258	595	486.49	168.3	655	2 481.24	127.08	1 573
2006	585.31	253.2	513	603.89	246.1	556	2 954.91	163.87	1 392
2007	595.44	146.08	377	814.41	37.88	486	3 528.16	207.99	1 124
2008	686.59	180.79	384	981.99	44.21	510	4 114.80	240.44	1 202
2009	670.78	213.32	368	927.52	51.94	510	4 227.30	261.55	1 074
2010	816.95	280.17	378	1 105.31	82.33	494	4 634.80	329.84	1 044
2011	815.56	424.59	284	1 346.28	99.12	381	5 137.43	333.04	833
2012	934.73	53.35	292	2 144.57	90.03	463	4 794.41	307.44	735
2013	1 056.78	60.00	296	2 236.46	79.71	467	4 895.25	283.71	748
2014	1 213.82	81.9	298	2 220.36	79.78	473	4 975.31	211.21	758
2015	1 144.53	85.88	310	2 223.35	79.03	479	4 623.79	197.79	749
2016	1 179.60	91.70	312	2 007.25	69.21	468	4 676.69	168.97	722

年份	建材			钢铁			煤炭		
	产值（亿元）	利润（千万）	企业数（个）	产值（亿元）	利润（千万元）	企业数（个）	产值（亿元）	利润（千万）	企业数（个）
1999	1 157.54	−8.00	4 950	3 034.52	175.50	793	1 000.13	−255.50	1 434
2000	1 125.45	8.27	4 279	3 490.92	1 174.40	702	1 045.89	−73.30	1 321
2001	1 055.08	5.61	3 635	4 127.79	1 538.40	622	1 283.12	294.30	1 204
2002	1 066.59	7.64	3 145	4 333.93	2 112.10	550	1 628.12	583.50	1 135
2003	1 068.66	35.17	2 556	5 947.73	4 202.20	485	1 893.11	883.1	1 008
2004	1 221.24	55.71	2 354	9 022.65	7 398.60	454	2 914.49	1 966.8	981
2005	1 197.28	13.83	1 835	10 162.95	6 776.90	407	3 878.50	3 353.6	912
2006	1 344.90	42.16	1 613	10 955.82	7 493.30	367	4 760.19	3 964.4	884
2007	1 635.79	95.64	1 333	14 164.70	9 601.40	329	5 826.35	6 169.50	795
2008	2 199.14	137.22	1 413	18 581.09	3 295.80	333	8 645.79	13 519.60	864
2009	2 373.91	194.67	1 325	16 456.55	2 645.40	338	9 705.32	12 317.70	827
2010	3 182.59	325.57	1 364	20 193.08	5 014.90	333	12 483.90	19 693.90	856
2011	4 275.25	504.77	1 206	23 652.24	3 222.10	312	15 499.82	24 627.50	882
2012	4 176.11	333.01	1 342	24 132.48	−2 133.30	394	20 157.53	20 268.10	976
2013	4 628.99	338.79	1 388	25 089.79	−48.20	408	19 053.90	11 977.10	1 000
2014	5 011.34	380.27	1 510	23 260	408.10	390	17 734.60	4 186.6	955
2015	4 514.82	196.63	1 533	17 768	−8 684.9	389	13 886.40	−2 786.2	937
2016	4 865.33	330.45	1 550	16 754.65	−753.70	379	13 137.39	4 084.10	872

第 3 章　民营企业

改革开放以来，中国经济的高速增长，很大程度上来源于民营企业的兴起和发展。迄今为止，民营经济在国民经济中已占据 60％左右[1]，与国有企业、外资企业共同构成了中国经济发展的中坚力量。尤其是，民营企业在中小企业中占据着绝对优势，并覆盖了全部的微型企业和个体户，构成了中国经济赖以成长的庞大根基，以及数千万百姓就业的可靠保障。

国家工商局的企业注册类型划分并没有民营企业这一类，只有国有企业、集体企业、个体工商户、私营企业以及外资企业等。广义的民营企业，泛指除国有企业和外资企业以外的所有注册类型的企业，主要包括个体企业、私营企业、乡镇企业和城镇集体企业。狭义的民营企业，按照通常人们的理解，是指私营企业或私营控股的股份企业以及个体企业。

在可得到的统计资料中，通常并没有民营企业的范畴。如果想找到民企的数字，大致来说，从 20 世纪 80 年代至 90 年代期间，可以从个体企业、乡镇企业、集体企业或股份企业的统计中大致得到相对应的范畴，直到 90 年代末期，才出现正式的私营企业的统计数字，才把私营企业从乡镇、集体企业的范畴中独立出来。即使如此，在股份企业范畴中也很难把大量私营企业从中独立出来。因此，中国特色的经济制度使得民营企业这个概念的边界

---

[1]　这是指工业领域中广义的民营企业范畴，即扣除国有、三资企业产值之后的产值份额，大约占 60％。参见第 1 章表 1.1 和附表 3。

总是十分模糊，它们不是戴着集体或乡镇企业的"红帽子"，就是竭力突出其股份公司的组织形式，淡化其所原本具有的私营企业的性质。

　　然而，不管怎样，民营企业的发展是改革 40 年来最令人瞩目的事件，其增长也是最为迅速的。尤其是近十多年来，从覆盖全国乃至全球的互联网电商，到领先全球的移动支付，从福耀玻璃进军美国市场，到华为公司的全球产业链的扩张，从连连并购国外大品牌汽车企业的民营汽车公司的迅速扩张，到民营商业火箭的发射成功，这些令人鼓舞的事件，都标志着民营企业的成熟和壮大，标志着市场化给民营企业带来的巨大机会，其潜在的可释放能量是无穷的。民营企业不仅承担着覆盖全部基层的中小微企业的发展重任，而且也完全能够成为具有全球竞争力的大公司和龙头企业。

　　因此，要理解中国增长的奇迹，首先就要理解民营企业。民营企业为什么会有如此快速的增长？其增长的主要动力和来源是什么？民营企业近年来的发展具有什么新特点？民企发展可能受到哪些制约？这些问题对于中国经济能否进一步持续健康发展至关重要。

　　民营企业在 40 年的前期是处在市场经济还不太成熟时候的准备期和适应期，这个阶段的特点是企业规模小，"红帽子"或有意识地模糊产权，满足社会各方的认同，积蓄发展的潜力，积累物质和人力资本，迅速地占领一切可能的市场。在 40 年的中期，民营企业则是在市场化越来越成熟的环境下取得了更迅速的发展，当价格并轨统一后，民营企业与国企基本能够站在同一起跑线上进行竞争，因而充分发挥了它们的竞争优势，取得了一系列优秀的发展业绩，不过也面临着改革徘徊时期的新调整和新考验。在 40 年的后期，新技术的出现给民营企业插上了翅膀，使其能够突破过去的歧视和市场壁垒，获得了更大的发展空间和惊人的发展速度。

3.1　关于民营企业的政策和制度变迁[1]

　　1978 年年底，中共十一届三中全会历史性地将党的工作重心转到以经

---

[1]　参阅《中国非公经济发展备忘录：确立经济地位的 27 年》，新浪网 2005 年 3 月 11 日转载《中华工商时报》文。

济建设为中心上来。而当时的私营企业数目是零，个体经济为 14 万人（户）。

十一届三中全会闭幕还不到一个月的 1979 年 1 月，邓小平特地约请了胡厥文、胡子昂等老工商业者座谈。在座谈中，邓小平第一次提出希望原工商业者利用落实政策以后的资金办私人企业。

1979 年 2 月，国家工商行政管理局召开了"文革"结束后的第一次工商行政管理局长会议。当时我国正面临着大批知青返城、城镇积压待业人员 700 万—800 万的巨大压力。会议向中共中央、国务院提出"各地可以根据当地市场需要，在取得有关业务主管部门同意后批准一些有正式户口的闲散劳动力从事修理、服务和手工业者个体劳动，但不准雇工"。经党中央、国务院的批准向各地转发了这个报告，这是十一届三中全会以后第一关于允许个体经济发展的报告。到这一年年底，全国个体从业人员发展比 1978 年增长了一倍多。

1980 年，中央召开全国劳动就业工作会议，提出"实行劳动部门介绍就业、自愿组织起来就业和自谋职业相结合的方针"。这使得全国城乡个体经济发展迅速，年底，从事个体经济的达到 80.6 万人，比上一年翻了一番多。

1981 年 10 月 17 日，中共中央、国务院《关于广开就业门路，搞活经济，解决城镇就业问题的若干决定》指出：今后必须着重开辟在集体经济和个体经济中的就业渠道，一定范围的劳动者个体经济是社会主义公有制经济的必要补充。这个文件还规定，"对个体工商户，应当允许经营者请两个以内的帮手，有特殊技艺的可以带五个以内的学徒"，从而突破了 1979 年国家工商行政管理局的规定。至 1981 年底，全国城镇个体经济发展到 183 万户，从业人员 227 万人，又比 1980 年翻了一番多。

1982 年 12 月，全国人大五届五次会议通过的宪法修正案第 11 条作了如下规定："在法律规定范围内的城乡个体劳动者经济，是社会主义公有制经济的补充。国家保护个体经济的合法权利和利益。国家通过行政管理，指导、帮助和监督个体经济。"至此，个体经济的合法地位得到国家根本大法的认可。到 1982 年底，全国个体经济达到 261 万户，从业人员 320 万人。随着我国城乡个体工商户的迅速发展，在实际中出现的超过雇工 7 人的个体工商大户即私营企业也日渐增多。当时关于雇工超过 7 人的问题,引发很多争论。中央政府的意见是主张看一看,允许一部分人先富起来。

1983 年,是改革开放以来,政府各部门出台的有关个体经济的政策规定最多的一年。4 月,国务院公布了《关于个体工商业户管理费收支的暂行规定》。7 月 25 日,国家工商行政管理局发出《关于城镇合作经营组织和个体工商业户登记管理中若干问题的规定》。8 月 12 日,发出《关于工商行政管理部门向个体工商业户收费问题的通知》。8 月 17 日,财政部发出通知规定,对个体商贩的工商税收,由批发部门代扣代缴。

1983 年 8 月 30 日,党和国家领导人在中南海会见了 300 多名出席全国集体经济和个体经济先进代表,举行座谈,鼓励青年人破除陈腐观念,自谋职业,从事集体和个体劳动,指出凡是辛勤劳动,为国家为人民做了贡献的劳动者,都是光彩的。到这一年年底,个体工商户发展到 590 万户,比上年增长 126%;从业人员达到 746 万人,比上年增长 133.4%。

1984 年 10 月 20 日,中共十二届三中全会通过的《中共中央关于经济体制改革的决定》,特别强调了个体经济的作用,强调它对于发展社会生产,方便人民生活,扩大劳动就业,具有不可替代的作用,是社会主义经济必要的有益的补充。《决定》还要求为个体经济的发展扫除障碍,创造条件,并给予法律保护。1985 年,全国个体工商户达到 1 171 万户,从业人员 1 766 万人,注册资本 169 亿元。

1987 年 1 月 20 日,国务院作出《关于进一步推动科技体制改革的若干规定》,提出要支持和鼓励部分科技人员以调离、停薪留职、辞职等方式,到农村和城镇承包、承租全民所有制中小企业,承包或领办集体乡镇企业,兴办经营各种所有制形式的技术开发、技术服务、技术贸易机构,创办各类中小型合资企业、股份公司等,允许他们在为社会创造财富的同时取得合法收入,技术入股者按股分红。这个规定鼓舞了一部分科技人员下海。现在全国有名气的民营科技企业,就是那个时候兴办起来的。由于当时还没有私营企业的登记办法,多数冠以集体的"红帽子"或挂靠在国有企事业单位名下,有的仍以个体经济名义登记。这一年成为中国第一次下海的热潮。

1987 年 10 月中共十三大召开,十三大在论述社会主义初级阶段的所有制结构时指出,全民所有制以外的其他经济成分,不是发展得太多了,而是很不够。对于城乡合作经济、个体经济和私营经济，都要继续鼓励它们发展。这是十一届三中全会以来党的代表大会上首次承认并允许私营经济发展，为私营经济发展正式开了绿灯。这一年年底，全国个体工商户已有1 373万户，从业人员 2 158 万人，注册资本金 236 亿元。这些个体工商户中，实际上已包含了部分私营企业。

1988 年 4 月召开的第七届全国人大第一次会议通过了宪法修正案，宪法第 11 条增加了如下内容："国家允许私营经济在法律规定的范围内存在和发展。私营经济是社会主义公有制经济的补充。国家保护私营经济的合法权利和利益，对私营经济实行引导、监督和管理。"6 月，国务院发布了《中华人民共和国私营企业暂行条例》等有关法规，明确规定，私营企业是指企业资产属于私人所有、雇工 8 人以上的营利性的经济组织。这使得私营经济的合法地位从法律层面上在新的历史条件下得到了确定。

1988 年，私营企业已经有了 90 581 户，从业人员 164 万人，注册资本84 亿元；个体工商户 1 453 万户，从业人员 2 305 万人，注册资本 312 亿元。需要说明的事，在 1988 年宪法修正案和私营企业暂行条例之前，有关部门在调查统计的时候，只能用"专业大户""个体大户""雇工企业"以及"新经济联合体"等范畴。在私营企业的合法地位确立之后，国家才开始对私营企业进行正式的登记管理工作，私营企业纷纷从个体大户、合作经营组织和集体企业中独立出来。从此才开始有了私营企业的正式统计数据。

1989 年的政治风波，使得中国的个体私营经济遇到了寒流，这一年年底，从事个体私营经济的人数和户数都明显的有所下降。从 1989 年到 1991年，以公有制为主体，多种经济成分共同发展的方针政策并没有变化。但客观事实上，在这 3 年时期，个体私营经济的发展出现了停滞，甚至出现了明显下降的趋势。1991 年，个体私营经济的从业人员数稳步回升，年底个体工商户为 1 414.5 万户，从业人员 2 246 万人，均比上年有所增长。

中国个体、私营等非公有制经济迅速、持续、稳步的发展，是在 1992年邓小平南方考察之后。自此开始扭转了 1989 年后非公经济徘徊不前的局面，给非公经济发展带来明媚的春天。

1992 年 10 月，中共十四大召开。十四大报告中提出，在所有制结构上，以公有制包括全民所有制和集体所有制为主体，个体经济、私营经济、外资经济为补充，多种经济成分长期共同发展。到 1992 年底，全国个体工商户达到 1 533.9 万户，从业人员达 2 467.7 万人。登记注册的私营企业达 13.9 万家，比 1991 年增长 28.8％，从业人员 231.8 万人，比 1991 年增长 26％。

1993 年 11 月，中共十四届三中全会作出了《关于建立社会主义市场经济体制若干问题的决定》。《决定》明确提出"国家要为各种所有制经济平等参与市场竞争创造条件，对各类企业一视同仁"，第一次提出国家对国有经济、个体经济、私营经济、外商投资经济等各种所有制经济一视同仁平等参与竞争，这是一个巨大的飞跃。

1993 年至 1995 年，我国非公经济获得高速发展，3 年平均速度为 66％，最高年份达到 82％，最低年份也有 51％。

1997 年 9 月 12 日，中共十五大明确指出，个体、私营等非公有制经济，是社会主义市场经济的重要组成部分，应当继续鼓励、引导，使其健康发展。至此，个体、私营经济从社会主义经济的"补充地位"上升到"重要组成部分"。

1999 年的宪法修正案，成为中国非公有制经济快速发展的显著标志。3 月，全国人大九届二次会议通过宪法修正案，其中的重大修改，直接同非公有制经济相关，即"在法律规定范围内的个体经济、私营经济等非公有制经济，是社会主义市场经济的重要组成部分"，"国家保护个体经济、私营经济的合法的权利和利益"，删去 1988 年宪法非公有制经济是社会主义公有制经济"补充"的提法。

到 20 世纪末期，我国非公有制经济呈现快速发展的强劲态势。据统计，全国私营企业已达到 150.89 万户，个体工商户 3 160.06 万户，两者从业人员 1.3 亿人。非公有制企业注册资本金达到 1.35 万亿元，并成为国家税收的重要来源之一。自改革开放以来，我国国民经济年平均增长速度为 9.5％，而个体、私营经济年增长速度超过 20％。每年均增 600 万个工作岗位。

2002 年 11 月的十六大报告指出：必须毫不动摇地巩固和发展公有制经济，必须毫不动摇地鼓励、支持和引导非公有制经济发展。同时，尊重创造，保护一切合法的劳动收入和合法的非劳动收入，完善保护私人财产的法律制度，放手让一切劳动、知识、技术、管理和资本的活力竞相迸发，让一切创造财富的源泉充分涌流等等一系列的新观念、新思路以及对非公有制经济理论的重大突破都写进了十六大报告。

2004年3月14日，十届全国人大二次会议高票通过《宪法修正案》，这是我国现行宪法自1982年颁布以来的第四次修正。其中，《宪法修正案》第二十二条规定："公民的合法的私有财产不受侵犯。"这一规定标志着我国公民的私有财产权开始从一般的民事权利上升到宪法权利，受到国家根本大法的认可与保护。此前，全国工商联曾3次提交修宪提案。从1998年开始，2002年、2003年均在全国政协会议上，连续提案将保护私人财产写进宪法，直至2004年最终获得人大通过。

私有产权得到合理保障，有助于民营企业的长期良性发展，有利于增强它们的长期投资信心，这也是我们从计划经济到市场经济实现成功转轨的重要保障。

私有产权得到合法保障，是市场经济发展的需要，因为没有民营经济的基础就没有市场经济。同时，市场竞争必然会导致民营企业的产权模式，因为只有产权明晰的民营经济才能具有持续的市场生存能力和强大的竞争力。私有产权的确立和保障，是产权明晰的需要，也是市场公平竞争的需要。公平市场竞争正是建立在大量的产权清晰的经济基础上，否则，在公有企业产权模糊不清、无法到位的条件下，必然会出现公私不分、假公济私、以权牟利、行贿受贿、权钱交易等普遍现象，公平竞争便失去了其基本前提，市场经济也会丧失其活力。私有产权使所有的民众对财产价值和通过产权所创造的新价值产生合理的期望，因而能够激励人们艰苦创业，敢于创新，勤劳致富，创造出更多的社会财富。

民营经济的发展不过短短的不到40年时间，但是它创造了巨大的社会财富和难以估量的社会效益。至修宪的2004年，民营企业对国民经济的贡献率超过60%，吸纳就业人口超过1亿。[1]巨额的社会财富要求必须确立其所有者合法的地位。宪法作为一个国家的根本大法，代表着人民意志。修宪保护私有财产是历史的必然结果，在宪法的保护和鼓励下，人民群众创造

---

[1]《民营企业发展报告公布　国有民营进入融合时代》，《中华工商时报》2005年7月1日。

财富的动力必将得到进一步的加强，人人成为有产者，人人争相成为社会财富的创造者，十几亿人民的创造力一旦得到发挥，其能量是不可估量的。私产入宪将是推动民营企业大发展的里程碑事件。

2005 年 2 月 25 日，新华社发布国务院《关于鼓励支持和引导个体私营等非公有制经济发展的若干意见》（简称"非公 36 条"），这是新中国成立以来首部全面支持促进非公有制经济发展为主题的国务院文件。文件首次明确提出，允许非公有资本进入法律未禁入的行业和领域，该文件的近 1/3 部分集中在放宽非公有制经济市场准入和加大对非公有制经济的财税金融支持方面，着重点则在于"消除影响非公有制经济发展的体制性障碍，确立平等的市场主体地位"。

2010 年国务院颁布《关于鼓励和引导民间投资健康发展的若干意见》，这份被称为"新 36 条"的文件是继"非公 36 条"之后，又一份鼓励民营经济发展的文件，明确提出鼓励和引导民间资本进入市政公用事业、金融服务、国防科技等领域，被业界公认为是中国实行经济结构战略调整、鼓励民间资本进入垄断性行业的一座里程碑。

2016 年 11 月 27 日，中国政府网公布《中共中央国务院关于完善产权保护制度依法保护产权的意见》。这是首次以中央名义出台产权保护的顶层设计，可谓是中国产权保护史上一次历史性的突破，其内容直接提出非公有制经济财产权同样不可侵犯。由于长期以来非公有产权保护弱于国有产权保护，因此这个文件中坚持平等保护的内容，备受数千万家民营企业和企业家关注。[1]

2017 年 12 月 12 日，最高人民检察院日前下发《关于充分发挥职能作用营造保护企业家合法权益的法治环境支持企业家创新创业的通知》要求各级检察机关准确把握法律政策界限，依法保护企业家合法权益。[2]

2018 年最高人民法院发布的年度第一份文件（一号文件），明确提出："依法保护企业家的人身自由和财产权利。严格执行刑事法律和司法解释，坚决防止利用刑事手段干预经济纠纷。坚持罪刑法定原则，对企业家在生

---

[1]《中央用法律为民企撑腰，民企发展又一春到来了》，搜狐 2016 年 11 月 28 日。

[2]《最高检下发通知要求各级检察机关：准确把握法律政策界限　依法保护企业家合法权益》，最高人民检察院网上发布厅 2017 年 12 月 12 日。

产、经营、融资活动中的创新创业行为，只要不违反刑事法律的规定，不得以犯罪论处。"[1]

至此为止，经过了将近 30 年的不断抗争和维权，民营企业在法律层面上终于获得了合法地位，在政策层面上获得了平等市场地位，这一切来之不易。即使如此，在实际层面上，面对庞大的既得利益集团，民营企业的维权之路还远未结束。从新老"36 条"的不断反复强调，反映了其在实践中遇到了很大的阻力，到近年来最高人民法院和最高人民检察院的相关文件，对于涉及民企在执法过程中遇到的种种侵权事件的重视，更是反映了民企在实际发展过程中遇到了太多的麻烦。

3.2　民企 40 年的基本发展概况[2]

3.2.1　个体企业的发展：广泛的草根经济基础

中国个体经济的发展历经曲折，从 1949 年到 1978 年的 30 年间，个体经济成了被改造的对象，个体劳动者从 1953 年的 894 万人降到 1978 年的 14 万人。即使是改革开放以来，个体经济的发展也不是一帆风顺，而是呈现出明显的曲折性和阶段性。

1979 年至 1981 年是个体经济高速恢复的阶段。这一阶段主要是解决城镇待业青年和社会闲散人员的就业问题，因为单纯的国营企事业单位和集体企业根本无法容纳当时规模庞大的待业人口。当时从事个体经营的人员大都是城镇中原来就从事个体经营的老个体工商户。这一时期农村个体工商户基本没有发展起来，因为在 1981 年以前，国家不承认农村有剩余劳动力的就业问题。并且，这一阶段的政策还强调不准雇工，行业也仅仅限制在修理业、服务业和手工业。尽管如此，个体经济还是恢复得很快，全国城镇个体

---

[1]　《最高人民法院关于充分发挥审判职能作用为企业家创新创业营造良好法治环境的通知》（法〔2018〕1 号），《人民法院报》2018 年 1 月 3 日。

[2]　本节中的所有曲线图的资料来源，如无特别注明，均来自《工商行政管理统计汇编》历年，包括全部在工商局登记注册的个体户、私营企业、集体企业。

工商户从业人员从 1978 年的 14 万人发展到 1981 年的 105.6 万人，大致恢复到 1957 年的水平。

1989 年由于宏观环境的变化，个体工商户遭受重创，个体企业的户数和从业人数首次出现负增长。产值增长率也由 1988 年的 68.9％大幅下降到 1989 年的 8.5％，其他几项指标的增长率也有所下降。不过，从 1990 年开始，个体经济又开始走出低谷，各项经济指标也开始逐步回升。

总之，个体工商户在 1978—2015 年间，户数从 14 万增长至 5 408 万（参见第 1 章附表 1），就业人数增长达 1.168 亿之多（见图 3.1）。这些个体就业人员依靠自己解决了就业，开始走上了小康之路。同时，个体企业在解决自身的生存发展时，还为社会创造了财富和提供了服务，在产值、营业额以及商品销售额等指标方面的增长也取得了相当可观的业绩。

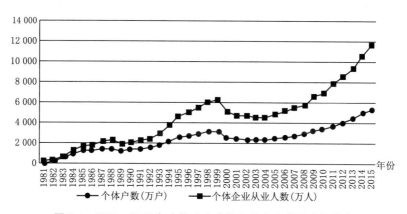

图 3.1　1981—2015 年个体企业户数和从业人数的变化趋势

从 3.1 可以看到，个体企业就业的基本趋势是逐年增加的，但是发展速度是不均匀的，其间有两次较明显的下降势态。第一次是 1989 年，为负增长，第二次是 2000—2004 年期间，出现了连续几年明显的负增长。1989 年的负增长的原因较好解释，但 2000—2004 期间的原因何在？

为什么个体企业的发展速度明显放慢了呢？可能主要有如下几个原因。其一，个体企业在 20 世纪 80 年代的高增长速度有它特定的历史背景和发展阶段，当时个体企业基本上是从零开始的，因为基数小，所以增长速度往往会比较高；其二，从工商统计上来看，80 年代由于政策上的限制，大量的私营企业实际上是按个体企业来注册的，而到了 80 年代末 90 年代初，国家正式允许私营企业的存在和发展，从而开始了私营企业的注册，这样，大量的私营企业才开始从个体企业的名目下分离出来，这必然导致个体企业的统计数据减少，从而计算的增长速度放慢，这里面有一个统计口径的问题；其三，随着市场化改革的继续推进，市场竞争开始变得越来越激烈，市场机会逐渐饱和，这在一定程度上减弱了新的个体企业的开业冲动；其四，个体企业所面临的外部市场环境不利，官员设租寻租越来越普遍，出现了一些权钱交易和腐败的现象，大量的制度成本和交易费用都导致微本薄利的个体企业更加难以生存。

在中国，政策的宽松和较大程度的放开可以导致几千万的老百姓通过创业来脱贫致富和受益，而当政策的紧缩和社会环境的恶化，又会导致大量的人再度失业，重新陷入贫困。政府决策者应充分意识到，尽量减少对于市场的不必要干预，坚定地实行市场放开的自由发展政策，从制度上根治和杜绝腐败和权钱交易，完善市场和制度环境，才是使老百姓受益和致富的根本之路。

3.2.2 私营企业的发展：从弱小到壮大

中国的私营企业是在个体工商户的基础上发展起来的。改革开放以来，随着个体经济的迅速恢复和发展，一部分个体户手中的资金日益增多，经营管理的能力日益增强，在市场需求旺盛的情况下，这部分个体户要求扩大生产经营的规模是很自然的事情，因此，带学徒、请帮手限 7 人以下的规定已经满足不了生长经营的需要，必须增加雇工人数。于是，雇工超过7 人的所谓"个体大户"出现了，这些个体大户就是后来的私营企业的雏形。然而，由于国家政策不到位，这些私营企业一直是以个体工商户的名义存在。

对这些以个体大户名义存在的私营企业，当时政府采取了所谓"看一看"的态度，既不禁止，也不宣传，目的是观其发展趋势以权衡其利弊。这一时期，私营企业在"个体工商户""合作经营组织""集体企业"的牌子下从事生产经营活动。20 世纪 80 年代初期到中期，私营企业就是在政府这种"睁一只眼闭一只眼"的政策下迅速发展起来。

在 1988 年宪法修正案和私营企业暂行条例之前，因为没有统一的名称，有关部门在调查统计的时候，只能根据各自的理解，用"专业大户""个体大户""雇工企业"以及"新经济联合体"等来代替。这样，较大范围的私企统计数字极其少见。在私营企业的合法地位确立之后，国家才开始对私营企业进行登记管理工作。到 1989 年底，全国注册登记了 9 万户私营企业。自此以后，我们才有了私企的正式官方的统计数据。

图 3.2 提供了私营企业从 1989 年以后出现的快速增长的趋势。可以看到，私营企业就业人数的增长幅度大大超过了企业户数的增长，这表明私企的规模在不断增长，私企的实力也在不断地增长。大体来看，私企的就业人数与私企户数的数量增长趋势基本一致，也是在 1993—1995 年期间出现了一个增长高峰，随后是逐渐增长，第二个增长高峰则是在 2014—2015年。至 2015 年，私企的户数 1 900 多万，就业人数则达到 1.6 亿之多（见表 3.1）

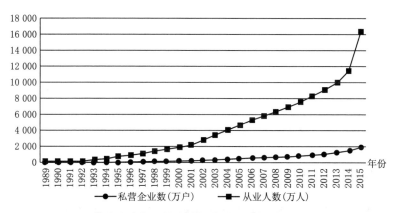

图 3.2　私营企业户数和就业人数的增长趋势（1989—2015 年）

注：这里包括所有行业的私企。

资料来源：《工商行政管理统计汇编 1989—2015》。

从图 3.2 还可见，私营企业在 2013 年之后，出现了一个增长高峰。这显然与当期政府加大政策放开力度密切相关，与"大众创业，万众创新"的政策相关。在政策大力支持草根创业的条件下，出现创业热潮是必然的。

表 3.1　全国私营企业数目和就业人数发展趋势（1989—2015 年）

年份	私营企业数（万户）	从业人数（万人）
1989	9.1	164
1990	9.8	147.8
1991	10.8	159.8
1992	14	201.5
1993	23.8	321.3
1994	43.2	559.4
1995	65.5	822
1996	81.9	1 001
1997	96.1	1 145
1998	120.1	1 445
1999	150.9	1 699
2000	176.2	2 011
2001	202.9	2 253
2002	263.8	2 786
2003	328.7	3 526
2004	402.4	4 069
2005	471.9	4 714
2006	544	5 315
2007	603	5 857
2008	657	6 397
2009	740	6 956
2010	846	7 624
2011	968	8 368
2012	1 086	9 096
2013	1 254	10 036
2014	1 546	11 427
2015	1 908	16 395

资料来源：《工商行政管理统计汇编》历年。

3.2.3　集体企业的发展：逐渐走向衰落

集体企业主要包括农村集体企业和城镇集体企业，这两类企业虽然都是集体产权性质，但由于分属不同地区，则具有很大的不同特点。本节我们主要论述城镇集体企业，而把农村集体企业放在乡镇企业的范畴中加以另叙。

改革开放以前，城镇集体企业俗称"大集体"，它们中部分是从过去的一些手工业合作社转变而来，部分则是由县、区、街道等基层政府在计划外筹资借款投资形成的。这部分企业通常没有纳入较高层级的计划体制，而是由基层政府直接掌控的，为了满足基层政府的某些福利目标，例如就业、创收等目标，同时，它们也是对国有企业的某种补充，在国家财力覆盖不到的地方，起着某种拾遗补阙的作用。

　　改革开放的初期，大量返城知青，待业青年，返城下放人员，以及社会失业人员，急需安排就业。那时的观念还是一切工作都要有政府来安排，而政府实际上已经无力解决大量的就业，唯一的办法就是放开政策，鼓励这些人自由创业，通过这样的办法找到生存出路。于是，在这样的放开创业政策的鼓励下，在地方基层政府的扶持下，一批由上述人员组成的城镇集体企业就这样诞生了。这类集体企业多半挂靠或隶属在街道、居委会这样的基层政府机构，这样层级的政府组织多半没有什么资源，至多在房屋地皮上给予一点支持，主要创办资金来源还是要靠集资或借款，基层政府对此则起着某种担保作用。因此，改革以后形成的城镇集体企业，尤其是隶属于街道以下层级机构的集体企业，与那时大量创业的私营企业或个体户并无多大差异，所不同的则在于有地方基层政府机构的一定担保或支持。这样的隶属关系实际上也是一种"红帽子"，是为了在那个时代获得某种保护的一种选择，而且，不是所有的个体、私营企业都能得到这样的保护，它们需要有一定的规模和实力，才能攀附上政府。因此，对于较高层级的政府机构，例如省市、县区级政府，这些处于底层的个体、私营企业根本就是高攀不上的，它们在这个集权体制中的低下地位，注定只能与最基层的政府组织打交道。

　　因此，在改革初期，在私营企业还被禁止的条件下，城镇集体企业发展非常迅速，主要来自这些创业者的推动，来自他们就业的最初动机的驱使。因此，从层级上来看，这类兴起的企业主要隶属于基层的街道机构，与改革前主要隶属于县区以上基层政府机构的集体企业是有所不同的。无论是从投资来源，还是从产品购销，它们都是完全排除在计划体制之外的，而后者还或许能够进入计划体制的边缘。

表 3.2　改革初期城镇街道工业企业发展概况

年份	企业单位数（户）	工业总产值（现价）（亿元）	工业总产值（1980 年价格）（亿元）	工业净产值（亿元）	利润总额（亿元）	职工人数（万人）
1980	—	59.68	61.62	21.91	6.34	162.86
1984	—	123.90	130.29	41.61	12.06	205.21
1985	30 518	175.99	179.54	57.97	17.76	224.88

　　资料来源：《中华人民共和国 1985 年工业普查资料》（第七册），中国统计出版社 1988 年版。

　　在 1989 年以前，在政府正式承认私营企业的合法性以前，所有的私营企业都不得不披上集体企业或个体户的外衣，但是也正是这些集体企业和个体企业在当时解决了一大批就业问题，同时也创造了社会财富。至 1985 年，不算其他服务业，街道集体工业企业解决了约 225 万人的就业，创造了大约 180 亿元的产值和 18 亿元的利润。在改革初期阶段，这些基层的集体企业在一定程度上，与个体企业一起共同有效地缓解了就业压力。

　　国家工商局关于集体企业的统计数据是从 1986 年开始的，其包括所有行业的城镇集体和乡镇集体企业。1986 年集体企业为 337 万户，从 1989 年开始，集体企业落入低谷，1990 年以后开始止跌回升，至 1994 年达到增长率的顶峰，为 545 万户。此后持续下降，直到 2006 年，一直表现为不同程度的负增长。

　　然而，从 1989 年开始，集体企业户数增长落入低谷，1990 年以后开始止跌回升，至 1994 年达到增长率的顶峰，此后持续下降，直到 2016 年，只剩不到 42 万户，一直表现为不同程度的下降趋势（见图 3.3）。

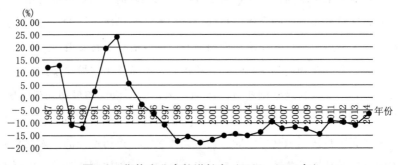

图 3.3　集体企业户数增长率（1986—2014 年）

资料来源：《工商行政管理统计汇编 1989—2015》。

　　集体企业的大规模下降是从 1994 年以后开始的，然而它与私营企业不同，私企虽然增长幅度下降，但一直在持续正增长，未出现负增长情况，而集体企业则一直是负增长状况。集体企业的这种下降趋势与国有企业十分类似，都是在进入了比较统一的市场竞争之后开始出现下降的，表明集体企业的竞争劣势。

　　当然，集体企业的户数大幅度的下降，还与许多过去戴着"红帽子"的集体企业摘帽有关，它们在 20 世纪 90 年代中期之后，无需再伪装自己，因此能够堂而皇之地以自己的本来面目进入市场。集体企业的下降还与许多企业的改制密切相关，当原先的集体企业在市场竞争中发现了自己的制度弊端后，它们就会摈弃原有的集体所有制，而选择更合理的企业制度，以便增强竞争优势。所以，大量的改制产生了大量新生的股份企业或私有企业，因而使得集体企业的数量大大减少。最后，一部分集体企业在严酷的市场竞争中被淘汰或被兼并，也是市场竞争的一个必然结果。

总之，以上三方面是导致集体企业出现大量的持续减少的重要原因。归根到底，由于集体企业具有类似国有企业的产权性质，这样的企业组织制度在市场竞争中必然具有不利的地位，因而其发展趋势是随着市场化的日益成熟而逐渐走向衰落。

从总的集体企业范畴来看，即无论是农村集体，还是城镇集体企业，集体企业这一种所有制的企业在曾经经历过一段时间的蓬勃上升期之后，便进入了逐渐衰落的阶段。随着产权的不断明晰，越来越多的企业都还其本色，不再需要集体的"红帽子"了。同时，越来越多的企业进行了改制，选择了股份企业的制度，而摈弃了传统的集体所有制。根本的原因就在于，这种集体所有制企业在市场竞争中缺乏竞争优势。传统集体企业实际上是"准国家所有制"，控制权是掌握在地方政府官员手中，他们既没有大型国企那样的握有大量垄断资源，也没有个体私营企业那样的积极而有活力的机制，在竞争中走向衰落则是必然的结果。

3.2.4　乡镇企业的历史使命：从兴盛到终结

由于在改革早期阶段，尚不存在私营企业的统计数据，农村的民营企业主要是以乡镇企业的形式存在的，乡镇企业的范畴包括所有在农村地区的非国有企业，其中既有集体企业和股份企业，也有私营企业和个体企业。它并不具有较为明确的产权性质，因而不能算作一种所有制范畴，而是某种地域性的企业组织的统称。

农村的集体企业，在改革开放以前主要由社队企业组成，它们大都在 20 世纪 70 年代形成，在苏南一带较多。这类企业的创办目标主要是为了增加农村基层政府的收入和满足当地财政支出的需要，主要的创办者大都是人民公社或生产大队，故名为"社队企业"。改革开放后，农村的公社生产队体制不再存在，改为乡镇村的体制。"苏南模式"则体现了这类乡镇集体企业为主体的典型特征。其前身是人民公社时期的社队集体企业，后来演变成为乡镇企业，其产权性质是乡村行政机构控制的所有权。

然而，改革开放以来，大量涌现出来了很多新创业的农村集体企业，其中有不少都是戴上集体"红帽子"的个体或私营企业。此外，即使是乡镇村办的集体性质的企业，在不同程度上也完全不同于早期苏南模式的企业，它们虽然都得到了基层政府的支持，但是往往没有直接投资，或是给予集资政策，或是给予贷款支持担保，或是划拨一点土地，或是从上级要来一些优惠政策，等等，以这样的贡献作为乡镇村政府对这些集体企业的投资。

因此，在乡镇企业的范畴中，大致包括 3 种类型，一是完全由地方基层政府投资创办的集体企业，主要以满足地方政府的财政目标的需要或解决剩余劳动力的出路。二是主要由个人创办、政府组织给予一定支持和保护的，因而企业在创业和生产经营过程中比较方便，政府也能够从中得到一定回报。三是戴红帽子的个体或私营企业，完全是个人投资、个人创业经营的，没有政府的任何资源投入，而且还要缴纳一定管理费才能获得"红帽子"的资格。

1984 年颁布实施的中央 4 号文件，把农民户办、联户办的企业与原有社队集体企业统称为乡镇企业，明确提出鼓励户办、联户办企业与乡村所属集体企业共同发展，并要求各级政府对乡镇企业和国营企业一视同仁。

乡镇企业之所以能够在 20 世纪 80 年代"异军突起"，迅速成为一支国民经济增长的生力军，主要得益于两方面原因。一方面，价格市场化和经济自由化的改革创造了巨大的社会需求，极大地推动了乡镇企业的发展。另一方面，乡镇企业在当时的社会环境下比个体和私营企业占有较大的政策优势，往往因为具有集体的性质，加上地方政府和乡镇企业在经济上密切的联系，所以地方政府往往在贷款、土地等方面给乡镇企业很多政策优惠。与国有企业相比，乡镇企业有较有效的激励机制和较灵活的经营机制；与个体私营企业相比，它较少受意识形态争议的困扰并可得到更多的扶持。由此可见，乡镇企业在 80 年代的大发展就不难理解了。

从 1984 年到 1988 年的 4 年是乡镇企业高速发展的时期。得益于宽松的政策环境，乡镇企业"离土不离乡"的模式较大规模地动员了农村地区的自然资源和人力资源，创造了相当可观的物质财富，解决了农村大量的剩余劳动力。在国家资金投入和银行贷款都很少的情况下，乡镇企业依靠自己的力量创造了全国近 1/5 的工业总产值。另外，乡镇企业所创产值占农村社会总产值的比重超过 50%。[1]

1988—1989 年乡镇企业也经历了调整和波折，全国出现了"压乡办企业，保全民企业"的潮流。外部环境变得严峻起来。乡镇企业面临的生存环境也趋于恶化，各种原材料和能源供应出现紧张，导致企业普遍开工不足，亏损上升。乡镇企业的户数和从业人数也在 1989 年出现负增长。

1992—1995 年是乡镇企业高速发展的几年，乡镇企业的户数在 1993 年达到了历史最高纪录（2 453 万户），随后逐渐递减，基本维持在 2 100 万户左右。1995 年，乡镇企业的各项指标开始有所恢复，此时，乡镇企业的经济总量已经上升到举足轻重的地位，增加值占全国 GDP 的 1/4（25.3%），工业增加值占全国工业增加值的近 1/3（30.8%）。[2]

20 世纪 90 年代以后，特别是进入 21 世纪以来，乡镇企业的发展出现了一个很重要的特点，那就是区域集中度开始提高。到 2002 年，已有 30% 的乡镇企业集中到小城镇，新办的乡镇企业很多就搬迁到小城镇和工业园区。截至 2002 年，全国已有各类乡镇企业园区 1 万多个，这些园区已经成为乡镇企业结构和布局调整的重要载体。乡镇企业在城镇化和区域经济一体化过程中从散落向集中转变，地区性制造业中心开始形成，产业从传统行业向技术含量较高的加工组装型现代制造业转化。一些地方的特色块状经济总量占到乡镇企业的 40% 以上，特色县、特色乡、特色村非常多，小商品大市场，小企业大集群。长三角地区、珠三角地区、厦（门）漳（州）泉（州）地区以及胶东半岛所在的沪、苏、浙、粤、闽和鲁 6 省市创造了乡镇企业 50% 以上的增加值，集中了 80% 以上的外商和港澳台商投资企业，以及 90% 以上

---

[1] 引自黄孟复主编：《中国民营企业发展报告》，社会科学文献出版社 2005 年版，第 208 页。

[2] 引自刘小玄编著：《中国企业发展报告 1990—2000》，社会科学文献出版社 2001 年版，第 237 页。

的出口产品交货值。中西部地区乡镇企业主要向大中城市周围集中，很多省会城市乡镇企业的各项指标均占全省的 25％以上。[1]

20 世纪 90 年代以后，在激烈的市场竞争环境下，为了增强竞争力，乡镇企业纷纷诉诸产权改革。一大批"红帽子"的乡镇企业摘掉了帽子，还其本来的私营企业身份。同时，一大批乡镇集体企业也实行了股份制改造或民营改制，从产权模糊转变成为产权清晰。至 90 年代末期，乡镇企业基本完成了所有制的改造，乡镇企业这个范畴似乎也会成为一个历史时代的象征[2]，它代表的曾经的辉煌是与其承担的历史使命密切相关的。

3.3　20 世纪 80 年代：民企初期发展的过程和特征

3.3.1　民企发展的最初动机与就业脱贫效果

在改革开放以前。农民在经济上非常贫困，也缺乏必要的保障。同时，在改革之前，受到严格的限制，农民无法离开乡土，也无法从事农业之外的任何工作，那时所有的工厂都是在政府严格控制下，即使是乡镇办企业，也是在地方政府的批准和控制下，由乡村集体才能开办，才能生存和发展。农民没有任何选择职业的自由，只能被困在土地上，过着艰难的生活，而无法充分利用自己的人力资源去创造更多的财富。

改革开放给广大的农民提供了这种自由选择的空间，农民忽然发现，他们有了跳出农门的机会，他们能够从事过去朝思暮想的工人的职业，能够通过这种途径脱贫致富。这无疑是一种强大的动力和激励，使得农民迸发出前所未有的创业热情，于是，成千上万的农民走上了创业之路。

以下是我们在浙江调查曾经记载的对民营企业的采访记录。[3]

---

[1] 数据来源于《中国经济年鉴（2003）》。
[2] 现在已经找不到传统乡镇企业的统计数据了。
[3] 资料来源于作者的实地调查。

案例

所谓的创业理念就是我们这里的一句土话"跳出农门万丈高"，只要不做农民做什么都可以，为了生活，有饭吃。城镇的人这方面的要求可能没那么迫切，而我们是纯粹的农村人。我印象非常深，从小到大，一天从没有吃过 2 顿饭以上。我家 7 口人，只有我爸爸一个劳动力，我们小时候饭量很大，每当我想吃第 3 碗饭时，我妈就会提醒我说你已经吃了两碗饭了，我知道我不可以吃第 3 碗的，那时真是非常非常的穷。在村里我家还不算最差的，总算是能吃上饭，比我家穷的人家还有很多，真的是吃不饱饭。那时，能吃饱饭，生活过得好些是我唯一的创业动机，我什么都可以干，只要不做农民，这就是那时创业的动机和动力。

被称为中国第一商贩的年广久，当初的创业也是迫于生计。在城市中，他没有在传统体制内的立足之地，只能依靠市场摆摊做小本生意养家糊口。

案例

年广久出生不久后的一次水灾，让一家人从淮北农村一路乞讨迁至芜湖，据年广久说，我从小家庭特别困难，也不识字，没有班上，只能靠做小生意谋生。年广久经营的水果，顾客可以先尝后买，吃点亏也不计较，天长日久，临近同行们称他为傻子。年广久发现市场上苹果紧俏，便联系苹果进货，晚上拉起彩灯，放着音乐与国营企业竞争，不久，他被扣上"挖社会主义墙脚"等罪名，判了一年刑。出狱后傻子转行卖瓜子，为了炒出与众不同的瓜子口味，他走访全国各地，掌握了 72 个品种瓜子的不同配料，研制出自己的融南北口味于一体的瓜子。"傻子卖瓜子，买一斤送一把"，让顾客高兴地走，很快他就出了名。后来据说，他通过卖瓜子赚到了上百万收入。

从中国民营企业的最早发源地温州，也能看到类似的起因。

1978 年温州地区人口 561 万，农村劳动力 188 万，人均耕地仅 0.52 亩。

改革开放之前，温州平阳县有一大批农民长期外出逃荒要饭，还有些乡村，外出要饭的农民超过了劳动力总数的一半。[1]此外，在苏南地区，根据费孝通的调查，剩余劳动力达到 1/3—1/2，人多地少的压力特别大。

在这个意义上，民营企业是最早的解决贫困的途径，通过创办个体或私营企业，成千上万的农民，都得以摆脱贫困，走上了富裕的小康道路。这是一批通过自身努力获得脱贫业绩的人们。他们不需政府救济，只需政府给出宽松环境，降低进入市场的门槛，他们就能迅速地发现各种市场需求和相应的机会，填补各种市场空白，在为社会提供商品和服务的同时，也创造了财富。

中国的自由经济和市场化的最初动因，来自庞大人口的就业压力。依靠原有的国有计划体制和有限的国有资源，根本无法安排众多人口的就业。只有依靠鼓励千千万万的民众自己谋求出路，才是解决就业和温饱的最基本的出路。在这种情形下，最合适的机制就是市场化，最有效的政策就是放开和自由化。通过这样的机制，社会资源才能有效的动员和被挖掘出来，社会的财富才能真正的创造出来。于是，伴随着市场自由的放开政策的必然是鼓励民营企业发展的政策。

因此，改革初期，依靠个体户创业和城镇街道集体企业，解决了一大批社会就业问题，有效地缓解了一些社会矛盾，使得一大批民众能够得以摆脱贫困，渡过难关，走上小康之路。

表 3.3　改革初期个体企业、街道集体企业的就业人数（万人）

年份	农村个体	城镇个体	城镇街道集体
1980			162.86
1981	121.8	105.6	
1984	1 012	291.1	205.21
1985	1 383	383.8	224.88
1988	1 726	578.4	

资料来源：《工商行政管理统计汇编》历年；《中华人民共和国 1985 年工业普查资料》（第七册），中国统计出版社 1988 年版。

在农村大量的贫困人口中，依靠乡镇企业，大量的农民也得以摆脱贫困。图 3.4 表明了迅速增长的乡企就业，从 1978 年约 2 000 万人发展至 2006

---

[1]　张仁寿、李红：《温州模式研究》，中国社会科学出版社 1990 年版。

年接近 1.5 亿人。乡镇企业就业人数增长的背后，意味着大量的底层农民获得了新的工作，因而就能获得相应收入的增加。

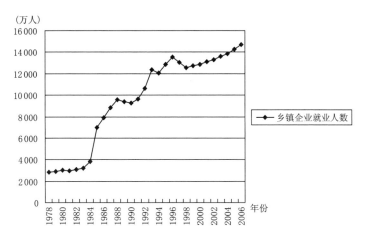

图 3.4　1978—2006 年乡镇企业就业变化

资料来源：《中国乡镇企业年鉴》历年。

在这个意义上来讲，中国的资源短缺是市场化与企业改制的最基本前提，只有通过动员大量分散民众的努力，我们才能充分利用有限的经济资源，创造出最多的财富。相反，依靠国家集中的力量难以弥补资源不足与人口众多之间的巨大缺口，何况，高度集中的计划体制所带来的效率低下，还会扩大这样的缺口，导致社会供给的极度匮乏和资源的极度短缺，加剧社会的贫困。在这样的社会压力下，市场化和企业改制是中国摆脱贫困，走向小康的唯一出路。

3.3.2　早期民企的创业及其产权特征

以下几个企业案例来自我们的实地调查笔录。

案例

先锋集团：我们是 1982 年开始创业，1983 年之前也不允许个人办企业，所以一开始是个"带帽"的集体企业，村里并不给我们出任何钱，全部都是我们自己出资，我们和村里签订了合同，每年交一定的钱给他们。企业发展至今不断壮大，已成为集团公司。现在我们的集团公司和子公司的注册资本总和达到 1 亿元以上。

鸿达公司：企业是老总 1988 年 4 月从一个家庭作坊做起的，4 个人开始做，全是家庭成员，从开始的个体户发展到了现在的民营独资公司（家族企业）。企业创始人原来是技术人员出身，现在是董事长兼总经理。目前，企业的产值已发展到 2007 年的 8 000 多万元。

金帅公司：最初的创业主要是员工集资，民间借款，土地抵押贷款，共计 80 万元起家成立了企业，这在当时算规模较大的镇办企业了。由于金帅的创业者最初来自早期的公社模具厂，他有一定的企业经营经验和技术基础，因而能得到原公社模具厂部分员工集资的支持。此外，当时另一个重要的方式是社会集资，主要通过在街上摆摊来集资，通过介绍企业项目及其回报率和发展前景，再靠企业或个人的一定背景声誉，来获得周边社区人们的集资。这种集资是需要经过申请得到乡镇政府批准的，当时不少人都通过这种方式来进行集资创业。

爱伊美公司：作为早期的村办企业，当时村民凑了 20 多台缝纫机，用养鸡场作车间，凑了 2 000 元作为启动资金，本村有一个从上海退休回来的裁缝师傅请来担当技术指导，这样就办起了这个企业。当时企业规模较小，基本上没有任何来自政府或外部的物质资源和金融资源。

资料来源：作者实地调查。

与纯家族私营企业相比较，有一定背景的企业，其在最初创业中能得到一定的地方社区政府（乡镇或村级领导）的支持和组织协调，因而能够得到一定的融资便利。因此，这些企业的早期产权结构不可避免地打上了集体的烙印，发展到一定阶段，大多数这种乡镇集体企业都在竞争中被淘汰，只有少数企业家的企业获得了较好的发展，在 20 世纪 90 年代后期，它们基本上都进行了改制，在付出了一笔赎买金之后，成为完全的私营企业。

从以上几个企业来看，大多数早期创业融资的主要来源是私人资产，从很小的个人作坊，或者几人合资开始，一点一点地积累起来，自我滚动，形成了今天的规模。这样的创业融资途径往往非常安全，不存在什么风险。然而，这样的发展滚动也非常缓慢，不利于一些高成长性企业或有较大潜力企业的发展。

少数规模稍大一些的乡镇企业则能够通过社区集资，得到较高的发展起点。这种社区集资很有意义，它是最早的民间融资的萌芽。可惜，这种融资方式后来没有得到规范化和合法化，也没能发展起来。因而，直到现在，个人创业的融资渠道仍有待完善。正是这样的创业期的融资来源和融资方式，才形成了企业特定的产权性质。也就是说，当私人创业时，完全依赖自己和家庭积蓄，或通过亲友借贷等集资，这些企业则形成了完全的私营企业或家族企业。当企业试图向外募集资金，尤其是向银行借贷，或上市募集资金，那就必然要借助政府的力量，即往往就要有政府的股权加入进来，结果，或是形成乡镇集体企业，或形成多元化股权的股份制企业。尽管这些企业的外在组织形式都是乡镇企业，然而其内在产权性质却根据其融资来源而有所不同。"温州模式"集中代表了这些民营企业的典型特征。它实际上就是那种家庭小作坊起家的民营企业，以私人经营和私人产权为主要特征。

然而在 20 世纪 80 年代，绝大多数规模稍大一些的私营企业都无法以真正的私营身份独立的存在，在法律上它们是不被允许的，因此它们不得不戴上"红帽子"才能生存。"红帽子"企业是指由私人资本投资设立，而又以公有制企业（包括国有和集体企业）的名义进行注册登记的企业，即名为公有制企业实为私有制企业。

到了 20 世纪 90 年代，私营企业合法化之后，依然有些私企戴着"红帽子"。这主要是为了政治上的安全保护和得到相应的优惠。为了减少政治上的风险，私人企业家找红帽子戴实属无奈，是特定约束条件下的利益最大化行为。其次，戴"红帽子"也可以让企业和地方政府得到一些经济上的实惠。此外，在地方政府财政普遍紧缺的情况下，这些企业可以通过上缴管理费，承担一定的地方公益事业，增加地方政府的计划外收入和支出。

"红帽子"企业由于产权不清晰，会带来很多问题。一则相关的典型案例如下。

案例

河北省邯郸市农民冯连印，1981 年 5 月与某街道办事处商定联合开一家商店。协议书规定：资金由冯等筹措，纯利 30% 上缴街道办事处，其余归冯。实际上，街道除了办理了集体企业营业执照以外，既未参与经营管理，也不承担风险。冯在经营过程中，严格按照协议向国家缴纳了税金，也向街道缴纳了 30% 的纯利。但是，为了归还贷款，冯先后从利润中支出了 4.75 万元。有人由此告发他为贪污罪，1982 年冯被司法机关收审。1983 年以诈骗、贪污罪被正式逮捕，1984 年市中级人民法院判处其死刑。冯不服，提出上诉，官司打到最高人民法院。后来，国家工商管理局发表意见，认为这家企业不是集体企业，应属私营企业。最高人民法院终于在 1987 年将冯无罪释放。

资料来源：参见张厚义主编：《中国私营企业发展报告》，社会科学文献出版社 1999 年版，第 53 页。

诸如冯这样的案例还有很多，私营企业在改革开放以来迅猛发展的数字光环背后，也有一些艰辛的过程。

3.3.3　早期民企发展轨迹和特征：发现市场机会和卖方市场行为特征

20 世纪 80 年代，民营企业，主要表现为乡镇企业和个体企业，发展非常迅速。在整个 80 年代，个体企业，无论是营业收入还是总产值，增长速度都非常快，尤其是总产值增长速度明显快于营业收入，这表明个体企业中的工业企业的发展速度超过了个体企业在服务业或第三产业的发展。

相对于乡镇企业来说，个体企业的发展速度也明显较快。乡镇企业从 1984 年以后才出现了较快增长。在这些高速增长的数据背后，包含着民企最初的辛勤创业和寻找市场机会的过程。从以下的案例描述中，我们能够看到这些民企发展的鲜活历程。

以下是浙江的一家私营企业老总回顾最初的创业时的情况。

案例

1982 年开始搞企业，我最早是搞加工，做小配件和零件。当初我们被叫做推销员，那时推销员最吃香，因为可以跑城里。我们到城里的大工厂去问对方："你们需要什么？"如果对方说需要一个螺丝，那么我们就把它做出来，然后报个价。对方之所以放心让我们做，因为当时到处是短缺经济。我去找空军 5715 厂，他们所需的一些螺丝是从德国进口的，只要我们能做出来，他们检验认可后就非常高兴，因为可以给他们节省很多成本，我们的成本是进口的1/3，或1/5。这一点就像我们现在也有几百个供应商给我们供货一样。我们当初去推销，实际是什么东西都没有就去了，就是去问："你们需要什么东西？"那时我们胆子也大，反正你需要什么东西我们都能有，我们回来后就去找厂家来做，尽管经常连设备都没有，但我知道哪个地方能做。我们与厂家约定好一定的交货天数，自己做或找个师傅做，之后再把样品拿到对方那里去看，他们看过之后，就把订单交过来了。我们这里的企业基本上都是这样走过来的。整个过程都是先做零部件配套，这样慢慢发展起来，零配件是第一阶段。

第二个阶段是做零组件，做全套件，整个一套的十几个部件都做，到后来，只剩下组装不做，其他都做。企业做零配件的年代非常长，持续整个20世纪70年代和80年代，到80年代末才开始做整套，做零组件。零组件是指做整套，比如说做取暖器，一开始我们做某一个配件或某一个开关等小部件，第二步就是做全套的塑料件。80年代慈溪是中国最大的塑料王国。一开始是我们找人家做，给人家做，后来都是人家找我们了，人家听说我们能做，来找合作厂家。80年代初时模具并不多，记得要到慈溪坐火车必须在余姚下车，在火车站贴一个广告，"模具加工"，并写有门牌号，人家就挨家挨户去找，找到一个联络点，让师傅给他做，这样慢慢地就发展起来了，形成挨家挨户的小作坊式的企业群体。塑料配件也一样，慢慢人们就知道了找塑料配件就到慈溪来，现在慈溪挨家挨户都是企业，这个"蚂蚁军团"的起源就是这样一点一点做起来的。不像在大城市，国家一开始定位就高，一做就是一个大产业，而我们这里没有任何社会资源，国家没有任何投资。主要靠慈溪人自己找机会，靠个人勤奋和积累发展起来。

资料来源：作者实地调查。

市场放开和宽松的市场环境，大量的市场需求拉动，对潜在市场机会的高度敏感性，较高的企业生产效率，这些都成就了民企的大量出现和迅速发展。

20世纪80年代初开始的改革开放极大地解放了生产力，尤其是国家开始逐步放开对各种市场的限制，让价格机制开始在很多领域发挥配置资源的作用，各种计划指标的减少使得价格机制开始在很多领域大展身手。国家对各种市场的放开创造了巨大的市场需求和机会，单一的国营企业无法满足人们日益增长的物质需求，整个社会是一个巨大的卖方市场。这也为民营企业的兴起和发展创造了有利的外部条件。

在计划经济的短缺时代，民众对于各种消费品的强烈需求，给民营企业提供了大量的市场机会。市场一旦放开，这些需求便大量释放出来，转化成强烈的购买力。整个社会在 20 世纪 80 年代基本上处于卖方市场，"只要有女就不愁嫁"，所以巨大的、迅速增长的、未满足市场需求的各种消费品，尤其是新推出的消费品，一时都会成为众人抢手的商品。在这样的巨大的供求缺口下，民营企业变成为填补这些缺口的主力军。然而，在巨大的缺口产生的巨大利益的诱惑下，在产品供不应求，一出来就被抢购的市场情形下，"萝卜快了不洗泥"就成为必然现象。

有些民营企业的创办者较少受到完整的教育，有的甚至没有上过学。在市场上，他们完全是凭本能在行事，既不懂公平竞争的市场规则，也不知道如何通过产品质量提高市场竞争力，满足长远的发展目标。结果，在不成熟的市场竞争中出现了各种假冒伪劣、不讲信用、欺骗赖账等现象，在 80 年代，温州、晋江一带的民营企业一度成为假冒伪劣的代名词。

案例

随着温州的市场越做越大，不少利欲熏心的作坊，开始偷工减料，用人造革冒充真皮，最为荒唐的是，支撑皮鞋"骨架"和鞋底，竟然用硬纸板代替！这样的皮鞋穿在脚上，只有七八天的寿命！消费者遂送了个"星期鞋"的恶名，一时间投诉铺天盖地。1987 年 8 月 8 日，杭州市下城区工商局在武林广场，将 5 000 余双各地查获的产自温州的"星期鞋"付之一炬。

当然，温州的"星期鞋"反映着那个时代的某种极端特征，这种现象随着市场化的充分发展，以及消费者与生产者之间的反复博弈而最终消失。随着市场供给的充分，供求缺口越来越小，卖方市场逐渐转变为买方市场，商品的质量也趋于不断提高。在这个意义上来说，企业的产品质量是与市场的饱和成熟成正比的。在最基本的市场需求都得不到保障的条件下，人们对质量的要求自然会降低。企业在大量的供不应求的条件下，无论生产质量好坏的产品都能卖掉，自然会越来越趋于偷工减料，以次充好。假冒伪劣层出不穷则是消费者缺乏选择权和自主权的表现。当供求缺口不再存在时，消费者具有充分的自主选择权，企业则必须依靠提高质量和创新，才能提高销售能力，否则其产品根本卖不出去，企业会面临被市场淘汰的可能。民营企业正是经历了这样的一个从填补市场基本供需缺口的低质量经营方式，向满足更高市场需求的高质量产品经营模式发展的道路。

3.3.4 民企权益保护的艰难历程

案例

傻子瓜子案例

据年广久的自述：

我从小家庭特别困难，只能靠做小生意谋生活，贩鱼说我是投机倒把，把我抓了（1963 年，年广久因投机倒把罪被判处有期徒刑一年）；"文革"来了，我卖板栗，又说我是"牛鬼蛇神"，又把我抓了（1966 年，年广久又被关了二十多天）。但是我出来之后还要干，开始卖水果。别人去上头告我，讲我雇了 100 多人，是剥削，事情越闹越大。后来惊动了邓小平，所以他当时就晓得了我傻子。

2 月 5 日我们推出有奖销售当天，仅芜湖市场的销售量就有 6 万斤；前后 17 天，一共销售出 476 万斤，销售额达 700 余万元。

3 月 6 日，上头就来人，正式通知我："国务院来个文件了，全国有奖销售活动，因有趁机提价，推销残次商品，欺骗顾客，扰乱市场，因此一律废止。"他们还说我这种行为是变相赌博，我当时一听就傻了，不出几天全国各地都来退货，瓜子都变质了，资金不能回笼，法律纠纷也来了，最终导致公司亏损 63 万元。

接着麻烦也来了，说我是贪污，我拿了我孩子的钱，孩子拿我的货，为什么讲我是贪污呢？我坐了半年牢不到，但是案子一直拖了 3 年，最后是判贪污罪的证据不足，却判了个流氓罪，有期徒刑 3 年，缓刑 3 年（关于流氓罪，1997 年新刑法已经取消该罪名）。最后，由于邓小平南方谈话中涉及我的几句话，芜湖市检察院主动撤诉了，1992 年 3 月 13 日，我被宣告无罪释放。

资料来源：参阅《传奇人生折射改革破冰之难》，《北京青年报》2008 年 5 月 29 日特 2 版。

实际上，还有不少这样的企业案例。在改革开放的初期，法制环境给民营企业提供的保护有限，导致它们几番沉浮，历经磨难。由此可见，民企就是在这样的环境下顽强地成长起来的。

从上面的案例可以看到，既定的制度不仅会遏制来自民众的创新和脱贫致富的行为，还与那些试图对保守制度进行创新的改革者是格格不入的。正是这些善于发现社会财富新源泉的开拓者，把民众的根本利益视为己任的政府官员，才能够与千千万万的创业者一起，冲破制度的桎梏，推动中国的企业制度的创新和经济的发展。

中国的发展能在多大程度上向前推进，似乎就取决于有多少这样的思想开放的政府官员，取决于民众的思想解放的程度。

3.3.5 20 世纪 80 年代民营企业的发展波动及原因

从前面对个体、私营企业以及乡镇企业发展的描述可以看到，20 世纪 80 年代民营企业在解决社会就业、上缴利税和摆脱贫困创造财富等方面所发挥的作用有目共睹。民营企业从无到有，从小到大发展起来，主要得益于国家 80 年代以来陆续颁布的几项鼓励个体、私营经济发展的法律、规章和政策。然而，民营企业在 80 年代的发展并不是一帆风顺的，有高峰也有低谷，而且高峰和低谷都是与当时的社会环境（尤其是意识形态）和政府政策密切相关的。

1982 年对民企的整治是在当时政府实行三年调控政策的背景下推出来的。由于改革开放初期，政府的赶超政策导致了过度的财政支出，财政收入的增长赶不上支出的增长，因而出现连续的财政严重赤字。由于国企的收益是当时政府财政收入的主要来源，在国企上缴收益不佳的局面下，似乎全部的责任都来自民企的竞争，为了保国有企业的收益增长，政府对于刚刚蓬勃发展起来的民企实行了严厉的限制政策。

于是在相关媒体报刊上，我们看到了大量的对民企的声讨，认为它们与国企争原料、争市场、争人才，种种舆论都显示着民企即将大难临头。与此同时，国务院出台了两个严厉的文件，其一是《加强市场管理打击投机倒把和走私活动的指示》，另一是《关于调整农村社队企业工商税收负担的若干规定》，这些文件明确规定，个人不准贩卖工业品，凡同大企业争原料的社队企业不得享受开办初期的优惠税收政策等等。[1]

在1982年的打击经济犯罪运动中，全国立案各种经济犯罪16.4万件，判刑3万人，追缴款项3.2亿元。[2]这使得民营企业遭受了重创。这实际上是发出了一个信号，其意在使其他的民企都噤若寒蝉，老老实实，不敢再与国企争原料，不再"扰乱市场秩序"。这也是政府在无法直接对民企进行行政控制的情况下，经常采用的一种以法律名义来进行整治的手段。

1989年或许是改革开放以来私营企业受到最严峻考验的一年。从1988年下半年开始，因为国家开始治理经济环境，整顿经济秩序，私营企业的发展便遇到了资金不足、原材料紧张和"三角债"问题。1989年的政治风波之后，整个社会的意识形态和思想舆论开始对私营企业有所不利。在同时开展的全国范围内的税收大检查中，还出现了一些对个体私营企业惩罚过重的现象。

从个体企业发展的轨迹来看，最快的发展时期在1983年前后，增长率超过了100％之多，而最慢的是1989年，甚至出现负增长。乡镇企业的发展则是在1984年达到高峰，增长率接近70％，而在1989年则落到了最低谷。由此可见，民营企业的发展高潮，取决于政策的放开，而发展的低谷，也取决于政策的紧缩和宏观环境的恶化。

在20世纪80年代的整个时期，民营企业的生产增长都保持了持续上升的趋势，只是在1989年出现了发展的低谷，出现了发展最慢的情形，甚至是负增长。乡镇企业的发展也是在1989年落到了最低谷。由此可见，民营企业的发展，并不像国有企业那样，受到各种行政调控政策的影响，但是，

---

[1]　这两个文件到1986年被国务院正式废止。参阅吴晓波：《激荡三十年》，中信出版社、浙江人民出版社2007年版，第71页。

[2]　参阅吴晓波：《激荡三十年》，中信出版社、浙江人民出版社2007年版，第71页。

它的发展主要取决于市场的波动，取决于政策的紧缩和宏观环境的恶化。

相对于国有企业来说，民营企业最先进入市场经济，它们也最先并容易受益于国家对民营经济的放开和市场化政策。但是，一旦宏观经济或政策有所变化，它们也总是最先和更多地受到市场波动和政策调整的影响。从城乡个体私营企业发展的对比来看，也存在着类似的情形，农村的民营企业往往比城镇的更加脆弱。在传统的金字塔式的集权等级经济下，城镇的国有企业能够得到计划经济的优先保护，集体经济其次，个体私营企业，尤其是农村的民营企业，则处在完全没有保护的状态下。因而一旦经济政策变化，边缘和底层的民营企业就会首先受到挤压而出局，这是以计划经济为核心的体制必然导致的结果。

民企在 20 世纪 80 年代的兴起和发展，一方面取决于民企自身内在的脱贫致富动力，另一方面最主要得益于改革开发的政策背景，得益于改革先驱者的推动，得益于一些思想解放的领导人对那些市场经济开拓者的保护。

在这样的政策环境下，大量的个体户和乡镇企业迅速成长起来，为 20世纪 90 年代的腾飞积蓄力量，奠定基础。

3.4　20 世纪 90 年代：市场化导致的各种资源的重新配置

1989 年民营企业发展进入低谷，民企面临严冬。然而，民企的春天伴随着 1992 年邓小平南方考察开始出现。这是一个前所未有的创业高潮的时代，大量的民企雨后春笋般地出现，干部大批下海创业，高科技企业大量涌现，家族企业日益成熟和扩张，乡镇集体企业率先改制，企业家也人才辈出，这似乎是民营企业的黄金时代。

1992 年邓小平南方考察固然带来了政策上的春天，然而真正对民营企业发展具有重要意义的里程碑事件则是 1994 年价格"双轨制"的统一，这标志着中国经济的市场化进入了一个新阶段。商品市场化的统一意味着民营企业与国有企业大体上能够在同一起跑线上进行竞争，企业主要依靠竞争实力，而不是计划分配，就能得到资源和市场。

因此，真正的市场竞争是从 20 世纪 90 年代中期以后才开始的，此前，民营企业的竞争只能在计划外的领域进行，而价格的统一导致民营企业能够与国有企业直接竞争，能够在同一市场上与国有企业一争高下，这才是真正的竞争和较量。

3.4.1 民企发展与地方政府和地方经济

案例

慈 溪 的 发 展

慈溪进入大发展阶段要感谢当时慈溪县政府的领导，他们高瞻远瞩，在 20 世纪 80 年代末 90 年代初就提出"要四个轮子一起转"，即国有、集体、乡镇、个体；也就是说慈溪不能没有乡镇企业和个体户，这个主张是在邓小平南方谈话之前就提出的。当时一度普遍认为乡镇企业 70% 偷税漏税，个体户是 100% 偷漏税，所以政策绷得很紧，一时间，人心惶惶，似乎乡镇企业不能搞了，个体户要倾家荡产了。

改革开放的初期阶段，没有一个人能够完全按照当时的法律法规去做，多少都有一些越轨之处。当时慈溪也没有什么国有企业，80% 以上是乡镇企业和个体户，如果不允许这些企业发展，那么慈溪经济就要垮掉了。当时，地方政府马上组织了"产值百万元以上企业厂长经理会议"，法院院长、检察院检察长、公安局局长都参会，所有的职能部门负责人都坐在上面，市长对大家说的最经典的一句话就是："只要你们钱不是放在自己口袋里面，为了企业发展，就尽管去做。如果法院抓人，你们来找这里的法院院长。"当时法院院长、检察院检察长、公安局局长都发言表了态，要支持民营企业。所以这位市长真的是非常有魄力。慈溪的经济真正起飞和发展，应该是与这位市长的魄力分不开的，这也是慈溪人公认的。在慈溪的经济发展史上，这位市长在企业家和老百姓心中是一个丰碑。这位市长在慈溪干了两届，大约有 10 年，结果慈溪一下子就成长起来了，1993 年时，慈溪成为全国百强县中的第 23 名。原来慈溪非常落后贫穷，没有任何资源，没有一条高速公路，也没有铁路、水路，什么东西都没有。而相邻的余姚县有很多国企，水路、铁路、公路都有，各方面条件都比慈溪要强。但是就是在人家都在观望的时候，慈溪起飞了，他们的发展很快就超过了余姚县。

资料来源：作者实地调查。

从浙江慈溪的发展案例可见，民企发展在很大程度上依赖于一个明智的、敢于承担责任和风险的地方政府，没有这样的作风强硬的地方政府，在强大的体制惯性下，民营企业很难得到宽松的发展空间。中国的民营经济实际上就是在这样的一个个局部的小环境下，才得到了较好的生长空间。没有这些地方政府的支持，这个体制本身具有的巨大惯性往往会对民企发展起到一定的伤害作用，尤其是在发展的初期。

地方政府对民企的大力支持来自民营企业对地区经济发展有着高度的促进作用，这是任何一个明智的地方政府都能够看到的显而易见的事实。

大量关于民营经济的研究发现，民营经济越发达的地区，经济增长就越快；民营经济不发达的地方，经济增长相对较慢。中西部地区和东部地区经济发展的差距，在很大程度上表现为民营经济发展上的差距。全国工商联2003 年对全国 31 个省、自治区和直辖市统计数据的分析结果表明：民营经济工业总产值比重每提高 1 个百分点，该地区人均 GDP 提高约 203 元；城镇就业中民营经济就业比重每提高 1 个百分点，该地区人均 GDP 提高约 518 元。[1]这表明民营经济的发展对区域经济的发展起到了显著的拉动作用。浙江省就是一个很有说服力的案例。

浙江省是中国一个资源匮乏的省份。然而，经过改革开放 40 年来的发展，已经成为一个经济强省和市场大省。浙江省的很多经济指标都列前 4 名，GDP 规模列第 4 位，仅次于广东、江苏和山东，人均 GDP 仅次于 3 个直辖市。在 2003 年全国 2 073 个县级行政县（市）的县域经济基本竞争力排名中，浙江排名第一，有 27 个县入围，其次是江苏（21 个）、山东（21 个）和广东（10 个）。[2]

浙江省骄人的经济绩效与其活跃的民营企业是密不可分的。2002 年，浙江省共有私营企业 27.7 万户，仅次于江苏和广东。国家发展改革委员会

［1］《中华工商时报》2005 年 1 月 17 日，第 1 版。
［2］《中华工商时报》2005 年 1 月 21 日，第 5 版。

中小企业司等部门成立的"中小企业发展问题研究"课题组,综合评价了
1999—2002 年中国 8 万多家非公有制工业中小企业的整体发展状况,在评出
的 2 933 家具有成长性企业中,浙江省名列第一,有 914 家,其次是江苏
(543 家)、广东(213 家)和山东(207 家);按成长性指数截取的前 500 家
最佳成长性中小企业中,浙江又是名列第一,有 108 家,其次是江苏(89
家)、广东(39 家)和山东(36 家)。[1]全国工商联统计的"2003 年上规模
民营企业"中,浙江省在企业数、资产、营业收入、税后净利润和出口额等
几个指标中都名列第一,这几个指标分别占全国的 33%、30%、33%、
34.5%和 48 %。[2]

3.4.2 人力资源的重新配置: 公司热和干部下海

市场竞争实质上就是人才的竞争,人才资源的重新配置实际上早就开始
了,不过以 1992 年为一个重大转折点,人才资源的配置也出现了一些重大
的转折。人才按照市场的要求进行流动,流向那些最有机会、最能创造价值
的领域,这是市场化导向的大势所趋,也是社会资源合理配置的前提。

案例

邓小平南方谈话之后,全国出现了前所未有的办公司热。从 2 月开始,
北京市新办公司以每月 2 000 家的速度递增,比过去增长了 2—3 倍。到 8 月
22 日,全市的库存执照已全部发完,市工商局不得不紧急从天津调运 1 万个
执照以解燃眉之急。在中关村,1991 年的科技企业数目是 2 600 家,到 1992
年底冲到了 5 180 家。四川、浙江、江苏等地的新办公司均比去年倍增。在深
圳,当时中国最高的国际贸易中心大厦里挤进了 300 家公司。3 月 9 日,珠海
市宣布重奖科技人员,辽宁锦州市政府拿出 76 万元奖金奖励 5 个科技人
员……几年前还偷偷摸摸的"星期六工程师"现在被允许公开承包项目。江西
省规定,科技人员搞技术承包,可与所在企业分成,承包者所得不低于 50%。

---

[1]《中华工商时报》2005 年 1 月 21 日,第 5 版。

[2] 全国工商联经济部:《2003 年度全国工商联上规模民营企业调研报告》,2004 年
10 月。

同样受南方谈话的影响，在政府的中低层官员中出现了一个下海经商热，后来他们管自己叫"92派"。据《中华工商时报》的统计，当年度全国至少有10万党政干部下海经商。陈东升，1992年他在国务院发展研究中心做宏观经济研究，5月辞职下海，成立了嘉德拍卖公司，到1996年，该公司已成长为国内首屈一指的大型拍卖公司，此后他又创办了泰康人寿保险公司。

此外，国务院政策研究室的毛振华，下海创办了中国诚信证券评估有限公司；在国务院某部委工作的田源，创办了中国国际期货经纪公司；国家体改委干部郭凡生下海创业，在无任何人脉资源可用的条件下，白手起家，办了一家公关信息咨询公司，后来转型成为一家电子商务公司；在国家体改委任职的冯仑，南下海南进行创业，与潘石屹等5个都是从政府部门辞职出来的志同道合者共同创业，后来成为地产界的标志性人物。[1]

类似的人还有很多，他们是中国现代企业制度的初次尝试者，均受过良好的教育，有着深厚的政府关系，他们后来成为中国第二代的民营企业家代表人物。相对于第一批民营企业家来说，他们具有更大的、更天然的优势。

除了国家干部下海创业以外，许多国有企业的人才也采取各种方式，或者业余兼职，或者自己创业，或者辞职加入民企。国企内部的大量被僵化体制埋没的人力资本的种子，在市场经济的合适的温度催化下，纷纷破土而出，萌芽、成长、开花和结果。

3.4.3 产业资源在不同所有制之间的重新配置

在20世纪80年代，民企与国企之间还不能直接竞争，民企还只能游离于计划体制外，依靠小敲小打弄一些国企的外快，填补一些国企力不能及的市场空白。民企的早期成长在很大程度上依赖于国企，民企通过高薪聘请国企的技术人才，利用业余时间或退休闲暇，获得各种先进技术的溢出效应，通过为国企生产各种配套零部件，进行产业链的互补合作。然而到了90年代，民企已经日渐成长，羽翼丰满，市场一旦成熟放开，即可开始与国企展开全面直接的角逐和竞争。

---

[1] 参见吴晓波：《激荡三十年》，中信出版社2007年版。

从图 3.5 可见，1995 年以后，内资民企的利润开始超过了国企，在此之前，民企的总产值就超过了国企。如果民企加上外资企业，1993 年两者的利润就已开始超过国企的利润水平了（图3.5）。在这个激烈的竞争中，民企表现出强劲的上升势头，而国企效益则全面下降，到 1997 年，竞争的结果已经非常明显地表现为：无论是民企的利润增长，还是利润比重，都已经遥遥领先于国企。也就是说，民企通过市场竞争，获得了更高的效益增长，因而也获得更大的市场份额。

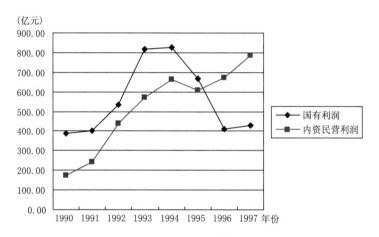

图 3.5　民企与国企的利润比较（1990—1997 年）

注：内资民营是指除了国有和外资企业外的全部其他企业。

资料来源：《中国统计年鉴》相关年份。

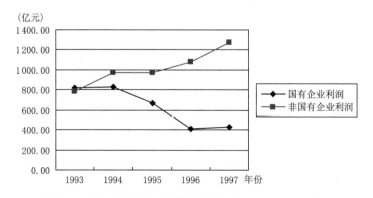

图 3.6　国有与非国有企业的利润比较（1993—1997 年）

注：非国有包括国有以外的全部其他企业（含外资企业）。

资料来源：《中国统计年鉴》相关年份。

从这一时期的 TFP 的比较来看，民营企业的生产率也远远超过国企。

表 3.4 不同所有制企业的 TFP 的比较

时　　期	国有企业	集体企业	私营等其他企业	外资企业
1990—1996 年	0.65	4.40	3.41	1.14

资料来源：Jefferson et al., 2000, "Ownership, Productivity Change and Financial Performance in Chinese Industry", *Journal of Comparative Economics* 28（4）：786—813。

从工业的行业结构来看，根据 1995 年的工业普查，不算外资企业，在 37 个工业产业的大约 21 个产业中，包括黑色金属和非金属采矿业、食品加工和食品制造业、纺织业和服装业、皮革、木材加工、家具、造纸、印刷、文体用品、橡胶、建材、塑料制品、金属制品、机械、电器电机、仪表等产业，内资民企的产值销售份额都超过了国企的产值销售份额（参见表 3.5）。

同样，根据 1995 年工业普查，内资民企的利润在 37 个产业中，约有 23 个产业的总利润超过了国企的利润比重（参见前文表 3.1）。

我们把 1995 年的数据与 1985 年的进行比较，可以发现，在一些竞争性较强的行业中，民营企业已经占据绝对优势的市场销售份额，例如金属制品、文体用品、塑料制品和服装等，而这些部门在 1985 年还是由国有企业占据绝对统治地位，其市场份额至少为 70% 左右。在那些竞争不充分、具有一定进入壁垒的行业，例如钢铁和化工部门，民营企业大约占有 1/3 的市场份额，而在 1985 年这两个行业的国企则占有 90% 和 95% 以上的市场份额。在纺织、机械和食品制造业，民营企业约占有 40%—50% 的市场份额，而在 1985 年这几个部门的国企大约占据市场份额 85% 以上。因此，民企和国企市场相对份额的大幅度变化，显示了民企与国企的竞争在 90 年代正处在比较激烈的状态。

3.4.4 私营企业的主体——家族企业：主要特征和形成原因

几乎所有的农村私营企业都是家族企业起家的，由于中国的传统家族文化，往往赋予企业更多的家族色彩，使得许许多多的企业，不论是纯私人的，还是集体性质的，都或多或少具有家族企业的特征。

表 3.5　各类所有制企业的销售份额比较（1995 年）（户，%）

所有制分组 \ 行业	纺织 企业数	纺织 销售份额	食品 企业数	食品 销售份额	机械 企业数	机械 销售份额	化工 企业数	化工 销售份额	煤炭 企业数	煤炭 销售份额	钢铁 企业数	钢铁 销售份额
国有	3 960	0.342 6	4 605	0.314 3	4 152	0.312 8	5 223	0.497 7	1 903	0.675 5	983	0.637 8
集体	24 642	0.440 5	10 952	0.356 6	34 769	0.475 2	25 654	0.317 3	13 777	0.299 2	9 218	0.247 6
个人私有	4 082	0.027 9	1 579	0.046 8	4 022	0.043 5	1 553	0.013 3	983	0.020 6	1 792	0.017 8
股份	227	0.031 0	145	0.028 3	381	0.057 9	372	0.053 4	33	0.001 6	120	0.047 0
外商	1 701	0.060 9	890	0.129 7	737	0.076 8	1 229	0.072 0	14	0.000 6	168	0.017 5
港澳台	2 076	0.081 8	746	0.116 7	525	0.023 0	1 001	0.038 5	10	0.001 2	161	0.024 9
其他	382	0.015 3	125	0.007 7	362	0.010 9	367	0.007 8	70	0.001 4	170	0.007 5

所有制分组 \ 行业	金属制品 企业数	金属制品 销售份额	电机电器 企业数	电机电器 销售份额	文体用品 企业数	文体用品 销售份额	服装 企业数	服装 销售份额	建材 企业数	建材 销售份额	塑料制品 企业数	塑料制品 销售份额
国有	2 313	0.094 5	2 522	0.192 4	493	0.084 5	940	0.034 5	6 987	0.227 3	1 455	0.087 7
集体	36 139	0.617 3	19 708	0.445 8	5 132	0.403 3	17 123	0.438 0	79 522	0.609 5	21 141	0.566 1
个人私有	5 257	0.068 4	1 880	0.025 4	748	0.044 7	6 028	0.098 9	7 498	0.049 6	3 288	0.061 4
股份	287	0.022 0	281	0.116 2	30	0.022 8	104	0.019 2	598	0.030 1	183	0.021 0
外商	1 150	0.088 3	1 062	0.100 8	682	0.203 4	3 188	0.223 0	1 147	0.041 3	1 492	0.109 2
港澳台	1 120	0.090 2	1 028	0.101 1	634	0.229 1	3 005	0.172 9	1 012	0.034 8	1 639	0.143 7
其他	357	0.019 4	276	0.018 3	60	0.012 2	204	0.013 5	586	0.007 3	184	0.010 9

资料来源：作者根据 1995 年工业普查数据库计算。

在中国经济中，以家族企业为主体的私营企业具有举足轻重的地位。由中央统战部、全国工商联、中国民（私）营经济研究会组织的"中国私营企业研究"课题组，分别在 1993 年、1995 年、1997 年、2000 年、2002 年、2004 年进行了 6 次全国私营企业抽样调查。调查显示，中国私营企业大都是家族企业。2004 年的调查显示，家族企业仍然是大多数私营企业采用的组织形式。家族企业在地理区域与行业方面表现为高度集中的特征。如浙江富阳市（杭州辖区内的一个县级市）就有两万余家个体户、5 000 余家私营企业，家族企业创造了富阳市 GDP 及税收的 98%，提供了 12 万个就业岗位，使富阳市跻身浙江省十强县与中国百强县。

根据著名经济学家钱德勒的定义，家族式企业是指企业创始者及其最亲密的合伙人（和家族）一直掌有大部分股权，他们与经理人员维持紧密的私人关系，且保留高阶层管理的主要决策权，特别是在有关财务政策、资源分配和高阶层人员的选拔方面。

由此可见，家族企业一方面表明了所有权的基本特征，表明控制权和经营权统一于创业者家族的古典企业特征；另一方面，家族企业还表明了一定的文化特征，强调特殊的人际关系（亲密的合伙人和家族）及相应的观念和规范。因此，家族式企业实际上既有经济组织的特征，即有正式的产权制度的安排，又是具有某种文化传统关系维系的非正式制度的组织。家族式企业的这种文化特征，将它与其他一般类型的企业区别开来。[1]

家族企业通常至少有两代的家族成员在企业的经营管理及财政、财务决策过程中起主要作用。世界著名大企业的发展史，几乎是一部家族企业的发展史，家族企业在现代发达的市场经济国家非常普遍，即使在美国家族企业也是经济的主导力量：75% 以上的企业属于家族企业，家族企业占国民生产总值的 40%；在《财富》500 强企业中有超过 1/3 的企业可以看作是家族企业；世界上最成功的一些企业就是从家族企业发展而来的，如强生、福特、沃尔玛、宝洁、摩托罗拉、迪士尼等。

---

[1]　参阅张钢、于小涵：《我国家族式企业的特征与成长模式》，载《中国软科学》2002 年第 7 期。

中国的家族式企业深深植根于以家庭和血亲为核心的文化传统，就中国的文化传统而言，"家"是最核心、也是最有生命力的观念。人们对家和家族的认同大大超过对社会和各类其他正式社会组织的认同。以此为核心形成的社会文化也可以称之为"家文化"，它典型地具有费孝通所说的"差序格局"的特征，即以"己"和"家"为中心，外推出去，确立起人与人的社会关系的等级序列。虽然近代以来，中国的家文化受到极大冲击，特别是新中国成立后农村经历了一次次运动，强制性地斩断和淡化了农村中同宗族人们之间基于血缘关系的认同意识。但是，在社会变迁中，传统有时会被再度强调，以解决文化断层的危机和建立新的集体认同。许多地方的农民以各种方式寻求对血缘群体（即宗族）的重建成为了一种普遍现象。[1]

改革开放后家族式企业的成长轨迹，显示了中国文化传统中家文化的印记，代表着传统家文化在新的历史条件下复苏和重建的历程。一方面，家族式企业的文化特征是家的观念和企业观念并重，家业与企业一体化，家族成员有相同或相近的血缘关系，接受相同的家族文化熏陶，有着相同的家族价值观念和利益目标的追求，彼此之间存在天然的信任关系，明白企业的命运与家族的前途休戚相关。这种文化特征决定了家族式企业在一定程度上更容易团结一致，因而具有较强的生命力、抗震力和凝聚力。另一方面，家族式企业在创业和发展过程中，外部面临经济体制转型、社会规则变更的历史大背景，除了创业本身的艰难外，社会和经济体制转型带来的不确定性和风险，也使得"家"和家族关系成为企业最有价值的创业和发展资源。正如某企业家所说："企业创业初期，市场竞争激烈，风险大，除了家里人，没人愿跟着你冒险；其次是法制不健全，管理企业必须要可靠之人，除了家里人，其他人都很难让人放心。"因而，"家文化"的复苏和重建自然就成为我国家族式企业创生和发展的伴生物。[2]

家族企业往往成为企业家创业的理想平台，大量中小企业长久维持

---

[1][2] 参阅张钢、于小涵：《我国家族式企业的特征与成长模式》，《中国软科学》2002年第 7 期。

着家族企业的原生态。在特定条件下，家族成员及其之间的忠诚信任关系，作为一种节约交易成本的资源进入，家族伦理约束简化了企业的监督和激励机制，这时家族企业就能成为有效率的经济组织。但是，当家族企业在市场竞争中，其内部有限资源和家庭或家族成员管理能力不高而导致的内部交易成本大于那些非家族制企业的竞争对手、造成竞争力低下时，那么家族企业就是不合理的和低效的。[1]

根据私人信任与社会信任的不同比例结构，可将企业成长划分为创业期、成长期和成熟期。在家族企业创业期，私人信任强势，社会信任弱势；在家族企业成长期，私人信任与社会信任的交易成本互有高低，两者共同构成了"关系与制度并存"的二元治理结构，但总的趋势是社会信任凸显，私人信任逐渐淡出的"去家族化"。家族企业的成长，就是追求最优的信任体系配置，追求信任结构的总交易成本最小化。[2]

因此，观察家族企业治理的演变，观察他们的产权制度的选择，可以从中看到中国的市场发展的阶段性，看到中国市场制度的成熟与否。一个社会的市场环境决定了企业对其治理机制的选择，外部环境越不透明，竞争越不公平，要素流动越困难，社会信任越弱的市场环境，企业越容易选择诉诸私人信任的家族或准家族制度。反之，一个公开透明公平法制的市场环境下，企业自然会更多依赖社会制度，而非个人关系。实际上，在现阶段，中国的市场交易更多地依赖私人关系，反映了这个市场极不成熟，也反映了这个制度很不合理。所以，大多数家族企业的发展现在还远未进入成熟期，因为外部市场环境还不能给他们提供更多的信用支持。

凭着"自强不息，坚韧不拔，勇于创新，讲求实效"的创业精神，众多家族企业走过了原始积累的第一创业期，现在正进入从传统向现代转型的第二个创业期。接班人选的问题正是当前众多家族企业面临的瓶颈之一。许多家族企业的创业者纷纷把子女送往国外深造，期望他们能够具有更好的知识结构和更广阔的国际化视野，因而能够把企业带入更高的发展境界。

---

[1][2] 引自陈戈、储小平：《差序信任格局、交易成本与家族企业成长》，http://www.tiandaocn.org/article/article3_more.asp?nplSh4Z=，2007 年。

此外，家族企业发展缺乏外部资本市场的支持，家族企业向银行间接融资难，上市直接融资相对更难。这对于那些潜力很大或具有实力的家族企业来说，显然是很大的制约。然而，如果外部的信用环境无法解决，多数家族企业也只好诉诸这种缓慢的依靠自我积累的发展方式，稳打稳扎地持续发展。

3.4.5 民企产权结构的演变：集体企业的改制选择及相关案例

进入 20 世纪 90 年代之后，市场竞争日益激烈，市场从卖方主导转为买方主导，在市场需求日益饱和下，改变原有的不适应市场竞争的产权体制，使之更适合于市场竞争的需要，采取更能促使企业提高效率的所有制结构，就成为当时企业的普遍选择。

乡镇集体企业和城镇集体企业率先进行了产权变革。首先，一大批"红帽子"企业很快完成了这一变革，摘掉了"红帽子"，还原其本色。其次，一批集体性质的企业，也走上了改制之路。大多数集体企业本来就处在主流制度的边缘，先天不足，比较脆弱，产权非常模糊，一旦进入激烈的竞争市场，这些弊端立即显示出来。要么生存，要么死亡，而改制则是选择生存的唯一的可能前提。

案例

辽宁海城市三星印染厂，原来是一家严重亏损的乡镇企业，采取了先租后卖的方式，出卖是债权和债务都剥离给了镇政府，买主李某是租赁这家企业的个体户。海城市三鱼泵业有限公司出售给以厂长戴喜东为首的全体职工，成为股份合作制企业，戴占 51% 的股份，几位管理人员每人各占 2% 左右。海城市水泉滑石矿最先出售给企业所在的赵堡村，但后来这个村的村民不同意出售价格，于是又出售给该村村支书王富海，王很快又拉另一私营企业家入伙共同购买。海城市西洋耐火材料厂被出售给总经理周福仁为首的西洋村全体村民，周福仁占 70% 的股份。

资料来源：参见何江涛等：《海城现象探访系列》，《中国经济时报》1997 年 11 月 12—20 日。

乡镇集体企业的产权特征与私营家族企业的不同在于，它更多地体现了企业与政府的某种非正式的合约关系，而不是私营家族企业的那种紧密的血缘关系。然而，乡镇集体企业需要面对的政府只是较低层次的地方政府及其社区代理机构，如乡镇政府或者村级代理者。乡镇企业在发展早期，由于市场环境的不成熟，企业家个人不拥有足以创办企业的资本实力。土地是不可交易的非卖品，没有资本市场，金融机构属国家所有，这一切使得企业家无法利用自己的人力资本和信用。在这样的环境下，企业家和地方政府之间往往达成了某种合约。也就是说，地方政府利用一定的权力去帮助企业获得各种开办企业的批准，担保贷款，取得土地使用权等，而企业家创业者则需要发现市场机会，动员各种可资利用的人力和物力资源。通过这样的方式，一个企业能够获得所需要的各种投入要素，企业才得以顺利投入运营和发展。

因此，在乡镇企业的形成初期，创业者的人力资本价值无法得到社会承认与市场评价，而乡镇政府的信用担保和在此担保下得到的相应借贷资金，对企业的成立则具有决定的作用。在此基础上形成的产权界定通常把地方乡镇政府作为企业的主要所有者，这也是当时特定条件下绝大多数乡镇企业初始产权界定的某种规则。

随着乡镇企业的发展和自有资金积累的增加，创业的企业家的人力资本愈益得到市场承认和合理评价，成功企业家所控制的企业价值不断升值，他们获得愈来愈多的实际企业控制权和所有权。同时，政府在企业发展起来以后所能起的作用愈来愈小，因而只具有名义上的所有权。这样名存实亡的产权格局，以及所有权的虚置使得重新界定企业产权的要求十分迫切。同时，在市场竞争下，一大批失败的企业被淘汰，也给乡镇政府带来了很大压力。为了保住这些现存企业不被市场淘汰，或者为了激励这些企业为乡镇社区作出更多的贡献，地方政府也需要适应外部市场环境和企业实力的变化，作出必要的政策和制度的调整。

于是，在双方都有这样的变革意向下，乡镇企业的产权改制便逐步地开始了。由于各地的市场环境和政策环境具有很大差异，企业背景也具有很大的不同，因此，乡镇企业的改制实际上是渐进地、半自发地进行的，是通过企业与政府之间的产权交易谈判来进行的。这样的产权交易看起来似乎很不规范，交易价格的确定也似乎十分随意，但是，隐含其中的规则却是双方都较清楚的。因为企业当初就是在双方之间的某种非正式的合约基础上形成的，是根据投入要素的当时价值来决定所有权分配的，而现在还是在这种合约基础上进行交易，只不过是对各自投入要素的现行市场价值进行重新评价而已，并根据这种评价的结果来进行产权重组和界定，把非正式的合约转变为正式的合约。

案例

金帅公司 1984 年开始创业，1985 年正式成立，当时是乡镇企业，像这样的所谓集体企业很多，但是后来很多都倒闭了，能发展到现在的只有 10 多家。20 年下来，如果企业能活下来就已经变大了，活不下来的，早就自生自灭了。企业现在排名在该市的 20 强企业。最早时期企业是慈溪第一家搞"塑料配件"的工厂。1996 年金帅改制，在政府的动员下，这是该市乡镇企业中几乎最后一个进行转制的。金帅的总经理和董事长都是原老总兼任，他和儿子用 3 年分期付款方式买下了厂子，转制时将钱支付给了乡政府的资产经营公司，共花了 1 060 万的所谓"帽子"钱，用来赎买集体企业的"红帽子"。现在企业实际上是父子俩经营的私营有限责任公司。

资料来源：作者实地调查。

如果企业与乡镇政府的这种谈判未能达成双方基本认可的协议，或者政府方过于强势，否认市场对于企业家人力资本投入的评价，那么就会对企业产生消极的影响。也就是说，市场竞争所要求的投入要素的报酬率未能实现，市场资源配置与企业产权要素的配置是不匹配和不兼容的。在这样的情形下，政府如果不适应市场规则，强行干预和控制企业，那么最终会导致企业在市场竞争中失败。

案例

科 龙 案 例

科龙出身于乡镇企业，创始人潘宁，1984 年用镇政府给出的 9 万元试制费，从手敲电冰箱开始，带领创业团队做成南方最大的冰箱王。科龙曾是广东最辉煌的企业之一。1992 年邓小平南方考察来到科龙公司时，连问三次："这真是乡镇企业么？"从 1984 年至 1998 年的 15 年，被媒体称为科龙的潘宁时代。科龙的产权属于镇政府，虽然企业日益壮大，但经营团队则没什么股权。容声冰箱畅销国内后，由于这个品牌的所有权归镇政府所有，一些镇属企业便乘机用这个牌子生产其他的小家电，严重地干扰和影响了科龙的声誉，而对此潘宁竟无可奈何。1994 年，潘宁决定另辟蹊径，他将原珠江冰箱厂变身为科龙集团，宣布新创科龙品牌，进军空调行业。在他的谋划中，科龙品牌归企业所有，由此可逐渐摆脱政府的掌控。他的这种"独立倾向"当然引起镇政府的注意。也就是从这时起，潘宁和企业的命运变得十分微妙起来。1996 年，科龙电器在香港联交所上市，融资 12 亿元，成为全国第一家在香港上市的乡镇企业。当时，科龙电器主营业务所产容声牌冰箱占据国内冰箱市场份额逾 20％，是当仁不让的龙头企业。然而，也是从这时开始，地方政府对科龙的掌控变得直接起来。这家品牌显赫、效益绝佳的企业成了政府官员调控地方资源的工具。1998 年 12 月，在没有任何预兆的情况下，科龙集团突然发布公告，潘宁辞去公司总裁职务，第二年 4 月，卸任董事长。

科龙虽然上市，但由于实际的产权与法律所有权脱节，控股权还是"集体"的，掌握在镇政府手中。这样的产权结构，要做到政企分开是很难的。科龙亦不能幸免中国乡镇企业遭遇的普遍掣肘，镇政府通过容声集团控股科龙，集团与政府实为一体，集团董事会即为镇政府领导班子，同时由政府官员衍生大批裙带企业挂在集团公司名下，向上市公司供货，包揽上市公司销售，导致科龙成本高企，冗员繁多。当年是靠潘宁等人的创业贡献和威信，才大体维持了一个"企业家控制的企业"的格局。然而，潘宁之后，镇政府的领导凭控股权到科龙当了家。政府"老板"亲自上阵打理，不管是由于管理不善还是外部市场或者别的什么原因，总之科龙从此就走下坡路。至 2001 年 4 月，科龙终于在最后期限拿出了一份令人惊愕的 2000 年年报，报亏 6.78 亿元。

顺德是全国中小国有、集体企业转制的一个发源地，为什么在这里政府还一定要在市场竞争激烈的家电行业里，维持科龙公司的控股地位？原因在于，时任的镇党委书记并不赞成顺德市"靓女先嫁"的那一套，他主张"留大、去小、转中间"。科龙既大又靓，当然不能嫁。他认为，"科龙可以卖四五十亿元，还掉六七亿的贷款，还剩下不少。我这当书记的三五年可以不干活，日子好过得很。但是以后怎么办？"不过没有想到，仅过几年，科龙控股权只以三个多亿出让，卖得草率而不无狼狈。

　　资料来源：参见周其仁：《潘宁若在科龙如何》，《名人传记·财富人物》2007 年第 6 期；《科龙创始人潘宁的悲与愤》，《世界营销评论》2007 年 7 月 17 日。

　　在现实中，乡镇企业与乡镇政府在争夺企业权益上的矛盾和冲突是经常的，政府往往以强势者和所有者的身份出现，而企业则以实际价值创造者的身份要求获得"正名"。在这样的矛盾和冲突过程中，有的企业经历了反复的博弈，最后结束了产权交易的讨价还价过程，完成改制目标。而有的企业最终并未成功改制，部分原因是它们遇上了某些政府官员，这些人把企业当作政府可以取之不尽、旱涝保收的生财之源，未意识到企业的价值是企业家经历千辛万苦才创造出来的。无视企业家价值的结果，必然是企业自身价值的丧失。

　　与乡镇企业的改制大体同时进行的是城市集体企业的改制，其中最有代表性的是四通等高科技民营企业。

案例

四 通 案 例

　　1984 年 5 月，中国科学院的万润南、沈国钧等 7 名科技人员辞去公职，向北京海淀区四季青乡借款 2 万元，创办了"四通新技术开发有限公司"，当时四通注册为集体所有制企业。1986 年第一代四通打字机问世，成为主打产品，畅销全国。四通的创业者没有投资过一分钱，也没有任何单位投资过一分钱。创业初期的资金全靠单位借贷和银行贷款。最初的 2 万元借款，四通公司当年就已还清。同时，为了回报挂靠和其他方面的支持，四通多年来每年都将纯利润的 20％分给四季青乡。也正是因为四通一直保持的高度独立性，并在经济上给予挂靠单位充分补偿，四通因而能够容易地摆脱其他"官办集体企业"被困扰的许多麻烦。1987年企业规模越来越大，四通成为国家体改委的四大股份制改造试点企业之一。如何股份化？以吴敬琏为首的专家组对此进行了改革方案的讨论。然而，由于涉及某些技术问题，加上国内环境的变化，这些方案搁浅。1992年之后，四通再次提出改制申请，被北京市政府选为第一家试点。

于是，四通上报了一个方案，以下属全资子公司——四通新技术产业股份公司作为股份制主体，将集团重要产业等优质资产装进来，同时，将四通现有资产部分量化到员工，再向社会发行股票，存量和增量一起动。但北京政府有关方面否定了这个方案，他们认为分存量是犯忌之举，四通不能走在前面，等全国有了公认的模式，四通再动不迟。1993年四通在香港上市，这是在港上市的第一个内地民营企业，其中四通集团总资产的42%是以法人股的形式体现在上市公司股权中。对于四通这样的产权不清的法人来说，这些股权依旧是模糊的无主资产。至于职工股，2 000多职工的股权只占上市公司总股本的2.5%，股权非常分散，故没有持有价值，大多数人后来都抛售了。

关于四通产权，总裁段永基认为，这是一个我永远说不清，你永远听不明白的问题。虽然四通上市，但由于产权不清，四通在很长时期一直处于复杂的控制权争夺战中，人才外流，机构臃肿，职位消费持续膨胀，效益下降，没有什么有发展前景的项目，成为一个谁都知道但谁都不知道在做什么的公司。这实际上就是所有者缺位的致命缺陷。

经过长时期的矛盾摩擦和反复博弈，最终四通提出了新的改制方案，即以清晰的增量调动模糊的存量，把重点放在新增资产的界定上，以增量资产来稀释存量，最终摆脱历史包袱，实现长期健康发展。1998年底，体现了上述思路的四通股改方案在北京市政府顺利通过。具体来说，由四通职工共同出资组建四通投资有限公司，将分期分批通过募资扩股来收购四通集团的相关资产。

1999年新成立的四通投资公司由四通职工持股会投资51%以上，占绝对控股权，四通集团投资其余40%多。职工持股会实际认购总额5 100万元（股），董事长沈国钧和总裁段永基各持股约7%，14个新老核心共占其余的大约 43%。在四通投资公司中的那些四通集团的股权，虽然其产权性质仍旧模糊，但随着以后的发展和增资扩股，这部分资产将会被逐步稀释，而产权清晰的部分会越来越大。

资料来源：刘小玄编著：《中国企业发展报告（1990—2000 年）》，社会科学文献出版社 2001 年版。

四通的改制经过漫长的磨合，反复的争议，最终总算尘埃落定。尽管四通在这种反复无休的长期过程中，几乎耗尽了所有能量和精力，企业因此而错过了许多发展的机会，但是总算摸索出了一条改制之路，一条可行的通向产权清晰的发展之路。不管四通后来的发展如何，他们经过反复探讨得出的改制方案，不失为一个具有规范程序的、符合各方相关者利益的方案，这就为后来的大规模改制提供了良好的范本，给那些还尚在摸索、对于改制相关的规范操作不甚清楚的后来者，提供了一个可供借鉴的路径依赖。

从 20 世纪 90 年代中期以后，集体企业的数目就开始不断下降，这种下降趋势一直延续到现在。在这些不断减少的集体企业中，有一些实现了成功改制，转变为私营企业或股份公司，这部分集体企业实际上并不太多，大量的企业都在竞争中自生自灭，许多企业破产被淘汰出局，还有的被重组或兼并。改革开放以来，民营企业经历的这个市场演化过程的结果表明，那些最有生命力的企业及其产权结构将被选择或保留下来，而不适应市场竞争的企业会被淘汰。由于集体企业产权改革率先进行，其过程中的矛盾、博弈、冲突、选择和演进的过程，都给后来的国企改革提供了许多启示借鉴以及路径选择的参考。

3.5 1999—2008 年：民企的高速发展和扩张

3.5.1 民企的发展扩张：过程和原因

2001 年 12 月，中国正式加入了 WTO，随之而来的是"中国制造"大规模的向海外扩张，而其中则是以民企为主力军。在短短几年，民企的出口额和产值迅速扩张，出口额从 2000 年的 700 余亿元，猛增至 2006 年的 7 000 多亿元，7 年时间增长了 10 倍，达到了前所未有的高度。国家外汇储备迅猛增长，外贸顺差大幅上升，形成了推动人民币升值的强大力量。这些都是民企迅速成长的标志，国力提升，财富增长，这其中民企功不可没。

表 3.6　私营企业出口额及其增长率

年份	企业数（户）	出口额（亿元）	出口增长率（当年出口额／上年出口额）
2000	22 128	703.42	
2001	35 931	1 182.91	1.682
2002	49 176	1 837.85	1.554
2003	67 607	2 882.97	1.569
2004	119 538	4 532.49	1.572
2005	123 820	5 633.31	1.243
2006	149 736	7 094.68	1.259

注：此处民企的统计口径是指按注册类型的所有私营独资、合伙企业和私营股份公司。

资料来源：根据国家统计局规模以上全部工业企业数据计算。

20 世纪 90 年代中期以后出现的激烈市场竞争，直接的结果就是国企的全面严重亏损，与此同时，民企相对胜出。随着国企的破产、关门、重组和改制，形成了国退民进的局势。民营企业迅速占领了中小企业的全部领域，并且正在向大企业的领域迅速扩张。

在中小企业中，民营企业占据绝对优势的比重，现仅存的少量国企基本上都是隶属于国有大型集团下的附属加工企业，没有独立生存的能力。1998 年以后，国企的大量亏损首先导致中小国企的退出，绝大多数中小国企的退出或者是破产关闭，或者是实行民营改制。在民营改制的中小型企业中，部分是实行的内部人买断或控股的股份化改造，部分则是由外部民企买断或者控股收购的。

案例

在浙江，集体企业与中小型国有企业改制在 20 世纪 90 年代中后期达到高潮，全省被境内民营企业或者企业家个人收购的集体企业与中小型国有企业，数量达到数千家之多，一大批集体企业与国有企业因此获得新生，成为浙江经济一时领先的奥秘。浙江尚存的部分大型国有企业，主要是部分省属企业与上市公司，存量资产规模较大，企业数量不多。在此情况下，浙商参与集体企业与国有企业改制重组的重心转向内地，自 2000 年以来，浙商通过参与改制重组，收购的内地集体企业与国有企业数量也在千家以上。如江西省，把引进浙商收购与改造当地集体企业与国有企业，作为激活地方经济的法宝，将浙商作为招商引资的重点，部分地区通过引进浙商改制重组当地国有企业，从根本上扭转了当地经济萧条的状况。

资料来源：宗佩民：《回顾与展望：浙商并购的三次浪潮》，http：//www.si-nowisdom.cn/hnewsshow.asp?id＝18。

对于大型国企的改制，由外部民企来实行往往具有较大优势。因此，自从 1999 年以来，陆续开始出现了不少这样的民企并购国企的案例。

案例

温州民企的并购案例

按照上海温州商会的不完全统计，截至 2005 年 1 月，近 400 家会员企业里，有近 50％的企业已经参与兼并或收购了破产的上海国有企业，还有一部分已经承包或租赁了效益差的国企，另有一部分企业正准备兼并收购或承包国企。

亚龙集团兼并浦东电缆厂，是温州民营企业早期成功兼并重组国有企业的典型案例。20 世纪 90 年代初期，亚龙集团董事长张文荣得知浦东电缆厂濒临倒闭的消息，试图买下它。但是当时政府还没有放民营资本进来的意思，国家也没有相关的政策法规。在谈判了好几年后，1995 年 6 月，亚龙集团成功兼并了浦东电缆厂。据亚龙集团企划部副主任陈成锋介绍，他们兼并浦东电缆厂后，没有换人，也没有裁员，只是给企业注入了新的机制，收购当年就盈利了，不仅发了工资，解决了员工的就业问题，并上缴了 100 多万元的税收。2004 年 1—7 月，公司的电缆产品销售已经达到 9 848 万元，同期增长 2.48％。亚龙兼并浦东电缆厂，在当时不仅能够延续原来国有企业享有的优惠政策，获取更多的政策扶持，而且还因为当时浦东电缆厂的设备还相当不错。

温州人民电器集团有限公司董事长郑元豹更是一鸣惊人，1999 年一次性在上海兼并了 34 家处于亏损状态的国有、集体企业，从而既整合了国有资源，又壮大了自身，为企业赢得很更大的发展空间，当年产值就上升到 10 亿元。

温州天正集团也早在 1998 年底，整体并购了上海建桥成套设备厂，注入资金 3 000 多万元，使这家面临破产的国有中型企业迅速扭亏为盈。但是据董事长高天乐讲，即使是在 1998 年前后，民营企业的身份依然很尴尬。当初天正集团生产条件全都符合标准，但是民营企业获得入行许可很难，缺少证书认定，兼并建桥国有企业之后，便可以毫不费力地成为机械部、电力部生产高低压开关成套设备和电器控制设备的定点企业，并拥有了相关的合格证书。

通过对国有经济的渗透，能使企业在更短的时间内进入更高层面的竞争。改制不仅能够实现国有企业民营机制的嫁接，温州民营企业收购上海国有企业实际上是对资源的一种良性整合。民企考虑兼并的国有企业并不都是那些状况不好或者亏损的企业，一些国有企业拥有很高新的技术，但是缺乏资金，还有些企业是有着某些方面的强势，民企试图与这些国有企业进行对接，最后希望发挥整体优势，并发展关联行业内的一个优良团队。

由于温州的柳市是"中国电器之都"，2003 年低压电器占有全国 60％的市场，高压电器也占到了 10％的份额。虽然上海有着研发优势，但低压电器作为温州的支柱产业，无论是从产品种类、劳动成本还是技术含量上来讲，上海敌不过温州，所以温州企业来上海兼并的产业以电器行业为主。

王永林 1999 年组建了上泵集团，据王介绍，当时"民营企业通行做法是取一个靠近本行业知名企业的名字，我于是取了个与上海水泵厂相近的名字。到 2000 年，我听说他们要转让，就马上与他们联系，跟踪了两年，最终以 6 000 万元的价格买进。现在是'名副其实'了"。他告诉记者，收购上海水泵厂之后，上泵集团业务快速发展。

事实上，在 1997—2001 年期间，温州企业兼并上海国企的数量是呈增长态势的，但是自 2003 年起，兼并收购有所缓和，大部分温州企业，对于 2005 年收购国企持保守态度的还是占了多数。2000 年前兼并国有企业，对于企业来说是很划算的事情。可是现在，不仅地价飙升，上海的商务成本也增加了，而且对政策形势也还看不透、吃不准。

资料来源：参阅沈東貝：《温州富商上海转向》，《第一财经日报》2005 年 1 月 18 日。

2006 年 2 月，温州民企组团受北京之邀，带 100 亿元资金进京参与国企重组改制，一度搞得很是热闹。据有关的研究，过去一段时间的民企并购案，近 60% 最终失败，有的没有完成并购，有的在经历了短暂的蜜月期之后迅速解体，有的则挣扎在整合的泥淖中。主要原因之一在于，民营企业目标与政府目标不完全一致。对出资人而言，国企改制是多目标选择的，要求国有资产价值最大化实现，改善国有企业的经营状况，职工合理安置，符合各地产业结构调整。而民营企业选择国企，则只有一个目的，这就是利润最大化，或效益最大化。买者与卖者的目标之间存在很大差异。

更重要的是，关于并购国企的政策在 2004 年之后似乎有所变化。从 2004 年起，银行惜贷、监管加强，让活跃在中国资本市场上的绝大多数民企系纷纷坍塌。德隆系，成为这轮民企坍塌的标志性企业。这之后，鸿仪系、涌金系、明天系、格林柯尔系、青鸟系、斯威特系都爆出资金链断裂消息。资金重压之下，民企系或奄奄一息或满盘皆输，其中，德隆系终极控制人之一唐万新、鸿仪系终极控制人鄢彩宏、格林科尔系终极控制人顾雏军身陷囹圄。斯威特退出其控股的无锡小天鹅和中纺机，严介和也不得不从其大规模扩张行动中抽身而出，急流勇退。几个重大的标志性事件的出台，使得大量民企被挡在了并购国企的大门之外，民企并购国企的大规模现象不再出现。

然而，民企并购活动仍然在继续，虽然不再轰轰烈烈，而是转向了低调运作，同时并购也更加规范有序，不再是过去的那种"搞运动"的急功近利方式，而是纳入常规的运作，成为企业整合的常规手段。

案例

广厦案例：以资本换市场

2006 年 3 月 23 日，上海照明灯具有限公司、上海弘源照明电子有限公司和上海耿耿市政工程有限公司整体改制重组揭牌仪式在上海国际会议中心举行。此前，上海照明灯具 90%、上海弘源照明 100% 的股权，以及上海耿耿市政 81.73% 股权均被来自浙江的民营企业广厦控股创业投资有限公司收购，总价 3.6 亿元。广厦宣称未来将以此组建广厦上海区域集团。据了解，上述三家国企都是上海知名企业。上海照明和上海弘源是上海市轻工"市区联手、抓大放小"国有控股企业的趋势中，首批下放到区并率先成功进行整体改制的企业集团；而上海耿耿市政则是上海建设系统中首家成功完成整体改制的具有 3 个一级资质的国有控股企业。这种模式就是"以资本换市场"。事实上，近年来迅速扩张的广厦集团不断实践着这种收购。从 1998 年开始，广厦就开始一连串并购，到现在为止，已经先后控股了重庆一建、北京中地建设、杭州建工、北京二建等十多家大中型国有企业。

广厦集团对其收购、改制两年以上的几家企业的调查显示，到 2004 年，这些企业的产值和利润均大幅增长，资产平均增值 58.04%。同时，借助这种方式，广厦的经营领域也由建筑、房地产扩张到传媒、能源、金融、旅游、教育、医疗等多个领域。

2006 年 3 月 13 日，浙江永康市运娇蕾工具制造有限公司以 500 万元的价格收购了上海人民工具二厂的金兔牌商标、机器设备以及技术力量。这个民营的工具制造有限公司收购的金兔商标具有 50 多年历史。半个多世纪以来，金兔牌刨刀的产量一直占据全国同行业之首，并在海外 40 多个国家注册了商标。2005 年底，上海人民工具二厂所在地被规划为世博园，其无形资产和固定资产将整体转让。得知这一消息后，该民企老板颜一清出资 200 万元收购金兔商标，还花费 300 多万元将该厂的所有机器设备全部买下，同时将该厂几十名管理人员与技术骨干也"一网打尽"。

资料来源：《广厦样本驱动浙江民企　淘金上海国企改制》，北京市地税局网站 2006 年 4 月 6 日，http：//jicha2.tax861.gov.cn/jcdt/jcdt.asp？more_id＝909821。

此外，民企并购上市公司的行为实际上也一直没有停止，不过不再那么张扬，不再那么大规模扩张，以免超出了自己可控制的资金范围。同时，按照资本市场的规范进行操作和运行，民企并购的风险就可大大降低。

案例

浙商收购上市公司案例

伴随浙商群体的成长，进入资本市场的欲望日渐强烈，许多先知先觉的浙商开始收购上市公司。迄今为止，全省到底有多少浙商通过收购控制了一家或几家上市公司？由于收购的情况非常复杂，有直接收购，也有间接收购；有以企业名义收购，也有以个人名义收购；有以省内主体名义收购，也有以省外主体甚至境外主体收购；收购的目标公司有境内上市公司，也有境外上市公司；加上浙江民企行事普遍低调，迄今为止，似乎还没有权威机构对浙江民企收购上市公司情况进行过确切统计。据浙江华睿投资管理公司不完全统计，截至 2006 年 7 月，浙江省境内至少有 21 家 A 股上市公司被收购，其中多数被浙商收购。

与此同时，至少有 30 家浙商通过收购控制了或控制过一家或几家省外 A 股上市公司。

资料来源：宗佩民：《回顾与展望：浙商并购的三次浪潮》，http：//www.si-nowisdom.cn/hnewsshow.asp?id=18。

在成熟资本市场体制下，企业的价值与企业家的财富，将更多地通过资本市场来体现与实现，主流企业都将进入资本市场，企业经营的主流模式都将与资本市场连接在一起，离开资本市场就将被边缘化。因此，民企扩张之后，成为上市公司，或者是收购上市公司，这将成为它们的必然选择。

民企买壳上市与它们参与改制集体与国有企业，是两种完全不同模式的并购。买壳上市与参与改制相比，会受到更多的制度约束和公众投资者的监督，会影响股票市场价格的变化。这样一来，收购的风险与不确定性大大增加，因此买壳上市更需要理性，更需要专业，对企业的发展也更具有战略意义。

3.5.2 从浙商看民企的来源及构成

根据 2004 年全国工业普查的企业数据计算，在全部 145 万多家工业企业中，浙江的每万人拥有的企业密度最高，其次是上海、天津、江苏等。企业密度在 10 以上的省市共 9 家（见表 3.7），其余省市的企业密度都在 10 以下。从表中可见，这 9 个地区都属于比较富裕的省市，除了上海、天津、北京这 3 个直辖市以外，其余的省也都是比较富裕的，例如广东、江苏、浙江，或者属于后起之秀的沿海发达地区，例如福建和山东，以及工业发达地区，如辽宁。

表 3.7　各地区企业密度排序

省　市	密　度	省　市	密　度
浙　江	40.170 6	广　东	17.672 3
上　海	36.207 8	福　建	15.338 9
天　津	29.672 9	辽　宁	14.740 1
江　苏	27.134 8	山　东	13.456 8
北　京	21.235 8		

注：企业密度定义为每万人的企业数，即某地区工业企业数/该地区人口数（万人）。

资料来源：作者根据 2004 年全国工业企业普查数据和《中国统计年鉴》（2005年）计算。

由此可见，一个地区的企业密度与其富裕程度密切相关，企业越多，表明其就业人口和相应收入越高，同时也表明其富裕人数较多，经济和文化都会比较发达。相反，一地区企业越少，其往往也越贫困，没有企业，也就没有创造财富的源泉，政府税收也会匮乏，居民就业和相应收益都会较少。

浙江，作为民营企业最为发达的地区，其企业密度在全国为最高。大量的中小企业活力十足，成为浙江富裕的重要来源。那么，这些民企来源何处？它们的人员结构又是怎样的呢？以下，我们就以浙商为典型，从中来考察民营企业的主要来源及其演变。

案例

浙商案例考察

浙商[1]主要包括私营企业主、个体工商户、股东、合伙人等所有的自然人市场主体，目前这一经济主体已成为全国人数最多、分布最广、实力最强和影响最大的投资者经营者群体。截至 2006 年 12 月，全省共有各类企业 611 242 户，个体工商户 1 837 544 户，两者合计 2 448 786 户。平均每万人有 476 户，远高于全国每万人 263 户的平均水平，仅次于上海（每万人在册市场主体数量为 511 户），居全国第二。其中每万人个体户数为 361 户，比全国 197 户的平均水平高，位居全国第一。

浙江的私营企业和个体工商户的密度之高为全国之最。然而，1978 年浙江全省仅个体户 2 086 人，也就是说，自 1978 年以来，浙江仅个体工商户总数就增加了 900 倍，密度提高了 700 倍。换言之，99.99％以上的浙商在 30 年前都不是自主创业者。那么，这些数量庞大的工商业者是从哪里转化而来的呢？

浙商主要的自然人来源是农民。至今为止最早的一次较大规模的私营企业主调查是 1995 年浙江工商联主持的，调查结果显示，出生地为"乡镇"及"村"的占了 84.8％，出生地为"中等城市"和"大城市"的，仅有不足 5％，农民出身的占了绝对多数。其中，出生在"村"里的最多，超过一半以上。

调查数据还显示，"乡镇"是私营企业最集中的地方，私营企业的产业所在地和私营企业主的家庭常住地都以"乡镇"最多，而家庭常住地在大中城市的相加也只有 3.2％。

1999 年同样口径的调查数据显示，浙江的私营企业主创业前的职业构成没有明显变化：(1)纯农民职业的就占 28.7％，如果把创业前就在农村乡镇及乡镇以下从事各种职业的企业主都合在一起，几乎占了九成以上。

---

[1] 浙商的定义：不以资产多少为界定标准，也不论组织形式，而是考虑是否从事自主经营活动的法律意义上的资产所有者。

(2)62.4％的浙江私营业主居住在乡镇或村，68.6％的私营企业办在乡镇村。

2003 年同样指标的调查出现较明显的变化，私营企业主的来源没有明显变化，但私营企业主家庭所在地和企业所在地与 1994 年相比快速向城镇集中。2003 年调查的结果显示，私营企业主 80.98％出生在乡村，但已有 73.49％的私营企业主在小城镇安家，84.6％的企业建在小城镇。1994 年，私营企业家庭住地在大中城市的占 4.9％，1998 年占 6.9％，2002 年已占 10.93％。

1995 年、1999 年和 2003 年的这三个调查结果充分显示了浙商的民间性和草根性。浙商九成苦出身，80％出身农民。浙商起步时往往一双空手，缺乏资金、技术、市场和关系等几乎所有的要素积累。但他们恰恰是最具"企业家精神"的群体，不怕吃苦，务实勤奋，敢于冒险，低调节约，敢于尝试创新，勇于突破禁区和阻力。

因为农民的生存压力最大，而且农民率先获得独立的劳动力产权，计划经济控制在农村相对薄弱，自主商业活动的空间较大，传统工商业文化及其地方知识在乡村得到较好保存和延续。浙商的商业意识和技能的传播并不通过书本等正式的知识，而是耳濡目染，口口相传，从建国后禁绝民间自主商业活动，到 1978 年允许自主创业，中间时隔最多不过 20 几年，创业的偏好和传统的代际传播并没中断，这种已经数百年的价值观在休眠 20 多年后重新开始萌芽。例如，义乌货郎担的源头可以追溯到明末清初，世世代代传承成为义乌文化的载体。

改革开放初期出现的个体户或私营企业，随时可能被消灭。据有关估计[1]，在 1989 年以前创办的私营企业中，约有 4％的私营企业主曾经身系冤狱。根据 1997 年全国工商联调查数据，开业越早的业主在原体制内的地位和职位越低微，越往后下海者平均身份越高。早期私营企业主的构成中，原先体制内的底层生存压力最大，身份束缚最小，因此转换动力最强，机会成本最低。

家庭联产承包责任制是浙商正式合法化的逻辑起点和历史起源，世代务农的农民才可能从土地上解放出来，从而获得独立的劳动力产权。因此，农

---

[1]　参阅戴建中：《现阶段中国私营企业主研究》，《社会学研究》2001 年第 5 期。

民获得独立的劳动力产权是浙商生成的逻辑起点。

供销员是浙商的重要来源，浙江的知名企业家大多具有供销员的经历，如正泰的南存辉，德力西的胡成中，奥康的王振滔，红蜻蜓的钱金波，原来都是供销大军的一员。

浙商创业的第一步是从小商品、小生意和小作坊开始的。早期的社队企业和挂靠在乡镇村名下的家庭作坊，是私营企业的启蒙者。

从生成浙商的社会单位来源来看，国有、集体等非私经济是浙商的法人主体来源（农民等属于浙商的自然人来源）。2003 年调查浙商所拥有的私营企业前身为国有或集体的比重，超过前身为个体户的 3 倍以上。转化方式包括企业改制、企业干部自主创业、"红帽子"企业身份还原等。

以乐清县虹桥镇为例，1983 年前该地区发展类似"苏南模式"，大批集体或社队企业相继成立，初具规模。1982 年虹桥镇经济实力位居温州第一。然而 1983 年后，大部分企业的技术人员跳槽离岗，自谋生路，因此衍生了后来数以千计的民营企业，故没有向"苏南模式"继续发展。从 1995 年到 2003 年，原生态的民企比重逐年减少，嫁接型增加，这一产权清晰的过程就是浙商的发育过程。

30 年间，500 万浙江农民转化为浙商。

资料来源：杨轶清：《浙商的自然社会来源及其生成机制》，《浙江社会科学》2008 年第 5 期。

浙江民企的最主要来源是农民，是处于中国最基层的农民。改革开放唤醒了他们沉睡多年的商业细胞，使之重新活跃起来，形成了第一支庞大的创业队伍。40 年来，它们形成了中国最为密集的企业群体，也催生了中国最为富裕的第一批企业主。

除了自然人来源外，浙江民企的法人来源主要是公有经济主体，如国企和集体企业，它们比一般个体户具有更高的发展起点，一旦及时改制转型，往往比前者具有更大优势。这也是浙江民企的一个重要特点。在民企汪洋大海般的市场环境下，国企集体企业也会很快被同化，否则就会被市场淘汰。因此，浙江的乡镇企业并没有转化为"苏南模式"，而是向完全私营的"温州模式"转化，向更有发展前景的产权明晰的股份公司转化。

浙江民企的发展路径为中国的许多发展中地区提供了良好的示范效应。中国百姓可以从浙商的身上看到自己的未来和前途，依靠自身的奋斗来创造自己的前途和命运。

3.5.3　民营企业与其他企业的效益比较

最早的关于民营企业效益的经验研究是从 1988 年下半年开始的，是中国社会科学院经济所与世界银行合作的研究项目，主要研究内容是比较三类不同类型工业企业（即国有、城市集体和乡镇企业）的效率差异及其变动原因。这项调查持续了 5—6 年时间，涉及 1 229 个国有和城市集体工业企业从 1980—1990 年的主要经济数据，并抽样调查了 300 家乡镇企业的 7 年相关数据。

对上述调查样本在 1986—1990 年期间的数据，采用生产函数进行回归分析[1]，我们发现乡镇企业有着明显的效率优势，且明显高于国企和城市集体企业，而且效率还呈逐年递增的趋势。分行业来看，乡镇企业的效率也仍然高于国企和集体企业，而城市集体与国企之间的效率差异并不显著。从利润率来比较，亦可发现，乡镇企业在各项利润指标上也都比国有企业和城市集体企业具有明显的优势。因此，作为民营企业的前身的乡镇企业，之所以具有强大的生命力，原因就在于其具有更高的生产效率。

此后的相关研究[2]是利用 1995 年的全国工业普查数据进行的。

通过对全国 20 多个产业，总计 17 万多家企业的统计数据的分析，用生产函数模型的计量方法的测定发现，在不同所有制类型的企业之间，私营个体企业效率最高，外资企业其次，股份制和集体企业再次，国有企业效率最低。这个效率测定的结果相当稳定，以国有企业为参照系来比较，大体来说，私营个体企业的平均效率最高，大约为国有企业平均效率的 5 倍左右；其次为外资企业，平均效率约为国有企业的 2 倍左右；再次为股份制企业和集体企业，其平均效率约为国有企业的 1—2 倍。

---

［1］　参见刘小玄：《国有企业与非国有企业的产权结构及其对效率的影响》，载林青松、杜鹰主编：《中国工业改革与效率》，云南人民出版社 1997 年版，第 125—155 页。

［2］　刘小玄：《中国工业企业的所有制结构对效率差异的影响》，《经济研究》2000 年第 2 期。

中国的经济发展以一种自发的渐进的方式在进行，通过效率的竞争来优胜劣汰，这是市场经济的必由过程。在计划经济和市场经济并存的转轨状态下，越是远离计划控制链条的企业发展得越快，效率越高，而且这种效率正在通过市场竞争关系"辐射"到其相邻地带，即从村级影响到乡镇，再到市县，层层传递，推动较低层次企业的改制先行于较高层次的企业。

2001 年的全国基本单位普查也为我们的经验研究提供了十分详尽的素材。根据这个普查数据，我们进行了相关的产业效率测定及其决定因素的研究。[1]在柯布—道格拉斯生产函数的基础上，引入了所有权结构变量作为解释变量，旨在考虑不同产权体制的影响下，经济效率会发生怎样的变化。所有权结构变量的测定分别采用了不同注册类型企业的实收资本占该行业总资本的比重。

在上述分析结果中，可以看到与产权理论非常一致的结果，这就是产权变量在影响产业效率方面起着重要的作用。国有企业对于产业效率具有明显的消极作用，而其他的非国有性质的企业大都对于效率具有比较明显的积极作用，然而，不同所有权类型的企业所具有的积极作用的程度却是有差异的。相比较而言，私营企业和港澳台资企业具有最强的对效率的正相关作用。

近年来的工业企业数据的可得性给我们提供了更好的研究素材。从 2000 年至 2004 年的全国规模以上的制造业企业的数据分析中，我们发现了效率收敛的现象，这就是从动态来看，民营企业与国有企业之间的效率差距正在缩小，虽然民企的效率仍然显著高于国企。[2]

上述研究采用了随机前沿生产函数模型，计算得到各种所有制分组的平均效率，我们从中发现，国有企业的效率处于最低的水平，尽管在缓慢上升，但与其他类型的企业比较而言，要低大约 10 多个百分点。在所有企业中，外资企业的效率最高，相对于中间水平大约高 5 个百分点。绝大多数企业，即三种股份企业、私营企业和集体企业等，处于中间水平，其间并无显著的效率差异。

---

［1］ 刘小玄：《民营化改制对中国产业效率的效果分析》，《经济研究》2004 年第 8 期。

［2］ 刘小玄、李双杰：《中国的制造业企业相对效率的度量和比较及其外生决定因素（2000—2004）》，《经济学季刊》2008 年第 7 卷第 3 期。

由此可见，在不同所有制企业中，民营企业的效率仍然是明显高于完全国有控股企业的效率，在各种不同类型的内资民营企业之间，并无十分明显的效率差异，从不同所有制企业的差异系数来看，其正在缓慢降低，表明不同所有制企业之间效率的趋同化。趋同化的主要原因在于，竞争市场的优胜劣汰迫使国企改制或退出，因而民企的相对优势有所下降。

所以，从改革开放以来的几个发展时点的企业效率的比较结果来看，总体来说，民营企业在决定效率方面具有不可忽视的重要的决定性推动作用，没有汪洋大海般的民企形成的市场竞争环境，就没有其他大企业生长的肥沃土壤，大型股份公司的形成实际上来自中小民企的出类拔萃者，民企实际上已经成为推动中国经济增长和社会稳定的重要力量。

3.6 民营企业与融资：来源、方式与民间融资市场的形成

3.6.1 民企主要融资来源

民营企业的融资，主要是依靠内源融资，即企业自身的利润积累，自有资金或者现金流。民企不像国企，一创立就会得到各种计划指标，包括银行贷款指标，而后者因能够得到融资的支持而发展迅速。然而，民企作为一个不同于传统计划体制的另类企业，是很难从金融部门获得贷款的，因为金融部门仍然一直是受到高度计划控制的。同时，民企作为市场经济中的一般企业来说，其多半处在企业的创业期或生长期，规模较小，资本积累有限，这样的企业在银行融资偏好的排序中，是处于最末端的。因此，民企长期存在的融资问题，是体制与市场共同造成的，体制歧视更加加重了市场歧视，使民企从创立之日到逐渐的成长起来的过程中，都在为融资苦苦挣扎。民企的发展史，往往也成为他们为了获得外部资金的奋斗史。

在 20 世纪 80 年代，民企基本上没有外部融资，充其量也只是在家族内部或亲朋好友之间借一点钱而已。然而就是这一点融资来源，也促使无数个体企业的出现和成长。早期较大规模的民企大都是集体企业或乡镇企业，它们也是以内源融资为主，但也会在地方基层政府的帮助下，获得少量的外部

融资来源，例如从农村信用社得到一些小笔贷款，或者从支农资金中拨出少量周转金，或者批准乡镇企业在当地摆摊集资募股。如此等等的资金支持，虽然不多，但也为民企的规模扩张奠定了重要的基础。

以内源融资为主的民企，为了获得较快发展，基本上是把所有的利润都投入企业的扩大再生产，并逐渐获得一定的积累和规模。即使如此，民企也在依靠内源资金的基础上获得了高速的发展。改革开放初期的市场短缺，为民企提供了大量的赚取利润的机会，形成了民企早期资本积累的主要来源。进入激烈竞争的 90 年代，民企以其高效率的竞争优势，获得了明显高于国企的利润，这也为民企的积累奠定了重要来源。相比之下，一方面较少依靠银行融资的民企，创造了高效益的发展和积累，另一方面是国企完全依赖银行融资的软预算行为，给银行留下了巨额的不良资产和不良债务，出现了融资资源的效益低下，资源错配的效果。

表 3.8 提供了国有和民营企业的资产负债率的比较。可以看到，国企的负债率在 2005 年之前一直都是高于 70％的（这还不算大量的坏账核销），而民企的负债率则基本上都在 60％以下。国企的负债基本上都是来源于银行，而民营企业的负债，除了银行外，可能还有其他来源。因此，这里的民营企业的负债率并不是银行融资率，后者势必会更低。由此可见，实际上民企的发展资金来源大约有一半是靠自有资金，另一半靠外部融资。而且，这些贷款主要是流动负债，只能支撑民企的短期发展的需求，而不是长期发展投资的需求。

表 3.8　规模以上全部国企和民企的资产负债率的比较（工业）

年份	国有企业平均资产负债率 （总负债/总资产）	民营企业平均资产负债率 （总负债/总资产）
1998	0.754 4	0.602 2
1999	0.777 0	0.594 7
2000	0.762 6	0.584 9
2001	0.758 4	0.578 3
2002	0.743 1	0.570 5
2003	0.732 7	0.569 5
2004	0.740 8	0.591 6
2005	0.698 4	0.565 7
2006	0.696 8	0.559 6

注：这里的国企和民企是按注册类型分类的，国企是指传统国有、国有独资和国有联营，民营企业是指私营独资、合伙以及私营股份公司。

资料来源：作者根据国家统计局规模以上全部工业企业数据库计算。

3.6.2 银行融资及其局限性

20 世纪 90 年代末以后，随着不少股份制银行进入金融领域，以及国有银行的股份化改制，民企的融资环境有所好转。它们至少能够用企业的不动产作抵押，得到相应比例的银行融资。即使如此，相比国有企业，它们仍然只能获得较少的外部融资来源。

根据中国社会科学院经济所 2004 年进行的微观调研，我们从 1 000 多家企业样本中发现和比较了民企与国企的不同融资来源。

表 3.9　民营企业与国有企业的融资来源比较

年份	国有企业（国有独资或控股）				民营企业（个人独资或控股）			
	企业数（户）	融资率^1	融资率^2	融资率^3	企业数（户）	融资率^1	融资率^2	融资率^3
2000	119	0.275 4	0.064 4	0.037 3	274	0.131 8	0.180 6	0.033 7
2001	112	0.248 2	0.067 9	0.043 3	314	0.142 7	0.168 2	0.025 1
2002	105	0.249 9	0.055 2	0.036 5	351	0.131 4	0.135 6	0.034 8
2003	90	0.287 9	0.073 4	0.045 2	375	0.134 7	0.134 8	0.040 5
2004	87	0.261 4	0.059 1	0.062 6	385	0.129 8	0.154 2	0.037 3

注：融资率 1 为四大国有银行贷款余额/总资产，融资率 2 为商业银行贷款余额/总资产，融资率 3 为其他金融机构贷款余额/总资产。

资料来源：作者根据中国社会科学院经济所企业调查样本计算。

可以看到，自 2000 年以来，国企的融资来源第一位的仍然是四大国有银行，其贷款余额占总资产的平均比重在 25%—29% 之间，而民企的同样比例仅为 13%—14%，相当于国企的一半。不过民企从商业银行得到的贷款似乎较多，其在总资产中的平均比例在 13%—18% 之间，而国企的相同比例仅为 5%—7%，这表明那些股份制银行发放贷款更注重企业效益，因此民企能够从中获得部分所需贷款。至于其他金融机构来源，则在国企与民企之间并无显著区别。

由此可见，股份化商业银行的出现，对于民企有着积极的发展意义，使得民企能够不再完全依靠内源融资，进而使民企在融资制度上受到的歧视有所缓解。不过，对于大量中小企业和新创业或成长型民企，他们仍然受到十分强烈的融资歧视。不论是国有银行，还是股份制银行，在贷款对象的选择上，他们总是毫无例外地偏好大企业，偏好具有较强抵押能力的企业，所有的企业仍然需要采用传统的抵押贷款方式来获得银行信用或贷款。

根据我们在江苏调查所涉及的若干民营企业，除了一些从事服务业的企业外，绝大多数的贷款都需要进行抵押。抵押的财产最主要是房屋土地，抵押比例不等，从 100％到 55％。其次的抵押品是机器设备，不过只有大约 1/3 的企业可以采用这种方式，而且抵押比例都不太高，从 5％至 60％，平均在 20％—30％的水平。

根据我们在浙江调查的民营企业情况来看，如果用房屋土地抵押，通常能够得到 60％—70％的银行贷款。企业存款也是重要的获得贷款的信用担保渠道。此外，大约 1/4 的企业应收账款也可以作抵押，至于机器设备等，银行往往根据其价值和信用度来选择是否能够作为抵押物。

由于商业银行受存贷比或者是贷款额度的限制，以及抵押物信用程度等影响，考虑到资金的安全，它们不敢向中小企业和个人过多地提供信贷支持。但是，中小企业和个人融资的需求十分高涨。于是就有了种种民间借贷行为或民间商业信用行为，这些民间融资行为是对银行信贷行为的补充，它具有正规银行机构所不能替代的积极作用。

3.6.3　商业信用融资的逐步普及

近年来，民营企业的一种重要融资方式是商业信用，包括各种应收或应付款、预付款或预支款等，这是他们在很难得到银行资金的条件下通常采用商业信用的融资方式。尤其是当企业处于相对有利的市场地位，在交易双方中处于强势地位，或者交易对方更需要或更依赖做成这笔交易的时候，企业就能够采取事后付款，或者要求对方事先支付预付款。

在浙江调查中，据某模具公司有关负责人说：

案例

我们通常根据客户的要求来生产，要跟客户签订商务合同，该合同说明交货和付款条件。一般的付款是客户先预付 30％，交样之后支付 40％—50％，最后完全合格之后支付剩余的 10％—20％。如果客户不预付款的话，我们是不做的，因为要生产的车床很大，购买相关设备和材料要占用大量的资金。

不过这样的有强势市场地位的民企，通常都需要有一些"绝活"，即掌握了一些新技术或新发明才行。

根据我们 2006 年在浙江和江苏若干家民营企业的调查，除了银行贷款外，其他主要融资来源如表 3.10 和表 3.11 所示。

表 3.10 浙江案例企业的融资来源（非银行融资）

企业名称	来　源
某电器企业	出口 T/T 商票融资
某电机模具	订货预付款 80%，私人借款 20%
某电子企业	订货预付款、欠款占用、股票和债券。其中最重要的是"欠款占用"
某服装企业	企业之间相互拆借。现在企业之间的拆借没有几分利是不行的，一般也要 2—3 分
某电机企业	企业之间拆借；订货预付款；欠款占用 在上述来源中，重要性依次递减

注：T/T 作为一种国际贸易付款方式，一般存在以下方式，即前 T/T 和后 T/T。前 T/T 是客户下单时就电汇购货款，后 T/T 是客户见提单付款。还有的方式是，30% 前 T/T（作定金），70% 后 T/T，即订单确定后由买家电汇 30% 货款给卖家，其余货款在货物发走后，卖家拿到海运提单后，传真给买家，证明货已运走，再由买家电汇。这种是现在最为常见的。T/T 虽然有一定的风险，但是费用低，现在在世界的外贸付款方式中很流行。

资料来源：作者实地调查。

表 3.11 江苏若干家企业的融资来源（非银行融资）

企业所在行业	企业间拆借	向私人借	订货预付款	占用欠款	职工集资
建筑安装			是	是	
纺织			是	是	
玻璃制造			是	是	是
乳品	是				
商业 1	是		是	是	
电子	是	是	是	是	是
房地产 1		是	是		是
房地产 2			是	是	
服务	是	是	是	是	
光盘媒介	是	是			
商业 2	是	是	是		
服装	是	是	是		
商业零售		是			
饮食	是				

资料来源：作者实地调查。

从表 3.10 和表 3.11 可见，除了银行贷款外，企业主要通过商业信用（即欠款占用）和企业相互拆借，来获得短期融资来源。这已经成为江浙民企的一种普遍现象。

企业不得不依靠相互拆借和相互拖欠来获得短暂的融资来源，这样的融资主要是建立在信用的基础上。也就是说，依靠企业之间或企业与个人之间的彼此信任，来获得某种借款，或某种短期挪用，以便达到周转资金，缓解由于银行资金不足造成的难以进行生产周转和正常运营的问题。由此可见，在银行贷款紧缺的条件下，通过以上这种脱离金融中介，而依靠企业自身的直接交易方式来融资，已经成为中小民营企业的一种正常的融资方式了。这样的由企业之间的产品交易关系决定的融资关系，具有某种相互依赖的稳定性，但同时也有很大的局限性，即受到产品交易的限制和地域限制，且规模很有限，企业难以通过这种方式迅速发展和扩张。

在这样的融资环境的约束下，多数企业都不能满足中长期发展的需要，据调查，一些企业只能满足 30%—50% 的发展需求，甚至一些企业连日常生产运营都无法全部满足，只能达到 40%—50% 的满足率。如果有足够的融资来源，许多企业预期，将可使现有生产在一年内提高 10%—50%，在 3 年内，则能提高 30%—150%。因此可以看到，融资约束的放宽可以使生产潜力得到有效的发挥。

对于目前的商业信用环境，以下是几家民企的观点。

案例

企业 1：国内客户欠款的比较多。不过现在恶意拖欠的情况很少，国内的商业信用环境比以前有了很大改善。在中国的文化中，尽量不打官司。人家欠你钱，真的没钱，企业都倒闭了，也就算了。如果真的是恶意欠款，肯定要通过各种渠道去要。有的人是做这个生意失败了，欠你钱，后来他做别的生意又起来了，他把欠你的钱又还了。大家还是比较讲究信用。我去马来西亚，那边是 120 天结款，比国内来说还要差。其实同样一个行业里的企业数量并不多，同行还是经常有机会碰面的，有的时候也会聊到这个事情，哪个客户信誉不好，也会说到的，大家还是在乎口碑的。

企业 2：我们一般需要先垫支流动资金，产品出来先打货，4 个月后汇款过来。我们一般不会让客户欠款，除非我们非常了解客户的情况，而且客户也确实有困难。国内的信用环境还是在进步，当然比国外还是要差很多。我们也有很多小的供货商和小的客户。

企业 3：出现债务纠纷一般协商解决，很少打官司，公司这十多年来没有打过官司。

企业 4：以前有过欠账不还的，欠了几百万，我们官司虽然打赢了，但也要不到钱。80 年代欠债不还打官司的较多，现在市场网络建起来了，比较成熟，不易上当，比较规范，不再有这种矛盾了。我们自己也成熟了，识别性较好。

这种企业之间的短期信用借款在过去曾经一度，成为"三角债"现象。然而，时过境迁，对于民营企业来说，在交易中越来越注重自身良好的信誉，注重自身长期行为，那种恶意借债不还的人一旦丧失信用，则无法在市场立足。

总的来说，随着市场经济的成熟，债务拖欠现象越来越少，企业信用也日益趋于良性发展。然而，如果出现经济萧条，资金链断裂则可能引发多米诺骨牌的连锁反应，也可能会造成大规模的债务拖欠的泛滥。

3.6.4　民间融资的破冰：从禁止到放开

至于民间融资信贷，长期以来，这个市场一直是被完全禁止的，它们不得不处于地下状态，政府不停地进行打击非法集资的活动，但总是屡禁不止，越禁越多。根据有关部门测算[1]，2003—2004 年全国民间金融的规模约在 8 000 亿—9 500 亿元之间，占中国 GDP 的 6.96％左右。在浙江，民间融资规模达到 1 300 亿—1 500 亿元左右，在温州现有的 16.7 万家企业中，60％依靠民间借贷筹集资金。

总之，不管是商业信用，还是民间融资市场，都只是地方基层的、局部的、限于小规模范围内的，它们或者是处于不合法的地下状态，或者是局限

---

[1]　史晋川主编：《中国民营经济发展报告》（上），经济科学出版社 2006 年版，第 294 页。

于较小的圈子内的双边或多边信用交易，没有形成某种真正的民间金融中介，因而其对于企业来说，融资作用是十分有限的。

结果，一面是广大民营企业缺乏资金，对资金的极度饥渴，企业经常面临资金链断裂的危险；另一面是大量的社会资金无处可去，没有合适的投资机会，造成容量有限的资本市场流动性泛滥。政府对融资市场的垄断切断了这两者之间的有机内在联系，形成了非常畸形的市场配置，即产品市场与资本市场的高度不匹配的结果。因而，银行获得的特许经营权使其具有强势的市场地位，银行对于企业的这种强势，使其能够不担风险地就能获得高额利润，而企业则不得不承担高额的融资成本和全部风险。

造成这种非均衡的根源在于，银行的融资服务是垄断性的，供给明显不足，在供不应求的融资市场上，银行自然会处于强势地位，自然会得到高额垄断利润。银行反映，由于人手不够，所以不愿意去做小企业的业务。在有限的银行服务供给的条件下，银行自然优先处理那些风险低、成本低的业务，而不愿意去开辟新企业的业务。

因此，我们不能总是埋怨银行的"锦上添花"，而非"雪中送炭"的行为，抱怨银行总是一窝蜂地讨好大企业，而对小企业置之不理的行为。造成这些行为的根源还在于我们的金融体制未能放开，在于政府对金融市场的垄断。市场经济的放开，大量中小企业的兴起，推动了中国经济的高速成长，也形成了中国市场经济健康发展的微观基础。然而，产品市场放开的同时，金融市场一直受到政府的严密控制和高度垄断，其放开的程度远远低于产品市场的放开程度，因而才造成金融服务的供给不足，造成在基层金融服务的空白或真空，造成无数小企业和新企业难以生存和发展。小企业生存困难便难以形成社会的庞大中产阶层，也难以形成使大量潜在的创业者能够脱贫致富的机会。这种真空急需大量的民间金融机构来填补，否则，这个市场经济是不平衡的，必然会产生畸形的结果。

因此，放开融资市场，使民间融资合法化，是市场经济的大势所趋，也是促进中国资本市场健康发展，促进企业均衡增长的关键步骤。这一重大的改革举措，终于在 2005 年得以破冰。

2005 年初，时任中国人民银行副行长吴晓灵表示："出于对产权的尊重，国家应给资金拥有者以运用资金的自由。国家应在强化信息披露、严厉打击信息造假的同时放松直接融资的管制，让筹资人、投资人自主决策。"[1] 吴晓灵当时甚至提到具体的制度设想，民间借贷额度可以设立一类金融组织，大的叫投资公司，小的叫贷款公司。

这是最早的为民间融资的放开出现的官方表态，尽管在此之前，已经有很多学者呼吁，但是作为政府来说，一直未有任何动作和意向。实际上，这一表态中，最为重要的是，提到了资金所有者的产权。以前似乎没有人明确意识到，资本市场不放开是涉及对资金所有者产权的某种侵犯。但是，随着大量的私人财富积累或储蓄的增长，如果政府仍然把融资市场死死管住，而不给民众自由运用自己资金的权力，无异于一种变相侵权。这个表态实际上是为民间融资的放开提供了最有力的理论基础，这是从 2004 年《物权法》通过以来，具体的把《物权法》落实到个人权益的又一次重大突破。

2005 年 5 月 25 日，中国人民银行在其发布的《2004 年中国区金融运行报告》中，根据其对若干地区民间融资活动的调查，得出民间融资"具有一定的优化资源配置功能，减轻了中小民营企业对银行的信贷压力，转移和分散了银行的信贷风险"的结论。据此，监管当局应加强对民间融资行为的规范和引导，趋利避害，促进其健康发展。

实际上，在中国几百年的历史中，各地都曾经出现过大量的钱庄或票号，自发的民间金融基本处于监管之外，但在多数地区也运行得相当顺畅，其金融风险水平远低于目前的国有金融机构。在上百年的发展过程中，民间金融已形成了一套复杂而有效的制度框架，尤其是大多数交易发生于熟人社会内部，因而，其自我保护和监管机制是非常有力的。

2005 年，央行先行在山西、陕西、四川、贵州、内蒙古 5 个省区开办小额信贷试点，并于 2005 年底在山西省平遥批准成立两个小额贷款公司。接着，银监会集中在内蒙古、四川、青海、甘肃、吉林、湖北等 6 个省区试点三种模式：村镇银行、资金互助组织和贷款公司。12 月 15 日，首家外资独资的小额贷款公司——"南充美信服务有限责任公司"在四川南充开业。[2]

经过几年来的试验，民间融资市场取得了一系列积极的效果。时任中国

---

[1] 参阅周其仁：《民间融资合法化的根据》，http：//www.pinggu.org。
[2] 摘自中国中小企业金融服务信息网 2007 年 12 月 18 日，http：//www.sina.com.cn。

人民银行副行长吴晓灵在 2007 年 12 月表示，小额贷款公司很快将合法化运行，目前央行和银监会"已经在行文了"。这意味着争论了十余年、试点了三年多的小额信贷组织"转正"问题，有望在法律上破冰。

民间融资，一个长期潜行于灰色地带的行为，终于看到了"合法化"的前景。总之，小额贷款公司的合法化将是一件里程碑式的事情，意味着中国的民营银行或者是私人投资性质的金融机构即将正式登上历史舞台。

民间金融的优点在于具有很大的灵活性，能够根据不同的情况及时调整融资的具体形式，要求不同的利率，具有天然的合理定价能力。同时从信息的完全性方面来看，本地的贷款人能对本地不同风险的借款人进行筛选，并进行有效的贷后监督管理，从而大大降低信息不完全带来的道德风险和逆向选择问题。在对中小企业的风险控制上，民间金融也比银行具备优势，这必然使得民间金融与中小企业间有着天然的亲缘关系。

2008 年政府决定对长期处于灰色地带的"地下钱庄"改变态度，由堵转疏。5 月，国家银监会、央行联合发布《关于小额贷款公司试点的指导意见》，浙江省快速反应，7 月 15 日下发《关于开展小额贷款公司试点工作的实施意见》，小额贷款公司试点工作正式启动。

案例

在银根紧缩的宏观调控政策下，"地下钱庄"曾异常活跃，一旦它们走出灰色地带，能成为深陷"资金链问题"的民企的救命稻草吗？浙江暗流涌动的"地下钱庄"，究竟有多大规模？又为何能与地方民企互相依存？

温州街头，各种代办公司成立、贷款、关闭业务的公司招牌满眼皆是；翻开当地几份主要报纸，几乎都有专门版面刊登担保公司"提供各类贷款担保""提供借款咨询"的广告；来到位于市中心的财富大厦，整栋楼 80% 以上的企业都是担保公司或投资公司，这些公司除了帮助企业从银行贷款提供担保业务外，主要从事"地下钱庄"生意；如果企业在银行的贷款审批没有通过，银行业务员也会"顺带"给出一个电话号码，通过这个号码，企业主可以走向民间融资。

满眼担保公司的同时，记者听到最多的是中小企业资金链吃紧、从银行贷不到款的烦恼。中小民营企业头上都悬着"四把刀"——汇率、退税调整、《劳动法》带来的用人成本上升以及原材料价格上涨，众多中小企业因此资金链紧张。

浙江省银监局的一份调研报告显示，"银根紧缩"政策已使辖内银行机构的总体信贷供给能力明显下降。与此同时，小企业经营成本上升，融资需求扩大，加大了信贷供需矛盾。报告还显示，由于资金面持续紧张，众多中小企业只能转向民间借贷，以寻求融资渠道。在 2008 年温州的企业营运资金构成中，自有资金、银行贷款、民间融资的比例，已经从 2006 年的 60：24：16，转变为 2008 年的 54：18：28。

据报道，浙江试点小额贷款公司的首发牌照只有 16 张，而 270 多家担保公司都跃跃欲试，一些有名的大企业如正泰、德力希、华仪等都闻风而动争执照，这么多企业来抢牌照，大多数都是冲着"壳"来的，有了壳，就有了转道进入银行的可能性。因为按照浙江的部署，2009 年 1 月，将根据小额公司试点情况，来逐步加大推广，信誉好的小额贷款公司可推荐改制为村镇银行。

在 2008 年 8 月最新发布的《货币政策执行报告》中，央行对民间借贷的评价非常积极："民间借贷在一定程度上缓解了中小企业和'三农'的资金困难，有利于打破我国长期以来由商业银行等正规金融机构垄断市场的格局，促进多层次信贷市场的形成和发展。"央行表态建议给民间借贷合法定位，并将适时推出《放贷人条例》。民间借贷合法定位，对于商业银行以及参与民间借贷活动者来说，是一项多赢的措施。可以打破信贷市场长期以来由商业银行等正规金融机构垄断的格局，促进多层次信贷市场的形成和发展，并规范民间借贷市场，减少可能出现的社会问题。[1]

这一表态让众多民企喜不自禁。"对于像我们这样饱受资金困扰、借钱无门的工厂来说，国家金融政策的每一丝松动都意味着新的希望。"因为传统民间借贷的高利率是市场不透明所致，一旦《放贷人条例》出台，不透明且缺乏有效竞争的市场就会面临挑战，合法化意味着风险的降低，同时大量

---

[1]《大众证券报》2008 年 8 月 21 日，http：//bankpeople.zgjrw.com/News/2008821/BPeople/345280143400.html。

的民众资金可以自由进入民间融资市场，那么现有的民间市场高利率完全可能大大降低。

央行的这一举措，激起了强烈反响。业内评价，这将是小额贷款公司试点后更重大的一次金融突破，这也将是金融资本市场走向开放的重要标志。

时至 2017 年，中国的金融市场取得了迅速的发展，尤其是民间金融，例如小贷公司已经如雨后春笋一般成长起来。按照央行公布的一项数据[1]，截至 2017 年末，全国共有小额贷款公司 8 551 家，贷款余额 9 799 亿元，全年增加 504 亿元。与此同时，更有发展前途的是互联网银行。至 2017 年下半年，三家纯互联网银行分别是：腾讯系的深圳前海微众银行、背靠蚂蚁金服和阿里巴巴的浙江网商银行，以及由新希望集团、小米和红旗连锁共同参股的新网银行。其中，微众银行在成立之初就在微信和 QQ 两大社交平台上推出了"微粒贷"产品。网商银行的三大目标客户群体是小微企业、个人消费者和农村用户，它们宣称将定位于做中国小微企业客户数最多的银行，目标是 5 年内覆盖 1 000 万小微企业客户，解决困扰这些企业前进的融资难、融资贵等问题。新网银行则致力于通过互联网技术为消费者和小微企业提供定制化的金融服务。

此外，苏宁银行自成立之初就走出一条高科技手段和线上线下全渠道服务方式，还有百度与中信银行合作成立的百信银行等，都是利用新经济新技术来提供金融服务。据不完全统计，截至 2018 年 3 月，已有 17 家新建立的民营银行，例如上海华瑞银行、温州民商银行、天津金城银行、重庆富民银行、湖南三湘银行、安徽新安银行、武汉众邦银行、山东威海蓝海银行、吉林亿联银行、北京中关村银行、辽宁振兴银行、梅州客商银行等。这些新生的民营银行运用大数据等互联网信息技术进行创新，能够深化和扩大对中小微企业、网络消费者的金融服务。

民间金融机构如火如荼的发展的确令人鼓舞，如果因势利导，合理监管，那么可以挖掘广大民营企业，存在的增长潜力，促进其发展，释放不可估量的能量。然而，尽管民间金融的合法化打通了释放经济创新的通道，但

---

[1] 《2018 年上半年小额贷款公司统计数据报告》，中国人民银行网站 2018 年 7 月 25 日，http://www.pbc.gov.cn/goutongjiaoliu/113456/113469/3586202/index.html。

是要能够实现真正的由普惠金融带来的创业和创新的巨大潜力，还需要经历不断完善和成熟的过程。这个发展过程则取决于政府如何定位，是选择不合理的行政干预或寻租，还是保持中性地位和实行透明的监管规则，这至关重要。它关系到这个民间金融市场的命运。

3.7　民企与互联网的蓬勃发展：腾讯和阿里巴巴

互联网的兴起和发展可说是近 20 年来最为令人振奋的事。神奇的网络把全世界瞬间就联络在一起，人们的眼界大开，仿佛忽然打开了通向世界的门窗，看到了以前不知晓的林林总总的世界细节，了解了海量的全球信息，也触摸到了时代发展的最新脉搏。人们不再局限于传统的生活和消费方式，这不仅表现在消费的选择面更大，而且也体现在就业创业的机会更多，因而人民的生活质量和社会福利得到大大提高。然而，这些功能的实现是与大量民企的创业奋斗历程分不开的。以下我们就来考察几家最负盛名的互联网企业的案例，试图从这些案例的研究中有所发现。

互联网是近年来出现的全新领域，从 20 世纪 90 年代萌芽初起，在短短的二三十年间就得到迅速的发展。正由于这是个新领域，不存在国企，也没有管制壁垒，新生的市场经济体完全可以在这张白纸上充分放开手脚作画，施展创新的潜力。这样宽松的先天条件带来了民营互联网企业的蓬勃发展，也带来了中国互联网经济的春天。

互联网的出现，正值中国经济改革开放的转轨时期，也正是民企逐渐走向成熟的时期。民企的这一代较之上一代受到更多的教育，具有更多的知识积累和更开阔的视野，因而能够及时抓住这样的发展机会进行市场创新的开拓。阿里巴巴的马云，毕业于杭州师范学院外语系；腾讯的马化腾，在深圳大学主修计算机及应用；京东的刘强东，毕业于中国人民大学社会学系；小米的雷军，专业是武汉大学计算机系；他们都是大学毕业，具有良好的教育基础，在市场经济的大潮中，不再像上一代民企那样主要依据一时一地的交易机会来发现财富增长源泉，而是能够辨清发展大势，依据国际化的趋势快速跟进，发现并创造更大的财富源泉。

中国的这一代民企正好赶上了发展的新世纪，与国际大环境的接轨，使得他们迅速地做出了反应，并很快跟上了发展的步伐，甚至还有弯道超车的势头。互联网的出现让他们抓住了时机，也提供了较低的市场进入门槛和充分的融资来源，能够一步一步地依靠人力资本的创业和创新来发展壮大。当然，除了机遇之外，这批优秀民企的崛起，是在激烈的市场竞争中打拼出来的，没有无数的竞争者作为先驱者的铺垫，它们也不可能从中脱颖而出。这种激烈的市场竞争是前所未有的。

3.7.1 腾讯：激烈竞争中的崛起 [1]

马化腾幸运地处在了一个大时代和大行业。作为改革开放后的第三代创业者，他们大多出身于城市中产阶层家庭，与之前的农民办企业、城市边缘人经商或官员下海有所不同，他们的更大驱动力来自兴趣，来自对信息技术与生俱来的热情。中国的互联网在发展初期，几乎全部是美国式的仿制品。腾讯的模仿起初也不被看好，从 QQ 对 ICQ 的克隆，到微信对 kik 的跟进，腾讯历史上的战略性产品都能找到仿效的影子。然而，在应用性迭代和对本国消费者行为的了解方面，腾讯找到了自己的独特路径，据此获得了成功。此外，马化腾创业不久，风险资本已经进入中国，它们起到了重要的资本输血作用，腾讯成为第二家在中国香港地区上市的内地互联网公司。

与腾讯同时代创立的国内互联网公司如雨后春笋般出现。1998 年 4 月，张朝阳团队依照雅虎模式克隆了一个中文搜索系统，成立了搜狐公司。1998 年 12 月，新浪网成立。与此同时，丁磊建立了名为网易的门户网站。搜狐、新浪和网易相继脱颖而出，成为三巨头。同期其他的网站还有国中网、人民日报网、上海热线、首都在线、雅虎中国等门户网站。此外，还有许多非门户型的模式，其中有各种电商平台，例如马云的阿里巴巴、刘强东的京东公司，还有专为旅游业服务的携程网，以及从事网络图书销售的当当网；在搜索领域有李彦宏创办的百度网站、周鸿祎的 3721 网站，以及陈天桥的盛大网络等游戏网站。这一大批互联网企业以及无数不知名的类似企业在 1998—

---

　　［1］ 以下腾讯案例来源于吴晓波《腾讯传》（浙江大学出版社 2017 年版），他在该书中讲述了一个很有意思的中国互联网故事，提供了大量的第一手素材。

1999 年期间大量涌现，形成了新一代企业家创业群体。尤其是，它们得到了风险资本的支持和追逐，在境外资本的助力下，其中的先行者和优秀者先后去纳斯达克或香港上市，成为迅速扩张的全球化企业。

在群雄崛起的时代，马化腾似乎是最无名气的。腾讯最初的主打产品是与寻呼机相关联的，即把互联网与寻呼机平台相联系的无线网络寻呼系统。然而，随着手机的普及，寻呼机和寻呼台都趋于落伍，这个市场的没落让腾讯的主营业务搁浅，陷于一段狼狈不堪的日子。此时，山重水复，柳暗花明，腾讯决定把过去做过但一直未得到使用的中文即时通信系统做起来，最早在以色列创始者的开发 ICQ 基础上进行创新的结果。

腾讯的用户持续快速增长，发布后的 9 个月里，注册用户就已超过 100 万，另外几家同类产品被远远甩在后面。由于它是所有软件中下载量最大的，原有的服务器已完全无法承受，腾讯必须增添新的服务器。面临绝境的腾讯四处寻找能够购买其股份的投资人，那是一段十分不堪的经历，几乎没有人愿意投资腾讯。风险投资模式在 1994 年后进入中国，但直到互联网公司的出现，才终于找到合适对象。美国国际数据集团（简称 IDG）1996 年时在深圳四处寻找项目，凡是公司名称中有科技字样的，都要去拜访。腾讯找到 IDG，双方开始谈判，促使 IDG 在盈利预测十分不明确的情况下投资的原因在于，腾讯的用户很多，且美国在线斥资数亿美元收购了以色列的 ICQ，而腾讯正是最成功的 ICQ 的仿效者。与此同时，香港盈科也参与了投资。于是腾讯解决了资金困境。后来，在全球互联网遭遇寒冬之际，一家总部设在南非的国际投资公司 MIH 接手了腾讯在资本市场的股权，以 32.8% 的股份成为腾讯的第二大股东。此后，腾讯摆脱了资金匮乏的困扰。

腾讯发展历程有以下几个重要转折点：

（1）初期开发的增值模式：受日本 NTT 的无线增值运营模式的启发，继承了过去以寻呼机为载体的方式，开发了以手机为载体的移动 QQ 模式，把电脑与手机联通，依附于手机来开发用户，实现手机端与电脑端的实时信息互通。具体来说，腾讯通过与"中国移动"的合作，采用移动梦网的增值模式，实行双方收入分成，从而首次实现盈利。

（2）移动增值商之间的竞争：几乎所有的互联网公司都推出了即时通信工具，竞争加剧。如何锁定原有 QQ 用户，并使之快速增长，同时又能盈利？腾讯曾经采取种种方式，如会员制、注册收费制等，均告失败。在竞争中，腾讯找到了一种来自市场体验而非纯技术的创新，这就是提供了一种满足年轻人情感需求和自我认知符号的路径，通过 QQ，牢固地锁定了大量用户，并挖掘到新的快速增长源泉。

（3）竞争的白热化：2003 年腾讯与上海电信合作，推出电话 QQ 业务，通过拨号上网登录，即可与普通电话相连通。此时，它与进入最核心的语音通话业务领域只有一步之遥。与此同时，来自网易的丁磊采取无差异的跟进战略，推出了"网易泡泡"作为其战略产品，成为市场占有率仅次于 QQ 的第二大国产即时通信工具。此后的 2004 年，网易宣称，已成功研制一款类似于 Skype 的即时语音通信工具，语音质量甚至可能超过电话。丁磊声称，这个通话软件已经装在"网易泡泡"里面，只要政策允许，就可立即推出。与此同时，微软的 MSN 也加大了在中国市场推广的力度，2004 年分别在北京和上海组建了 MSN 的市场和研发中心。此外，还有雅虎中国、新浪 UC、Tom 公司等，当时全国出现了 200 多款类似产品。借助互联网的即时通信领域面临着空前的竞争势态。

（4）遭遇封杀，导致虚拟电信运营商之梦的破灭：腾讯、网易等的下一步行为将可能直接涉及电信垄断部门的既得利益。"2005 年 7 月，信产部下文，明确规定，除了中国电信和中国网通能在部分地区进行电脑到电话方式的网络电话商用试验外，任何单位和个人都不得从事这项业务。"[1]

（5）国有通信公司对合作伙伴的摊牌：随着虚拟网络电信的被封杀，中国移动也将腾讯等民营合作者从其利润分成协议中驱逐。由于一直渴望拥有自己的类似 QQ 的产品，中国移动自行外包开发了即时通信工具"飞信"，强制腾讯与之合并，否则将不再与移动 QQ、网易泡泡开展业务。腾讯赖以获利的无线增值业务遭遇空前危机。

（6）封杀和清逐带来的战略转型：依附于移动网增值服务的互联网公司集体雪崩，网易及时撤出，躲进了网络游戏的避风港，TOM 公司、空中网、掌上灵通等一蹶不振，相继衰落。腾讯再三考虑，决定仍然坚守自己的核心能力，利用 QQ 资源，重新布局。在一系列寻找新的合作者失败之后，腾讯

---

[1]　吴晓波：《腾讯传》，浙江大学出版社 2017 年版，第 117 页。

决定自立门户，推出了超级 QQ 和手机 QQ。腾讯与诺基亚、摩托罗拉等手机商合作，在其手机中预装软件。虽然这些软件起初的收入很有限，但后来相继开发了手机 QQ 游戏厅、手机腾讯网、QQ 浏览器和手机安全管家等，在手机端的布局和投入比所有互联网公司都更早。

（7）与 MSN 的竞争：2004 年微软组建 MSN 中国中心。当时，MSN 在中国的即时通信市场份额为 10.58%，远低于 QQ 的 77.8%，但是作为中国第二大即时通信软件商，其在 2 000 万商务人士用户中占有 53% 的比重，腾讯只占 47%。当时微软如日中天，几乎统治 90% 的电脑界面，从操作系统、办公软件、ie 浏览器、hotmail 电子邮箱到 Skype 网络电话，无论校园招聘还是高端市场上，都比腾讯占有更大优势。为了吸引商务人士和扩大市场，腾讯做了很多工作，包括提升网络传输速度、推出网络硬盘、收购 Foxmail，以及与美国谷歌合作。此时，腾讯的 QQ 用户已达 4.4 亿。到 2008 年，QQ 的市场份额增至 80%，MSN 则降至 4%。到 2012 年底，微软宣布放弃 MSN。类似的竞争还发生在淘宝与 eBay、亚马逊与当当、谷歌与百度、hotmail 与网易邮箱等之间，这表明当互联网经济进入"服务和用户驱动"的阶段，区域性的文化、消费及政府政策都成为企业竞争的重要决定因素。

（8）互联网移动市场的竞争：平板电脑和智能手机的出现导致互联网的移动时代到来。

首先领先于腾讯的是电讯运营商，由于其拥有的垄断地位，可能会控制移动即时通信市场。然而当智能手机出现时，短信模式立即落后。另一个领先者是新浪微博。2010 年底，微博用户达到 1 亿。作为移动时代的新秀，微博很快进入鼎盛阶段，腾讯的用户基础受到空前挑战。腾讯微博上线比新浪微博晚了整整 8 个月，这几乎是难以追赶的距离。在白热化的微博战中，腾讯的胜算概率十分渺茫，如果没有新的战略产品，这一战中腾讯的未来是暗淡的。

微信初起时期的竞争：此时期体现为腾讯的张小龙和小米的雷军之间的赛跑。kik 是国外一款新上线的基于手机通信的社交软件，可实现免费短信聊天，功能十分简单。当 kik 登陆苹果商店和安卓商店后，短短 15 天就吸引了 100 万用户使用。受此启发，张小龙建议做一个类似产品，马化腾当即支持。与此同时，雷军也注意到 kik。2010 年底，小米就做出了模仿品米聊。张小龙比雷军迟了一个月，2011 年 1 月推出微信。这个以节省短信为卖点的类 kik 产品没有市场反应。接着转向图片分享，反响仍然不热。同时，雷军的米聊也在快速进行，增加了对讲机功能，用户突然活跃。张小龙的微信也增加了语音聊天功能，用户出现井喷，日增 5 万—6 万。在与微信的赛跑中，雷军团队十分顽强，然而基础硬件能力的薄弱暴露出来，用户激增导致米聊的服务器一天死机 5 次，经常会有用户集体掉线。最后，雷军不得不退出与微信的竞争。

发展时期的竞争：2011 年 1 月微信上线，微信的光芒掩盖了互联网领域的其他一切创新。到 2015 年 6 月，微信和 WeChat 合并活跃用户达到 6 亿，覆盖了九成的智能手机，成为最大最活跃的移动社交平台。以 WeChat 为名的海外用户在 200 多个国家拥有超过 1 亿的用户。微信的股价在 5 年内增加 5 倍，成为亚洲市值最高的公司，并跻身全球前十。

2013 年网易的丁磊联手中国电信，推出了易信，语音通话质量可能超过微信，但由于进场太迟，未能取得预期的市场地位。中国移动也曾经推出"飞聊"业务，然而两年时间，注册用户只有 300 万，2013 年停止了这个业务。2013 年，马云力推移动通信工具"来往"，然而使用范围十分有限。此外，腾讯与阿里之间展开了并购大战，经过一轮封杀和合纵连横，互联网产业从群雄并立的春秋时代进入了寡头统治的战国时代，甚至可以说，进入了以腾讯和阿里为"盟主"的 G2 时代。

综上，腾讯的创新特征包括以下几点。

第一，开发市场的创新。

中国的互联网很多是靠用户的需求反馈来推动的。人们经常被腾讯这家公司的敏捷所震惊。"一个月一个版本更新，根据用户反馈和竞争对手的情况做需求。""开发出的互联网软件，夹杂着许多待解决的漏洞，需调整的网页界面，等等，放在网上供下载""随变而变，永无定法"。马化腾把腾讯的渐进式创新解释为"小步快跑，试错迭代"。"每一次的产品更新都不是完美的，但坚持每天发现，修正一两个小问题，不到一年就能把产品打磨出来。"

"虚拟的互联网世界，总是呈现出混乱无序，却是一个高度开放的结构，其中充满了创造、惊奇、自由与潜力。这样的世界具有不可终结性，持续演化，自由创造，适当节制。如果没有对用户需求的深入洞悉，也就没有快速的产品完善反应。我们希望用户能找出问题，我们再解决掉。工程师们每两个小时轮流监测，回复网上的用户意见。产品经理必须每个月做 10 个用户调查，关注 100 个用户博客，收集反馈 1 000 个用户体验。""要不断改动，快速升级，不断听用户或论坛的反馈，然后决定后面的开发方向。"

第二，技术创新。

当腾讯决定做中文即时通信系统时，同期的台湾的资讯人、南京的网络精灵和广州的飞华公司都在开发类似产品。那么，腾讯是如何在竞争中胜出的？陷于危机和绝路的腾讯只有靠技术创新来闯出自己的路子。根据中国本土需求和用户体验，腾讯把用户和社交信息从客户端搬到了后台服务器，对源自国外的 ICQ 软件进行优化，使得用户下载仅需 5 分钟左右；在设计网络协议方面采取了开发难度较高的技术，能大大节约服务器成本，单台服务器可以支持更多客户端，因而在其用户发展到亿级水平时仍然能够支撑。在这个改造过程中，无数的应用性创新让腾讯获得了竞争优势，短短 10 年期间，这个即时通信工具就更新迭代了 100 多个版本。

QQ 邮箱有广泛口碑的创新是对大容量附件的发送功能，一般邮箱只能发 5M 的附件，而 QQ 的附件容量达到 1G。2010 年 QQ 同时在线用户达 1 亿人，从 1999 年上线到 2010 年，用了 11 年。2010 年中报显示，腾讯的半年利润是 37 亿，百度约 13 亿，阿里巴巴约 10 亿，搜狐 6 亿，新浪 3.5 亿，腾讯利润比另外 4 家的总和还多。这都可以归结为腾讯的过硬技术能力。

第三，超强的模仿和微创新能力。

在发展的初期，模仿或许难以是不可避免的，是后发优势的表现，可以降低前期开发风险，节省大量的前期研发费用，节省了赶超时间并缩小了赶超空间的距离。这是腾讯采取的行之有效的发展战略。然而，腾讯并非没有创新，它在前人创新的基础上，在模仿的基础上，增加了一些微创新，使得其模仿的产品具有了较强的竞争力，甚至能够打败原有的被模仿者。

例如 QQ 来自以色列人的 ICQ，但是在原基础上进行了不少微创新，如QQ 秀等，因而锁定了大量年轻用户。又如微信，很多功能都是在其他软件工具上出现过的，因而作为综合功能是积木式的，建立在其他公司的功能研发基础上，再加以微创新，从而综合形成了自己的产品。

第四，管理创新：形成大量创新激励的内部赛马机制。

腾讯的 QQ 空间、QQ 游戏等，都非顶层规划的结果，而是来自基层单位的独立创作。"微信同 QQ 空间等一样，不是核心团队的产品，张小龙是微信之父。"不过，这是与马化腾的决策密切相关的，他使得广州邮箱团队扮演了救主的"白衣骑士"的角色。在腾讯内部，至少还有几个团队在进行同样的类 kik 产品的研发，但反而是张小龙获得成功，这个研发权似乎原本并不属于张小龙。腾讯的文化，从来有内部赛马机制，让企业中的每个人、每个团队都保持一种面对竞争的状态，从而能够激发创新潜力。

为了保持可持续的持久创新效果，对于每个创新个体或单位给予足够的激励是必要而重要的。在这种激励下，每个个体都有一种自我生长、自我创新的能力，这是植根于每个个体内心深处的自发力量。当大量个体组成了组织，集中每个人的智能，同时具有高度秩序和效率，这不是依靠控制严格，而是结合了自下而上与自上而下两方面的大规模协作的结果，因而产生了一加一大于二的积极效果。凡是成功的企业，细究其内部，势必存在某种具有强激励效果的合理分配机制、具有高度的个体自主权的内部竞争机制，以及在个体之间充分协调与充分配合的内部管理机制。

腾讯在发展过程中也存在一些问题。按照吴晓波的观点，"腾讯有两个困境：一，兼具平台运营商和产品供应商两种角色，如同裁判员与运动员合为一体。当自身平台或产品与外部企业发生竞争性冲突时，如何处置势必是两难选择。二，拥有多个亿级平台，业务交叉推进，内部协调已经困难，一旦涉及外部合作，更是掣肘横生"。

业界普遍认为，腾讯存在"以大欺小"的行为，企业在市场上"很容易被腾讯自行开发的同类产品狙击"。一般小公司也没能力面对几亿用户经营，而腾讯可以通过这个规模经济的平台吃掉小公司，或让它们无路可走。

具体归纳一下，腾讯面临的问题有以下两个。

第一，既是提供网络平台的运营者，又是产品供应者（包括各种软件和服务），这两者一体化实质上就是垄断者的体现。作为平台提供者和管理者，应当对所有参与者一视同仁，公平对待，但同时，它自己也提供各种网络产品，参与市场竞争，这样就难免会在运营过程中偏袒自家产品，出现不公平竞争。

第二，企业规模扩张太快，规模经济如何合理使用，而不致使其成为过于强大的市场力量，成为碾压其他中小企业发展的不利因素。这点从腾讯面临的外部舆论压力可见一斑，许多企业认为，腾讯利用自身的规模优势，在交易中迫使对方接受不利条件，存在着"店大欺客"的现象，因而一度导致成为"全民公敌"。这固然有些夸大，但也一定程度上反映了腾讯的市场力量带来的不良效应。不可否认，腾讯的规模来自其市场竞争力和相对优秀的管理体制，然而，这些规模扩张都是建立在技术和管理的优越性基础上的吗？有必要反思一下，是否还有其他利用市场力量甚至利用行政力量来进行不合理垄断的行为呢？

任何网络经济都或多或少地具有自然垄断性质，不管是电网、铁路交通网、公路网，还是互联网。这种自然垄断具有先入为主的性质，也就是说，先进入的在位者往往具有很大的竞争优势，由于规模效益、成本递减、整体竞争优势明显，后进入者面临难于逾越的竞争障碍，除非换另一种技术或路径，才会有所突破，打破原有垄断格局。

在涉及垄断行为方面，政府应当承担更多的市场规制责任，为了保护中小企业的发展以及维持市场的公平竞争，制定合理的市场规制。例如，为了打破三大电讯垄断巨头，可以实行携号转网，让消费者来选择，就是最好的破除垄断的路径。对于涉及网络平台的垄断，是否也可以实行各个平台的相互连通，或者让消费者可以无障碍或低成本转移？可以按照这样的方法减少垄断行为，最大限度的提升消费者福利。

3.7.2 阿里巴巴：平台规模经济和小企业经济规模的结合

2017 年 10 月据 CNBC 报道，阿里巴巴股价涨逾 1％，市值升破 4 700 亿美元，超过了亚马逊，重获全球最大电子商务公司的称号。阿里巴巴从 2014 年上市以来，市值已经从 2 300 亿美金上涨到 4 700 亿美金。

1. 阿里巴巴商业模式发展的背景和来源

从最初的 1688 网站为中小企业提供的 B2B 模式，到后来淘宝网的 C2C，天猫网站的 B2C 模式，以及现在大力推出的阿里云，等等，形成了商业生态圈模式，这一步一步的发展都是为中小微企业和个人提供更方便和廉价的服务平台。

从 1999 年开始，阿里巴巴这个最初由 18 个人创业的微型企业在短短不到 20 年的时间里，发展成为一个巨无霸的全球化跨国公司。而马云的创业灵感主要来源于 eBay、亚马逊和 PayPal。

eBay 于 1995 年 9 月创立于加利福尼亚州圣荷西，这是一个可让全球民众上网买卖物品的线上拍卖及购物网站，是目前全球最大的电子商务公司之一。素有"电子商务教母""在线跳蚤市场女王"等美誉的 eBay 前总裁梅格·惠特曼推翻了以往那种规模较小的跳蚤市场，将买家与卖家拉在一起，创造一个全球化的巨型市场，曾有高达一亿七千多万用户。eBay 当初的定位为拍卖网站，可以在这里购买各种二手商品。现在，eBay 上有 81% 的在售商品是全新的商品，而不是过去所推荐的拍卖产品。

成立于 1995 年的亚马逊公司，是网络上最早开始经营电子商务的公司之一，也是美国最大的一家网络电子商务公司。它一开始只经营网络的书籍销售业务，1997 年 5 月亚马逊上市，开始布局商品品类扩张，从单一经营书籍转型为网上零售业务。目前，它已成为全球商品品种最多的网上零售商之一。

PayPal 建立于 1998 年 12 月，是一个总部在美国加利福尼亚州圣荷塞市的在线支付服务商。PayPal 和一些电子商务网站合作，成为它们的货款支付方式之一。2002 年 10 月，全球最大拍卖网站 eBay 以 15 亿美元收购 PayPal，此后它便成为了 eBay 的主要付款途径之一。截至 2013 年，PayPal 已经支持超过 190 多个国家和地区，注册用户数量超过 2.2 亿（至 2006 年 2 月），是目前全球最大的在线支付提供商之一。

可以说，阿里巴巴的商业模式是受到了 eBay、亚马逊和 PayPal 模式的影响，在信息发达的现代社会，具有高度灵敏性的阿里巴巴集团，能够在极短时间学习互联网商业模式，并抓住这个机会，跟进式地进行创业。马云最初学习的是 eBay 的拍卖模式，因此淘宝网上都习惯了用"拍下"这个词汇来表示购买。后来，马云的淘宝网似乎结合了亚马逊模式，把业务从最初的 C2C 拍卖，转变为 B2C 的网上零售模式。同时，马云推出的支付宝，也与当时国际上最大的 PayPal 支付平台的影响是分不开的。马云不仅成功地把国外几种互联网商业模式加以综合化，还结合本土情况进行了创新改造，使其能够迅速地在中国的广袤市场得以大量扩张。

2. 选准定位：为中小企业提供互联网基础服务

在计划经济放开后的很长时期，中国的中小微企业及其为之服务的平台几乎完全是空白，中小微企业一直是处在单枪匹马的艰难创业时期，缺乏生存空间，处处受制或碰壁，不得不付出大量的交易成本，才能生存发展。

在中国加入 WTO 之前，产品从中国出口至海外，必须通过国有贸易公司，只有国有贸易公司才有相关的许可证。小规模的私营企业必须借道国企，方能出口产品。

互联网技术的发展，给中小微企业提供了绝好的机会，大幅降低信息成本和交易成本成为当务之急。由于在发达市场经济国家，不存在或较少存在中国这样的问题，因此国外的互联网商业模式主要是为个人/消费者提供平台服务，例如 eBay、亚马逊模式，但是在中国，不仅个人需要，中小微企业更需要。马云似乎是特别深切地感受到这一点，因此在他 1999 年最初建立的互联网商业模式 1688 网站，即定位于"中国中小企业贸易服务商"，为中小企业提供"网站设计＋推广"服务。后来，阿里巴巴打通 B2B 与淘宝平台，形成 B2B2C 电子商务生态链条。

阿里巴巴最初服务于中小企业的宗旨一直未变。当阿里巴巴发展到一定阶段时，其平台积累了大量数据，如何利用这些数据为中小微企业服务，就成了阿里面临的一个巨大挑战。在美国，这种服务主要通过互联网公司的"云计算"来进行，阿里巴巴在亚马逊推出云计算的三年左右，也展开了这项工程。云计算可以极大地降低小企业利用新技术的难度。马云认为，那么重要的一个基础设施，对于目标客户来说非常有价值，因此一定要做。实际上整个阿里巴巴做云计算的过程非常艰难，大概两年会换掉 1/3 的人。2012年开始，云计算终于在阿里内部立足了，2013 年开始对外提供服务。现在云计算是阿里未来最重要的一个支柱型板块。2016 年，阿里云全年营收达 55.66 亿元，增速超过 137％。2016 年阿里云占据将近 40％市场份额。阿里云最初的主要服务客群是电商平台上的中小卖家，近两年增加了不少政企大客户，如中石化、银河证券、徐工集团等，但从客户单价来看，阿里云的主要客户群体仍然是中小客户，全年客户单价不到 9 000 元，低于 UCloud、金山云等国内市场对手。

现在，阿里巴巴正在整合所有电子商务的参与者，让它们充分分享阿里集团的所有资源包括所服务的消费者群体、商户、制造产业链，整合信息流、物流、支付、无线以及提供数据分享为中心的云计算服务等，提供更好更全面的互联网基础设施服务。可以说，马云对阿里巴巴的定位是十分精准的，不仅考虑到中小微企业迫切而庞大的市场需求，而且也避开了与国企争夺市场地盘，因而能够发现国有经济所不能覆盖的空白领域是大有可为的。大树之下，寸草难生，在国企占支配地位的行业或市场，基本不可能有这样的发展空间，这也是阿里巴巴得以迅速扩张的原因之一。

3. 降低生产和交易成本，满足社会福利最大化

首先，阿里巴巴带来的网上交易，至少可以从交易速度、交易库存、交易场所、交易选择等方面大大降低成本，相比原有的交易模式所需要的实体店经销店和仓储，以及原有的采购所需花费时间，网上交易都可以大大降低成本，供给者不需要大量的租金支出用于经销和储存，需求方也不需要花费大量时间去寻找和选择最适合的产品或服务。由于网络空间大大延伸了实体空间，使得原先不可能实现的实物交易得以延伸而实现。这种 B2C 模式使得原先的实物交易市场所需要的大量信息成本都明显降低了，这是网络技术带来的最直接的交易效率的提高，降低了流通成本，买卖双方能够越过中间商直接交易，从而实现"零中介"的价格均衡。

其次，通过互联网技术形成的大数据，以及云计算搭建的各种共享平台，实行资源共享，节约不必要的资源重复支出，也是阿里巴巴的重要发展战略。这种共享平台带来的公共资源共享，将资源进行重新分配，把"使用权"从"产权"中分解出来，有效降低了单位生产成本和资源成本。当人们逐渐意识到大量的资源没有被积极利用和合理分配，而重复制造这样的基础设施却耗去许多不必要的人力物力成本，不专业、不经济也不环保时，共享经济平台就会应运而生。大量的重复劳动被省去，"专业人士提供专业服务"又提高了共享基础设施的整体水准。对于创业者，以前需要什么都要自己制造或去购头，经常形成大量闲置浪费，而现在只需要"按需按量"地使用别人提供的标准化服务就行，他们可以更好地服务客户，推广市场，迭代产品，更快地发展主营业务。所以，共享经济平台的价值不能简单地由它提供的服务来计算，还应该加上它所节约的资源成本。

再次，大数据和云计算导致的平台革命有效地促使阿里巴巴网络的规模经济效益得到充分发挥。互联网的规模经济主要体现在信息成本的递减，互联网平台可以把无数中小微企业都紧密联系在一起。在互联网上，没有卖不

出去的东西，也没有买不到的东西。在规模足够大的情况下，信息的来源就自然而然地产生，并且在网络内自动整合，甚生成层次更高、价值更大的综合性信息，还可以获得信息累积的增值报酬。因此，阿里巴巴这样的网络平台企业直接受益于规模扩张带来的好处，由于其边际成本趋于零的特征，具有无限扩张边界的可能性。

对企业来说，传统经济下信息不对称和信息成本的制约，导致中小微企业无法与大企业进行公平竞争。然而，大量单枪匹马的中小微企业能够通过互联网平台，不用广告费、营销费或全国各地漫天跑的推销员，足不出户就可以卖掉产品，平等地利用网络提供的信息开展经营活动。一般来说，电子商务的每一个行业都有进入的潜规则，进入壁垒包括技术、人脉关系和信息不对称。拥有这些在位优势往往能获得不公平优势。而如今，这些行业内部资源被分享出来，加以标准化、模块化，无论大小企业，无论是新进入者还是原在位者，都可以站在同一起跑线。阿里巴巴为中小企业创造了良好的生存环境和发展空间。电子商务使规模差距的竞争变得微弱，中小企业可与大企业在较为公平的基础上展开竞争。中小微企业的快速灵活可变性，还可能更好地满足各种个性化市场需求，这些都是那些依靠僵硬的生产线的大型企业所无法与之竞争的。因此，个性化的小企业不再是规模不经济，而具有了合乎市场需求的经济规模，焕发出勃勃生机。因此，网络平台的规模经济效益节约了中小企业的信息成本和交易费用，反过来又促进了中小企业为多样化市场需求提供更好的新产品。网络平台的效益则转化为小企业的经济效益和消费者福利最大化的满足。

最后，阿里巴巴降低了中小微个企业的融资成本。中国存在庞大的金融市场，大量的实体经济需要金融的支持，然而长期以来，中小微企业的金融需求基本上得不到满足。关键就在于小企业缺乏可抵押的能力，缺乏必要的信用。如何提升小企业的信用，降低它们的融资成本，正是阿里巴巴苦苦寻求的目标。经过多方学习和探索，淘宝网推出了支付宝这一第三方支付工具，其中的关键是信用担保，因而解决了交易的最大问题。阿里巴巴运用互联网技术和大数据处理方式，以及依靠阿里巴巴的平台担保，可以吸引足够多的用户，再通过平台的规模经济，把这些信用的费率降到最低。阿里巴巴在支付宝不断扩张的基础上，形成了蚂蚁金服，其业务包括金融的各个领域。蚂蚁金服专注于小微世界，致力于服务 80％的广大草根消费者和小微企业，即以前被传统金融所忽视的世界。依靠以智能手机为基础的移动支付系统，不再需要建立银行分行去拉客户，降低了获客成本。大数据分析无需见面便可评估客户信用状况，通过发挥互联网平台的长尾效应，将金融服务的边际成本压到几乎为零。

支付宝自从 2009 年推出第一版客户端，至 2016 年，注册用户超过 8 亿人。根据蚂蚁金服提供的数据，每一笔支付交易的成本被压到 2 分以下。国外不少商户或超市都欢迎支付宝，其手续费只要 0.1％，而银联支付的手续费高达 3％。此外，对于国内个体户小微企业或小商贩之类的商户，支付宝可以免费使用，而一般商户的手续费也不超过 0.6％。没有这样的大网络带来的大数据，金融普惠的低成本是不可想象的，也无法实现。

4. 国际市场的资源支持：金融资本和人力资本

1999 年，阿里巴巴网站正式上线，与此同时，马云早期筹集的 50 万元几乎全部耗尽。此时蔡崇信的加入对这家公司的回血起到了决定性作用。蔡崇信拥有非常优越的背景：耶鲁大学法学博士学位，之后长期在华尔街任职。蔡崇信放下 70 万美元年薪的国外投资公司工作，千里迢迢来投奔马云，每月只拿 500 块人民币的薪水，帮马云起草了 18 份符合国际惯例的英文合同，并以正式合同的形式，把最初"十八罗汉"团队的利益绑到了一起，将阿里巴巴做成了现代化架构的公司。蔡崇信拉动高盛、自己的前东家 Investor AB 公司以及新加坡政府科技发展基金会等风险投资，完成了阿里巴巴 500 万美元的天使融资。这次融资不仅为阿里巴巴造血，同时也为其获得了投行巨头高盛的信用背书，为后来获得更多的投资创造了条件。蔡崇信加盟后担任 CFO，主要负责融资等业务。他建立了阿里巴巴与国际资本市场的融资通道，在发展前期的前二轮风险融资，经历了相当艰难的过程。不过，自从 2005 年雅虎入股阿里，2007 年阿里巴巴在香港上市，融资 15 亿美元，成为中国最大的互联网公司。此后，随着淘宝的不断发展壮大，业务运营发展快速，后来都是投资者追着阿里来投资，直至第八轮融资成功在美国纽约上市，融资额约 220 亿美元，成为美国股票市场有史以来最大的 IPO。

事实上，融钱只是融资的一部分，资金并非万能，总会有资金买不到的资源，比如人脉资源、人力资源、渠道资源、政府资源等。无论是什么资源，都掌握在人的手上。因此，要创业、要发展，融资的根本在于融人。马云的幸运之处是，他吸引到了蔡崇信这样的人力资本。实际上，在互联网市场上，具有人力资本优势的职业经理人或高管，往往就是金融资本追逐的对象。高度职业化的背景、深厚的专业知识积累和丰富的国际化公司的工作经验，使得他们具有广泛的人脉资源和渠道资源，这些都成为金融资本进行投资识别的重要标志。所以，融资与融人经常是同时进行的，缺一不可。投资者首先必须对人加以识别、对投资对象公司进行识别，没有好的公司领头人及其团队，没有其他领头投资者的青睐，谁也不敢把钱往里投。

可见，互联网市场的优越性在于其高度国际化，以及人才市场和资本市场的高度流动性，使得原先偏于一隅的中国的小企业能够开拓视野，通过吸收优秀人才加盟，迅速吸取国际最先进商业模式和发展经验，同时也获取了通往资本市场的金钥匙，可以迅速打造自己的本土化创新优势平台。

3.7.3　新经济下的民企：迅速增长和成功扩张背后的原因

中国的互联网公司几乎是民企一统天下，尤其是几家大型公司，几乎覆盖了全国，甚至扩展到了世界。以上我们研究的阿里巴巴和腾讯的成功经验可以给我们很多启示。

互联网公司的崛起离不开世界，开放的中国在 20 世纪末至 21 世纪初期，迎来了互联网的同时，也获得了大量的新技术、新模式和新市场。尤其是流动性最好的金融资本和人力资本，直接催生了中国民企的更新换代，从第一代乡土化的企业，迅速成长为国际化视野的现代化公司。

开放的市场是迅速吸收外来先进生产技术和相应先进的商业模式的最佳路径，尤其是在互联网市场，信息公开透明，瞬间传递，谁能掌握最佳商业模式，谁就能最快地吸收先进技术，在市场竞争中立于不败之地。尤其是像软件这类技术，主要依靠人力资本的投入和不断的市场互动迭代，才能找到技术升级的路径，开发出最符合用户需求的更新软件。在这方面，中国人的学习能力超强，改革开放后培养的新一代人才为此贡献了"工程师红利"。这一代企业家往往同时兼任工程师或技术主管，他们有着创业的激情和对新技术的狂热追求，尤其在资本进入门槛很低、主要依赖知识技术管理之类的软资本的情况下，他们具有天生的竞争优势。

那些成功的互联网公司都无一例外地选择了海外上市，国内资本市场的高进入壁垒，限制了企业进入和发展的空间，与此同时，在海外资本市场，只要符合市场预期的高成长模式，就能获得大批资本的追逐。当然，资本也要根据自身长期积累的经验来识别投资对象，通常是私募先行和试行，经过一段时间的孵化培育，进入成熟期之后，便进入公开市场上市。在这个过程中，通常会淘汰掉不少投资项目或企业，真正成长起来的都是最具有竞争力的企业。因此，选择海外上市本身就是一个充满了挑战和机遇的选择，只有那些真正有实力的企业、相信自身未来发展能更好的企业，才有底气和勇气接受这个严峻的竞争淘汰机制。腾讯和阿里巴巴就是从这种大浪淘沙、优胜劣汰的过程中，脱颖而出，如虎添翼，迅速成长起来的。

互联网企业的市场竞争激烈程度超过了任何其他行业。由于这是一个空白的市场，各路神仙都可以凭借自身本领展开厮杀。这是一个相互比试较量的战场，谁的技术功夫好，谁能吸引到最好的人才，谁具有最为团结一心、奋斗不息的优秀团队，谁的管理和治理能力最强，谁就能够占领竞争优势的高地。所以说，国内的激烈市场竞争是那些互联网公司生长的最好土壤，它培育出了一批真正有实力的民营企业和企业家。

3.8　实体经济的创新发展与海外扩张：华为和吉利

随着民企的不断成熟成长和壮大，其竞争优势得以充分体现出来，不仅仅是在互联网这样的虚拟经济领域，而且在实体经济领域，也涌现了一大批优秀的民营企业，例如华为、吉利等。以下我们就以华为和吉利为代表，考察一下这两个典型企业获得成功的原因。

3.8.1　华为：打入世界的中国名牌[1]

根据美国《财富》杂志发布了最新一期的世界 500 强名单，华为技术有

---

[1]　吴晓波等:《华为管理变革》,中信出版社 2017 年版。

限公司 2016 年以 785.11 亿美元的营业收入和 55.79 亿美元的利润，位居世界 500 强第 83 名，首次进入百强行列，较上一年的第 129 位提升 46 位。2016 年 8 月，全国工商联发布"2016 中国民营企业 500 强"榜单，华为成为 500 强榜首。华为在"2016 中国企业 500 强"中排名第 27 位。华为成为我国最优秀的高科技企业。根据华为 2017 年财报，公司累计获得专利授权 74 307 件。累计申请中国专利 64 091 件、外国专利 48 758 件，其中 90％以上的专利为发明专利。

2017 年公司拥有员工 18 万人，销售收入达到 6 000 多亿元人民币，其中，国际化销售收入为 2 850 亿元人民币，已成为公司最主要支撑点。华为从年销售收入几万的小企业，到如今成长为销售收入数千亿人民币的巨头。目前，华为是全球第二大电信设备供应商、全球第三大手机生产供应商。华为在国内智能手机市场稳居第一，在全球市场仅次于三星和苹果，成为全球第三大手机厂商。

1987 年华为成立，最初以代理一家香港公司的用户交换机（PBX）为主业。两年后转向自主研发。这是个痛苦的摸索阶段，华为人整天愁云惨淡。经过两年多的苦战，直到 1994 年推出了自己的品牌产品，才进入了稳定持续快速的发展增长阶段。值得一提的是，与此同时，开展同样电信产品研发的联想公司，却放弃了可以从更高起点开始的发展路线，这才成就了华为。于是，可以看到，有了自己的主打产品之后，华为的销售收入从 1992 年之后，每年都以翻倍的速度增长，几乎横扫中国电信设备市场。

表 3.12　华为历年销售额（1992—2017 年）

年份	销售额（亿元）	年份	销售额（亿元）	年份	销售额（亿元）
		2000	220	2009	1 491
1992	1	2001	225	2010	1 852
1993	4.1	2002	221	2011	2 039
1994	8	2003	317	2012	2 202
1995	15	2004	462	2013	2 390
1996	26	2005	453	2014	2 882
1997	41	2006	656	2015	3 950
1998	89	2007	1 100	2016	5 216
1999	120	2008	1 252	2017	6 036

资料来源：根据华为年报公布信息和历年网络信息汇总而成。

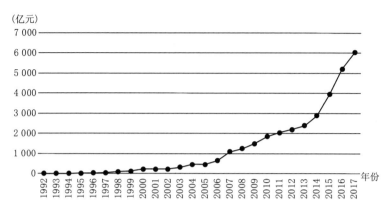

图 3.7 华为销售额增长趋势（1992—2017 年）

资料来源：根据华为年报公布信息和历年网络信息汇总而成。

1. 国际化发展战略[1]

长期以来，中国一直都处在全球产业分工的最低端。以华为为代表的新兴产业中的企业，他们在走向国际市场的进程中所面临的阻力相当大，因为他们面对的是思科、爱立信、诺基亚、摩托罗拉、西门子等清一色的国际一流企业的激烈竞争。华为认为，中国企业在国外更应向竞争对手学习，把他们作为我们的老师。华为走向海外的关键考量标准就是这个企业的核心能力、商业模式，甚至思维方式，是不是与其目标市场接轨。华为的国际化是从 1996 年开始的，当时它与香港和记电信签订 3 600 万美元合同，实现华为海外市场的历史性突破。此后，为了进入英国电信的商业合作名单，华为花了两年多的时间，花费了数以亿计的资金进行认证，但是华为从中收获的不仅仅是未来可能获得的几十亿美元的合同，更是世界级电信设备商的管理水平。

作为本土企业称雄国际市场的代表，华为在 170 多个国家开展业务的国际化战略一直受到推崇。2005 年海外销售首次超过国内市场，此后持续上升，到 2010 年左右，最高占比约为 2/3，接近 70%。这表明华为的国际化战略和大规模引进先进管理模式的成功。目前，在华为内部已经没有国内国外之分，只剩下了全球市场及各个大区的概念，中国只是其中的一个大区。

---

[1] 吴建国、冀勇庆：《华为快速成长之谜：华为的世界》，中信出版社 2006 年版；吴晓波等：《华为管理变革》，中信出版社 2017 年版。

因此，华为在结构形式上与思科、阿尔卡特等跨国公司已经没有什么区别。

华为不仅在国内大规模搜罗人才，而且也布局全球。在俄罗斯做数学算法研究，在法国做美学研究，在日本研究材料应用，在德国研究工程制造，在美国研究软件架构……在海外 16 个城市建立了研发机构，包含几十个能力中心，外籍专家占比达 90％。

2. 大规模引进国外先进的管理体系

真正使华为人认识到了自己与世界顶级厂商之间差距的，不是产品，而是在管理制度与规范，因此，向国外一流厂商学习就成了华为最迫切要做的事情。为了适应迅速扩张的海外业务，华为开始全面系统地学习国际化的规则和管理模式。

从 1997 年开始的持续 20 年来，IBM、韬睿（Towers Perrin）、合益集团（The Hay Group）、普华永道和德国夫琅禾费研究院（FhG）成为华为在管理流程变革、员工持股计划、人力资源、财务管理和质量控制方面的顾问。

其中，引进自 IBM 的最多，包括 IBM 流程管理体系、集成产品开发（IPD）、集成供应链（ISC）、集成财务管理（IFS）、人力资源管理、质量控制等方面。1998 年华为与 IBM 的合作项目"IT 策略与规划"项目启动，内容包括规划和设计未来 3—5 年需要开展的业务流程和所需的 IT 系统，等等。具体来说，华为在管理制度上的变革主要包括以下几方面。

（1）集成产品开发（IPD）管理：从机会到商业变现。

IPD 是新产品开发管理的一种模式，IBM 公司的重新崛起在很大程度上得益于 IPD 的推行。对于 IT 行业，IPD 作为新产品开发管理模式堪称最佳实践的典范。在没有引入 IPD 之前，华为产品获得成功具有一定的偶然性，既没有严格的产品工程概念，也没有科学的流程和制度，一个项目能否取得成功，主要靠项目经理和运气。正是看到了这种不确定性，华为开始了管理体系的变革和建设，经历了削足适履的痛苦，实现了从依赖个人、偶然地推出成功产品，到可以制度化可持续地推出满足客户需求的、有市场竞争力的成功产品的转变。

IPD 最根本的是使营销方法发生了改变。以前做产品时，只管自己做，做完了向客户推销，说产品如何地好。这种企业做什么客户就买什么的模式在需求旺盛的时候是可行的。但是现在形势发生了变化，如果埋头做出"好东西"，然后再推销给客户，那么东西就卖不出去。因此，要真正认识到客户需求导向是一个企业生存发展的一条非常正确的道路。

过去华为重"火车头"、轻系统能力建设，所以"火车"跑得不够快、效率不够高。引进 IPD 之后，现在认识到，应该从系统整体出发，沿着整条产业链，进行合理投资布局，才能提升发展速度。这个道理与高铁的动车组相似，动车组的高速来自每列车厢动力的加总，而非只依靠火车头的动力，只有释放所有的动力，才会形成强大的综合动力，才可能获得强大的提速功能。

（2）集成财务管理（IFS）：把财务流程植入整个运营流程。

2007 年初，华为公司总裁任正非亲自给 IBM 的 CEO 写信，希望效仿 IBM 的财务管理模式进行转型。华为需要的不是一般的财务咨询顾问，IBM 公司自己的财务人员必须亲自参与其中。不久，华为公司就正式启动了 IFS 项目。参与财务转型的 IBM 人员多数都是各个地区 CFO 级别的高管，它们为华为提供全方位的定制服务。

2007 年，在一次内部会议上，任正非曾不无忧虑地说道："我们的确在海外拿到了不少大单，但我都不清楚这些单子是否赚钱。"华为虽然近几年销售收入增速较快，但是在利润率和人均效率上与世界级企业一直有较大的差距。从人均效率来看，华为 2008 年人均生产效率为 21 万美元/人，低于爱立信的 35 万美元/人。因此华为需要在利润率和人均效率上向这些世界级企业看齐。如何在保持高速增长的同时，进一步提高盈利水平，把规范的财务流程植入华为公司整个运营流程，实现收入与利润的平衡发展，告别不计成本的"土狼式"冲锋，才能更有效地支持全球化运营和增长。

华为公司和绝大多数中国企业一样，走过一段粗放式增长的时期，很多环节仍然存在着浪费。规模小的时候，公司还可以人为控制风险。但是，当公司规模越来越大，业务已经全球化，供应链越来越长，客户差异性越来越多的时候，如果没有一个全球化的财务管理，财务风险将难以控制。应对措施是让财务"监管"无处不在：强调有效增长、提升人均效益，"利润"和"现金流"成为与"收入"同样重要的考核指标。华为对各个层级的一把手，实现以有效增长、利润、现金流、提高人均效益为起点的严格考核，华为财务部门参与到整个商业流程体系中，对这些财务指标的考核更容易实现。华为的盈利稳步增长，2007—2015 年 8 年期间涨了 10 倍。

华为公司从成立以来一直实行的是高度中央集权管理模式，但是，随着规模的快速扩张，这种中央集权的管理架构带来的效率低下、机构臃肿日渐突出。于是，华为在新的财务体系的保证下，决心实现部分权力的下放。"如果没有配套财务管理体系的支持，华为是不敢轻易放权的。"因此，华为引进的集成财务管理模式，与之前引进的集成产品开发模式，是相互配套、相辅相成的，共同形成了一整套管理体系。

（3）激励机制：人力资本价值的开发。

在任正非看来，企业的核心竞争力不是人才，而是培养和保有人才的能力。企业持续发展的动力不是人才，而是利益分配。也就是说，好的利益分配机制才是企业持续发展的动力。换句话说，合理的激励机制，就是能够把每个人的潜力最大化地激发出来的机制，才是企业可持续发展的根本动力。

华为把员工分为三类：第一类是普通劳动者，第二类是一般的奋斗者，第三类是有成效的奋斗者。对于普通劳动者，要按法律相关的报酬条款，保护他们的利益，并根据公司经营情况，给他们稍好一点的报酬。对于一般的奋斗者，只要他们输出贡献大于支付给他们的成本，他们就可以在公司存在，或许他们的报酬甚至比社会稍高一点。而有成效的奋斗者才是公司真正需要的人。华为要让他们分享公司的剩余价值，而分享剩余价值的方式，就是奖金与股票。通过这种激励方式才能保证公司的核心竞争力。

华为从成立之时起就奉行高薪政策，这与当时通信行业的高技术和高利润相关，也与任正非对人力资本价值的高度重视有关。对于现在的企业，人力资本驱动力大于资金资本驱动力，怎么样提升员工的工作动力、发掘员工的工作潜力，已经成为一家企业成败的关键因素。

从 1997 年开始，华为与合益集团合作进行人力资源管理变革，包括职位体系、薪酬体系、绩效管理、任职资格及员工素质模型等。华为在吸收国外的薪酬管理制度基础上，结合本土经验，形成了自己独特而有效的激励机制。华为的薪酬主要包括三部分：工资、奖金和分红；当然如若外派国外，还有外派补助和艰苦补助。入职华为三年内大部分靠工资，三年后奖金不断增加，五年后分红逐步可观。

奖金在华为实施"分灶吃饭"，不同部门差别很大，且奖金跟当年绩效强相关。所有的加薪和奖金，都跟所在的团队、代表处的组织绩效以及个人绩效挂钩。组织绩效取决于年初设定的目标完成情况，以及横向纵向部门的比较。发奖金只有利润额的要求，服务用户越多，奖金越多，上不封顶。按照新奖励方案，只要业绩足够好，普通员工也可以拿到百万元。华为员工大都来自小城市，家里没有什么关系或硬背景，要靠自己的努力，在华为有实力只要付出就一定有回报，华为只在乎你的实力，紧接着就是高报酬。它能让你实现自己的价值，而且是百分之百实现。

　　总之，从华为的成长经历中，我们看到开放、学习和引进的重要作用。无论是软件还是硬件，华为都有相应的标杆作为学习和引进的对象。首先，华为大规模引进了国外先进的管理体系，学习了美国的管理模式。其次，华为特别重视对人力资源的开发，搜集国内最好的人才，以高薪和高股权激励。再次，注重研发的长期投入，有着较长远的发展目标和相应的发展战略。在这个复制和应用管理变革过程中，首先要革自己的命，要放权，要以制度来约束人。这些都确保了技术创新和管理创新的根本之道，长期持续的研发和激励是技术创新的基本前提，而管理创新则有效保障了技术创新的实现。

3.8.2　吉利：从放牛娃到国际并购的大手笔

　　吉利 1997 年正式进入汽车领域后，2001 年成为第一个拿到国家经贸委轿车《目录》的民营企业。2012 年 7 月，吉利控股集团以总营业收入 233.557 亿美元（约 1 500 亿人民币）进入《财富》世界 500 强榜单，此后六年吉利控股集团连续上榜，成为唯一入围的中国民营汽车企业。

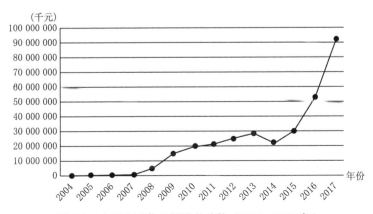

图 3.8　吉利集团营业额增长趋势（2004—2017 年）

资料来源：港交所年报。

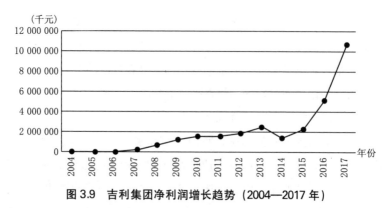

图 3.9 吉利集团净利润增长趋势（2004—2017 年）

资料来源：港交所年报。

吉利集团上市之后的发展经历大致可以分为两个阶段。2007—2013 年经历了稳定增长的发展历程；经过 2014—2015 年的短暂休整，2016 年突然出现爆发式增长，无论是销售额还是利润额，都出现了井喷式增长。那么，导致吉利迅速增长的原因在哪里？

1. 国际化并购推动吉利高速发展 [1]

在国内汽车市场，合资汽车企业占据主导地位，国外品牌的步步紧逼，国内品牌企业贴身厮杀，无疑使得吉利汽车发展空间受到很大制约。打通国际发展渠道，提高品牌价值，才是吉利最佳的生存和发展途径。

自从 2001 年得到汽车制造的许可之后，2002 年 12 月，吉利分别与韩国大宇国际株式会社、意大利著名汽车项目集团签约联合开发 CK-1 与 CI-1 轿车项目。2006 年 10 月，吉利集团以 1 104 万英镑收购英国锰铜控股（伦敦标志性黑色出租车的生产商）的业务与核心资产，包括英国锰铜控股的厂房、设备、不动产、全部无形资产（包括知识产权、商标、商誉等），同时与英国锰铜控股公司（MBH）正式签署由中方控股、合资生产伦敦经典出租车的协议。2009 年 3 月，吉利成功收购全球第二大自动变速器公司——澳大利亚 DSI。这一系列的收购使得吉利在核心零部件上的竞争力有了很大提高，也促使他们开发了新品牌。

2010 年吉利集团出资 18 亿美元，成功收购沃尔沃轿车公司 100％的股

---

[1] 《吉利收购沃尔沃成功　中国汽车产业进入新时代》，腾讯网 2010 年 3 月 28 日，http://auto.qq.com/a/20100329/000001.htm。

权。在并购沃尔沃轿车 5 年后，沃尔沃在 2015 全球销量首次突破 50 万台，营业利润比上一年度增加了两倍。这些都得益于吉利的投后整合得当。收购后，吉利并不向沃尔沃派出高管，沃尔沃是在董事管理下独立运营，这是为了保持沃尔沃的传统血统，因为收购的时候，吉利最看重的就是沃尔沃的招牌、技术积累、口碑和创新、安全等标签。保留沃尔沃以上传统，是吉利收购的最大目标。只要沃尔沃能够达到自负盈亏的最低目标，吉利就可以源源不断地从沃尔沃这里获得声誉和技术。得到沃尔沃这样的企业和产品，对中国汽车技术的提升和企业管理都会起到很大的促进作用。这是一个双赢的局面，沃尔沃得益于中国市场的打入而扭亏为盈，吉利则得到 2 000 多个全球网络、相关的人才和重要的供应商体系，承接国际市场转移，谋篇布局汽车产业新的发展。此外，吉利和沃尔沃在各自的运营之上，人才方面也展开了深入的合作，依托沃尔沃的成熟经验，吉利汽车逐渐与国际接轨。

吉利收购沃尔沃之后，不仅得到了技术支持，而且提升了品牌形象，进入全球主流。此外，吉利在企业管理、造车理念上有了质的变化，其定位、管理、思维方式开始变得国际化，高端化、全面化。并购还让企业充分获得了规模经济效应，有了更高、更全面、更长期的发展视野。

吉利的三次海外并购，即 2006 年与英国锰铜公司组建合资公司并成为其最大股东、2009 年收购澳大利亚 DSI 自动变速器公司、2010 年并购沃尔沃，都是成功的并购案例，也都无一例外地选择不对被收购公司管理层进行改革。这是吉利海外并购成功的秘诀。

2. 吉利快速发展的方式：善于利用企业并购和资本市场

2000 年，李书福在《对话》电视节目中说他要在中国做汽车，全场的观众都笑了。这个放牛娃出身的农民，一无资金，二无技术，因此大部分人对此都是怀疑和否定。然而不到 10 年时间，李书福就以"蛇吞象"方式，成功并购沃尔沃，这在中国工业史上是一个标志性事件。

（1）国内并购。

在做汽车之前，李书福的身份是黄岩市华天摩托车总厂的老板。1993 年，在成为冰箱厂老板后，李书福开始想造摩托车，在申请生产许可证碰壁后，他开始了自己的第一次收购，买下了杭州一家濒临破产的摩托车厂。以此为基础，迅速发展，成为摩托车厂家的明星企业。然而，6 年后，摩托车产业呈现恶性竞争，李书福看到汽车行业的丰厚利润，则想改做汽车。当时李书福兜里只揣着 1 个亿左右，国家产业政策 1994 年对地方政府进入汽车产业规定了 15 个亿的准入门槛，并且前提是得到政府的批准。当年投产桑塔纳时，国家为此投了十几个亿，而按照吉利集团的条件，根本就不可能获得政府的支持。

1997 年李书福了解到四川德阳监狱汽车厂已经停产，但保留有汽车生产目录，只能生产"6"字头的轻型客车。李书福给这家企业投了 2 400 万，占 70% 股份，与德阳监狱合资建厂，后来全部收购这家工厂并搬到浙江，1997 年 3 月吉利在临海建立汽车制造厂。经过一段时间的发展，在中国加入 WTO 之前，为适应 WTO 的市场开放度提高的要求，2001 年国家正式批准吉利公司进入汽车产业。

由此可见，李书福从国内的并购开始，尝到了甜头，并开始了迅速扩张的发展路径。这样的路径依赖，导致他后来向香港市场和国际并购发展，由此出现了一系列的并购大戏。

（2）借壳上市。

2002 年，被誉为汽车疯子的李书福在造车过程中，不出意料地遇到了资本瓶颈。李书福想到了上市。然而，在当时的政策环境下，吉利这样的小民营企业上市的难度很大。即使能上市，前期的辅导和审批也极为漫长。于是，李书福想到了借壳上市，尝试了几次，都由于种种原因未能成功。这个时候，在香港有着丰富炒壳经验的贺学初出现了。此时此刻，贺学初手中恰好有这样一个壳，这是 2002 年贺学初联合几个"兄弟"组建了 PGHL（Proper Glory Holding Inc.）控股公司，并以此公司通过增资的方式控股了上市公司南华资讯。资产重组和负债剥离后，南华资讯成了一个干净的"壳"，改名为国润控股。

贺学初原先从事财务工作，从国家商务部和华润集团离职后，1997 年进入资本市场，创办投资公司，即香港国润控股，定位于汽车产业。经过一番寻找，最后挑中了吉利，部分原因是看中了吉利拥有发动机、变速箱和底盘的核心技术，尽管汽车产业并非高科技，但是在国内市场上有着很大的发展空间。一个人手中握有壳资源，一个人急需壳资源。李书福和贺学初的相遇谱写下了一段华丽的资本运作篇章。

经过一系列股权转让、配股、增资、收购等行为后，李书福将大部分资产注入了国润公司，吉利成功借壳上市，贺学初完成了自己资本运作，李书福也牢牢地掌握了对吉利的控制权。一个提供产业概念，一个搭建融资平台。在这个"李贺联姻"的模式之下，李书福与贺学初彼此的优势互补，形成了资源配置的最佳组合。

2003 年 2 月，李书福与贺学初签订了组建吉利国润合资企业意向书。合营公司注册资本 1.08 亿元，总投资额 2 亿元。吉利集团以浙江吉利汽车的净有形资产作价出资，国润控股的全资子公司 Centurion 以现金出资，双方持股比分别为 53.2% 及 46.8%。在这个意义上，是国润引导吉利进入国际资本市场，而吉利选择了国润这个唯一途径。吉利发展汽车产业需要大量资金，上市无疑是解其饥渴的最便捷途径，而香港的资本市场为之提供了比较自由宽松的外部环境。

（3）国际并购及其融资。

李书福所主导的吉利收购沃尔沃汽车公司，是中国汽车企业最大规模的海外并购。借助海外并购这个捷径，中国企业走出去可以减少很多阻力，并购后马上就能组织生产，解决技术标准、环保法规等很多问题。此前李书福在收购英国罗孚公司的过程中，就曾被国企"横刀夺爱"，铩羽而归。李书福的第一道关卡，是要从政府手里拿到走出国门进行收购的通行证。在接连询问了几家国企并得到否定答案之后，国家发改委给了吉利"路条"。

不过，如何支付数十亿的并购资金，这是最大的难题。在并购的资金来源方面，吉利十分擅长动用杠杆"以小博大"。在收购以及盘活沃尔沃一案近 25 亿美元的资金中，国内和海外融资各占一半。在吉利 81 亿元的国内资金投入中，有 70 亿元分别来自成都、大庆以及上海嘉定地方政府融资平台。最开始李书福想到去银行贷款，但只有建设银行浙江分行愿意贷款，且数量远远不够。李书福尝试了很多渠道，包括他的朋友圈，甚至中国香港的李嘉诚等境外基金，但因为受金融危机影响，敢投和手头资金充裕的几乎没有。当时恰逢 2008 年前后，地方融资平台成为一个新的融资渠道。对企业来说，与地方政府合作的好处，一是获得当地政府在土地审批和税收等方面的优待，二是可以充分利用地方政府融资平台，获得企业发展所需的资金支持。

2009 年，李书福曾找到北京市政府、成都市政府、张家口地方政府等，在各个地方政府之间奔波，积极接洽，最后谈成的地方政府是上海市嘉定区和大庆市国资委，其中上海方面出资 10 亿，大庆方面出资 30 亿，他们分别通过国资平台入股进入或退出。国资入股的方式以大庆为例：大庆国资与吉利凯盛（吉利集团全资控股）签署了《股权质押协议》。在该协议中，吉利凯盛自愿向大庆国资提供等值于 30 亿元人民币的股权质押。大庆国资作为质权人将收取质押股权的全部股息、红利及其他任何利益。

最后，并购的 13 亿美元现金中有 12 亿来源于由吉利集团、大庆国资委、嘉定国资委共同出资成立的合资公司——上海吉利兆圆国际投资有限公司，1 亿美元来自银行借款。另外 2 亿票据支付部分，则是福特向吉利提供的 2 亿美元卖方信贷。

总之，每次并购，都是为了突破某种发展瓶颈，市场准入的壁垒、生产许可的获得、发展资金的瓶颈、技术瓶颈、管理瓶颈、人才瓶颈等，都可以通过并购来解决。可以说，并购为李书福或吉利的迅速发展扩张提供了起飞的翅膀。从某种角度看，这是中国汽车业依托海外并购这种方式和全球最大新车市场的诱惑，在更高层次上实现以市场换技术的有效尝试。

3. 技术进步和发展空间[1]

吉利收购沃尔沃之后，其一是得到了技术支持，这是最根本的，无论是沃尔沃设计师来设计博瑞等车型，还是联合沃尔沃推出 LYNK&CO 平台，均是吉利联手沃尔沃之后收获的成果。吉利收购之后，花了几年时间整合吸收沃尔沃的技术，推出了新车博瑞。其身上承载了沃尔沃的技术基因，定位为中高级轿车，由原沃尔沃设计副总裁操刀设计，技术上也采用了部分沃尔沃绝招，在设计、安全和车内空气质量管理技术方面取得了很大突破。博瑞标志着吉利进入造车 3.0 时代，车子的整体水平有了显著提高，接下来逐渐站稳脚跟后产能就会开始爆发。

其二是品牌，并购之前，吉利汽车在中低端汽车行列徘徊，而沃尔沃展现给世人的一直是高端、安全的汽车品牌形象，收购沃尔沃后，吉利的品牌形象在国人心中有了大幅改观，拥有高端品牌是一个大汽车集团进入全球主流的标志。此次吉利成功收购沃尔沃，用一次性支出就获得了从研发到制造再到国际市场渠道等价值链，是在中国站上汽车大国新起点后自主汽车企业

---

[1] 《吉利收购沃尔沃成功　中国汽车产业进入新时代》，腾讯网 2010 年 3 月 28 日，http://auto.qq.com/a/20100329/000001.htm。

的一次发展思路的革命，这对于吉利提高国内市场竞争力乃至未来世界市场的竞争力都极其关键。

其三，在企业管理以及造车的理念上，吉利有了质的改变，吉利的定位、管理、思维方式开始变得国际化、高端化、全面化。同时，并购还能够让企业充分获得规模经济效应，不再偏安一隅，而有了以国际化为舞台的发展空间。

吉利收购沃尔沃使中国汽车企业走向多品牌战略运作进入实质阶段，逐步用不同车型攻占不同细分市场。但和平台的增多有效地降低了制造成本一样，吉利用沃尔沃的平台提升产品质量，在同一公司内部，不同品牌之间也可以共享一些技术平台，吉利的这次收购完成了实施多品牌战略的原始积累，生产世界上最安全的"中国制造"。这对于吉利品牌是一次脱胎换骨式的提升，不仅是产品线的延伸、平台的更新、渠道的拓展，更关键的是其高素质的人才，这是沿袭专利技术知识、保持产品品质和竞争力的核心所在，也是中国汽车产业适应由产品竞争向品牌竞争潮流之关键。

吉利收购沃尔沃开辟中国汽车安全的一个新时代。多年来汽车的中国制造在国际碰撞安全、汽车安全的星级评定方面总是较为落后，这也直接影响自主品牌车辆的销售打不开局面。而沃尔沃汽车因质量和性能优异在北欧享有很高声誉，特别是安全系统方面，每一年沃尔沃都要投入大量的费用进行安全方面的产品研究和开发。

在知识产权方面，这次并购限定吉利不能使用沃尔沃的核心技术，而且沃尔沃的部分技术还将与福特共享使用，这些技术吉利也不能使用。然而，对于一些非核心技术的共享还是存在的。2012 年，沃尔沃与吉利对外发布公告展开三项技术合作，其中包括车内空气质量、安全领域以及中级车平台。2013 年 9 月，吉利又在瑞典哥德堡与沃尔沃联合成立欧洲研发中心，共同打造紧凑型模块化基础架构 CMA，研发小型发动机，开展联合采购，在科技创新方面深度合作，实现技术转让。

4. 努力提高核心竞争力：开发人力资本和大量研发投入 [1]

吉利集团虽然获得了 100% 的沃尔沃股权，但其核心技术并不随股权转

---

[1] 《吉利汽车：借力创新铸品牌》，人民网 2015 年 6 月 5 日，http：//politics.people.com.cn/n/2015/0605/c70731-27106857.html；《专访吉利控股集团副总裁王自亮》，网易 2009 年 9 月 21 日，http：//money.163.com/09/0921/17/5JOKTFSF00253JQ4.html。

让，这些技术都需要有长期积累的深厚积淀，不是靠短期突击就能获得的。因此，吉利很清楚，必须努力提高自身的核心竞争力，才能真正打造自主产权的品牌。

在这方面，吉利早就开始谋篇布局。提高核心技术，关键是靠人，而且还不是少数几个人，必须要有一大批各种专业的人才组成的团队。一是基础人才。从 1998 年到 2007 年 10 年间，李书福在造车的同时也为吉利集团建立了一套国内最庞大且完善的民办教育体系：吉利旗下有 8 大院校，涵盖从中专、大专、本科到硕士、博士的所有办学层次，拥有 3 500 多名教职工，57 000 多名在校学生。因此，吉利通过学历教育和非学历教育，通过培养、培训、深造，拥有了一批优秀、熟练的技术工人基础。二是引进培养了一大批企业的管理人才和企业研发的基本队伍、基本力量。有博士生和硕士生，也有大学本科毕业的学生。经过若干年的锻炼成长，他们现在成了吉利的骨干。三是吉利的高端人才。像一些技术领军人物，有些是自己培养的，有些是海外引进的，他们进入了吉利的领导核心层。人才培养是有体系的，也有一系列的奖惩制度、升迁制度、考核制度、培养培训制度，这些制度日益完善，现在已经形成了跟吉利的销售、营销、研发、制造非常契合人才结构制度。

吉利在中国上海、瑞典哥德堡、西班牙巴塞罗那、美国加州设立了造型设计中心，构建了全球造型设计体系；在瑞典哥德堡设立了吉利汽车欧洲研发中心（CEVT），打造具有全球竞争力的中级车模块化基础架构。2013 年研发中心开始试运营，吉利派遣了大量中国工程师去欧洲学习。此外，吉利集团投资数亿元建立了吉利汽车研究院。

吉利集团现有员工 29 000 余人，其中工程技术人员 7 600 余人；拥有院士 3 名、外国专家数百名，在册博士 100 余名、硕士 1 400 余名、高级工程师及研究员级高级工程师数百名；10 人入选国家"千人计划"，成为拥有"千人计划"高端人才最多的民营企业。

吉利在全球有近两万名研发工程师，每年投入数百亿研发费用，约占当年预期收入的 15%。吉利汽车的研发投入着眼于长期发展，想要看到成效，至少需要 3—5 年的时间。吉利在自己确立的技术路线上坚定地持续投入。只有形成厚积薄发优势，才能走出一条有自己特色的可持续发展道路。

5. 吉利成长的启示：放牛娃为什么能成长为企业家

李书福的执着和坚定，最终成就了他的汽车梦想。他说，2001 年时，国家同意我们造汽车、研究汽车了，那真是一片自由的空间啊，可以自由地设计、研究、生产、销售。有了机会的时候，所有想象、理想、思想都可以迸发出来，所以能不能造车这不是一个钱可以衡量的事情，这种激情、梦想，就是战略上的价值。

对于李书福来说，最重要的是获得了机会，而机会是政府放开了市场准入壁垒才形成的。机会是把梦想变成现实的桥梁，没有自由，就没有机会，梦想永远停留在梦想。李书福的幸运就在于，他获得了这个自由的机会，那是 2001 年中国即将加入 WTO 的时候，中国即将逐步对外开放大部分市场，然而对外放开之前，首先要对内放开，对民营企业开放，这是当时的大环境所致。李书福正是在这个背景下获得了汽车市场的准入，尽管国有或合资企业已经雄踞中国市场几十年，但是真正的民营资本一直被排除在外，而李书福所代表的民营汽车企业坚守着汽车梦，并为此不懈地努力，终于等来了机会。

由此可见，自由的空间多么重要。从突破市场准入的禁区开始，到融资市场的借壳上市，一直到海外并购，这一步步走来，真是太不容易了。为了实现汽车梦，李书福一点一点地努力突破禁区，才能一点一点地获得创业的机会。相比起来，最难的是市场准入的自由，这个大门一打开，其他就相对好办了。融资市场或资本市场的自由之门是其次，中国内地的证券市场没门，好在还有香港证券市场可以设法进入，这就解决了第二道门槛。相对来说，海外并购更为自由宽松，不需要特别复杂的审批手续，只要能筹集到收购资金就好办。在国内各地区相互竞争的格局下，李书福则可以充分利用这种地区间的竞争，获得资金支持。因此，摆脱审批的市场准入自由，国内外资本市场的资本与产业的结合自由，地方政府竞争的融资空间自由，都给吉利带来了好运，使得打造汽车这个昂贵的产业完全可行。

由此可见，李书福从一个放牛娃成长为汽车大亨，正是依托着自由的资源组合平台，依托着中国经济成长的平台，依托着执着和努力不懈的企业家精神。这些条件缺一不可，其中对于中国目前来说，最重要的是能够自由进入的市场平台，它能为千千万万个李书福提供施展才能的空间，而这些都是过去所不曾发现的释放巨大能量的源泉。

3.8.3 小结：华为和吉利的优势比较

华为和吉利看起来走的是两个不同的发展道路，一个是依靠自身努力，不断扩张进取，另一个是靠并购，不断扩大市场势力范围。然而细细考察却发现，两者的共同之处就在于，都是努力向海外企业学技术、学管理、学规则和学价值观的过程。

吉利的本土优势依托的是中国汽车市场——全球最大的新车市场的主场优势。然而，中国那么多汽车企业，比吉利强得多的企业比比皆是，为什么只有李书福才能获得这样的优势？试问，依靠垄断便可赚得盆满钵满的企业，哪还有什么动力去创新？李书福的成功固然有机遇的成分，但更重要的是，他的竞争对手是国企，后者受到过多体制的约束。

华为的一个本土优势是，有效地使用了中国特有的"工程师红利"，因而降低了人力资本投入的成本。因此，在开发海外市场方面，华为工程师的吃苦和勤奋精神是其他国家比不上的。在研发新技术方面，华为的工程师们所具有的高度拼搏精神，也是其他人所无法企及的。当然，这些人力资本能量的释放，都是与其有效的收入或股权激励机制密切相关的。

此外，华为的最突出特点是大力引进 IBM 等国外大型 IT 企业的管理体系，不是引进某一方面，而是全面引进，从头到尾地把这种管理文化及其价值观渗透到每个环节。吉利的突出特点是并购，从最早的国内并购起家，到海外的小并购，最后发展为"蛇吞象"的大并购。通过一系列的海外并购，吉利从名不见经传的小企业，发展成为连续 8 年进入世界 500 强的一流企业。

面向海外，引进、消化和吸收是一种学习，并购亦是一种学习。通过这个过程，华为和吉利不仅提升了自己的技术，而且全面提升了综合能力，对企业的各个方面进行了系统化脱胎换骨的改造。没有这样的改造，企业就无法适应国际市场竞争。因此对于一个以国际化企业为目标标杆的企业来说，这都是十分必要的发展和换代升级的过程。

3.9 民营企业面临的外部制度环境

3.9.1 民营企业与垄断：遭遇玻璃门

40 年来，民营企业的发展同时也是一个不断与垄断势力相抗争的历史。

早在 20 世纪 80 年代，民企的前身之一乡镇企业的崛起，就曾经遭遇无数的禁令。原材料难以买到，那时都是计划配给，哪有民企的份？民企不得不依靠各种灵活手段，才能获取所需的紧俏原材料。"双轨制"给了民企机会，得以打破计划垄断的铁板一块，民企可以凭借计划外的市场途径，迅速扩大生产规模，满足市场需求。即使如此，乡镇企业在当时还受到普遍指责，认为它们与国企争原料、争市场，一有合适的政治气候，它们就会被"封杀"。

尽管阻力重重，但是在普遍的市场短缺条件下，市场难以垄断。1992年以后政策的进一步放开，使民企大量纷纷进入各种产业，并获得了迅速发展，很快就填补了大量的市场缺口。至 20 世纪 90 年代中后期，市场甚至出现了饱和与过剩，在民企强有力的竞争下，国企逐步退出，于是引发了 90年代末期以后的国企改制浪潮。

当然，如果没有政府对于可能形成垄断利益的部门的大刀阔斧的改革，原有的计划经济的"条条"极有可能形成市场的垄断势力，20 世纪 90 年代的部门"条条"的重大改革，为破除产业垄断势力提供了良好的发展环境，民营企业才能够在较为充分竞争的环境下，得以迅速地发展。然而，国有经济"不设防"的时代似乎已经过去，当民企的节节胜利要逐步扩展到更大更深入的范围时，国企的全面设防战线便开始出现了。

从国资委成立前后其职能的微妙转变中，我们能够发现，国资委的前身经贸委和刚刚成立不久时的国资委，其主要宗旨是推进国企改革，促进国企的股份化改造，而此后，其主要职能转变成为确保国企的保值增值。这一目标职能的微妙变化，实际上导致了重大的政策变化。过去促进改制，意味着让国企向现代股份制转化，从而摆脱效率低下的制度束缚，与民企获得同样的产权制度资质，来进行公平市场竞争。然而现在，为了实现增值保值的这个目标，最简单容易的方式就是加强垄断，利用国企原先有利的产业地位，进行重组扩张，同时，对民企的任何可能的进入，设置市场壁垒和行政壁垒，把民企的扩张遏制在萌芽状态，以便确保国企的市场份额和利润的最大化。

在国家强有力的后盾下，国企依靠垄断来实现利润最大化的目标，自然是不难的。可是，民企则面临着重重进入壁垒。不仅是新进入某些产业不被允许，就是有些已经进入的产业，还会被排挤出来。民企的进入，就意味着国企利润的摊薄，这是获得高额垄断利润的垄断者的大忌。因此，不管这种垄断会给国民带来怎样的福利或效率损失，但对于这些垄断企业来说，利益最大化是第一位的目标。

在钢铁、煤炭、石油等领域，国有集中和垄断的趋势越来越强烈，过去生存在此领域的民企，则被迫退出，或者让出控制权。民营企业的发展之路似乎是越来越艰难。进入 21 世纪以来，我们最经常看到的就是，民企如何在与垄断市场力量抗衡。在建筑市场，民企由于资质许可而被阻挡在各种大型工程之外；在煤炭开采领域，大量民营煤矿被关闭；在汽车行业，一直只有吉利这一家民营企业在唱"独角戏"；民营资本跟汽车靠上边的，也主要是在汽车零部件领域里晃荡。而最重头的轿车业，对于中国的民营资本来说，则一直是个难以涉足的禁地，轿车行业有国家审批制度的"大锁"牢牢把着，民营资本难以开启大门。诸如此类的产业还很多。

2005 年国务院批发的"非公 36 条"的出台，标志着民营企业进入垄断领域不仅在法律上没有了瓶颈，在宏观政策层面上也没有了障碍。但是，民资在进入某些垄断领域的过程中，所遭遇的阻力并没有明显减少，这是因为相关限制性的政策依然横亘在他们的面前，许多利益集团人为抬高进入的门槛。实际上，在中国，很多部门的政策都是各部门自行制定的，他们必然按照自己的利益导向来制定相关法规政策并执行这些政策。在这样的情形下，民企遭遇"玻璃门"的阻挡则是必然的了，他们或者被直接阻挡在外，或者在具体执行过程中被潜规则所压制。

案例

正如原工商联主席保育钧所言，"放在私营经济发展的整个历史进程中来看，'非公 36 条'堪称一份划时代的文件。但是让人失望的是，直到目前，'非公 36 条'落实很难，也可以说基本没落实，原因是碰到了既得利益集团的强大阻力，许多业内人士抨击的'玻璃门现象'（看得见但进不去）并没有实质性的改变。2006 年 12 月，由国资委起草，国务院办公厅发了一个《关于推进国有资本调整和国有企业重组的指导意见》，国资委首次明确提出七大行业将由国有经济控制。这等于把'非公 36 条'给彻底否定了。眼下，民营经济非常困难。既得利益格局早已形成了，要打破，非要有强大的动力不可。空洞的原则没有用，关键是谁来落实？"

尽管如此，民营企业仍然开始缓慢地进入了垄断行业。根据全国工商联对于上规模民营企业[1]的年度调查，继 2005 年一些相关行业实现了民营企业零的突破之后，2006 年烟草业有了两家上规模民企，比上年增 1 家，石油加工和炼焦行业的上规模民企则从 33 家增至 60 家，交通运输、仓储业和邮政业从 2005 年的 16 家增加到 23 家，采矿业从 30 家增至 41 家，电力燃气和水务比上年增加了 3 家，达到 18 家。这些民企新进入行业的营业收入都出现大幅度增长，有些达到翻倍的增长，表明民营企业在垄断性行业中存在巨大的发展潜力。

东方希望集团刘永行的三门峡氧化铝项目也终于投产，这个在 2003 年被迫停产的项目，在历经宏观调控，电解铝整顿，严格限制等种种困难，现在一期工程终于完成正式投产。在铝行业，首次打破了中铝公司垄断的天下。此外，在一些垄断部门，民营企业正以顽强的生命力，从石头缝里艰难成长，从而获得一线生机。

大部分民营企业认为"非公 36 条"基本上没什么用。虽然其颁布表明了中央发展非公有制经济的决心绝不动摇，但是总体来说，"非公 36 条"原则性太强、操作性太差；有总的文件，没有各部门的配套规定；有纲领性的文件，没有实施的细则。

这就是说，民营经济进入相关领域受阻的根源，并非法律，而是被相关部门的文件和部门利益以及各种隐性的潜规则挡在了门外。问题在于，我们的经济体制往往是服从这些主要职能部门的要求的，在那里基本上没有民营

---

[1] 所谓上规模民营企业是指年销售额在 2 亿元以上的民营企业。

经济及其相应部门的位置。作为后来兴起的民营经济和企业，现在只有工商联这个半官方的组织作为其协调部门，但其也根本不具有什么实质性的权力。相反，任何国有企业都有其相对应的职能部门，这些部门的利益与国有企业是密切相关的。人们把这种关系总结为：国家利益部门化、部门权力利益化、部门利益个人化。

在市场准入这个问题上，主要是利益问题。这些既得利益部门势必要坚持按照以往制定的"游戏规则"来行事，那么，所谓的"非禁即入"就会成为空谈。因此，民营经济问题不是要求再来一套类似外资那样的优惠政策，而是要求在市场经济中大家作为平等主体来竞争，要求真正实行这种体现平等竞争的市场规则。

在表达意见的平台上，民营经济的代言人往往被排斥在外，而相关利益集团以及既得利益集团的意愿更容易通过畅通无阻的平台加以充分甚至放大地表达。由于市场竞争的缘故，民营利益的立场与相关利益集团常常存在着巨大分歧，在一方缺位的情况下制定出来的政策，自然难保公平。所以，阻止民营经济进入的并非法律，而是在其代言人缺位情况下制定出来的有失公允的具体政策。在这种情况下，即使政策允许民企进入，事实上也难以进入，因为宏观政策都是一些原则性规定，而真正能够发挥作用的是各级部门及其代表其利益的文件所组成的一个庞大网络，这才是民营经济难以逾越的真正屏障。

近 10 年来，民企在新经济领域，即互联网领域，获得了飞速发展，其原因在于，这是个空白领域，没有国企等传统势力的壁垒，因而民企能长驱直入，迅猛增长。而在传统产业，国企的势力盘根错节，民企即使勉强通过缝隙挤入，一旦宏观调控，也可能会被挤出来。民企能够获得较快成长的另一个空间是国际市场，大量的民企可以通过自己的勤劳努力和打拼，换来国际市场的份额。没有垄断的市场，民企发展的空间越大。反之，垄断越强，民企越无生存空间。

3.9.2 税费问题

根据我们 2007 年国情调研项目的实地调查，在调查的 30 家样本企业中，从其税费总额占销售收入的比重来看，最低的比重为 0.6%，为外贸商业企业；其次为 1.28％，为商业企业；最高的则为 25％，也是商业企业。另外，同是交通运输企业，有的比重为 4.89％，有的则为 18％。同是房地产业，有的企业税费比重为 5％，有的则为 10％；同是建材业，有的为 4％，有的为 12％。税费比重相差如此之大，而且都是在同一城市、同一产业的企业，这表明我们的税费征收存在巨大的弹性，税费环境存在很多的可操作空间。

尽管税费的征收主要依据行业特征来决定税率，但税费比重的分布与产业特征和规律并不一致。税率看来是形同虚设，除此之外，似乎还存在着各种看不见的手在背后决定着实际税率和实际税费征收水平。

企业缴纳的各种税费名目繁多，据不完全统计，一个企业往往要缴纳的税费有如下项目：增值税，所得税，城市维护建设税，教育附加，地方教育附加，粮食风险金，职工教育经费统筹，印花税，综合基金，个人所得税，工会经费，房产税，土地使用费，车船费，防洪保安基金，物价调节基金，人民教育基金，人民防空建设基金，义务植树费等。其中，增值税、所得税是税收的主要来源，城市维护建设税、教育附加、车船税、印花税和人防基金是企业历来都有的老税种。比较新的税种，或者说是近年来出台的有关教育的税种是地方教育费、人民教育基金、职工教育统筹，还有防洪保安基金，物价调节基金，综合基金、粮食风险金等。

这些名目繁多的税费，基本上都是在出台了某个新政策之后，需要政府支出相应费用时，为了满足地方政府公共财政支出的要求而设立的。在这方面，政府作为强势者，基本上不考虑或很少会考虑自己具有的权力和提供的服务是否一致，也不会考虑企业实际上是市场经济的一员，而不是自己的下级单位，而仍然按照计划经济的思维方式来对待企业。只要一有支出，就向下摊派，而且这种摊派往往是没有限制和没有规律的。在这样的方式下，只要摊派负担超过了一定限度，尤其是中小企业，就无法生存和发展。因此，一个地方的中小企业发展是否蓬勃兴旺，主要就取决于地方政府的税费摊派是否合理。

此外，房产税和土地使用费也是过去在计划经济时代没有的，现在除了一些国有和集体企业仍然可以无偿或低偿使用土地外，越来越多的企业都需要缴纳这些房产土地费用。这些费用实质上是地租，是企业向作为地主的国家缴纳的。在这个意义上，国家具有双重的身份，一则具有国家机器的提供者，需要企业纳税；另一则具有土地提供者，需要企业缴纳地租。因此，政府的定位十分模糊，究竟是公共财政，还是商业化，从后者看，政府是从市场化和商业利益考虑的，而未将其纳入公共财政。也就是说，按照市场化规则，企业支付地租是理所当然的，然而，按照公共财政规则，政府收益应当用于支出，两者应当平衡。实际上，政府行为总是倾向于最能满足自身利益要求的方式，在收益上，按照市场化的规则行事，不考虑公共财政的平衡要求，收益是越多越好；但在支出上，则按照公共行政方式来以支定收。可想而知，企业在这样的制度和政策下，必然会生存艰难。

据不完全统计，一个个体户需缴纳的各种费用如下：（1）城管审批招牌收费 50 元/平米，做招牌 20 元/平米；（2）卫生许可 200 元，健康证 80 元/人；（3）烟草许可证 2 000 元；（4）酒类许可证 500 元；（5）营业执照（个体会费、执照费、手续费）600 元；（6）地税、国税合计 120 元；（7）调味品许可证 200 元；（8）工商管理费 200 元/月；（9）订报 240 元/年；（10）垃圾费若干；（11）排污费若干；（12）城管费若干；（13）年检费 500 元/年；（14）罚款若干；（15）招待费若干；（16）计量抽检费若干；（17）卫生防疫费若干；（18）治安费若干；（19）暂住费若干；（20）残疾人保障金若干；（21）下岗失业捐助若干；（22）所得税若干；（23）广告审批费；等等。

近几年来，在个体工商户和营业额不断减少的情况下，有些地方的工商管理费竟然能够大幅度增加，个体工商户在为国家缴纳税收后还要迫不得已另外尽义务缴费来供养一个拥有近百万人员的庞大国家机构，即工商行政管理局与其孕育出来的诸多名不副实社会团体协会。其警示意义在于，不受制约的权力就会走向极端，就可能有越来越多的权力部门效仿这种做法，加速权力的蜕变。

多年来，在中国几乎没有不收费的部门，可以讲，这些收费是形成部门利益的重要因素。要收费就得有法规，设置行政许可。所以，部门利益在很大程度上是通过立法来取得的。每个政府部门在参与立法时都极力争取本部门利益的最大化，并通过"立法"的形式来确定自己收费行为的正当性。比如，为了多给本部门确立一块权力地盘，不少部门争相起草同一或类似内容的法律，从而造成一件事两个法，两个部门分管的法律"打架"现象；也有部门将原来为公益性的行为或服务变为有偿服务的。甚至于本来服务于公共利益的行政审批，也被转化为方便行政管理、增加行政收费的手段。

各种乱收费从根源上来看，有两个重要原因。其一，体制之弊。现在，有关管理体制仍然是以收定支，陷在"为收费而养人""为养人而收费"的怪圈中，政府人员日益膨胀，加上工资、福利等待遇逐渐上升，财政支出日益庞大，这些都成为乱收费的驱动力。其二，监督和惩治缺位。

法律之外，最有效的是公众对权力的制约。但是，通常情况下，上级部门惩罚下级乱收费的手段多以"没收乱收费"为终，而很少将乱收费退还给公众。如此一来，主持正义的上级部门，也可能成为乱收费链条上的一个受益者。因此，制约权力、监督权力，为权力划出清晰的"界限"已经不能再拖下去了。

2008 年 9 月 1 日，实行多年的工商管理费的征收在全国范围内被正式停止了，呼吁多年的这项改革也终于实现了。这意味着我们的政府正在为某些公权力重新划定界限，对于无数个体或民营企业来说，它们似乎能够从这个信号中看到希望。

3.9.3　企业与政府及其附属关联机构的关系

在许多地方，政府各部门往往都是不完全预算，上级政府只给人头费，其余经费都要自筹，于是只好乱摊派、乱收费，结果导致企业负担居高不下。而且，各种法规都是政府有关部门决定的，这些部门立法，主要是从部门利益考虑出发，而不会考虑企业利益。这种不平衡的政企关系，结果必然会增加企业成本。在没有必要的民主制约条件下，各种不利于企业的部门立法往往会越来越多，严重不利于企业减负，而且还有增负的趋势。

在转型中，一些原来的政府职能现在要转向社会职能，成为社会的中介服务机构，或成为非政府的社会组织的服务机构。例如，各种律师、会计、环保等机构，都要转变为非政府的服务机构。因此，放宽放开会计、律师事务所等中介机构的准入机制，是形成合理的中介服务市场的关键。然而，各地企业普遍对这些中介机构意见很大，因其不少是强迫性的。有些中介机构，得到政府授权来行使政府行政职能，靠收费来维持生存，弄得企业很有意见。

例如，环保评价的中介机构，主要是由政府环保部门的下属机构组成。他们有时实行强制性的收费，没有标准，没有竞争。其他类似的有关中介机构也都想方设法地附属于某个政府职能机构，借机搞垄断经营和高收费。政府在这方面缺乏规范立法，经常趋向于保护其关联机构，使得这些具有垄断性质的中介机构的服务收费居高不下，大大增加了企业不必要的负担。

此外，不仅仅是中介机构，就是政府的管理职能部门，也是如此。质量技术监督、公安等部门，各种强制收费数不胜数，往往只交钱没服务。工商部门的收费更是五花八门，企业注册收费（按注册资金的 8% 的比例收注册费）、商标注册收费、年检收费等。各种行政收费还与企业销售收入挂钩，很不合理。

税务与海关都是内部网，企业必须进网纳税或报关，一进网就要收费。他们将特许权授予某家软件公司，来经营这些报税或报关的业务。例如，海关通过报关公司来代理报关，实行强制性的收费，填一个报关表就几百元。然后，税务或海关与这些软件公司双方分利。然而，同样的上报报表，商务部则是公开上网报表，不需收费。

案例

根据我们的调查，某企业反映，我们是 2004 年搬到工业园来，2007 年才办下来房产证，拖了 3 年多时间。税务方面，尤其是国税，例行检查来了8 人。我们一个品牌多了 1 000 万元，另一个品牌少了 1 000 万元，多了的他不管，少了的就要罚，补了 300 万元还不行。最后多方周旋找关系，才算了事。

企业还反映，工商以前有个绿色通道，比较方便，但这两年要搞工商审计，跟我们讨价还价要钱。以前年检不要审计，现在则要审计报告，一个审计报告要花几万元，是根据注册资金的一定比例收审计费。实际上，审计报告就跟财务报表差不多，反正就是要想方设法地收钱。我们单与市工商局搞好关系还不够，还要与街道的工商所搞好关系才行，否则还会找麻烦。我们每年至少几十万用于搞关系去解决这些问题。

据企业反映，中国有很多协会，说是民间机构，实际上都是被政府部门把持。比如，全国牙防组其实就是卫生部下面的；个体私营协会实际上被工商局把持。协会是企业很大的负担。很多原来政府部门的退居二线的官员都在各种协会中担任会长、秘书长等（80％以上的协会领导都是政府官员兼任）。协会它要活动啊，比如开会、评比、出版杂志等。各种协会都是要钱的（会费），名头都大得很，开口就是国务院某机构。政府公务员出差开会往往有一些标准，比如吃饭住宿不能超过一些标准和规定，但是协会活动往往没有标准约束，比如发放纪念品、旅游、开会到桂林等地游山玩水，等等，往往政府不好办的一些事情都是通过协会来做的。

资料来源：作者实地调查。

3.9.4　商业争端和法制环境

我们在 2007 年的国情调查中，被调查的 30 家企业中，大约有一半以上的企业发生过商业争端，那么，他们主要采取何种方式来解决这些争端呢？由于一些企业是两种或更多的方式同时并举，来解决商业纠纷，所以在可以进行多种选择的前提下，大约一半的企业选择法院裁决的方式，3 家企业选择民事部门仲裁，2 家企业选择政府部门协调，6 家企业选择双方自行谈判，只有 1 家选择依靠熟人调解。由此可见，最主要的方式还是法律途径，但双方自行谈判的"私了"方式仍然十分重要，这表明在市场经济中，交易双方的矛盾很大程度上需要彼此的理解和沟通，需要反复博弈，这些都需要通过谈判来达成共识，因为能够在市场交易中保持与其他企业的良好合作关系是至关重要的。

那么，选择法律解决争端的企业最终是否能够解决他们的问题？实际上，回答肯定的只有 9 家企业，有 4 家企业选择了否定的回答，还有几家没有回答。诉诸法律解决争端的企业普遍认为所花费的时间较多，费用也较高，花费时间最少的 2 个月，最多的则长达 30 个月。至于花了多少钱的问题，绝大多数企业回避了这个问题，只有两家企业提供了花钱的数额，一家花费 4 000 元，另一家花费了 25 000 元。

认为法律不能解决争端的企业选择了若干原因，最主要的回答是拖延时间太长，执行成本太高，以及法院判了也没用。这样的回答反映了人们对法律的普遍性看法，归根结底，这些都可以归结为高昂的交易成本或制度成本，归结为我们的法律环境的不完善，使得市场交易争端难以通过正规化的低成本途径得以解决。

此外，调查结果也表明，当地并不存在某种专门处理小额交易争端的法律或中介机构，这些机构特别适用于解决一般中小企业或个体户的交易矛盾。因此，与不同层次的市场交易规模相匹配的制度配套，在我们的经济中还远不完善，还远远不能适应市场经济发展对相应制度建设的需求。

关于法制环境，最大的问题在于，过去的法律都是部门法，法律的制定都是为了维护本部门的利益最大化。各部门之间有矛盾，法律就不好办，即使很完善的法也不容易被通过。例如，1980 年有一个《国务院农药管理条例》，当时化工部还在，生产蚊香要到化工部去批。后来化工部撤销了，国家就把这批人转到经贸委和发改委。结果企业报上去，6 个月没有任何音讯，没人管这些事情，但这个条例一直也没有废除，所以现在企业生产蚊香可能还是违法的。[1]过去是专营产品，现在没有了供销社，大家都在卖，法律严重滞后，法律制定者只考虑自己的方便，根本不管这些过去的法律是否合适与合理。企业很多事情不敢做，否则一做就是违法。甚至 20 世纪 50 年代留下的有些法律规章还没废除，有的早已经形存实亡了。如果不好好清理一下许多过时的老条例法规，这些法规就会成为有关部门寻租设租依据，从而危及企业的生存，束缚企业的发展。

案例

我们是江苏企业，在湖南做生意时，某市工商局要求我们企业出具"危险化学品经营许可证"，而有权颁发这个证的是公安局，不是工商局。但公安局说这种气雾剂产品不需要许可证，而工商局则要求企业出具，否则要罚 5 万元，或者就扣留货物。于是，我们公司和该市工商局进行诉讼，一审（该市的区人民法院）我们公司竟然败诉。区法院的庭审过程没有丝毫法律尊严，我们讲的话他们一句都不听，现场乱糟糟的。如果二审败诉，我们还

---

[1] 来自作者实地调查。

要上诉。该市工商局这次一共查封了 8 家企业的货品，国家工商局拿它也没有办法。还有一个案例：湖南某工商局说我们的产品没有标明生产日期。我们知道，产品的日期标注有两种办法，一种是标明生产日期和保质期（比如 2 年）；另一种是标明失效日期。该工商局说应该同时标明生产日期和失效日期，否则就是违法。我们向上反映给国家工商局，谈到这些他们也都很头疼。

此外，技术监督部门负责生产过程，但不在市场上，市场上则是农业局、工商局。凡做农药方面问题处理的归农业局，食品归卫生局，药品归药监局，日化归轻工协会。协会是半官方性质的机构，可制定产品标准等。协会多半是原主管部门退休下来的人当头头，各种协会都要我们参加，要缴会费，搞评比，不厌其烦，成了二线公务员的养老场所。

我们在市场上主要和工商局打交道，因为工商局负责市场秩序和市场环节的产品质量。我们体会到一些基层的执法单位执法的目的是要钱，不是维护什么市场秩序，而且他们在执法的过程中片面曲解法律，他们把国家的法律作为他们生财的工具。

资料来源：作者实地调查。

3.10　政府作用、产权保护和民企定位

3.10.1　政府作用：服务于民企是公共服务的重要职能

20 世纪 90 年代成立的国务院减负办（部级联席会议），其职能是试图从源头上管住各职能部门的利益倾向，从行政上来约束，管住下面乱收费的行为。国务院通过部级联席会议，涉及 9 个单位的联合，来督查这些问题。省减负办是领导小组，有日常工作的办公室，搞了网页，还有个动态简报。2005 年搞了 93 个监测点，半年统计一次，看负担是升还是降，究其原因。每年三查，即查基层，查薄弱环节等负担情况。然而，现行的减负办只是一个协调机构，并无权力，对于诸多乱收费根本无法处理。尽管每年都要检查，督办举报件，但是无法处理相关人员，没有法律依据，只好就事论事的

处理事情，收效甚微。过去政府也出了不少政策，但很少从法律的角度来考虑这些问题。目前要从治乱减负，转到维权减负，后者的问题越来越多，要从立法上才能解决根源问题。

维权减负，重点在中小企业。大企业可能较少有此问题，因其有一定话语权。中小企业，尤其在创业期，受侵权较多。在这方面，浙江省十分重视，他们首先抓维权的法律体系，抓中小企业立法，制订中小企业促进法。去年下半年正式出台的中小企业促进法，经过 3 年半时间的努力才完成。依据国家的这个法律，根据浙江的自身情况，浙江的中小企业促进法有所创新，其中专门列了一章中小企业维权，而这个在国家法中只有一句话，浙江则有 7 条涉及这个问题，江苏也有这一章。其他各省都没有这一章，也就是说地方政府没有上升到法律责任的层面，来对待那些对企业乱收费的问题。

此外，浙江的维权服务体系，不仅需要政府，还需要发挥社会的作用，如与法律界联手，确定一批（有 20 家）律师事务所，为中小企业专门提供法律援助等。如建立维权监测体系，公开电话投诉，乡镇一级建立维权监督员，专门掌握这方面的情况，当地企业可向监督员反映情况。

如何使政府公共服务与企业发展最好结合？在这方面，温州市政府提供了较好的方式。

案例

温州市政府在规划层面上与行业协会、行业龙头企业充分协商，来为企业提供服务，得到企业家普遍的好评。政府具体的扶持政策包括：（1）技术创新，产品低端规模小，设立专项基金，高新技术产业化，对科技孵化，对技改、产学研结合优化组合。（2）创品牌方面，鼓励企业做品牌，拿到驰名商标的可奖励等，树立榜样，激发企业努力。（3）人才，缺乏一线熟练工人，其影响产品质量，加强人才培训，委托学校，政府牵线等。（4）企业家培训，不惜代价请专家来讲座，上课等，甚至请世界 500 强企业总裁来讲座。温州市政府每年发问卷要企业填报，评价政府，按满意度打分。不满最多的要媒体公布，还要去人大说明情况。

面对新劳动法的出台，面对劳动成本的大大提高，民营企业大多也有一定的思想准备，然而，对于中小企业，劳动成本的大幅提高和劳动市场灵活性的降低，非常不利于这些企业的生存发展。在扶贫济弱方面，应当看到，中小企业或个体户和劳动者，其间并没有本质区别，今天是小业主，明天关了企业就可能是打工者，他们实际上都是生存在同一层面上的。这些劳资关系都是按照市场价格关系来保持平衡的，当劳动价格较高时，办企业不合算，大家就会关了企业去打工。反之，如果利润较高，打工者也会设法去创业，而成为企业家。按照市场的调整，工资和利润应当有个均衡的价格关系。如果这种均衡价格失调，就会出现劳动者过多，企业过少；或者企业过多，而打工者太少的结果。无论哪种失调的关系，对于经济均衡增长和稳定发展都是极其不利的。

政府不应当把所有的社会责任都推给企业，按照国企下岗职工的方法，可对员工的社会保障也实行"三家抬"政策，即国家承担一些，企业承担一些，个人承担一些。否则，一旦由于成本过高而出现大量企业倒闭，对社会，对企业以及对劳动者，都无疑是个灾难。

从就业的角度来看，2004 年新增就业机会的 50％来自私营企业，如果不大力发展非公经济，如何解决就业、民生和社会稳定问题？根据数据对比，1999 年全国有个体工商户 3 160 万，到了 2004 年减少到 2 350 万。如果按照一个个体户解决 2 个人就业来算，退出的 700 多万个体户就能够解决 1 400 万人的就业问题。又如，目前中国个体工商户、微型和中小企业的税费太重，仅工商、质检、城管等政府有关部门从他们手中收取的收费、罚款估计在 3 000 亿元左右，以 2 万元可以解决一个劳动力就业计算，仅政府的收费和罚款就减少了 1 500 万个就业机会。[1]

事实上，现实的就业问题非常严峻，比如 2006 年中国有 2 500 万人需要就业，而国家只能提供 1 100 万个就业岗位。从国企和集体企业看，这几年不仅不能增加就业，每年还减少 200—700 多万个工作机会，行政事业单位也不能再大规模增加就业了。就业只有一条路，就是大力发展民营经济，发展个体户、微型企业和中小企业。

---

[1]　参阅周天勇：《中小企业之痛》，搜狐财经 2006 年 9 月 18 日。

然而，政府往往并不是以就业最大化为首要目标，我们看到，能够最大限度创造就业的个体户和中小企业在我国经常是受到抑制的。因此，个体户和中小企业在面临一部分大企业的垄断挤压、官员的寻租、权钱交易等等不公平竞争的环境下，生存尤其不易。实际上，这些个体、私营企业的生存问题对于解决民生的温饱，摆脱贫困，增加民众的最基本福利是生死攸关的大事。

因此，政府在促进劳动市场发展上，在充分有效地利用现有土地资源方面，在培育资本市场，为提供中小企业、成长企业所需要资金方面，在应对国际市场的反倾销和进入壁垒方面，在解决劳动者的流动和社会保障方面，在执行市场公平规则，确保公平竞争方面，都存在大量的薄弱环节，未能为企业提供所必需的服务。总起来看，政府还是管的多，服务的少，有的根本没有服务，甚至是设租寻租，加大了企业发展的难度。

如何提供政府服务，如何改进政府服务水平，提高办事效率？要注意区别政府与企业的边界，哪些是该政府干的，哪些不该干。在这方面，政府理念尤其需要有更大的转变，才能适应目前的经济和社会转型。

近年来民企面临的社会环境与制度环境比较严峻，因而导致民企的制度成本高居不下，并出现了民营企业绩效下降，民资寻求外资，以及国进民退的一系列现象。那么究竟是什么原因导致外部环境这样的变化？

大体来看，有两方面的原因。一是政策的部门化、权力寻租化和部门垄断利益的强化，因而实际上往往鼓励了不正当竞争和权钱交易。同时，某些国有企业依靠权力部门来排斥民营企业的合理竞争。这些都会导致正常市场环境恶化。二是社会发展目标与民营企业自身目标的冲突，例如环境保护、劳动保障、社会公益责任等，民营企业在这方面可能会忽视公共利益，而过于强调自身利益最大化。因而，民企的发展受到了来自公共利益的制约。当然，这种情况在任何企业包括国企也都会存在。

所以，政府行为在政企关系中是决定性的，改善环境，首先需要从政府行为着手，从政府体制入手。然而，民营企业自身也需要进行必要反省，尤其是大型企业，在涉及公众利益和企业利益的矛盾时，要兼顾公共利益，任何发展目标都需要把公众利益作为一个基本的约束条件，首先加以考虑。企业的最大化目标的制定，也需要首先考虑到环保、劳动保障等基本的社会利益。只有这样，民企才会获得最广阔的发展空间，具有良好的公众信誉，获得来自民众市场的鼎力支持。

3.10.2 产权保护：政府治理社会的根本基础

在政府与企业的关系中，政府最重要的作用就是保护企业产权。2016年11月《中共中央国务院关于完善产权保护制度依法保护产权的意见》出台，这是首次以中央名义出台产权保护的顶层设计；2017年9月《中共中央国务院关于营造企业家健康成长环境弘扬优秀企业家精神更好发挥企业家作用的意见》正式出台。用产权司法保护企业产权，增强人民群众财产安全感，是政府的首要责任。

2018年政策取向的一大风向标就是产权保护，重申过去的旧案。其中最引人注目的是，蒙冤十余载，物美创始人张文中再审改判无罪，这是对以往家族企业私有财产权保护不力的情况的纠偏扳正。改判无罪，无疑令张文中一案成了"标杆"案件。这种涉及产权案件的重新审理，是加强产权保护的重大事件，其意义在于推进产权保护的法治化。正如最高检和最高法近年来推出的关于保护企业家的法令，都是力求在法治上来保护民营企业的产权。这也说明，现实中存在的对民企的侵权十分普遍，中央政府试图从几个重大案件入手，来树立一些具有标杆影响的法律案例。

案例

2017年12月29日，《人民法院报》头条及评论员文章提及的三起再审重大涉产权案件，分别是重审顾雏军案、张文中案以及李美兰案。如今，张文中案已迎来迟到的正义，顾雏军、李美兰二案的重审也正在进行中。最高法一次重新提审这三个重大案件，意味着中央正在传递一个强烈的信号：要落实前不久关于保护产权、保护民营企业家权益方面的相关政策，特别是在司法上予以落实。

2007年12月，河北衡水检方提起公诉之前，张文中已于2006年8月被中纪委调查。法院审理时，张文中被指控的罪名主要是三项：犯诈骗罪、单位行贿罪、挪用资金罪。出狱后，张文中自2003年起，申诉、驳回、再申诉，直到今日再审宣判、被平反昭雪。张文中系物美集团创始人，2004年福布斯大陆富豪榜上，张文中排名第 125 位，个人财富身价是 125 亿美元。张文中本人，系中科院系统科学博士、美国斯坦福大学博士后，曾在国务院发展研究中心出任研究员，主攻宏观经济。1994 年，"下海"的张文中，在北京创办了经营连锁超市业务的物美集团。2018 年 5 月 31 日，最高法终审判决张文中、张伟春、物美控股集团有限公司无罪，原审判决已执行的罚金及追缴的财产，依法予以返还。

2018 年 6 月 13 日，最高法院再审顾雏军一案。10 多年前，顾雏军是中国资本市场的一位风云人物。他在 1988 年发明了格林科尔制冷剂，2000 年 7 月，格林科尔公司在香港创业板上市。2001 年，顾雏军通过收购科龙电器进入 A 股市场。其后几年，顾雏军又收购了美菱电器、亚星客车、ST 襄轴等上市公司，当时的他也成为中国家电行业风光无二的 CEO。2003 年，CCTV 十大经济人物评选中，顾雏军荣列其中。顾雏军被认定有罪的主要问题是信息披露违规和挪用公司资金。然而坐牢 10 年，他从未认罪。

资料来源：中华人民共和国最高人民法院网站。

顾雏军一案，全国关注。这是因为此案作为《中共中央国务院关于完善产权保护制度依法保护产权的意见》颁行后，最高法院依法再审的涉产权和企业家冤错案件中的最重要案件，其案由和被原审定罪过程都具有典型性。

顾雏军案启动再审程序的过程非常艰难，但难能可贵的是，来自最高司法机关的态度一直十分明确。在 2018 年"两会"的最高法院和最高检察院的工作报告中，顾雏军案是两院共同提及的重大案件，两院都申明了处理顾雏军案对完成《中共中央国务院关于完善产权保护制度依法保护产权的意见》、妥善处理历史形成的产权案件、坚持有错必纠、使企业家形成稳定心理预期等方面的重要意义。

尽管这一案件的重申尚未结束，但这一定会在中国法律史和司法史上留下标志性的记录。超过 15 个小时的首次再审公开庭审，最高法院经过 3 个网站（文字）直播审理过程，不啻将这场再审公开庭审变成了一堂纠正涉产权和企业家冤错案件的法治课。由此而言，再审顾雏军案的意义已经远出个案公正的范畴。

3.10.3　民营企业定位的再思考

关于民企的定位，虽然民企经过了 40 年的发展，但总是经历了曲曲折折的过程，政府政策时松时紧，企业发展有起有伏，十分不稳定。

2016 年以来，中国经济面临的宏观调控以去产能、去杠杆、去库存、降成本为主要目标。在这个政策主导下，开展了雷厉风行的运动式的行政调控。各地或各省都根据中央命令，对于产能过剩的部门下达了需要削减的定额指标，直接通过行政手段实行关停并转。由于在各地政府的企业等级序列中，民营企业大都列于底端，由此导致大批的中小民企被关闭、被停产。通过这种行政手段，在较短的时间内有效地削减了过剩产能。最明显的例证是钢铁行业，大量产能的削减导致产品供不应求，价格飙升，因而不仅化解了库存，还使未被削减产能的企业利润大涨，有效化解了原先的不良债务，同时达到了去杠杆的效果。因此，这种通过行政命令的调控方式很快就通过控制市场供给，形成市场缺口，从而以准计划经济或命令经济的方式，实现了去产能、去库存、去杠杆和提升利润的目标。

与此同时，去杠杆的调控还通过紧缩信贷的方式来解决。2016 年以来，金融市场实行紧缩调控，试图把过去若干年大量的过度投资和过度债务降下来。然而，按照现行的金融等级结构，一旦出现宏观调控，民营企业首当其冲受到冲击，而那些地方政府融资平台、国有企业和房地产都是政府"兜底"的，存在着政府隐形担保，因而还可以持续加杠杆，轻松赚取无风险的收益。由于政府的隐性信用名单中大多没有民企的位置，民营企业是处于金融信贷链的最底端，金融机构去杠杆首先去的是底端的民企，加杠杆的顺序则相反，最后才可能加到民企头上。对于民间金融和民营企业的融资歧视，不仅导致了大量中小民企纷纷破产倒闭，而且很多大中民企，甚至过去不缺钱的上市公司也不能幸免。据不完全统计，2018 年 1 月以来，已有近 160 家上市公司的大股东签署了股权转让协议，其中 22 家上市公司的接盘方均为国资，接盘总市值已超过 1 330 亿元。由此，国资成为 2018 年最积极的"买壳人"。[1]

---

[1]《数千亿质押爆仓　数百位董事长离职　A 股国资接盘进行时》，东方财富网 2018 年 9 月 20 日，http://finance.eastmoney.com/a/20180920949952994.html，转载自《21 世纪经济报道》。

根据国家统计公布的数字，2018 年 4 月末，全国规模以上工业企业比上一年同期减少了 6 000 多个。其中，最主要的是：钢铁企业（黑色金属冶炼和压延加工业）的规模以上企业数量比 2017 年同期减少了 3 527 个，农副食品加工业减少了 1 459 个，化学原料和化学制品业减少了 1 339 个，纺织服装业减少了 1 051 个，纺织业减少了 815 个，煤炭开采和洗选业减少了 611 个。[1]考虑到上述行业的企业数目都在上万户，减少的企业占比很小，可以忽略。然而，钢铁业 2016 年规模以上的企业数目总计为 8 498 户，2017 年实行大规模的压缩产能，仅地条钢的整治就关闭了 600 多家企业[2]，估计 2007 年的钢铁企业数目大约有 7 000 多家，而 2018 年相对 2017 年减少了 3 527 户。可以判断，这些关停并转的钢铁企业应该大多是民营企业。

因此，政府若想要民企取得真正的可持续发展，就必须立足于长远，而非仅考虑一时一事的权宜之计。因此，有必要在民企发展定位上统一思想，取得共识。

国务院发展研究中心党组书记、副主任马建堂认为："民营经济和我们国家、我们党的执政基础有什么关系？是不是执政基础的一个部分、一个主要的内容？这方面的认识还需要深化。""如果在这些认识上、在这些探讨上有进步，我想民营经济的信心就会增强，担心就会削弱，然后与它相关的那些改革很多就会倒逼，就会顺势而成。"[3]

实际上，任何社会的最基本经济细胞就是由个人所有所构成的，马克思早就说过，要重建个人所有制。任何企业，无论共有、私有、公有或集体、公司等形式，无非都是建立在个人所有制基础上的，都必然要以个人为基础建立各方利益相关者自愿达成的产权契约。小到个体户企业，大到上市公司，无不如此。大公司实际上只是个人所有制的一种有机繁殖的派生结果，它正是植根于每一个细胞，来自每个个体的繁衍和不同组合。因此，最有生命力的企业或公司，是由那些最能有效发挥每个人的最大化潜力的合同契约

---

［1］《消失的规模以上企业　减少的 6 000 多家企业都有谁》，搜狐财经 2018 年 6 月 29 日。http：//www.sohu.com/a/238367734_115124，转载自《21 世纪经济报道》。

［2］《2018 年钢铁行业发展现状及发展前景分析》，行业频道网 2018 年 3 月 6 日，http：//www.chyxx.com/industry/201803/616180.html。

［3］马建堂在中国经济 50 人论坛的发言，2018 年 9 月 16 日，北京，http：//finance.sina.com.cn/meeting/2018-09-16/doc-ihkahyhx8401819.shtml。

所构成的。如果忽视个人权益，尤其是忽视那些具有不可替代性的创新价值的个人权益，企业就不会有竞争力。正如计划经济时期，所有的个人都是国家庞大计划体制中一个个被动的螺丝钉，只服从于整体机器运转的需要，而无从发挥自身潜力和创造性，结果这个计划体制就陷于某种僵化和停滞，全无创新的活力。改革开放引进了具有活力的民营经济，建立了以个人所有制为基础的新经济，中国经济由此才迸发了巨大的发展能量。因此，没有这些激发个体细胞潜力的市场化和民营化改革，就不会有中国经济的奇迹。改革之前 30 年和改革后 40 年的鲜明对照，根本差别在于有无市场化和有无民企，这正是表明了中国经济发展的动力根源，是植根于千千万万个民众内心深处，来源于无数个体能量的释放。

由于制度改革的滞后，腐败和泡沫大量滋生，难免会有一些民营企业随波逐流，卷入腐败和泡沫的漩涡。然而，民营企业的主流毕竟是积极向上的，民营企业的天性是崇尚公平竞争和自主创新的，因为这些正是它们赖以生存发展的基础。民企如何选择未来发展之路，是利用各种寻租机会去致富，还是走一条艰苦创新之路，依靠公平竞争获取成功？可以预见，选择创新奋斗的企业越多，中国的发展才越有希望。

第 4 章　股份公司

通常来说，股份公司只是一种企业组织形式，而并不是一种所有制，因为这种企业组织形式中可以包含不同的所有制，既有国有控股的股份公司，也有私人控股的公司，还有法人控股以及混合股权的公司。前两种企业具有比较明确的所有制性质，而法人控股，或混合股权，或多层级的混合股权企业，则很难分清其真正的所有权性质是什么，无法区别其终极所有者究竟是谁，国有还是私人，或者其他？如何分析和研究这些新兴经济体，给我们提出了新的研究思路。

由于经济发展到一定程度，企业的传统所有制性质就会越来越难以区分，各种不同的产权要素往往都能取得独立的产权，企业不再仅仅是按照其资本的属性来决定其所有制性质，而是多元的产权要素混合在一起，形成了企业特有的产权结构。正如哈特所说，企业的所有权是一束利益相关者的契约组成的集合。也就是说，现代公司制度的企业，其中各个产权要素都是按照明确界定的契约组合起来的。[1]现代企业与古典企业的不同在于，古典企业产权关系简单，通常只有资本和劳动，而现代企业的组成要素更多元化，其中，资本分为外部投资和内部投资、风险投资和普通投资等；劳动则

---

[1]　参阅 Jensen and Meckling, 1976, "Theory of the Firm: Managerial Behavior, Agency Costs and Ownership Structure", *Journal of Financial Economics* 3(4):305—360；奥利弗·哈特：《企业合同与财务结构》，费方域译，格致出版社 2016 年版；Coase, Ronald H., 1937, "The Nature of the Firm", *Economica* 4(16):386—405。

可分为简单劳动、技术等级不同的劳动、具有不可替代的高级技术的劳动、作为管理人员的劳动，等等。更为复杂的是，资本不再仅仅是纯粹的金钱或者物化为机器设备的物质资本，而是由作为企业家才能的人力资本为主导，并结合一系列产权要素而形成的复合体。这个复合体是各种产权契约混合为一体的集合，其中各个产权权益的界定清晰，并按照事先约定的契约来进行事后的权益分配。同时，这种契约关系也是可调整的，在不同阶段，根据每种产权要素的功能和重要性加以实时调整，以便更好地发挥产权配置的优化效果。

本章首先从总体上考察股份公司的发展概况和过程，然后分别考察几个不同产权配置模式，选取几个不同类型的企业案例，从中试图发现，中国的现代企业制度具有怎样的产权契约化特征。

为了进行比较，需要选择国有控制的股份公司，包括传统国有企业或国有独资公司，以及国有控股的公司；还需选择民间的各种类型的股份公司，包括上市的与非上市的公司，包括同股不同权的上市公司，还包括民资、外资、国资以及分散股民的多元化公司。这些不同类型的股份公司，构成了中国目前的公司主体，在经济发展中起着特别的作用。

在现实的中国经济中，存在着不少难以按照资本属性来清楚区分性质的混合股权的公司，尤其是近 10 年来，新经济的出现，带来了大量的新兴股份公司。这类企业形成了中国转轨经济中的一道独特的靓丽风景线。它们与国有、民营和外资企业相平行，同时又相互交叉，形成你中有我、我中有你的企业组织，具有一系列新兴市场经济的发展特征。总之，这些股份公司往往具有某些共同特征，但又与传统国有、集体或私有企业不太相同。因此将这些股份公司单独列出来进行研究，作为一种独立的新兴企业范畴来考察，从中可以看到未来企业的发展模式。

4.1　股份公司的总体地位、发展趋势和股权结构演变

4.1.1　总体发展阶段及其特点

伴随中国改革开放 40 年高速经济增长的企业体制变革历程，就是以现

代企业制度之名推进的公司制企业的引入和成长历程，40 年最大的变化之一就是股份制企业的出现和发展，这也是中国微观经济基础的一个重构过程。经过 40 年的探索、试验与快速发展之后，中国的股份制企业已经成为了主流企业形式，新增企业几乎全部按《公司法》注册为有限责任公司或者股份有限公司，传统的国有企业（全民所有制工业企业）和集体所有制企业大都改制成为了公司制企业，即国有独资或多元混合的股份公司。

　　根据国家工商局的统计数据计算，在全部企业中，股份公司的数量飞速增长，自 1994 年开始公布相关统计数据以来，1994—1999 年期间，股份企业的数量每年以十几万至二十万的速度爆发式增长；从 1999 年至 2004 年，每年以接近 10 万户的数量增长，在 2005—2016 年期间，每年也以数万户企业数量增长。[1]同样，股份公司的注册资本比重在不断增长，从注册资本来看，1994 年其比重仅为 8％，至 1999 年该比重增至 38％，至 2011 年之后，则股份企业比重达到 80％以上，完全成为中国经济的主流。在股份公司中，有限责任公司是主流，占 69％，而股份合作企业的比重则较低，1995 年为 1.29％，1999 年上升至 1.7％，此后则逐渐下降，2005 年之后降至不到 1％。到 2012 年后，相关部门甚至不再公布股份合作企业的统计数字。

表 4.1　股份企业占内资企业的比重及其变化（按注册资本）（1994—2014 年）（％）

年份	企业注册资本占内资总数之比	
	股份制企业/公司	股份合作企业
1994	8.24	
1995	14.93	1.29
1996	18.97	1.32
1997	22.29	1.42
1998	32.02	1.49
1999	36.59	1.71
2000	41.59	1.55
2001	47.46	1.44
2002	52.47	1.35
2003	56.69	1.11
2004	62.76	1.00
2005	66.54	0.97
2006	68.90	0.97
2007	72.76	
2008	75.03	1.01

---

[1]《工商行政管理统计汇编 2014》。

续表

年份	企业注册资本占内资总数之比	
	股份制企业/公司	股份合作企业
2009	78.09	0.93
2010	79.68	
2011	81.72	0.76
2012	82.34	0.69
2013	81.57	
2014	82.85	

注：股份公司包含股份有限、有限责任这两类，股份合作企业独立单列。
资料来源：《工商行政管理统计汇编 2014》。

在工业领域，至 2016 年底，中国规模以上工业企业中，传统类型的国有企业、集体企业、联营企业以及过渡类型的股份合作企业，这四种企业数量合计只占内资企业数量 1.7％，销售额合计仅占内资企业总销售收入的5.3％。[1]2017 年 7 月，国务院发布文件《中央企业公司制改制工作实施方案》，要求 2017 年底前，国资委监管的中央企业全部改制为按照公司法登记的有限责任公司或股份有限公司。根据这个明确的时间表，69 户央企集团公司和3 200户央企子企业，必须在半年时间内完成从全民所有制到公司制的"变身"。

表 4.2 提供了工业部门的股份公司总产值的发展状况。由于 1998 年以后对股份制企业的统计口径发生变化，我们分两个阶段来考察股份企业的发展变化。1994—1998 年期间，股份制企业的数量增加了约 7 000 家，产值增长

表 4.2　工业企业中股份企业的发展（1994—1998 年）

年　份	1994	1995	1996	1997	1998
股份制企业数（户）	4 600	5 900	8 300	13 100	11 400
股份制企业总产值（亿元）	2 967	2 750	3 302	4 976	9 262
产值比重（％）	4.23	2.99	3.32	4.38	7.78

注：计算股份企业产值比重的统计口径是以全部工业企业的总产值指标作为分母的。
资料来源：《中国统计年鉴》历年。

[1]《中国统计年鉴》（2017 年）。

了 6 000 多亿，4 年时间里股份制工业企业数量，从不到 5 000 家发展到 11 000 多家，平均每年增加 1 000 多家。1994 年股份制企业产值占全部工业总产值的 4.23%，1998 年上升到 7.78%。

1998 年之后，股份公司进入了一个快速增长阶段，主营收入的比重从 1998 年的 7.78%，提高到 2016 年的 38.8%。如果把私营股份公司计算在内，在整个工业领域中，则高达 72% 的收入份额由股份公司所占据。

表 4.3　工业企业中股份企业的主营收入占比（2000—2016 年）（%）

年份	股份企业占比	私营股份企业占比	全部股份企业占比
2000	27.66	2.94	30.60
2001	32.68	5.29	37.97
2002	33.49	7.23	40.72
2003	33.13	9.67	42.80
2004	34.03	13.52	47.55
2005	34.54	14.60	49.15
2006	34.33	16.44	50.77
2007	33.70	18.04	51.75
2008	32.44	20.70	53.14
2009	32.42	22.65	55.07
2010	32.66	23.49	56.15
2011	34.00	23.40	57.40
2012	34.26	24.80	59.05
2013	37.41	30.25	67.67
2014	38.07	31.27	69.34
2015	38.09	32.64	70.73
2016	38.83	33.58	72.41

注：本表第 2 列的股份企业统计口径包括股份合作企业、有限责任公司和股份有限公司这三类企业，第 3 列是私营有限责任和股份有限公司，第 4 列是（2 列＋3 列）之和。计算比重的口径是以全部规模以上工业企业的主营收入为分母，分子则为各类股份企业的主营收入。由于近年来统计局不公布总产值指标，故用主营收入指标代替。

资料来源：《中国统计年鉴》历年。

根据规模以上工业企业的数据，相对于其他内资企业，即国有、集体和私营来说，股份企业的产值比重是最高的。当国有和集体企业的产值比重都在持续下降时，只有股份和私营企业的产值比重在持续增长。图 4.1 则显示了这几种内资企业之间的相互变化的趋势，表明股份企业已经成为中国经济中的最重要的中坚力量。

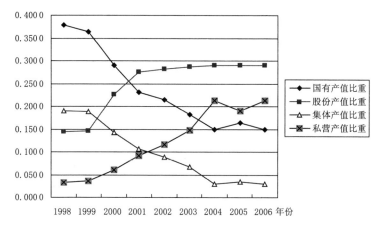

图 4.1　几种内资企业之间的相互变化趋势

注：各类企业统计口径是按其注册类型分类的，即国有包含传统国有、国有独资和联营，股份包含股份合作、股份有限和有限责任，私营包含各类私营独资合伙以及私营股份。

资料来源：根据国家统计局全部规模以上工业企业数据计算。

4.1.2　股份制企业快速增长及其演变特点

40 年来，中国工业领域里哪些类型的企业数量增加较快？就内资企业来说，无论国有、集体出身还是纯粹私营企业，新增数量最多的企业类型都是各种类型的股份有限公司和有限责任公司。传统注册类型的国有企业、集体企业、过渡性质的股份合作企业和联营企业数量都处在逐年减少趋势中。同一时期内，主要是由这些传统类型企业转化而来的有限责任公司和股份有限公司数量则分别快速增长。因此，股份有限公司和有限责任公司已经成为每年新增工业企业的主要注册类型。

中国转轨时期形成的股份企业的最大特点是把各种产权类型混合为一体。因此，这样多元化的、混合产权性质的企业具有较大的数量和比重。那些国有独资、集体独资以及其他独资企业，并不能算作为真正的股份企业。为此，我们需要把具有纯粹的独资性质的企业分离出来，考察混合股权性质的股份企业。

根据现有数据提供的信息，我们可以把 100％的国有股、集体股、法人股、个人股等企业分离出来，以便得到至少两种以上股权性质的混合股权企业。在表 4.4 中，这些混合产权性质的企业数量为 5 万家左右。不过，对于法人股来说，我们无法确定其所有制性质。因此，这些无法确定其所有制性质的法人股企业，总共大约有 8 万多家。总起来说，这些混合股权和法人股权性质的股份公司大约有 13 万多家，构成了中国股份经济的主力军。

从表 4.4 可以看到，纯国有企业和集体企业的数目在持续下降，完全的个人股、外资股和港澳台资企业的数量则在不断增长，尤其是完全个人股企业，主要是私营企业，其增长速度最快，从数量上来看，已经成为占绝对优势地位的企业。完全法人股企业的数量也在迅速增长，从起初的 1 万多户增长到 9 万多户，然而，混合股权的企业数量并未有明显增长，似乎还略有下降。

表 4.4　单一资本企业与混合股权资本企业数量的变化（1998—2013 年）（户）

年份	国有独资	集体独资	法人独资	个人独资	港澳台独资	外商独资	混合股份
1998	45 682	31 736	11 400	13 479	5 524	3 949	52 894
1999	40 497	28 620	13 458	16 431	6 376	4 251	51 695
2000	34 265	25 112	16 214	24 332	6 975	4 662	50 584
2001	28 304	21 174	18 391	36 951	8 268	5 771	48 803
2002	24 770	18 905	21 890	49 718	9 046	7 213	48 393
2003	20 196	14 617	27 099	62 393	10 739	8 506	46 175
2004	21 070	16 562	40 653	110 185	16 878	15 219	55 907
2005	14 883	12 693	46 731	111 016	16 853	15 676	51 029
2006	13 024	12 604	54 321	133 163	18 400	17 519	52 721
2007	9 521	11 952	69 144	153 817	20 509	20 222	51 345
2008	9 110	10 711	84 843	205 602	22 508	24 029	54 599
2011	5 926	4 954	79 955	144 280	13 943	16 960	36 575
2012	6 642	5 014	84 905	144 172	13 773	17 161	39 647
2013	7 719	5 173	93 384	164 522	13 674	17 360	43 043

注：（1）混合股权企业，即在百分百的单一股权企业之外的所有其他股权资本的企业。
（2）2011 年后的数据口径是 2 000 万销售收入以上，而此前的是 500 万销售收入以上。
（3）目前可得数据只到 2013 年。
资料来源：根据国家统计局全部规模以上工业企业数据计算。

从表 4.5 可见，伴随着国有独资企业数量的下降，其产值份额也在下降，从 1998 年占全部企业产值比重的 25％，降至 2013 年的 10％。集体企业也是如此，下降了 10 个百分点。增长最快的是个人独资企业，上升了约 25 个百分点，其次则是法人股企业，其产值占比上升 17 个百分点。混合股权企业从产值份额来看，出现了明显下降，大约下降 20 来个百分点。外资和港澳台资企业的产值份额，则没有明显变化。

表 4.5　单一资本企业与混合股权资本企业数量的变化（1998—2013 年）（％）

年份	国有独资	集体独资	法人独资	个人独资	港台独资	外商独资	混合股权
1998	25.26	11.86	8.35	3.90	3.88	4.04	42.71
1999	24.22	10.09	8.91	4.90	4.65	4.29	42.95
2000	20.72	8.05	9.78	6.80	4.92	5.25	44.49
2001	17.03	6.62	10.68	9.76	5.50	6.25	44.17
2002	14.86	5.49	12.75	12.33	5.39	7.42	41.76
2003	13.25	4.34	13.50	14.51	5.89	8.76	39.76
2004	13.06	3.51	14.49	16.94	6.07	10.28	35.65
2005	10.65	2.79	17.16	18.04	6.64	10.30	34.42
2006	9.85	2.91	17.91	19.44	5.95	10.93	33.01
2007	10.19	2.67	20.06	21.27	5.86	11.11	28.83
2008	11.00	1.86	21.84	23.87	5.85	10.29	25.30
2011	8.44	1.51	28.32	26.29	5.22	8.09	22.14
2012	10.14	1.46	27.18	27.26	5.06	7.81	21.10
2013	10.40	1.35	25.93	29.24	4.85	7.50	20.74

注：上述指标是各类企业产值分别占当年全部产值的比重。
资料来源：根据国家统计局全部规模以上工业企业数据计算。

在混合股权的企业中，我们可以根据不同的控股权类型，区分不同的企业所有制类型。首先，我们排除了纯粹的国有、集体、私营、外资等类型的企业，仅选择特定股权资本在大于 50％和小于 100％之间的企业进行控股权的分组，因而得到表 4.6 提供的这些按照不同控股权分类的混合股份企业的发展趋势。

表 4.6　混合股权企业中各类控股权企业数量的变化（1998—2013 年）（户）

年份	国有控股	集体控股	法人控股	个人控股	港澳台控股	外商控股	混合股权	股份企业合计
1998	8 304	12 598	8 650	6 425	3 078	3 377	10 462	52 894
1999	8 147	11 655	9 018	6 761	2 985	3 188	9 941	51 695
2000	7 239	10 185	10 364	7 668	3 014	3 302	8 812	50 584
2001	6 242	8 682	11 189	8 425	3 144	3 330	7 791	48 803
2002	5 590	7 581	11 908	9 169	2 984	3 563	7 598	48 393
2003	4 697	6 040	13 123	9 371	3 016	3 642	6 286	46 175
2004	4 041	5 120	20 580	11 739	3 515	4 779	6 133	55 907
2005	3 143	3 971	18 623	10 899	3 200	4 370	6 823	51 029
2006	2 738	3 359	20 185	10 791	3 281	4 770	7 597	52 721
2007	2 326	3 003	21 248	11 526	3 329	4 839	5 074	51 345
2008	2 318	2 778	22 672	12 373	3 512	4 909	6 037	54 599
2011	1 514	1 346	16 599	8 175	2 159	3 293	3 489	36 575
2012	1 822	1 435	17 762	8 265	2 037	3 094	5 232	39 647
2013	2 193	1 505	17 846	8 540	2 016	3 031	7 912	43 043

注：本表中的企业不包含国有独资、集体独资、法人独资、个人独资、港澳台独资和外商独资企业。

从表 4.6 可见，国有控股的股份公司从 1998 年的 8 000 多家降至 2013 年的 2 000 多家，集体控股的股份企业则从 1998 年的 1 万多家降至 2013 年的 1 000 多家，与此形成鲜明对比的是，法人控股企业从 8 000 多家猛增至 2 万家左右，个人股控股的企业则从 6 000 多家上升至 2006 年的 1 万多家，至 2013 年则下降至 8 000 多家，这可能是由于个人控股企业的规模较小，因而没有能够满足"规模以上"的统计口径的要求。外资和港澳台控股企业的变化趋势表现出了明显的倒 U 形，即 2008 年之前逐年增长，达到最高值之后，出现下降。无绝对控股权的混合股权企业则呈下降趋势，虽然在 2013 年又有回升趋势，达到近 8 000 家。总起来看，全部混合股份的企业数量保持在 5 万左右，其中，法人控股企业成为数量最多的企业分类，其不仅远远超过国有控股、集体控股和外资控股企业，也超过了个人股控股企业一倍之多。

表 4.7　各类控股权下的混合股权企业的总产值占比（1998—2013 年）（％）

年份	国有控股	集体控股	法人控股	个人控股	港澳台控股	外商控股	混合股权	股份企业合计
1998	10.80	6.85	7.78	2.96	2.80	4.96	6.56	42.71
1999	10.31	6.30	8.26	3.41	2.83	5.21	6.61	42.95
2000	9.58	5.08	10.05	4.15	2.60	5.36	7.68	44.49
2001	8.97	4.12	10.76	4.49	2.60	5.58	7.64	44.17
2002	8.71	3.57	10.13	4.68	2.41	5.30	6.96	41.76
2003	7.62	2.57	10.28	4.81	2.10	5.52	6.88	39.76
2004	5.13	1.69	11.99	4.08	1.69	4.94	6.13	35.65
2005	4.98	1.30	11.63	4.13	1.61	4.45	6.32	34.42
2006	3.95	1.17	11.21	4.26	1.39	4.24	6.80	33.01
2007	3.30	1.12	10.05	4.27	1.35	3.88	4.87	28.83
2008	3.01	0.74	9.15	4.00	1.32	3.56	3.52	25.30
2011	2.38	0.65	8.28	3.54	1.02	3.02	3.25	22.14
2012	1.98	0.69	8.08	3.46	0.84	2.47	3.57	21.10
2013	2.00	0.66	7.30	3.44	0.84	2.31	4.19	20.74

注：（1）本表中的企业不包含国有独资、集体独资、法人独资、个人独资、港澳台独资和外商独资企业。

（2）上述指标是各类企业产值分别占当年全部工业产值的比重。

在 1998—2013 年期间，国有控股公司的数目大幅度下降。虽然企业整体创造的产值可能在增长，但其份额却不可避免地出现下降，至 2013 年，国有控股股份公司的产值份额从起初的 10％下降至 2％。集体控股企业则不仅数量减少，而且整体的产值规模和产值份额也都在明显降低。法人控股和个人股控股的企业产值份额略微有所增长，港澳台资和外资控股企业的产值份额还似乎略微下降。总体来看，全部股份公司的产值占比呈现出明显下降态势，从 1998 年到 2013 年，下降了约 20 个百分点。

由此可见，排除了单一资本的独资公司外，全部的多元化股份公司仅占 20％左右的产值份额，这个比例明显低于 1998 年。这表明了这类企业的发展态势，是越来越趋向于产权的明晰，还是越来越趋向于产权的集中？从这一阶段来看，一元化的单一股权企业相对多元化的混合股权企业，似乎更加具有发展增长潜力。

如果考虑一元化的独资公司，那么在工业总产值中，贡献份额最大的是个人独资公司，其次是法人公司，再次是国有公司，以及外资公司。如果考虑多元化的股份公司，则贡献最大的当属法人控股企业，其增长不仅依靠企业数目的增长，也依靠规模实力的扩张，因此，在全部股份公司中，法人股企业已经成为在总量上规模最大的股份企业。

那么，混合股权的股份公司为什么会大量产生？它在发展过程中经历了哪些变化，在这些变化的背后是什么力量在发生作用？为什么那些产权性质不清晰的法人公司会取得较好的增长业绩和扩张能力？在这些法人公司中，或许还可以有更具体的分类？或者说那些具有较好绩效的企业都有什么特征？在民营化的过程中，绝大多数改制企业的形成也是选择了混合股权的公司制，在许多民营企业的成长扩张过程中，它们也都不同程度地吸收了各类外部投资者的股权参与。因此，这些问题值得深入探讨。

以下我们将按时间顺序梳理一下有关中国股份制企业从无到有、从小到大的发展历程，然后，在此基础上对当前中国股份制企业的发展逻辑进行探讨。

4.2　1994 年以前：以集体所有制或债券性质存在的股份制试点

股份制概念和股份制企业在中国的历史并不短，只是一直没有真正发展起来。创建于 1872 年的轮船招商局是中国最早的股份制企业，此后，开平矿务局、中国通商银行等股份制企业亦相继创立。民国时期，股份制企业数量规模有所扩大，法律法规也有所完善。股票交易活动开始出现，并诞生了中国第一家证券交易所，即 1918 年 6 月北京证券交易所开业。但是，在新中国的计划经济时期，股份制的概念和股份制企业均退出了中国的历史舞台。直到 1978 年改革开放开始，股份制的概念和股份制企业开始在中国重新萌芽和发展。

改革开放后，中国股份制企业的萌芽最先是完全自发性地出现在一些农村地区。1978 年农村实行联产承包责任制后，一些地区的农民自发采用

"以资代劳、以劳带资"等方式，通过各种生产要素入股，形成了一批合股经营、具有股份制性质的乡镇或乡村企业。1984 年后，城镇集体企业和国有小型企业开始进行股份制试点，股票柜台交易开始出现。由于没有正式的法律依据，舆论上处于激烈的争论之中，早期股份制企业和股票交易的出现均具有一定的"灰色"色彩，以至今天对于到底谁是新中国第一家股份制企业和谁发行了新中国企业第一股存在着争议。

根据中国证监会《中国资本市场发展报告》，在著名的北京天桥和深圳宝安公开发股之前还有两起中国企业发行股票的案例。一是 1980 年 1 月，中国人民银行抚顺市支行代理抚顺红砖厂成功地面向企业单位发行了 280 万股股票。二是在 1980 年 7 月，成都市工业展销信托股份公司，按面值向全民和集体所有制单位发行股票，招股 2 000 股，每股 1 万元，到 1983 年实际募资 1 400 万元，这是新中国成立以来有记载的第一家以募集方式设立的股份公司。

1983 年 7 月，广东省宝安县联合投资公司在《深圳特区报》刊登招股公告，以县财政为担保，向社会发行股票 1 300 万元，这是首家通过报刊公开招股的公司。此后，1984 年 7 月在北京天桥开启了国有企业股份制改造试点的先例，广东和上海等城市也选择了少数企业进行股份制试点。1984 年 11 月上海飞乐音响公司成立，1985 年 1 月上海延中实业有限公司成立，全部以股票形式向社会筹资（后改名方正科技）。1985 年广州绢麻厂、明兴制药厂、侨光制革厂等三家国有中小型企业也进行了股份制改造试点。1986 年 9 月，中国工商银行上海信托投资公司静安证券部开办了"飞乐音响"和"延中实业"两只股票的柜台交易，它们成为中国改革开放后的第一批上市股票。1988 年 4 月，深圳发展银行的股票在深圳特区证券公司挂牌买卖，它成为中国第一家公开交易流通的金融股票。

到 1986 年 12 月，国务院发布了《关于深化企业改革增强企业活力的若干规定》，指出"各地可以选择少数有条件的全民所有制大中型企业进行股份制试点"，开始有越来越多的企业，包括国有大中型企业在内，纷纷进行股份制试点，公开或者半公开地发行股票。

至 1991 年底，全国有各类股份制试点企业 3 220 户（不包括乡镇企业中的股份合作企业、中外合资企业以及国内联营企业），其中，占大头的是内部职工持股的试点企业，达 86%，法人持股的企业占 12%，向社会公众发行股票的企业 89 户，仅占 2%。在这 89 户企业中，国家股占 47%，国内法人股占 29%，个人股占 14%，外资股占 9%。[1]

由此可见，这些早期的"股票"，很多带有债券的性质，一般按面值发行，并且保本、保息、保分红、到期偿还。通过股份制，向内部职工或者地方公众，筹集急需的生产建设资金，是这些早期股份制企业诞生的直接诱因。因此，绝大部分企业都是内部职工持股为主，而向社会公众发行的企业极少，这类具有公众发行股票权的企业也通常是以国有企业为主，才能获得这种优惠的融资政策。

在推动中国早期股份制企业发展上比较有代表性的地方政府是上海和深圳，这两个地方政府都在 20 世纪 80 年代的中后期出台了地方性的股份制企业法规。1984 年 7 月，中国人民银行上海分行发布了《关于发行股票的暂行管理办法》，1987 年修订为《上海市股票管理暂行办法》。1986 年 10 月深圳市政府发布了《深圳经济特区国营企业股份化试点的暂行规定》。

到了 1990 年 3 月，中央政府正式允许上海和深圳两地试点公开发行股票，两地政府随后分别颁布了有关股票发行和交易的管理办法。1990 年 11 月，上海市政府发布《上海市证券交易管理办法》，此前的 1987 年 1 月，中国人民银行上海分行曾发布了《证券柜台交易暂行规定》。1991 年 5 月，深圳市政府发布《深圳市股票发行与交易暂行办法》，1992 年 1 月深圳市政府又发布了《深圳市股份有限公司暂行规定》。

案例

天桥百货案例：债券筹资性质的股份制企业

1984 年 7 月 25 日北京天桥百货股份有限公司成立，一般认为这是改革开放后中国的第一家股份制企业。

北京天桥股份有限公司公司前身是一家成立于 1953 年的全民所有制企

---

[1] 参见刘鸿儒：《关于我国实行股份制的几个问题》，《人民日报》1992 年 6 月 23 日。

业，原名为中国百货公司北京市公司第四批发部，后定名为天桥百货商场。
1983 年，时任天桥百货总经理的张继斌和常务副总经理臧怀俭都是充满想
法的企业领导人，他们完全是根据自己对于改革的理解，以及对于过去旧时
代股份制的一些记忆，来进行企业制度创新的。

据张继斌回忆，改革的最初动力在于天桥人对自主权的渴求。那个时
候，天桥百货只是崇文区百货公司属下一个小小科级单位，他作为总经理只
有十元钱的审批权。场地的破败则是困扰经营者的另一大问题。那个时候的
天桥百货在一个 1400 平方米的大棚里营业，屋架的木头早已朽坏，吊顶用
的是苇席，灰坯墙上窟窿遍布，每当雨季来临，还需要支上铁柱以防倒塌。
修建的愿望由来已久，只是苦于资金的匮乏。幸运的是，天桥百货经营者们
改革的冲动也符合了高层的设想。1983 年 4 月，北京市体改办与北京财贸学
院企业课题小组一起会诊天桥百货。经过调查，三方达成共识，实行股份制
改革将是有效出路。

1984 年，中国改革开放后第一家股份有限公司——北京天桥百货股份
有限公司成立，首次公开发行定期 3 年的股票 300 万元。1988 年二期又发
行 700 万元。二期股票的样式是：蓝色勾边，下附绿色的股息和红利票。
更奇特的是，它背面还注明收益：5 年还本，除分红外保证每年 5.4% 的
利息。

表 4.8 天桥百货：新中国第一家股份公司的成长历程

时　　间	事　　件	总股本
1953 年 4 月	公司前身中国百货公司北京市公司第四批发部创建，后定名为天桥百货商场	
1958 年	全国第一面商业红旗；全国"学天桥、赶天桥"	
1984 年 7 月	股份制改造工作，天桥百货股份公司成立，由工商银行代理分期发行股票	
1992 年底	共发行股票总额 2 870 万元	
1993 年 5 月正式上市挂牌	京体改委字（1993）第 43 号文批准，作为社会募集公司向社会公开发行股票，在上海证券交易所挂牌交易	47 435 468 股
1994 年 1 月	每 10 股送 2 股配售 8 股	76 318 933 股

续表

时　间	事　件	总股本
1998 年 4 月	每 10 股送 2 股	91 582 720 股
1998 年 12 月	北大青鸟通过协议受让天桥百货 15 349 870 股法人股，占股本总额的 16.76％，成为第一大股东。公司更名为北京天桥北大青鸟科技股份有限公司	
1999 年 4 月	每 10 股送 3 股	119 057 536 股
2000 年 9 月	每 10 股配售 3 股	137 752 179 股
2001 年 10 月	每 10 股转增 3 股	179 077 832 股
2003 年 7 月	每 10 股派送红股 2 股每 10 股转增 5 股	304 432 315 股

1993 年 5 月经北京市经济体制改革委员会正式批准，同意天桥百货作为规范的社会募集公司向社会公开发行股票，发行后总股本为 47 435 468 股，同时股票在上海证券交易所挂牌交易。

资料来源：《新京报》2008 年 7 月 25 日，www.thebeijingnews.com。

案例

上海飞乐案例：集体所有制性质的股份企业

1984 年 11 月 14 日，经人民银行上海分行批准，由上海飞乐电声总厂、飞乐电声总厂三分厂、上海电子元件工业公司、工商银行上海市分行信托公司静安分部发起设立上海飞乐音响股份有限公司，向社会公众及职工发行股票。总股本 1 万股，每股面值 50 元，共筹集 50 万元股金，其中 35％ 由法人认购，65％ 向社会公众公开发行。上海飞乐分司发行的是不偿还股票。这是中国改革开放后第一张真正意义上的股票。以下为飞乐首任董事长对飞乐公司发行股票历程的回忆：

我是 1984 年被任命为上海电声总厂厂长，就是“大飞乐”飞乐股份的前身。电声总厂主要生产喇叭，当然也可以做成音响。那个年代上海街头开始出现音乐茶座，生意很好，对音响设备需求很大。我就琢磨着是否可以扩大音响生产。但是在一个萝卜一个坑的计划经济年代，计划外的经营活动最缺的就是资金。我把扩大音响生产的想法向上级作了汇报，他们同意，但资金要我自己想办法。

1984 年上半年，我在长宁区参加工商联的会议，听一些老工商业者聊天说起旧上海很多民族企业用股票集资，这是我第一次听说股票这个东西，当时理解就是一种集资的凭证，根本没有意识到股份是关系到产权证明的东西，那个时候如果知道发行股票意味着搞产权多元化改革，认识到这个层面的话，估计我就没胆子搞下去了。就是偶然中得到的这点股票知识，让我想到了通过发股票向其他单位和内部职工集资。这个想法得到了上级支持，回头看，其实那个时候，大家都没有理解股票的真正含义，把它等同于国库券。

原本的计划只是内部集资，通过职工入股扩大生产经营。银行给了 50 万人民币的"集资份额"。

当时《新民晚报》记者采访时问："你们准备向社会发行啊？"而我没有多想企业内部这个小社会和外部的大社会之区别，也随口答应说："当然要向社会发行。"结果第二天《新民晚报》上《"电声总厂"即将向社会发行股票》的百字新闻引起了轰动，在市民高涨的购买呼声压力之下，最后我们拿出 10％的股份向社会个人发行，一天就卖光了。这样一个偶然，逼着我后来不得不公开发行。可以说，新闻舆论的推动，使"小飞乐"在股份制道路上迈出了一大步。

实际上，我们当时发行的一万股（记者注：每股 50 元）股票，更像是债券，甚至比债券还保险，因为规定对个人股东实行"保本保息"，还实行"自愿认购，自由退股"，按银行一年定期储蓄存款利率计算股息。要是没有保本保息这一条，老百姓谁敢买啊？

银行要求发行股票后公司不仅要有董事会，而且还要有影响的人来担任董事。公司选择了荣墨珍（荣毅仁的妹妹）。荣墨珍很高兴地接受了公司的邀请。在对外发行股票的时候，还主动认购了 1 000 股。

上海飞乐音响公司召开成立大会后，担任董事长兼总经理的我去工商部门登记，上海市工商行政管理局工作人员询问："你们是什么制的？"我回答："我们是股份制！"当时工商登记的表格上只有三种选择：国营、集体和私营。我想，既然不是国营的，也不是私营的，那就登记集体的吧。股份制企业登记为"集体所有制"还带来了后来的一些争议。公司分红受到了税务局的质疑，税务局认为股份制企业分配给股民的红利就是在私分国家财产，是让国家资产流失。

资料来源：黄俊峰：《访谈飞乐音响首任董事长秦其斌》，《中国证券报》2008 年 7 月 7 日。

正如以上案例资料中飞乐股票阴差阳错地由内部集资变成公开发行一样，整个 20 世纪 80 年代股份制试验都带有摸索和偶然的性质，没有全国统一的任何规范，主要是企业出于集资的目的自发要求和改革意识比较强的一些地方政府在推动。

在城市，股份制发展的早期阶段完全是带有试探和试验的性质，主要是企业自发地进行。由于大环境和政策没有放开，这样的试探只能是小规模的。实际上，当时的这些股份制企业并未具有股份制企业的真正功能，而只是为了满足一时的资金需要，筹资完成以及还款后便不再具有持续性了，基本上是一次性的筹资活动。例如，天桥公司的第一、二期的股票都具有三年定期和五年还本这样的债券性质。上海飞乐的股票略胜一筹，属于不还本股票。不过这些早期股份企业在企业机制上，在企业的权益关系上，基本上还是保留原先的体制，没有任何变化。然而，不管怎样，这是股份制的最早萌芽，它所具有的形式，往往比其内容更加具有意义。它是一个改革的标志，是一个走向未来的起点。

在农村，早期的股份制发展表现为股份合作企业的出现。在浙江，股份合作企业的起源可以追溯到社队企业的分车间核算。20 世纪 80 年代初，社队企业转向个体化经营，一部分社队企业变成了数以百计的家庭工业户，另一部分企业由于生产工艺的不可分拆，则分成若干独立经营、自负盈亏的小单位，进而转变成为独立的企业，也就是成为最早的一批股份合作企业。[1]

后来，农村大多数的股份合作企业是由家庭作坊和供销员自愿联合组成的。20 世纪 80 年代中期，市场竞争日趋激烈，家庭工厂势单力薄，为了应对原材料采购、资金、销售等市场困难，这些家庭工厂便在自愿互利基础上

---

[1] 参见史晋川主编：《中国民营经济发展报告》（上），经济科学出版社 2006 年版，第 24 页。

联合起来，进行专业化分工或者联合经营，形成了各种类型的松散或联合程度不一的股份合作企业。

股份合作企业的兴起，温州市地方政府将其定性为"新型的合作经济组织"，给予大力扶持，1989 年又将其定性为"集体所有制企业"。股份合作企业就在这样的名义下迅速的发展起来了，由于具有一定的新型组织的名分，企业能够得到较多的政府支持，能够解决一些个体户所不能解决的市场困难，因而一时成为温州的主要企业组织形式。到 1987 年末，温州有股份合作企业 22 000 多户，到 1993 年，仍有 36 845 户，占全市企业总户数的 54.2%。[1]此后，股份合作企业数量开始下降，逐步完成了其历史使命，而转向有限责任公司的发展阶段。

由此可见，股份制早期在中国的发展是以一种集体所有制的名义进行的，是按照人们对于股份企业的各自理解的方式去发展的。由于股份制这种企业组织形式具有极大的包容性，各种所有制都能在其中找到属于自己的位置，因而它也就成为改革早期阶段私营企业的最好的保护形式。这些私营企业能够在外部不利的环境下，凭借这些集体性质的保护伞而获得生存和发展的机会。

4.3　1994—1999 年：股份公司的形成和大量涌现

1992 年邓小平南方谈话后，全国各地兴起了大办公司的热潮，数不清的公司如雨后春笋般地冒了出来。"公司"这个词在那个时代一度成为企业的最为时髦的替代名称，所有的企业，不管是私营，还是集体，或者是国有，都把自己的企业称为公司。

1993 年 12 月，人大常委会通过了《中华人民共和国公司法》，这是新中国的第一部公司法，从 1994 年 7 月 1 日开始正式实行。从此，各种自发的或者通过"试点"诞生出来的中国股份制企业开始有了国家法律层次上的正式身份。在这部《公司法》诞生以前，中国的企业立法是依据所有制不同而

---

[1]　参见史晋川主编：《中国民营经济发展报告》（上），经济科学出版社 2006 年版，第 25 页。

分别立法的，如《中外合资经营企业法》《外商投资企业法》《中外合作经营企业法》《全民所有制工业企业法和私营企业暂行条例》《乡镇企业法》等等。从《公司法》及其后的《合伙企业法》《个人独资企业法》，开始按股东人数和股东责任形式进行企业立法。《公司法》明确了股东的有限责任，为"资合"开辟了道路，从而为真正的股份制企业的发展提供了法律保障。

表 4.9　中国现行法律体系下可供选择的企业组织形式

按所有制进行的传统企业立法体系	按责任形式进行的现代企业立法体系
《中外合资经营企业法》，1979 年 7 月 1 日颁布，2001 年 3 月 15 日修正 《外商投资企业法》，1986 年 4 月 12 日颁布 《中外合作经营企业法》，1988 年 4 月 13 日颁布，2000 年 10 月 30 日修正 《全民所有制工业企业法》，1988 年 4 月 13 日颁布 《私营企业暂行条例》，1988 年 7 月 1 日颁布 《乡村集体所有制企业条例》，1990 年 5 月 11 日颁布 《城镇集体所有制企业条例》，1991 年 6 月 21 日颁布 《乡镇企业法》，1996 年 10 月 29 日颁布	《公司法》，1993 年 12 月 29 日颁布，1994 年 7 月 1 日开始施行 1999 年 12 月 25 日第一次修正，2004 年 8 月 28 日第二次修正 2005 年 10 月 27 日第三次修订，自 2006 年 1 月 1 日起施行 《合伙企业法》，1997 年 2 月 23 日颁布，2006 年 8 月 27 日修正，2007 年 6 月 1 日起施行 《个人独资企业法》，1999 年 8 月 30 日颁布，2000 年 1 月 1 日起施行

　　《公司法》的颁布，为广大企业提供了一个建立现代企业制度的规范。从此以后，所有的新建企业都有了一个较为明确的企业组织框架，越来越多的企业选择股份公司作为自己的发展平台，同时，股份公司也越来越普遍地成为现代企业制度的基本制度框架。

4.3.1　新生民营企业的股份化

案例

李宁公司案例

　　李宁在 1988 年汉城奥运会失利之后，企业家李经纬邀请李宁加盟健力宝。1989 年 4 月，李宁正式接受了广东健力宝集团的聘任。几个月后，李宁向李经纬提出，想办一家体育服装厂。1990 年，由三方共同投入的中新（新加坡）合资健力宝运动服装公司挂牌成立，其中健力宝出资 1 600 万元，由李宁出任总经理，其服装品牌则被命名为李宁牌。李宁公司刚创办时，是李宁和几位退役的队友，还有李宁的家人如哥哥、嫂子、表弟等一起在操作，那时的李宁是个十足的家庭公司。到了 1992 年，李宁就开始有意识地聘请专业人才加盟。为李宁公司发展起过关键作用的第二任总经理陈义宏，就是被李宁从当时有名的运动服生产企业十佳公司请来的。陈义宏以及一批专业人才的加入，创造了 1993—1996 年李宁公司的第一次辉煌，公司营业额每年以 100％的比例增长。

虽然李宁公司得到了迅速增长，但是，李宁公司是健力宝的子公司，而健力宝的控股股东是广东三水县政府，是国有资产。在李宁心中，他更希望公司朝着现代企业模式发展。这在当时看来并不易，起码有两个核心问题必须解决，一是对公司进行股份制改造，另外一个是将李宁商标从健力宝中分离出来。

1994 年初，李宁同首都经贸大学教授刘纪鹏见面了。刘纪鹏以多年关注企业改制的经验来看，李宁公司的产权不清对于李宁今后的发展将是致命的，他极力鼓动李宁脱离健力宝。李宁遂定下决心和李经纬以及三水市政府摊牌、分家。李经纬相当大度，完全支持李宁自立门户。1994 年底，只是在股份和品牌采取了一些变动措施，李宁公司就顺利脱身。而健力宝投入的 1 600 万，李宁分三次用现金进行了偿还。

1994 年 9 月，李宁体育产业公司正式成立，作为控股的母公司，初步实现同资本市场的对接。1995 年底，李宁集团成立，李宁亲任集团董事长兼总经理。1996 年初，集团总部北上，从广东迁到北京。1996 年李宁公司创下了 6.7 亿元的历史纪录。1997 年，李宁萌发了强烈的上市冲动，并把上市地选定为香港。1998 年起，李宁聘请了资本运作方面的专家为独立董事，1999 年他又聘请各个领域的专业公司协助公司完成整体战略，此举旨在增强公司的国际竞争力。一系列的改革措施获得了成效，李宁公司终于于 2004 年 6 月 28 日正式在香港主板市场上市，公开发行 2.47 亿股，并于 7 月 9 日再次增发新股 3 697.6 万股，而李宁及其家族拥有资产在 10 亿港元以上。

资料来源：《李宁：从运动员到富豪》，网易财经 2008 年 8 月 6 日。

1995 年 7 月，国务院发出通知，要求全国的各类公司都必须按《公司法》的要求进行规范和重新登记，凡在 1996 年底前达不到《公司法》规范要求的企业，必须依法变更登记为其他类型企业，不得使用"公司"来登记注册。因此，通过这样的清理，全国的公司总数从 1994 年的 136.5 万户，骤减为 17.99 万户。到 1998 年底，按《公司法》规范原有公司的任务基本完成，当年全国公司制企业总数达到 57.54 万户。[1]

在浙江台州，20 世纪 80 年代以来，上万家股份合作企业形成了其经济发展的最活跃细胞。然而，90 年代中期以后，企业数从鼎盛时期的 25 000 多户减到 17 000 多户。这消失了的 8 000 多户企业大致有三个去向：一是低效率企业被淘汰出局，二是一批企业转化为公司制企业，三是摘去了股份合作的帽子，还原为本来的家族企业的面目。[2]从《公司法》颁布的时间来看，这正是对企业进行整顿治理的过程，因而相当一批不规范的股份合作企业转变成为了比较规范的有限责任公司。因此，可以说中国那个时候的股份制企业，很大程度上是从那些所谓不伦不类的股份合作企业、集体企业或联营企业中发展出来的。当然，许多新生的企业，一开始就选择了这种产权清晰的股份公司的形式作为自己的发展平台，这样，他们以后的麻烦就会少得多。

4.3.2 集体企业或国有民营企业的股份化

20 世纪 90 年代中期以来，许多早期诞生的产权不清、不规范的企业都纷纷开始明晰产权。例如，北京的四通集团和联想集团，都相继制定了自己的产权重组方案。至 20 世纪 90 年代末期，这些企业，包括四通、联想、北大方正、清华同方基本上都完成了股份产权明晰的改造，成为规范的股份公司。

案例

联 想 案 例

联想是一个国有高科技企业，但它与那些国家投资几亿或几十亿元的传

---

[1] 参见《工商行政管理统计汇编》历年。
[2] 参见刘小玄主编：《中国企业发展报告 1999—2000》，第 176 页。

统国企明显不同，它的实质是"国有民营"，即具有名义上的国有，但骨子里是民营的企业。1984 年 11 月，中科院计算所在北京海淀区注册成立了一家公司——中科院计算所新技术发展公司，即联想的前身。该公司最初由 11 名计算所的员工组成，性质为全民所有制，注册资本 100 万元，计算所实际注入资本 20 万元，其来自计算所的预算外收入。在发展初期，联想公司与计算所之间的界限是模糊不清的，公司资金困难时计算所曾给予帮助，人员可以去计算所挑选，给公司以计算所的金字招牌，同时，公司赚了钱也可以给计算所发奖金等等。不过，计算所从来不干预公司的任何业务，公司实行的完全是总经理负责制。

联想在发展过程中的第一家联营合作者是北京海淀区供销合作社，1987 年签订联营协议，两年后双方联合成立北京联想公司，注册为全民和集体联营，这一联营合资的目的是为了解决发展所需的场地问题。为了扩大业务，突破国内生产许可证的束缚，1988 年联想进军香港，选择香港导远公司和中国技术转让公司作为第二次的合资伙伴，三家各出资 30 万元港币，成立香港联想。1992 年为了上市，联想增资扩股，股权结构变为联想 53.3%，导远 43.3%，另一公司仅占 3.3%。1994 年联想在香港上市，经过一番整合，形成以香港联想为主体的上市股份公司，而北京联想的一部分则成为其全资子公司。同时，北京联想的另一部分则成为联想上市集团公司的控股公司，控制 60.8% 的股权，另外香港导远和公众股为 39.2%。

1993—1994 年期间，联想出现断层危机，新老人员青黄不接，极大阻碍公司发展。为了实现充实新人，妥善安排最初创业者，实现顺利交接发展，联想必须实行股份化改造。经过与中科院的一年多的磋商，最后确定中科院 20%，计算所 45%，联想自身 35% 的股权分红比例，从 1995 年实施。由于当时的政策限制，当时划分的比例只是分红权，而非正式股权。

1999 年联想推行内部员工持股计划，对联想自有的 35% 的股权进行分割量化，创业员工（1984—1985 年加入的）获得其中的 35%，核心员工（1988 年前加入的）获得 20%，未来的骨干人员，包括现在的员工，则获 45%。

至此为止，联想成功地实现了股份化改造。在国有资产管理体制改革迟迟难以推进的情况下，通过在香港上市的方式，规避了国内的产权关系变化的不确定性，形成了一种积极的制度创新。也就是说，不管联想的国内控股公司的财产权如何变动，北京联想作为香港联想的子公司，其享有的待遇是不会变化的，是受到香港的市场保护的。

资料来源：参阅刘小玄主编：《中国企业发展报告 1990—2000》，社会科学文献出版社 2001 年版，第 308—314 页。

联想之所以能够实现成功的股份化，以下几点是极其重要的：一是其国有"老板"是中科院，这是一个极其明智的、从不干预、也不行使否决权的所有者，其放手让企业去大胆地进行制度创新和改革；同时，企业创业者也是具有较高素质，具有良好自律性的经营者。二是联想是一种高科技企业，为人力资本密集型，早期对资本需求不是很大，因而从一开始就只需很少的国家资本注入。三是他们会巧妙地寻找各种合作伙伴，在不同时期，充分利用不同的资源要素，通过一定的股份化激励整合这些要素，来进行企业发展与扩张。四是企业能够及时在需要大量资金投入时，打开通向上市的渠道，并通过在香港上市，对国内企业进行整合，形成规范的上市股份公司。五是及时地对企业内部的新老员工进行合理的股权配置，以便确保充分的未来激励和平稳的交接过渡，同时充分利用香港市场的产权保护规则，规避国内产权政策的不确定性，因而能够确保人力资本的产权激励得以实现，完成从国有企业到股份公司的成功过渡。

正是在这些产权创新制度的保护下，在海外成熟制度的产权保护下，在完全竞争的国内外市场上，联想才能保持持续的发展后劲，才能具有长期行为作为企业经营的基础，因而成功地发展壮大，从一个默默无闻的小企业，成长为中国的著名品牌企业。

除了联想之外，其他许多集体或乡镇企业，也是在这段时间完成了其股份化改造的，例如江苏的一些企业，包括江苏振新、兴澄股份、江苏阳光、江苏吴中、永鼎光缆等，都是从原来的乡镇企业转变成为上市公司的。还有许多浙江的大型乡镇企业，也是在这段时期内转变成为上市的或暂未上市的股份有限公司，例如波导公司、横店集团、雅戈尔公司等。

案例

波导公司案例

邓小平南方谈话之后，引发了新一轮的下海潮，知识分子创业的比较多。当时几个刚出大学校门的学生，拿出了一个研究生产数字寻呼机的可行性报告，跟不止一个地方政府谈过。当时奉化的领导看好这个项目，欢迎它并表示愿意提供资金支持，并且允许无形资产入股；几个学生"出力"占49％的股份，地方政府"出钱"占51％的股份，形成了波导公司的前身，性质为乡镇企业。对创业者来说，这种股权安排是非常优惠的，在其他地方是无法得到的。

波导创业时出面的是大桥镇政府，即奉化县下属的一个镇。当时只有500万元资金，还是以负债的形式拿出来的，这点资金只能够买一些简单的研发设备以及元器件等。虽说这笔钱不是政府投资的，而是政府出面通过金融机构贷到的（后来早已还清了）；但是，如果没有这笔钱，他们是无法启动他们的创业项目的。

1995年波导成为有限责任公司，创业4人团队组成的电子研究所（即奉化波导通讯技术研究所）占80％股权，地方政府占20％。当时波导是宁波市规模最大的电子信息企业，销售上亿元，利润过千万元，在行业里面也是比较重要的。在这个过程中，宁波市政府手中有一个很重要的资源，那就是上市指标。作为计划单列市，宁波有上市指标。宁波原有的国有基础是很薄弱的，那个时候民营企业的上市则是障碍重重。1997—1998年，作为行业主管部门，宁波电子信息工业集团想改组波导公司，将其变成国有控股，从而享受上市指标。

这实际上是一个资产重组和股权改造的过程，最后与波导谈成了。这与波导团队的开放思想有关，他们并不着眼于眼前的利益，而是做长远打算。宁波电子工业集团也不是通过注资的方式获得股权，而是把自己旗下的两家工厂（做电容器的）让波导收购，从而成为波导的大股东，宁波电子工业集团持有波导45％的股份，创业团队放弃控股地位，做二股东。股份制改造后成立的公司叫做宁波波导股份有限公司（1999年成立），当时有5个股东，其中 3 个国有股东。宁波电子是第一大股东，占 45％。镇政府将原有 20％的股份的一部分卖给了两个国有小股东，镇政府收到了现金，但他们还是留了一点股份，波导创业团队占 44％。除了宁波电子和创业团队之外，另外三家小股东的股份加起来占 11％。全部国有股加起来 51％。

在这个过程中，宁波市政府找到了一个高科技的投资领域，以徐立华为代表的创业团队从 80％的绝对控股退到了 44％。因为他们还是想圆他们的手机梦，手机是需要审批的，而当时靠波导自己是不可能的，实力也不够，牌照问题也解决不了。

成立股份公司的第二个目的是解决资金问题，因为手机对资金的投入要求比较大。第三个目的是技术。如果波导不进行重大变革的话，这三个制约它都无法突破。在争取手机生产牌照的过程中，波导股份的第一大股东宁波电子工业集团发挥了至关重要的作用。另外，有了上市指标之后，发行股票之前就可以得到贷款，这样资金问题就解决了。技术瓶颈的突破，他们是通过寻找国外的合作伙伴（法国的 SAGEM 公司）来解决的。在各方努力下，波导于 2000 年顺利实现挂牌上市，波导的发展可以归结为青年知识分子白手起家、艰苦创业，同时也是民营资本和国有资源有效结合，借助资本市场发展壮大的历程。

资料来源：作者实地调查。

作为民营高科技企业，波导公司的创业和发展经历了一番相当复杂的重组过程。为了实现创业者的高科技目标，单凭手中的一些技术构想蓝图是远远不够的，要把这些想法变成真正的产品，还有很多关要过。他们比一般的民营企业需要更多更大量的资金投入，需要获得政府特许的生产许可证或牌照，需要吸引一批能够从事研究和开发的技术队伍，需要有上市公司的指标等，这些都决定了他们必然要得到政府的支持，哪怕是一个很底层的乡镇政府，也都能够起着决定性的作用。在这种情况下，一个能够激励创业者的所有权安排，即创业者技术股占 49％和大桥镇政府贷款融资股占 51％的产权结构就诞生了，这就是最初在奉化大桥镇政府支持下形成的波导的雏形。

此后，几经波折，波导的公司的产权结构也几度变化，创业团队最高时控股达到 80％。但是，当波导想要实现做手机的目标时，它们则需要与政府合作。双方谈判的结果是，波导以退出控股权为代价，让政府获得第一大股东的控股权，从而获得了上市指标和手机牌照。因此，波导公司最终跻身为一家国有控股的上市公司，但其骨子里还是民营的基因，企业实际经营权仍然在最初的创业团队手中，不过波导必然要受到许多有形或无形的种种制约。这样的所有权结构就成为波导后来一度成为国内最大手机生产商所赖以起飞的平台。

4.3.3　国有企业的股份化改造及其上市

1993 年，中央政府首次向全国下达了 50 亿元的股份公募配额。全国共有 180 户企业获得了股票发行权。这些企业分别在 1994 年前后向社会发行了股票，并随后在深圳和上海的证券交易所挂牌上市。

表 4.10　股份上市公司数目及市值变化（1993—1999 年）

	1993 年	1994 年	1995 年	1996 年	1997 年	1998 年	1999 年
上市公司数目（户）	183	291	323	530	745	851	976
股票市价总值（亿元）	3 531	3 691	3 478	9 842	17 529	19 506	26 471

资料来源：《中华人民共和国 1999 年国民经济和社会发展统计公报》，《中国统计》2000 年第 3 期。

当时，由于资本市场的供不应求，企业上市后立即身价倍增，因而上市公司的指标成为稀缺资源，各地各省都竭力争取尽可能获得较多的上市公司指标。为了平衡各地的需求，中央对于这种公募配额大致采取了平均分配方式，分到各省市和各部委单位。各省市和部委又把这些指标优先分给了其下属的那些需要扶持的国有重点企业。因此，上市公司的绝大多数都是由国有企业改造而形成的。

通常来说，上市股份公司需要通过两条途径来实现有效的股份化改造。一是通过控股权的合理配置，来实现提高企业绩效的目标；另一是通过企业市场价格的变化，给企业施加压力迫使其进行重组，或给企业激励促使其扩张。

首先，我们来考察上市公司的控股权配置。

在将国有企业进行股份化的过程中，政府有关部门颁布了一系列的文件和规定，对保护国有产权作了详尽规定。为了保证国有产权不致在流动中流失，几乎所有的国有企业在上市时都设立了占绝对控股比例的国有股，而且都是非流通股。据有关统计，到 1999 年 10 月底，沪深两地 A、B 股市合计发行股本约 2 800 亿元，其中上市流通部分只有约 900 亿元，未流通部分约占 68%，而在这部分未流通股权中，国有或国有法人企业约占90%。[1]

上市公司的股权结构中包含的很大部分的非流通股权，其对应的资本是无法流动的资本存量。所以，中国这样的股权结构注定了这些上市公司，尤其是国有上市公司，不会受到资本市场的制约。因为无论这些企业经营绩效如何，其国有控制权都不会被接管，至多是换一下领导人而已，在原有的国有体制下，这样的改变是无济于事的，资本市场对于上市公司的积极意义也不再存在。国有上市公司因而受到人们的强烈质疑，无论企业如何亏损，绩效如何低下，都不会受到惩罚，最终都能得到政府保护。资本市场对于这样的上市公司完全丧失了其最重要的控股权的配置功能，难怪人们普遍认为它们的上市行为纯属"圈钱"，属于掠夺股民的财富，而不能给股民带来任何利益。同时，对于这些企业来说，它们不仅不受到资本市场的约束，而且还可通过资本市场获得最为廉价的资金来源，相对银行资金来说，股市资金不仅不需还本付息，不需分红，而且还带来可观的溢价收益和溢价配股，一元钱能够翻好几十倍。

对于这些上市公司来说，由于企业控制权的不易转让，这些控制权实际上是垄断性质的。当具有垄断控制权的企业面对的是大量分散的股民，后者显然就会处于不利的市场地位，他们很容易就被"套牢"而无法脱身，也无法对企业实行有效制裁或惩罚。因此，企业就能够不用承担任何风险，很容易通过资本市场来赚取股民的钱。

实际上，在国有控股权下国有资产的损失可能更严重，为了对付股权流动下可能造成的流失，付出的代价是控制企业的资本股权的充分流动，不让市场发挥积极的作用，因而造成更大的损失，不仅仅是企业的低效率，而且还形成资源配置长期的低效率，形成一部分人可以持续地借资本市场的势力来掠夺另一部分人的利益，这也是形成社会不公平分配，造成社会情绪不满

---

[1]　参见刘小玄主编：《中国企业发展报告 1990—2000》，第 202 页。

和社会不稳定的重要根源之一。

其次，我们来考察上市公司的定价权。

资本市场的价格对于股份企业究竟能否发挥积极作用？在哪些方面能够起一些积极作用？这是关系到上市的股份公司的改造是否成功或有效的另一关键。

上市公司中的国有股份有限公司与一般国有企业相比，除了在资本市场的融资特许权外，在其他方面，例如经理任免权、资产处置权、收益分配权、生产经营权等等，似乎与一般国企并无根本区别。那么，上市对于企业来说，唯一的重要作用就在于，能够通过资本市场的价格变化发挥有限的作用，这主要表现在有限的流通股的流动所能发挥出来的作用。

在一般上市的国有公司中，分散的流通股大都不超过 30％，其变化对企业的绩效没有什么重要影响。然而，这种流通股会随着企业的配股而扩大比例。总体来说，1998 年上海股市 A 股的配股总额占全部筹资额的37.64％，1999 年深沪两地的 A 股的配股额占总筹资额的35.77％。[1]这表明，配股已经成为上市公司赖以扩张的重要途径，企业要发展，就需要融资，而上市公司最简单的融资方式就是配股。

企业要想获得配股权进行市场扩张，就必然要重视本企业的相对市价，否则，就很可能无法实现其扩张目标。流通股虽然不足以动摇企业控股权，但也足以影响企业在股市上的相对价格。上市公司的价格实际上主要是由企业的流通股来决定，它虽然不能反映企业的全部价值，但也能反映局部价值，因而往往能够起到某种价格信号作用，引导投资者的投资取向。

所以，只要投资者能够获得真实的企业信息，那么就能够在有限的流通股市场上影响企业市值，从而影响企业的发展和扩张，对于市场的资源配置起到积极的作用。然而，在中国的早期股市，充满了太多的虚假信息和炒作的题材，充斥着各种短期投机行为，这就使得股市价格根本无法起到积极引导的信号作用。在信息高度不对称的情形下，企业市价难以反映企业的真实信息，因此企业受到的市场制约降低到了最低程度，它们不需依靠自身努力来提高绩效，而是依靠市场炒作来获得市值的提升。在市场价格失灵的情形

---

[1]　参见《中国证券报》2000 年 1 月 1 日第 25 版。

下，上市对于股份公司的另一积极作用也就丧失了。

总之，从企业的控股权和定价权来看，在这段期间，国有绝对控股权的垄断地位和市场信息的混乱，都会导致资本市场的失灵，没有来自资本市场的压力和动力，上市公司的股份制改造很难取得积极有效的成果。

所以，早期的股份制改造虽然并不太成功，虽然含有过多的包装色彩，但是它提供了某种合理的平台，能够在其中容纳和演绎更多的改革内容。不过，形式上的包装也会给人们带来错觉，以为改革获得了成功，以为这些形式已经起了决定性的作用，而不再考虑进一步推进实质性的变革。

4.3.4　海外投资者对企业实行的股份化改造

案例

黄鸿年中策并购案例

黄鸿年试水的第一家企业是在他当年曾插过队的山西省。对于太原橡胶厂这个典型的老国营企业，山西省的领导与黄鸿年从讨论合资到签约，到新公司开业和资金到位，前后也就一个来月。在山西之后，黄鸿年转赴杭州，在市长的大力促成下，黄收购了两家效益很好的企业，西湖啤酒厂和杭州橡胶厂，同时还"搭购"了一家亏损的电缆厂。杭州之后，黄鸿年来到祖籍所在地福建泉州，市委书记和市长希望他能在泉州搞个项目，结果全市总共 41 个国有企业成为一揽子的合资交易。

从以上三地情况来看，中策并购基本上都是"市长工程"。泉州之后，"中策现象"已经非常轰动，黄鸿年趁热打铁又在大连一揽子收购了 101 家国营企业。从 1992 年 4 月到 1993 年 6 月间，中策集团斥资 4.52 亿美元购入了 196 家国营企业，随后又陆续收购了 100 多家，总投资额超过百亿元人民币，业务包括轮胎制造、啤酒、造纸、医药、机械、电子、食品、通讯、基础建设、化工和一般消费品，事业版图扩展到广东、福建、浙江、江苏、山东、山西、四川、宁夏、辽宁和北京等地。其涉足行业之多，跨越地区之广，以及收购过程中一次性收购几十甚至上百家企业，这在全国乃至全世界都是史无前例的。

在邓小平南方谈话后，改革开放气氛渐浓，国有企业的厂长经理们都在"摸着石头过河"，有的甚至连石头都摸不着。黄鸿年用他的经验和资本创造出一种国企改革新模式。这让各地官员大喜过望，大家纷纷希望他去给当地积重难返的国有企业打入一剂改革强心针。

一个个被纳入旗下的国有企业，整顿改革后扭亏为盈，甚至被包装后在海外上市。1993 年 7 月 1 日，"中策"将在国内收购的橡胶和轮胎企业，在百慕大注册为"中国轮胎公司"并成功在美国纽约上市，募集资金 1 亿多美元。之后，"中策"用募资所得的 1 亿美元先后收购了重庆、大连、烟台、银川等地的 4 个轮胎橡胶厂，进而拥有了 6 家轮胎行业的工厂，其中 3 家是中国轮胎行业的定点生产厂。在啤酒行业中，"中策"则收购了北京、杭州以及烟台等地多家啤酒厂，组建了在百慕大注册的"中国啤酒控股公司"，并在加拿大多伦多招股上市成功。

黄鸿年的成功，一是因为在有实力的外商队伍当中，无人有像他这样丰富的中国式经历；二是因为当时国内的企业家群体中，几乎无人可以拥有他这样的雄厚财力、广泛人脉、广阔的国际观和敏锐的商业判断力，更难有在国际市场上练出来的国际资本运作本领。

黄鸿年在收购中的做法也让地方政府十分高兴。他肯背债务，也肯背员工包袱。被收购企业的工人，大都和黄鸿年同龄，他深深地知道他们这一代人的艰难命运，因此无论在哪里，都绝不和政府在工人这个问题上争论，无论多少都很乐意地接受。

在中国管理企业所涉及的领域之多，远非海外的企业家所能想象。黄鸿年的合资计划需要与方方面面的人士打交道，政府领导、工会、企业管理层。这也是他的强项。每到这样的关键时候，他在中国的经历就会发挥重大作用。

为什么黄鸿年改制后的国有企业大部分都能扭亏为盈？例如，最著名的泉州项目中，合资的第二年，这些企业便实现了 5 000 万元人民币的利润，而在此前，这些企业的累计亏损 911 万元人民币。原因在于，中策给它注资，合资后，需要找到优秀的人才，尊重、信任、授权给他们，放手让大家一起做。

中策投资公司绝对控股 200 多家内地企业的时候，黄鸿年在香港总部负责内地项目的只有不到 10 人。他知道国有企业的主要矛盾是体制和机制问题，而不是人的问题。因此，他收购国有企业后，几乎都是沿用原来的管理团队，改变老体制，建立新机制，调动起大家的积极性。黄鸿年通常是将原来的厂长变成总经理，书记和工会主席也都变成董事。黄鸿年结合众人的智慧，做出自己的判断，再与管理层达成共识，一个新的管理模式就诞生了。收购这么多企业，黄鸿年没有从海外派来一个经理，他知道，中国的企业管理人员除了要管好企业，还要了解国情，会和各种各样的人打交道，工商、税务、财政、卫生、市政、公安等等，海外派去的人不一定比本地人优秀。黄鸿年实行员工本地化，让大家个个领到比原来高的薪水，而且还有额外激励，每个人都工作得很开心。黄鸿年采取充分授权的管理方式，极大地调动大家的积极性。中国的国有企业人才济济，一旦转换管理机制，聪明才智得以发挥，企业的面貌就会产生变化。

然而，企业并不是单纯依靠资金和体制就能成功的，企业还需要技术、设备、产品和市场，这些都不是一日之功，而是需要创新和积累。

中策收购的企业之一是大连橡胶厂，这个国企具有相当的规模和实力，产品曾占东北市场的 70%，属于国家定点轮胎企业之一。20 世纪 80 年代后期以来，企业已不能适应市场发展，与同行业企业存在不小的差距，无法形成自身的竞争优势。在这样的情形下，中策与大连橡胶达成了合资控股协议，大连厂占 30% 的股份，中策占 70%。合资后的大连厂除了名称变了，工厂变为公司，厂长成了经理，其余的经营管理机制、技术、设备、产品等都没有什么变化，中策基本不参与经营管理。在合资过程中，中策只是单纯注入资金，而未引进先进技术、先进设备和管理，无法从根本上解决企业竞争实力的问题。为此，中策试图促使与一家台湾橡胶公司合资来解决，但台湾这个企业提出要控股，而且申明不承担原厂职工安置，于是合资失败。大连厂自 1995 年 6 月停产后一直没有开工，1996 年中策提出终止合同，双方进入资产清算阶段。[1]

对于中策的黄鸿年来说，虽然他是资本运营高手，借助国际资本市场取得资本增值，以此循环往复地陆续对中国的啤酒业、轮胎产业等多个行业实

---

[1]　参见刘小玄主编：《中国企业发展报告 1990—2000》，第 198—199 页。

施产业整合。但因缺乏企业整合和驾驭能力，忽略了被收购企业自身的经营管理，无法实质性地提升被并购企业的竞争力。

后来，当中策的影响越来越大时，中央派出调查组，没有查出黄的问题，但给黄鸿年不小的震撼。与此同时，各界对中策的争论也成为热点，于是，黄鸿年决定逐步退出在中国的投资。2000 年，黄鸿年出让了在中策的所有股权，淡出中国市场。

资料来源：崔东红、毕亚军：《黄鸿年：新加坡股市金手指》，新浪财经 2008 年 4 月 29 日，http://finance.sina.com.cn/leadership/crz/20080428/15514810750.shtml。

黄鸿年深知，在中国办企业，政策比金钱有效。同一行业的企业，有了政策优惠，你和别人便不在同一起跑线了。因此，与一般的外商不同，黄不去计较企业评估价格，承担工人安置等小问题，而是从大处着眼，力求获得股份化以后的宽松政策，来激励企业发展，提高企业管理绩效。从这个角度来看，黄实际上并不是纯粹的外商，而是在中国生长，长期生活在本地的中国人，深谙中国的规则、环境和政策，能够与中国的地方官员和厂长经理们完全沟通，理解他们的困境和最为缺乏的发展要素，因而以外商的名义获得地方政府的青睐，以外商不受约束的自由来突破内地企业的束缚，从而能调动所有可利用的资源来满足地方企业发展所需，最后能够实现外商、地方政府和企业的多赢目标。

面对市场激烈竞争，短期的外资并购下的股份制只能带来一时的积极效果，而打造企业竞争力的长期行为，则是黄鸿年并不擅长的经营之道。因此，在面对技术、设备、品牌和产业竞争力这些问题的时候，黄就变得束手无策。除了另外寻找新的合作者或收购者外，别无他法。过大的摊子，过多的行业，都早已超过了黄的驾驭能力，中策的退出则是必然的结果。

中策实际上也可保留少部分企业继续经营，以黄的能力，也不是完全经营不好。问题在于，那个不成熟的时代产生了过多的是非，作为"文革"的过来人，黄鸿年感到压力巨大，这也是其退出的必然性之一。

"中策事件"反映了那个时代国企进行股份化改造的急功近利行为，反映了地方政府在改革过程中急于求成的焦躁心态。这是一个借助外资来进行股份化改造的案例。黄鸿年较好地兼顾了各方利益相关者的利益，因而取得了一定的成功。然而，有资本之矛，无品牌之盾，企业的发展需要各种要素的综合，即使满足了一两种迫切需要的资源，那也只是产生了短期效果。在 20 世纪 90 年代中期，企业最缺的是资金和政策，能够带来这些资源的外商，自然会成为香饽饽，也会促使企业摆脱一时的困境。但是，对于企业进一步发展所需要的其他资源，中策则无法满足，无法进一步地整合资源。关键问题是，企业如果不能培养出自己的核心竞争力，完全依靠中策的经营模式，那是不可能取得持续的成功的。

"中策模式"给后来的改革提供了许多启示与经验教训，甚至形成了某种程度上的路径依赖和示范效应，后来的许多股份化发展模式，都或多或少、有意无意地带有"中策模式"的某种痕迹。地方政府的国企打包股份化改造，企业海外上市的资本运作，对国企经营层的完全放开的激励模式，以及承担所有员工安置的改制方案等等，都是后来发展中经常见到的改制现象。也就是说，具有改革意识的地方政府和黄鸿年共同合作，在短短几年内把国企的改制过程迅速地走了一遍，像是一种预演或彩排一样，然后谢幕，让大家从中回味总结，从头再来。

20 世纪 90 年代中期，我们进入了一个市场经济初期尚不成熟的时代，在大家摸索的过程中，在初步试水的股份化过程中，各种充满了试验色彩的模式不断涌现，这是我们曾经付出的努力，也是历史翻过的一页。

4.4 1999—2008 年：股份化改制、上市公司改革和民营股份公司的困境

股份企业的发展完全是一种渐进的过程，自 20 世纪 90 年代中期以后，一直是在不断地推进，从农村到城市，从小企业到大中企业，从县级到地市级，再到省级企业，按照这么一个逐渐递进的程序进行。不过，从 1999 年开始，这种渐进有了质的飞跃，其主要标志是《证券法》的实施，债转股的推行，以及大量的中小企业从股份合作制向有限责任公司的转化，使得股份制企业成为主流形式的企业制度。

1999 年《中华人民共和国证券法》的正式实施，标志着新中国股票和股票市场"试点性质"的结束，正式为国家法律所承认。如果说《公司法》提供了股份制企业产生的制度基础，《证券法》则为股份制企业或上市公司的发展提供了基本的制度空间。《公司法》和《证券法》构成的基本法律体系，以及资本市场的发展，为中国股份制企业的规范和快速发展提供了非常重要的制度支撑。

同时，债转股政策的推行，把一大批亏损或效益不佳的大型国有企业从债台高筑的境地解救出来，促使其不得不尽快接受股份制改造。获得债转股政策的企业大都是省地级的大中企业，通过中央的四大资产管理公司的注资，把原先的不良债务转化为企业股本金，从而把这些企业的负债率降低到合理水平，甩掉历史包袱，成为具有公平竞争起点的股份公司。

1998 年之后，出现了全国范围的大规模的改制浪潮，其中绝大多数企业直接就选择了有限责任公司的形式，因其能够较好地兼容多数企业所选择的多元化股权的改制模式。

在此之前的"放小"政策导致了大量中小企业进行了股份合作制的改造，经过发展，市场竞争的压力和规模扩张的动力，促使这些企业纷纷选择从股份合作制向有限责任公司的转化。以 1999 年为界，在此之前，股份合作制企业在全部内资企业中的比重是持续上升的，然而，从 1999 年之后，这个比重则逐年下降，企业的绝对数目也在持续下降（见图 4.2）。

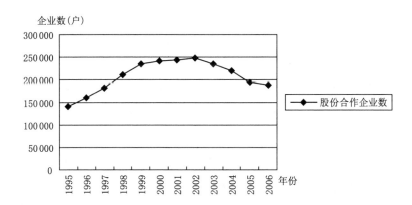

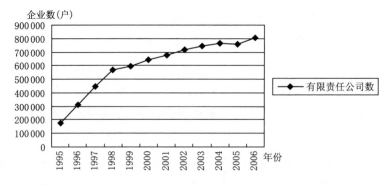

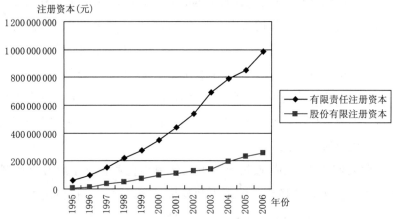

图4.2　股份企业发展趋势（1995—2006年）

资料来源：《工商行政管理统计汇编》（2006年）。

在全部股份企业中，有限责任公司的增长速度是最快的，其增长不仅来源于大量股份合作企业的转化，也十分明显地快于股份有限公司的增长。因此，股份公司成为全部企业的主流，而有限责任公司又成为股份公司中主流的企业形式。股份合作企业只适用于较小规模的企业，而股份有限公司则较适合于上市公司或想成为上市公司的企业，只有有限责任公司的兼容性或包容性最好，能够适用于各种企业对于股权配置的要求，因而成为股份制的最普遍的首选企业形式。

股份有限公司具有一定的进入门槛，不过企业单体规模较大。正像股份合作企业适于较小企业那样，股份有限公司和股份合作企业构成了企业规模的大小两端，即两头数目少而中间数目大的分布状态。

4.4.1 1999—2004 年：大规模的股份化改制浪潮

这段时期是国有企业大规模实行改制的阶段，改制的主要选择就是各种类型的股份公司。由于改制的数据极为缺乏，我们只能从一些抽样调查中来获取相关信息。

根据中国社会科学院经济所 20 世纪 90 年代末期对 4 省 5 市的 450 家抽样企业的调查表明，在 90 年代，样本企业中大多数企业都经历过各种不同形式的改制，有些企业还经历过两次甚至三次改制。这样的改制模式的分布大致如表 4.11 所示。

表 4.11 样本企业在 20 世纪 90 年代改制模式的分布（户）

股份制	118	合　资	63
股份合作制（平均持股）	29	租赁	46
股份合作制（经营者持大股）	50	委托经营	10
经营者收购	15	破产重组	5
企业外部私人收购	4	其他改制方式	33
其他民营企业收购	6	无任何改制	116

注：由于有些企业在这段时期可能经历过一次以上的不同改制方式，故加总数大于样本总数。

资料来源：中国社会科学院经济所微观数据库，参见刘小玄、李利英：《产权变革对于企业效率的影响》，原载《中国社会科学》2005 年第 2 期。

由表 4.11 可见，样本企业中近 1/2 的企业经历过各种股份制改造，包括股份合作制、经营者持大股等类型，这也是中国在 20 世纪 90 年代时期的企业改制的一个基本特点。

2005 年中国社会科学院经济所通过更新调查，在 5 个省 1 000 多户抽样企业中，基本的改制模式如表 4.12 所示。

表 4.12 样本企业产权改革模式的基本分布（2004 年）

改制内容/模式	样本数	百分比（％）
（1）员工集体持股或收购	87	20.62
（2）管理层集体持股或收购	44	10.43
（3）经营者（一把手）个人控股或收购	95	22.51
（4）民营企业或外部自然人持股或收购	52	12.32

续表

改制内容/模式	样本数	百分比(%)
(5) 成为上市公司	14	3.32
(6) 其他国有或集体企业控股或收购	31	7.35
(7) 与外商合资或被外商收购	31	7.35
(8) 委托或承包经营	10	2.37
(9) 租赁经营	11	2.61
(10) 其他	47	11.14
总计	422	100.00

资料来源：中国社会科学院经济所微观数据库，参见赵世勇和陈其广：《产权改革模式与企业技术效率》，《经济研究》2007 年第 11 期。

由此可见，在大规模的改制浪潮中，绝大多数国企都选择了不同类型的股份化模式，其中较多共同特征的股份化模式都是经营者持大股或控股，管理层或职工集体持股之类的多元混合股份公司，这样的股权模式约占 53%，成为某种普遍的选择。

我们还可以通过以下改制的具体案例，来考察这些股份公司各有特色的股权结构。[1]

案例 1

某县属国有企业，该企业于 1999 年 8 月开始改制。当时国资局确认了资产评估报告以后，企业开始了内部募股。改制后的股权结构如下：总经理 50%，2 个副总、1 个书记、1 个财务合计 30%，中层干部合计 10%，工人 10%。

该厂厂长认为，改制后如果平均持股，就可以把企业一把手选掉，企业不稳定，作为厂长的信心就不足，就想先把自己投入的本钱捞回来再说。这样的话，还不如不改。大家都差不多，都是股东，谁听谁的？所以股权一定要相对集中，企业才能稳定，并有长期行为。

某国有大型二档企业，1998 年开始改制，该厂改制确定的股权结构中

---

[1] 以下案例中如果没有特别注明的，均来自作者本人的实地调查。

有 15％的国有股，85％的职工股，其中，经营者班子的大股是自然人股，30
个经营骨干都是 10 万元以上的自然人股东，占 20％，600 万股。其他是持
股协会，属于社团法人性质，占 65％。这样，30 个自然人股东，加上持股
协会，加上国家股，共计 32 个股东。企业的国家股为 15％，每年大约需上
缴 100 多万红利给他们。

某国有大型二档企业，1958 年建厂，2001 年 9 月改制为股份公司，10
月正式挂牌。现有员工 1 630 人，离退休员工 506 人。

改制后的股权结构：总股本 5 000 万元，其中，国有股 20％，经营层持
股 28％，管理层持股 15％，普通员工持股 37％。

股东 45 人，其中个人出资达 30 万元以上的为自然人股东，低于 30 万
元的，以部门或分厂为单位，由员工共同出资并推荐一名代表作为股东参加
股东会，行使股东权力。国有股东代表由市资产经营有限责任公司委派。

某国有独资中型企业，2000 年实行改制。经过资产评估和各种债务扣
除，企业可转让净资产为 415.35 万元。企业原经营者出资 211.83 万元，占
51％，此外，三名副厂长各出资 62.3 万元，各占 15％，一名副书记出资
16.62 万元，占 4％。于是，这 5 个经营者将企业完全买断，而老总则获得绝
对控股权。

案例 2

TCL　转　制

TCL 管理层与惠州市政府签订的授权经营合同规定，集团从创建到
1996 年的数亿元资产全部归市政府所有，1997 年之后，以当时集团净资产 3
亿多元为基础，年增长率不得低于 10％（当时彩电业平均资本报酬率为
5％），如增长率在 10％—25％，管理层可获其中的 15％作为奖励，增长
25％—40％，管理层可获 30％，增长率在 40％以上，管理层可获 45％，给
管理层的奖励只能用于认购公司增发的股份。合同期 5 年。因业绩突出，

TCL 管理层连年获得增发的股权奖励，到 2002 年合同到期时，国有股价值比期初时增长了两倍，通过增量奖励和部分认购股权，管理层共拿到了 25％的股权，其中李东生占 9.08％。

2002 年 TCL 集团引进 5 大国际战略投资者，加上原惠州市政府以及李东生为首的管理层等 42 名自然人，正式成立了 TCL 股份有限公司，形成了一个完全多元化股权的股份公司。其中政府仍持有近 41％的股份，管理层持有 25％股份，新引入的战略投资者持有总股本的 18.38％，另外还有些发起人股东。此时集团股份公司确定的总股本为 16 亿元，新进入的战略投资者是通过购买原来政府退出的部分股权及以前员工持有的部分股份，公司股本总量并没增加。2004 年 TCL 正式整体上市。

资料来源：《南方都市报》2002 年 4 月 19 日；雅虎财经 http：//biz. cn. yahoo. com/050614/16/ahb3.html。

案例 3

武汉有机管理层收购

武汉有机，原为大型国有企业。2003 年 9 月，武汉有机的管理层通过公开竞标，购得公司全部国有股权，占公司股权的 54.39％。其中，高层管理者认购 60％，中层管理者认购 40％。在 60％中总经理认购 50％，几位副总共同认购 50％；每个中层管理者可认购 3 万—5 万股。

公司内部股权分配大概是"7 倍的关系"，即经理一级的持股额是主管一级的 7 倍。通过简单计算可知，公司"一把手"持有 300 万股，相当于 7 位副总经理的持股总额，占公司 5 583.6 万股的 5.37％。与股权分配直接相连的是管理层人数，购买股权的管理层团队包括公司中层以上的领导、工程技术人员，及销售、供应等经营骨干，共 180 人左右，占公司总人数的 18％，将这一核心竞争层通过股权绑在了一起。由于按规定只能上报 48 人的名单，公司老总代表大家签字，但股权买回来之后，压力均担。

资料来源：王信川、孙晓黎：《国内"首例市场化 MBO"样板解剖》，《经济》杂志。

在上述案例中，企业基本上都从政府手中买断控股权。这种控股权结构能够较好地解决企业的收益激励和风险约束的对称性问题，不会产生用较少的出资额来获得较大的实际控制权，从而可能产生的道德风险问题，或不能有效承担亏损责任的问题。同时，这种集中率较高的控制权结构也具有较高的效率并且有利于企业的长期发展。

这样的股权控制结构基本摆脱了国有资本的控制，实际上反映了企业在既定的利益格局下，对于分摊风险和收益的一种相对应的所有权的安排。在这样的安排中，经营者通过持大股承担了较大的风险和相应的收益，经营层其他成员分别承担一定的风险和收益，而职工则承担了较小的责任和权益。这种安排表明了企业在生产经营和发展中对于经营层和员工的不同程度的依赖性。不仅在生产中，而且在改制中，管理层的支持都是至关重要的，因而其在股权结构中也占有较大的比例。尽管职工个人的持股是很小的，但是，他们加总的力量是很大的，足以占有绝对的控股比重，因而，在这样的企业，没有职工的支持，经营者往往也无法完成改制中最根本的国有股权的置换。

改制形成的多元混合股份及其所有权的安排是大量国有企业转轨的普遍现象，其最大优越性在于，它以兼顾企业的主要利益相关者的方式，置换了国有资本，使得国有资本基本上或大部分退出或大部退出了企业，从而使企业获得了某种独立的民营性质的治理结构框架。这种民营产权实际上构成市场经济基础的基本细胞，也是转轨经济合理的初始发展起点，它能够服从市场竞争规则，按照竞争的需要不断调整，不断地逐步达到最优的适应竞争的所有权结构。

4.4.2　1999—2004 年：上市公司的低迷及其原因

与 1999 年以来大量股份化改制形成的经济热潮和经济快速增长形成鲜明对比的是，以国有控股企业为主体的上市公司和股票市场则呈现出一种长期低迷的状态。证监会对此评述为："资本市场发展过程中积累的遗留问题、制度性缺陷和结构性矛盾逐步开始显现。从 2001 年开始，市场步入持续 4 年的调整阶段，股票指数大幅下挫[1]，新股发行和上市公司再融资难度加

---

[1]　2001 年 6 月 14 日，上证综合指数创历史最高 2 245.44 点，2005 年 6 月 6 日，上证综合指数跌破 1 000 点，最低 998.23 点。

大、周期变长；证券公司遇到了严重的经营困难，到 2005 年，全行业连续 4 年总体亏损。"[1]

1999 年颁布实施的《证券法》对规范股市行为发挥了一定作用，但效果仍然有限。利用股市"圈线"，编造虚假信息的行为时有发生。为换取上市资格筹得资金，许多企业常常不择手段弄虚作假。不少企业在上市后忽视现代企业制度的建立和企业改革，管理漏洞频出，资金投向多变，公司业绩屡屡"变脸"。重筹资轻转制必然结出恶果：近年上市公司业绩下滑，亏损队伍逐渐扩大。2000 年中报显示，亏损上市公司达 118 家，占披露中报上市公司总数的 11％强。

虽然 1994 年开始实施的《公司法》对企业退市就有所涉及，1997 年退市问题又被明确提了出来，但是从证券市场筹集资金的诱惑力太大了，上市公司的壳资源太金贵了，获得上市资格太不易了，无论是亏损企业还是当地政府都不愿放弃这座金矿，纷纷采取资产重组等应对措施。因此股市每每出现这样的怪现象：当一家公司宣告亏损之后，投资者不是避之惟恐不及，而是趋之若鹜，纷纷买进，生怕跟不上趟。他们相信，作为上市公司的大股东，当地政府是会出面相救的。果不其然，亏损的天桥商场被北大青鸟相中，经过一番资产置换，摇身一变成为高科技的绩优公司，股价从几元钱涨到二三十元，购买者大赚一把。然而，人们走进北京这家著名的商场，看到的依然是管理混乱、人心涣散的景象。诸如此类"丑小鸭"变"白天鹅"的示范效应，使得股市上弥漫着视亏损为利好的投机气氛，亏损股票价格节节升高，备受追捧，绩优公司乏人问津，严重扭曲了股市的优化配置资源功能。[2]

案例 1

银 广 夏 案 例

1999—2000 年，"银广夏"公司通过伪造购销合同、出口报关单、免税

---

[1] 引自中国证监会编著：《中国资本市场发展报告》，中国金融出版社 2008 年版。
[2] 此处两段描述引自施明慎：《水仙退出，股市进步》，人民网 2001 年 4 月 29 日。

文件、金融票据以及虚开增值税发票等手段，虚构巨额利润 7.45 亿元。深圳中天勤会计事务所及其签字注册会计师，出具了严重失实的审计报告。事实暴露后，该股股价连续十几个跌停板，市值损失数十亿元。

资料来源：中国证监会编著：《中国资本市场发展报告》，中国金融出版社 2008 年版。

案例 2

猴 王 案 例

"猴王" 1992 年成立，次年底在深交所上市，曾是国内焊材行业最大的生产厂家之一，在焊接行业创造了多项全国第一，具有行业优势地位。1994 年即上市第二年，公司主营业务收入达到了历史最高峰的 3.5 亿元，一度成为证券市场的佼佼者。然而良好的业绩不过持续了短短的两年，这之后，公司主营业务收入节节下滑，一年不如一年，并从 1999 年开始亏损，除了 2001 年扭亏外，从此便一蹶不振。

昔日业绩优良的猴王为什么平白无故发生巨亏？猴王坠落的罪魁祸首乃是原大股东猴王集团对它的疯狂"吸血"和"掠夺"。

实际上，猴王的衰败调查显示，截至 2000 年底，资产总额才 3.7 亿元的猴王集团贷款本息已经高达 14.18 亿元。猴王集团通过合伙炒股、资产套现、往来挂账、借款担保乃至直接盗用上市公司名义向银行借款等手段，累计从猴王手中套走约 10 亿元巨资。猴王集团通过对猴王股份公司的控股授权经营，实际控制猴王并大量占用、拖欠股份公司资金，虚构股份公司利润。

2001 年 2 月，猴王的第一大股东猴王集团因严重资不抵债而宣告破产。猴王集团的国家股先后被法院裁定抵偿相关债务，到 2000 年底，猴王仅剩 2 400 万国家股，由宜昌市国资局另行授权给宜昌市夷陵国资公司持有和经营。

覆巢之下岂有完卵，猴王集团的破产直接导致了猴王的灭顶之灾。同年 3 月 1 日，猴王发布董事会公告，称由于猴王集团的破产，使得公司对其高达 5.9 亿元的债权已存在严重的不确定性风险，直接导致了公司的财务状况异常。五天以后，猴王被深交所实施了特别处理，曾经有"美猴王"之誉的猴王被戴上了 ST 的"紧箍咒"，一戴就是四年。

2001 年 4 月 28 日，ST 猴王公布 2000 年报，摆在投资者面前的是一串难以承受的数字。数据显示，ST 猴王 2000 年净利润由上一个会计年度的亏损 9 523 万元，增加到亏损 6.8 亿元，每股收益也由 -0.31 元增加到 -2.28 元。

宜昌市政府下血本对猴王实施了保壳运动，包括解除银行贷款担保责任、进行债务转移、资产转换与收购等方法。算下来，当地政府通过各种渠道，已直接间接地给 ST 猴王输血达 75 441 万元。这种扶持的力度令人难以置信，连 ST 猴王的债权人华融公司都有些惴惴不安了：这个壳值这么多钱吗？是不是有些得不偿失？

浮出水面的最终买家是上海国策实业有限公司。作为重组方，上海国策提出了自己的重组方案：在公司债务重组方面，债权人只能将债务按 30％保留在猴王，70％予以豁免。在股权重组方面，将公司非流通股股东的 50％股权以 0.1 元/股的价格转让给重组方上海国策，第一大股东股权全部转让给重组方，满足重组方相对控股的要求。以区区 711 万元的价格取得了 ST 猴王的相对控股权，而为这一控股权转让，宜昌市政府变相输血 7.54 亿元，各债权人豁免债务 6.25 亿元，上海国策做了一笔绝对划算的买卖。

然而，从 2002 年 5 月上海国策正式入主 ST 猴王以来，四年过去了，上海国策至今却按兵不动。据有关人士透露，虽然上海国策进入 ST 猴王后，与债权人已经进行过数次谈判，但由于分歧太大均未谈妥，其原因也在于历史遗留的巨额债务无法妥善解决。现在政府部门不再让步，上海国策也萌生了退意，政府方面已经开始讨论公司退市的问题了。ST 猴王退市已无悬念。

资料来源：《ST 猴王：四载神通难逃退市一劫》，《中国证券报》2005 年 8 月 18 日。

在中国的证券市场中，关联交易大都发生在上市公司和其大股东之间。ST 猴王事件中，猴王集团利用关联交易掏空猴王股份就是一例。由于猴王股份公司与其大股东猴王集团在资产、财产以及人员上的混同，导致猴王股份实际上成了其大股东猴王集团的提款机。

上市公司的行为使人们产生了普遍失望，其原因在于，上市公司具有资本市场的某种垄断力量，这种对于融资的垄断势力来自资本市场的信息不对称，来自公司治理的种种缺陷，尤其是来自国有企业的一股独大的股权结构。这样的一股独大，不仅导致股民难以通过股票市场对其施加市场压力，也很难通过一般市场对其产生优胜劣汰的作用，因为有着取之不尽的股市融资来源，那些企业不必担心自己竞争力的低下，完全可以靠着股市的不断输血而活得滋润。

这就是上市股份公司与一般股份化改制的企业之间的最大区别。没有市场竞争压力，掌握垄断势力，是上市公司持续萎靡不振的根本原因，而与此同时，其余大量的股份企业，却表现出了蓬勃的生机，推动经济的高速增长。因而，在经济出现高速增长的同时，却出现了奇怪的现象，即上市公司的发展停滞和股市的低迷。

根据中国统计年鉴提供的数据计算，在 2003—2006 年期间，有限责任公司的利润增长幅度达到 257%，私营有限责任公司则达 303%，其利润增长幅度都远高于股份有限公司 44% 的利润总额增长幅度。

这种鲜明的对比表明，股份公司的改造，离不开竞争市场的外部环境，不管是商品市场的竞争，还是资本市场的竞争，都是形成合理的公司治理机制和股权结构的充分必要条件，尤其对于上市公司来讲，没有一个良好运行的资本市场，原本的好企业也会走上变坏之路。

4.4.3　2004—2008 年: 民营股份公司困境和"国退民进"战略的逆转

1. 遭遇宏观调控困境

从 2003 年以后，中国工业出现了投资热潮，整个工业企业的产值、资产增长都快于就业人数的增长。在全部规模以上工业企业资产总计增长的 73% 的情况下，从业人员数只增长了 28%。[1] 大量的资本投资带动了经济增长的不断加速，为防止经济过热，中央政府决定实行宏观调控政策，主要是试图通过严格控制贷款和土地、项目审批，来达到控制投资过热的目标。然而，

————————

[1]　根据《中国统计年鉴》相关各年的数据计算。

与以前的宏观调控大不一样的是，以前的投资扩张主要是国有企业的投资冲动所致，调控对象是国企，而民企的投资大多来自自有资金，不易受到贷款调控的影响。但是，随着民企股份公司的迅速发展，大型民企也越来越需要依靠银行信贷、项目和土地审批进行投资扩张，同时也越来越多地进入重化工业进行投资，这就导致大型民营股份企业成为新的宏观调控的主要调控目标。

由于住房需求拉动的经济增长，导致了产业链上游的投资热潮，对房屋的需求则直接拉动了钢铁、水泥、煤炭、电力等重工业和基础资源产业的投资扩张。在市场经济的正常传递机制下，这些重工业的投资扩张往往是具有一定的市场需求基础，并非是毫无意义的扩张。如果说非要控制过热的经济增长，理应由市场来决定谁应退出，然而，政府总是习惯采取某种强制性的行政方式来决定。结果，在政府的计划控制额度中，那些新进入者，那些处于体制边缘或体制外的民企，自然会被排斥在外。它们本来就是计划体制外的市场产物，一旦采取计划调控或行政控制的手段，它们就会首先成为调控的重点对象。

在钢铁行业，在国家暴风骤雨般处理"铁本事件"的同时，宝钢宣布拟增发 280 亿元，身为国有企业的济南钢铁和武钢仍然批准上市和增发，可是，身为民营企业的建龙钢铁公司、南钢等钢铁项目连立项都备受争议。

著名民营企业家刘永行的东方希望集团计划投资 150 亿元的电解铝工程也遇到了障碍，其多数项目因为资金链的收紧不得不停止运作。除了资金贷款受阻外，这个巨大的工程由于受到上游垄断的原材料的瓶颈制约，受到了国家发改委审批的制约，以及受到环保部门测评的制约，如此等等，使其扩张不得不止步，与此同时，作为中央企业的中铝公司从 2003 年以来实行大举并购和扩张。在该行业，中铝具有绝对的垄断势力，其氧化铝和电解铝产量分别占全国产量 100% 和 75%，它们则借宏观调控之机，充分利用其优势地位进行扩张。

从上市公司来看，"国企—民企—回到国企手里"，这个过程作为上市公司重组的突出特征，贯穿了 2005 年始末。[1] 一系列民企大股东倒下了，其所控股的上市公司面临重组。"欠债还钱"与"拯救上市公司"成为各方收拾残局的两条重要原则。

---

[1] 参见《证券市场周刊》2006 年 1 月 4 日，http：//cn.biz.yahoo.com/060104/133/f31e.html。

这时，出现了"国进民退"的现象，国有独资企业或国有控股企业成为"问题公司"的接盘者：潍柴投资接手湘火炬，中国非金属接手天山股份，重庆渝富接手 ST 重实，海信空调接手科龙电器，四川长虹接手美菱电器，上海电气间接控股伊利股份都是上述"国进民退"的案例。

在一些尚未公开的重组案例中，同样呈现"国进"特征。例如，首钢集团拟重组 ST 亚星，陕西人达生态农业股份有限公司欲重组秦丰农业，等等。

至 2005 年年初，格林柯尔系正是在银行"只收不贷"的严厉手段下，因科龙电器停产而爆发全面危机。2005 年 10 月，斯威特系的危机爆发，也始于银行对上海科技（600608）的逼债。2005 年 11 月 22 日，斯威特系宣布将出售中国纺机的控股权。这些民企股份公司，大多发家于 2000 年前后。他们往往在控股一家上市公司后，通过控制这家公司资金进行持续收购，最终形成控股多家公司的"民企系"。

2003 年建龙集团投资兴建宁波项目，2004 年爆出项目审批违规，并被查处、勒令重组。资料显示，建龙项目叫停以前，已经投入资金 48 亿元，建成后生产能力将达 600 万吨钢，三期工程全部完成后，总产量将达到 1 000 万吨钢。然而，建龙集团的大型钢铁基地，在宏观调控的大政策下，成为继铁本之后的第二个调控目标。2004 年 6 月，国务院授权省政府处理建龙违规项目，省政府提出由杭钢进入并控股。在当时，只有依靠国资，宁波建龙才有重生的希望。2006 年，国务院正式批准了杭钢对建龙进行重组，并由国有企业杭钢作为相对控股股东的方案。至此为止，停工两年的建龙项目终于有望重新复工。

在宏观调控的紧缩政策下，民企坍塌后发生了一系列资金危机，而由于国企具有的强大资金背景，因而导致了"国进民退"的结果。那么，国有企业的这种资金背景从何而来呢？

以秦丰农业为例。2005 年 10 月 18 日，秦丰农业公布了 2004 年经调整的财务报告。这份年报显示，原本盈利的 2001 年、2002 年变为巨额亏损，但微利仅 600 余万元的关键的 2003 年的业绩却没有出现会计差错的影响，从而避免了 3 年连续亏损而直接退市的尴尬局面。对于这样的结果，有市场分析人士断言，这是秦丰农业受到特别照顾的结果。

出于保壳需要，当各地政府部门在一些问题公司进行一些类似"土地资产置换"等资产操作时，也只能在国企间进行。正是由于有着巨大的重组难度，拥有政府支持的国企出手重组，才能突破一些现实难关，而哪一家民企能获得如此的政府支持？

政府在市场经济中，尤其是关系企业发展命脉的金融资本市场上的绝对控制权，对于民企的发展往往起着生死攸关的决定作用。

在实施宏观调控政策的过程中，各受到各权力部门保护的国企既得利益集团是难以撼动的，只有那些没有部门利益保护的民企，处于最为弱势地位，尽管它们经过十几年的发展，已经积累了相当多的财富，已经形成了实力雄厚的股份公司，正在准备大张旗鼓地进入新兴行业大干一番。虽然国务院颁布的"非公36条"仿佛敞开了所有非禁即入的大门，但那些在垄断产业内先入为主的国企制造的"玻璃门"却实实在在地挡在了门口。

2. 民营股份公司的海外扩张行为

在国内遭遇严控的民企，则在海外市场寻找新的出路。许多著名的民企都选择在英属维尔京群岛、百慕大、开曼群岛等国际自由港注册，然后直接在海外上市。内地企业借道国际避税岛设立壳公司，再将境内企业资产注入壳公司，目的是为了寻求海外上市，获得融资来源，这已成为国内民企的一种风潮和资本路径选择。

最早到海外上市的民企是在2000年，以新浪、搜狐等代表新经济的创业型企业在海外资本市场成功融资。2004年以来，国美电器、蒙牛乳业、盛大网络、慧聪国际等多家民企已通过境外壳公司相继在境外成功间接上市。此外，还有百度等多家国内民企在海外挂牌上市。正在准备海外上市的民企不少，包括顺驰地产、汇源果汁、奥克斯电器、汉王科技等数百家国内优质民营企业。

数据显示[1]，至2006年底，在境外证券市场上市的民营企业共有605家。这605户中国民营上市公司的营业收入总额约为7 740亿元人民币，平均约为13.3亿元。企业营业收入平均增长率为38%。全部民营上市公司产生的净利润为552亿元，平均每户企业为1.26亿元，平均总资产收益率为4.97%。在平均绩效方面，2006年海外上市企业的平均净资产收益率为

---

[1] 参见《每日经济新闻》2007年7月16日，www.cnlist.com。

24.1％，而内地上市公司是 9.7％，显示出前者在赢利能力方面远优于后者。

当我们在抱怨国内股市行情不好的时候，是否意识到，我们的一些优质企业都跑到海外上市去了，本来可以让国民赚的钱却到了外人的口袋。当国内股市上充斥着一些圈钱企业或经营不善的"垃圾股"时，那些好企业却无法上市，只能远走他乡，这里究竟存在什么问题？

在 2006 年度，到海外上市的近百家企业中，民营企业占 87％，99 户民企中有 75 户选择了香港或新加坡作为上市地。对于急需扩张资金的民企来说，海外上市一般在上市前就能通过私募获得一笔资金。同时，从中介进场到上市完成期间的时间是可预测的，公开招股资金到位也很快。

然而，海外上市和扩张之路是很艰难的，大量土生土长的民企，虽然能够从传统家族企业转变为形式上的现代股份制企业，因而能形成较好的国际化运作平台。不过，他们感到最大的困难还是在于缺乏海外经营人才。在这方面，由"海归"组成的民企就具有巨大的优势。此外，还有一系列的其他困难，这些都会导致民企的海外扩张具有较高的门槛。对于民企股份公司来说，这些将形成一个巨大的挑战（见表 4.13）。

表 4.13　2006 年上规模民营企业海外开拓的主要困难

外　　因	企业数（户）	比重（％）	内　　因	企业数（户）	比重（％）
缺少本国企业之间的有序协调	431	13.51	缺少海外经营人才	999	31.31
审批程序复杂	388	12.16	经验不足	475	14.89
缺少中介服务	249	7.80	缺乏商务信息和市场分析	431	13.51
外汇管制严格	213	6.68	不了解海外投资环境	300	9.40
东道国各类贸易壁垒或政策多变	422	13.22	缺乏国际竞争力	239	7.49
国际形势多变影响	250	7.83	缺乏对政策的理解和使用	221	6.93
国际信息渠道不畅	241	7.55	缺乏资金	210	6.58
各类贸易摩擦	152	4.76	缺乏自我保护和维权能力	95	2.98
东道国贸易程序复杂	128	4.01	其他	16	0.50

资料来源：全国工商联经济部：《2006 年度全国工商联上规模民营企业调研报告》，2007 年 10 月。

3."国退民进"战略的逆转

案例

伊利和蒙牛，两个股份公司的不同命运

　　1983 年伊利只是呼和浩特市政府下属的一个年利税仅 4.7 万元的回民食品厂，在郑俊怀的经营下，伊利抓住了中国纯奶市场的发展机遇，建成了当时国内最大的乳制品企业。1996 年，伊利成为内蒙古最早上市的股份公司之一，2002 年，销售收入达到 40 亿元。在 2002 年中共十六大上，郑俊怀当选为十六大代表。《人民日报》刊登的改革人物特写中这样评价他说，从郑俊怀初到伊利至今，20 年过去了，现已 52 岁的郑俊怀把最好的年华贡献给了一个企业，用心血和胆识打造出了"伊利"这个中国乳业的品牌。

　　早在 1999 年，郑俊怀就试图进行产权改革，在直接谋求产权清晰不可能的前提下，他跟当时的许多人一样，选择了曲线 MBO 的道路。他和伊利的二十多名高管出资成立了一家"华世商贸公司"，相继收购了一些国企所持的伊利法人股。由于郑俊怀团队没有太多的现金，因此在收购中便采取了灰色的做法。有一次他将伊利公司的 150 万元资金辗转至华世公司，用这笔钱去购买伊利法人股，不久后，又将这笔钱悄悄归还。还有一次，他授意一家与伊利有密切来往的牛奶场向银行贷款，供华世购买伊利的股票，然后，华世又以所购法人股作抵押，从银行获得贷款归还给牛奶场，随后牛奶场将此款归还银行。这种空手套白狼的做法几乎在当时是一种被普遍使用的MBO 方式。郑俊怀的做法看上去非常顺利，并似乎得到了地方政府的默许。此时，呼市政府将所持部分国有股（500 万股）有偿转让给郑俊怀团队投资的公司（由华世改名为启元投资），后者一跃成为伊利股份的第二大股东。

　　2004 年，郑俊怀被举报侵吞国有资产，曲线 MBO 本来就游走在法律的灰色地带，郑有口难辩。在法庭上，郑声称："所为一切均是为了解决管理层持股的来源问题，至今不明白我的行为已经犯法。"审判此案的包头中级法院副院长对媒体说："其实，华世公司的股东如果是伊利整个管理层，如果它们挪用的资金，经过了伊利董事会集体研究同意批准，就没有问题。"

最终，郑俊怀以挪用公款罪被判有期徒刑 6 年。

与郑俊怀的伊利成为鲜明对比的是牛根生的蒙牛，同样是在内蒙起家，同样是做乳品，同样是股份有限公司，然而，由于他们的起点不同，就决定了不同的命运。

牛根生原是郑俊怀伊利公司的老部下，曾跟郑一起打天下，最初在回民食品厂当一名洗碗工，靠苦干升到车间主任，后担任主管经营的副总经理。1998 年，郑、牛二人关系恶化，牛被免职。第二年，牛根生带着几个旧部自己创业。刚开始时，没有奶源，没有市场，没有厂房，可以说是一无所有。不过，牛根生有的是多年来在市场经营积累下来的人脉和经验。当时，全球最大的软包装供应商利乐公司在中国推广其产品，并愿意免费向牛奶工厂提供生产设备。其他大企业不愿冒险，惟有没钱买设备的蒙牛敢于一试，不料想大获成功。到 2001 年底，蒙牛销售收入已突破 7.24 亿元，成为国内第四大的乳制品企业。

2002 年，牛根生也进行了股权上的创新。当年 6 月，摩根士丹利、鼎辉投资、英联投资三家国际机构宣布投资 6 000 万美元入股蒙牛，三家投资商在投资同时，提出了一个苛刻的"对赌协议"，规定在未来三年，如果蒙牛每年每股盈利复合增长率低于 50%，以牛根生为首的管理层要向三家外资股东赔上 7 830 万股股票，或者以等值现金代价支付，如果管理层可以完成上述指标，三家外资股东会将 7 800 万股股票赠予牛根生团队。牛根生求钱若渴，再度冒险签字。

所谓对赌协议条款的最大风险是，如果达不到约定目标，管理层将失去对蒙牛的控股权。由于蒙牛的业绩表现超出预期，2005 年 4 月，三家外资投资者提前终止该条款，代价是向蒙牛管理层支付 598.764 4 万美元的可换股票据。牛根生有惊无险地保住了控股权。

2004 年 6 月，就在郑俊怀被举报的同一个月，蒙牛在香港上市，共募集资金 13.74 亿港元。牛根生以 1.35 亿美元的身价进入当年度福布斯的中国富豪榜。

资料来源：吴晓波：《激荡三十年》（下），中信出版社、浙江人民出版社 2008 年版，第 201—202 页。

这两个企业家的命运，令人唏嘘不已，一个是阶下囚，一个是超级富豪。这让人不禁想起了李宁和李经纬，也是天壤之别的命运。作为创业者或企业家的个人来讲，他们没有什么不同，甚至郑俊怀出道更早，更有经验，然而，他没有赶上好的制度环境，折戟在自己曾经辉煌过的创业基地。相反，牛根生白手起家，产权清晰，尽管什么都没有，只有丰富的人力资本和冒险的勇气，但是他赶上了好的时机，他的个人资源禀赋加上成熟的股份公司制度的扶持，则如虎添翼，获得成功。

中国的企业家，或许从中能够得到某些启示。要想保持创业事业的持续辉煌，必须依靠一个产权清晰的制度，必须要有长期发展的眼光，必须懂得基本的市场和法律规范，否则最终会毁掉企业家的事业和前程。

实际上，进入 21 世纪以后，有一大批类似伊利这样试图实行 MBO 或已经实行 MBO 的原公有制企业，比较著名的企业则有 TCL、海尔等等。还有一大批公有企业，例如长虹、春兰等也正在跃跃欲试。然而，不管是通过内部 MBO，还是通过外部民企收购，或者是国际战略投资者或外商并购，这些试图改制的行为都受到了强大的阻力。伊利案例给无数想通过曲线 MBO 的国企老总一个警告。也许，以后国企不再会出现具有真正创业抱负的企业家了，正如郑怀俊与牛根生的鲜明对比所暗示的，国企的企业家人才可能会觉得，在国企干得再好，也没有出路，那还不如出去干了。科龙案例也是一个对于民企收购国企的一个警告，徐工案例则是对外资收购行为的不欢迎的信号。这一切似乎都表明，"国退民进"的战略似乎发生了逆转。

4.4.4　2004—2008 年：上市公司和股权分置改革[1]

2004—2008 年期间，上市股份公司经历的最重要的事件就是股权分置改革。以下我们将简单介绍一下这项改革的来龙去脉和前因后果。

---

[1] 本小节参阅中国证监会编著《中国资本市场发展报告》，中国金融出版社 2007 年版；吴晓求：《股权分置改革再造资本市场》，《证券导刊》2006 年 1 月 21 日；韩志国：《股权分置改革存在哪三大弊端》，《证券日报》2008 年 7 月 10 日；吴晓求：《股权分置改革：互相妥协有利市场长期健康发展》，《金融时报》2005 年 6 月 1 日。

早在 20 世纪 90 年代，最早讨论是否要实行国有企业股份化上市的时候，曾经有着很大的争议，一些人坚决反对国企上市，认为这会导致国有资产流失。讨论最后达成妥协，这就是国企的资本存量在上市时保持不变，不进入市场流通（认为可以通过不流通的方式来确保国有资产不流失），而只对增发资本实行流通，即存量不变，保持原有的性质，增量发行则可按市场规则来确定价格。这是中国改革最常见的思维方式，是典型的"双轨制"改革的表现。

于是，这样的"双轨制"就一直延续下来，所有的上市公司中，都存在着非流通股与流通股两类股份。前者是上市公司公开发行前股东所持股份，只能通过协议方式转让，不能直接在交易所流通，称为非流通股；后者是社会公众购买的公开发行股票，按照市场价格购买，可以随时出售变现或买进，称为流通股。由此，形成了股权分置的格局。

两种股权的持股成本有着巨大差异，这是由于股份公司上市前，大多以实物资产折价入股，获得股权的成本很低（很多企业非流通股几乎是一元一股），而作为在交易所上市的流通股，都是公众股民用现金以很高的溢价价格购买的，每股低则几元，高则达几十元，均远远高于非流通股的价格，这与《公司法》规定的同股同权的原则是相矛盾的。非流通大股东在上市、配股、增发这一系列过程中，仅用少量原始出资，就可以将大量流通股东的真金白银圈入自己囊中，使股票市场事实上成为一个"圈钱陷阱"，不同的股东不能真正实现"同股同资同权同利"，市场经济的公平原则遭到了破坏。

由于股权分置的存在而丧失了资产估值的功能，资本市场的资产价值变动与实体经济变动基本上没有什么正相关性，甚至是相反变动的关系。因而造就了中国股票市场的高投机性，良好的市场定价机制和稳定的市场预期难以形成。更有甚者，在恶性炒作下，劣质股票的价格会远远高于优质股票，由此导致资本配置效率大幅降低甚至出现"逆向流动"。显然，这种"劣胜优汰"的市场机制只会给中国的市场经济带来越来越大的破坏。这不仅制约了资本市场优化配置资源功能的有效发挥，也使公司治理机制因各类公司股东缺乏共同利益基础而难以有效形成和完善，公司股价不能对大股东和管理层形成市场化的激励和约束。

　　由于大股东的股票是不流通的，也没有真正的市场价格，大股东与小股东的价值取向完全背离。流通股股东说不上话，因为大部分都是国家股，一些大股东一股独大，想干什么就干什么，违法、违规的事情都可以做，把上市公司搞得一塌糊涂，把募集来的钱或者全部玩完，或者去向不明。

　　股票价格与上市公司价值完全脱离。控股股东的利益不是通过资产市值变动来实现，而主要是通过高溢价融资来实现。包括控股股东在内的非流通股股东非常清楚自身利益的实现渠道。他们基本上不关心资产市值（股票价格）的高低。大股东根本没有动力去劳神费力搞好经营以回报普通投资者，上市公司沦为少数大股东的"抽水机"，"内部人"控制和违规活动泛滥就成为必然的结果。股票市场已经蜕变为最好的"圈钱"场所，无论企业业绩如何，只要能获得上市机会即可获取大量资金，这样的掠夺机制必然会刺激无数的企业不惜代价地争取上市。这种行政权力与市场需求的结合必然会产生大量设租、寻租现象，使股票市场成为权钱交易的场所。

　　为了解决股权分置的种种弊端，政府曾采取了若干种尝试方式，例如国有股减持、国有股回购，结果都因为遭到市场的拒绝而流产。2005 年 4 月，证监会发布《关于上市公司股权分置改革试点有关问题的通知》，正式启动了股权分置的改革。

　　股权分置改革首先需要取得流通股股东的同意，即同意解除非流通股上市的限制。其次，由非流通股向流通股股东让渡一部分利益，来平衡两者之间的原有不平等的利益关系。根据发起股权分置改革的人士的主张，由非流通股股东向流通股股东支付对价[1]，来获取与流通股股东同等的流通权。在现实的操作中，大多数公司都通过以向流通股送股、派发权证等方式来支付这些差价。在这个过程中，流通股股东在补偿问题上显然没有"定价权"，只能被动地对非流通股股东敲定的方案进行表决。

---

　　[1]　对价是个综合的概念，其不仅包括非流通股股东直接给流通股股东的经济利益（如送股、定向转赠、送现金缩股等），还包括给流通股股东的其他权利（如认股权、认购权）和承诺，以及对非流通股股东的各种限制。

2005 年 5 月，第一批试点股权分置改革的 4 家企业启动，6 月，第二批试点的 42 家企业启动，试点企业在协调、创新与双方的"讨价还价"中破冰前行，经过了两年的反复协商和博弈的过程，最后的结果，从总体的平均水平来看，非流通股给流通股支付的差价大约为每 10 股送 3 股。至 2007 年底，沪深两市共有 1 298 家上市公司完成或已进入改革程序，占应改公司的98%，未完成改革的上市公司仅 33 家。股权分置改革的第一阶段基本顺利完成。

表 4.14　上市公司的流通股和非流通股的结构及其变化（1998—2008 年）

年　月	总股份	未流通股	流通股	未流通股比例	流通股比例	未流通股增长率	流通股增长率
1998.12	2 526.77	1 664.84	861.93	0.658 9	0.341 1		
1999.12	3 088.95	2 009.29	1 079.65	0.650 5	0.349 5	1.206 9	1.252 6
2000.12	3 791.7	2 437.43	1 354.27	0.642 8	0.357 2	1.213 1	1.254 4
2001.12	5 218.01	3 404.85	1 813.16	0.652 5	0.347 5	1.396 9	1.338 8
2002.12	5 875.46	3 838.68	2 036.77	0.653 3	0.346 7	1.127 4	1.123 3
2003.12	6 428.46	4 144.23	2 267.58	0.644 7	0.352 7	1.079 6	1.113 3
2004.12	7 149.43	4 542.91	2 577.19	0.635 4	0.360 5	1.096 2	1.136 5
2005.12	7 629.51	4 714.74	2 914.77	0.618 0	0.382 0	1.037 8	1.131 0
2006.12	14 897.57	9 259.78	5 637.79	0.621 6	0.378 4	1.964 0	1.934 2
2007.12	22 416.85	12 085.33	10 331.52	0.539 1	0.460 9	1.305 1	1.832 5
2008.04	23 370.68	12 290.7	11 079.98	0.525 9	0.474 1		

注：相关的比例和增长率数据是作者根据原始数据计算所得，其中增长率＝当年指标/上年指标。

资料来源：中国证监会网站。

由此可见，上市公司在股权分置改革前，流通股与非流通股的比例大约为 34：66，此后一直大体未变，直到 2005 年开始，流通股比例上升至38%，2006 年几乎未变，还略微有点下降。2007 年忽然猛增至 46%，2008年也增加到 47%。因此，大约三年多的时间，股权分置的状况基本上从三七开的未流通股权和流通股的比例，降至五五开的比例。

单纯的股权分置改革无法直接提升上市公司的业绩，它对企业治理机制的改善作用可能需要经过一个较长时期的过程才能体现出来。因此，如何推进资本市场形成合理定价机制？如何全面促进上市公司提高治理水平和相应业绩？如何使得上市公司中所有股份的持股成本一致相同？这些问题都需要得到解决，上市公司的改革尚还有很长的路要走。

4.5 市场不完全下混合股权公司的优势和外部市场对公司治理的决定作用

根据国家工商局统计的数据可知，在全部内资企业中，股份公司的注册资本比重约占至少 2/3 以上。根据规模以上全部工业企业的数据，混合股权（即至少包含两种不同性质股权）的股份公司的产值比重也达到约 1/3。在国企改制过程中，绝大多数改制企业都选择了混合股权的公司制，在许多民营企业的成长扩张过程中，它们也都不同程度地吸收了各类外部投资者的股权参与。那么，这种混合股权股份公司模式产生的原因何在？

私营企业的产生是市场经济的自发产物，其必然性非常清楚，国有或集体企业也是计划经济体制的产物，那么，混合股权的股份公司模式为什么会在中国的市场经济发展得还不太成熟的早期就大量产生呢？因此，以下我们将进一步深入探讨这个问题，即混合股权的股份公司在中国产生的必然性，其行为及其绩效效果。

经典文献中的公司理论并不需要考虑外部市场的差异对于企业的影响，其暗含的假定是所有市场，不仅仅是产品市场，还包括金融市场、资本市场、劳动市场等，都是自由开放的，没有进入壁垒，股权仅仅是作为某种资本投资收益分配的依据，并不代表什么特殊的资源要素。

然而，在中国的市场开放不完全的情形下，金融资本市场等尚未放开的条件下，公司的股权则具有超出一般资本要素之外的多重含义。此外，虽然股份公司存在一套正式的或形式上的制度规则，但是，与之并存的则是另一套实际的制度规则，这些潜规则实际上在很大程度上支配着人们对股份公司模式的选择，以及决定着股份公司的行为和业绩效果。

4.5.1 市场不完全下混合股权股份公司的优势

在市场不完全条件下，在政府对市场具有很强的控制力下，完全的私有企业，如果它们不可避免地面临价格歧视和市场准入歧视的话，它们就会具有过多的外部约束，而无法实现相应的充分激励，因而这就会抑制其发展的动力和效率。在这个意义上，在我们的制度环境下，私人企业的激励和约束并不是对称的，而可能是约束大于激励。

因此，产权本身虽然具有激励和约束作用，但在不同的外部市场条件下，其激励和约束作用的传导机制也会发生变化。在中国，尽管对于许多企业来说，产品市场是能够比较自由进入和退出的，但资本市场或金融市场并不是自由的。受制于这样的不一致的外部约束条件，企业也会做出相应的反应。如何选择产权配置模式，就是企业作出的重要选择。

在中国的转轨经济过程中，不同产权往往代表不同的资源要素。大致来说，在目前，国有股权通常代表物质资本、金融资本以及各种稀缺性的资源要素；个人股权往往与人力资本激励，以及相应的技术、管理等无形资本密切联系；而外资股权则擅长发挥技术要素和管理要素，或较规范的公司治理的制度要素。

每个企业的发展对于上述这些要素都是缺一不可的，在正常的市场经济中，企业都能通过合理的公开竞争途径得到这些要素，根据企业的需要，按照市场价格付费，来得到这些自身发展所必需的要素资源。然而，在要素市场未完全放开的情形下，有些垄断资源只有靠权力才能得到，这时，股权关系就成为通向这些未放开要素市场的捷径。所以，转轨中的股权，其所代表的是一种关系，是各种具有特殊意义的资源要素的权益。

由于人力资源的市场是最为自由流动的，因此，个人股权企业在很大程度上依赖于这个市场，通过对人力资源价值的充分挖掘，通过必要合理的激励，来促进企业的发展。然而，由于一般私营企业很难得到进入资本市场和金融市场以及其他稀缺资源市场的通道，这样，代表人力资源的个人产权就很难与其他资源，尤其是稀缺资源要素相结合，而成为有效的生产力。当某些技术需要大量配套设备和资金的投入时，当某些创新产品需要与相应资源相结合时，企业发展就会受制于这些发展的瓶颈。为了得到尽可能宽松的外部发展环境，企业通过配置必要的产权关系进行激励，来缓解这些外部约束的压力，才能达到两者的平衡和对称，从而实现企业的最大化效益。

因此，对于那些混合股权的改制企业来说，由于原有的行业在位优势和市场地位，原有资本存量的长期沉淀，以及依附其上的无形资本的积累，在此基础上引进了个人股权，企业得以充分利用其激励效果的优越性，同时，保留一定的国有股权，使企业通往原料、资本和金融市场的通道仍然持续畅通。在这样的多要素优势相结合的条件下，企业就会较少受到来自外部市场的制约，能够得到较为充分的发展空间。

在各种要素资源市场的开放是不同步和不同程度时，企业也面对着某种复杂的外部市场结构。企业占用或使用的各种资源，基本上来自外部市场，因而在很大程度上，得益于或受制于这些外部市场的特殊性质。只有那些能够从所有的要素资源市场受益的企业，才是最大限度地利用了各种社会经济资源，也才能获得最优发展路径和相应最优效果。

在中国转轨时期，股权并不仅仅是某种单纯的资本收益分配依据，而且代表了某种获得优势要素资源供给的手段。混合股权实际上代表的是不同要素所有者的权益，不同比例的混合股权结构实际上表现了不同要素的组合。相对最优的股权结构实际上表现的是具有较大互补性和一致性的要素配置关系，因而才能在特定的市场和制度环境下获得较好发展。为什么单一股权的企业效率往往不如混合股权，其中的原因在于，单一股权往往只具有一种要素所有者的优势，然而在中国的转轨时期，各种要素市场放开的程度不同，那些能够适应这种特殊市场格局的混合要素组合往往才能得以较好生存发展。

由此可见，不同的股权结构模式具有更深层次的含义，它还反映了市场资源权益的配置关系，根据不同外部市场的约束条件，这种权益配置关系也会发生变化，进而对于企业业绩产生重要影响。

4.5.2 外部市场对公司治理的决定作用

公司治理的核心问题是，如何配置和行使控制权，如何设计和实施激励机制。公司治理结构实质上是一套制度安排，它的最优目标是使企业的所有利益相关者都能按照其市场价值得到合理激励，从而最大限度地发挥其积极性和创造性。然而，没有市场基础的企业或公司治理，就无法得到可靠合理的人力资本价值的参照系，因而也无法建立合理的治理机制。越是在具有市场经济基础、竞争充分的市场上的企业，就越能够建立优良的公司治理结构。

根据企业面临的外部市场不同，在现实中存在几种相对应的混合股权的公司治理模式。

(1) 完全垄断下的公司，即产品市场和融资市场均为垄断特征的公司。在这个结构中，基本上是按行政等级关系来进行利益分配。在这个结构中，政府是强者，相对来说，经营者是弱者，因为后者的权力是前者赋予的，而不是靠市场竞争得来的。相对于经营者，职工是弱者，相对于政府大股东，中小股民是弱者，相对于生产者，消费者是弱者。总之，这是按照权力来进行利益分配的，治理机制极不平衡，也不合理。

(2) 部分垄断下的公司，即产品市场不完全竞争，资本金融市场具有优先权的国有控股大公司。这种企业的特征是，依靠金融的垄断权能够在资本密集度高的产业（钢铁和重化等），在对资金需求量要求很大的市场订单条件下（造船、重型机械等），在能够通过政府采购和国家订单的需求下，在依靠进口高技术设备资本的在位优势的进入壁垒的产业中，在市场需求高速增长支持的条件下，这类公司化的国有控股公司往往具有某种由强大融资能力带来的市场优势。不过，如果企业的市场竞争力太差，依靠资本市场的勉强提升总是有限度的，企业就会陷于困境，最终会被淘汰。其弊端在于，国有股权主导使得经营者仍然来自政府任命，政府强势的存在，利益相关者的权益无法按照竞争的市场规则实现均衡配置，而不得不服从于政府控制的市场力量，来自个人创新的激励可能会受到遏制。

(3) 产品市场完全竞争，金融市场面临部分竞争，多元化股份公司。

这是目前绝大多数的股份公司模式，通常具有较合理的产权结构和发展业绩的潜力，产权与外部市场较为兼容。国有产权往往不再具有统治地位，即使是国有控股，也要按照市场规则来决定如何配置控制权，否则企业就会在市场竞争中失败，因而与其他非国有的股份公司具有趋同化的特点。这类企业大多是民营控股，或经营管理层持大股，或者职工持股会持大股，或是外资控股等等，其治理结构涉及多方利益相关者，是否能够处理好各方的权益的分配，合理配置内部人力资源，充分利用外部资源，是关系到这类模式健康与持续发展的重要问题。由于利益关系经常错综复杂，难以平衡，会产生种种争夺控制权的矛盾，企业将面临各种内耗和摩擦，阻碍正常的生存和发展，弄得不好，还可能会产生致命的结果。但若处理好各方利益关系，则能充分利用各种资源，包括金融资源、土地资源、技术资源、各种关系资源，取得综合各方优势的效果。

总而言之，脱离市场基础，虽然可以完全模仿和按照形式上的规范来建立公司治理结构，但是只能做到形似，而不是神似，因此，垄断市场上的公司或上市的国有股份公司，往往没有合理的公司治理的基础和前提。因此，根本的问题是要建立充分竞争的市场，不仅是产品市场和劳动力市场，还需包括资本市场、金融市场、经理市场等，否则，市场仍然是不完全的，因为畸形的资本市场或金融市场能够对产品市场产生不良溢出效应，使其难以正常竞争和发展，具有高效率的企业得不到迅速发展，同时低效率企业则能够不断得到融资支持而取得较大发展。

因此，国企的公司治理机制问题总是得不到解决，因为它们总是能够借助市场垄断的力量来获取市场地位，获得相对其他企业的优势。在这样的情形下，各个利益相关者不可能按照其市场价值获得激励，而是按照其在垄断体制中的地位获得利益分配。这样的利益分配关系是不公平的，不仅对于企业内部的弱势群体，例如职工和临时工，也不仅对于中小股东散户，而且对于市场上的其他企业和消费者来说，都会在与垄断者的不公平交易中受到伤害。

结论是，不解决市场化的问题，不解决资本市场和金融市场的竞争性开放的问题，单纯的商品市场和劳动力市场的放开仍然不能从根本上解决公司治理的问题。

4.6 关于股份公司绩效的实证研究

关于股份公司，尤其是上市公司的经验实证研究的成果很多，我们不可能都详细罗列。表 4.15 是我们选择的一些与公司绩效相关的主要经验研究成果，可以从中归纳出影响和决定公司行为和绩效的主要因素。

表 4.15　公司治理经验性文献概览

作者、发表时间 及媒体或形式	数据和方法	主要结论
公司治理 vs.公司绩效		
南开大学公司治理评价课题组，2004，《管理世界》第 2 期	以 2002 年 931 家上市公司为样本，采用评分与加权的方法构造南开治理指数（CCGI[NK]），然后用公司绩效指标为被解释变量对公司治理指数和各控制变量进行回归	上市公司总体治理水平偏低；控股股东行为对治理绩效产生显著的正面影响；董事会治理与公司治理绩效正相关；监视会治理水平对公司治理绩效没有显著影响；经理层评价指数对治理绩效产生显著的正面影响；公司治理水平与信息披露质量正相关
南开大学公司治理评价课题组，2007，《管理世界》第 5 期	以 2006 年 1 249 家上市公司为样本构造南开治理指数，然后采用比较分析的方法得出结论	2006 年公司治理整体状况较前两年有一定的改善。国有控股上市公司的治理在合规性方面好于民营上市公司。近 3 年来上市公司的整体治理水平呈现提高的趋势。公司治理前 100 家公司的主要财务指标显著好于其他上市公司
白重恩、刘俏、陆洲、宋敏、张俊喜，2005，《经济研究》第 2 期	以 2000 年 1 004 家上市公司为样本，用主成分分析法构造出公司治理 G 指数，并用代表市场价值的变量对 G 指数和各控制变量 OLS 回归	编制了反映公司治理水平的 G 指标，发现治理水平高的企业市场价值也高；投资者愿为治理良好的公司付出相当可观的溢价
刘芍佳、孙霈、刘乃全，2003，《经济研究》第 4 期	对 2001 年 1 160 个上市公司按照"终极产权论"[a] 进行分类，然后采用绩效分组筛选比较方法检验产权—控股—绩效假说。绩效指标选择年利润、年经济增加值、净资产收益率、销售增长、利润边际五个指标	中国 84％的上市公司最终仍由政府控制，而非政府控制的比例仅为 16％，因此目前上市公司的股本结构仍然是国家主导型的。在国家最终掌控的上市公司中，相对来讲代理效率损失最低的企业具有以下特点：（1）国家间接控股；（2）同行同专业的公司控股；（3）整体上市
郑志刚、孙艳梅、谭松涛、姜德增，2007，《经济研究》第 7 期	以截至 2006 年 7 月 15 日已完成股改的 692 家 A 股上市公司为样本，通过主成分分析法构建公司治理综合指数来考察股改前公司治理水平对股改对价确定的影响，从而判断公司治理是否有效	在我国上市公司现存的公司治理机制中，控股股东之外的积极股东的存在对股权分置改革对价确定影响显著，成为目前阶段较为有效的公司治理机制；而发行 B 股或 H 股、债务融资以及董事会对股权分置改革对价确定影响统计上不显著

续表

作者、发表时间及媒体或形式	数据和方法	主要结论
李新春、苏琦、董文卓，2006，《经济研究》第 2 期	家族企业选择在上海、深圳证券交易所上市的 125 家公司，国有企业选择国有持 50% 或以上基准的 452 家上市公司；1999—2003 年数据；用公司业绩作为企业家精神的代理变量建立 OLS 回归和 Probit 回归模型	就家族企业而言，激励机制对企业家精神具有显著的正向促进作用，保健机制[b] 则表现为不作为或失灵；就国有企业而言，激励机制对企业家精神无显著影响，保健机制则对企业家精神具有较为显著的"倒 U 形"作用
向朝进、谢明，2003，《管理世界》第 5 期	以在 2001 年底沪、深两地 110 家上市公司作为样本，将公司绩效指标分解为公司价值指标（净资产收益率代表）和公司价值成长能力指标（托宾 Q 值代表），分别对公司治理结构的各影响因素建立多元线性数学模型	公司价值和公司价值成长能力与公司治理结构的各个影响因素之间不存在综合的相关关系
施东晖、司徒大年，2004，《世界经济》第 5 期	以 2001 年 1 017 家上市公司为研究样本，用先评分再加权的方法计算关键人控制模式下[c] 的公司治理指数，在校正异方差后用公司治理指数对股权结构和财务指标进行回归，然后用净资产收益率和市净率对公司治理指数和各控制变量在校正异方差后回归	中国上市公司治理水平总体不高；股权结构对公司治理水平具有显著影响，政府控股型公司的治理水平最高，国有资产管理机构控股型公司的治理水平要高于国有法人控股型公司，而一般法人控股型及股权分散型公司的治理水平介于前两者之间，但不存在显著差异；公司治理水平对净资产收益率有正向影响，但对市净率却有负向影响
李汉军、张俊喜，2006，《管理世界》第 5 期	以 2002 年 987 家非金融类上市公司为样本，用主成分分析法构建公司治理指数，以托宾 Q 和市值账面价值比代表公司绩效变量，分别进行了 OLS 估计和内生性工具变量法估计，并对结果进行比较	上市企业治理机制和经营绩效之间存在着很强的内生性关系：治理不仅对绩效有显著的促进作用，而且绩效对治理也有强烈的反馈作用。两者之间有非常明显的正相关关系，其相关系数是未考虑内生性的数倍至数十倍
孙永祥，2001，《经济研究》第 1 期	股东影响：以 1998 年沪深交易所 301 家上市公司为样本进行比较分析；融资结构影响：无实证；董事会影响：样本来源不详，以托宾 Q 等公司绩效变量对董事会规模等变量进行回归	股东在公司治理中具有相对中心或主导的地位，而民营公司的治理则可能要优于国有公司的治理；市场经济条件下债权人的存在或融资结构的不同会直接影响委托代理关系与公司控制权的争夺；中国上市公司董事会规模越小，其绩效可能越好

作者、发表时间及媒体或形式	数据和方法	主要结论
股权结构 vs.公司绩效		
刘小玄、李寿喜 2007，《世界经济文汇》第2期	以 2000—2004 年电子电器产业的全部规模以上企业为样本，采用 CD 生产函数测定企业效率，多元回归分析方法	混合股权公司的绩效显著高于单纯股权企业，无论是国有混合股权，个人混合股权，还是外资混合股权，其效率都不同程度的高于单一股权的同类企业。其中，对于国有混合股权企业来说，大致在国有股 10%—50% 的区间内，或者是围绕着 30% 左右，企业效率相对最优
施东晖，2000，《世界经济》第12期	以 1999 年 484 家沪市上市公司为研究样本，以公司绩效为解释变量对股权变量和各控制变量校正了异方差后进行回归	由于国有股东和流通股股东在公司治理中的低效率和消极作用，其持股比重与公司绩效之间并没有显著关系；以社会法人为主要股东的股权分散型公司的绩效表现好于法人控股型公司，法人控股型公司的绩效则好于国有控股型公司
徐晓东、陈小悦，2003，《经济研究》第2期	以 1997—2000 年 508 个上市公司为样本，采用比较分析的方法	第一大股东为非国家股股东的公司有着更高的企业价值和更强的盈利能力，公司治理的效力更高；对于不同性质的公司，第一大股东的变更带来的影响也有所不同，但基本上都是正面的
刘磊等，2004，《管理世界》第6期	以 2001 年陕西、河南和山西 3 省 550 家国有大中型企业为样本，以国有股比例、政府对选择经营者的程度等为变量，先用李克特量表测量各变量，然后建立结构方程模型	"一股独大"并不能成为国有企业治理失效的关键解释变量，更为有效的解释变量是国有产权职能行使的有效性，而目前我国国有产权外部治理的残缺则导致了产权职能行使的失效
杜莹、刘立国，2002，《管理世界》第11期	以 1999—2001 年 96 家上市公司为样本，以会计利润率和企业价值作为公司绩效的代理变量对股权结构变量和各控制变量进行回归	国家股比例与公司绩效显著负相关，法人股比例与公司绩效显著正相关，流通股比例与公司绩效不存在显著相关性；股权集中度与公司绩效呈显著的倒 U 形曲线关系

续表

作者、发表时间 及媒体或形式	数据和方法	主要结论
夏立军、方轶强，2005，《经济研究》第5期	以 2001—2003 年期间的上市公司为样本，以托宾 Q 为因变量，对公司终极控制人类性、公司治理环境指数和各控制变量进行 OLS 回归	政府控制尤其是县级和市级政府控制对公司价值产生了负面影响，但公司所处治理环境的改善有助于减轻这种负面影响

公司治理 vs.公司行为

新宇、徐莉萍，2006，《管理世界》第5期	以"中国上市公司治理 100 佳"所形成的 433 个公司（1999—2003 年数据）为研究样本，通过与四组配对样本进行组间比较分析、相关系数分析和回归分析	上市公司的微观治理机制越好，其超额现金持有水平越小
陈晓、王琨，2005，《经济研究》第4期	以 1998—2002 年间在深圳和上海证券交易上市的所有 A 股公司为样本，以关联交易为被解释变量对股权结构各变量和各控制变量进行 Logit 回归	关联交易[d] 的发生规模与股权集中度显著正相关，持股比例超过10%的控股股东数目的增加会降低关联交易的发生金额和概率。此外，控股股东间的制衡能力越强，发生关联交易的可能性越低、金额越小
张翼、马光，2005，《管理世界》第10期	以 1993—2003 年期间违犯证券法的 160 家上市公司和与其行业和规模相匹配的 160 家无丑闻的企业为样本，以公司是否违规作为被解释变量，对公司治理变量、财务控制变量、地区哑变量和地区经济发展和法律效力的变量进行 Logistic 回归	公司控制人的类型，第一大股东的持股比例，董事长持股比例，以及领取报酬的监事比例与公司发生丑闻的可能性相关；一个公司发生丑闻的可能性与当地的信用和法制发展水平相关
高雷、何少华、黄志忠，2006，《经济学（季刊）》第 5 卷第4期	以 1998—2002 年上市公司为样本，以资金占用比例为掏空的代理变量作为被解释变量，以董事会独立性等变量作为解释变量建立非平衡面板数据模型	独立董事对控股股东的掏空无监督效果；股权集中加剧了控股股东的掏空；股权制衡对控股股东的掏空无影响；管理者持股与基金持股均能抑制控股股东的掏空；国家控制没有加剧控股股东的掏空；企业集团控制加剧了控股股东的掏空；信息披露透明度和投资者保护均显著影响了控股股东的掏空；产品市场竞争是抑制控股股东掏空的有效机制

作者、发表时间及媒体或形式	数据和方法	主要结论
张祥建、徐晋，2005，《管理世界》第 11 期	以 1998—2002 年实施配股的 A 股上市公司为研究对象，用投资支出对市账比和现金流进行 WLS 回归来检验配股公司的投资效率；用应收账款增加额对配股融资规模等变量进行 WLS 回归来解释大股东的资源侵占行为；用托宾 Q 对关联交易额等变量进行 WLS 回归来分析企业价值与非公平关联交易的关系	股权再融资之后大股东通过各种隧道行为侵害了中小股东的利益。大股东凭借对上市公司的超强控制能力，掌握一切可能的利益制造机会和利益输送机制，以中小股东"输血式"的资本供给为代价，加速其资本积累和增值过程，从而形成中国上市公司特殊的股权再融资特征
黄光勇、刘慧龙，2006，《管理世界》第 1 期	以 1999 年实施配股 196 家的 A 股上市公司为样本，采用应计利润分离法中修正的 Jones 模型分离出操控性应计项目，然后用带符号的操控性应计项目和操控性应计项目的符号作为被解释变量进行回归分析	控股股东的持股比例越高，对上市公司的控制能力越强，上市公司正向操纵盈余的程度越大，负向操纵盈余的程度越小；控股股份为国家股时，盈余操纵程度较小；预期从中小股东处筹集的资金规模越大，上市公司正向操纵盈余的程度越大，负向操纵盈余的程度越小；资金储备压力越大，正向操纵盈余的程度越大，负向操纵盈余的程度越小
曾庆生、陈信元，2006，《经济研究》第 5 期	以 1999—2002 年非金融 A 股公司为研究对象，分别建立静态雇员模型（用雇员规模对控股股东类型和控制变量进行回归）、动态雇员模型（用雇员规模对控股股东类型、上市时雇员数、公司规模变化和控制变量回归）和劳动力成本模型（用了劳动力成本对控股股东类型、正常雇员、超额雇员和控制变量回归）	国家控股公司比非国家控股公司雇用了更多的员工，并且国家控股公司的超额雇员主要源自上市初的历史遗留冗员；超额雇员和高工资率共同导致国家控股公司承担了比非国家控股公司更高的劳动力成本。此外，还发现在国家控股公司中，国资部门控股公司的超额雇员最多、劳动力成本最高；并且相对其他公司而言，该类公司上市后可能继续超额雇员
陈信元、黄俊，2007，《管理世界》第 1 期	以 2002 年和 2003 年的 A 股上市公司为研究样本，先用多元化经营指标对政府干预哑变量和各控制变量回归，然后用政府干预的回归系数预期多元化经营指标并用托宾 Q 对预期的多元化经营指标和各控制变量回归	政府直接控股的上市公司更易实行多元化经营，而且在政府干预经济越严重的地区，这种现象越为明显。政府干预下的公司多元化经营，由于更多地出于政治目标和社会职能的考虑，降低了企业的绩效

续表

作者、发表时间及媒体或形式	数据和方法	主要结论
陈冬华、陈信元、万华林，2005，《经济研究》第 2 期	以 1999—2002 年深沪两市上市公司作为研究样本，用在职消费和市场回报率分别作为被解释变量对绝对消费、相对消费和各控制变量进行 OLS 回归	我国上市公司在职消费主要受企业租金、绝对薪酬和企业规模等因素的影响；由于薪酬管制的存在，在职消费成为国有企业管理人员的替代性选择，说明在职消费内生于国有企业面临的薪酬管制约束；与民营企业中内生于公司的薪酬契约相比，国有企业中受到管制的外生薪酬安排缺乏应有的激励效率

注：a.终极产权论：要了解企业真正实际的所有权与控制权，就要求追溯企业的终极产权所有者。

b. 保健机制：通过权力制约来实现对控制权控制的制度，在理想情况下可以兑现对代理人的监督控制以防止其机会主义行为，并避免对公司利益以及社会的损害甚至掠夺。

c. 关键人控制模式：关键人通常为公司的最高级管理人员或控股股东代表，他们大权独揽，一人具有几乎无所不管的控制权且常常集控制权、执行权和监督权于一身，并有较大的任意权力。

d. 关联交易：我国的上市公司多系国有企业改制而成，与改组前的母体公司及其下属企业之间存在着千丝万缕的联系，与控股大股东发生了大量的关联购销、资产重组、融资往来以及担保、租赁等行为。

对上述文献的综合考察表明，上市公司总体治理水平偏低，这与绝大多数（84％）公司为国家终极控股权有关，而治理水平则是决定公司绩效的重要决定因素。第一大股东为非国家股股东的公司有着更高的企业价值和更强的赢利能力，公司治理的效力更高；国有直接控股的股份公司的绩效不如国有间接控股的公司；国家股比例与公司绩效显著负相关，法人股比例与公司绩效显著正相关。

关联交易的发生规模与股权集中度显著正相关，持股比例超过 10％的控股股东数目的增加会降低关联交易的发生金额和概率。股权再融资之后大股东通过各种隧道行为[1]侵害了中小股东的利益。大股东凭借对上市公司的超强控制能力，掌握一切可能的利益制造机会和利益输送机制，以中小股东

---

[1] 隧道行为：大股东侵害现象，即控制性大股东总是会通过种种手段挖掘见不得阳光的地下隧道，挖走中小股东手中的财富，从而获得巨大的隐性收益。

"输血式"的资本供给为代价，加速其资本积累和增值过程。

上市公司的种种问题都在于其具有资本市场的垄断特许权，导致其没有市场压力，没有必要的市场监管，其行为和业绩都是扭曲的。因此，从上市公司的问题我们可以看到，如果一般股份公司也都具有这种类似的市场垄断权的话，那么势必也会存在这样的问题。所幸的是，大多数股份公司并不可能得到这种垄断特许权，因此，与上市公司病态的发展不同，大多数非上市的股份公司都能得以比较健康地发展。

根据国家统计局 2000—2006 年全部规模以上企业的数据，我们采用前沿生产函数来度量不同股权性质的企业分组的平均效率。按照现有的 6 种股权分类，股权比例为 100％的各自代表其所有制性质的企业，其余为混合股权企业。这样，可以得到完全国有、集体、法人、个人、港澳台和外资这 6 种类型的纯粹所有制的企业，以及得到混合股权结构的股份公司（见表 4.16）。

表 4.16　按照股权性质分类的不同所有制企业的相对平均效率

	2000	2001	2002	2003	2004
国家股 100％	0.231 1	0.264 3	0.275 9	0.272 3	0.370 6
集体股 100％	0.398 3	0.423 7	0.413 5	0.395 7	0.484 4
法人股 100％	0.391 2	0.420 7	0.421 5	0.407 4	0.479 3
个人股 100％	0.391 0	0.419 3	0.418 6	0.406 7	0.475 8
港澳台股 100％	0.406 2	0.437 0	0.443 2	0.426 4	0.511 2
外资股 100％	0.441 4	0.467 6	0.462 0	0.452 6	0.536 0
混合股权企业	0.401 4	0.430 2	0.432 4	0.419 0	0.499 7
年变异系数	0.178 7	0.161 1	0.149 6	0.141 8	0.109 3

资料来源：刘小玄和李双杰根据国家统计局规模以上工业企业数据库计算。引自刘小玄、李双杰：《中国的制造业企业相对效率的度量和比较及其外生决定因素 (2000—2004)》，载《经济学季刊》2008 年第 7 卷第 3 期。

在表 4.16 的各类企业的效率度量中，值得注意的是混合股权的股份公司，其不同于完全私人产权性质的企业，也不同于传统公有制独资企业，其中有相当多的企业可能都是改制后形成的资本多元化的股份公司。除了外资和港澳台企业外，混合股权的股份公司具有相对较好的绩效，高于纯粹的私有、集体和国有企业。

对于电子电器产业的经验研究结果[1]也表明，混合股权公司的绩效显著高于单纯股权企业，无论是国有混合股权、个人混合股权，还是外资混合股权，其效率都不同程度地高于单一股权的同类企业。其中，对于国有混合股权企业来说，在国有股 10%—50% 的区间内，或者是在 30% 左右，企业效率相对最优。对于其余的股份公司来说，引入一定比例的个人股混合股权或外资控股时公司效率最优。

这些情形表明，最优绩效往往反映了这一阶段的某种合理的股权结构。这里所谓合理，是指合乎理性选择的结果。因此，企业选择这样的股权结构的原因就在于，其能产生优良绩效。那么，为什么这样的混合结构会产生优良绩效？

混合的产权结构正是适应着中国的转轨经济的产物，无论是个人股混合还是国有股混合的相对最优效果，都反映了政府资源在这个阶段对于企业还是必不可少的。例如，相对于一般民营企业来说，具有一定国有背景的企业具有原先积累的物质资本或设备技术的优势，以及能够获得廉价的融资支持或土地要素投入等，这些都能降低企业的资本投入，因而可以获得较好的投入产出效率。

在中国的转轨经济过程中，不同产权往往代表企业发展不可缺少的不同资源要素。在要素市场未完全放开的情形下，有些资源只有靠权力才能得到，所以，转轨中的股权，其所代表的是一种关系，是各种具有特殊意义的资源要素的权益。所以，完全私有产权不能充分释放其最优作用，并不是其自身机制，而是外部市场的作用结果。

4.7　国有垄断股份公司的定位问题

在石油、电力、能源等工业，存在着一批国家垄断企业，这些企业直接隶属于中央或各省市政府，是一批国有的嫡系部队，具有十分优惠的各种特

---

[1]　参见刘小玄、李寿喜：《转轨过程中混合股权公司的相对效率》，《世界经济文汇》2007 年第 2 期。

许权和投融资待遇，其中许多公司都已成为上市公司，享受最为廉价的融资成本。

这批企业大部分都已经改制成为国有控股的股份公司，成为完全商业化的公司，成为市场经济中的一员。不过，它们仍为国家完全控制，董事和经理均由国家任命，各项重大决策均由政府决定，与计划体制下的传统国企似乎并无本质区别。这样的双重身份，究竟包含着什么问题呢？从产权来看，经过股份化改造后，各种权益关系已经十分清晰，尤其是上市公司，产权的清晰关系更是无懈可击。那么，这是否意味着企业的改革问题已经解决？

然而，我们不清楚的是，这样的国有控股公司究竟是什么性质的，是公共性质，还是市场性质？这两者的界限似乎非常不清晰。实际上，这类国有控股公司的定位往往处于市场与公共之间，垄断与竞争之间的灰色地带，实际上是一种定位不清的状态，是企业的自身权益目标和公共服务目标的混淆。在这种混淆下，企业可以利用少量的公共职能的服务来掩盖其谋取更多自身权益的活动，还可以用市场行为来逃避公众有效监督，同时，在市场上，又可以借公共之名行使某种垄断权。像这样的兼具市场和公共双重性质的国有股份公司，真是左右逢源，好处尽占。

比如电力企业，它的主要目标是为了企业效益，还是为了满足政府的多元目标，即除了税收外还有其他目标，例如节能和消费物价稳定的需要。企业和政府的矛盾在于，后者需要实行能源价格控制和节能选择，而这些都可能会影响前者的效益目标。在这样的情形下，企业很可能会利用其产品具有的某种公共性质，来掩盖自己的高成本或低效率，利用这种产品的垄断性质，使自己免于竞争压力，同时大大提高企业成员的工资福利，提高经营者的职位消费，重享国企吃大锅饭的优越性。

又如石油企业，这是明显的国家资源垄断产业。电力企业的垄断权相对于下游消费市场，而石油企业垄断权来自对上游公共资源的垄断。由于资源的稀缺性，石油企业天然就具有十分有利的市场地位，依靠享有对这种稀缺资源的特许开采权，企业的高额利润滚滚而来。没有市场竞争压力，企业不用锱铢必较，辛苦打拼，同时，也没有公共的约束，企业可以高枕无忧，肆意挥霍。这样的企业也面临同样的问题，其究竟是公共企业，还是商业企业？这两者的好处它都有，而责任呢，似乎与利益是永远不对称的。

　　对于这些国家控股的大型股份公司，对于这些关系着下游市场垄断或上游资源垄断的产业来说，由于它们可能或多或少地承担了一些政府赋予它们的公共职能，这就为他们获得的市场特许权和高额垄断利润提供了某种依据，同时，也使得它们可以利用这种公共职能的某种付出，获得更多的企业自身的收益。企业的这种双重定位必然导致其产权不清，公共职能究竟价值几何？难以测量。那么国家应该为企业的这种难以测量的支出付出多少补偿，更难以确定。在这样的公共与市场、政府与企业之间边界模糊的情形下，产权自然难以厘清，国家吃亏是必然的。这也是为什么许多国企愿意背靠国家这棵大树好乘凉的道理，尽管形式上改为股份公司，但这种实质性的定位不清的问题仍未改变。

　　当然，这些股份公司的市场化的改制方向是正确的，尽管有其产业的特殊性，但是也并非无法解决这样的市场边界不清的难题。

　　对于国家的稀缺自然资源产业，例如石油，它的价格中必然包含由自然垄断的稀缺性产生的租金，同时其也应包含与某种特许垄断经营权相关的特许经营费，此外还需要支付资源补偿费，其主要对资源开发造成的环境破坏进行必要的治理和修复，这是政府为了治理开采资源造成的负外部性效应需要的支出。上述三项都是需要包含在合理的资源价格中的必要组成部分。如果不把这些从资源价格中分离出来，那么它们必然都进入企业利润，表现为高额的垄断利润。石油行业近年来利润大增，原因在于资源供给相对需求比较稀缺，因而资源价值上升。很明显，这一块资源价格上升的收益应归资源所有者，而非企业。[1]

　　然而，在垄断市场上，价格不是既定的，它不是一条平行线，而是向下倾斜的。因此，现在让政府两头为难的事情就是，如果政府要收资源租税，那么价格势必要上涨，这与政府控制价格的目标相悖，不好对民众交待。可是如果控制价格不放，又要收资源租税，那么企业也不干，必然以亏损作为博弈结果。在政府与企业的博弈关系中，几种不同的权益混合在一起，政府根本无法应对垄断企业的这种要挟能力。要么涨价，要么不缴租税。这就是

---

　　[1]　国家从 2005 年 7 月开始象征性地加征了资源税，原油每吨 8—30 元调至 14—30 元，远低于相类似产品的国际税率水平。

目前大量存在的政府与垄断企业关系的真实写照，这也是多年来政府始终未能果断地征收资源租税的原因，这是喊了多少年都解决不了的难题。原因在于，资源价格改革面临通货膨胀的约束。

因此，如果不从根源上改变资源性产品的价格形成机制，资源性产品仍存在过高的利润空间。而在暴利驱动下，对资源性产品的粗放型和过度开采行为仍会普遍存在，不仅节能减排压力过大、环境破坏与污染严重、矿难等问题难以得到有效解决，而且，也不利于防止通货膨胀。应该说，资源补偿机制缺失造成投资增长过快、投资率明显偏高乃至拉动通货膨胀。同时，资源开采存在过高的利润空间，这反过来影响了规模经济效应发挥和生产技术的有效提高。

垄断企业集团有非常强势的市场地位，对于这种强势，消费者是无能为力的。同时，政府由于面临的两难矛盾，也对其无可奈何。这实际上是垄断集团对全社会的一种要挟作用。解决这个难题的唯一办法，就是引进竞争。政府只要控制住两头，即一头资源租税，另一头适度合理的价格水平，那么，在中间这块领域实行竞争，就能有效地分离出独立的企业利润。实际上，真正的企业利润，是能够反映企业自身特质的东西，是依靠企业自身比别人更多的努力，而不是依靠自然禀赋，依靠政府特许权，依靠优惠待遇等等得到的，这种利润也是合理的市场利润率。利润取决于一种产品市场或产业内部企业之间的绩效比较。因此，没有竞争，就没有这种比较，企业利润就无法取得真正的独立形态。即使企业可以在账上作出利润来，可那并不是真正的市场利润，而是必然高估或低估的某种收益。所谓的市场利润率只有在市场竞争中才能形成。

电力部门通过竞价上网，已经形成一套规范，发展方向也比较明确，现在就是要破除既得利益集团的阻力，坚决实行下去。石油部门如何引进竞争？降低进入壁垒，现有垄断集团拆分，形成不同的独立核算的石油企业，实行招标竞标开采等，进而就会形成它们之间的有效竞争格局。

总之，降低壁垒引进竞争，实行资源租税政策，实行规范的市场价格监管，即控制两头（上游资源租税和下游公共品价格），放开中间，这才能使得这些具有模糊市场地位的公司获得合理的准确市场定位，而不是表面的股份公司，骨子里的国有企业。这对于实现稀缺资源的充分利用，形成合理的价格机制，提高这些企业的生产效率，具有不可忽视的长远发展的重要意义。

4.8　新兴市场经济下的民营混合股权模式

在股份企业发展的大潮中，民营股份公司越来越成熟，尤其是在近十多年来，它们的发展突飞猛进，令人瞩目。研究这些企业的发展模式，势必离不开对其股权结构的深入考察。由此可以发现，很多在中国经济发展中前所未有的产权制度创新正在不断涌现，这些新经济公司把中国经济的"毛细血管"连通了，推动了中国的发展。我们选取几家典型企业来深入考察。

4.8.1　阿里巴巴的混合股权结构（创始人、合伙人、战略投资者、公众股东）[1]

阿里巴巴集团控股有限公司，注册地为开曼群岛，是阿里巴巴集团 2014 年美国上市的主体。阿里巴巴创建初期，以正式合同的形式，明确并落实了阿里 18 位创始者的原始股份。阿里按照现代股份公司架构进行设置，成为一个开放性的股份公司，而不是封闭性的合伙公司，因而陆续吸引了很多国际私募基金。前三轮融资下来，阿里巴巴的持股结构为：马云及其团队占47％，软银占 20％，富达占 18％，其他几家股东占 15％。三轮融资合计1.12 亿美元，并没有改变阿里巴巴大股东的地位。

后来阿里巴巴经过多轮融资和上市筹资，有大量的外部资本进入。其股权结构不断调整。截至 2017 年 6 月，马云持股比例为 7％，为阿里巴巴第三大股东；阿里巴巴集团董事局执行副主席蔡崇信持股比例为 2.5％；而阿里管理层的共同持股比例为 10.6％。阿里第一大股东是软银，持股比例为29.2％；第二大股东雅虎持股比例为 15％。

实际上，阿里的股权和决策权并不完全划等号。阿里巴巴在 2013 年上市前夕，就已经和软银、雅虎达成了协议，要引入"合伙人制度"。软银、

---

[1]《李小加首次解密港交所大变革：对同股不同权，你们别再误会了》，澎湃新闻 2018 年 6月 27 日，https://www.thepaper.cn/newsDetail_forward_2222445。

雅虎只做财务投资，不干涉管理。他们各提一名人员进董事会。马云和蔡崇信作为自然人股东，是永久合伙人，除非自己放弃，其他董事会成员从阿里的 36 个合伙人中选出。日本的软银以及美国的雅虎虽为第一、第二号股东，但是没有权力决定阿里巴巴的走向，只可以享受阿里巴巴的分红收益。马云将阿里股票分为 A 类股和 B 类股，孙正义以及雅虎等境外投资者手中持有的是 A 类股，一股就是一票投票权，而马云及其创始团队（即其合伙人团队）手中持有的是 B 类股，一股相当于 A 类股的十票。

阿里巴巴通过"同股不同权"，大大强化了作为人力资本的创业团队的权益，尤其是在决策权方面，其作用十倍于金融资本。"同股同权"是企业的一种股权结构形式，就是同一类型的股份享有同样的权利。"同股不同权"也叫"双重股权结构""AB 股结构"。这里的"权利"主要表现在"投票权"或决策权，而股票本身的价格和收益是一样的。企业的管理层希望以少量投票权的资本控制整个公司，因此将公司的股票分为两种：高投票权的股票和低投票权的股票。企业向投资人发布的是低投票权股票，每股只有 1 个投票权；而向公司创始人及管理团队发布的则是高投票权股票，每股有 10 个投票权。所以，这种股权结构归根结底是公司创始人和管理团队为了更好地保证对公司的控制权才实行的。通俗地说，就是"我要投资者的钱，但不想给投资人权"。"同股不同权"在美国很普遍，比如纽约证券交易所、纳斯达克市场，都允许"同股不同权"公司申请上市。2018 年 1 月份，新加坡交易所宣布允许"同股不同权"公司在新加坡上市。

通过这种方式，马云就把作为人力资本的创业团队的权益大大强化了，尤其是在决策权方面，其作用十倍于金融资本。这种机制的合理性在于，企业创业者在务实性和对于变化多端的市场的把握性方面，都比外部投资者更熟悉、更内行、更直接。更重要的是，通过这种激励方式，创业团队的积极性和能动性得到最大发挥。虽然传统资本的力量似乎有所削弱，但是作为外部投资方，其追求的是财务回报或利润分红，看重的是企业的成长性和未来的高额回报，同时，他们也认可阿里巴巴创业者的专业能力和潜力，比作为外行的投资者自己掌握企业有着更好的未来。在这样的情形下，外部资本所有者和阿里巴巴团队之间形成了自愿的契约，这种契约能够满足交易双方各自的最优目标，同时也是高度互补的，能够弥补其中任何一方的不足，即金融资本缺的是务实的企业家，而阿里巴巴团队缺的是资本的支持。两者通过协商发现各自迫切的需求，从而通过股份权益的配置来满足这些需求，实现各自的最优化目标，应当是一种双赢的结局。

阿里巴巴实行的"同股不同权"的制度是一个创新。传统经济都是谁放的钱多谁就主事，谁就是大股东，谁就有决策权，因此普遍认为资本是公司发展的最重要的核心力量。但是在新经济中，人们发现资本并不是很多企业发展的核心力量，人才、主意、思想、方法等无形资产越来越成为企业发展的核心竞争力。然而在传统资本市场和股权结构治理机制中，从来没有一种方式能够给这些公司发展的核心动力提供位置，新经济时代的企业则找到了这样一种制度设计。美国市场是允许"同股不同权"的，但是其他很多市场还不允许，阿里只能选择美国上市。例如，当时的中国香港市场就无法接纳阿里巴巴的上市。经过全市场几年的共同努力，今天香港也终于完成了上市规则的改革。改革以后，香港已经开始迎来资本市场发展的春天。

"同股不同权"是为了保护公司创始人及管理层对公司的控制权。这就意味着，投资者的话语权被削弱。也就是说我花钱投资了一家公司，占了大量的股份，却不一定能按我的意愿来。这样虽然保护了公司创始人和管理者的权利，但对于战略投资者来说，风险也可能加大了，因为他们不知道某些看上去"前景光明"的公司，到底是不是值得投资。一些公司很可能借着"同股不同权"申请上市，然后进行圈钱套现，而无视投资者的利益。

很多互联网公司设置了 AB 股制度，来确保公司在多次股权融资后，即使创始人团队股权不多，也能保持对公司的绝对控制。阿里巴巴、京东、百度等公司都采用了类似的股权结构设计，并在美国上市。

按照这样的"同股不同权"的模式，阿里巴巴获得了飞快的发展，在竞争激烈的新经济时代，能够确保稳定的持续发展。控制权掌握在创始企业家手中，虽然不是传统的资本所有者，而是部分资本的所有者，但作为企业的实际控制者，实际上就是最终所有者。因为资本可以撤出或转移到其他地方，而创始企业家则需要对企业承担最终责任。当然，前提是企业家自身也需要有部分资本股份，需要与企业的外部资本共同承担风险。这样的两权合一不同于古典资本时代的两权合一，而是充分发挥了资本追逐最有潜力的企业家的流动性，将纯粹资本有效地配置到最能发挥其作用的地方，因而实现了物质资本与人力资本的最优结合，形成资源的最优配置。

当然，对于这种模式的适用范围和程度，需要有更多的实证考察，并进行更深入的研究。物质资本究竟应如何与人力资本结合，按照什么比例和价格来配置，都需要根据相关的实践进行考察。比较复杂的是在人力资本方面，也存在不同擅长特征的差异。例如技术优势，专注于某种具有核心竞争力同时不可替代的技术；又如管理优势，即能够最有效的组织和动员企业的所有利益相关者最大限度发挥其能量，这是管理者的激励机制设计能力和管理能力的体现。这些都是股权最优配置的基础。

4.8.2 小米的混合股权（企业家创始人、合伙人、战略投资者、公众股）[1]

小米科技在 2010 年创立时，规模是含 7 位合伙人的 14 人团队。7 个联合创始人都有股权，核心人物雷军持股居多。

最初雷军的股份在 40% 左右，其余的合伙人在 5% 左右，留给员工的期权池在 10%—20%。所以可以看到雷军的股份是其余任何一位合伙人的 5—10 倍，甚至超过其余合伙人的总和。创始人雷军有着曾经作为天使投资人的资历，身家大约有 10 亿美元左右。

雷军既出钱又亲自出任创始人 CEO。在投资人的眼中，创业者身家越高，投资的把握越大。雷军的高比例股份成为吸引资本投资的最重要因素，对资本市场游戏规则的熟悉也加大了投资人对雷军的信任。2010 年年底，小米完成 A 轮融资，金额 4 100 万美元，A 轮估值就达到 2.5 亿美元，创下了当年投资界的奇迹，而且当时公司的方向还是众人都不敢想的手机硬件。

股权设计第二步：员工大面积持股，早期阶段给股权，A 轮之后开始实行期权。小米公司刚成立的时候，就推行了全员持股、全员投资的计划。小米最初的 56 个员工自掏腰包总共投资了 1 100 万美元。这次员工投资指的是在 A 轮前的员工股权激励。

股权设计第三步：激励分为短中长，自由选择有空间，公司回购有保

---

[1] 《小米同股不同权架构揭晓：雷军持股 31%，但表决权超 50%》，澎湃新闻 2018 年 5 月 3 日，https://www.thepaper.cn/newsDetail _ forward _ 2108445；《小米 CDR 招股书：雷军有 57.9% 投票权》，新华网 2018 年 6 月 12 日，http://www.xinhuanet.com/2018-06/12/c _ 1122970782.htm。

底。小米公司设计的股权激励中，提供了可选择的报酬模式，邀请任何人加入时会给三个选择条件。受邀人可以选择和跨国公司一样的报酬，可以选择2/3 的报酬＋股权，也可以选择 1/3 的报酬＋股权。最终，10％的人选择了不要工资或者 1/3 的工资，80％选择了 2/3 工资，剩下 10％的人选择跟跨国公司一样的报酬。

小米是港交所放开"同股不同权"后申请上市的第一家"同股不同权"企业。在 2018 年 4 月 30 日之前，港交所只允许公司进行"同股同权"上市。小米的"同股不同权"与阿里类似，马云只有阿里不到 8％的股份，但对阿里却有着绝对的控制权。所以，这种股权结构归根结底是公司创始人和管理团队为了更好地保证对公司的控制权才实行的。通俗地说，就是"我要投资者的钱，但不想给投资人权"。"同股不同权"在美国很普遍。

"同股不同权"是为了保护公司创始人及管理层对公司的控制权。这就意味着，投资者的话语权被削弱。也就是说我花钱投资了一家公司，占了大量的股份，却不一定能按我的意愿来。这样虽然保护了公司创始人和管理者的权利，但对于战略投资者来说，风险也可能加大了，因为他们不知道某些看上去"前景光明"的公司，到底是不是值得投资。一些公司很可能借着"同股不同权"申请上市，然后进行圈钱套现，而无视投资者的利益。

在这一制度下，小米创始人雷军持股逾三成，可以跟投资者共担风险，但其表决权比例超过 50％，可以实现对公司最大自治管理权。然而，对普通投资者来说，决策权其实没有根本意义，他们更看重企业带来的利润回报。

据小米招股书披露，在公司持股方面，小米董事会主席兼首席执行官雷军持有 31.41％，小米总裁林斌持有 13.32％，其他联合创始人，包括黎万强持 3.23％、黄江吉持 3.23％、洪锋持 3.22％、刘德持 1.54％、周光平持1.43％、王川持 1.11％、晨兴集团持股 17.19％，顺为资本联合创始人兼首席执行官许达来持 2.93％，其他投资者持有 21.34％。

招股书显示，小米建议采用不同投票权架构，根据该架构，小米股本将分为 A 类股份及 B 类股份。对于提呈小米股东大会的任何决议案，A 类股份持有人每股可投 10 票，而 B 股股份持有人则每股可投 1 票。查阅招股书发现，只有雷军和林斌两人拥有 A 类股。

雷军通过 Smart Mobile Holdings Limited 和 Smart Player Limited 持有

31.41％的 A 类和 B 类股票，享有 55.7％的投票权。根据公司其他股东和雷军签署的投票权委托协议，雷军作为受托人可实际控制另外 2.2％的投票权，共计控制发行人 57.9％的投票权。雷军控制 57.9％的投票权，意味着其可以决定是否通过普通决议，并对特别决议享有否决权。如果再加上林斌的投票权，小米创始团队和公司管理层拥有对公司的绝对控制权。

这种 AB 股最大的好处就是对创始团队的保护。现在的公司一般都会经历各轮融资，甚至上市，然后根据资本的引进，不断改变股权比例，主创团队的股权不断被稀释，甚至被资本吞噬，公司被资本养大了，创始团队被洗出局，在资本圈不是新鲜事。因此，很多互联网公司设置了 AB 股制度，来确保公司在多次股权融资后，即使创始人团队股权不多，也能保持对公司的绝对控制。京东、百度等公司都采用了类似的股权结构设计，并在美国上市。

4.8.3 吉利的混合股权结构（创始人、法人投资者、国际战略投资者、公众股）

考察吉利的股权结构及其变化，会发现这是一个颇具传奇性的故事。翻开吉利在港交所提供的信息，李书福是第一大股东，作为法人控股，不管是吉利集团，还是浙江吉利汽车公司，李书福都是最终所有者。在上市公司的股东名单中，吉利的高管所占的股份微乎其微，平均仅占 0.01％—0.05％，几乎可以忽略不计。这与互联网公司完全不同，吉利似乎不存在合伙人一说。

表 4.17 吉利汽车大股东股份占比

大股东名称	持有权益的股份数目	占已发行有投票权股份百分比（％）
李书福	4 163 188 000（L）	46.39（L）
Zhejiang Geely Holding Group Company	4 119 807 000（L）	45.92（L）
Zhejiang Geely Automobile Company	796 562 000（L）	8.88（L）

资料来源：港交所网站，sdinotice.hkex.com.hk。数据截至 2018 年 5 月。

然而，吉利公司走到今天，其间经历了很多十分有意思的经历。作为一个放牛娃出身的农民企业家，李书福不仅是靠一步一步的打拼、一点一点的积累，才有了这份家业，更重要的是，他还依靠了资本并购、以小博大的路径，将吉利飞速发展成了今天的汽车王国。他通过并购，有效地整合各种资源，把原来放错地方的资源移动到了合适的地方，使之得到了优化组合，从而发挥了重新组合资源的最大化的潜在价值。

　　发展汽车产业需要方方面面的资源，不像互联网，进入门槛低，主要依靠人力资本，靠技术就能打天下。互联网公司的创业优势在于，这是一片未开垦的处女地，而汽车行业则具有相当高的进入壁垒。李书福面临的第一道关卡就是准入，通过并购四川一家监狱汽车厂，李书福获得了最初的进入许可。当李书福拿到了正式的轿车准入许可之后，面临的最大障碍是资本瓶颈。汽车是规模经济显著的产业，按照国家规定，最低进入门槛需要 10 亿元。如何筹资？李书福苦寻后，发现了借壳上市的路径。与职业投资人贺学初的结合，使李书福把自己的资产装进了国润公司，这是贺学初通过收购香港上市公司形成的"壳"资源。

　　这个借壳上市完成了李书福汽车帝国的关键一跃。贺学初作为资本的代理人，与企业家结合，成就了吉利。在这里，资本不是传统的原始资本，而是来自资本市场的"壳"资源，由于"壳"在资本市场上吸收资金的能力，赋予其能够作为获取资本的平台，而能够发现这种"壳"的价值的人，则可以利用这种平台来获取其中的价值。归根到底，这种投资者善于利用资本市场蕴含的机会，找到与此相匹配的新的资源组合，获取资本的最大潜在价值。当然，作为企业家的一方是更重要的，否则那种没有良好预期的"壳"，也无法升值，无法赢取更多资本的青睐。作为国内新兴的轿车制造企业，尤其是民营轿车企业，有着很大的市场潜力和优势，关键是解决资金问题。于是，资本与实业的结合，便形成了新兴市场力量的增长源泉。这不是传统资本，而是大量分散的资本通过股市而加总形成的资本，足以支持那些规模经济企业的发展扩张。

　　因此，发现资本及其平台的投资者，以及利用资本平台获取生产发展并创造价值的企业家，两者缺一不可。但是，如何分配两方的权益，却需要通过平等协商，并根据市场反馈，来动态调整。就像吉利借壳上市的过程，开始的几年，贺学初在国润仍占有控制权，但随着吉利的发展，李书福便开始回购，直至完全收回国润股权，将其改名为吉利，实现了对吉利的完全控制，开始了他造汽车的宏大计划。贺学初也通过这个过程，获取了他造壳和用壳的支出成本，以及部分壳增值的收益，最后退出这个壳，完成了使命。

吉利在发展过程中，经历了若干大大小小的并购，其中最大的亮点就是对沃尔沃的并购。2010 年 8 月，吉利收购了沃尔沃汽车公司 100％股权，意味着吉利拥有了沃尔沃轿车商标所有权和使用权。然而，这其中并不包含知识产权，沃尔沃的独有技术以及沃尔沃与福特共享的部分技术是吉利无法触及的。这样的全资收购并非真正的全部产权，最为关键的核心竞争力的知识产权或技术产权并不包括在内。

收购过程中，吉利与福特围绕核心知识产权进行了一系列谈判。具体来说，谈判涉及的知识产权大体上归为以下三类：第一类是广泛授权，即福特拥有的知识产权，既对沃尔沃公开，又对吉利公开，这部分非常有限；第二类是有限授权，这部分知识产权属福特拥有，沃尔沃需要可以，但绝对不能向吉利公开；第三类是排除性知识产权，即福特的知识产权，沃尔沃参与开发或者了解，但沃尔沃不能用。

由此可见，所有权的范畴仅仅涉及资本所有，而在资本之外，还有其他产权要素，例如知识产权，是完全可以不依附于资本所有权的，尽管是在一个企业内部，但其与企业的其他产权要素是相互独立、边界清晰的。因此，所谓所有权涉及的只是股权，股权跟资本一样可以自由流动，但核心知识产权往往无法随意流动，它往往不得不依附于企业的机器设备，尤其是依附于企业的高级工程师和高级技工等人的身上。在这个意义上，企业所有权并不能决定企业核心竞争力，最为关键的决定因素则是企业的核心知识产权或核心技术，取决于谁来掌握这些核心竞争力的技术。资本则是通过寻找和发现那些具有核心竞争力技术的企业，进行投资或相应的资本配置，使这些企业能够如虎添翼，发挥最大化潜力。

传统的企业中，资本和技术都只能依附于同一个企业，而现代资本市场的高度发展，使所有权与使用权、经营权的分离，企业内各种产权要素的独立，都可以通过相对应的产权市场的流动，来实现最优资源配置。按照科斯的定义，企业是一系列契约的联结。Jensen 和 Meckling 则认为，企业是各种生产要素所有者之间以及他们和顾客之间的一系列契约的集合。因此，拥有企业所有权并不一定就拥有企业的所有权利，所有者可以获得资本的收益权，也可以有处置权，但对于知识产权，所有者就不一定能够拥有使用权。

这些都可以在企业的并购契约中加以规定。因此，吉利收购沃尔沃之后，给予了他们充分的独立和自主，基本上不去干预他们的决策。李书福认为，在技术上吉利不如人家懂，因此就要尊重他们；如果沃尔沃要保持它的技术和安全方面的优势，作为所有者，吉利就需要给予必要的预算支持。因此，沃尔沃依然是以前的沃尔沃，但是吉利可以通过相关的技术合作接触和使用较高水平汽车技术平台的机会，也使吉利能借助沃尔沃的网络开拓国际市场，借鉴沃尔沃的设计理念。

因此，通过这次并购，吉利作为资本权益的相关者，沃尔沃作为企业方，分别代表了技术和管理，双方各取所需，各有所求，相互补充，因而才能达成最终的合作协议。两种不同性质的产权要素相互独立，平等协商，谁也不能强迫谁。在双方权益都能得到满足和保障的条件下，产权的潜力才能得到最大发挥。否则，就不会实现双赢；而双输的结果谁也不愿看到。

在发展初期，吉利通过借壳上市的并购，解决了发展中的资本瓶颈问题，最后使得资本所有权回归企业，实现人力资本与资本投资的一体化。吉利并购了一系列外资汽车企业，试图通过这种方式解决企业技术不足和技术升级的问题，这些并购表明，发展到一定阶段，吉利不缺钱而缺技术。虽然这个目标多少也有所满足，但是在并购沃尔沃时，却发现无法花钱买到核心技术。吉利得到的所有权似乎是不完整的，是受到了某种契约条款的限制。不过，吉利仍旧能够从中获取适用技术，这也能够大大提升吉利原有技术水平。更重要的是，吉利可以通过联合培训和合作研发来培养人才，投资于人才培养是真正具有长远发展的战略眼光。因此，当企业发展到一定阶段时，与企业所有权最相关和最重要的产权要素仍然是人，是具有深厚的技术积累和管理经验的人力资本，是能够开拓市场的人脉和营销人才，是具有不可替代的核心竞争力或核心技术。

4.8.4　华为的所有权结构（创始人、工会或员工持股会）

根据《华为基本法》第十六条："我们认为，劳动、知识、企业家和资本创造了公司的全部价值。"第十七条："我们是用转化为资本这种形式，使劳动、知识以及企业家的管理和风险的累积贡献得到体现和报偿；利用股权的安排，形成公司的中坚力量和保持对公司的有效控制，使公司可持续成长。知识资本化与适应技术和社会变化的有活力的产权制度，是我们不断探索的方向。我们实行员工持股制度。一方面，普惠认同华为的模范员工，结成公司与员工的利益与命运共同体。另一方面，将不断地使最有责任心与才能的人进入公司的中坚层。"

华为通过《华为基本法》，鲜明地肯定了每种要素创造价值的贡献。华为强调的不是单纯的劳动，也不是单纯的资本，而是强调了知识和企业家也是创造企业价值的源泉。其中还强调，所有的要素报酬都可以通过股权体现出来。理解华为对于知识、技术企业家和管理的高度认可，就能理解华为的股份制的根本，它体现了现代公司治理机制的精华。

华为投资控股有限公司是 100％由员工持有的民营企业。华为公司的股东会是公司权力机构，由华为投资控股有限公司工会委员会和任正非两名股东组成。行使股东权利的机构是持股员工代表会。华为员工持股计划（ESOP）参与人数为 81 144 人（截至 2016 年 12 月 31 日），任正非作为公司个人股东持有公司股份，同时也参与了员工持股计划。截至 2016 年 12 月 31 日，任正非的总出资相当于公司总股本的比例约1.4％。[1]

华为全员持股的薪酬激励机制将保障性薪酬的利益激励机制与风险性薪酬的风险控制机制有机结合起来，以风险薪酬为主，做到短期激励与长期激励相结合，将激励效果最大化。同时为了更好地实施员工持股计划，公司建立了一套以绩效目标为导向的考核机制，将业绩考核纳入日常管理工作，以支撑相关的薪酬激励机制。有了这套合理考核机制，奖金与分红的分配自然有了公平的依据。

从华为的股权结构和公司治理的角度来看，基本上是靠任正非的企业家能力，以及围绕他的高度一致的团队在运作。企业的市场发展战略和内部经营管理得当，由此导致的高额现金流收益，是企业的股权激励得以实现的保障。华为的发展，不像以上其他企业，它没有依托资本市场和并购等路径，而是完全依靠自身现金流的逐步积累，依靠虚拟的期权来激励。因此企业的发展是建立在比较扎实的自身积累基础上的。这也是大多数民营科技企业的

---

[1]《华为投资控股有限公司 2016 年年度报告》，http://www-file.huawei.com/-/media/CORPORATE/PDF/annual-report/AnnualReport2016_cn.pdf?la=zh&source=corp_comm。

发展路径，只不过华为具有更多的企业家的超常个人能力、更多的国际化发展视野，并且更多地学习国外先进管理理念，更持久坚韧地进行研发投入，以及更多地利用国内工程师红利得到的国际竞争优势。

　　一个企业的所有权结构归根到底就是如何处理企业的各个利益相关者的关系，把所有这些利益相关者的权益加以合理配置，才能形成最优合力。正如《华为基本法》提及的劳动、知识、企业家和资本，构成了主要的利益相关者。由于没上市，不涉及外部投资者；由于完全民营，不涉及政府关系；由于投资资本主要来自华为自身积累，资本所有者同时又是华为自身员工股东，因而其劳资关系也较简单或者根本不存在。至于企业家，那就是任正非本人。因此这里的所有权关系只要处理好两大股东，即任正非与工会的关系即可。其中任正非起着主导作用，作为经营华为几十年的企业家，其在华为具有核心地位，他的作用也是无人可替代的。因此，华为基本上就是一个以强势企业家为核心的企业，这里起关键作用的是企业家的战略眼光、学习能力和管理平衡能力。

4.9　国有企业的混合股权案例

　　混合股权不仅在民营企业中大量涌现，在国企的改制过程中也不断出现，尤其是国有上市公司，这种形式很普遍。为了做一些比较和对照，我们选择了 5 家混合股权的国企，考察它们的股权配置特征。

4.9.1　中国邮政储蓄银行[1]

　　中国邮政储蓄银行于 2014 年 6 月 9 日正式启动引进战略投资者工作，历时一年多，历经两轮竞标和多轮谈判，至 2016 年 9 月邮储银行在香港成功上市。

　　邮储银行综合考虑了战略协同、交易价格、财务实力、品牌影响力等因素，引进 10 家战略投资者。这些战略投资涵盖三种类型，包括 6 家国际知名

---

　　[1]《中国邮政储蓄银行成功引进战略投资者》，新华网 2015 年 12 月 9 日，http://www.xinhuanet.com//live/2015—12/09/c_128513190.htm。

金融机构：瑞银集团、摩根大通、星展银行、加拿大养老基金投资公司、淡马锡、国际金融公司；2 家大型国有企业，中国人寿、中国电信；2 家互联网企业：蚂蚁金服、腾讯。此次战略引资，全部采取发行新股方式，融资规模451 亿元，发行比例 16.92％。这次引进 10 家战略投资者，是中国金融企业中单次规模最大的私募股权融资，也是近 5 年来中国金融企业规模最大的股权融资。

在邮储银行与战略投资者的合作计划中，公司治理、业务转型、风险管理是重点内容。邮储银行积极布局业务转型，希望通过选择瑞银集团、摩根大通、星展银行和中国人寿作为战略投资者，汲取其经验与技术，进一步加快零售业务升级、公司业务拓展、金融市场业务创新。在互联网金融和普惠金融方面，为实现线上线下资源的有机融合，巩固并提升普惠金融领先优势，邮储银行选择蚂蚁金服、腾讯、中国电信和国际金融公司作为战略投资者，希望借助其专业优势和影响力，进一步强化在互联网金融和普惠金融领域的战略布局。风险管理能力是商业银行的核心竞争力。特别是利率市场化、人民币国际化、商业银行综合化经营所带来的新的风险点，邮储银行需要进一步提高风险管理能力，努力使风险管理保持同业领先水平。为此，邮储银行选择摩根大通、淡马锡、加拿大养老基金投资公司作为战略投资者，希望借鉴国际一流金融机构的风险管理理念、经验与方法，打造一家稳健经营、风控良好的百年银行。

中国邮政集团大约占 68％左右普通股，其他的是 H 股，主要 H 大股东的股权比例如表 4.18。

表 4.18　中国邮政储蓄银行股份有限公司 H 股

股东名称	持有权益的股份数目	占已发行的有投票权股份百分比（％）
UBS Group AG（瑞银）	4 415 240 874（L） 4 041 726 456（S）	22.24（L） 20.36（S）
上港集团（香港）有限公司	3 349 490 000（L）	16.87（L）
CITIC Securities（中信证券）	2 423 591 985（L） 3 696 194 714（S）	12.21（L） 18.61（S）
上港集团 BVI 控股有限公司	1 600 000 000（L）	8.06（L）
JPMorgan Chase & Co.（摩根大通）	1 287 897 708（L） 216 983 565（S） 85 288 489（P）	6.48（L） 1.09（S） 0.42（P）

资料来源：港交所网站。数据截至 2018 年 6 月 7 日。

4.9.2 一汽集团

一汽旗下有一汽大众、一汽轿车、红旗、天津一汽、一汽海马、一汽解放、一汽客车等多家整车生产企业，产品涵盖轿车、客车、微车、卡车、军车、新能源汽车、智能网联汽车多个品类的整车车型，以及相关的总成、零部件企业和研发机构，是中国最大的汽车集团之一。

一汽是全资的国有企业，级别是中央企业，直接隶属于国资委。然而，一汽作为集团母公司，控制着许多子公司，其中除了很多传统的国有企业外，还包括许多合资企业，这些合资企业都是混合股权结构的。最早的应当是一汽大众汽车有限公司，成立于 1991 年，目前的股份构成比例为：一汽集团占 60%，德国大众集团占 40%。其他的合资企业还有一汽通用、一汽马自达等。中外资本的股权比例大体上都与一汽大众相似。不过，即使进行了股份的合资，但在过去几十年的合资历程中，大众的核心技术仍然对一汽进行严格的保密，也就是说，合资的只是资本，中德双方按照约定投入，可以共享资本的收益，但在核心技术方面，知识产权是独立于企业资本所有权的，即使是作为合资的另一方，也不一定有权共享作为核心技术的知识产权。这种混合股权模式十分普遍，尤其在一些较为高端的产业链方面。

4.9.3 上汽集团

与一汽不同，它是整体上市的股份制企业，上市前是上海市的地方国企，上市后则是多元化股份企业。不过，上汽集团作为最大股东，占总股 70% 以上，仍然掌握绝对控股权，其他小股东的份额都很小，基本没有超过 4%。

表 4.19 上汽集团十大股东

股东名称	持股数(万股)	占总股本比例(%)
上海汽车工业(集团)总公司	832 302.89	71.24
中国证券金融股份有限公司	41 496.56	3.55
跃进汽车集团公司	41 391.91	3.54
香港中央结算有限公司	29 857.18	2.56

续表

股东名称	持股数(万股)	占总股本比例(%)
中海信托股份有限公司	11 120.00	0.95
中原股权投资管理有限公司	10 389.35	0.89
中央汇金资产管理有限责任公司	10 075.40	0.86
河北港口集团有限公司	8 771.93	0.75
华融汇通资产管理有限公司	8 771.93	0.75
广东恒健投资控股有限公司	7 971.11	0.68

资料来源：http：//stock.quote.stockstar.com/share/holdertop10_600104.shtml。数据截至 2018 年 3 月 31 日。

不过，为了引进外资，上汽集团旗下有不少混合股权的合资企业，主要是与德国大众、美国通用等全球著名汽车公司的战略合作，包括上海通用、上海大众、上汽通用五菱、上海申沃等企业的发展，这些企业的中外合资的股权比例大多在 50：50，即各占一半的股权。例如，上海通用公司是通用汽车公司与上海汽车集团总公司各出资 50% 建立的先进整车生产合资企业。这一中国最大的中美合资企业成立于 1997 年 6 月。上海大众公司成立于 1985 年 3 月，是一家中德合资企业，2018 年上汽大众汽车有限公司股权结构调整为：上汽集团占股 50%，大众公司占股 38%，大众汽车（中国）投资有限公司占股 10%，奥迪和斯柯达各占 1%。据悉，奥迪在上汽大众中所占的 1% 股份是 2018 年 6 月由德国大众将上汽大众 1% 的股份转让而来的，这 1% 意味着上汽大众取得了奥迪的品牌授权，具备了生产和销售奥迪产品的资质，成为了合作伙伴。上汽通用五菱于 2002 年完成合资组建，其股权结构：由上汽、通用和五菱（柳州地方国企）分别持股 50.1%、44% 和 5.9%。柳州五菱集团通过向大股东通用汽车转让股权以换取轿车项目启动。[1] 在知识产权方面，上汽与一汽类似，核心技术的使用也是独立于资本所有权的，能够在多大程度上使用，需要经过知识产权所有者，即通用汽车的同意才行。

4.9.4 蓝星集团

2008 年中国化工集团与黑石集团（Blackstone Group）共同宣布，双方

---

[1] 《大股东"坐庄"：上汽通用五菱股权纷争始末》，经济观察网 2011 年 11 月 11 日，http：//www.eeo.com.cn/2010/1111/185517.shtml。

将建立战略合作伙伴关系，后者将向中国化工集团的全资子公司蓝星集团进行战略投资，共同将蓝星打造成化工新材料、特种化学品行业的全球领先公司。黑石集团此次将注资 6 亿美元认购蓝星集团 20％ 的股份。增资完成后，中国化工将持有蓝星集团 80％ 的股权，黑石集团持有 20％ 的股权。随着黑石集团的战略入股，黑石集团两位高级董事总经理梁锦松和张昆将出任蓝星集团董事。其中，梁锦松是促成黑石和蓝星合作的牵线人。身为香港特区政府前财政司司长，现任黑石高级执行董事兼大中华区主席，梁锦松在金融领域具有丰富的经验，在国内外资本市场拥有大量的人脉关系。张昆擅长国际资本运作，曾参与黑石对海外化工企业并购重组。两位经验丰富的高管进驻蓝星集团，将带来更多的新理念，公司管理机制将更趋完善，从而有利于形成更强的竞争力。作为蓝星创始人，任建新的经营管理能力也被黑石看好，被力邀出任合资后蓝星的董事长。任建新被视为新一代国企领导人中的代表人物，与过去那些关注行政级别的国企管理者不同，任建新更有商业雄心和全球化思维，更懂得市场规则，以及寻求被国际市场所认可的价值。

作为中央企业采取非上市方式引进战略投资者的第一例，蓝星集团成为一家中外合资的央企。此举的战略意义已完全超出了财务意义，能得到黑石这个当时全球最大的私募基金的巨额投资，本身就是对蓝星集团实力的认可和对其未来发展的强烈信心。这是一个自由全球市场对任建新的肯定，也是任建新希望通过引入国外的科学管理和运营，进一步加速集团在海外的快速发展，接触国际资本和优秀人才，最终提升国际竞争力。

2016 年 2 月蓝星集团公布，迈克尔-柯尼希出任公司 CEO，这是蓝星公司引进全球化工行业顶尖人才以提升管理运营水平的战略。

蓝星除了引进国际战略资本，还积极推进海外并购。自 2006 年开始，蓝星展开了一系列的海外并购，包括安迪苏（Adisseo），罗地亚（Rhodia），澳大利亚企业 Qenos，以及全球第一大农药、第三大种子科技公司先正达（Syngenta，NYSE：SYT）等。传统的并购整合模式中，并购方一旦取得100％ 的公司股权和业务控制权，常常会派出较多的管理人员担任高级管理职务，而原高层人员则纷纷离职。任建新则突破了这种模式，只委派少量管理人员进入目标公司，主要担任副职，原高层人员位置基本不变。

由此可见，蓝星的混合所有制模式与一般央企的混合所有制不同，后者引进一些小股东，只是为了满足股份公司上市的基本要求，对企业本身，并没有什么实质性的改进或影响。而蓝星的混合产权则是为了通过这种合资获得先进的管理和技术，借助外力，引进人才，同时完善企业治理机制，加强企业的核心竞争力。由于央企的特殊地位，只有通过国际化和合资合作这样的企业发展模式，才能让市场机制更好地发挥促进企业竞争力提升的作用。因此，不管是引进国际私募股权基金，还是向海外企业并购投资，蓝星的战略目标都是一致的，为了获得先进生产力要素，不管是技术，还是管理，或是国际市场的规则，都需要在国际化发展过程中，通过合资合作的路径，亲自经历，才能掌握。多元化的股份制正是提供了这种发展路径和机制。

像蓝星这样的央企，白手起家，在市场竞争中，依靠创新而发展壮大。可以说，蓝星的成功，主要是靠任建新这样的以个人创业为基础的草根企业家，又被称为白手起家的国企掌门人，依靠这种企业家基因，走出了与其他央企不同的发展道路。英国《金融时报》称任建新是一名真正的创业家。2018 年 6 月 30 日，中国化工集团与中化集团宣告合并，宁高宁上任，任建新退休。此时，任建新执掌 9 家 A 股上市公司、9 家海外企业，以及超过 100 家子公司。

在强调产权清晰的年代，蓝星似乎是一个例外。然而细想起来，又不奇怪。正如我们在本章所强调的，对于像蓝星创业者这样的想在国际化舞台上干一番事业的企业家来说，他们可能更在乎的是能够获得干大事业的平台，能够通过国际化迅速提高自身规模和能力的扩张渠道，以及能够成就伟大企业的抱负。对于这样的理想，在当时的体制下，国家也只对国有控股的企业，才提供国家级的产品订单，才具有一系列政策和资金的优惠。因此，蓝星需要"红帽子"，它需要的是"红帽子"下面的更多关系要素。同样，国家也需要蓝星任建新这样的企业家，为企业注入民营基因，使其真正获得活力。当然，对于蓝星来说，除了"红帽子"，它还非常需要外资的帽子，这可能会确保其更加合理的公司治理结构，在必要时或许可以制约国家的不合理干预，能够得到境外市场或法治的有效保护，国际化的竞争市场也能够在很大程度上有益于公司治理的优化。

总之，混合股权模式是中国转轨时期的一个突出特征，它注重的是各种产权带来的多要素的整合功能。混合的股份公司提供了这样的平台，使得国家、个人和外商的各种优势都能得到有效整合，最大限度地发挥出其综合优势的能量。当然，游走在国家利益、企业利益、个人利益以及外商利益之间，需要有高度的平衡能力，保持清晰产权制度、合理规范的公司治理和服从相应的法制规范要求，则是能够保护企业家和企业长期发展的最好护身符。

4.9.5 首钢股份

首钢是隶属于北京市政府的一个老国企，经历了承包制、股份制等企业改革过程，于 1999 年 12 月在深交所挂牌上市，可以说是较早上市的一批企业。首钢股份是首家采用法人配售与上网发行相结合的方式向社会公开发行 A 股股票的国有企业，总股本 231 000 万股，其中首钢总公司持有国有法人股 196 000 万股（占总股本的 84.85％），向社会公开发行 35 000 万股（占总股本的 15.15％）。从首钢上市到现在，主导的股权占比基本没有什么变化，从最初的 84.85％，到现在的 79.38％，只是略微降低了 5 个百分点；其他股东的股权都很小，至多是 3％左右。由此可见，这样的上市股份制对于首钢来说，除了获得股市的融资，似乎没什么其他影响。作为一个大型国企，首钢依旧按照自己惯有的轨道发展。

表 4.20 首钢股份十大股东

股东名称	持股数（股）	占股比例（%）
首钢集团有限公司	4 198 760 871	79.38
北京易诊科技发展有限公司	159 790 000	3.02
北京纳木纳尼资产管理有限公司	79 900 000	1.51
北京石榴港商业管理有限公司	58 590 000	1.11
新华人寿保险股份有限公司—分红—个人分红—018L-FH002 深	50 229 858	0.95
北京小间科技发展有限公司	49 270 000	0.93
中国农业银行股份有限公司—景顺长城沪深 300 指数增强型证券投资基金	38 065 514	0.72
北京塞纳投资发展有限公司	26 475 500	0.50
北京安第斯投资发展有限公司	18 650 000	0.35
北京卓奥友资产管理有限公司	14 120 000	0.27

资料来源：http://data.eastmoney.com/gdfx/stock/000959.html。数据截至 2018 年 3 月 31 日。

4.9.6　小结

以上列举的 5 家国企性质的混合股份公司各有特色。然而，比较有意义的混合股权则是包含了多元化的产权要素，能够与企业原有产权要素具有互补性，同时对于企业具有积极的建设性作用的股权结构。例如与外资合股的几家汽车企业通过合资，提升原企业的管理和技术水平；又如蓝星集团，通过引进全球最大私募股权基金和海外并购，获得国际人才加盟，提升管理和技术，并借此获得国际市场的认可，从而能够融入海外大市场，成为其中一员。还有邮储银行，接受以前的经验教训，在上市之前，就根据自身的缺陷，有意识地引进不同的国内外战略投资者，作为补充自身不足的发展方式。

混合股权模式可能成为有效的共享式、互补性和包容性的发展模式。然而，与民营的混合股权模式的根本不同在于，国有混合股权基本上都是国有企业掌握控股权和控制权，这会导致企业依然按照国有企业的惯性模式在运作，它的发展运行会受到原有体制的很大限制，因而缺乏民营混合股权企业那样的飞速发展的活力。尽管某种程度的互补性混合股权会带来一些积极作用，但由于企业决策权或最终控制权不是由这些混合股权掌握，企业发展的主导取决于这些控制者决定的方向。不过，混合股权能够起一定的积极制衡作用，尤其在市场竞争的冲击下，市场会推动企业主导者向积极合理的方向发展。

4.10　如何走向现代股份公司制度

40 年前中国没有现代企业制度意义上的公司制企业，而至 2016 年，中国已经有 308 117 家股份公司（含私营股份公司），占工业企业单位总数的 81%；股份制企业的主营业务收入占全部总额的 72%，利润占全部总利润的 70%。[1]股东有限责任和董事会集中管理等基本治理规则，为公司制企业

---

[1]《中国统计年鉴》（2017 年）。

提供了无限的成长边界和吸纳各种要素资源的空间，也成为中国转型企业向往的理想企业的选择。

没有企业的强大与崛起，中国的强大与崛起是不可能的，或者说是虚假和表面的；中国企业的强大与崛起有着前所未有的庞大国内市场和经济增长机遇，但是没有良好的公司治理，或者说市场环境和市场系统的虚弱，合理制度的缺失，中国公司就不可能真正强大，也不可能成为某些领域的全球市场、技术和发展方向的主导者。

然而，公司治理的根本意义还是在于公司价值和长期经营业绩的提高，任何形式上的规范都要服从于实际效益和良好行为的改进。中国上市股份公司的治理形式改进多于实质改进，源于监管要求的改进大于源于市场压力的改进。究其原因，可能有监管者方面的原因，急于求成，过度学习发达市场上的一些表面做法而忽略了很多内在系统性的要素；也有市场发育迟缓，羁绊于一些目前已经完全不适应市场发展的条条框框，受制于现有垄断既得利益集团的阻碍，而不能发挥出市场的完整而积极有效的功能。

资本市场的有效性是决定公司治理水平的重要因素，其中制度设计和监管政策是一个重要方面。中国资本市场的制度设计缺陷还没有完全得到改正，监管政策上还有很深的"主管部门"习惯。没有把上市公司看作是完全的自我负责的法律实体和市场行为主体，太多的事情是由证监会作为"主管部门"来批准的。上市、增发和配股企业的选择都缺少市场化因素。跟改革后国有企业一只眼睛看市场一只眼睛看市长的行为类似，上市公司也是一只或只是半只眼睛看市场，一只或一只半眼睛看证监会和发审委。

对于非上市公司来说，资本市场似乎不显得那么重要，产品市场的竞争是最重要的决定其治理水平的因素。因此，非上市的股份公司的行为相对来说比较合理。不过，要想成为真正的国际化的现代大公司，走上市之路似乎不可避免。因此，我们的资本市场在培育现代化大公司方面具有极其重要的责任。如果说，我们至今没有内生成长的伟大公司，那么这只能说是我们资本市场的失败。

在中国的转型过程中，政府一直着重强调要建立国家级的大公司，来参与全球化的竞争。然而真正的大公司一定是要通过市场机制和契约手段有机地组合和成长起来的。在现代全球经济增长过程中，我们还没有看到哪个政府直接地一手创建出了一个真正称得上伟大的公司。政府可以靠拼凑组合来创建"庞大公司",但绝不是伟大公司。伟大公司必然来自企业家的创造力的长期积累,由于政府的强势与企业家的强势是难以兼容的,两者的关系极难平衡,企业家游走在个人与公共利益难以区分的灰色地带,要么是在政府的强势下落马,要么是个人利益越界,侵犯到公共利益。在这样的高难度的兼容性区域,国有股份公司如没有稳定的团队,没有以企业家为核心的凝聚力,则很难具有长期行为,也很难依靠长期积累的沉淀,形成真正具有国际化竞争力的大公司。

为此,我们首先应当区分不同的企业边界。2015 年中央政府出台了《关于深化国有企业改革的指导意见》,提出把国企分为商业类和公益类两大类。公益类的较好理解,主要涉及公共产品,例如国防、环境保护、义务教育和基础医疗等。商业类的国企则被界定为两大类,一是充分竞争的,另一是非充分竞争的,后者即关系国家安全、国民经济命脉、承担重大专项任务的国企。这些国企不同程度地承担着服务于国家战略,发展前瞻性战略产业的特殊任务。这种战略性产业的国企,往往是需要政府支持和保护的。战略性产业或企业的主要特征大致如下:具有较大的积极溢出效应,即使在局部或短期不盈利的情况下,但从中长期和全局来看,其长期效益更大,溢出范围更广,或者说外部正效应较大,因而可能带来更多长期的积极的绩效效应。换句话说,这类国有企业是在特定阶段,为了满足国家整体的发展战略的需要而建立的。不过应当看到,那种非充分竞争的、需要政府保护和支持的产业,不是刚性不变的,而应当尽可能地缩小范围和时间,一旦趋于成熟,政府就应及时撤出,避免其产生依赖性而丧失创新活力,需要尽可能通过竞争而非扶持来促进效率。需要重申的是,政府的首要任务是确保社会福利最大化,这才是需要举国之力来做的事情。只有把有限的财力用在最关键的地方,而不是无限扩大战略产业的范围,造成难以承担的入不敷出的后果。

对于绝大多数产业或企业来说,应该靠自身能力去竞争,这才是市场经济,才能培育出有活力有效率的企业。因此,对于形成中国大公司的正确方式不是扶持现有大公司或是组建大公司,更不是"资产重组"和"拉郎配",那是在复制"恐龙"。创生中国大公司的正确方式恰恰是促进创业、促进中小企业发展。只有实现平等的市场进入机会、公平的竞争环境和公正、公开、透明和确定并可预期的法律规则，"国有""民营"等企业出身成分标签才可能尽快退出历史舞台。破除树立典型、政策倾斜等传统干预的做法，政府的角色是维护公平竞争的规则，让市场主体，即消费者和投资者，用他们的货币选票筛选中国的股份公司，这才是最有生命力的现代股份企业。

事实上，我们不可能设计出一个理想和最优的公司治理系统。每一种有效的公司治理系统都是从一个国家的商业实践和经济发展历史中衍生出来的，都有其自身的特性，只能就那个国家或地区的特定时期来说是一种良好的公司治理制度。尽管没有解决公司治理问题的放之四海而皆准的"唯一最优解"，但是有一些共同的基本核心要素是任何有效的公司治理模式都要具备的，即良好公司治理系统的核心特征是：权益配置合理的利益相关者之间的清晰契约，以及由市场决定的激励约束的最优平衡机制。

市场的健康发展和相应的法律法规，是形成公司合理治理的两个必要前提。我们的市场具有过多的垄断性和行政干预性，我们的法律也较弱势，缺少切实可行的法规制度。法律史大师梅因说："一个国家文化的高低，看它的民法和刑法的比例就能知道。大凡落后的国家刑法多而民法少，发达的国家民法多而刑法少。"[1] 股份公司是现代民法体系建立起来之后才发展起来的一种新型企业组织形式，在缺乏成熟市场和相应成熟的民法体系基础的环境中，股份公司难以健康成长和壮大。

中国公司中存在着太多的"检查与制衡"机制，带来的结果是真正有效监督的缺乏和复杂的权力斗争。中国的公司法，即使经过了最新的修订之后，仍然更多的是监管和禁止性规定，缺乏对来自市场的特别是非国有部门的公司治理发展的哺育和支持性规定。

从公司法到有关部门的规则，中国在公司治理和运营方面是"过度监管"的。中国的国有资产管理部门，则是在出台法规和监管规则的同时，往往比通常意义上的大股东更多地介入到了公司的管理性决策中去。还有其他一些政府部门也会介入到公司治理中去。中国已经有太多的强制性的"治理

---

[1]　参见 [英] 梅因：《古代法》，商务印书馆 1959 年中文第一版，1984 年第八次印刷，第 2 页。

标准"了，甚至有些是明显不合理和无效率的，但是公司没有选择，只能遵守。在各种过度监管的挤压之下，中国公司已经没有了自主性治理改革和制度创新的空间。

然而，与管制过度同时并存的却是，各种违法乱纪和侵权事件层出不穷，甚至还出现严重的危害公众生命健康安全的丑闻，没有来自市场的和来自民众的有效制约，任何行政监管都可能流于形式，甚至成为有关当局寻租设租的借口。

结果，我们的企业面临着既无创新动力的空间，又不受合理有效的法制监管约束，可想而知，在这样的制度下，道德的失落将是不可避免。亡羊补牢，尽快修复制度的漏洞，从根子上解决这些问题产生的根源，应当是未来中国企业制度建设的重中之重。

发达国家的经济史和企业史无不表明，竞争促进了企业的制度创新和更为有效的治理机制的出现。为了有效治理机制的发展，中国需要更多的是促进市场开放的政策，特别是在资本市场上，而不是直接的公司治理政策。既然我们不知道真正有效治理的最佳方式，为什么我们不能给市场竞争和企业的自由选择留下更大的空间，更重要的事情是提高市场的公平竞争和发挥资本市场的积极作用。只要做到这一点，关于公司治理的最佳选择市场就会给出更好的答案。

第 5 章　外资和港澳台资企业

1979 年 1 月 17 日，北京还裹在深冬的瑞雪中。邓小平在暖意融融的人民大会堂福建厅会见五位不同寻常的客人——胡厥文（原上海机械龙头）、胡子昂（原四川钢铁巨擘）、荣毅仁（原上海纺织世家）、周叔弢（原天津水泥巨头）、古耕虞（原四川猪鬃大王），在这次座谈中，邓小平第一次提出要吸引外资。[1]

这次谈话不久，1979 年 6 月 27 日，国务院正式批准"中国国际信托投资公司"成立，为国务院直属的部级国营企业。7 月 8 日，中信公司在北京正式公告天下，主营业务包括接受各地各部门委托，根据《中外合资经营企业法》和其他法令，引进外国资本和先进技术设备，共同举办合资企业。有趣的是，筹备多时的《中外合资经营企业法》于同天正式颁布。这一最初的尝试，现在来看，则是中国对外开放的第一扇窗口，甚至比开放深圳、珠海等经济特区还早一年。从此，中国从此开始了引入外资促进发展的经济开放时代。

《中外合资经营企业法》是中国改革开放以来最早的针对企业制定的法律，甚至早于一般的企业法和公司法。在中国刚刚经历那么长的动乱时期，也只有法律的建立才能标示出中国改革开放的决心和能力。据当时的有关人

---

[1]　参见阎阳生：《人民政协报》2004 年 8 月 20 日 C1 版。

员的回忆，没有法律，人家根本不敢来，谁愿意把大笔的资金放在一块没有法律保障的土地上呢？在改革开放初期，可想而知，中国政府对于外资的重视，先于并远远大于对于民间产权的重视。原因在于，那个年代的民间资本几乎是绝迹的，根本也谈不上去保护，而雄厚的外资，则是实实在在的存量和硬通货，作为务实的政府必须看到，对于这种物权的保护是引进外资的充分必要条件。因此可以说，《中外合资经营企业法》是中国政府对于私有产权最早有意识地进行保护的法律和法规。

外资企业的定义，按照国家规定的统计口径，凡是注册资本或外商投资资本在 25% 以上的企业，都可算作为外资企业。因此，在通常的外资企业范畴中，包括中外合资企业或外商独资企业。在较早的统计数据中，通常把港澳台资企业与外资企业的数据都统一归为外资企业类型，因此，在本章的以下部分，凡是没有加以注明或区别的外资数据或指标，均为包含港澳台资在内的统计口径。

5.1　外资在中国经历的发展阶段

外资和港澳台资企业在改革以来获得了相当快的进展。从 1980 年仅 7 家企业开始，到 2016 年达到 50.5 万家。从投资总额来看，1980 年为 470 万美元，至 2016 年则达到 5 万亿美元之多。[1]

从外商投资额来看，在整个时期，存在着两个外商投资高增长期。一个是在 20 世纪 80 年代的平缓发展之后出现的，从 1992 年开始到 1996 年，这是一个高速增长时期；另一个是在进入 21 世纪之后，大约从 2007 年开始到 2016 年，又出现了一个高速增长时期。由此可见，外商投资的高速增长与中国的经济波动周期也是相关的，当出现了向上的周期变动时，外资投资也大量进入，反之，外商投资的进入速度则放慢。不过，外商投资的变化总体来看比较平滑，并一直保持上升势态，不曾出现下降，也没有出现大起大落的波动。这表明外资企业具有较好的内在稳定性，不易受到外界尤其是政府

---

［1］　参见《中国贸易外经统计年鉴 2017》，第 599 页。这些数据应当是历年的累计数。

的干预，同时也说明外资企业具有较好的竞争力和效率，因而具有较强的抗市场波动的能力（参见图 5.1）。

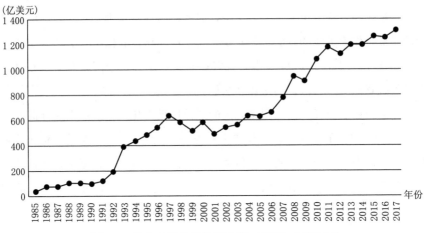

（亿美元）

图 5.1　外商实际使用外资金额（1985—2017 年）

注：本表中的"外资实际使用外资金额"包括"外商直接投资和外商其他投资"。

资料来源：《中国统计年鉴》（2017 年）；2017 年数据来源于商务部网站。详细数据见本章附表 1。

　　根据统计定义，25％注册资本来自外资的则算外资企业。不过，根据实际注册资本来看，1980 年时，注册资本中的平均外资比例为 41％，以后逐渐增长。大体来说，在 1992 年之前，外资比例大致在 50％—60％，在 90 年代，约从 1993 年开始，外资比例不断上升，从 61％上升到接近 70％。2000 年以后，外资比例仍然持续上升，从 2001 年的 71％上升到 2006 年的 78％。从 2007 年开始的七八年间，外资比例一直在 80％左右波动，直到 2015 年，该比例才下降了 3—4 个百分点。这个外资比例上升的趋势表明，外资在中国的投资企业，从刚开始的合资合作企业，逐渐向外商独资企业的趋势发展。

　　外资企业自从改革开放后从零开始进入中国，取得了迅猛增长，至 1998 年外企的主营收入占全国企业总收入（统计口径为规模以上工业企业）的比重已达 24％。2003—2007 这五年期间，外资企业的收入占比高达 30％以上，几乎接近全部工业企业的三分之一。然而，从 2008 年开始，外

资企业占比逐渐下降，2016 年仅占 21％，比最高时期（2004—2005 年）
下降了 10 个百分点。[1]从外资企业在中国的发展历程可以看到，在促进中
国经济起飞的阶段，外资企业几乎支撑起中国工业的三分天下，因而起着不
可忽视的重要推动作用。可以说，没有外资带来的技术、资金、管理和就
业，就没有今天中国经济如此快速的发展。从这个意义上来讲，外资功不可
没。当然，随着中国经济发展的日益成熟，外资的作用也日渐式微，它发挥
的历史作用也逐渐下降。

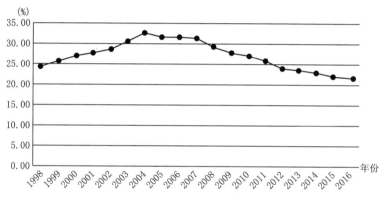

图 5.2　外资工业企业营业收入比重变化趋势（1998—2016 年）

资料来源：《中国统计年鉴》历年，统计口径为规模以上工业企业。详细数据见
本章附表 2。

　　大体来看，外商投资企业在中国的发展大体分这样三个阶段，即 20 世
纪 80 年代至 90 年代初年、1992 年至 2002 年，和 2002 年之后。80 年代主要
是初始的起步阶段，外资企业初涉中国市场，不熟悉也不了解中国市场的外
资，多半采取与中国合资合作的方式来办企业，在这一阶段，外资企业中，
以中方控股的企业为多，外方资本的比重平均只有 40％多。90 年代上半期，
中国的市场经济日渐成熟，外资也越来越熟悉中国市场，了解中国的规则，
发现其不可估量的市场潜力。于是，外资进入了发展高峰，中国更加开放的
姿态和巨大的市场吸引了大量新的外资进入。

　　然而，随着市场波动、需求下降，外资的增长也受到一定影响，20 世

---

　　[1]　作者根据《中国统计年鉴》历年数据计算。详细数据参见本章附表 2。

纪 90 年代后半期，外资增长出现停滞不前，同期，国有企业出现严重的全面亏损，增长大幅度下滑，外资企业相比要好得多。因此，从外资的波动来看，其上升反映了市场需求拉动，反之，市场需求下降则并未造成外资企业的相应下降，原因在于，吸收了市场下降冲击的主要是国企，国企在这些竞争行业中处于底端，处于效益低下的边缘，因而首先受到市场波动的冲击，而外资企业，往往处于效益的较高端，较少受到市场波动的冲击。因此，市场波动对外资企业的影响主要是向上的，而非向下的，后者有国企的缓冲，因而可避免受到严重的外部不利影响。

因此，有着大量效益不好的国企垫底，外资企业受到市场波动的不利影响总是能够降至最小。从图 5.2 可见，即使在 1996—1998 年期间，当国企全面大量亏损时，外资企业也未出现利润显著下降趋势。

2002 年以来，新一轮的经济高涨带动了外资以新的速度进入中国，此时外资越来越熟悉中国市场和相关规则，越来越多地采取了独资或外资控股的方式。与 2003 年比，2006 年中国全部规模以上工业企业单位数总计增长了 54%，企业数量增长最快的是外商投资企业，增长了 82%；内资企业单位数增长了 53%。从注册类型看，外商投资企业中增长最快的是外商独资经营企业（127%）和外商投资股份有限公司；港澳台商投资企业中增长最快的是港澳台商独资经营企业（74%）和港澳台商投资股份有限公司（23%）。[1] 可以看出，无论是外商还是港澳台商，都出现了以独资经营企业为主的发展势头，而传统类型的中外（港澳台）合资、合作企业数量增长势头减缓，其中港澳台资的合作经营企业已经出现了逐年减少的趋势。

外资不仅在技术、管理和税收上具有较大的优势，对于国企具有较强的竞争力，而且各地的招商引资政策竞相采取一系列的优惠政策，例如土地特批优惠、额外的税收优惠等等，来吸引外资进入本地创办企业，这些都推动了外资进入中国的热潮。不过从 2008 年以后，取消了外资优惠税收待遇，但各个地方政府的土地特批等优惠政策仍然不同程度地存在。因此，外资大量进入这一趋势只是稍微有所减缓。

---

[1]　参见《中国工业统计年鉴》相关年份。

5.2　20 世纪 80 年代的起步阶段和发展特征：广东经济起飞的源泉

20 世纪 80 年代初，中国是一个既缺资金又缺外汇的典型"双缺口"发展中经济，所以从 1985 年开始，中国政府采取了出口退税政策以鼓励出口。同样，为了填补资金缺口，在改革开放初期，我国也采取了鼓励外商直接投资的政策，给外资企业许多政策优惠，包括税收上的"两免三减"，所得税只有国内同类企业的一半左右。在这些政策的刺激下，中国对外贸易增长非常快，同时中国也成为除了美国之外吸引外资最多的国家。

中国吸引外资的一个独特之处在于，大量的港澳台资以及海外华人资本的进入。从 20 世纪 70 年代末期始，大量的港资进入珠三角，整个 80 年代成为香港制造业北移的过程。80 年代中后期，台资也大量涌入，这个时期的港台资本大多是中小企业，是劳动密集型的"三来一补"（来料加工、来件装配、来样加工和补偿贸易）的贸易加工企业，它们的获利效应直接影响了 90 年代大量的日欧美企业和港台大型企业的进入。20 世纪 80 年代，以轻工业消费品为主的香港工业产品，随着全球市场的迅速开拓和需求量的急剧增长，香港的弹丸之地以及有限的劳动力，已无法适应其发展的需要。当时中国内地正逢实行改革开放政策之初，香港投资者急需寻找低成本投资地区，双方具有很强的互补性需求。于是，香港厂商利用在粤的亲戚朋友关系，手拿订单，带着原料、图纸进入珠江三角洲，在当地政府、外贸专业公司、社队企业的支持下，开展"三来一补"。至 1990 年底，广东共签订"三来一补"合同 14 万项，兴办企业 2 万多家，安排就业 150 多万人，累计缴费创汇 43.6 亿美元。经过几年的发展，港商投资由最初的简单形式发展成为兴办"三资企业"等更高级形式。港商不仅带来订单、资金，还带来技术、设备，自己开厂办店。

广东为香港制造业的向外拓展提供了广阔的土地扩张和廉价劳动力的资源。于是，香港制造商大规模向内地搬迁。20 世纪 80 年代初期，港资公司主要从事诸如玩具、衣服、塑料产品和五金等产品的劳动密集型加工。

广东以纱布、印染布、服装、皮革、玩具、罐头、饮料酒、卷烟、造纸、家具等产品为主的低级进口替代产业迅速发展起来，主要产品产量几年间增长了几倍到几十倍。这不仅很快满足了本省短缺的日用品市场，并且很快销往全国各地。80 年代末，新的投资深化，并扩展了港人控制的生产基地。传统产业中的生产向纵深方向发展，包括投入品、零部件和半组装制成品。产业基础也扩展到家用电器和电子产品，到 90 年代初，即有 40% 左右供出口。

20 世纪 80 年代的广东，其中经济发展最快的是被人们誉为"广东四小虎"的四个地区，即东莞、中山、南海、顺德 4 地。这里的乡镇企业、个体私营企业如雨后春笋般生长，毗邻港澳的地缘优势引来了数以千计、万计的外资企业，一座座厂房取代了一垄垄水田鱼塘，绵延千年的农业文明仿佛一夜之间就演化成了工业文明。据统计，1981—1993 年间，4 市 GDP 年均递增23.8%，人均 GDP 由 640 元增加到 9 578 元。[1]

1980 年至 1992 年间，珠三角年均增长率达 18.5%[2]，创造了经济史上的奇迹。多年来保持快速发展的珠三角已成为中国经济增长的"发动机"之一，亚洲乃至世界信息产品最大的制造、出口基地之一。

因此，广东地区经济的最初起飞，源于最初的港商带来的大量加工贸易，因而使广东在当时全国经济的排名中获得了多项第一：吸收外资最多的省份，经济总量最大的省份，外贸总额最大的省份等等。然而，广东的这些外资加工贸易企业总体处于国际产业分工低端，技术含量不高，这是由于当时经济落后、技术水平起点低，但劳动力资源丰富，只能以自己的成本和资源比较优势来参与国际分工。

由于在改革开放之初，民营经济发展刚刚起步，而国有、集体企业的技术水平、外销渠道、市场及经营机制均不及外资企业，导致加工贸易的本土化水平不高，加工贸易的配套、人员及资本流动等主要在外企间进行，因此，虽然广东的经济增长速度很快，但外资的外溢效应对内资企业的影响似乎并不大。

从外资在各地区的分布来看，20 世纪 80 年代，广东省实际利用外资是

---

［1］［2］　参见《从"四小虎"到"9＋2"》，《南方日报》2004 年 9 月 28 日。

华东地区（上海、江苏、浙江）的 3 倍。[1]从全部外资企业的户数分布来看，至 1987 年，广东的外资户数占全国总体的 60% 多，其次是福建，占 10% 多，而此时，江苏和上海的外资户数分别仅占 2%—3%；从外资在工业领域的投资额来看，1985 年广东占全部外资工业投资额的 48%，而江苏还不到 4%，江、浙、沪三地加起来才 22% 多，还不到广东的一半。这说明，80 年代的外资主要是港台资本以及华侨资本，他们更愿意在家乡进行投资。尤其是广东，来自香港的投资占绝大多数比例，形成 80 年代境外资本在中国投资的主力军。

外资企业在 80 年代产生的积极效果，可以大致归纳为以下几点：

（1）加速工业化的启动资金是外源的。改革开放初期，中国产业基础薄弱，资金技术短缺，发展机制僵化，外资进入使加速工期业化的大规模投资行动得以进行。

（2）外资进入带来的国际市场，外向型的经济，加速了工业化的进程。

（3）现代化新兴产业成长所需要的技术和管理基础是随外资进入带来的。

（4）外资企业的进入，带来了市场竞争和富有效率的企业制度，为中国的市场经济注入了活力，也为中国的企业制度变革提供了示范样本，加速了集体企业和国有企业的改制，加速了计划向市场的全面转型。

（5）外资的进入，解决了一大批贫困人口的就业和温饱，为政府提供了税收，为社会创造了财富，降低了贫困。

（6）最初的外资是以香港为进入路径，以广东为跳板，港资的良好示范效应，带动了其他一系列的外资得以迅速地进入中国，并向其他地区扩散，形成全面的外资进入大潮。为有效地解决中国的资本不足、外汇不足、技术管理不足和人才不足等问题，提供了积极的改善路径。

总之，在改革开放的初始时期，对于贫困落后的中国来说，外资企业的引进具有良好的积极意义，成为促进中国经济飞跃的重要力量。

---

[1]　参见广东发改委网站，http：//www.gddpc.gov.cn/oldver/common_file/show_file.asp?id=14431&lanmu=35。

5.3　20 世纪 90 年代外资企业的发展：从广东向全国扩散

在 20 世纪 90 年代前半期，留在人们脑海里令人印象深刻的画面和信息是：每年数以百万计的人流从内地涌向广东，不是浩浩荡荡的"民工潮"，就是成千上万人才"孔雀东南飞"；而广东粮、珠江水、岭南服、粤家电则大举北进，被称为"广货北伐"。哪里有吸引人才的力量，哪里就会有经济的飞跃，大规模的人才向广东的流动现象鲜明地揭示了广东经济起飞的特征。

20 世纪 90 年代，广东的外资企业的生产基础进一步扩展到了技术密集型的产业，包括计算机、计算机组件和配件、通信设备、精密仪器、智能玩具和精细化工。到 2000 年，设立在广东的港资公司中，大约有 70％从事于纺织品、服装、电子、玩具、金属制品、塑料和其他劳动密集型轻工业产品的生产。大约有 80％至 90％的香港塑料工业、大约 85％的电子工业和 90％的手表和玩具工业转移到了广东。

20 世纪 90 年代前后，在广东，以电风扇、洗衣机、电冰箱、彩电、收录机、空调机、计算机、汽车、摩托车为主要产品的高级进口替代产业，也从无到有，迅速发展了起来。年均增长速度达到几十个百分点甚至成倍翻番，占全国同类产品总量的比重高达 20％—80％。其工业总产值占广东全省工业总产值 60％以上。[1]

总之，广东充分利用其土地、资源和低成本的劳动力，结合来自香港的投资、管理、技术和市场知识进入国际市场。在毗邻香港的广东地区，建立了庞大的制造业基地；而香港在自由市场环境下孕育而成的市场体制的优势，则成为设置总部以管理广东省生产活动的理想地方。随着时间的推移，在制造业及其相关的贸易行业中，粤港两地内部的分工也在不断演变。总的来看，香港公司将生产前和生产后的活动都放在香港进行，比如设计、规划、市场营销和物流活动等，以及高级管理和金融活动；而将生产和与生产

---

[1]　参见广东发改委网站，http://www.gddpc.gov.cn/oldver/common＿file/show＿file.asp?id＝14431&lanmu＝35。

相关的活动分散到广东。从广东省内的港资企业的活动中，人们可以清楚地看到这种专业化的分工。

拥有得天独厚的地理优势，广东成为最早利用外资并获得了经济起飞的示范。对于中国的其他省份来讲，广东的成功无疑具有极大的示范性效应，对于外资来讲，广东仅仅是作为中国的一个省，中国还具有广阔无垠的市场可以充分利用，这个机会是不能错过的。因此，从 1992 年邓小平发出了进一步扩大改革开放的明确信号之后，外资进军中国市场的大幕就拉开了。

1993 年是跨国公司在华大规模投资的开始。在市场的诱惑和政府的鼓励下，这一年，肯德基第一家特许经营店在西安开业，宝洁一口气在中国建立了 4 家公司和 5 家工厂，世界上最大的啤酒公司用 1 640 万元购买了中国最大啤酒公司青岛啤酒 5％的股份，诺基亚开始向中国提供 GSM 移动电话，花旗银行把中国区总部从香港搬到了上海，美国通用汽车公司在中国的第一辆轿车下线了，而德国大众在上海的工厂已经形成了年产 10 万辆的能力，日本企业在华投资也急剧增长，批准的项目达到 3 414 个，是 1991 年的 3 倍。[1]

从统计数据来看，1993 年以后，外商投资在中国出现了一个前所未有的急剧增长的高潮。在 1993—1998 年期间，外资企业的工业产值每年平均增长 3 000 亿元左右，外资的产值占全国工业产值的比重从 1993 年的7.5％，上升到 1998 年的近 15％，至 2000 年则达到 27.4％。伴随着外资在中国大量增长的同时，广东的外资相对比重则不断下降，从外企户数来看，至 2000 年，广东的外资企业户数仅占全国的 1/4 不到，而在 1987 年这个数字高达 60％以上。从外商投资额来看，1990—1997 年间，广东实际利用外资总额只比华东地区高 36％，从 1997 年开始，华东地区实际利用外资金额已接近广东。[2]这些都表明，外资在中国已经不再局限于局部一地一省，而是面向全国，尤其是面向东南沿海一带，大举扩张。

从外资在中国投资的产业来看，20 世纪 80 年代中期外资主要的投资行

---

[1]　参见吴晓波：《激荡 30 年》（下），中信出版社、浙江人民出版社 2008 年版，第 17 页。

[2]　参见广东发改委网站，http：//www.gddpc.gov.cn/oldver/common_file/show_file.asp?id=14431&lanmu=35。

业在服务业，1986 年占全部外资的 52% 都集中在服务业，而工业仅占 32%。此后，这个比例不断下降，而工业不断上升，至 2000 年，约 55% 的外资集中在制造业，而服务业[1]约占 25%（参见本章附表 3）。

由此可见，外资的流向是从服务业向制造业流动的。一般来看，外资进入一个国家或地区，总是从他们认为自己最擅长的领域进入。房地产之类的服务业在中国是一种新兴产业，也是外资认为他们比中国人更有优势的领域。然而，此后的外资流动，则并没有在这个领域发展，而是逐渐地流入了制造业，而制造业恰恰是中国的传统产业，有着长期发展的积淀，至少不会是中国的弱项或空白领域，那么，为什么外资会大量流入制造业呢？外资的优势究竟在什么地方呢？

原因在于，虽然房地产业之类的服务业在中国是一个新领域，但是正由于新，才有大量的新的民营企业纷纷进入，形成了以民营为主体的产业基础。但是制造业则不然，其原本存在着大量的国有企业，这些产业通常具有以国有企业为主体的产业基础。民营企业或乡镇企业虽然自从 20 世纪 80 年代中期以来大量兴起，纷纷进入制造业领域，但由于起步晚，资金实力单薄、技术落后等原因，一时难以与实力雄厚的国企相抗衡，只能作为拾遗补阙，作为中小企业为大型国企做加工配套产品，一时还不能形成产业主流力量。

在房地产服务业，以大量的民企为主体，加上房地产业的特殊地产资源依赖性，使得外资企业明显缺乏竞争优势。而在制造业，实力雄厚的跨国公司或者外资企业，面对实力单薄的民企和效率低下、保守涣散的国企，其具有的先进设备和技术，以及强大的资金背景和优越的公司制度，都立即能够显示出其竞争优势。于是，外资企业转向制造业，很快就发现其中存在的大量机会，找到了其后方实力空虚的领域，并准确地从这里切入，得到了初战告捷的效果。

---

[1] 根据国家工商管理局的统计分类，1986 年这些服务业的名称为"房地产管理、公用事业、居民服务和咨询服务业"，1994 年后对此作了调整，将原先的这个服务业调整为两个部门，其分别是房地产业和社会服务业。虽然统计口径有所调整，但总的来看，前后两个范畴的差异并不大。

美国麻省理工学院的黄亚生教授从中总结出外资企业竞争力的来源在于[1]：

外资企业相对竞争力＝外资企业竞争力／国内企业竞争力

也就是说，外资竞争力是相对于内资企业的，内资企业越强，外资则相对竞争力弱；反之，内资企业越弱，外资则相对竞争力越强。在内资企业中，民营企业的竞争力较强，外资企业则避虚就实，避开民企的同档次竞争层次，在国企所处的档次上与之竞争。制造业中的大量国企，正好就成为外资企业具有相对优势的前提条件。

例如，在浙江我们很少看到外资企业，尤其是一些较基层的县市，更是难得一见。为什么外资企业很难在浙江取得较大发展？而其他地区，例如江苏、上海等地，外资企业都获得了很大的发展空间。从外资企业的相对竞争优势比较的行为中，我们可以发现其中可能的原因。

民企，尤其是草根民企，在地方市场的竞争中，由于对需求具有极其敏锐的感觉，对于那些无处不在的、非常细微的市场机会，都能及时抓住和挖掘。这是土生土长的民营企业在地方市场所具有的优势，也是那些外资企业所无法与之竞争的。因此，在浙江存在的这种高度发达的民营企业群体极具市场竞争优势，外资很难与之相抗衡。

一般来说，外资企业进入某个国家或地区的动机在于，它预期自己能够获得竞争优势，否则，它就不会进入。当某个市场上充斥着大量效益不佳的国有企业和集体企业时，外资企业预期，可以比较容易通过竞争击败它们，因此，它们就会大量进入。当然，除此以外，还有其他市场环境等因素需要考虑。但是，至少在相同市场环境下，它们的进入必然要考虑到这个相对竞争力的比较。例如江苏和浙江，就是两个十分相近的市场环境的地区。在江苏，许多外资进入，而在浙江，则较少外资进入。其原因就在于，两个地区的相对竞争力对于外资来说是不同的，浙江的民营企业太强，竞争太激烈，外资与其相比，没有体制上的优势，也没有无处不在的对基层市场面的渗透能力，在市场反应上也缺乏足够的灵活性，因而很难取得对这些民企的竞争

---

[1]　参见黄亚生：《改革时期的外国直接投资》，新星出版社 2005 年版，第 80 页。

优势。

总之，外资在 20 世纪 90 年代大量全面的进入，有效地促进了制造业的市场竞争，尤其是与国企的竞争，迅速地占领了国企原有的许多市场份额，加速了国企的改制和退出。

当然，外资企业的迅速扩张与民企受到一定的压制也是相关的。由于民企的发展主要依靠自身积累，很难得到银行与外部融资的支持，因而难以迅速地发展，规模扩张也受到很大限制，难以与资金雄厚的大型国企在同一档次上进行竞争。在这样的条件下，资金实力雄厚的外资企业，则获得了捷足先登的优势，能够与同样具有资金实力，但不具有竞争实力的国企进行竞争。

5.4　21 世纪以来外资发展特点和产业结构的演变

多年来，我国吸收外商直接投资（FDI）一直位居发展中国家前列，但是利用外资的主要方式是"绿地投资"，也就是投资建厂。这种方式需要征地建厂房，增加新的供水、供电、供气。前些年，凭借着低廉的土地资源要素和劳动力价格，中国吸引到了大量的 FDI。但是，随着国内资源要素的紧缺以及劳动力成本的上升，"绿地投资"在中国的优势已经不如周边其他国家，需要转变利用外资的方式。实际上，外资并购是国际最常用的一种投资方式。全球 FDI 的 80％是通过并购方式实现的。

21 世纪以来，外资并购这一国际最常用的投资方式开始在中国大量出现，给中国承接国际产业转移和创新地利用外资方式带来了新机遇，同时也面临着严峻的挑战。

虽然近年来采用外资并购的方式已经很多，但由于资本市场不完善，相关法律法规和各种市场公平竞争规则不完善，以及对外资并购的认识还存在很大争议，因此，每出现一次外资并购都会导致一场讨论，讨论内容涉及民族工业、行业垄断、价格评估等等，讨论面从上至下，从学者到企业，从政府到民众，波及全国，形成了 21 世纪以来外资并购的大讨论热潮。关于这个问题，我们将在后面有专门的详细论证。

外资几乎在所有产业都有投资，不过比较有分量的投资还是集中在工业领域。2004年前后，外商投资在工业领域的投资比重曾经达到70%之多。不过从那以后，投资趋势就不断下降，直至2016年的30%左右。从外商投资趋势来看，虽然工业方面有所下降，但在服务业领域则不断上升。例如商业服务、科技服务、批发零售和金融业，其投资份额都在持续上升。这几个服务业的外资投资加总起来，可达到50%左右，明显超过了工业领域的投资额（见表5.1）。外商投资重心的转移，显示了一种发展趋势。标志着外资在服务业有着更大的发展空间，有望逐步替代原有服务业的薄弱环节，增加国内服务业在这方面的竞争意识，因而可能会通过提升服务业的数量和质量，来更多地提高社会福利。

表5.1 外商在各大类行业的投资比重（1998—2016年）（%）

年份	农林牧渔	采矿业	制造业	电力燃气水务	建筑业	交通运输仓储邮电	信息、计算机和软件	金融业	房地产业	租赁和商业服务	科研技术服务	批发零售住宿餐饮
1998	1.4	1.3	56.3	6.8	4.5	3.6			14.1	6.5		2.6
2000	1.7	1.4	63.5	5.5	2.2	2.5		0.2	11.4	5.4	0.1	2.1
2002	1.9	1.1	69.8	2.6	1.3	1.7		0.2	10.7	5.6	0.4	1.8
2004	1.8	0.9	71.0	1.9	1.3	2.1	1.5	0.4	9.8	4.7	0.5	5.1
2006	1.0	0.7	63.6	2.0	1.1	3.1	1.7	0.5	13.1	6.7	0.8	7.5
2008	1.3	0.6	54.0	1.8	1.2	3.1	3.0	0.6	20.1	5.5	1.6	7.1
2010	1.8	0.6	46.9	2.0	1.4	2.1	2.4	1.1	22.7	6.7	1.9	8.6
2012	1.8	0.7	43.7	1.5	1.1	3.1	3.0	1.9	21.6	7.3	2.8	10.1
2014	1.3	0.5	33.4	1.8	1.0	3.7	2.3	3.5	29.0	10.4	2.7	13.2
2016	1.5	0.1	28.2	1.7	2.0	4.0	6.7	8.2	15.6	12.8	5.2	18.0

注：（1）百分比为各行业外商投资额在外商投资企业总投资额中的比重，作者根据相关数据计算。

（2）除了上述所列产业，还有一些产业，例如文教卫生、水利环境、居民服务和公共管理等，由于所占比重太小，大多在1%以下，故本表忽略不计。

资料来源：《中国统计年鉴》历年。

从外资进入的产业结构来看，工业是外资投资的重头产业，那么在工业的各个产业中，外资的投资结构是怎样的？我们把1985年、1995年、2000年、2005年和2011各年的外资企业在各工业产业中的比重进行了比较（见表5.2）。

表 5.2　外资企业产值在工业各产业比重分布（％）

行　　业	1985 年	1995 年	2000 年	2005 年	2011 年
煤炭采选业 06	—	0.2	0.5	1.0	4.0
石油天然气开采业 07	—	4.0	5.1	7.8	6.5
黑色金属矿采选业 08	—	0.1	0.7	2.0	3.0
有色金属矿采选业 09	—	0.5	8.1	39.7	26.0
建筑材料及非金属矿 10	—	1.9	5.0	7.6	3.0
食品加工业 13	—	16.1	23.1	28.9	20.4
食品制造业 14	0.1	24.2	39.1	36.4	32.2
饮料制造业 15	0.6	21.1	9.4	34.2	30.9
烟草加工业 16	—	0.6	0.5	0.3	0.02
纺织业 17	0.2	15.0	21.2	25.3	20.7
服装业(缝纫业)18	0.3	34.0	48.5	46.0	36.9
皮革毛皮制品业 19		37.9	56.5	57.3	44.0
木材加工及竹藤棕草 20	0.3	18.4	31.6	23.3	10.3
家具制造业 21	0.1	16.3	44.9	55.2	29.6
造纸及纸制品业 22	2.8	12.4	31.6	34.9	28.3
印刷业 23		14.0	32.2	32.4	23.5
文教体育用品 24		35.8	59.7	60.8	50.5
石油加工业 25	0.2	1.3	5.4	10.7	1.2
化学工业 26	—	11.4	20.6	25.6	26.2
医药制造业 27	—	18.3	22.7	24.7	24.1
化纤制造业 28	0.1	12.8	35.1	27.8	28.9
橡胶制品业 29	0.5	20.3	35.3	38.6	30.3
塑料制品业 3.0	0.0	22.4	43.6	42.7	29.8
建筑材料及非金属矿物品 31	—	7.9	17.6	18.3	13.0
黑色金属冶炼加工业 32	—	5.5	7.2	12.8	13.1
有色金属冶炼加工业 33	0.3	10.7	13.4	15.2	13.6
金属制品业 34	0.3	17.0	37.9	36.5	24.7
通用设备制造业 35	1.6	10.5	21.4	27.4	22.6
专用设备制造业 36		7.5	15.3	24.8	23.5
交通运输设备制造业 37	0.1	21.9	30.3	42.8	44.5
电气机械及器材制造业 39	5.0	19.9	71.6	37.9	30.2
电子及通信设备制造业 40	0.4	56.4	56.8	84.1	76.2
仪器仪表计量器具制造业 41	—	34.0	43.2	66.5	46.2
电力蒸汽热水生产供应业 44	—	13.8	15.5	10.7	6.2
煤气及煤制品业 45		3.4	28.1	33.9	35.9
自来水生产供应业 46		0.2	1.9	10.3	18.4

　　注：（1）本表中行业比重的计算公式为：行业外资产值/行业总产值；外资企业的统计口径以注册类型为基础。

　　（2）行业总产值的统计口径：1995 年及以前是全部工业企业，2000 年以后则是规模以上全部工业企业的口径，1985 年行业口径与后来有所不同，为了比较，均统一作了调整；1985 年时有的行业不存在，因此相应的数字是空白。

　　资料来源：1985 年和 1995 年分别根据 1985 年和 1995 年的工业普查数据计算，2000 年、2005 年和 2011 年分别根据规模以上全部工业企业数据计算。

1985 年在各个工业产业中，外资的比重微乎其微，大约只有 17 个产业有外资投入。按外资企业的产值占该产业总产值的比重计算，外企产值的比重大都低于 1％的比例，只有造纸、机械和电机电器略高一点，但外资比重最高的电机电器产业，当时也仅为 5％。

1995 年外资企业在全部工业领域中取得了迅速的增长，几乎每个产业都有不同程度的外资企业涉足，其中 13 个产业的外资产值比重达到 10％—20％，9 个产业的外资比重达到 20％—40％，最高的是电子产业，外资企业的份额高达 56％。因为类似电子工业这些在中国经济发展初期还是空白的产业，急需大量引进外资。

到了 2000 年，外资更是大量进入，在轻纺产业或消费品部门，例如食品、服装、家具和文体用品都取得了较高的市场占有份额，分别达到 50％上下。至 2005 年，外资进入可以说达到了顶峰状态。除了原有的轻纺消费品产业的外资占比有所增长外，在一些科技类的部门，例如电子行业，达到了 84％的占有率；仪器仪表行业，也达到了 66.5％的比重。这些产业大都具有较高的技术进入门槛和设计要求，外资因而更熟悉这类市场并更具有竞争力，它们在这些产业的迅速扩张与这些高技术因素以及较雄厚的资本实力是密切相关的。此外，在一些资源类部门，例如煤炭、石油、矿产，外资的进入也都有小幅增长。

然而，至 2011 年，外资在所有的工业产业中的比重都表现为逐步下降的势态，电子行业下降了 5 个百分点，仪器仪表部门下降了 20 个百分点，轻纺消费产业和资源类产业也都有不同程度下降，只有交通运输设备部门略微增长了 2 个百分点。这表明，随着中国经济自身的不断发展壮大，外资所能起的作用也越来越有限，因而从此之后，外资就开始逐渐退出或淡出中国经济。尽管外资投资总额仍然在增长，但相对份额已经下降。

中国经济的高速发展，带动了外资企业的迅速发展，反过来，外资的大规模进入也推动了中国经济的迅速增长。没有外资企业，就没有中国经济的起飞，也没有中国经济的繁荣和大众生活水平的迅速提高。到 2006 年时，外资份额达到最高，约占到工业经济总量的三分之一，与民营企业和国有企业共同组成了中国经济的三大推动力量。

5.5　外资企业的不同来源地的结构

外资企业在中国的投资发源于香港对广东的投资，因此从 20 世纪 80 年代开始的外资主要来源于港资。按企业数计算，1987 年港资企业有 6 000 多家，80 年代后期，港资占据在中国外资企业的 80％左右。不过这一比例逐渐下降，到 2014 年时，港资企业占 43％，但仍然是按户数算最多的外商投资企业，有接近 13 万家。从投资额来看，香港的直接投资总额从 80 年代后期的 100 多万美元，不断持续上升，到 2014 年之后达到 800 多万美元，此后一直在这个水平上下波动。

台资企业 1987 年时仅有 20 家，从 20 世纪 90 年代开始，按户数算，在全部外商投资企业中，90 年代之前也仅有 1％—3％是台资企业。但从 1992 年开始，台资企业的比重上升到 12％之多，2005 年以后，这个比例开始逐步下降，直至 2014 年的 8％。从 1994 年以后至今，台资企业总数一直比较稳定地保持在 25 000—28 000 家。从投资额来看，台资企业在 90 年代后期为 30 多万美元，此后的七八年一直保持在 30 万上下，但是从 2004 年之后，投资额开始下降，至 2016 年期间，投资水平则保持在 20 万美元左右波动。

美国一直是中国较大的外资来源国，20 世纪 80 年代就有约 4％的美资企业，约 300—700 家美资企业，1992 年美资企业猛增至 5 000 多家，1993 年又翻了一倍，达到 1 万多家。此后，每年都是几千家的增长速度，最高时期是 2000—2005 年期间，美资企业达到 2 万多家，占全部外资企业数的 9％之多。从 2006 年之后，美资企业开始逐步下降，至 2014 年仅占 6％，企业数目也减少了 5 000 多家。不过，美国的企业不像中国香港和台湾有那么多中小企业，不少都是大型跨国公司。从投资额来看，90 年代末期美国在华投资总额为 30 多万美元，此后飙升，至 2002 年达到 50 多万美元。然而从 2004 年开始出现逐渐下降趋势，一直降到 2016 年的 20 多万美元的水平。

日本的企业进入也较早，80 年代的日资企业约在 400—900 家，1992 年和 1993 年也是连续两年翻倍增长，1995 年之后，逐步稳定增长，大约保持在 13 000—16 000 家的规模，近些年来，日资企业又有所上升，2005 年至

2014 年，一直维持在 2 万家以上，总体比例大约在 8% 左右。日本的外资投资额在前期比较高，最高时期是在 2012—2013 年，达到 70 多万美元，然而从 2014 年开始，出现了大幅回落，到 2016 年只有 30 多万，下降了 60%。

此外，其他较大的外商投资来源地还有韩国、加拿大、澳大利亚、英国、德国、新加坡等，除了新加坡的企业较多，2006 年达到 8 000 多家外，其余国家的外资企业基本上都在 3 000—4 000 多家。各国企业分别占总体比例约在 1%—3%。

中国的外资企业还有一个特殊现象，这就是存在大量的离岸公司，即中国的企业去维尔京群岛、萨摩亚、开曼群岛、巴拿马、巴哈马、百慕大群岛、纽埃、塞舌尔以及马绍尔群岛等地注册公司，然后再以这些公司的名义回国投资，也算作外资企业，可以享受所有外资企业的优惠待遇。这样的企业通常称为假外资企业，它们是充分利用了一些境外的自由港的企业注册政策，来获取境内的优惠。实际上，最初的离岸公司是内地企业在香港澳门注册，然后作为外资企业，享受优惠，后来发现除了香港外，还有许多类似香港的自由港，也能够得到类似注册，甚至比在香港更方便。结果，为了得到优惠政策，大量内地企业纷纷去境外成立离岸公司，形成了中国特有的外资企业。离岸公司的数量迅速增长，投资总额从 1998 年的 20 多万，一路飙升至 2008 年的 221 万美元，增长了 10 倍。不过，2008 年取消了外资企业超国民待遇的优惠政策之后，离岸公司的投资总额开始下降，到 2016 年为 132 万美元，减少了一半左右，差不多回到了 2005 年的水平。

案例

自由港维尔京群岛简介

英属维尔京群岛只是加勒比海上的一个小点，但这个仅有 153 平方公里的弹丸之地却汇集了 35 万家公司。之所以有那么多公司愿意到一个自然资源匮乏的小岛上注册，是因为这里是世界上著名的"避税天堂"。为发展当地经济，该岛政府 1984 年通过了《国际商业公司法》，允许外国企业在本地设立"离岸公司"，并提供极为优惠的政策：在当地设立的公司除每年缴纳营业执照续牌费外，免缴所有当地税项；公司无注册资本最低限制，任何货币都可作为资本注册；注册公司只需一位股东和董事，公司人员中也不必有当地居民；无需申报管理者资料，账目和年报也不必公开。在这里设立公司的费用也很便宜。据介绍，在英属维尔京设立注册资本在 5 万美元以下的公司，最低注册费为 300 美元，加上牌照费、手续费，当地政府总共收取 980 美元，此后每年只要交 600 美元的营业执照续牌费就可以了。这些优惠条件吸引了世界各地的公司来这里注册。

在英属维尔京注册的公司中约有 1 万多家与中国有关。有的实际上就是民营企业，通过在此注册摇身变为外资公司，得以享受国家对外资企业的税收优惠。

除英属维尔京之外，全球著名的"避税天堂"还有百慕大、开曼群岛以及南太平洋上的岛国萨摩亚以及中美洲的伯利兹等。

资料来源：《深圳商报》2005 年 6 月 18 日。

表 5.3 不同来源地的外商投资总额的各年变化（1997—2016 年）（万美元）

年份	总计	中国香港	中国台湾	日本	韩国	新加坡	英国	德国	法国	美国	离岸公司	非洲
1997	4 525 704	2 063 200	328 939	432 647	214 238	260 641	185 756	99 263	47 465	323 915	216 485	8 237
1999	4 031 871	1 636 305	259 870	297 308	127 473	264 249	104 449	137 326	88 429	421 586	332 407	19 606
2001	4 687 759	1 671 730	297 994	434 842	215 178	214 355	105 166	121 292	53 246	443 322	685 946	32 977
2003	5 350 467	1 770 010	337 724	505 419	448 854	205 840	74 247	85 697	60 431	419 851	802 692	61 776
2005	6 032 459	1 794 879	215 171	652 977	516 834	220 432	96 475	153 004	61 506	306 123	1 253 508	107 086
2007	7 476 789	2 770 342	177 437	358 922	367 831	318 457	83 094	73 397	45 601	261 623	2 166 994	148 683
2009	9 003 267	4 607 547	188 055	410 497	270 007	360 484	67 902	121 657	65 365	255 499	1 615 821	130 969
2011	11 600 985	7 050 016	218 343	632 963	255 107	609 681	58 152	112 896	76 853	236 932	1 478 676	164 091
2013	11 758 620	7 339 667	208 771	705 817	305 421	372 872	39 194	207 844	75 189	281 987	1 040 684	137 901
2015	12 626 555	8 638 672	153 710	319 496	403 401	690 407	49 648	155 636	122 390	208 889	1 153 351	58 507
2016	12 600 142	8 146 508	196 280	309 585	475 112	604 668	135 368	271 046	86 975	238 601	1 321 918	112 720

注：（1）本表的离岸公司包括维尔京群岛、萨摩亚、开曼群岛、百慕大。
（2）本表略去了外商投资较少的外资来源地。
资料来源：《中国统计年鉴》历年。

从表 5.3 可见，总体来看，外商直接投资额从 452 亿美元（1997 年），上升到 1 260 亿美元（2016 年），其中中国香港上升最多，净上升数额 600 多亿；韩国的投资额从 21 亿上升至 47 亿；新加坡从 26 亿上升到 60 亿；法国略微上升了 4 亿多；在欧洲，德国上升最多，从 9.9 亿上升至 27 亿美元。值得注意的是离岸公司，从 21 亿上升至 132 亿，增加了 110 多亿。从这里可以看到，主要由中国公司在境外注册为主体的离岸公司，其大多数投资实质上还是来自境内资金，其中不少也是来自内地企业在港注册的公司。由此可见，在 1997—2016 年期间外资投资的增加额共计 800 多亿，其中 700 多亿均来自中国香港和离岸公司。实际增长的外资并不太多，主要来自韩国、新加坡、德国和法国。与此相比，中国台湾、日本、英国、美国这些在早期大量投资于中国大陆的外资来源地，自从 2003 年左右达到投资最高峰之后，近年来都明显减少了在中国大陆的投资。

表5.4　不同外商来源地投资占外商总投资的比重及其变化（1997—2016 年）（％）

年份	中国港澳台地区	离岸公司	日本	韩国	新加坡	英国	德国	法国	美国	非洲
1997	53.73	4.78	9.56	4.73	5.76	4.10	2.19	1.05	7.16	0.18
1999	47.80	8.24	7.37	3.16	6.55	2.59	3.41	2.19	10.46	0.49
2001	42.70	14.63	9.28	4.59	4.57	2.24	2.59	1.14	9.46	0.70
2003	40.17	15.00	9.45	8.39	3.85	1.39	1.60	1.13	7.85	1.15
2004	37.38	17.03	8.99	10.30	3.31	1.31	1.75	1.08	6.50	1.28
2006	36.45	24.24	7.30	6.18	3.59	1.15	3.14	0.61	4.55	1.93
2008	47.10	23.94	3.95	3.39	4.80	0.99	0.97	0.64	3.19	1.81
2010	60.24	14.26	3.86	2.55	5.13	0.67	0.84	1.17	2.85	1.21
2012	61.69	11.05	6.58	2.72	5.64	0.37	1.30	0.58	2.33	1.24
2014	70.12	8.01	3.62	3.32	4.87	0.62	1.73	0.60	1.98	0.85
2016	66.86	10.49	2.46	3.77	4.80	1.07	2.15	0.69	1.89	0.89

注：（1）离岸公司包括维尔京群岛、萨摩亚、开曼群岛、百慕大群岛。

（2）除了上述列出的国家或地区外，其余的外资来源地的外资比重都很低，故加以忽略。

资料来源：根据《中国统计年鉴》历年的相关数据计算。

表 5.4 提供了不同来源地外商投资的相对关系，可以看到，中国港澳台地区的投资比重从高到低，又从低到高，呈现出 U 形，这主要是香港投资带动的，因为台湾的投资额是下降的。至 2016 年，港澳台的投资比重占全部外资的三分之二，这其中可能很大部分来源于内资，并非真正外资。离岸公司占了第二大比重，有 10％之多，其中更多来自内资企业。日本的投资本来很高，然而一直在逐渐下降，尤其是在 2004—2005 年之后，直线下降，掉到了 3％，甚至低于韩国，而其原先的投资比重是韩国的两倍。新加坡的

投资大体保持平稳，没有明显的起落。在发达国家，英法美这几国的投资比重都在下降，尤其是美国，下降的幅度最大。只有德国的比重保持大体未变，虽然其投资总额在上升，但是投资的相对份额没有什么变化。

在不同来源地的外资中，以中国港澳台地区的资本为主的企业具有明显的出口导向特征，而以外国资本为主的企业则具有明显的国内市场定向特征[1]，而来自北美洲和欧洲的外商是针对中国市场而来，同时亚洲国家和地区则一般把中国作为生产基地和出口平台，来自亚洲的外资制造企业和采用劳动密集型生产工序的外资制造企业更倾向于出口。[2]

从外资集聚倾向来看[3]，中国台湾地区和日本的企业显示了强烈的来源地集聚倾向，对一般性外资集聚采取规避策略，而中国香港地区企业更倾向于一般性外资集聚所提供的市场机会，同时规避同一来源地企业的竞争。具体表现是苏州的"台资集聚区"和无锡的"日资高地"，而港资企业和其他外资企业的分布则相对分散，没有形成明显的母国（地区）集聚区。

来自美国和日本的制造业企业[4]，大部分聚集在长江三角洲和京津地区，而来自中国香港和中国台湾的投资者的地区选择显示出更大的灵活性，主要集中在沿海地区，但同时也在向内陆地区扩散。外资企业作出区位选择时，往往追随本国（或本地区）前期到来的企业，这就产生了同源集聚效应，即来自同一国家或地区的企业倾向于集中在相同城市。例如，日本和中国港台地区的投资者比较偏好港口城市。

总体来看，在中国投资的美国或欧洲发达国家的跨国公司拥有雄厚的技术垄断优势和所有制优势，往往进入资本和技术密集型产业，例如电子及通信设备、仪器仪表、医药、化工、电机等产业，抢占中国市场是其主要投资动机，他们更喜欢在劳动生产率高、整体经济基础条件较好的地区投资。来

---

[1] 参见王岳平：《我国外商直接投资的两种市场导向类型分析》，《国际贸易问题》1999年第 2 期。

[2] 参见魏后凯、贺灿飞、王新：《外商在华直接投资动机与区位因素分析——对秦皇岛市外商直接投资的实证研究》，《经济研究》2001 年第 2 期。

[3] 参见徐康宁、王剑：《外商直接投资地理性集聚的国（地区）别效应：江苏例证》，《经济学季刊》2006 年第 5 卷第 3 期。

[4] 参见贺灿飞：《外商直接投资区位：理论分析与实证研究》，中国经济出版社 2005年版。

自亚洲的投资者基本上集中在劳动力密集型以及原材料指向型的产业部门。中国港台地区的投资者积极寻求市场需求旺盛、出口潜力大、利润率高的地区投资，日本投资者喜欢在资源丰富的地区和资源密集型产业，劳动密性型产业也是他们的重要选择。同时，在东北、福建和江苏的日资也较多，这与日本在传统上与这些省份的经济联系密切有关。新加坡投资者最注重的是地方提供的投资优惠政策是否有足够吸引力。

5.6　外商投资的地区分布特征及其原因

从外资的地区分布来看，按照外资投资额的高低大致可分四个梯度，这个梯度似乎与地理位置的高度成反比，即地势越高的地区，外资进入越少，经济越不发达。

第一梯度是广东、江苏和上海，这三个地区的外向程度最高，经济也高度发达。这三个地区的外资投资额已经越来越接近趋同化了。其次是北京、天津、浙江、山东、福建、辽宁这几个省市，它们的特点是经济发达，但外向程度低于第一梯度，从上海明显高于北京、天津的情形，可看出两个梯度外资的差异。第三梯度是中部几省和东北两省，包括湖北、湖南、河南、河北、江西、安徽、吉林和黑龙江等，这些省份的外资明显少于第一和第二层次，经济发达程度也低于前两个地区。外资最少的地区是西部和西南部地区，例如云贵川和陕甘宁地区，以及新青藏地区，这些地区较为偏僻，人烟稀少，交通不便，外资难以进入是正常的。不过，在这些区域中，陕西和四川是比较发达的，其外资投资程度与中部几省大致相当，它们会成为未来西部或西南部地区经济增长的辐射中心。

从表 5.5 来看，外资投资的地区大体可分为四种类型。一是外资投资比例基本未变或略有下降的地区，包括天津、山东、湖北、湖南、广西、海南、辽宁、吉林、黑龙江这些省份。二是外资比例略有上升的地区，包括陕西、重庆、四川、安徽、江西、河南。三是外资比例下降明显的地区，主要是广东，从 1998 年开始，到 2016 年下降了 11 个百分点；还有福建，下降了 5 个百分点。四是外资上升明显的地区，即北京、上海、江苏、浙江，这些都是中国的经济发达地区。总体来看，外资下降的省份地区多于上升的地区，体现出一种与外资来源地投资下降相同的变化趋势。

表 5.5 外资在不同省市的投资比重及变化（1998—2016 年）（％）

年　份	1998	2000	2002	2004	2006	2008	2010	2012	2014	2016
北　京	4.8	4.1	3.3	4.1	4.1	4.2	4.4	4.6	5.3	8.3
天　津	4.6	2.9	3.0	3.6	4.0	4.0	4.1	3.6	3.8	4.3
河　北	4.6	1.7	1.5	1.5	1.4	1.5	1.5	1.5	1.6	1.7
辽　宁	4.8	5.0	6.5	5.2	5.5	5.4	5.5	5.7	5.2	4.2
吉　林	0.9	0.8	0.5	1.5	1.8	0.8	0.8	0.7	0.9	0.7
黑龙江	1.2	0.7	0.7	0.7	0.8	0.7	0.7	0.7	0.6	0.6
上　海	7.9	7.8	8.1	13.1	13.2	12.6	12.5	12.7	14.0	14.3
江　苏	14.6	15.8	19.3	16.5	19.0	17.9	18.8	19.2	18.9	17.2
浙　江	2.9	4.0	5.8	6.4	7.4	6.8	6.8	6.7	6.9	6.2
安　徽	0.5	0.8	0.7	1.0	1.1	1.1	1.1	1.2	1.3	1.3
福　建	9.3	8.4	7.3	5.3	5.1	4.8	4.6	4.5	4.6	4.4
江　西	1.0	0.6	2.1	1.2	1.4	1.4	1.6	1.7	1.8	1.5
山　东	4.8	7.3	9.0	5.3	5.2	4.4	4.6	4.8	5.2	4.9
河　南	1.4	1.4	0.8	1.1	1.4	1.3	1.4	1.4	1.6	1.6
湖　北	2.1	2.3	2.7	1.7	1.6	1.5	1.6	1.8	2.0	1.9
湖　南	1.8	1.7	1.7	0.9	1.2	1.1	1.2	1.2	1.2	1.1
广　东	26.4	27.7	21.5	19.9	18.4	16.0	15.6	14.7	14.8	15.3
广　西	1.9	1.3	0.8	1.0	1.1	1.1	1.0	1.0	1.0	0.9
海　南	1.6	1.1	1.0	0.7	0.7	4.2	1.0	0.8	0.7	1.5
重　庆	0.9	0.6	0.4	0.6	0.5	1.0	1.3	1.6	1.8	1.7
四　川	0.8	1.1	1.1	1.1	1.2	1.8	2.0	2.0	2.2	1.8
陕　西	0.7	0.7	0.7	1.0	0.9	0.6	0.7	1.0	1.2	1.1

注：（1）百分比为各地区外商投资额在外商投资企业总投资额中的比重。

（2）那些外资在 1％ 以下的边远地区，即云、贵、藏、蒙、青、甘、宁夏和新疆，本表忽略不计。

资料来源：作者根据《中国统计年鉴》历年的相关数据计算。

从中国的地理分布来看，东三省的经济中心在辽宁，辽宁的工业发达，是中国的老工业基地，云集着大批重工业和制造业企业，拥有一大批较高素质的熟练劳动力，而且，这些老牌企业大都是国有企业。这些都成为吸引外资的重要因素。因此，辽宁近几年来成为外资进入的高增长地区。

中部地区或中原地区，是中国的腹地，过去都是农业大省，其发展历来落后于沿海地区，这可能源于农业文明落后于工业文明，而工业文明又是与"海"紧密相连。总之，外资投资于这些地区的程度明显少于沿海地区，归根结底，原因可能在于当地市场经济发展不太成熟，交通不太便利，城市基础设施较差，能与外资比较匹配的管理和技术的人力资源比较不足，这些因素尚未一一考证。但不管怎样，随着中国市场经济的日益成熟，外资的流动也会在各地区越来越趋同化，地区差别将会越来越小。

中国的沿海地区，南起广东，从海岸线沿着福建向北，经浙江、上海、江苏、山东到京津塘和渤海湾地区，形成了经济发达的沿海外向发展区域。这些区域有着得天独厚的自然地理条件的优越性，交通运输便利，出口方便，经济发达，熟练劳动力密集，商业氛围浓郁，技术素质较高，各种基础设施完善配套，加上传统的工业基础和众多企业的聚集，形成了良好的投资环境和巨大的赢利潜力，这些对于外资有着高度的吸引力。

值得注意的是，在沿海地区，最初的外资发端地是广东，广东一直是引领全国的外资重镇，然而近几年来，它的地位愈益下降，上海和江苏正在越来越快地赶了上来，尤其是江苏，其外资投资额不仅在 2004 年超过了上海，而且从 2006 年开始，已经开始超过广东，成为一颗冉冉升起的新星。

如果说广东的外资进入得益于其毗邻香港的先天地理优势，那么，在经济发展越来越不依赖于"三来一补"这样简单的劳动密集型优势的今天，广东的原有优势似乎不存在了，而上海江苏的优势在于，它们比广东具有更加广泛的全球的"历史文化人脉"的关系网络，更高的劳动素质，技术和管理人才的聚集，背靠内地的密集交通动脉和面向海外的运输优势，基础设施优良和政策保护以及优惠鼓励，以及历史上长期形成的商业规范的沉淀积累，都使得外资如鱼得水，更愿意聚集在这里。相对于北京、天津来说，上海、江苏远离政治中心，具有一定的市场自由发展空间，较少受到政治及其裙带关系的影响和干预，而更具有纯商业的市场氛围。

值得研究的问题是，浙江虽然市场经济高度发达，尤其是民营经济发达，但是在吸引外资方面，其吸引力远不如江苏。尽管这两年浙江引进外资的力度明显加大，外资进入速度也明显加快，但由于前期外资太少，其外资投资额仍然明显低于江苏。令人感兴趣的是，改革初期的温州模式和苏南模式，似乎正在演变成为另一种类型，过去两种模式的核心区别在于，依靠民营企业还是依靠集体企业来发展经济的问题，现在这两种模式的核心差异则在于，依靠民营企业还是依靠外资企业带动经济起飞的问题。

　　不管上述的研究可能会得出什么结论，然而有些问题则是不容忽视的，这就是，改革初期，乡镇集体企业曾经是推动经济发展的主力军，这是苏南模式曾经的辉煌。然而，历史的发展似乎把这个位置让给了外资企业，当乡镇集体企业逐渐退出历史舞台，外资似乎又取而代之，成为推动发展的主力军。如何理解这其中的发展逻辑？

　　在中国的改革开放以来的经济发展进程中，多元化的发展是一种大势所趋，各种不同所有制企业充分竞争，依靠这种市场竞争来获得效益和进行资源配置，是改革致力于实现的目标。然而，在这种多元经济体存在的空间，政府行为经常强烈地表现出它的偏好次序，在这个等级序列中，国有企业是第一位的，而民营企业是最末位的。民营企业受到种种歧视，它们经常面对不公平竞争和待遇。相对来说，外资企业的待遇则好得多。当国企改制需要借助外力时，当政府策划经济发展政策时，政府首先想到的是外资企业，而较少是民企。对国外发达国家的先进技术和管理的崇尚，使得政府官员总是具有某种"崇洋"倾向。由于政治上的歧视，与民企打交道则具有很大风险。因此，在一些较大的项目审批上，在许多需要政府支持的资源分配方面，外资企业都具有很大的政策优势，而这些都是民企不可能得到的。这就是说，外资不仅享有超国民待遇的经济优惠，还具有超越民营企业的政治优惠待遇，这种外资与民资之间的政治待遇的差别，明显地体现在政府官员对它们的优惠政策上，体现在官员可能承担的风险差异上。

　　随着改革的深入，抓大放小政策的推行，民营企业已经在中小企业的层面上具有绝对优势地位。然而，在大中企业的层次上，还离不开政府的推动力量，政府是否积极扶持，是否给予及时审批通过，是否能够拿到土地，是否能够得到融资方便，以及是否具有优惠的产业准入政策等等，都关系到企业能否生存、生长和扩张。于是，政府的作用在区别对待企业的层次上充分地体现出来了，外资企业因而能够在充分享受政府的优惠下，蓬勃地成长起来。

　　政府在 GDP 目标的竞赛激励下，争相引进外资，尤其是大型外资跨国公司，能够使当地的 GDP 增长目标立竿见影地表现出来，于是，各地政府趋之若鹜，似乎在开展着一场引进外资的竞赛，尤其是苏州表现出强劲的增长势头，政府的强力介入和招商引资是重要的发展动力，其在引进外资方面的示范效应，成为许多地方争相学习的一个榜样，地方政府发现，这简直就是一个促进经济增长的捷径。引进外资越多，对 GDP 的贡献越大，因而这成为地方政府显示其政绩的最好旗帜。

现在来看，20 世纪 80 年代的苏南模式实际上是在不允许私企发展的前提下的一种变通，因而能够获得那个时代的准入通行证，在"红帽子"的保护下，实际上按照私人企业的激励方式来获得竞争的成功。苏南模式是乡镇企业与国有企业竞争的成功。现今的"苏州模式"实质上是在歧视或忽视民企政策下，通过外资的大量介入，或直接参与并购改制，或成立新的企业，来取代低效率国企，促进该地区经济水平的提升。

对于苏州模式，相关的质疑提出[1]，因为干部考核制度和"任期制"的存在，苏州政府发现最快发展经济的捷径不是培育民营企业，那需要较长的时间，而是在短期内制定优惠政策快速吸引外资，实现快速 GDP 增长和经济发展。苏州只是创造了经济增长的"神话"，真实的苏州的状况是：普通市民收入增长缓慢，土地资源减少，民族品牌逐渐淡出，"世界工厂"身份越来越强。苏州的经济就是一个打工经济，而温州，那是真正的老板经济。对苏州经济的另一个称呼是"房东经济"，即提供良好的投资环境，让外商来发展。劳动者以打工为主，拿到的只是"辛苦钱"。不过，对于政府来说，重要的目标是税收最大化，至于其他，则较少考虑。因此，苏州模式和温州模式孰优孰劣的问题，从学术研究的角度探讨，应当会有很多有意义的结论。

此外，从外资企业自身的角度来看，重要的准则是看自己进入领域的相对竞争力。如前所述，浙江的民企具有很强的竞争力，外资相对来说优势并不明显，这也是其较少大量进入的原因之一。

最后，从改制角度来看，浙江的国企改制起步早，一些国企已经被实力雄厚的本地民营企业先行并购，外资优势不明显。在江苏、辽宁等其他地方，似乎并没有那么多具有实力的民营企业能够参与大型国企的改制，外资相对民企优势非常明显，而且在改制起步较晚的情形下，民营企业的天时地

---

[1]《向左走向右走？"苏州模式"PK"温州模式"》，中国新闻网 2006 年 5 月 26 日，http：//news.xinhuanet.com/politics/2006-05/26/content_4602895.htm。

利机会似乎也不再存在，寻求外资则是在各种外界因素的综合约束下的一个必然选择。

5.7 外资企业与国有企业合资：案例分析

进入 21 世纪以来，伴随着大规模的企业改制浪潮，外资企业也开始加入了对国有企业的合资并购或股份化过程。对于大多数进行改制的中小企业来说，它们本质上是排斥外资的，因为他们一般并不需要外资作为其互补性的制度要素来参与改制。而对于外资来讲，他们最具有竞争力的领域是在规模效益和技术优势的范围，是与大中企业进行竞争，而非与较为本土化的中小企业进行竞争。

许多中小企业的改制主要采取经营者和员工控股的模式，而对大中国有企业来说，资本密集型的国有企业使得经营者或员工缺乏足够的资本来控股。这样，寻求外部并购来进行改制似乎就是必不可免的了。

如前所述，由于融资的限制，民企的规模扩张受到遏制，因此，只有少数民企才能具有较大的规模和实力，绝大多数的民营企业还处于较小规模，它们主要是与中小国有企业在同一层次上进行竞争，只有少数较大的民企才能进入更高的层次进行竞争。所以，在特定的发展阶段，与大中型国企进行竞争的主要力量实际上来自外资企业。

企业之间的并购或合资股份化，通常只能在同等档次或同等规模的企业之间发生，被收购或被并购的企业，通常要对收购方企业有一定的互补性的需求，或者是对方的技术较高一筹，或者是对方实力雄厚，能够一掷千金解救企业摆脱债务困境，如此等等。总之，大型国企过去的地位，决定了其选择合作或并购的对象也要有相应的地位和身份，否则会觉得"掉价"。这是大中企业在面临改制时的普遍心态。

在这样的情形下，21 世纪以来，外资并购国企的案例频频发生。然而，大型国有企业的外资并购风遇到了强烈的争议。近年来，我们观察到了大量的外资并购案例，其中充满了各种矛盾和冲突。由于大中型国企不像一般中小型国企那样，而是涉及更大范围的利益相关者，从国家利益、地方政府利益、被并购企业利益、员工利益、经营层利益、行业主管部门利益、同行其他企业利益、竞争对手利益等等，这些错综复杂的利益交织在一起，形成了多种角度的视角和多重目标的行为，使得每一项并购充满了似乎是难以协调的矛盾。

案例

杭 齿 案 例

杭齿始建于 1960 年，是机械工业大型重点骨干企业，持有两个全国知名品牌，并是当地纳税大户的行业排头兵企业。20 世纪 80 年代以来，该公司相继投入巨资进行技术改造，先后引进大量国外的先进技术和成套设备，产品设计和制造水平不断提高。2003 年、2004 年杭齿连续两年被评为中国机械 500 强企业。2004 年，杭齿工业总产值排名全国齿轮行业第二。目前，杭齿船用齿轮箱产品在国内市场占有率为 80％，在东南亚市场的占有率为 75％；工程机械变速箱在国内市场占有率为 35％。

在杭齿的三大产品中，汽车齿轮箱相对薄弱。杭齿为了拓展该产品的市场占有率，于 2002 年提出了希望能与国外某著名企业合资的想法，ZF 公司很快就作出了积极回应，不过提出并不希望就汽车项目进行合资，而是要选择工程机械项目进行合资，这有悖于合资的初衷，双方的合作陷入了僵局。此后断断续续的谈判一直未获得结果。但就在 2005 年，杭齿的大股东表明了支持该合资项目的意向。这样，合资谈判继续进行，双方最终签订了合资意向书。

控股问题一直是杭齿坚持的谈判底线，杭齿从来没有放弃这一想法。但就在谈判第三次陷入僵局的时候，外方放出话来："如果外方不能控股，就不会来杭州投资。"在这样的前提下，杭齿妥协，签署了整体合资的意向书，并且由外方控股 70％。

根据有关合资意向，双方承诺各自带入合资公司的产品在中国市场不形成竞争，杭齿将不再开发、生产、销售与船用齿轮箱、工程机械变速箱、载重汽车变速箱等相关产品，杭齿也不能使用这些产品的商标。根据双方合资意向，合资公司注册资本为6亿元，外方将控股70％。合资后，杭齿的三大产品及相关技术、设备、人员全部进入合资公司，杭齿不得与合资公司形成同业竞争，也就是说从法律和开发能力两个方面，杭齿都不能再有与其三大产品相关的自主开发权。杭齿过去引以为自豪的品牌，便可能从此销声匿迹，而企业大量投入积累起来的技术成果，也将付之东流。

在合资谈判中，外方曾经在意向书中规定，外方投入的产品要收取3 900万元的技术提成费，逐年提取完成。提取技术提成费是国际惯例，这很正常，但是一旦合资后，具体操作中方根本没有能力控制。由于今后合资企业生产的产品国内已经没有其他企业有能力生产，因此外方完全有可能高价采购外国零配件。这样一来，即使合资企业亏损了，外方一样可以从销售收入中提取费用，而中方就什么都得不到了。

杭齿于1996年实行股份制改造，改造后杭齿的股本结构是：杭州市工业资产经营有限公司出资占55.48％；华融资产管理公司债转股出资占22.11％；信达资产管理公司债转股出资占13.27％；东方资产管理公司债转股出资占14％。2005年杭齿的资产权已经划归杭州市萧山区管理，大股东也转为萧山区经济发展局。ZF公司掌握了杭齿大股东、能够决定杭齿命运的杭州萧山区政府的"底线"——一定要达成合资。尽管杭齿高层几乎全部反对，但迫于政府的指令，全面合资的意向书还是签署了。据此，杭齿将全部并入合资公司，不再拥有自主开发相关产品的权利，不能再使用近半个世纪发展起来的品牌。

当时，记者曾与萧山区经济发展局有关负责人进行电话联系，面对记者提出的"如何看待杭齿合资一事"，该负责人只说了一句话："杭齿的事情我们是从萧山整体战略发展角度考虑的。"

这次自残式的合资被披露后，引起有关部门的重视，2005年底，合资事宜全面停止。

资料来源：杨明、周宗明：《杭齿合资谈判与初衷渐行渐远》，《中国工业报》2005年10月10日。

这是一个典型案例，涉及国家产业利益及其发展，企业自身利益及其发展，地方政府利益、企业高管和员工利益、外资企业自身利益等多方利益相关者。这个合资案例最终未能成功，原因在于合同仅仅满足了地方政府和外资企业的利益，而伤害了企业利益和其他利益相关者，他们的强烈反对最终导致合资并购合同被叫停。

从这个案例中，我们看到，地方政府作为控股大股东对于企业命运的影响强大，而真正创造企业价值，为企业发展做出重要贡献的企业经营者和技术人才，似乎根本没有话语权。然而，与国家的产业利益最大化相一致的正是企业自身利益。在这个合资谈判中，作为大股东的地方政府与企业及产业都是矛盾的，地方政府考虑的是其所处的小区域的发展，他们需要大量资金投入和 GDP 增长，需要有外资称赞的投资环境，需要有一系列大企业，尤其是国际知名大企业进入带来的所谓提升其业绩的声誉。外资企业充分利用这一点，来为其利益最大化获取支持。

从产业的角度来看，杭齿是目前我国齿轮行业四大骨干企业之一，这四家企业在行业内代表了最先进水平。这样的企业如果被外资控股，影响将波及整个行业。齿轮行业是属于技术、资金密集型行业，其中航空、船用齿轮又是技术要求极为苛刻的产品，代表我国齿轮行业的技术水平。

由于杭齿是齿轮行业的龙头企业之一，具有很高的市场占有率，从行业竞争和发展及国家战略的角度来看，如果被外资控股，对这个行业的未来发展会有怎样的影响？这是令人十分关注的重要问题。对于一个具有一定市场垄断力的企业来说，外资并购就不是企业自身的事情了，而是关系到这个行业能否有效合理竞争，能否确保产业安全的大问题。这些重大的产业发展的问题，通常是在国家层面上才考虑到的，而作为地方政府来说，他们一般不太可能考虑到这些根本的、长远的产业利益。

如果杭齿合资成为事实，最直接的后果就是，我们在短时期内很难再培养一个新的企业达到杭齿现在的水平，其他企业也很难与新成立的这个外资控股企业竞争。由于今后合资企业生产的产品国内没有其他企业有能力生产，在一定时期内这个外资企业就会具有完全的市场垄断权，这样的垄断权不仅使该产业的效益可能大大降低，还可能对产业安全和国家利益都有着不利的影响。

从企业的角度来看，按照这样的合资条款，杭齿的无形资产、品牌声誉等多年的技术改造投入和人力资本积累都可能付诸东流，这应该是最让杭齿内部高管及其技术人员所无法接受的。企业人力资本创造的价值理应由创造者得到相应回报，在国有体制下人力资本无法得到合理评价；但到了市场经济下，这些价值分配应当恢复它本来应有的归属。改制在某种程度上就是要按市场经济规则，来重新界定产权，使每个企业价值的创造者都能得到相应的权益。然而，按照这样的合资，地方政府不考虑企业自身利益，不考虑企业无形资本的利益相关者，外资固然可能会利用这些品牌来赚钱，但也可能将其束之高阁，避免其与自己的产品竞争，因为控制权在别人手里。企业原有的人力资本所有者不仅得不到补偿，而且很可能不再具有任何未来的赢利潜力。对于这种合资，来自企业内部的强烈反对是非常自然的。

因此，对好企业与差企业的并购，本质上是不同的。一个效益低下，没有任何竞争力的企业，只有依靠外部力量才能走出困境，这时来自内部的反对力量几乎为零，因为没有什么实力作为话语权的后盾。然而，一个有竞争力的企业则完全不同，这些竞争力正是它的权益的体现，是由企业内部的这些人所创造的，所以不能忽视他们的利益。

案例

锦西化机案例

始建于 1939 年的锦西化工机械（集团）有限责任公司曾经是一个拥有 3 000 多名职工的国有大型企业，我国石油化工装备行业的排头兵。然而改革开放以来，锦西化机人仍深陷计划经济的泥沼之中——大而全、小而全、企业办社会、辅助部门多、辅助人员多，大家挤在一起抢吃主业这碗饭。到了 1999 年，企业亏损 1 135 万元，连续 4 个月开不出工资，职工情绪跌至谷底。

2003 年以来，锦西化机根据国家经贸委等八个部门下发的《关于国有大中型企业主辅分离、辅业改制分流安置富余人员的实施办法》，启动了以产权制度改革为中心，以主、辅分离为突破口的体制改革，对辅业单位的资产进行评估，公开向企业管理层和职工出售，并要求对职工全员安排。15

家啃吃主业饭的辅业单位全部改制成了非国有法人控股的经济实体。改制效果非常突出。以机修车间为例，改制前，车间无活干，工人工资每月只有300—400 元，整个车间年产值 30 万元。改制后，2004 年产值超过千万元，工人工资每月平均 1 500—2 000 元。

这次改制为主业卸掉了包袱，让企业专心致力于透平机械、搅拌设备、高压容器和大型回转设备四大支柱产品的开发、生产和市场拓展。仅在当年，就提前 1 个月完成全年各项经济指标，创历史最佳业绩。主辅分离之前，锦西化机 1999 年的工业总产值为 14 144 万元，人均年收入不足 5 000 元；改制之初的 2003 年，工业总产值就达到了 26 497 万元，人均年收入逼近 8 000 元；改制之后的 2004 年，主业工业总产值突破 5 亿元大关（55 022.3 万元），职工的年平均收入达到 13 706 元。此外，总产值、销售收入、新产品产值等八项指标比 2000 年翻了一番以上，出口交货值和劳动生产率翻了两番以上。

锦西化机的主业透平机械效益极好，在该领域拥有国内领先、国际先进的核心技术，但凡进行国内招标，都是最主要的中标者。在目前的规模下，透平订单太多，需 3 年才能干完，已无法再接订单。透平的利润率高达30％—40％，原因是透平的产品技术含量高。而机械行业的利润率平均才5％左右。

主辅分离改制完成后，锦西化机在 2004 年年初，开始对主体企业按照国家的有关文件进行改制。锦西化机先对企业职工的身份进行置换，实行聘任制，并对职工身份转变进行补偿。之后，对企业职工坚持按照自愿的原则购买企业股份。到 2004 年 6 月，锦西化机已经将企业股份制改革的前期工作全部做完，改制方案已经送有关政府部门等待审批。就在这时，西门子来了。

最初，西门子说要参与锦西化机的国有企业改制，并进行整体合作。应该说，当时无论是葫芦岛市政府，还是锦西化机都很高兴。可是，随着接触的深入，锦西化机了解到，西门子并不想整体合作，只是想收购透平分厂。锦西化机感到了事情的严重性，尽管从管理层到员工都表示不赞同合资，但锦西化机与西门子合资的主导者是葫芦岛市政府，锦西化机已经挨不到谈判桌旁，即便参加谈判也没有多少发言权。谈判结果决定成立合资公司，西门子占七成、锦西化机占三成。2005 年 4 月签订了合资合同，合资公司随后挂牌。

政府为什么力主合资，原因在于，它考虑的是要把西门子这么一个世界 500 强排名靠前的公司引到葫芦岛市。这是一个很大的收获，以此可证明葫芦岛市的投资环境。

西门子要求合资公司将来只做维修业务。但透平的强项是维护与制造两部分，维修又赚钱又不抢西门子的业务，制造整机就和西门子在华销售"撞车"。经中方坚持，合同规定合资公司有维修制造两项业务。但是，在中方已完全丧失了对合资公司的控制权的前提下，将来合资公司不造整机，中方也奈何不得。这意味着西门子彻底消灭了中国本土一个强大的竞争对手。西门子不仅摘走了企业的盈利点，还摘走了企业核心竞争力的源头。可以说，这一合资案将改变中国化工机械行业的风向。

锦西化机从领导到职工都说，合资把我们坑苦了。自己辛苦种的树，等到果子成熟却让他人摘走。西门子挖走我们最赚钱的部门，搞股份制有什么意义？

资料来源：贾存斗：《锦西化机廿余年栽树　西门子一朝摘果》，《中国工业报》2005 年 9 月 19 日。

这又是一起政府主导的合资案例，这个案例明显地表现出政府过于强势的干预作用，它可以不考虑企业自身的利益，而是从政府所谓的政绩目标最大化出发，来决定企业的命运。值得注意的是，锦西化机自己做的改制方案实际上已经上报，正在等待批准。这个方案的具体内容不得而知，但可推测，其很可能实行的是经营者和员工持股的改制，与当时国内大多数国企改制类似。然而，西门子这样一来，原有的利益分配格局全被打破，其中原企业过去积累的潜在价值也一并被政府卖给了西门子，多数的企业利益相关者被抛在一边，他们的权益也不可能得到补偿。在这个案例上，表现出了非常明显的企业自身利益与作为企业所有者的地方政府利益的矛盾，也表现出来地方政府对企业及其所在的产业发展缺乏根本的战略眼光。

案例

山工机械案例

美国卡特彼勒名列财富 500 强，是世界上最大的跨国工程机械公司。卡特彼勒的轮式装载机在全球稳居第一，年产量 1.2 万台，仅次于挖掘机。2005 年，山东工程机械厂被美国卡特彼勒公司收购 40% 股权。这是卡特彼勒首次整体收购中国企业。根据意向，卡特彼勒一期收购山工机械 40% 的股份，并有权在未来 3 年内随时收购剩余股份。2008 年，卡特彼勒收购山工机械剩余 60% 股权获得商务部批准，从而将这家大型企业变成外商独资企业。

山东山工机械有限公司成立于 1958 年，是一家活跃在中国工程机械市场上的拥有著名品牌的装载机生产厂商。山工机械是山东工程机械集团的全资子公司，2003 年，山工机械完成第一轮改制，改制后国有股占 20%，管理层持股 60.5%，优秀员工持股 19.5%，山工总资产约 6 亿元，但资产负债率比较高，净资产约为 436 万元。历经集体、国有、民营体制变革后，这家原国家机械工业部定点生产轮式装载机的重点企业，年产量达 5 000 台，产量和销售额居同行业前列。

改制后半年，山工机械就与卡特彼勒谈并购，达成合资协议。2005 年，卡特彼勒借助与山工的合资进入了中国的装载机市场，并逐渐改善其产品质量。首先就是技术的输入。借助其青岛研发中心的技术和山工工程师的力量，仅 2006 年就对山工装载机进行了两次更新换代。

在卡特彼勒与山工合资以来，山工的销售量大幅增加，2004 年的销售量为 5 700 多台，2006 年近 8 000 台。2005 年山工机械销售收入为 12.3 亿元，利润仅 1 000 多万元；2006 年销售收入为 15 亿元，利润增长到 1.2 亿元，负债率由 99% 降到 88%。事实上，山工已经由行业内市场占有率第七位提升到第六位，但利润率却高居第三位。此外，山工财务状况得到大幅改善，在 2006 年还了近 1 亿多元的贷款，降低了财务费用，并处了 2 000 万元的坏账，负债率预计还要进一步下降。

目前，山工机械的整机产品并没有贴上卡特彼勒品牌，仍然使用山工的自有品牌，这些产品在其质量尚未达到卡特彼勒的技术标准之前，仍将贴山工的牌，但是在生产线上，主要增加了卡特彼勒品牌的大型配件新品。在整体布局上，山工机械仍然定位于中低端产品，卡特彼勒将高端产品线集中在华东地区，在苏州刚动工新建的装载机独资工厂，将生产卡特彼勒品牌的高端产品。与此形成对应，卡特彼勒今年5月刚在无锡扩建新工厂，为其在国内乃至全球扩张供应高端零部件。

对于山工的员工来说，他们对新东家的承诺很满意。卡特彼勒方面对这里的退休年龄（男45岁、女40岁）感到不可理解，他们认为"这正是干活的好年龄"——这对山工机械那些行将退休的职工来说，无疑是个再好不过的消息。而此前卡特彼勒曾承诺将保证山工机械3年内现有高管层不做大的变动，员工不裁减，主营业务和产品品种不做大的调整，甚至承诺将临时工也转正，并为他们办理养老保险等。

员工感受最深的也许是培训的增加。在公司的培训日程表里，有来自卡特彼勒大学、总部以及卡特彼勒（徐州）公司的培训师开办的包括管理和英语等方面的各种培训课程。山工目前有1 600多名员工，在卡特彼勒来之后，保留了原来的员工和领导层，但是从徐州公司调来了几位中层管理者，协助进行包括质量、流程、财务、供应链以及新产品管理的改善，而销售与渠道则以山工自身管理团队为主。

这次合资也无疑为"机械大王"在中国的业务拓展埋下了伏笔。与以生产装载机为主营业务的山工机械合作，卡特彼勒试图切入工程机械低端产品市场。此前，除一些不可替代产品如矿山设备等在华业务开展较好外，卡特彼勒在中国市场的产品销售并不怎么好，这次合资则试图以其固有的技术优势进入装载机制造，利用山工多年的营销网络，突破现有营销格局，从而在未来市场占据主导地位。按照卡特彼勒总部的计划，该公司将用3—5年时间把山工机械提升为全球战略的核心组成部分。

一切迹象似乎都在表明，这一合作对双方来说都是美妙的双赢。卡特彼勒要极力把山工打造为一个轮式装载机、液压机和发动机部件的专业生产厂家，争取到2010年使其成为中国的业内领袖。

资料来源：《经济观察报》2004年11月21日，http：//finance.sina.com.cn；汤白露：《整体收购获批　山工将进入卡特彼勒轨道》，《21世纪经济报道》2008年2月17日；http：//biz.cn.yahoo.com/07—04—/16/lx4a.html；中国工程机械信息网2008年3月18日，http：//www.6300.net。

　　这似乎是一个成功合资或并购案例，在其中，所有的利益相关者，从经营管理层，到员工，到地方政府，并购企业和被并购企业，大家都觉得满意，觉得比原先更好，企业也更有发展前途，能够上档次，提高了技术和相应的效益，增加了收入。卡特彼勒无疑很好地处理了这其中的种种关系，尤其是对于经营层与员工，如果没有合理的价格与补偿，卡特彼勒是不可能买到这些控股权的。最重要的是，由于山工已经完成了改制，企业自己具有充分的所有权，因而在与外资谈判时，能够以企业利益最大化为主导，似乎并未受到地方政府的某些不合理干预，同时，由于企业处在经济上升期，效益良好，能够充分满足企业员工相关利益。这样的并购，不需裁减员工，使得阻力最小，相对于效益不好，冗员一大堆的国企来说，并购的困难就要小得多。

案例

佳 联 案 例

　　佳木斯联合收割机厂（以下简称佳联）1946 年建厂，后与四平、开封、新疆联合收割机厂并称四大联合收割机厂。20 世纪 80 年代初，为了引进世界先进技术，在中国生产技术含量高的农机。当时机械部决定，佳联和开封收割机厂共同引进美国约翰迪尔的 1000 系列联合收割机技术。

　　技术引进协议于 1981 年签订。约翰迪尔是世界 500 强企业，其农业装备的制造、研发、产品服务、营销及管理水平等都处在世界前列。

　　经过引进消化吸收，1984 年佳联开始小批量生产约翰迪尔 1000 系列联合收割机。这一技术引进，填补了中国大型联合收割机生产的空白，也结束了中国大型联合收割机全部依靠进口的历史。佳联成为全国唯一能生产大型联合收割机的企业，占有国内 95％的市场份额。

　　1994 年，约翰迪尔派人到中国考察，寻找合作伙伴。因为佳木斯位于三江平原大型国营农场的中心，佳联有技术引进的积累，大型联合收割机在中国占据垄断地位，在中国的农机行业，只有佳联可能成为其对手。于是约翰迪尔选定佳联作为合资伙伴。

当时，要不要合资，是中方控股还是外方控股，存在不同声音。以佳联老厂长王自忠为代表的佳联职工认为，已经引进了技术就没有必要合资，再说企业困难不止佳联一家，若将来能获得国家支持，还有发展机会。如果一定合资，必须坚持两条：一是整体合资（全员、全部资产合资），二是由佳联控股。

约翰迪尔提出：只与佳联的优质资产合资，由约翰迪尔控股。可以先由中方控股，最终由约翰迪尔控股；若中方控股，就不提供更先进的技术。外方还可以选择与开封、四平等地的企业合资，与佳联进行竞争。

1997 年 5 月，双方最终签了合资合同。2004 年 9 月，佳联成了美国约翰迪尔在中国的独资公司。约翰迪尔佳联取代了老佳联在中国农机行业的垄断地位，但载体已是一家美国公司，他们通过合资又买回了自己的技术。

2004 年，约翰迪尔佳联 1078、1076 大型联合收割机占中国市场份额的 95％，占有垄断地位。自 2004 年起，我国农机市场需求旺盛，约翰迪尔佳联的产品供不应求，2005 年产值将比上年翻一番，达到 6 亿元，据分析，约翰迪尔佳联的投资回报率高达 20％。

约翰迪尔从此垄断了中国大型联合收割机市场，实现了它在中国的产业布局。

资料来源：中国制造业门户网站，http：//www.cmwin.com/CBPResource/Stage-HtmlPage/A272/A2722007115102057359.htm。

这个案例实际上是把国有企业的垄断权变为了外资企业的垄断权，原因在于，国企在技术上受制于人。实际上这个国企在行业内的垄断权是不牢固的，当时是靠引进技术形成的垄断，后来又要与获得这种技术来源的"老师"竞争，自然没有底气。一旦外方提出不合资就另起炉灶，与佳联竞争，佳联就妥协了。几年合资之后，最后的结果就是成为外商独资。可以设想一下，如果佳联不与外方合资会怎么样？两个结果，一个是外商与佳联竞争，击败佳联，获得大部分的市场份额，佳联将面临亏损破产。这可能是佳联愿意合资时所担心出现的结局。另一是佳联不选择合资，而是勇于竞争，自主创新，消化吸收新技术，提高质量，努力保持自己的市场份额，这样做可能有一定风险，能否竞争过外资也是一个问题。因此，佳联选择了风险小的前者，但是以丧失企业主权和行业垄断地位为代价。对于国企，更习惯于"等、靠、要"的经营管理方式，似乎很少有竞争精神，而竞争需要创新，创新在国企往往是很难受到鼓励和激励的。

案例

威 孚 案 例

威孚公司原为无锡油泵油嘴厂，是家农机企业。1984 年花 3 000 万元引进了博世公司的 A 型泵制造技术。企业也转型为给运输卡车配套的汽车零部件企业。到了 1998 年，集团的核心企业——无锡威孚高科技股份有限公司已经成为业绩优良的 A、B 股上市公司。威孚集团也成为国内柴油燃油喷射系统最大的生产厂商。

1995 年，威孚与博世合资联合成立一家生产机械式柴油喷射系统的公司，威孚股本占 48%。然而，在谈判建立生产喷油泵的合资公司时，双方意见发生分歧。谈判未成，于是博世公司便投资 6 000 万欧元，在苏州成立了一家生产喷油泵的独资企业——博世汽车部件（苏州）有限公司。这个公司的建立，使威孚公司平添了一个极有威胁的竞争对手。

20 世纪 90 年代末期，国家关于汽车排放的法规出台，要达到高等级的排放，关键在发动机，而发动机的关键是燃油系统，而其中的电控共轨技术我们没有掌握。当时机械部唯一的归口研究所无锡油泵油嘴研究所研制推出适用于欧 I 及欧 II 的技术，但在国家推出欧 III 时间表后，业内普遍对国内能否及时搞出这个技术持怀疑态度。

这时，随着中国市场的不断开放，燃油喷射系统市场已经形成群雄逐鹿之势。除了博世以外，德国西门子、日本电装等世界主要柴油燃油喷射系统供应商均已在中国登陆。随着国家对汽车产品环保标准的要求不断升级，汽车零部件企业产品技术升级的压力也越来越大。许多发动机企业都声称已经生产出了符合欧 III 排放标准的发动机。

在这种形势下，博世向威孚再次伸出橄榄枝。作为中国国内行业领军企业的无锡威孚，不仅拥有广泛的营销网络，而且具备一定的人才储备和技术开发能力，企业 2004 年的经营业绩的各项指标均为行业第一，8 种主要产品生产能力在行业中的排序也都是第一。

2004 年威孚集团与博世公司签订了合资协议，在原来的合资企业的基础上进行资产重组，成立新的合资公司。注册资本 2 亿欧元，博世公司投资 6 亿欧元。新合资公司主要从事欧Ⅲ及以上标准的电子控制柴油喷射系统。

新公司合资协议的主要内容有：（1）股权比例。博世公司占 67%，威孚集团占 33%；（2）威孚生产欧Ⅱ以下的产品，欧Ⅲ的产品由合资企业生产；(3)威孚集团原有的技术开发人员进入合资企业；(4)博世将其在苏州生产喷油泵的生产设备整体转让并搬迁到无锡，成立无锡威孚汽车柴油系统有限公司，博世承诺将不再在中国生产欧Ⅱ以下的系列产品。

与此同时，威孚选派了一批最优秀的工程师进入合资企业，到新的研发中心去，跟外国专家一起工作，一起来解决中国市场的新产品研发问题。2006 年，合资企业选送 60 多位中国工程师到德国进行 9—12 个月的培训，仅培训费就花费 1 亿元人民币。

威孚的老总许良飞认为，中国的核心汽车零部件技术，现在实际上都掌握在外国人手里。以前我们所谓的自主开发、自主创新，实际上都是抄人家的。到目前为止，我们所有的"创新"都是这种方式。就柴油燃油喷射系统来说，目前包括符合欧Ⅰ、欧Ⅱ标准的机械式喷射系统我们都能做。因为机械式的东西比较容易模仿。但是到欧Ⅲ以后，再模仿就不那么容易了。事实上，欧Ⅲ的产品根本没法模仿，因为它是机械与电子相结合的产品。电子的东西看不见，摸不着。即使你把它破译了，你的工艺基础也达不到。现在的技术壁垒越来越高，越往前走，技术难度越大。拿电控系统来说，就有与发动机和整车的一致性问题。如果人家不把技术参数给你，仿制出来的东西，与发动机和整车也难以融合。

许认为，跨国公司要进入中国的汽车产业，就要实行本地化生产。这时，我们就要想办法参与进去。首先要参与，不参与你始终学不会。参与之后，才有可能使我们中国人大量地掌握那些最前沿的高新技术，才有可能赢得一个团队，从而最终开发出具有自主知识产权的自主创新的产品来。柴油燃油电子喷射技术在国外已是成熟的技术，而我们还没有掌握。这时，你就要放下架子，老老实实跟人家合作，向人家学习，先把这个知识学到手再说。要想做师傅，必须先当学徒；要想当老板，必须先做伙计。道理是一样的。从长期来看，中国人只有掌握了先进技术，只有培养出一大批优秀的专家以后，才可以谈得上技术创新。没有一大批优秀的专家，技术创新根本无从谈起。因此，从市场的角度讲，与博世合资是威孚明智的选择。

业内专家指出，在面临国家出台汽车排放标准法规，而我们又对按时掌握和推出新产品没有把握的严峻形势下，威孚作为行业最好最强的企业，做出合资的决定，有其自身发展上的考虑。就单个企业来说，威孚在一段时期内似乎没有风险了，它将自己的命运绑在了博世这艘世界最大的汽车零部件生产商的航母上了。因为任何企业在作出重大决策时，首先要考虑的是规避风险。如果威孚选择自己开发柴油燃油电子喷射系统，不但投资大、时间长，而且能否搞成也没有十分的把握。或许，在我们强调自主创新的同时，模仿、消化、吸收是创新的必要前提，也是提升创新的较高起点。没有一个在创新前期的必要准备和积累阶段，创新无异于空中楼阁，是没有坚实基础的。

然而，对于威孚来说，果真可以无风险搭便车吗？

据称，威孚的合资企业——博世汽车柴油系统股份有限公司（以下简称博世汽柴）今年亏损额可能高达 4 亿元人民币。由于威孚高科在合资公司中占有 31.5％的股份，今年它分摊的亏损额将超过亿元，这将使威孚高科自 1998 年上市以来首次出现亏损。合资后却只见主营收入增加，利润直线下滑。

事实上，作为合资的中方，威孚虽然对博世汽柴前期的亏损早有心理准备，但对于出现如此巨额的亏损局面却是始料不及。这从其年初股改时制定的业绩目标中，可见一斑。而对于合资的外方博世集团来说，对于目前的巨亏，似乎更为胸有成竹。

有业内人士指出，对大部分跨国公司而言，亏损只是它们的一个策略。"他们到中国来开厂，把进口的零部件价格抬高，使合资企业亏损，然后享受这里的优惠政策，但它本部并不亏。"

而威孚内部人士还指出，博世汽柴外方管理人员人力成本过高等问题，已使威孚方面感到不堪重负。威孚的那位中层干部告诉记者，在博世汽柴，博世派出的高层管理人员就有 20 余个之多，他们每人的年薪都在 20 万欧元左右。"一年 400 万欧元，这个成本多高啊！它不要紧，承受得了，但威孚承受不了。"

由此，在威孚首度亏损的阴影之下，中外合资企业的种种矛盾和难题再次浮出水面。

资料来源：韩金池等：《外方以独资要挟　威孚放弃高端市场》，《中国工业报》2005 年 9 月 26 日；杨瑞法：《威孚高科首度亏损：合资后遗症浮出水面》，《21 世纪经济报道》2006 年 9 月 13 日。

天下没有免费午餐，这种亏损或许是中国为了获得外资转让技术而不得不付出的代价。没有核心技术的一方，永远都是弱者，这是"技不如人"的必然结果。就像以市场换技术的汽车行业，实际上可能还不如用钱去买技术，两者性质都差不多，但区别在于，后者能够在提高起点的基础上去进行自主创新，而前者则在外资控制下根本没有自主创新的机会。

消除这种受制于人的最好办法之一就是引进不同外资进行竞争，如果我们在某种关键技术上还需要求教于人的话，那么通过不同渠道的竞争，能够最大限度地使得新技术获得释放。通过竞争，外资才能拿出最好的技术，如果外资不需要竞争就能通过垄断轻易获得最大化的利润，那么我们永远得不到最好的技术。

实行多元化的竞争，尽可能地形成较多的学习和创新机会是极其重要的。在我们还不能完全确信哪一种发展模式更好时，采取多条腿走路的方式，总比大家都在一棵树上吊死要好得多，各种模式都搞一点，各方进行自由竞争，这是风险最小、收益最大的发展策略。

除了上述案例外，近年来一个特别引人注目的争论则是围绕"徐工案例"展开的，限于篇幅，我们不再详细叙述这个案例的前因后果，而是就相关争议问题展开一点论证。徐工合资问题究竟是否关系到国家利益或国家安全？徐工并购或合资后是否可能形成产业垄断？这些问题需要相关部门和专家进行评估，国家安全的定义是什么，需要给出科学的定义和边界，否则什么人都可以打着国家安全的名义来反对改革开放，把一般的经济问题拔高到了政治的高度。产业垄断问题需要根据企业所处行业地位来进行综合考虑，参照成熟市场经济国家的相关规则，这并不难做出诊断。

　　然而，目前还没有这样一个权威的决策机构，也还没有相应的研究评估机构能够对此进行研究并做出准确的评估，法律规范上的空白给这类问题的处理造成了很大的障碍，现行体制下没有一个部门能够对此负责，决策者也缺少能够提供相关评估信息的决策依据，结果是谁也不负责，谁也不愿承担风险，谁也无法进行决策。徐工合资案例久拖不决，正是这样的结果。

　　至于价格问题，有两种相反说法，一是据此次并购财务顾问摩根大通的人士认为，凯雷收购徐工，谈不上是贱买贱卖，已经溢价很多了。"凯雷的价格溢价近 70%，即使按照国际收购标准来衡量，也应该是相当不错的卖价。"由于徐工弃用在国内产权交易所挂牌转让的传统方式，由摩根大通进行国际化公开竞标，以求获得市场估值，最后得到 3.11 元/股的价格，是以公告日（10 月 26 日）前 30 个交易日均价为基础做出，另外 2.24 元/股的非流通股定价则高于徐工科技的每股净资产。[1]

　　另一种看法认为，徐工是中国工程机械行业的第一品牌，根据专业性的品牌研究机构"世界品牌实验室"（WBL）的评估，"徐工"是中国工程机械行业最有价值的品牌，品牌价值 80.6 亿元人民币。虽然徐工集团的转让并不涉及徐工的品牌，但是从"徐工"巨大的品牌价值也可以判断出徐工集团的业务价值应该远远超过其与凯雷的协议转让价格。

　　价格评估的一个焦点似乎在于，是按股市的市价为依据，还是按照某种品牌的估价或无形资产的估价为依据？前者通常可能会包含后者在内，但后者的可靠性或稳定性却有问题。因此，在目前绝大多数价格评估都是以市价为基础，而不是以品牌估价为基础，尤其是对于那些经营效益较不稳定的企业，尤其是中国的国有企业，效益波动很大，缺少稳定基础。缺少无形资本的长期沉淀，一旦出现严重亏损，这些品牌就没有了根基和来源。因此，确定合理价格，应当综合考虑以上两方面因素，考虑较长时期内企业效益表现，这才是企业真正价值的基础。

　　总之，国企改制或并购问题并不是只有一种答案，而是存在若干种解，

---

　　[1]　参见《"斩首并购"激荡徐工：凯雷已"有限让步"》，《21 世纪经济报道》2006 年 4 月 3 日；《凯雷徐工成为外资收购新标杆》，《财经》2005 年 11 月 2 日。

孰优孰劣往往难以评判，需要更多的前车之鉴和经验教训。理想中的最优解往往极其脆弱，它会由于某些很小的偶然因素便被粉碎。大量的解是次优的，或者再次优的。

需要引起注意的是，在工程机械领域，国际巨头卡特彼勒不久前收购了山东机械等企业，这些企业的并购整合非常成功，很快就会具有极强的竞争力，可能对徐工等企业形成威胁。而徐工的改制并购经过了这场旷日持久的等待审批最终宣告停止。在经济景气拉动下徐工这两年效益不错，政府有关部门或许觉得并没有必要去改制了。然而根本的问题仍然没有解决，徐工仍然无法形成自己有效的竞争力和实施创新的发展战略。一旦经济不景气，各种老问题就会浮出水面，也许就在不久的将来，徐工会突然发现，自己的品牌已经不再值那么多钱了，当人们没完没了地去讨论这些品牌价值几何的时候，可能已经丧失了保持并创造品牌价值的最好时机。

5.8 外资与民营企业：案例分析

在 20 世纪八九十年代，民企与外资之间相安无事，各有各的势力范围，虽然也有相互竞争，但总体来说，两者是平行发展的。然而，90 年代末期以来，随着民企力量的日益壮大，两者之间开始有了更多的竞争，也有了相互需求的合作或合资。

案例

某民企集团合资案例

我们是一个典型的由个体作坊发展起来的大型民营企业，企业迅猛发展的 10 年也是市场竞争越来越激烈的 10 年，在开始阶段竞争对手都是个体户；再后来竞争对手是四大国有牙刷厂，它们都是大型企业；再后来的竞争对手是合资企业，比如中国台湾和中国大陆合资的企业；到 1999 年企业竞争对手则是四大国际巨头，分别是联合利华的洁诺牙刷（中华牙膏被联合利华收购了）、宝洁（P&G）公司的佳洁士、强生以及高露洁。1999年之后，在这种与跨国公司的竞争中，企业自身的管理水平和发展后劲明显不足。

1989年到1999年这10年对我们来说是千载难逢的发展机会，这10年也是中国从计划经济向市场经济转变的重要时期。什么意思呢？就是国有企业不设防的时期。另外，这10年也是中国人民从温饱向小康过渡的时期，随着经济的发展和收入的增加，牙刷的需求量和市场容量以非常快的速度增长。这10年也是世界的牙刷产业向中国转移的时期，主要是因为中国劳动力相对便宜，加上巨大的市场潜力。我们正好赶上这个机会。我们10年翻了十番。

在这个发展过程中，市场竞争越来越激烈，我们也感觉到了压力。更重要的是，在这个发展过程中，我们也留下了很多"后遗症"。比如，我们用工不规范，用地不规范，发展不规范等等。

总结一下的话，许多法规当时都没有，我们又不知道，事后无法承担责任，这就造成了企业很大的风险。此外，企业快速的发展存在很大压力，由于我们人才的短缺和管理的不到位，也存在种种问题。所以1999年我们以退为进，选择跟高露洁合资。合资主要解决如下几个问题：

第一是缩小我们跟世界级企业的管理差距（包括更换理念）。

第二是我们跟高露洁合作的三年也是我们全员培训、全天培训的过程，技术人员、管理人员、领导人员和工人都要培训，它贯穿在我们的生产和工作的全过程。这样，我们在市场经济的背景下，在与高露洁合作的过程中，我们的管理水平也在逐步提高，管理能力在逐步增强。

第三，我们之所以跟高露洁合资，主要是为了规避巨大的风险。这相当于是我们跟过去挖了一个壕沟，把风险也规避掉了。重新开始的企业要严格按照规范来操作，用工要规范，要有合同，用地要规范，要办土地证和房产证等等。通过这样的办法，我们可以把各种关系理清，否则的话，没法理清。在发展过程中，我们面临与法律的矛盾，各部门之间的矛盾等等，都有很大风险。我们十分被动。通过合资，各项工作规范化，可以化解全部风险。

第四，跟高露洁合资，也在很大程度上解决我们资金链的紧张，我们过去的资金一直是比较紧张的，一年翻一番，十年翻十番，随着我们资金链的紧张，我们的负债也是越来越多。因为我们的发展速度很快，第一年挣的钱不够第二年扩大再生产的。通过合资，我们把现金回收了，资金链的紧张就缓解了。

我们 2000 年开始和高露洁合资，就是把我们的主要产品转让给高露洁，高露洁占 70％ 的股份，我们公司占 30％ 的股份，合资了三年之后，我们全部退出四大业务。我们为什么退出呢？因为再继续合作下去，对我们不利。因为高露洁要不断增资，而我们没有钱来增资。高露洁的目的是占领中国市场。

2003 年我们提出"二次创业"，完全退出牙刷行业。当然，我们的牙刷业务不是无期限地给高露洁，而是有期限的，我们之间是有协议的，这是我们之间商业上的一个安排。当我们的业务是 100 万的时候，即使 95％ 的业务不合法，也就是 95 万，但是当我们的业务达到十几个亿的时候，哪怕只有 2％ 或 3％ 的业务不合法，那就是几千万的大案啊！最严重的后果是，我们这个企业可能会被整死。当然，大部分政府管理部门的初衷是好的，是希望发展地方产业，培育民族工业的，政府也知道，从那个时代过来的企业没有一开始就非常清楚、非常规范的。但是，我们不排除有些部门会给我们很大的压力。

企业在市场上遇到这些问题是很头疼的。我们通过跟高露洁合资，把过去的风险规避掉。我们二次创业，选择的是卫生杀虫用品。我们用了 3 年左右的时间，以这个产品把企业重新打造成国内的领先企业。现在我们这些产品的业务规模已经超过了原先的牙刷业务的规模，而且也没有了风险。

我们跟高露洁合作的三年过程，是我们学习的过程，现在，我们管理者自身的素质不一样了。过去是"先上车后买票"，现在是"先买票后上车"。过去朱镕基总理来的时候，问我们有没有为职工交养老保险，当时我们的养老保险只是交到管理层。现在都到员工了，我们用工都有规范的合同，我们现在非常注意规范。市场经济是一个逐步完善的过程，如果我们自身不注意这些规范问题，不遵守游戏规则，到后来可能就是死路一条。这个也是我们思想逐步转变的过程。此外，外资享受超国民待遇，得到政府各种支持，有些事情外资来做比较好办，由外方来处理我们企业的历史问题比较方便，我们自己如果要补什么手续很头疼，要花很多钱。企业的发展往往是一个由不规范到规范的过程，这是很自然的。随着企业的发展，逐步规范是企业自主的要求。

资料来源：作者 2007 年 4 月实地调查和访谈记录。

上述高露洁合资并购的案例十分清楚地揭示了民企合资的真实动机，有资金约束的问题，管理和技术的更新问题，学习市场规范和游戏规则的问题，但是，最重要的还在于，民企需要通过合资来规避风险，尤其是制度风险。由此可见，正是我们的制度，才是造成大量民族品牌消失的根源。外资并购有利有弊，在企业自愿的前提下，对企业有利的因素更多，否则它们不会选择，这是他们在目前制度下的最优选择，无可非议。然而，如果从更大范围和更长远的发展目标来看，是否还能无可非议？值得深思。我们从中应当能够得到什么启示和教训？应当如何改善我们的制度环境，改善我们的旧观念和旧体制思维方式，如何在公平的市场规范下，给民企发展提供安全的保障，如何让他们对前途有着稳定的预期？这将是政府需要解决的重要问题。

案例

苏泊尔案例

苏泊尔是一家以炊具制造为主、多元发展的民企集团。公司始建于 1994 年，现拥有总资产 13 亿元，职工 4 000 余名，其中技术人员约占 20%。2002 年，国家工商总局认定"苏泊尔"为"中国驰名商标"。2003 年，苏泊尔集团的综合实力进一步加强，被列入中国民企 500 强 171 位。

1991 年大学毕业后，苏显泽接手其父苏增福的压力锅业务，先后介入炊具、厨房小家电等领域。目前，该公司已连续 7 年保持销售额 30% 的增速，今年上半年增幅高达 60%。

由于主要受制于资金、技术及国际市场的高门槛等因素，靠苏泊尔自身很难逾越这些迟早会出现的瓶颈。而这些瓶颈，SEB 可以帮助突破。况且，

SEB 可谓"老友"——早在 1994 年，SEB 就试图以 300 万美元整体收购苏泊尔。于是，2006 年 7 月，国家允许外资并购国内 A 股公司之后，双方闪电"成婚"，整个谈判用了不到 1 个月。双方确定，苏泊尔为 SEB 在华唯一合作伙伴，SEB 不进入中国市场，在中国用苏泊尔品牌，如果废止该品牌则将向苏泊尔集团支付 5 000 万美元的违约金。同时，SEB 向苏泊尔敞开全球 50 多个销售公司和 120 多个国家的销售网络，其产品可用苏泊尔自有品牌，双方实现技术、专利、管理经验共享。

SEB 是全球炊具、小家电业巨头，其中电热水壶等 9 类产品全球销售额第一。2005 年，SEB 的营业额逾 20 亿欧元。近年来，SEB 在中国收购国营上海红星电熨斗厂，还与爱仕达、威尔等炊具生产商分别洽谈收购意向。有分析认为，通过收购中国企业，将生产、销售中心"外迁"至中国，同时借机打入中国市场，已是 SEB 必然的战略选择和发展途径。

然而，法国 SEB 并购压力锅行业老大苏泊尔一案招致了业内强烈反对。8 月 29 日，一度曾经在市场上兵戎相见的爱仕达电器有限公司、沈阳双喜集团公司、广东省顺发五金制品有限公司、金双喜实业发展有限公司、广东家能现代厨具有限公司、河南汤阴营养炊具有限公司等 6 家炊具龙头企业紧急聚首北京，联合向中国五金制品协会及商务部、工商总局、国家发改委、证监会、外管局等发出声明，集体反对这项"危及行业企业生存"的垄断式并购。

"本次并购将会造成外资对国内市场的绝对垄断。"爱仕达集团副总裁陈美荣表示，一旦 SEB 控股苏泊尔，以苏泊尔现有的实力，加上庞大的外资支撑，按行业惯例，必将在中国炊具业掀起价格战和广告战，迫使中国大批中小企业退出市场。

这种观点得到了业内人士的响应。沈阳双喜集团营销中心总经理马德桃称，外方可能通过掌控被并购企业的渠道等优势资源，嫁接自己的品牌，雪藏国内品牌，通过品牌错位，实现从高端到低端市场的上下通吃；通过垄断并购、品牌绞杀，用资本力量将国内企业固化在国际产业分工格局中的打工者角色上。最终，将对中国民族产业安全带来不利影响。

"我们担心，炊具是劳动密集型行业，进入门槛很低。并购苏泊尔后，SEB 可能借助强大的资金实力垄断中国市场，迫使资金实力明显落后的中国大批中小企业退出市场。"这是广东顺发五金制品有限公司董事长谢俊雄的忧虑。

苏泊尔公司则表示，炊具业是终端消费品行业，进入门槛低，生产企业众多，消费层次复杂，每个厂家都有自己侧重的品类和目标消费群体，一个充分竞争的市场根本谈不上垄断。如果连口锅子都涉及国家安全，那就没法改革开放了。它认为，这是一项互补共赢的战略合作，炊具与小家电行业是一个高度竞争、高度市场化的行业，但国内企业在技术创新与国际市场的积累匮乏。未来的发展，制胜关键在于实现规模和技术两大核心优势的飞跃。法国 SEB 不仅可以解决苏泊尔小家电技术瓶颈，而且还可以借助国际营销网络加大出口。因此与 SEB 进行强强联合，是苏泊尔顺利走向国际市场、成就一流企业的必经之路。

商务部于 2006 年 10 月正式启动了反垄断审查程序，并下发通知征求中国五金制品协会对苏泊尔并购案的意见，因而苏泊尔并购成为商务部首次启动反垄断审查案例。历经半年之久，商务部最终决定为这段"跨国婚姻""放行"。2007 年 4 月 11 日并购苏泊尔得到商务部的批准。并购后，法国SEB 将持有苏泊尔 52.74% 至 61% 的股权，成为控股股东。

苏泊尔有关负责人表示，与 SEB "联姻"，苏泊尔可分享到 SEB 集团的技术、专利资源和管理经验，使其产品与技术核心竞争力大大增强，同时可迅速缩小与国际知名品牌之间的差距。从并购后苏泊尔的经济效益看，SEB帮助苏泊尔做了一条生产线，效率提高了 30%。收购还给苏泊尔打了一支资本强心剂，2007 年苏泊尔的净资产已达到 15.36 亿元，营业额 35 亿元，创下历史最高。

资料来源：《21 世纪经济报道》2006 年 9 月 3 日；《东方早报》2006 年 9 月 1日；《中国经济时报》2006 年 8 月 31 日。

苏泊尔案例实际上离行业垄断还差得较远，这类产品进入的起点较低，而且有很大程度的可替代性，很不易形成垄断。即使是其市场占有率较高，但是只要利润超过平均水平，立即就会有很多厂商进入，打破垄断。因此，所谓的垄断审查不仅要看现实的市场集中率，关键还要看其有无潜在的竞争对手和进入壁垒的高低。

苏泊尔案例之所以引起同行业其他企业的反对，还在于担心外资对民企的挤压效应。民企本来就受到国企的挤压，再加上外资，民企的日子就更不好过了。更重要的还在于，外资企业与民企的竞争是不公平的。从税收来看，外资往往受到更多的政府优惠政策的照顾。根据对 2004 年全国普查数据的分析，外资不仅享受所得税的减半优惠，就是增值税也享受很大的实际优惠。2004 年度外资的实际增值税率为 9.4%，港澳台资的增值税率为8.4%，都大大低于一般内资企业的实际增值税率13.9%。[1]再考虑到所得税的优惠，那么外资企业比内资企业的优惠待遇就要更多。

从融资方面来看，民企的融资环境不好，很难与有着雄厚资金背景的外资相抗衡。民企担忧并购苏泊尔后，SEB 可能借助强大的资金实力垄断中国市场，迫使资金实力明显落后的大批中小企业退出市场。民企的这种担忧不是没有道理的，因此在融资机制上，我们应当给民企更多的融资机会，使民企能够平等地与外资竞争，这样才会培育出有竞争力的民族品牌。

可以想象，这样下去，在某些行业，将会形成国企或外资企业几大寡头共同主宰的局面。民企没有地位的中国经济，将会怎样？一个依靠寡头统治的经济，绝大部分经济资源被控制在少数人手里的经济，必然是没有健康经济基础的畸形经济，没有公平竞争规则的经济，必然也会形成不公平的社会。

5.9 外资问题经验研究综述

外资对于中国经济具有的积极效应是毫无疑问的，大体上主要体现在促进经济增长，促进就业，先进技术的外溢效应，以及促进企业制度和市场机制的转型。当然，它似乎也带来了一些消极的负面作用。不过，如果说外资存在着某些负面作用，其原因则主要在于我们的制度环境和政策给它们提供了这些机会。因此，我们应该完善我们的制度，而不是消极地回避它们。

---

[1] 参见平新乔：《FDI 在中国的分布、市场份额与享受的税收优惠》，《经济社会体制比较》2000 年第 4 期。

关于外资问题的研究相当多，最主要涉及的是外资是否带来了积极的技术溢出效应，外资对于中国的经济增长和经济效率的提高具有怎样的作用？外资对于中国经济的资源配置和自主创新效应是否具有积极合理的影响？表5.6 是对外资研究文献的总结。

表 5.6　外资研究文献概览

作者、发表时间及媒体或形式	数据和方法	主要结论
关于 FDI 的技术溢出效应[a]		
张建华、欧阳轶雯：《经济学（季刊）》第2 卷第 3 期，2003	广东省 1997—1999 年 39 个工业行业和 21 个城市数据，采用因变量为工业增加值的生产函数模型，添加行业中外资企业总资产等为解释变量	外资企业对内资部门存在总体正向溢出效应，各城市的经济水平、技术消化吸收能力和政策因素强烈影响 FDI 外溢效果，FDI 在行业内的技术外溢小于在地区内的效应，在FDI 外溢过程中，示范—模仿效应和联系效应[b] 较为显著
赖明勇、包群、彭水军、张新：《经济研究》2005 年第 8 期	中国 1996—2002 年 30 个省市的面板数据，齐性参数模型和变截距模型，核心假设检验为外资技术外溢取决于技术吸收能力，后者选择人力资本和贸易开放度来衡量	证实外资技术外溢和扩散推动经济增长，技术外溢对东部地区的促进作用高于中西部地区；技术吸收能力是决定技术模仿效果以及技术进步率的关键变量，以人力资本度量的吸收能力要低于以开放度衡量的吸收能力，表明溢出效应主要依靠开放，而人力资本投资相对不足会影响对外资技术的吸收
潘文卿：《世界经济》2003 年第 6 期	1995—2000 年 30 省市面板数据，生产函数模型，协方差分析检验	外资引进在总体上对内资部门具有积极作用，但在不同地区溢出效应不同，东部和中部外资溢出效应为正，其作用强度东部小于中部，同时，外资对西部的溢出效应为负
张海洋：《经济研究》2005 年第 5 期	1999—2002 年 34 个工业行业数据，Malmquist 指数及其分解为技术效率和技术进步，当控制自主研发行为的条件下，检验外资活动对内资部门生产率的影响	外资活动对内资工业部门的生产率提高没有显著影响，过低的研发吸收能力抑制了生产率的增长；外资通过竞争效应抑制了行业的技术效率的增长；研发和外资活动显著推动技术进步，主要是通过研发创新能力和外资正向竞争效应，而不是技术扩散；由于高科技行业研发吸收能力较弱，内资部门不仅没能吸收外资先进技术，反而呈现显著的逆向技术扩散

续表

作者、发表时间及媒体或形式	数据和方法	主要结论
罗雨泽、朱善利、陈玉宇、罗来军：《经济学（季刊）》第 7 卷第 2 期，2008 年 1 月	2000 和 2002 年制造业的全部国有及规模以上企业，OLS 方法	无论是港澳台还是国外直接投资，对内资企业均存在外溢的比邻效应；外资对内资企业的当地效应是正的，而异地效应是负的，外资的进入拉大了不同区域企业生产率的差距
王玲、涂勤：《经济学（季刊）》第 7 卷第 1 期，2007 年 10 月	制造业 1998—2003 年时期 4 位数代码行业的面板数据，全要素生产率为因变量，随机和固定效应模型，外资参与程度滞后一年为主要解释变量	整体上看外资对制造业的溢出效应是积极显著的；在地区行业间存在积极显著的溢出效应，但在行业内的溢出效应是负的或不显著的
陈涛涛：《中国社会科学》2003 年第 4 期	2000 年 84 个制造业的行业数据；以内资企业人均劳动生产率为核心被解释变量，以内外资企业的规模差距、资本密集度和技术差距作为行业特征解释变量	内外资企业能力差距小，外资溢出效应明显，反之则不明显；内外资竞争能力的差距是影响 FDI 行业内溢出效应的关键因素，较小的能力差距有助于溢出效应的产生
张海洋、刘海云：《国际贸易问题》2004 年第 3 期	1997—2001 年广东 37 个工业行业面板数据，生产函数，随机效应和固定效应估计	外资对内资有显著正向溢出效应和显著负向竞争效应，总效应为负；外资对国企有显著负向竞争效应，对国有控股企业有显著正向竞争效应，两者均为不显著正向溢出；对集体企业有显著正向溢出和不显著负向竞争效应；对其他企业（含私营和外资）均为显著正向的溢出和竞争效应，受益最大
陈涛涛、陈娇：《经济研究》2006 年第 6 期	2000—2002 年期间制造业四位数代码行业数据，因变量是行业内本地企业的劳动生产率，即人均增加值，解释变量 FDI 包括外资企业在行业的参与度，和外资企业的劳动生产率（以人均增加值测量）。有关 FDI 的解释变量滞后一年	在总的行业层面，集聚性和竞争性的 FDI 溢出效应[c]有充分体现，即两种 FDI 解释变量均与内资企业劳动生产率显著正相关；在不具有增长性的行业，溢出效应显然低于增长性行业，而且会使内资企业生产率降低；不论行业增长性如何都会产生集聚性溢出效应，然而只有增长性行业才会产生竞争性溢出效应；总体上，行业增长因素是影响 FDI 溢出效应的重要因素

作者、发表时间及媒体或形式	数据和方法	主要结论
何洁:《世界经济》2000年第 10 期	1993—1997 年 28 个省市工业数据,区分内外资部门生产函数,从中分解和估计外资的外溢效应,然后以外溢效应作为被解释变量,进行决定因素的多元回归	外资在各省都存在明显的正向外溢效应;外溢效应中存在经济发展门槛效应,即经济发展达到一定水平后,外溢效应显著跳跃;当地技术进步水平对外溢效应存在负面影响;地区的经济开放程度对 FDI 为显著负相关作用;市场规模对外溢有正向的积极作用
姚洋、章奇:《经济研究》2001 年第 10 期	1995 年全国工业企业普查数据,39 个产业的 37 769 个企业样本数据,从随机前沿生产函数得到效率指数作为被解释变量,多元回归	就特定行业来说,FDI 的外溢效应即使不是负的,也是不显著的,但就省级层面,它的外溢效应却是显著为正的,说明外溢效应产生并非通过技术转移或竞争,而主要通过区域内人员流动和信息流动
陈羽:《世界经济文汇》2006 年第 3 期	24 个制造业产业层面的 1996—2003 年面板数据,CD 生产 z 函数,多元回归,一般面板数据估计法和系统 GMM 估计法	外资企业的行业内技术溢出效应是倒 U 型门槛效应,门槛之前为总体负向的外部性,之后则为总体正向的外部性;存在明显的外资企业后向溢出效应,即国内企业通过向外资企业提供中间产品能够获得技术进步和产出提高
平新乔等:《世界经济》2007 年第 8 期	2004 年全国基本单位普查数据,包括 410 个地级市和 190 个三位数产业,生产函数,OLS 回归,区分和检验外资与港澳台资的不同溢出效应,引进内外资企业的 TFP 差距作为被解释变量,来检验市场换技术是否成功	在分地区回归中外资份额与内资企业生产率显著正相关,从分行业回归看,外资份额与内资企业生产率不显著相关;外资在地区内通过就业产生的正溢出效应大于通过资本形成的溢出;港澳台资份额在行业内仍然有显著正溢出,其通过资本发生的溢出大于通过就业的溢出效应;外资份额对缩小技术差距无显著作用,反而不利于内资企业研发的自主创新,港澳台资进入会显著缩小这种技术差距

FDI 与中国经济增长和经济效率

姚树洁、冯根福、韦开蕾:《经济研究》2006 年第 12 期	中国 29 个省市 1979—2003 年的面板数据,生产函数模型,多元回归,OLS 方法和 GMM 评估法,随机效应模型等	FDI 是提高生产效率的助推器,有利于减少国内生产的非效率;拥有先进技术和知识的 FDI 能够外推东道国的生产前沿。FDI 有力促进了中国的经济增长,技术进步在中国经济增长过程中的年度贡献率达到 3.5%—4.3%,在总的技术进步中,外商直接投资的贡献度高达 30%

作者、发表时间及媒体或形式	数据和方法	主要结论
程惠芳：《经济研究》2002 年第 10 期	中国 1975—1999 年的宏观数据；把 FDI 作为投入变量纳入 CD 生产函数方程，考察 FDI 对经济增长的相关性，以及对全要素生产率的相关性和作用强度	FDI 流入增长对中国经济增长产出弹性系数为 4.49，表明显著的促进作用；FDI 流入增长率对人均 GDP 增长率的弹性系数是 0.283，表明对生产率的积极促进作用
江小涓：《中国社会科学》2002 年第 6 期	1991—2001 年外资和工业增长的宏观数据，调查 127 家外资企业样本数据，常规统计指标计算，不同时点的统计指标比较	2001 年工业 GDP 增长速度为 1，外资贡献 39.1%；外资企业高技术出口占全部同类产品的 82%；外资出口占全部出口的 50.8%；外资推动产业结构升级，推动技术进步
沈坤荣、耿强：《中国社会科学》2001 年第 5 期	1987—1998 年期间 29 个省的面板数据，内生增长模型，生产函数，似然不相关回归检验，Granger 因果关系检验	外资在一地区内的比重对人均 GDP 增长有显著影响；地区人力资本存量对于 FDI 技术扩散效应有重要作用；外资的增长导致中国经济增长率的增加；FDI 的不平衡分布加剧了地区不平衡的发展
王成岐、张建华、安辉：《世界经济》2002 年第 4 期	1990—1998 年 29 省面板数据，生产函数，固定效应估计，滞后变量控制，Granger 因果关系检验	东道主地区的经济水平和政策强烈影响 FDI 与经济增长的关系，由于市场化优化了经济环境，发达地区 FDI 对增长影响强烈；竞争激烈时 FDI 作用最大；FDI 之间竞争增强了对经济增长的推动

FDI 与中国的创新研发和资源配置效率

作者、发表时间及媒体或形式	数据和方法	主要结论
罗长远：《经济学（季刊）》第 6 卷第 2 期，2007 年 1 月	中国 1987—2001 年省际面板数据，固定效应和随机效应方法，多元回归，核心解释变量 FDI 占 GDP 的比重，采用滞后一期的工具变量控制	FDI 对国内资本存在挤入作用[d]，对国有资本的挤入作用大于对私人资本的作用，金融支持越强，挤入作用越大。由于中国现代服务业领域的发展相对滞后，外资的"市场攫取效应"占上风。FDI 在制造业主要通过联系效应和示范效应的正面作用，实现对国内资本的挤入
卢狄：《经济研究》2003 年第 9 期	1980 年、1991 年和 2001 年的全国宏观数据和产业层面数据，广东、上海和江苏的区域数据，常规统计指标计算和不同时点的统计指标比较	外资对行业生产率的影响基本上是上升和下降各占一半；外资主导的 15 个产业中，符合比较优势的行业呈现劳动生产率下降的特征，不符合比较优势的行业劳动生产率上升，表明外资有助于改进资源配置效率，但却是以生产效率下降为代价；进口替代加资本深化特征的上海模式优于出口导向加劳动密集特征的广东模式

作者、发表时间及媒体或形式	数据和方法	主要结论
王红领、李稻葵、冯俊新：《经济研究》2006年第 2 期	1998—2003 年的 37 个工业行业数据以及相应的行业科技数据；以企业科技活动经费和科技人员比重以及专利数量来衡量企业研发能力，检验 FDI 变化对其影响；随机效应和固定效应以及混合 OLS	三种估计方法中，固定效应模型的 FDI 对企业研发能力影响不确定，其余两方法解释效果显著；从 FDI 进入程度高的 20 个行业来看，固定效应和随机效应的回归结果比较接近，都显示了 FDI 的进入显著促进了内资企业的自主研发。总的来说，一行业的 FDI 的进入程度越高，该行业的内资企业研发能力也提高越快
江锦凡：《世界经济》2004 年第 1 期	1978—2001 年宏观数据，生产函数模型，Granger 因果关系检验，检验外资作为解释变量的作用	中国 GDP 每增长一个百分点，就有 19.3% 由外资贡献；证实外资对经济增长具有积极的产业结构效应和制度变迁效应，但外资技术外溢效应主要通过人力资本产生，而不是企业研发能力，反而削弱企业技术开发能力，形成外资依赖
范承泽、胡一帆、郑红亮：《经济研究》2008 年第 1 期	世界银行对中国制造业公司的调查数据 1998—2000 年，998 个样本，五大城市随机选取，14 个行业；检验外资对公司的科技研发的影响；Robust 最小二乘法，滞后一年解释变量控制	公司层面 FDI 对其研发投入有显著负影响，即 FDI 对企业自主创新有替代作用；行业层面 FDI 越多，对公司研发的正面影响较大，综合两方面的正负影响，FDI 对中国国内研发投入的净作用是负的，意味微观替代效应大于行业的正外部溢出效应
蒋殿春、张宇：《世界经济》2006 年第 10 期	1996—2004 年 28 个高技术产业的面板数据，CD 生产函数，以行业的三资企业人均固定资产净值、行业外资部门总产值占行业总产值的比重等指标为 FDI 解释变量，根据特征进行排序分组检验，随机效应和固定效应估计	28 个产业中 6 个行业 FDI 有显著正外溢效应；行业的内外资部门技术差异扩大对 FDI 的技术外溢效应有负面影响；外溢主要发生在技术密集度高的产业；行业整体的研发密集度与技术外溢角相关；内资企业人力资本与外溢正相关，表明消化吸收能力可提升外溢效果；内外资企业规模差异过大，外溢下降；行业总体外资依存度提升对外溢产生较强消极影响；市场集中度高的行业外溢效果好

作者、发表时间及媒体或形式	数据和方法	主要结论
冼国明、严兵：《世界经济》2005 年第 10 期	1998—2003 年省级面板数据，生产函数，即以研发成果表示的产出函数，多元回归，随机效应和固定效应模型，分组检验	FDI 在东部对研发活动的溢出效应最显著，西部次之，中部最弱；外资溢出主要表现在技术水平相对较低的创新项目，即实用新型和外观设计的专利方面，而对发明型专利方面没有显著影响

注：a. 溢出效应：通常包括模仿—示范效应、联系效应和培训效应。

b. 示范—模仿效应：由于跨国公司与东道主国家企业之间存在技术差距，后者可通过学习、模仿其行为来提高自身技术和生产水平，外资企业不仅带来了新设备、新产品等，还带来了产品选择、销售策略、管理理念等非物化技术，国内公司通过学习临近外资公司就可提高生产率。联系效应：被视为一种产业之间的溢出。跨国公司在与当地企业或客户交往中，与上游企业发生后向联系，以及与下游企业发生前向联系，这些都可能产生溢出效应。

c. 集聚性溢出效应和竞争性溢出效应：外资企业资产在行业总资产中的比重，即外资参与度，与该行业的内资企业劳动生产率显著正相关，则产生集聚性溢出效应；一行业的外资企业的劳动生产率与该行业内资企业的劳动生产率显著正相关，则产生竞争性溢出效应。

d. 挤入作用：FDI 的进入促进中国国内自身投资的增长。

外资促进中国经济增长，产生了一系列积极的溢出效应，这些都是实证研究证明了的。然而，当中国经济发展到一定阶段时，早期以填补资金缺口为导向实施的各种优惠政策越来越暴露出诸多弊端，致使外商投资没有限制地大规模进入，对中国经济运行可能会产生一系列负面影响。

首先，这种负面影响表现为对国内民间资本的挤出效应。导致这种挤出效应的产生，主要是由于：外商投资将导致对国内资本和其他生产要素的占用，对国内市场的垄断，进而阻碍国内投资的可持续增加，这是外商投资产生挤出效应的根本原因。外商投资的挤出效应可以通过两种途径产生：一是在产品市场，挤出当地企业与投资；另一是在要素市场，通过影响当地企业可以获得的资金、劳动力以及其他生产要素，或者影响当地企业获得这些要素的成本来挤出当地企业与投资。

其次，内外资的不平等竞争地位导致的挤出效应可能使整体效率下降。外资企业因享受优惠政策更加剧了外商直接投资的挤出效应，特别是一些生产效率并不高的外资企业通过各种超国民待遇在国内市场获得竞争优势，结果导致产业整体效率出现下降。

5.10　近 10 年外资企业的撤离和外资最新政策的出台

　　苏州，作为媲美深圳的另一个中国制造业之都，曾经是世界五百强企业的聚集地。然而，这几年，在这里的外资企业却相继拔起营寨，向东南亚打马而去。耐克、阿迪达斯、联建、宏晖、飞利浦、普光、华尔润、诺基亚、紫兴、希捷、及成……，个个都曾是声名赫赫、员工动辄上万的企业。这一块中国新兴的工业都城，过去几年间，已经有 16 家世界 500 强企业离开。曾经以吸引外资而负有盛名的"苏州模式"究竟是怎么了？

　　除了图 5.3 所示的那些外资企业，其他还有已撤出的苏州企业包括：2015 年 7 月，位于苏州吴江的普光电子被爆倒闭，普光苏州一直是韩国三星电子的代工企业；2014 年 11 月，苹果供应商苏州联建宣布倒闭，公司最辉煌的时候，员工多达 2 万余人；2014 年 11 月，位于苏州胥口镇的诺基亚手机零部件供应商闳晖科技陷入停产，开始遣散员工，闳晖科技最辉煌的时候，员工多达上万人。

图 5.3　2015—2018 年苏州撤离外资汇总图

资料来源：苏宁金融研究院整理。

　　改革开放以来，地处长三角这一中国最活跃经济区的苏州，借鉴新加坡成功经验开发苏州工业园区，吸引外资快速流入苏州。尤其是中国加入 WTO 以来，苏州抓住机遇，积极实施招商引资战略，新增外资发展迅猛，2012 年达到巅峰，实际利用外资 91.6 亿美元。这些外资主要流向了制造业，成就了苏州"世界工厂"的美誉。巅峰期过后，苏州吸引外资能力开始逐年下降，到了 2017 年稳定在 60 亿美元左右。2018 年估计也不会超过 60 亿美元。因此，相对最高峰时期，目前苏州的外资撤离了大约三分之一。

2008 年外资"超国民待遇"取消之后，大量的工厂就开始从中国撤出。第一起引人关注的事件发生于 2009 年 3 月，耐克关闭了它在中国的唯一一家鞋类生产工厂，遣散了 1 400 名员工。但相比耐克，2012 年，另外一个运动鞋厂商阿迪达斯则做出了两个颇有意思的决定。一方面，它宣布将在中国新开 1 100 多家分店，另一方面，它也宣布关闭在中国的唯一一家自有工厂，将生产线迁移至东南亚的缅甸。这表明，它并不是在中国没有市场需求，而是其他原因导致其从中国撤出。

2015 年 2 月春节前夕，知名钟表企业日本西铁城集团在华重要生产基地——西铁城精密（广州）有限公司清算解散。2015 年，微软关停诺基亚东莞工厂和北京工厂，并加速将生产设备运往越南工厂，总共裁员 9 000 人。2016 年 5 月，有报道称富士康正在印度购买土地、投资建造新的工厂，计划 2020 年之前在印度建设 10—12 座工厂，雇用超过 100 万员工。2017 年 3 月，世界 500 强美资企业霍尼韦尔安防中国公司宣布将从深圳撤离，将产品线内迁至西安。2018 年 4 月，韩国三星正式关闭其在中国大陆唯一一家网络设备生产企业——深圳三星电子通信公司。截至目前，三星在中国的用工人数不足 3 000 人，而在东南亚地区的用工人数却达到了 14 万，比当年极盛时期的中国还多出 4 万。除此之外，松下、日本大金、夏普、TDK 等均计划进一步推进制造基地回迁日本本土，优衣库、耐克、船井电机、歌乐等则纷纷在东南亚和印度开设新厂。

撤离中国的企业，大多是劳动密集型的公司，人力成本起决定性因素。2016 年中发布的《经济蓝皮书春季号：2016 年中国经济前景分析》显示，目前中国很多地区，尤其是东部地区，工人工资水平已远超东南亚国家。2014 年日本贸易振兴机构（JETRO）对东南亚和中国的用工成本做出调查，结果显示中国是柬埔寨的 4.3 倍，越南的 2.7 倍，印尼的 1.8 倍。据全球经济研究和政府企业咨询机构牛津经济研究院 2016 年的一项调查结果，2016 年中国制造业的劳动力成本已经趋近于美国，而且是印度的两倍还多。

此外，还有能源成本的影响。中国工商业电价为每千瓦时 0.102 美元，高于美国（0.07 美元）、越南（0.08 美元）。除了人力、能源成本之外，近年长三角珠三角的土地成本持续上扬，另有提高环保标准的诉求此起彼伏，税收优惠的力度越来越小，外资在华的投资收益率越来越低，这些都是导致外资撤出中国的原因。[1]外资企业放弃在中国深耕多年的产业链，这些企业把庞大的海外市场也一并带走，中国可能会面临着企业倒闭潮和失业潮双面夹击的局面。

在拥有 2 万多外企的广州，外企已占据全市工业总产值规模的 62％以上，在上海，外资则贡献了全市 2/3 的进出口总额与工业总产值。而在苏州和厦门，这项指标也分别达到了 67％和 70％。可见，这些城市的外资工厂给中国贡献了至少上千万的就业岗位。人力的低成本优势一直是中国制造在全球竞争中获胜的关键因素之一，随着这项优势的慢慢丧失，其所带来的失业问题不可低估。

中国经过 40 年的发展，成为了全球最大的制造业大国。纵观这 10 年，我们会发现，外资工厂从中国撤离已经变成了一种非常显著的现象。当初外资大量涌入，得益于中国在改革开放之初所实行的进口替代战略：以优惠的土地税收政策与廉价劳动力吸引国际公司，促使它们将工厂搬至中国。然而，外资的大规模撤离在未来的几年将是不可避免的，它们的离去不仅给我们留下了一个巨大的产业空间，也促使我们加紧反思。

近些年离开中国的外资企业大多集中在制造业，背后深层次的原因主要包括以下几方面：（1）劳动力成本上升。由于劳动力红利逐步丧失，因此更多劳动密集型产业倾向于在东亚、东南亚等更具劳动力成本优势的地方。（2）经营成本过高。高税收、高房租、高社保等，无疑让经营成本大大增加。（3）知识产权保护力度过低。很多外企在中国都遇到过假货问题、商标问题、专利问题，这些情况都使得外企无法适应。

谈到苹果系，大家就会想到富士康，单凭富士康工厂就解决了国内百万

---

[1]　财新：《又一外资巨头撤离中国？真相是……》，http://www.myzaker.com/article/5a704686d1f149fe4300014e/。

人的就业问题。但富士康已在印度连开三家新厂，并且计划在 2020 年之前在印度建设 10—12 座工厂，届时将能创造 100 万个就业岗位。外资带着技术和资本逃离中国之后，留下来的产业真空，谁可以填补，那些原来的就业人口，又让谁去承接？

根据相关估算，全部外商投资企业吸纳的直接就业人数超过 4 500 万，更不要说靠着外资生存的无数供应厂商、上下游企业，估计相关就业人数以亿计。2016 年，中国在生产电子信息产品方面还是世界第一大国。但在2018 年，好多城市出现电子企业空城。

在外资企业不断退出中国市场和国际贸易争端不断升级的严峻形势下，中国政府以进一步扩大改革开放作为应对措施，具体如下：

> 国家发展改革委、商务部 2018 年 7 月 28 日发布 2018 年版外商投资准入负面清单，这个《外商投资准入特别管理措施（负面清单）（2018年版）》是对《外商投资产业指导目录（2017 年修订）》中的外商投资准入负面清单的修订，在 22 个领域推出新一轮开放措施。
>
> 金融领域，取消银行业外资股比限制。
>
> 基础设施领域，取消铁路干线路网、电网外资限制。
>
> 交通运输领域，取消铁路旅客运输公司、国际海上运输、国际船舶代理外资限制。
>
> 商贸流通领域，取消加油站、粮食收购批发外资限制。
>
> 文化领域，取消禁止投资互联网上网服务营业场所的规定。
>
> 船舶行业取消外资限制，包括设计、制造、修理各环节。
>
> 飞机行业取消外资限制，包括干线飞机、支线飞机、通用飞机、直升机、无人机、浮空器等各类型。
>
> 农业领域，取消小麦、玉米之外农作物种子生产的外资限制。
>
> 能源领域，取消特殊稀缺煤类开采外资限制。
>
> 资源领域，取消石墨开采、稀土冶炼分离、钨冶炼外资限制。
>
> 以上外商投资准入负面清单，在一、二、三产业全面放宽市场准入，涉及金融、交通运输、商贸流通、专业服务、制造、基础设施、能源、资源、农业等各领域。近年来，外资限制措施已从 180 项左右减少

至 60 多项，减少近三分之二。2018 年版负面清单比 2017 年版的 63 条减少了 15 条，进一步缩小了外商投资审批范围。

在金融领域，2018 年取消对中资银行的外资单一持股不超过 20%，合计持股不超过 25% 的持股比例限制；2018 年将证券公司、证券投资基金管理公司由中方控股改为外资股比不超过 51%，2021 年取消外资股比限制；2018 年将期货公司由中方控股改为外资股比不超过 51%，2021 年取消外资股比限制；2018 年将寿险公司外资股比由 50% 放宽至 51%，2021 年取消外资股比限制。

在汽车领域，2018 年取消专用车、新能源汽车整车制造外资股比限制。根据 2018 版负面清单第八条明确规定，汽车制造业除专用车、新能源汽车外，还将在 2020 年取消商用车制造外资股比限制；2022 年取消乘用车制造外资股比限制以及同一家外商可在国内建立两家及两家以下生产同类整车产品的合资企业的限制。

这些扩大开放力度的政策即将实行。可以预想，这些政策会给中国经济带来积极的促进效果。一个明显的例子是特斯拉在中国设立独资企业的申请，不久前得到中国政府的批准。谋求独资建厂，是美国电动汽车制造商特斯拉一直以来的诉求。2018 年 5 月特斯拉在上海成立了特斯拉（上海）有限公司，注册资本 1 亿元。这是特斯拉在中国上海建设的美国以外的首个工厂，该工厂被命名为"Dreadnought"（无畏舰）。可预见的是，未来像特斯拉这样在华成立独资新公司将会越来越多。

5.11 总结

一个产业不开放就不会进步。改革开放初期，由于普遍性的、基础性的技术落后，只能引进。这么多年过去，通过引进外资，我们获得了很大的进步，通过消化吸收我们企业也已经掌握一定的关键技术，在许多领域已经能够与外资进行竞争。然而，在引进外资的发展过程中，我们也有着太多的经验教训。在一些产业或部门，由于不当的引进外资政策，导致了整个产业中的民族企业的萎缩，在某些领域，政府排斥民营企业，实行国有企业与外资联合垄断，导致这个产业的发展死水一潭，全无其他民企活跃的产业那般生气勃勃。所以，引进外资并不代表就一定能得到技术，相反，要看这个行业的竞争格局，外资只有在面临市场竞争时才会带来技术和管理经验。

在某些外资引进政策失败的情形下，出现了纷纷指责外资的声音。实际上在商业环境中，竞争是优胜劣汰，如果自己不行，那么最后的结果就是要被别人击败或并购。因此，我们的思维不要总是停留在谴责别人，要知道商场如战场，外资企业总是以自身利益最大化为目标的，这是正常的行为。问题是我们自己，要更多地想想自己为什么不行，为什么那么害怕与别人竞争，为什么那么容易妥协，心甘情愿地就放弃自己的利益？为什么总是从一个极端走向另一个极端，要么完全屈从外资，要么完全拒绝外资，难道就不能找到一种平等协商彼此共赢的合作？

我们发现，与外资合作成功的国企似乎很少，其原因多半在于政府包办代替，政府越位，把合资真正的一方——中方企业丢在一边，政府自己去跟外商谈判。这样的结果几乎都以失败而告终。相反，以企业为主导方跟外资谈判合资或并购，例如山东机械，就能够取得成功，因为山工已经改制，基本不受制于政府，能够在与外资谈判中充分捍卫自身利益，结果双赢。因此，与外资合作的民企成功的多，而与外资合作的国企则成功的少，原因就在于前者是从企业权益和企业长远发展出发，与外资合作，而后者则较少考虑企业利益，较多考虑的是政府的业绩目标，是本地 GDP 增长指标，当这些目标与企业目标不一致时，迫使企业做出重大让步，或压低转让价格，或放弃原有品牌和市场，或牺牲企业未来发展，换取眼前利益，都是屡见不鲜的政府行为。

真正的民族品牌是不怕竞争的，要敢于接受国际化品牌的挑战，如果原有的民族品牌无法应对竞争，那么它的地位的丧失也是不可避免的，我们需要的不是过度保护的民族品牌，不是要保护落后，而是要促进它创新和发展，落后的民族品牌靠保护是无济于事的，市场的选择会自然地淘汰它们，只有能够经受住竞争的真正的民族品牌，在国际上能够站住的，才是具有生命力的民族品牌。

总之，我们今天依然应该欢迎外资，原因在于，它是市场经济和开放社会以及全球化的最基本要求，外资有进，我们也有出，这些都是相互流动，实现双赢的，否则就会回到闭关锁国。另一方面，吸引外资更是为了促进产业发展、技术进步、产品创新、产业升级等等，我们看中外资的技术外溢、管理外溢、知识外溢效应，而不仅仅是带来了多少资金。值得忧虑的是，一些地方政府仍然不惜代价，以吸引多少外资作为政绩来考核，甚至带来负外溢效应和明显的对企业发展不利条件的也来者不拒，政府依靠强力引进外资行为和干预外资并购行为，其导致的一系列消极效应已经显现。

废除对外资的超国民待遇的税收优惠政策已于 2008 年通过，然而，在政府心目中，是否仍然有轻内资、重外资的倾向呢？摆正两者的位置，使内外资获得公平竞争和平等发展的机会，应当是一个市场经济需要实行的最基本规则。

附表 1　实际使用外资金额及其增长率（1985—2017 年）

年份	外商实际使用外资金额(亿美元)	增长率(%)
1985	47.6	
1986	76.3	60.29
1987	84.5	10.75
1988	102	20.71
1989	100.6	−1.37
1990	102.9	2.29
1991	115.5	12.24
1992	192	66.23
1993	389.6	102.92
1994	432	10.88
1995	481.3	11.41
1996	548	13.86
1997	644	17.52
1998	585.6	−9.07
1999	526.6	−10.08
2000	593.5	12.70
2001	496.7	−16.31
2002	550	10.73
2003	561	2.00
2004	641	14.26
2005	638	−0.47

续表

年份	外商实际使用外资金额(亿美元)	增长率(%)
2006	670	5.02
2007	783	16.87
2008	953	21.71
2009	918	−3.67
2010	1088	18.52
2011	1177	8.18
2012	1133	−3.74
2013	1187	4.77
2014	1196	0.76
2015	1263	5.60
2016	1260	−0.24
2017	1310	3.97

资料来源：《中国统计年鉴》(2017年)；商务部网站。

附表2 外企业务收入占全部企业收入之比

年份	外企主营收入(亿元)	占全部总收入的比例(%)
1998	15 604.6	24.33
1999	17 966.55	25.72
2000	22 545.74	26.79
2001	26 022.08	27.76
2002	31 189.27	28.49
2003	43 607.63	30.46
2004	65 105.85	32.73
2005	78 564.46	31.61
2006	98 936.12	31.55
2007	125 497.96	31.40
2008	146 613.62	29.32
2009	150 263.06	27.70
2010	188 729.41	27.05
2011	216 304.29	25.69
2012	221 948.78	23.88
2013	241 387.75	23.46
2014	252 630.07	22.82
2015	245 697.55	22.14
2016	250 392.99	21.60

资料来源：《中国统计年鉴》历年，统计口径为规模以上工业企业。

附表 3　外资企业注册资本外方占比的变化（1980—2016 年）

年份	注册资本外商百分比（%）	年份	注册资本外商百分比（%）	年份	注册资本外商百分比（%）
1980	41.40	1993	61.10	2006	78.30
1981	58.20	1994	62.90	2007	79.72
1982	72.80	1995	64.40	2008	79.88
1983	62.60	1996	65.60	2009	81.00
1984	63.70	1997	65.90	2010	79.99
1985	61.00	1998	67.10	2011	79.85
1986	50.10	1999	68.30	2012	79.21
1987	56.40	2000	69.70	2013	79.27
1988	54.30	2001	71.10	2014	79.75
1989	54.40	2002	72.80	2015	77.79
1990	56.50	2003	74.80	2016	76.56
1991	57.70	2004	76.60		
1992	59.20	2005	77.80		

注：外资口径包括港澳台资和外商投资企业。
资料来源：《中国对外经济统计年鉴（2007）》；《中国统计年鉴》（2017 年）。

附表 4　1987—2006 年全国外商投资企业地区分布（户数百分比%）

年份	东部地区							东部地区 小计	中部地区 小计	西部地区 小计
	广东	江苏	上海	浙江	山东	福建	辽宁			
1987	60.77	2.13	3.18	1.56	1.38	10.43	2.20	91.89	5.65	2.46
1988	53.55	3.07	3.36	1.94	2.18	12.15	3.01	92.54	5.31	2.15
1989	50.13	3.58	3.57	2.32	2.73	12.97	3.55	92.48	5.47	2.06
1990	48.18	4.08	3.36	2.76	3.26	13.50	3.80	92.25	5.63	2.12
1991	44.00	5.73	3.33	3.35	4.36	12.15	4.02	90.61	7.03	2.36
1992	31.25	10.55	4.31	4.08	6.71	8.80	4.08	84.73	10.63	4.64
1993	26.69	10.79	4.81	4.83	7.50	7.16	4.40	82.93	12.20	4.87
1994	25.82	10.29	5.40	4.80	7.57	7.03	4.66	82.22	12.55	5.24
1995	25.57	9.85	6.22	4.82	7.72	7.09	4.84	82.21	12.52	5.27
1996	25.27	9.96	6.64	4.75	7.82	7.46	5.17	82.08	12.42	5.50
1997	25.13	9.42	6.96	4.53	7.16	7.81	5.70	81.89	12.17	5.01
1998	25.39	9.43	7.76	4.45	6.26	7.96	6.23	82.29	12.00	5.71
1999	25.33	8.90	7.11	4.55	5.83	8.48	6.53	82.11	11.86	6.03

续表

| 年份 | 东部地区 | | | | | | | 东部地区 | 中部地区 | 西部地区 |
	广东	江苏	上海	浙江	山东	福建	辽宁	小计	小计	小计
2000	24.62	8.92	7.86	4.94	6.12	7.91	6.49	82.74	11.26	6.00
2001	23.36	9.72	9.01	5.55	6.82	7.64	6.53	83.64	10.22	6.15
2002	24.05	11.09	10.11	5.84	7.11	7.50	6.58	84.98	9.10	5.92
2003	22.90	11.93	10.69	6.71	7.64	7.48	6.12	85.48	9.02	5.50
2004	22.84	12.38	11.02	7.35	7.96	7.12	6.14	86.38	8.69	4.93
2005	22.60	12.82	11.15	7.31	7.75	6.87	6.36	86.56	8.65	4.79
2006	22.56	13.27	11.48	7.62	7.61	6.78	5.97	86.85	8.51	4.64

　　注：（1）表中的外商投资企业包括港澳台企业。
　　（2）东部地区包括北京、天津、河北、辽宁、上海、江苏、浙江、福建、山东、广东、广西、海南12个省、自治区、直辖市；中部地区包括山西、内蒙古、吉林、黑龙江、安徽、江西、河南、湖北、湖南9个省、自治区；西部地区包括重庆、四川、贵州、云南、西藏、陕西、甘肃、宁夏、青海、新疆10个省、自治区、直辖市。由于篇幅限制，表中未列出东部地区的所有省份，只选择了其中七个较多外商投资的省份。
　　资料来源：《中国对外经济统计年鉴》历年。

第 6 章 主要结论和政策含义

6.1 国有企业的 40 年：市场洗礼下产生的企业革命

国有企业 40 年来的转型和改制是中国历史上最重要的一个转折性事件，经过这短短的 40 年，中国经济发生了翻天覆地的变化，使中国从过去封闭的集权经济，开始进入现代市场经济的自由开放的发展阶段。因此，研究这 40 年发展过程中的种种现象及隐藏于其后的动因，从理论的高度来总结发展的逻辑和推动发展的力量，从中汲取可能的经验教训，对于未来的进步会具有重要的价值。

国企改革的第一阶段是从 1978 年开始，大约至 1993 年为止。由于在改革开放的这个阶段，国有企业的利润是国家财政的主要来源，例如 1980 年国企利润和税收约占当年财政收入的 85％。因此，围绕着这块收益的争夺，充满了国企与政府的反复博弈，双方各以对方行为的变化来调整自己的对策，以寻求自身利益的最大化。

1978—1982 年间，最初政府采取了扩大企业自主权和利润留成制，以增加企业激励，很快取得了积极反馈效果，企业积极性大增，因而利润大增。然而，由于政府此时仍然承担大量国企的新投资，这些投资大都是一次性支出，而收入则是分期逐步回收，因此政府财政收入相当吃紧，从 1982

年开始出现赤字 17.65 亿元，1983 年赤字则增长到 42.57 亿元。[1]

1983—1987 年间，为了得到稳定增长的财政收益，政府觉得有必要消除向企业利益倾斜过多的情形，因而利改税在全国推行。利改税是政府对前一阶段扩大自主权政策的部分否定，试图收回一部分企业利润留成的自主权，把利润作为税收来上缴，从而确保财政消除赤字。同期的 1985 年，政府还实行了"拨改贷"的新政策，将原先无偿拨款投资的财政投资体制，改为有偿贷款的银行投资体制，以此来缓减政府财政负担，减少赤字。结果，实行利改税的 1984 年，财政赤字仍旧高达 58 亿元；但实行拨改贷的 1985 年，则导致财政赤字消失，转为正值，当年财政收入为 0.57 亿元。不过好景不长，到 1986 年财政赤字一下上升到 82.9 亿元。[2]这说明利改税政策并未达到预期的财政效果。

1987—1993 年政府在全国推行承包制，基本否定了利改税，似乎又回到了利润留成制，不过比原先更完善了。政府此番推出承包制的目的在于加强激励，以便消除利改税时期激励减弱的效果。然而，承包制似乎生不逢时，并未达到使财政收入增长的目标，赤字反而不断大幅度上升。尤其是到了 1989 年，经济陷入低谷，财政的日子更不好过，经济面临严重困境。

1992 年邓小平发出进一步推进改革的信号，激发了大量民营企业的创业热情，然而，国有企业仍然无休无止地为承包指标跟政府讨价还价，价格的扭曲造成不公平竞争，企业没法合理定价，也没法评价业绩，好企业被鞭打快牛，差企业反而过得潇洒。与此同时，大量的民营企业在悄悄地崛起，迅速成长为国企强有力的竞争对手，而国企却仍然未意识到此，它们的眼中也只有政府，而尚未意识到市场才是决定它们命运的主宰。

当民营企业已经开始占据半壁江山之时，政府的财政收入的一半已经来自国企之外的时候，国企丧失了它原有显赫的地位。当政府已经无法再容忍"双轨"价格造成的经济混乱和扭曲时，当政府早已不耐烦与国企再讨价还价时，一场新的改革开始了。这是不同于以前的仅仅纠缠于国企与政府的博弈，而是在更广阔的背景下展开改革，因为政府要面对的是全部的企业，而不仅是国企，这就需要建立一个能对全部企业一视同仁的规范市场，建立一

---

[1][2] 参见《中国统计摘要》（2008 年）。

个健全的市场价格机制，建立所有企业都能适用的企业制度框架。

　　1994 年"双轨"价格的正式并轨，税利分流或新税制在全国推开，《公司法》和新财务制度的实施，这一切都标志着为统一的市场扫清障碍，为公平的市场竞争开辟道路。此时的税利分流与 20 世纪 80 年代的大不相同，它是按照市场规范设计的，它的目标是稳定政府与企业的长期关系。新税制使得企业与政府双方的博弈空间大大减少，政府不能多拿，企业也无法少缴。然而，除了这些外部市场环境的改革政策推出外，关于企业自身的制度改造则没有什么进展，仍然停留在 80 年代的水平。多数企业还停留在过去的思维方式中，他们总是乐意"悠着干"，不愿被当作快牛来遭鞭打。他们总以为再怎么样不行，政府也会来救助的，不会不管的。这就是国企几十年大锅饭带来的致命之伤。

　　1994 年之后，虽然全国经济形势大好，国企却开始出现大面积的持续亏损。新财务制度暴露了国企的潜亏，企业的利润平均减少了大约 1/3。价格并轨后，国企再也得不到来自计划内外差价的补贴，只能与民企在同一价格的起跑线上进行竞争。在这样的竞争条件下，民企是拼命干，国企是悠着干；民企是没有后路背水一战，国企是背靠大树好乘凉；民企是千方百计找米下锅，国企则是坐守家门等人送米做饭。如此行为的对比，结果自然是可想而知。

　　到了 1997—1998 年，国企的亏损已经惨不忍睹，落入了改革以来的最低谷。出路何在？进一步深化企业制度的改革呼之欲出。

　　与 20 世纪 80 年代注重增加企业激励机制的改革相比，90 年代以来的改革多注重推进市场化功能的完善，确保市场资源的统一合理配置，而对企业制度的改革并未放在最重要地位上。一些企业可以自行自发地搞改制，但全国范围的企业制度改造并未推开，只是在局部搞了一些试点。所谓兵马未动，粮草先行，企业改制的逻辑应当是，改制未动，市场化先行。没有一个可以合理评价企业业绩的市场，怎么改革？如何确定改革的正确方向？如何通过实践评价改制效果？如何把改制建立在合理的市场竞争基础上？这些都需要一步一步地来。

　　为了改善市场机制，重要的一步还在于给计划的"条条"体制动手术。"条条"是市场经济的大忌，它从本质上来讲与竞争是格格不入的。条条体制下形成的利益集团，是按等级制来分配资源的，与按市场竞争能力配置资源的规则是相冲突的。1998 年实行了工业管理体制的最大力度的改革，一次撤掉了 9 个产业的主管部门，这导致计划集权的经济控制力大大削弱。从此，这些没有主管部门的国有企业获得了充分的自由竞争空间，只要它们能够有效利用这些条件，就会成为市场竞争的受益者。反之，则可能会被市场无情地淘汰。

在外部市场严峻的生存条件下，一批先行者开始自发地寻求改制之道。首先打破坚冰的是处在国有体制边缘的中小企业、地县级企业，它们纷纷进行企业体制的改造，以便适应市场竞争，例如诸城模式、海城模式等等。在中国经济的各种约束条件形成的框架内，它们创造出新的企业制度，因而给自身的生存发展注入活力。当它们的经验形成了某种示范效应时，改制则在逐步扩大范围，从县市到全省甚至全国，从底层到高层，从小企业到大企业，这种半自发的改制，在政府的支持下或默许下，迅速地向全国扩散。

改制就是这样在国企面临生死的严重局面下出现的，为了能够拯救国企，在所有的办法都用尽了的时候，涉及所有制变革的改制则成为唯一的出路。

1998 年以后，改制在全国各地悄然兴起，没有全国统一的发文件，也没有轰轰烈烈的运动。改制以一种逐步渗透和示范效应在逐步扩大。中央政府按兵不动，静观其变，各地纷纷各显身手，施展创意，大胆鼓励，小心试点。在这个过程中，作为中央政府，最主要的是把握大的发展方向，确定重大战略性的政策转变，例如推动住房改革和撤并"条条"管理体制等等，以及敏感地捕捉改制过程中的最新动向和存在问题，及时发文进行调整或完善，出台某些原则性的规范和政策。至于具体的改制方案和细则，则由地方政府自己决定，让各地在市场竞争中进行自由选择，让各地在市场绩效的比较中相互学习。在这个意义上，中国已经形成了以地方竞争为主要特色的市场经济，各地在制定改制政策时，相互参照学习，然后形成了一套自己的方案。在这个过程中形成了"政出多门"，而不再由中央统一发号施令，全国统一的中央集权发展模式逐步被放弃。

地方政府历来是比较务实的，没有那么多意识形态的条条框框，如果再有一点智慧，那么就不难发现，启动经济增长的关键在哪里。没有一大批有活力的企业，没有一个优胜劣汰的市场机制，则不可能有经济的发展。依靠传统的国企已经没有出路，那么出路何在？一些地区的改制试点十分明显地提供了示范效应，同时，企业内部也产生了自发改制的冲动，这就是在原有的企业承包制基础上再往前走一步，把过去的三五年承包期变成更长时期，或永久期，则可从根本上改变承包制的最致命的短期行为。这是不少国有企业在承包制的路径依赖下进行的自然选择。

于是，这就涉及所有制的改变了，从承包制到股份制，虽然看起来只是重新签订一个合同的变化，但是涉及两个体制之间的转换，操作起来远非那么简单。首先，需要拿钱来购买企业的股权，经营者才能转变为所有者；其次，国企冗员和不良资产太多，如何解决？这些问题在当时归结为一句话："钱从哪里来，人往何处去？"即改制的收购股权和解决不良债务的钱怎么解决，而冗员又怎么解决？这个问题成为困扰改制的一大难题。

实际上，改制的所有问题都是围绕着这个难题而出现的。比较明智、同时有一定经济实力的地方政府，能够帮企业较好地解决这些难题，即政府承担一部分责任，利用土地置换等方式来解决不良债务和冗员的经济补偿，最终解决产权转换和冗员问题。然而，不少地方政府并没有意识到自己应承担的改制责任，把全部问题推给企业自己解决，同时也缺乏明确规范的改制细则和相应的监督管理，结果造成改制中各种问题频频出现。

对于改制中职工利益的保护，应当说，至少一直是中央政府努力确保的目标。从这段时期的改制大事记来看，中央政府三令五申，反复发文强调职工利益保护问题。对于一般改制模式等问题，中央政府很少干预地方的选择，唯有职工问题，一直是强调的重中之重。

企业家的利益目标与职工的利益，通常具有较大的一致性，企业好了，职工赖以生存的饭碗才有保障。在市场经济下，工人不可能再指望国家的铁饭碗了，这时，及时地转向是不可避免的。因此，真正推动改制，实现企业良性发展的长远目标，对于职工来说，都应当是一个利好的信号。然而，对于那些借改制来实行掠夺的腐败分子，掠夺的结果是企业垮掉，则职工必然会首当其冲地成为受害者。因此，职工是否拥护，在一定程度上可以成为判别改制是否合理的重要标志之一。

当然，还有更重要的一条，就是区分企业家还是投机家，或者是掠夺者，这是可以选择和识别的。任何事情都有其两面，如果我们良莠不分，善恶不辨，那么就失去了向前发展的正确方向，走进了死胡同。

总之，从改制实践中我们能够发现，凡是考虑到所有可能或潜在的企业权益相关者的利益诉求的，改制大都能够实现比较稳定的转变和过渡。反之，撇下利益相关者，不考虑到这些潜在的权益所有者的利益诉求，企业转型多半很不稳定，矛盾重重，难以实现企业的良性顺利过渡。这是稳定与效率的权衡，即先要有稳定，才会有效率，这也是渐进改革的一个特点。太急于求成，想一步到位，反而欲速则不达，要走回头路。

就像 20 世纪 80 年代的乡镇企业那样，到了 90 年代中期以后，它的历史使命似乎完成，并进化演变成另一种更高级的组织形态，从乡镇村政府的集体企业——一种准公有企业，经历了股份合作制的短暂过渡，迅速地演化为完全的民营企业。许多中小国有企业也自发地摸索出来一条市场经济下的生存之道，国有企业似乎也在经历着这样一场革命，不过这远比乡镇企业更艰难，更痛苦。然而，市场经济的发展逻辑，迫使所有的企业重新作出选择。

中国的改制转型与正统的意识形态、传统的中国文化（不患寡而患不均、平均主义、轻商重仕等），以及某些经济理论都不太相同。然而这种混合形态的改制，却是某种意义上的"创新"，它不符合任何规范，也没有什么经典的理论基础，而是一种按着某种自发摸索的和既定形成的路径依赖在开展。这样的改制，按照其自身的逻辑，一步步地展开，适应着每个发展阶段的要求，变换着自身的组织形式，不断地选择最符合现实要求的所有制结构，不断地摈弃原有的束缚生产力的旧外壳，注入某种新的更有生命力的激励元素。

国有及国有控股企业在 2002 年之后出现了高速的增长。同时，国企的利润率也迅速地提高。从 2003 年开始突破了 1 000 万亿元之后，每年都持续增长，到 2006 年突破了 2 000 万亿元。为什么这段时期国企会出现改革以来历史上的最好业绩？

1998 年以后国内住房市场的需求高涨带动的经济景气，是国企迅速增长的重要原因之一。从 2002 年到 2006 年短短四年，国企利润飙升的另一重要来源在于，其所在的垄断行业贡献了几乎全部的工业国企利润。2006 年的 7 个行业，即石油开采、煤炭、电力、烟草、有色金属加工、钢铁和交通运输设备，它们的利润总和就相当于全部工业国企利润的 90% 以上。此外，石油开采和电力这两大行业的国企利润就占全部工业国企利润的 60% 以上。

国企的改制也是一个重要原因。经过几年的大规模改制，大量低效益的国企的退出或转型，都使得余下的精兵强将成为国企的主力部队，经过轻装上阵的国企，自然战斗力大大加强。此外，大型国企的股份化改造，成为上市公司，或者进入国际化舞台，都使得国企不再是往日的传统国企，而正在越来越多地成为新兴的现代股份公司。

然而，随着国企实行了大规模的面向市场的改革，腐败问题也越来越多。当国企被授予了充分的自主权和控制权之后，会不同程度地转变为"黑箱"，这是市场经济下企业通常出现的现象。也就是说，企业内部的收益分配和决策机制，以及有关技术等相关信息的搜集处理加工的过程都是商业秘密，外部人很难得知。转型中的国企，从高度的自主权、控制权和灵活的市场机制中获得了大量的机会，这些机会既能提供创造价值的激励，也能导致腐败。两者混合在一起，难分难解。如若采取更多的行政管制，导致约束过紧，可能会失去这些市场机会，企业不仅没有创新，还可能面临生存危机。然而反之，似乎无法有效遏制腐败。在市场经济下，对于国企所有者来说，这是个两难的选择。

有人将腐败归结为改革的错，归结为市场化的错，实际上，这恰恰是改革不到位、市场化未完成的表现。在改革过程中，企业处于某种约束真空的状态，处于激励和约束不对称和不平衡的状态。这样的机制导致了普遍现象，即盈利是自己的，亏损是企业的或国家的，即使债台高筑，却不退出，仍然活得滋润，形成了大量的"僵尸企业"。

现存的国有企业看起来似乎数量并不很多，央企只有 两百家，但实际上它们并不是一个个单纯的企业，而是一个庞大的集团。每个集团下面都控制着大大小小的子公司、孙公司，甚至更多。据《中国统计年鉴》（2017 年）统计，2016 年独立法人性质的国有控股企业共有 310 992 个。[1]这些下属企业中的大多数，其最终所有人就是那些国有企业集团。它们层层叠叠，相互

---

[1]　参见《中国统计年鉴》（2017 年）表 1.7。

交错，形成了一个庞大的企业帝国的金字塔。这样的复杂结构无疑就是一个巨大的黑箱，其中存在种种难以观察的内部关联交易或者利益输送等，都是极难监控的。这种巨型集团的内部交易不像外部市场那么公开透明，而是隐藏很深，比传统的企业更加具有"黑箱"的特色。

为了应对层出不穷的腐败，政府转向严格的人治方式，一方面通过行政方式大规模清查以便约束清除腐败，另一方面适当减少市场激励而加强行政等级制的激励，导致更多的国企倾向于回归计划体制下的行政监管模式。然而，加强行政管理来约束腐败，则来自市场的激励会削弱，一个在行政监管下的服从性企业，还有什么面对市场的积极创新主动性？激励应当来自市场，还是来自官场？这是区分是否为市场经济的决定因素。

如果说来自行政管理的约束激励机制更有效，那么就应该回到计划经济，计划不光是决定生产什么，更重要的是有一个相配套的激励机制，包括人财物的配置机制。如果愿意诉诸市场经济，那么就应意识到，黑箱行为是不可避免的，若不给企业自主权和控制权，若不让企业直接从市场回报中得到激励，那么这样的机制就不是市场的，其结果则可能丧失企业最基本的市场灵活性，堵住了来自市场激励的渠道，由此会产生一系列的市场扭曲行为和结果。

难题在于，正面与反面、积极和消极、效率与不公平（腐败）通常难以分离。那么，如何避免黑箱下产生的腐败？如何解决这个两难问题？问题不在于是否要完全消除"黑箱"，而在于如何增强自我激励，如何通过这种自我激励来约束腐败行为。来自自身内在的激励力量是最有创新性的，这种自激励是主动性的，而非被动的、服从性的，因而具有最优化效果。一旦每个人的这种内在主动性被激发出来，其能够释放的潜力是不可估量的。按照市场评价机制，清晰界定各种要素的产权权益的配置，真正使得企业控制权与剩余权保持一致，那么企业就能获得极大的来自市场的激励，同时也就产生了自约束的力量。这应该是兼具创新和遏制腐败的最好路径。

在企业内，来自体制和来自市场的这两种激励机制各自有一套规则，往往无法兼容，相互矛盾。政府等级制无法兼容来自体制外的市场激励，担心由此产生的大量腐败难以遏制。市场激励机制则难以兼容等级制，后者不按市场规则出牌，难以与市场公平竞争协调一致。实际上对付这种难以调和矛盾的机制冲突，最为简单的改革办法之一是，政府的归政府，市场的归市场。如果认为某些企业或某些产业不适合市场化，需要政府主导，那就要按照政府的体制内激励机制运作，实行分类改革，确定清晰边界。反之，一旦确定要按市场化运作，就要实行市场激励，给予企业控制权，大胆创新，容忍黑箱，由市场来约束其行为。否则两头都沾边，产权边界模糊，最容易出现腐败问题。

在市场激励制度下，确立合理合法的权益配置，确立最优企业契约，才是避免腐败同时又能实现最优市场化改革效果的核心。关键在于，尽快推动市场化的成熟，尤其是形成要素市场可流动的平台，打破垄断，打破行政激励机制，才有可能真正通过市场化的最优资源配置，实现最优公司治理和股权配置的优化效果。

中石化原董事长傅成玉在 2017 年全国两会发言，着重强调："国企监管改革不能代替国企改革，国企改革的主体是企业而不是政府，结果导致了'上面想改很难改、企业想改不能改、不敢改'的不协调局面。很多国企改革的文件主题是改革，发表出来总有监管的浓烈味道，所以文件没办法落实。"[1] 因此，这也是改革面临的困惑，谁是改革主体？是国企所有者政府，还是企业自身？政府如不放权、不授权，企业就没法改革。具体如何推进放权和授权来促进国企改革，如何把改革动力真正转化为企业自身的动力？下一步怎么走，还将拭目以待。

国企的改制之路尚未完成，许多问题只是被搁置起来，并未真正解决。经济景气固然可以暂时掩盖一些矛盾，但问题终究是要解决的，不解决就不能进步。每当出现危机，就会推出一些改革措施，一旦情况好转，又会恢复旧时常态。这种倒逼改革的机制形成常常是短期不稳定的，是建立在权宜之计的基础上的，只有积极主动、方向明确，以长期稳定发展为目标的改制，才能为中国经济的可持续发展提供坚实的基础。

---

[1]《傅成玉委员：国企改革主体是企业不是政府》，财新网 2017 年 3 月 9 日，http：//topics.caixin.com/2017-03-09/101064206.html。

6.2　民营企业的 40 年：艰难的发展之路和新经济时代的希望

　　20 世纪 80 年代最初民营企业的发展是由大量农民和底层百姓自发推动的，怀着朴素的脱贫致富的动机，在改革开放政策下形成的合适气候下迅速地发芽、生长和壮大。大量的农民和城市失业者或待业知青形成了最早的个体企业或个体户，这些个体企业和农村的乡镇企业共同形成了民营企业的主要来源。这一时期的民营企业的特点是：只要能够摆脱贫困，不管采取什么企业形式都可以；只要能赚钱，不管经营什么业务也都行。在那个时代，市场机会太多了，只要哪里有钱赚，它们就往哪里去，或者依靠小打小闹地钻一些计划体制的空子获取效益，或者是善于发现市场空白而及时填补来挣钱。于是，在私营企业还不合法的时代，民营企业盛行的组织形式还是个体企业、乡镇企业或者集体企业，后者往往是戴着"红帽子"的私营企业。同样，那个时代的民企，还未形成自己清晰的专业化分工和发展方向，还都停留在短期的多元化经营方式上。

　　对于政府来说，既然无法解决大量的就业问题，既然无法靠政府解决农民的贫困，那么给一个宽松的政策则是最廉价的办法，既不需要增加政府财政支出，又能增加市场供给，减少短缺，何乐而不为？改革开放初期的思想解放给实行市场自由准入政策提供了有力的支持，在大胆试一试的政策鼓励下，城市街道初步打开了个体户或"红帽子"企业的口子，而在农村乡镇政府的利益驱动下，民营企业则如火如荼般地发展起来。在这个早期阶段，政府与民企的目标大体上是一致的，因而总体上民企还是能够获得迅速发展的。当然，民企的发展也经历了很大的意识形态上的阻力。

　　到了 20 世纪 90 年代，市场化的步伐明显加快，"双轨制"的并轨，《公司法》的出台，中共十四大对于中国市场经济目标的正式认可等一系列事件，都表明了对民企非常有利的政治气候与制度环境。同时，在激烈的市场竞争中，在企业逐渐找到自己的市场定位和不断成长壮大的过程中，在越来越明确企业专业化分工的长期发展目标时，对于产权清晰的要求也越来越迫切。民营企业积累了一定资本后，想要能够名正言顺地进行长期发展，想要能够做大做强，想要能够在竞争中保持不败之地，而不再满足于挣些小钱的短期行为，没有一个清晰合理的产权配置，是不可能获得长期发展和实力扩张的。于是，原先戴"红帽子"的集体企业都纷纷摘去了帽子，原先产权模糊的乡镇企业也都纷纷改制成为股份制，20 世纪 90 年代中后期，几乎就在短短的几年时间内，绝大多数乡镇企业和集体企业都实行了改制，获得了自己真正的名分。

对于政府来说，此时，来自民营企业的收入首次超过了来自国企的收入，占了政府财政收入的一半还多，而且还有不断上升的趋势。政府可以不像过去那样，对于国有企业具有强烈的依赖性，而有了更大的获得收入的选择空间和范围。与此同时，20 世纪 90 年代中期之后，国企与民企的竞争越来越激烈，国企普遍不景气并出现大面积亏损，它们已经不再成为政府的收入来源，而成为政府的沉重负担。此时，政府面对着亏损的国企和赢利的民企，后者不需政府投资还能创造财富，前者则不但不能为国家作出贡献，还需不断补贴才能维持下去，以及带来了一系列的下岗失业或社会不稳定因素。在这样的局势下政府如何选择是很清楚的，这就是"国退民进"，国有企业从竞争市场退出，让市场来真正主导经济运行。因此，在这个阶段，在市场化的压力推动下，解决国企的亏损成为政府的重要目标，同时放手民企的发展，则能够最大限度地弥补国企亏损带来的财政收入的损失。因此，从 1998 年以后，大规模的"国退民进"开始了，尤其是地方政府，具有十分强烈的推进国企改制的动机。在各地的政绩竞赛中，市场经济发达、民营经济活跃的地区，通常都较富裕，政府收入也能较多增长。大量的企业通过改制成为民营企业，明显地缓解了政府原来需要承担的对国企的责任，也使之摆脱了不堪重负的财政压力。

到了 21 世纪，这些在市场竞争中经历不断演变的民营企业，无论在市场定位、专业化分工、市场营销网络，还是企业规模效益，都取得了长足的进步和日趋成熟。它们的产权结构也随着市场结构和外部环境而不断调整，适应着日益壮大的经济规模，越来越向现代股份公司制度发展。随着民营企业日益壮大的力量，他们越来越要求获得完全的法律保护，此前，《宪法》相关条款列举了保护公民的合法收入、储蓄、房屋等生活资料，却并未列举生产资料，而随着私营经济的发展，已出现了工厂主等拥有较多生产资料的私营企业主，有产者越来越多。经过不懈的争取，2004 年"私有财产不受侵犯"终于写入《宪法》。

然而，在中国这样的法治水平有待提高的国家，不管是《宪法》还是《物权法》，或者是"非公 36 条"，并不能立刻导致制度环境实现相应的根本转变，从传统意识形态到政府行为目标，都还停留在计划体制时代，并与飞速发展的现代市场经济基础相冲突。尤其是，民营企业每天要与大大小小的政府管理机构及其官员打交道，因而要面临诸多既得利益部门的制约，这些公共部门的服务构成了民企最基本的外部制度环境。

随着民营企业的逐步壮大，发展越来越快，不仅在数量上，而且在规模上和质量上，也越来越有实力。随着竞争的日趋激烈，民企在原有产业的利润空间也越来越薄，当他们掌握了充足的资本积累，则开始进军较高利润空间的资源型产业或资本密集型产业，民企的这种实力扩张越来越威胁到大型国企的传统控制范围。

此外，在国有机构垄断的资本市场或融资市场，民营企业极难获得通向公开融资市场的渠道，因而不得不依靠高融资成本来生存发展。融资的约束，使得民企在通往现代股份公司的扩张道路上受到阻碍，无法按照正常的市场演变路径发展成为现代大型股份公司，往往不得不停留在中小型企业的规模上，因而缺乏大型企业所具有的竞争力。

法制环境的弹性空间太大，使民企不得不生活在高风险下，由于它们长期处在体制外，为了得到许多体制内资源，不得不游走在灰色的边缘，例如集资筹资、国企并购、政府大宗订单、紧俏物资采购等等，甚至税费缴纳、劳动保障等日常经营问题，都有可能涉及各种潜在的风险和收益。这些风险不是市场风险，而是制度风险，是法律法规的操作空间太大，而执法、司法等相关部门人员的素质水平不够高的缘故，因而形成了高悬在民企头上的利剑。

最近十多年来，随着新经济的出现和飞快发展，令人鼓舞的新机会也出现了，这个新机会带来了相应的新资源和新市场，这是一个完全空白的领域，只有反应灵敏的民企才能抓住这些机会。市场上各种新机会转瞬即逝，只有通过竞争、比较和选择，才能通过这些机会发展壮大企业。能够抓住并适应这种机会的是第二代或第三代民企家，不像第一代企业家大多是乡土出身，他们有着较高的学历，有不少还有海外留学经历，他们具有国际视野，能够不仅局限于国内市场，还能冲向海外，凭借中国人的智慧和勤劳，以国内巨大的市场需求为后盾，利用海外充分竞争的市场环境，从而让企业得到发展的良机。这就是中国的互联网公司的崛起，阿里巴巴、搜狐、新浪、腾讯和小米等一大批这样的优秀民企立足于国内，迅速学习和吸收最新技术以及商业模式，向海外市场扩张并上市，得到海外资金或国际资本的支持，以飞跃般的速度实现腾飞，进入了全球化的互联网大公司序列，与其他国际互联网巨头公司平起平坐，甚至某些方面还更有优势。

这些迅速发展扩张的民企，被称为"独角兽"企业。所谓"独角兽"是指那些估值达到 10 亿美元以上的初创企业。2017 年 12 月，胡润研究院发布《2017 胡润大中华区独角兽指数》，大中华区独角兽企业总数达 120 家，整体估值总计超 3 万亿；北京成为独角兽企业最多的城市，占上榜企业总数的 45％，其次是上海、杭州和深圳。蚂蚁金服、滴滴出行、小米公司估值占据前三。这些初创企业能够在短短几年时间就实现 10 亿美元的估计市值，是与海外资本市场的鼎力支持分不开的。若在国内资本市场，这些民企不可能得到这种力度的支持。而海外资本市场，他们更看重的是企业的未来、企业的发展前景、企业的高管及其团队的实力、企业的治理机制和商业模式的合理性。这些要素是形成这些国际化大公司的基本要素，通过最优组合形成了企业的核心竞争力。

除了上述立足于新经济的互联网公司外，一批从事实体经济的民企辛苦耕耘十几年，也取得了很大的发展。这些民企虽然不是在新经济领域，但却是立足国内市场，依托海外市场，成为获得飞速成长的新崛起企业的典型代表。例如华为、吉利，它们都是从创业开始，一点一滴地学习先进技术和管理，日积月累，几十年下来，终成正果。华为主要依托的是海内外的巨大需求市场，通过核心竞争力的优势，充分发挥了中国工程师的潜力，占据了大量的国内外市场份额。吉利则是依托海外资本市场，通过不断并购来吸收先进技术管理，扩大企业实力和规模。吉利把国内巨大的市场需求与海外资本市场巨大的融资能力，有机地结合起来，打破了国内资本市场的歧视壁垒，为民企闯出一条成功的发展道路。由此可见，真正有生命力的大公司，都是靠自身内在力量的坚持不懈地创新，在竞争市场努力打拼出来的。它们是中国企业的希望，是无数民企发展的典范。

因此，民企发展到今天，如果不能发现新的发展空间，在有限的国内市场上，与国企的利益争夺也将越来越激烈。从政府来看，部分垄断行业的国企已不再是政府的财政包袱，而是能够创造利润的，因而，政府有动力保护和维持现行某些领域国企的垄断地位。在这些领域，通过建立较高的进入壁垒来阻止民企的扩张，进而导致该领域民企无法发展壮大。

21世纪以来，从总的大政方针来看，民企的制度环境似乎正在逐步向好的方向发展，但是，每个民企面临的局部环境、宏观调控环境、金融政策与法制环境等等，似乎又在趋于恶化，根本原因就在于政府利益目标与民企目标出现了较大的不一致，民企难以与强势政府的力量相抗衡，这与初期两者利益的较大一致性完全不同。在这样的利益目标指导下，一系列对民企不利的事件开始出现，这些事件往往又成为某种遏制民企的信号，给各地官员在处理与民企的关系时提供了某种暗示或范例。此外，制度的运转无法提供通盘全局和协调系统的能力，没有明确的改革目标和长期发展目标，因而经常会出现顾此失彼、政出多门、相互矛盾、难以协调的局面，甚至出现一些相互矛盾的政策法规，使企业无所适从。在这样缺乏明确统一的总体改革目标下，掌握大量资源的各个政府部门各自按照自身利益最大化的短期目标行事，作为强势利益集团，往往很少受到外部市场环境的约束，在这样的市场交易或者制度环境下，民营企业权益边界会经常受到侵犯，或者需要付出更高的交易成本。

近年来政府推出的去产能、去杠杆、去库存等调控政策，基本上是以行政化的命令方式实行的。在这样的"一刀切"命令下，各地都要按照上面分配的指标去产能，于是，为了完成去产能的任务，处于政府控制链底端的民企纷纷被迫关闭。在钢铁业，大约有一半（约3 500多家）的企业被迫关闭停产，其中大多数都是民企。在去杠杆的调控中，处于金融链最底端的民企及其民间金融机构，也是首当其冲。结果，不仅导致大量中小民企断贷，濒于关闭停产，而且许多大中民企也受到影响，资金链纷纷告急。加上股市大幅度下跌，许多股权质押的民营上市公司面临平仓的危机。

不管面临怎样的阻碍，民营企业的崛起和发展壮大仍然在持续，这是中国作为新兴市场经济体的最重要成果，也是创造社会财富的最重要源泉。可以说，没有民企，就没有中国今天的富强，就没有千百万人脱贫致富的机会，也就没有走向现代市场经济的最基本的前提。比较改革前时期（1949—1978 年）与改革后时期（1978—2018 年），这两个时期是截然不同的。历史证明，改革之前 30 年的发展落入了"贫困的陷阱"，如果没有改革开放，会有今天的富裕生活？会有 500 万的"浙商"以及各地大量的"粤商"或"闽商"等企业家出现？会有数千万个民营企业以及上亿人口的相应就业？会有如今高达 31 097 亿美元的外汇储备[1]（1978 年外汇储备才 1 个多亿美元）？前后两个时期的本质不同，就在于有无民营企业和市场经济。没有这些，也就不会形成千千万万个积极主动创造社会财富的源泉，更不会使得社会底层的无数百姓摆脱贫困，走向小康。市场开放的本质，就是让社会变得更加自由公平，让人人都能争取到自己的机会。而 40 年的改革开放的巨大进步恰恰证明了市场经济在中国的成功经历。

6.3　股份公司的 40 年：各类所有制企业的趋同化选择

在中国的转轨过程中，出现了多样化的企业组织形式，其中，股份公司是许多改制企业和新创企业的首选，在工业领域，至 2016 年底已经大约占据了 78% 的总产值份额。[2]

股份公司由于其组织结构所具有的特殊包容性，能够兼容各种不同所有制性质的产权要素于一体，因此，它受到了广泛的欢迎。国有企业愿意选择这种组织形式来进行改制，因为其中可以同时容纳国有产权与个人产权，达到既保留国有资产不变，又能增加个人激励的效果。私营企业愿意选择这种形式，原因在于它提供了广阔的融资来源，使企业扩张发展如虎添翼。乡镇企业或集体企业以及其他公有企业愿意选择股份制改造，则能够改变原有的产权不清晰的格局，通过股权的重新配置，充分调动各种生产要素的积极性。

股份公司在一般市场经济国家早已是一种成熟的企业组织形式，但在中

---

[1]《中国外汇储备 3 万多亿美元，外国的人民币储备有多少？》，http://3g.163.com/news/article/DRJGL44Q0519WU3A.html。

[2] 根据《中国统计年鉴》（2017 年）表 13.1 计算。

国的转型初始阶段，这种企业形式并未被认可，传统认可的最底线的也只是集体企业和控制在一定规模内的个体企业。经过市场化的十多年发展，原有的企业组织已经越来越不适应市场经济的竞争了，它们都迫切地要求改变原有产权模糊的性质，形成适应于现代市场经济的新型企业组织。于是，在市场化的改革进程的推动下，股份制这种包容性良好的企业组织形式就脱颖而出，水到渠成，成为越来越多的企业选择的组织形式。

最初较大规模的股份化是在基层的集体企业、乡镇企业或小型国有企业进行的，主要采取的是股份合作制形式，其特征是股权分配比较平均，是一种十分类似于集体性质的企业组织，但又比集体企业多了一层按股权分配的性质，因而是介于传统集体企业与现代股份企业之间的一种过渡。

股份合作制企业曾一度在很大范围内实行，在国有中小型企业和乡镇集体企业中成为改制的普遍选择。自从有统计数据的 1995 年开始，股份合作企业就接近 14 万家，2002 年股份合作企业的总数接近 25 万家，达到最顶峰，此后该数量逐渐下降，至 2006 年仍有 18 万多家。股份合作企业实际上的股权并非十分平均，许多企业在发展中经过若干次调整，已经将股权重新配置，早已不是最初的配置结构了。不过，在规模未有很大变化下，它们依然保持原有的注册类型。股份合作企业的主体是小企业，因此，虽然具有庞大的企业数目，但是其生产总值在总体中的比重很小，1999 年达到最高的产值比重，仅为 1.7％，一般的年份仅为 1％左右。股份合作企业的主要职能实际上是解决就业问题，通过这种方式来解决一大批传统的公有小企业的生存问题，在市场经济的共同作用下，他们与个体或私营的微型企业具有趋同化的发展特征。

比较规范的股份制企业通常由股份有限公司和有限责任公司组成，这里既有新创民营企业，或者从传统民营企业改造的，也有大量的国有或集体企业经改制而形成的。

为什么这些民营企业也好，国有或集体企业也好，都愿意选择股份制企业的形式？为什么公有企业的改制不选择完全的民营，而选择能够包容部分民营的股份制？

实际上，在一般市场经济的早期发展阶段中，能够适应市场竞争的企业都是私有企业，股份公司则是在市场经济发展到一定阶段的产物，是私有企

业为了扩大规模，充分利用外部资本进行融资或兼并的结果。因此，从经济
发展的角度来看，这是市场发展愈益成熟，从商品市场扩张到资本市场的结
果，也是企业发展扩张导致的内生自发选择的结果。

中国的中小企业对股份制的选择动机并非来源于对外部资本的需求，在
没有资本市场的市场化发展初期阶段，大量的股份制企业就已经形成了，即
使是许多以家庭成员为主的私人企业，也要注册为股份制企业。这表明，民
营企业对于股份制企业的选择不完全是一种经济上的动因，而可能是出于制
度环境的考虑，出于某种对于意识形态偏见的妥协，出于对于自身财产权益
的某种保护。当然，股份制企业承担的有限责任相对于无限责任的私人企业
来说也是一种优越性，但实际上这不是一个决定性的权衡因素，因为民营企
业的债务从来就不可能超过有限的范围之外。

当一部分民营企业发展到一定规模以后，对于资本扩张有了强烈需求，
这时的民营股份有限公司的发展则与资本市场密切相关。它们虽然迫切要求
得到外部资本的融资许可，但是在国家严格控制并垄断的资本市场上，民营
企业很难得到上市资格，至多只能通过付出高昂的费用来买壳上市。在这
里，企业自发的内生选择受到了资本市场的遏制，民营企业的股份化的合理
扩张路径往往得不到国内融资市场的支持。因此，越来越多的民企选择到海
外上市，通过这样的路径来实现股份化的扩张。当然，能够到海外上市的民
企还是少数，由于上市门槛较高，尤其是海外上市，更加困难重重，所以，
大多数民营企业是难以通过外部融资来选择上市股份公司的。

由此可见，民营企业的股份化选择是在某种特殊的外部环境下产生的，
其存在两种类型，一种是挂着股份公司牌子的完全私营企业，其实质并非真
正股份公司；另一种是想通过外部融资而得不到机会的民营企业，其自发的
内生选择受到资本市场的遏制而难以实现。相对于大量的这种受融资遏制的
企业来说，只有少数上市或能够通过借壳上市或海外上市的民营股份公司，
才是真正意义上的股份公司。所以，民营股份公司是在一种十分畸形的市场
环境下形成的，它们的内生发展要求往往得不到满足，因而大量的民营公司
只是徒有外在形式，而无内在实质的股份公司。

比较具有实质意义的股份公司多半是经过改制的原公有企业，即国有和
集体企业，这些企业选择股份制的原因主要在于引入各种私人产权和外部法

人产权，增加激励和制约，达到促进企业提高效率的目的。对于这类改制企业来说，选择的改制方案无非是民营改制和股份改制（即部分的民营改制或增量的民营改制）这两种。公有企业由于其原有的产权性质，导致其民营改制的选择必然是以多元化的利益相关者权益为基础，来形成的股份化公司。这类股份公司形成的决定因素主要在于原公有企业内部权益的再分配，需要按照市场竞争的要求来进行权益配置，以便适应市场化的发展，否则可能面临被市场淘汰的结果。在这个意义上来讲，公有企业的股份化改制和产权权益的再配置正是适应外部市场的结果，是企业内在发展的要求。

因此，大多数公有企业的初始股份化也与外部融资市场无关，而与企业内部产权的再配置密切相关，与外部市场竞争的压力密切相关。这种股份化类似于公司治理中的控制权的配置，它需要进行产权的最优配置，以便适应于市场竞争的要求。这种股份公司的转型成功与否，则在很大程度上取决于外部竞争市场是否完善。这时，起决定作用的不是产权，而是市场，没有市场压力，企业的股权结构难以合理化，最优的股权配置是在市场竞争中才能形成的。越是完善的竞争市场，改制的股份企业就越能优化其股权配置，因此，仅仅从企业所处的外部市场的完善程度，我们就能判断出企业的股份制改造是否可能成功。

在企业实行股份化改造的基础上，成长起来了一批真正意义上的股份公司，其中有民营出身的，也有国有出身的。市场经济发展到了一定阶段后，这种原来的出身区别就愈益淡化了。企业这时股份化的动机之一也很明确，即引进外部投资者主要是为了融资需要。当然除此而外，企业还会利用股权合约来配置一些它们认为十分重要的其他资源要素，这样的多元化的产权配置才是股份公司的本质，才是真正与外部市场密切相关，并且能够综合各种外部资源要素为一体，共同进行生产经营的股份化企业。

有什么样的外部市场环境，就会有什么样的企业产权结构。企业通常会根据它们的市场环境和制度环境来选择相对应的产权配置，尤其是在改革时期，企业具有很大的选择和决策权时，这种内生于企业的自主选择就形成了混合股权的股份制企业。这种模式通常是按照不同股权要素在市场上的稀缺性地位来决定它们在企业内的股份地位，企业越是能够按照各种生产要素的市场地位来配置相应的产权地位，那么就越能够获得较好的市场绩效。对于

传统私营企业来说，不存在股权配置或公司治理的问题，企业不行了就会被
市场淘汰，但对于股份企业来说，其具有很大的调整空间，一般不会轻易关
闭，而是在企业发展成长过程中，不断地进行微调，通过多方利益相关者和
股权的重新配置，来使企业达到最优状态。因此，外部市场环境对其影响和
约束作用十分巨大，没有市场，企业就难以找到合理的产权配置和调整的
依据。

对于上市的股份公司来说，其对外部市场环境的要求更高，除了一般商
品市场的完善外，更对资本市场的完善性具有较高的要求，否则，上市公司
的股权配置或治理结构很难得到合理化调整。在资本市场不成熟和监管不到
位的条件下，上市公司可以利用市场信息的垄断地位来获取不当收益，上市
公司也无需进行股权最优配置，就能轻而易举的获利。市场很难对其进行合
理的约束和有力的激励，它们也无需为得到较好市场评价而付出努力。在这
样的外部环境下，不论是什么企业，国有的或是民营的，似乎都具有趋同化
的行为，这就是充分利用其市场垄断地位，来使自身利益最大化。

中国的上市股份公司，经历了最初始发展阶段的资本市场，也是最不成
熟和不完善的资本市场。这里成为企业趋之若鹜的圈钱之地，市场约束几乎
不存在，企业行为怎么能合理化？

21 世纪以来，一大批在国内上市无门的民企，纷纷登陆海外上市融资，
早年上市的民企早已名满天下。近年来又有一大批新兴公司在海外上市，被
称为"独角兽"。因此海外资本市场为民企打开了希望之门，它们可以推动
这些民企成为真正的现代化股份公司。

当然，国内资本市场的成熟和完善需要有一个过程，需要经过作为市场
主体的企业和市场的互动博弈的反复调整，才能逐步推动市场的成熟。这里
不仅需要成熟的商品市场的配套，还需要企业进入资本市场的平等地位，平
等的竞争规则和市场评价体系，更需要相应的资本市场监管的配套，能够及
时发现各种漏洞而修补，形成一套完善的市场监管体系。市场只有在这样的
企业、市场和政府监管的良性互动过程中，完善化企业内生选择的最优股份
化模式才会形成，合理的公司治理结构也才会出现。

因此，市场对于股份公司具有决定性的作用。当我们为如何改善公司治
理而发愁，为现行的股份公司的不良行为而困扰时，我们应当从市场环境的

角度来考虑这其中的原因，应当在如何完善市场上下更多的工夫。

6.4 外资企业的 40 年：正效应递减，潜力有待挖掘

改革与开放是必然紧密相关的，没有开放，改革就缺少明确的目标和发展的路径，缺少可以模仿和学习的示范；没有改革，单纯的开放则毫无意义。因此，自从 1978 年确定改革目标的同时，也就确定了全面开放的政策，引进国外先进技术和设备，似乎成为中国迈向现代化的最佳捷径。

20 世纪 80 年代从中央到各省都大规模地引进了外国技术和设施，各种生产线和装备不断地引进各地的国有企业，雄心勃勃的政府试图在一夜之间改变落后，跻身现代化强国行列。大规模的引进无疑提升了不少企业的技术效率和技术进步率，但是，由政府主导的引进行为，往往造成投资决策或引进的失误，生产线无法上马，工人不会操作，生产的产品不对路、不合格，无法与国内相关生产配套，等等，以至造成不少生产线闲置无法运行，企业形成大量不良资产，银行造成大量不良债务。

20 世纪 80 年代政府主导下的引进行为的失误，并不能阻挡开放的进程，这个教训使得开放的路径转变为引进外资，用国外企业的钱来直接投资，通过合资合作的方式，获取国外先进技术。这种方式不需要花费外汇，我们只要出土地、出人力和出政策，就能轻而易举地获得国外技术和设备，提高我们的生产率和技术水平，这真是一件双赢的好事。

实际上，早在 20 世纪 80 年代的广东，大量的香港资本就已经悄悄地打入广东，各种来料加工、补偿贸易等等早已热火朝天，港台资本与内地劳动力的互补优势十分明显，无数的港澳台资企业在广东形成的积极示范效应与国企引进的消极结果形成鲜明的对照。于是，这种自发形成的外商投资热潮很快就扩散到了全国，从最低层的乡镇村级的水平，逐渐向更高层级的国有企业扩散。

20 世纪 90 年代外资大举扩张，迅速地占领了制造业的大量地盘，尤其是在那些民企规模实力不足，国企竞争力低下的档次上，外资取得了明显的优势效应。在各个不同的层面上，从小企业、低档次到大中企业、中高档

次，从村镇和街道到地市和省，民企和外资的迅速发展形成了市场化的主力军，形成了一个广泛的市场竞争环境。这样的外部环境极大地促进了其中的所有企业行为趋同化，对于国企形成了很大的改制压力，否则其就会被淘汰。如果没有外资的这种发展，国企的改革可能还不会那么迫切。在推动中国的全面市场化的迅速发展和成熟方面，民营企业和外资企业都是功不可没的。

20 世纪 80—90 年代，外资、民企和国企，总体来说是在各自定位的市场范围内获得很大的发展。民企主要填补国企无力覆盖的市场空白，外资则填补民企的生产规模或国企的技术水平达不到的领域，同时也利用其出口渠道的优势，占据很大部分出口市场。90 年代中期以后，竞争白热化，民企和外资都不同程度地进入了国企的地盘，相互之间展开了激烈竞争，国企不得不退出部分领地，或者选择改制以适应竞争。

至 21 世纪，随着市场景气和需求拉动，外资的扩张加速进行，其从"绿地投资"行为越来越多地转为合资并购行为。在 21 世纪初期，在"国退民进"的政策大环境下，主要的合资并购集中在国企或改制国企的身上。在这一时期，大量的并购案例出现，例如杭州齿轮、西北轴承、锦西化机、山工机械、佳联收割、威孚公司等等。这些企业合资并购有的成功，有的失败。失败的大都是政府主导，不顾企业利益，而服从于地方政府的业绩目标所致。成功的主要是企业主导，由企业决定是否合资、怎么合资，通常服从于企业发展的长期目标。从这些成功或失败的外资并购的经验中，我们可以清楚地发现成功与失败的主要原因，因而能够避免以后再由政府主导来实现"拉郎配"式的合资并购。

21 世纪中期，由于外资与国企合资并购多数失败的结果，地方政府对此心存疑虑，这类并购行为明显减少。与此同时，开始出现不少民介与外资进行合资并购的行为。民企经过近 20 年来的逐渐成长壮大之后，已经在许多领域具有很强的实力、较大的规模和相当大的市场覆盖面，这些都形成了与外资相抗衡的市场力量，也成为外资打入或扩张中国市场战略布局中的一些重要棋子。对这些民企实行合资并购，则能够消除竞争对手，或至少成为合作伙伴，利用民企形成的分布各地市场的网络，提高外资企业的市场占有率，从中实现利润最大化，这是外资合资并购的主要目标。

那么民企为什么愿意把自己多年辛苦打拼下来的初具实力的企业或品牌转卖外资？具体原因多种多样，其中一个重要原因在于，这是民企求助于外部力量来对自身权益的保护。在中国的制度环境下，民企经常有某种不安全的感觉。在市场和法制不完善的情形下，到处存在赚钱机会，合法的与不合法的，黑色的与灰色的，合理不合法的，合法不合理的，如此等等，相互交织，难以分清好坏是非。这就给有关管理层留下了巨大的可操作空间，民企处在这样的空间内，即使其企业规模已经做得很大，但产权似乎仍然是建立在某种脆弱的基础上。在金融等外部制度环境的严控下，民企实际上是极其脆弱的，甚至是不堪一击的。于是，民企的合资并购在某种意义上是为了与过去划清界限，摆脱可能的麻烦，另起炉灶，重新创业，获得一个新的稳定可靠的企业产权的基础。当然，也有一些民企创业者对于企业的价值和未来市场的不确定性难以把握，因而趁早将企业变现，钱财落袋为安。

总之，在制度风险和市场风险共同作用下，民企不得不寻求外资的保护，外资在政治和政策上远比民企具有更强的与政府的谈判能力，在金融上，外资具有强大来源和实力，不受国内融资垄断机构的控制，这些都是民企寻求外资保护的原因。

如果民企的生存环境依然恶劣，那么以后还会有越来越多的民企甚至是品牌企业投奔外资麾下，中国的民族品牌可能会越来越少，创新能力也会越来越弱。这无疑是中国企业的悲哀。

外资企业在中国究竟是产生了积极的溢出效应，还是消极的溢出效应？各种研究的说法不一。大体来说，比较具有共识的是，总体来看，外资的进入对于中国的经济发展、先进技术的采用、就业增长和改善市场竞争环境，具有很大的制度变迁效应，没有占中国经济如此大比重的外资的推动，则没有中国经济的高速增长。因此，从总体上来看，外资产生了积极的溢出效应。

然而，在某些行业，外资的溢出效应是负的或不显著的。外资的过低研发能力抑制了产业的生产率增长，尤其是外资与国企联手垄断的产业，例如汽车产业，在 20 世纪 90 年代，国企与外资共同垄断，结果却导致中国汽车市场 10 余年始终死气沉沉，价格居高不下，国内合资方并未如愿以偿地得到先进技术，汽车产业的发展受到严重的不利影响。这实际上是中国引进外资政策的失败。

外资在中国迅速发展的根本原因在于，从政府看，前期政府对国外技术和资本的迫切需要，以填补资金缺口为导向的各种引进外资的优惠政策，后期各地政府对于经济增长的竞赛，导致竞相引进外资的优惠政策。从外资看，中国的生产要素与其的互补性，廉价的劳动和市场的广阔性，潜在市场的无穷大，都具有不可替代的吸引力。此外，在许多行业，国企的竞争力极弱，外资可以轻而易举地获得竞争优势，从而取得大量市场份额。在与民企的竞争中，外资虽然没有本土优势和制度优势，但具有融资和政策优惠的优势，因而也能略胜一筹。在外资擅长的一些高科技产业，外资更是尽占优势，根本没有国企和民企的出头机会。总之，外资得到天时地利人和之助，即改革开放的时代为天时，各地政府的竞相引进和优惠为地利；同时，在人和的问题上，国企与外资合作合资，试图以市场换技术，结果外资轻而易举占据大片市场，若不合作，国企作为外资竞争对手往往不堪一击。即使面对最有竞争力的民企，在政府对外热、对内冷的不公平待遇下，外资尚未出手，就已先占据有利地位。所以，外资的发展并非完全依靠公平竞争得到，而是遇到了弱势的竞争对手才得到的，即一方面是低效率的国企，另一方面是受歧视的民企。

随着内资企业的发展壮大，外资的竞争优势也在逐步减少。首先在资金方面，由于国际资本的可流动性，内资企业越来越多地能够进入海外资本市场，资本短缺的问题已不复存在，不需要通过外资来获得资金渠道。其次在技术方面，通过国际化开放运作发展和大量海外留学及工作的背景经历，内资企业已经学到了越来越多的高新技术，与外资的技术差距也明显缩小。再次，在市场环境方面，国企可以依靠政府支持，设置各种产业壁垒，限制竞争，阻挡外资进入；民企则依靠本土优势和"工程师红利"，大量吸收国内外优秀人才的加盟，持续不断地提升自身的科技水平。外资企业发现，在中国，低劳动成本优势已经不复存在，而且产品的竞争优势也不断受到挑战。因此，最近十多年来，外资企业在中国的市场逐步缩减，甚至开始逐步撤出中国市场，从 10 年前的 30％以上的市场销售份额，已经缩减到目前的 20％左右的销售收入份额。

实际上，外资的很多优势尚未完全发挥出来，即使在技术上，尤其在很多技术细节方面，外资都有着明显的优势，而国内企业往往难以静下心来踏踏实实地做好每个产品，仍然与外资企业存在不少技术差距。

除了技术之外，外资企业在管理方面和国际化运作方面，都有着很大优势，值得国内企业好好学习。例如中国邮政储蓄银行，在上市时就吸收了不少外资加盟，以便补充自身的管理缺陷。又如吉利公司，在合资过程中，也大量吸取并直接运用国外人才来进行管理，从而能够摆脱原先的家族式的低层次管理水平，不断通过提高管理水平来加强自身的核心竞争力。先进技术如果没有配套的管理和相应的人才培养，就无法落实和体现在每个生产环节中。管理也是生产力，也是形成核心竞争力的关键环节，在这方面，国人还未充分认识到它难以估量的潜力。

总之，外资与内资企业实际上仍然有很多可以契合的目标，能够得到互补性的共享发展。然而，近年来国内的市场和制度环境对于企业脚踏实地的发展十分不利，国企自身的改革不到位，发展停滞，只能依靠政府的保护支持来维持。同时，由于房地产市场的泡沫等，部分民企也无心于发展实业，加上受到行政调控的影响，不少民企纷纷关闭停产，甚至跑路，转移海外。因而，我们不仅失去了很多学习外资技术的路径，也失去了学习先进管理的机会。

有人认为，外资的进入削弱了内资企业的研发能力和技术开发能力，对国内研发投入和创新行为的作用不利，会形成外资依赖症。这是本末倒置的，以为闭关自守就能带来研发创新。殊不知，开放可以使我们少走很多弯路，可以站在前人的肩膀上，看得更高更远，因而也能够获得更多的创新发展机会。因此，我们今天仍然需要外资，需要更多的开放，才能学习更多的外资的技术和管理，才能够有效地促进生产率的提高。

总之，从改革开放早期发展至现在市场经济初步成形，外资的积极效应虽然已经趋于递减，但其潜在的积极效应仍然有待挖掘，以期最大限度地发挥外资的正向溢出效应。同时，值得注意的是，引进外资，必须确保有利于竞争，切忌垄断，必须确保给予民企必需的公平竞争条件，确保中小民企的必要生存空间，才能带来中国经济的健康发展。

6.5　从 40 年的历史经验看实现成功转轨的关键

以上我们分别总结了四种类型的企业发展及其主要特征，这四种企业可以说是组成了整个中国转轨时期的最重要的微观基础。

考察企业绝不能离开企业所处的市场环境和制度环境，因此，我们所有的对企业的观察都是将其置于其所处的外部环境下来进行的。每一种企业都有着自己独特的制度环境以及相对应的市场环境，这些决定了企业的不同行为，决定了它们对不同企业合约制度的选择，因而产生了多种多样的企业模式。

回想起改革初始时期，庞大的计划经济和几乎不存在的市场经济，若没有千千万万个民营企业的出现，市场怎能形成？这些自发形成的民企构成了中国市场经济的基本细胞，通过它们无处不在的生产和交易活动，市场才得以形成。企业与市场是在这种互动的促进中，逐步成长和发展成熟的。

市场的演化和成熟也并非自然而然地发生，尤其是在这个过程中，我们需要经常面临各种各样的"双轨制"。计划与市场、国企与民企、体制内与体制外，这样的"双轨"体制或双重特征的现象几乎无处不在，可以说是贯穿了中国的整个经济转轨过程。

因此，面临"双轨"如何选择，便成为能否实现成功的经济转型的关键。

"双轨制"是贯穿于整个经济转轨时期的基本演变的线索，是最有中国特色的经济转轨的现象，"双轨制"的基本规则大致如下，起初不动存量，而从增量入手，从边际开始进行调整，并确定调整的方向，实现以增量带动存量，以局部调整带动整体调整，最终实现整体转轨的目标。

"双轨制"的优越性在于，它避免了因存量剧烈变化可能导致的社会动荡和不安定，避免了由此导致的脆弱社会承受力的可能断裂，避免了部分可能的受损者一时无法承受的结果，而是通过逐渐的变化和调整，使人们适应这个未来可能发生的变化，使人们对此形成必要的预期，以及在一定时期通过合理补偿来弥补利益相关者可能的损失。因此，"双轨制"的最大好处在于它的稳定性较好，使得可能由转轨产生的社会矛盾逐渐减缓，同时能够成功实现稳定的过渡目标。

然而，"双轨制"的弊端也十分明显，它实质上是以体制内与体制外的不公平交易为基础的，必然产生大量的设租寻租行为，导致了过高的制度成本。长期来看，这种不公平的交易必然造成社会严重不公平的结果，形成很大的社会矛盾冲突的隐患。

因此，从短期看，"双轨制"能够减缓矛盾，但从长期看，则不能减少，反而会使矛盾累积起来。关键在于如何权衡这种转轨成本。从政府来看，它们首要目标是社会稳定，因此，自然会首选"双轨制"，确保既得利益者不受损失，因而能够顺利推出改革政策。然而，从长期看，这是不能持久的，而且付出的成本会越来越高，矛盾越积越多，如果不继续推进改革，那么这种矛盾隐患将会逐渐积累，最后到了社会难以承受的地步。

实际上，中国的"双轨制"并非一种完全的有意设计，而是一种在改革与反改革的两种力量之间的某种妥协，由于改革阻力太大，为了推进改革，而不得不采用某种变通的方法，才能获得进展。"双轨制"是改革者支付给既得利益者的某种赎买成本，来换取改革的进展，否则改革无法获得认同，更无法取得进展。在这样的中国国情下，改革选择不可能采用一次性的激进方法，而只能选择渐进性的"双轨制"。改革可选择的只能是"双轨制"持续的时间，是在尽可能短的时期内实现并轨，还是走一步看一步的缓慢并轨，或者是"双轨制"长期并存并无限期地拖延下去？

"双轨制"的典型表现是在 1984—1994 年期间，商品市场的价格决定机制从计划向市场的转变成功。价格"双轨制"改革的成功经验表明，采用边际增量的调节必须要有明确的发展方向，要能够起到带动存量向同一方向的变化效应，一定时期内实现及时并轨而不能长期拖延。"双轨制"前后持续了大约 10 年，其间逐步取消了许多计划产品和价格，逐步增大市场比重，并放开了许多产品的价格，最后在 1993—1994 年期间对于最重要的一批生产资料的价格实行果断并轨，基本实现了市场定价，此后成为统一的市场价格，为商品市场的形成奠定了重要基础。这个成功的实践表明，如若"双轨制"持续的时间越长，则需要支付的成本就越大，反之，持续时间太短，也不利于实现稳定过渡，选择合理的"双轨"持续时间是确保成功并轨的关键，也是支付最小改革成本、获取最大改革收益的均衡点。

实际上，中国所有的计划经济体制都是按照类似"双轨制"的逻辑来进行改革的。例如国企的改制，对于国企就主要是从增量资产的改制入手，来带动企业实现整体的产权明晰的改造。又如住房制度改革，将商品房和原有福利房分开，实行新房市场价，原福利住房成本价，然后逐步并轨，实现统一市场价格。我们可以在中国的改革实践中发现许许多多这样的"双轨制"转型发展的故事。这种改革的逻辑大同小异，主要是在存量和增量之间进行合理选择，两者的合适比例可以在稳定的基础上带动整体改革的进展，不然会使"双轨"并存时间太长而导致改革成本太大。

价格"双轨制"的成功在于计划及时果断地向市场并轨，而未长期停留在"双轨"并存的状态，更未由于出现了大量的寻租腐败现象而又重新回到计划的旧体制上去。当我们面临大量的寻租现象时，当我们面临前进、倒退还是止步不前保留现状的三种选择时，最优选择就是向着既定的改革目标发展，一举解决困扰多年的弊端，这才是上策。保持现状则意味着对这些腐败寻租的容忍，意味着这些高昂的改革成本将会被无限地放大，倒退更不是出路，只有选择及时并轨，才能以最小的成本获取转轨成功。

改革总是要付出各种成本，例如寻租设租、权钱交易、以权谋私、腐败贿赂等等，问题是要尽可能地使成本最小化。这些成本往往是支付给那些旧体制下的既得利益者的，是拿这些来进行赎买，以便使改革得以进行下去，否则在中国的环境下，改革根本就寸步难行。所以，在兼顾经济稳定发展和社会承受能力的条件下，应尽可能地缩短"双轨"并存的时间，及时出台果断的并轨政策，以最小的改革成本，从根本上解决这一系列极不公平而且效率低下的社会疾患的根源。

对于市场"双轨"我们已经找到了行之有效的并轨发展路径，但对于体制"双轨"，例如企业体制中存在的"双轨"，即国有产权与民营产权，如何实现并轨？这里存在着与市场并轨非常不同的发展路径和规则。

从企业演变的路径来看，它们在共同的市场环境下的发展具有趋同化的特征，也就是说，无论什么企业，只要卷入市场竞争，其都会形成某种共同产权特征的企业制度。这种趋同化通常是由产品市场的完全竞争性质决定的。因此，对于企业转型，重要的首先是市场竞争统一并轨，企业才会趋同，实现比较统一的企业模式。

中国存在几个不同层面的市场结构和制度环境，主要由充分竞争、不充分竞争和国家垄断竞争这三种市场组成。这几个市场各自具有不同的结构和制度特征，因而决定了相应的企业产权结构的主要特征。现实中的充分竞争市场类似于理论上的完全竞争市场，这个市场经过 40 年的发展，基本上已经成熟，其中大多数的企业基本上都已经趋同化，形成以私有企业或私有控股为主的完全民营企业。当面临相同的外部竞争市场的条件时，企业制度的趋同化是可以实现的。

对于国家垄断的市场，其掺入了少部分私人股权和法人股，但仍旧由国有股权绝对控制。这类企业主要有电力、石油等，它们也是股份公司，上市发行股票，似乎具有一般股份公司的特征，但是这些产业是禁止一般企业进入的，其市场相对封闭，具有高度垄断特征。上市募集的小比例的分散个人股权对其治理结构不可能起什么作用。企业仍然是政府主导，重大投资政府决策、公司董事经理的任命均听从政府，与传统国企没有根本区别。因此，虽有形式上的雷同，但实质上并不同于真正的股份制，而仍然是国有制性质。

介于上述两者之间是不充分竞争市场，它类似于理论上的垄断竞争市场，在其中，形成的企业则具有股份化的性质，其股权大体上按照外部市场和相应制度进行配置，形成了多元化的股权配置合约。然而，这些股份公司虽然在形式上具有相同特征，但内在的股权配置却具有很大的不同，这是因为这些合约是由企业面临的不同外部制度环境和市场环境决定的。

这类股份企业所处的不充分竞争市场不是封闭的，而是开放的或有较大自由度的进入可能性的；然而，它不同于充分竞争市场，而是具有一定的规模进入门槛。这种规模门槛主要来自两方面，一方面是国家审批，政府规定凡是达到一定规模（例如投资 3 000 万元）的投资都需要报批各级政府，规模越大，报批的层级越多，批准的等级越高；另一方面是融资约束，在银行与资本市场受到国家严格控制的条件下，一般企业很难得到贷款支持，也不可能有资本市场的融资来源。结果，这样的进入门槛挡住了一大批竞争者的进入，这样的市场，其竞争显然不够充分。所以，当产品市场配套的融资市场或资本市场是垄断管制的，后者的约束就会导致前者的竞争受限。尤其是对于资本密集型的产业，其对资金需求量相当大，融资来源对于它们来说就会成为最大的瓶颈约束。所以，一定的企业规模就成为它们区别于充分竞争市场的主要原因，后者的资本密集度要小得多，因而主要依赖自有资金，较少受到外部资金约束，竞争能够较充分地展开。

虽然上述市场上的企业受到不同程度的竞争限制，但也能够按照市场竞争的要求对其产权合约进行适度调整。股份企业的股权配置无非是事先约定各种股权权益的分配，以达到最大化的激励效果，这种合约主要依据企业的市场绩效，依据企业各种产权要素对绩效的贡献来进行调整和约定。对于传统的国有企业来说，股份化改制后最需要加强的激励就是引入个人产权权益，这种人力资本的贡献是过去长期以来非常忽视的因素，因而需要在股权配置中补充完善。然而，引入个人产权权益的比例为多大比较合适，原有国有股权保持多少，是否还需要引入其他可能对企业有贡献的因素作为股权？这些都是企业在实践中需要反复摸索，不断进行股权合约调整的问题。

在企业体制中的"双轨"通常表现为国有产权和个人产权，股权配置合约的调整则依据产权要素对企业业绩的贡献来进行。当个人产权的贡献较大时，适当增加个人激励是必要的，股权合约的分配将倾向于个人，反之则会倾向于政府。在企业转型初期，国有存量较大、原始资本密集度较高的情形下，股权合约的重点可能会倾向于政府。同样，在市场进入壁垒很高的领域，各种进入许可的通道会成为企业寻求的重点。融资许可以及融资来源渠道也会对企业发展具有很大帮助，在这样的外部环境下，企业为了得到某种特许权，保持某种比例的国有股权有时是十分必要的，可以享受多种优惠的特许政策。但是，只要市场发展趋于合理充分的竞争方向，企业产权合约就会逐步减少与垄断特许相关的国有比重，逐步增加个人贡献的增量权益，必然会趋于合理化的产权权益配置合约，实现最优公司治理的趋同化。

此外，掌握这些融资通道和投资立项审批大权的部门以及官员，也可能或明或暗地被企业纳入股权配置的范围。市场的不完善和不放开，给有关职能部门和相关官员提供了大量的设租获利机会，可能使得企业的股权配置合约增加了不少腐败色彩，造成所谓的官商一体、共同牟利的极不公平的市场交易行为。

因此，企业体制中的上述隐性"双轨"则存在于企业产权合约内的两种权益，合理的个人能力及其相应激励的权益和不合理权钱交易或寻租交易得到的权益，即来自所谓的关系户，这种股权可能打着个人股权的名义，也可能以其他名义，而实质则是利用权力来牟利的。这两种权益的混合也构成了转轨中不少股份企业的实际股权配置。

因此，市场越不完善，进入壁垒越高，则不合理的股权成分就可能越多，反之，则合理的股权比例会占重要地位。当企业不需要求助于各种市场垄断特许权来投资发展时，当企业不会苦于融资来源的遏制而不能进行生产扩张时，当企业不依靠权钱交易和寻租而依靠技术创新和市场开拓就能提高业绩的时候，企业的权益就不再会由权势者或设租寻租者来分享，而会重点地倾向于分配给那些创新者或开拓者，只有它们才是企业真正的财富增长来源。

因此，较为自由进入市场和根据市场业绩来约定股权配置是导致各种企业，包括改制的国有企业和原生的民营企业，形成合理的股权合约的最重要前提，也为这些企业提供了很大的改革空间，其股权模式将会在相同的竞争市场的促进下趋同化，最后会并轨于现代股份公司。所以，企业"双轨制"的改革过程，是通过股权配置合约的不断调整而实现最终趋同的结果。这里的关键是打破市场壁垒，促进市场的完善，否则，在扭曲的市场上，股份制则可能会蜕变成为以腐败的股权合约为基础的企业。

企业"双轨制"是市场"双轨制"在其中的折射表现，是在企业合约中表现出来的市场"双轨"特征。企业产权合约中的两种权益的相对关系，取决于它们各自对企业业绩的贡献，最后按照市场的合理规范收敛于最优合约，完善的市场对于这种合约的合理化最优化则起着决定性的作用。

总结 40 年来的企业发展史，产权和市场的互动促进，推动着中国市场经济的起飞。其中市场的放开尤为关键，没有 20 世纪 80 年代最初的市场放开，就没有成千上万个民营企业的出现，没有 20 世纪 90 年代"双轨制"市场的并轨和统一，也就无法形成公平合理的竞争，也无法实现竞争力量推动的企业改制。进入 21 世纪以来，我们似乎忽视了市场改革的深化，因此，当企业改制继续深入下去时，由于缺少合理的市场参照系作为依据，忽然就迷失了改革的准星。

市场化继续深入推进的难度明显加大，同时也受到了既得利益集团的强大阻力。金融市场的管制未能放开，资本市场则是严格控制与监管不善并存，造成投机盛行和投资不足的并存。各种市场特许权和相应的设租寻租、以权谋私现象大量出现，各相关职能部门以自我利益为中心，各自为政，干预或插手市场，形成了分割市场、划分市场势力范围的新的条条块块。从上游产业到下游产业，从工业到服务业，从高层到基层，市场管制到处存在，这些壁垒阻碍要素资源的正常流动。

对于建设合理有序市场的规范的缺失，对于打击市场寻租的不力，对于既得利益集团和腐败势力对于市场公平竞争的危害的严重性认识不足，因而使得市场化的进程严重滞后，甚至出现了倒退的迹象。没有市场化的成熟，企业制度也无法趋于合理，企业股份合约也缺少了合理调整的依据。所以，当企业改革走到了今天，下一步最重要的就是大力推进市场化的深入，确立能够满足民众福利最大化规范的市场秩序，同时杜绝不公平、腐败的市场交易，建设有效促进企业创新行为的公平竞争市场。只有形成了这样的市场，我们才能确保转型成功，确保改革的成果不会丧失。

所有上述理论均包含着明显的政策含义，将其总结归纳一下，这就是必须明确下一步的市场深化改革目标。20 世纪 80 年代是市场开放的时代，自由进入市场催生了无数民间企业出现，形成了中国经济健康发展的微观基础；90 年代是市场机制在全国确立的时代，生产资料"双轨"价格统一并轨，住房制度改革和市场化等等，促成了产品市场的转轨成功，促进了有效的市场竞争和企业转制。21 世纪以来，市场竞争优胜劣汰的结果，迫使大量国企改制，与民营企业共同一起，奠定了中国经济飞速增长的微观基础。

然而，在企业改制的同时，市场化的深入改革却停滞不前。在产品市场，尤其是资本市场或金融市场，我们推进了哪些具有实质性的改革措施？市场化的滞后，行政干预的强化，尤其是一些垄断部门的市场化问题，已经成为制约整个经济发展的瓶颈，成为经济的软肋，成为所有经济问题的根源之一。

下一步市场化改革的具体目标是什么？倘若没有明确的发展目标，摇摆不定，任凭既得利益部门的自发倾向所左右，那么必然助长各种恶性现象的大量滋生，容忍不公平的设租寻租、权钱交易的长期存在，这就不可能实现有效的市场经济转轨，而只会产生腐败与市场共生的怪胎。在市场化的目标明确之后，采用"双轨制"的方式来实行渐进改革，同时尽快减少造成双轨的可能：垄断寻租在一定时期内可实行企业的归企业，政府的归政府，两者保持独立，企业的由市场约束，政府的由行政约束，互不干扰，通过隔离墙把腐败之路堵死。这是行之有效的市场转轨途径。同时，权衡合理的转轨时限，确定最小的转轨成本和必要的经济补偿，考虑社会的承受能力，然后通过边际增量变化来促进存量的市场化，这些都是我们曾经成功实现转轨的行之有效的经验。

种种迹象显示，垄断部门利益已经构成了当前市场化转型的最大障碍。垄断越多，寻租就会越多，创新就会越少，发展就会越慢，生产源泉就会趋于萎缩。破除垄断、市场开放、建立公平的市场规则、实行合理的市场监管，是形成良性市场的必要条件。

参考文献

Adam Szirmai、柏满迎、任若恩：《中国制造业劳动生产率 1980—1999》，《经济学季刊》2002 年 7 月。

Barry Naughton：《价格"双轨制"对国有企业的影响》，董辅礽等主编：《中国国有企业制度变革研究》，人民出版社 1995 年版。

Brandt, Loren, Johannes van Biesebroeck, and Yifan Zhang, 2012, "Creative accounting or creative destruction? Firm-level productivity growth in Chinese manufacturing," *Journal of Development Economics* 97.

Coase, Ronald H., 1937, "The Nature of the Firm", *Economica* 4 (16): 386—405.

Groves, T., Y. Hong, J. McMillan and B. Naughton, 1994, "Autonomy and Incentives in Chinese State Enterprises", *Quarterly Journal of Economics* 109 (1).

Hay, Donald, Derek Morris, Guy Liu and Shujie Yao, 1994, *Economic Reform and State-owned Enterprises in China 1979—1987*, Clarendon Press, Oxford.

Jefferson et al., 2000, "Ownership, Productivity Change, and Financial Performance in Chinese Industry", *Journal of Comparative Economics* 28 (4).

Jensen，Michael C. and William H.Meckling，1976，"Theory of the Firm：Managerial Behavior，Ageacy Costs and Ownership Structure，"*Journal of Financial Economics* 3(4)：305—360.

Selin Ozyurt ，"Total Factor Productivity Growth in Chinese Industry：1952—2005"，Lameta，University of Montpellier，Documents de Recherche DR n°2007—13，2007，http：//www.lameta.univ-montp1.fr/En/Productions/DR.htm.

Shahid Yusuf、Kaoru Nabeshima、Dwight H. Perkins：《转型：中国国有企业民营化》，中国财政经济出版社 2006 年版。

阿里研究院：《新经济崛起》，机械工业出版社 2016 年版。

阿里研究院：《中国淘宝村》，电子工业出版社 2015 年版。

阿马蒂亚·森：《以自由看待发展》，中国人民大学出版社 2002 年版。

阿尤布、赫格斯特德：《公有制工业企业成功的决定因素》，中国财政经济出版社 1987 年版。

白重恩、刘俏、陆洲、宋敏、张俊喜：《中国上市公司治理结构的实证研究》，《经济研究》2005 年第 2 期。

白重恩、路江涌、陶志刚：《国有企业改制效果的实证研究》，《经济研究》2006 年 8 月。

白重恩、张琼：《中国生产率估计及其波动分解》，《世界经济》2015 年第 12 期。

陈冬华、陈信元、万华林：《国有企业中的薪酬管制与在职消费》，《经济研究》2005 年第 2 期。

陈戈、储小平：《家族企业成长过程中差序信任结构的动态演变》，第七届制度经济学年会（2007）会议论文，http：//www. unirule. org. cn/SecondWeb/Article.asp? ArticleID＝2479。

陈晓、王琨：《关联交易、公司治理与国有股改革——来自我国资本市场的实证证据》，《经济研究》2005 年第 4 期。

陈信元、黄俊：《政府干预、多元化经营与公司业绩》，《管理世界》2007 年第 1 期。

崔东红、毕亚军：《黄鸿年：新加坡股市金手指》，新浪财经 2008 年 4

月 29 日。

戴建中：《现阶段中国私营企业主研究》，《社会学研究》2001 年第 5 期。

道格拉斯·诺思：《理解经济变迁过程》，中国人民大学出版社 2002 年版。

蒂德里克：《中国计划体制的主要特征》，《经济研究资料》1986 年第 3 期。

董辅礽、唐宗焜、杜海燕主编：《中国国有企业改革：制度与效率》，中国计划出版社 1992 年版。

杜莹、刘立国：《股权结构与公司治理效率——中国上市公司的实证分析》，《管理世界》2002 年第 11 期。

高雷、何少华、黄志忠：《公司治理与掏空》，《经济学（季刊）》2006 年第 5 卷第 4 期。

格罗夫斯、洪、麦克米伦、诺顿：《80 年代国有企业生产率的增长》，董辅礽等主编：《中国国有企业制度变革研究》，人民出版社 1995 年版。

勾新雨：《龚家龙石油反垄断难破三重门》，《投资者报》2008 年 8 月 25 日。

哈特：《企业合同与财务结构》，费方域译，格致出版社 2016 年版。

韩金池等：《外方以独资要挟　威孚放弃高端市场》，《中国工业报》2005 年 9 月 26 日。

韩英杰、夏清成：《国有企业利润分配制度新探》，中国经济出版社 1995 年版。

韩志国：《股权分置改革存哪三大弊端？》，《证券日报》2008 年 7 月 10 日。

郝大明：《国有企业公司制改革效率的实证分析》，《经济研究》2006 年 7 月。

何江涛等：《海城现象探访系列》，《中国经济时报》1997 年 11 月 12—20 日。

何全良：《集体股占优，拉大持股比例》，《中国经济时报》1998 年 1 月 15 日。

何忠洲：《苏州模式 PK 温州模式》，《中国新闻周刊》2006 年 5 月 19 日。

贺灿飞：《外商直接投资区位：理论分析与实证研究》，中国经济出版社

2005 年版。

胡一帆、宋敏、张俊喜：《中国国有企业民营化绩效研究》，《经济研究》2006 年 7 月。

黄蓓蓓：《股权分置改革试点方案综合分析》，陈乃进主编：《突破坚冰：股权分置改革试点全纪录》，新华出版社 2005 年版。

黄光勇、刘慧龙：《大股东控制、融资规模与盈余操纵程度》，《管理世界》2006 年第 1 期。

黄朗辉：《1989 年工业品出厂价格形式概览》，《中国物价》1990 年第 5 期。

黄朗辉等：《1991 年工业品价格走势》，《中国物价》1992 年第 4 期。

黄玲文、姚洋：《国有企业改制对就业的影响》，《经济研究》2007 年 3 月。

黄孟复主编：《中国民营企业发展报告》，社会科学文献出版社 2005 年版。

黄少卿、陈彦：《中国僵尸企业的分布特征与分类处置》，《中国工业经济》2017 年第 3 期。

黄亚生：《改革时期的外国直接投资》，新星出版社 2005 年版。

贾存斗：《锦西化机廿余年栽树　西门子一朝摘果》，《中国工业报》2005 年 9 月 19 日。

蒋培宇：《12 年山东诸城国企产权改制　亿万富豪批量生产》，《21 世纪经济报道》2004 年 12 月 1 日。

科瓦西奇、林至人、莫里斯编著：《以竞争促增长：国际视角》，中信出版社 2017 年版。

李汉军、张俊喜：《上市企业治理与绩效间的内生性程度》，《管理世界》2006 年第 5 期。

李晋田、陈衍水：《福建莆田外贸公司 5 000 万办公大楼被 800 万贱卖》，《中国经济时报》2008 年 7 月 30 日。

李新春、苏琦、董文卓：《公司治理和企业家精神》，《经济研究》2006 年第 2 期。

李秀：《广厦样本驱动浙江民企》，《第一财经日报》2006 年 4 月 6 日。

李迎春：《1994 年工业生产资料价格变动情况与 1995 年前景》，《中国物价》1995 年第 2 期。

廉薇、边慧、苏向辉、曹鹏程：《蚂蚁金服》，中国人民大学出版社 2017 年版。

刘鸿儒：《关于我国实行股份制的几个问题》，《人民日报》1992 年 6 月 23 日。

刘磊等：《国有股比例、经营者选择及冗员间关系的经验证据与国有企业的治理失效》，《管理世界》2004 年第 6 期。

刘芍佳、孙霈、刘乃全：《终极产权论、股权结构及公司绩效》，《经济研究》2003 年第 4 期。

刘小玄：《国有企业与非国有企业的产权结构及其对效率的影响》，林青松、杜鹰主编：《中国工业改革与效率》，云南人民出版社 1997 年版。

刘小玄：《民营化改制对中国产业效率的效果分析》，《经济研究》2004 年第 8 期。

刘小玄：《中国工业企业的所有制结构对效率差异的影响》，《经济研究》2000 年第 2 期。

刘小玄：《转轨过程中的民营化》，社会科学文献出版社 2005 年版。

刘小玄编著：《中国企业发展报告 1990—2000》，社会科学文献出版社 2001 年版。

刘小玄、韩朝华：《中国企业的民营化》，中国经济出版社 1998 年版。

刘小玄、李利英：《产权变革对于企业效率的影响》，《中国社会科学》2005 年第 2 期。

刘小玄、李利英：《改制对企业绩效影响的实证分析》，《中国工业经济》2005 年 3 月。

刘小玄、李寿喜：《转轨过程中混合股权公司的相对效率》，《世界经济文汇》2007 年第 2 期。

刘小玄、李双杰：《中国的制造业企业相对效率的度量和比较及其外生决定因素（2000—2004）》，《经济学季刊》2008 年第 7 卷第 3 期。

刘小玄、刘芍佳：《国有企业改制重组研究报告》，世界银行委托国务院发展研究中心调查的课题项目总报告，2005 年 5 月。

刘小玄、郑京海：《国有企业效率的决定因素：1985—1994》，《经济研究》1998 年第 1 期。

卢彦铮：《凯雷徐工成为外资收购新标杆》，《财经》2005 年 11 月 2 日。

陆挺、刘小玄：《企业改制模式和改制绩效》，《经济研究》2005 年 6 月。

麦克法夸尔、费正清：《剑桥中华人民共和国史 1966—1982》，中国社会科学出版社 1992 年版。

麦克米伦、诺顿、林岗：《国有企业与政府的承包合同的性质与特征》，董辅礽等主编：《中国国有企业制度变革与研究》，人民出版社 1995 年版。

梅因：《古代法》，商务印书馆 1984 年版。

南开大学公司治理评价课题组：《中国上市公司治理评价与指数分析——基于 2006 年 1 249 家公司》，《管理世界》2007 年第 5 期。

南开大学公司治理评价课题组：《中国上市公司治理指数与治理绩效的实证分析》，《管理世界》2004 年第 2 期。

聂辉华等：《中国僵尸企业研究报告：现状、原因和对策》，中国社会科学出版社 2016 年版。

牛丽静：《联手凯雷　徐工仍有品牌丢失之虞》，《财经时报》2005 年 11 月 3 日。

平新乔：《FDI 在中国的分布、市场份额与享受的税收优惠》，《经济社会体制比较》2000 年第 4 期。

齐欣：《国有企业改制案例》，经济日报出版社 2002 年版。

乔刚等：《1991 年市场物价分析与展望》，《中国物价》1992 年第 1 期。

全国工商联经济部：《2003 年度全国工商联上规模民营企业调研报告》，2004 年 10 月。

全国工商联经济部：《2006 年度全国工商联上规模民营企业调研报告》，2007 年 10 月。

沈柬贝：《温州富商上海转向》，《第一财经日报》2005 年 1 月 18 日。

施东晖：《股权结构、公司治理与绩效表现》，《世界经济》2000 年第 12 期。

施东晖、司徒大年：《中国上市公司治理水平及对绩效影响的经验研究》，《世界经济》2004 年第 5 期。

施莱弗、维什尼:《掠夺之手》,中信出版社 2004 年版。

施明慎:《水仙退出,股市进步》,人民网 2001 年 4 月 29 日。

石破:《改革者的功过是非:陈光三部曲》,《南风窗》2008 年 2 月。

史晋川主编:《中国民营经济发展报告》(上,下),经济科学出版社 2006 年版。

宋立刚、姚洋:《改制对企业绩效的影响》,《中国社会科学》2005 年第 2 期。

孙湘一:《1992 年价格改革述评》,《中国物价》1993 年第 1 期。

孙永祥:《所有权、融资结构与公司治理机制》,《经济研究》2001 年第 1 期。

孙早、刘李华:《中国工业全要素生产率和结构演变:1990—2013》,《数量经济技术经济研究》2016 年第 10 期。

汤白露:《整体收购获批　山工将进入卡特彼勒轨道》,《21 世纪经济报道》2008 年 2 月 17 日。

唐宗焜:《中国现行物资供应体制》,《经济研究资料》1986 年第 3 期。

王信川、孙晓黎:《国内"首例市场化 MBO"样板解剖》,《经济》2004 年 2 月 17 日。

王万珺、刘小玄:《为什么僵尸企业能够长期生存》,《中国工业经济》2018 年第 10 期。

王远鸿等:《当前市场物价走势》,《中国物价》1992 年第 6 期。

王岳平:《我国外商直接投资的两种市场导向类型分析》,《国际贸易问题》1999 年第 2 期。

魏后凯、贺灿飞、王新:《外商在华直接投资动机与区位因素分析——对秦皇岛市外商直接投资的实证研究》,《经济研究》2001 年第 2 期。

吴晓波:《激荡三十年》(上,下),中信出版社、浙江人民出版社 2007 年版。

吴晓波:《激荡三十年,水大鱼大》,中信出版社 2017 年版。

吴晓波:《腾讯传》,浙江大学出版社 2017 年版。

吴晓波、穆尔曼、黄灿、郭斌:《华为管理变革》,中信出版社 2017 年版。

吴晓求：《股权分置改革：互相妥协有利市场长期健康发展》，《金融时报》2005 年 6 月 1 日。

吴晓求：《股权分置改革再造资本市场》，《证券导刊》2006 年 1 月 21 日。

伍晓鹰：《测算和解读中国工业的全要素生产率》，《比较》2013 年第 6 期。

夏立军、方轶强：《政府控制、治理环境与公司价值——来自中国证券市场的经验证据》，《经济研究》2005 年第 5 期。

向朝进、谢明：《我国上市公司绩效与公司治理结构关系的实证分析》，《管理世界》2003 年第 5 期。

新宇、徐莉萍：《公司治理机制与超额现金持有水平》，《管理世界》2006 年第 5 期。

徐康宁、王剑：《外商直接投资地理性集聚的国（地区）别效应：江苏例证》，《经济学（季刊）》2006 年第 5 卷第 3 期。

徐晓东、陈小悦：《第一大股东对公司治理、企业业绩的影响分析》，《经济研究》2003 年第 2 期。

杨明、周宗明：《杭齿合资谈判与初衷渐行渐远》，《中国工业报》2005 年 10 月 10 日。

杨汝岱：《中国制造业企业全要素生产率研究》，《经济研究》2015 年第 2 期。

杨瑞法：《威孚高科首度亏损：合资后遗症浮出水面》，《21 世纪经济报道》2006 年 9 月 13 日。

杨轶清：《浙商的自然社会来源及其生成机制》，《浙江社会科学》2008 年第 5 期。

曾庆生、陈信元：《国家控股、超额雇员与劳动力成本》，《经济研究》2006 年第 5 期。

张春霖：《让民企离场？投资办企业是一项权利》，财新网 2018 年 9 月 14 日。

张钢、于小涵：《我国家族式企业的特征与成长模式》，《中国软科学》2002 年第 7 期。

张厚义主编：《中国私营企业发展报告》，社会科学文献出版社 1999 年版。

张军、陈诗一、Jefferson：《结构改革与中国工业增长》，《经济研究》2009 年第 7 期。

张军、施少华：《中国经济全要素生产率变动》，《世界经济文汇》2003 年第 2 期。

张仁寿、李红：《温州模式研究》，中国社会科学出版社 1990 年版。

张荣刚、刘小玄：《国有企业的债务困境及其原因》，《经济研究》1996 年第 2 期。

张威威：《国有企业现代企业制度公司化改制的实证研究》，《经济科学》2002 年第 1 期。

张祥建、徐晋：《股权再融资与大股东控制的"隧道效应"——对上市公司股权再融资偏好的再解释》，《管理世界》2005 年第 11 期。

张翼、马光：《法律、公司治理与公司丑闻》，《管理世界》2005 年第 10 期。

章迪诚：《中国国有企业改革编年史》，中国工人出版社 2006 年版。

赵世勇、陈其广：《产权改革模式与企业技术效率》，《经济研究》2007 年第 11 期。

郑海航：《国有企业亏损研究》，经济管理出版社 1998 年版。

郑玉歆、罗斯基主编：《体制转换中的中国工业生产率》，社会科学文献出版社 1993 年版。

郑志刚、孙艳梅、谭松涛、姜德增：《股权分置改革对价确定与我国上市公司治理机制有效性的检验》，《经济研究》2007 年第 7 期。

中国社会科学院工业经济研究所编：《中国工业发展报告 1998》，经济管理出版社。

中国证监会编著：《中国资本市场发展报告》，中国金融出版社 2008 年版。

钟世川、毛艳华：《中国全要素生产率的再测算与分解研究》，《经济评论》2017 年第 1 期。

周大力：《1991 年生产资料市场价格形势分析及对 1992 年的预测》，《中国物价》1992 年第 1 期。

周其仁：《潘宁若在科龙如何》，《名人传记·财富人物》2007 年第 6 期。

周天勇：《中小企业之痛》，搜狐财经 2006 年 9 月 18 日。

国家工商管理局编：《工商行政管理统计汇编》历年。

《价格理论与实践》杂志编辑部编：《物价大事记》，中国财政经济出版社 1986 年版。

《物价文件选编》1983 年，1985 年和 1989 年，中国物价出版社。

冶金工业部编：《冶金产品出厂价格》历年，中国工业出版社。

《中国财政年鉴》历年，中国财政杂志社。

《中国对外经济统计年鉴（2007）》，中国统计出版社。

《中国工业交通能源 50 年统计资料汇编 1949—1999》，中国统计出版社 2000 年版。

《中国工业经济统计年鉴》历年，中国统计出版社。

《中国国有资产监督管理年鉴》，中国经济出版社 2007 年版。

《中国贸易外经统计年鉴 2017》，中国统计出版社 2017 年版。

《中国统计年鉴》历年，中国统计出版社。

《中国统计摘要》历年，中国统计出版社。

《中国物价年鉴》历年，中国物价出版社。

《中国物价》1992 年各期，《中国物价》编辑部。

《中国乡镇企业年鉴》历年，中国农业出版社。

《中华人民共和国 1985 年工业普查资料》简要本，第三册，第七册，中国统计出版社 1988 年版。

《中华人民共和国 1995 年第三次工业普查资料摘要》，《普查资料汇编：国有三资乡镇卷》，中国统计出版社 1998 年版。

《中华人民共和国 1999 年国民经济和社会发展统计公报》，《人民日报》2000 年 2 月 29 日。

后　记

　　"书稿终于完成了。这本书从构思到框架，从搜集资料到加工数据，从开始一字字地键入电脑，到最后全书按照预想的结构落成，其中的汗水和心血只有自己知道。不过，这个过程给我带来的快乐也是不言而喻的，每当我看到在键盘下像小溪一样流淌而出的篇篇文稿，那种感觉非常美妙。"

　　以上的文字是10年前完成书稿时写下的，那时的美好感觉，现在仿佛已经不复存在。适逢改革开放40年之际，应出版社要求，我在10年前的书稿的基础上，进行更新和再加工，终于完成了企业改革40年的书稿。然而，此时的心情颇有几分沉重。在本书的写作过程中，经常是需要有新的素材添加进来，有时为之激动振奋，有时则感到某种忧虑和不安，这些喜忧都是与笔下企业的命运和未来紧密相关的。

　　这次写作是对中国改革开放40年的一个总结，实际上也是对我多年来研究工作的一次总结。自从毕业进入中国社科院经济研究所以后，得益于这里宽松的自由环境，得益于能够经常与国际接轨，并能够深入中国改革的第一线的便利。这给了我以一种新的视角来观察社会、研究经济变迁的过程。虽然这是一个很长的过程，但我始终能够在其中不断有所受益，有所更新，有所发现，并从中收获乐趣。

　　对历史变迁的评价，抛开那些实证研究不说，从我自己的经历来看，改革前的30年给我留下的深刻印象是，三年"自然灾害"时期人们的饥饿；

下乡插队时的艰苦磨难；农民的普遍贫困；以及物资匮乏，几乎所有必需品（包括粮、油、肉、布、棉等）的购买都要凭票证或经常排队购物的日子。作为知青，我们曾经历过从繁华城市到贫困乡村的跌宕起伏，见证过农村集体经济大锅饭带来的消极不满，辛苦一年仍吃不饱饭的日子，也深切感受到被束缚在土地上得不到自由的痛苦。那时的最大渴望就是能够回城，当一名工人也好，可是就连这个小小的愿望也无法实现，因为每个人都必须按照政府的安排，让你在哪里，你就得在那里，没有任何选择生活或职业的自由。所幸的是，历史已经翻过了那一页，相信所有经历过那个时代的人，都不得不承认，短短的 40 年带给了我们怎样的巨大变化。没有改革，就没有这一切。

2008 年的写作之际，正是奥运会在中国如火如荼进行之时，窗外就是奥运赛场，中外观众共聚一堂，分享奥运大餐。正如十几年前中国加入 WTO 意味着中国融入世界经济的开始，奥运会是中国进入现代国际社会的"加冕礼"，也是融入全球生活的重要标志。40 年前，这一切都是不可想象的。

改革开放使得中国日新月异，40 年超过了过去的数百年，甚至数千年的发展。改革释放出来的巨大能量不仅让世界，就是连我们自己都感到惊奇。市场经济正像阿里巴巴打开了宝藏的大门，从中发现了无穷的财富源泉。然而，市场化改革也有很多问题，需要正视并加以解决。我们只有坚持继续在市场经济的基础上，完善它和促进它，市场经济才能继续向前发展。

我们有幸生活在这个时代，这个见证了中国历史巨大变化的时代。我们期望着进一步的全面深化改革，从竞争领域到垄断领域，从产品市场到要素市场，从市场部门到公共部门，这才能够带来更多的社会公平和社会财富，让中国真正摆脱贫困的陷阱，实现几代人梦寐以求的理想目标。

最后，我要感谢所有为这本书提供过各种帮助的人。首先，复旦大学新政治经济学研究中心的史正富教授和上海世纪出版集团的陈昕先生，他们是本书的关键发起人。其次，格致出版社的钱敏女士，在她的反复催促下，我才迟迟动笔，不然此书很可能就无法按期出版。此外，我的同事、学生和朋友，包括陈林、江飞涛、冯立果、吴延兵、刘霞辉、仲继银、尚列、向彪、李彦伟、王砚峰、王丽娜、张蕊、赵世勇、朱克朋、李寿喜、剧锦文、韩朝华、李成勋、陈其广、曲玥、曲娟、王新梅、温桂芳、王红领、王万珺、钱炳、吴靖烨，等等，他们都给我提供了各种各样的支持，尤其是陈林、冯立果、曲玥，为我的写作直接提供了相关的数据搜集计算和文献综述，减少了我的工作负担，使我能在较短时间内完成这个书稿。还有，我在书中大量引用了相关的文献、报道和数据，在此感谢所有的相关作者。

由于时间紧迫，又考虑到本书是以雅俗共享为基本原则，因此对于许多历史发展主要从一些大的方面着眼，进行粗线条的描述和论证，而对于许多细节方面并未来得及深入研究，往往只是提出了一些有待研究的相关假设，希望能够起到抛砖引玉的效果。最后，由于一些数据和素材的搜集不尽完美，恳请读者对可能的疏漏或误差予以谅解并指正。

刘小玄

2018 年 9 月 30 日于京师园

图书在版编目(CIP)数据

新兴市场经济下企业发展 40 年:困惑、选择和希望/
刘小玄著.—上海:格致出版社:上海人民出版社,
2018.12
(中国改革开放 40 年研究丛书)
ISBN 978 - 7 - 5432 - 2941 - 9

Ⅰ.①新…　Ⅱ.①刘…　Ⅲ.①企业发展-研究-中国
Ⅳ.①F279.23

中国版本图书馆 CIP 数据核字(2018)第 280924 号

责任编辑　张苗凤
封面设计　人马艺术设计·储平

中国改革开放 40 年研究丛书

新兴市场经济下企业发展 40 年:困惑、选择和希望
刘小玄　著

出　　版　格致出版社
　　　　　上海人民出版社
　　　　　(200001　上海福建中路 193 号)
发　　行　上海人民出版社发行中心
印　　刷　常熟市新骅印刷有限公司
开　　本　720×1000　1/16
印　　张　32
插　　页　3
字　　数　502,000
版　　次　2018 年 12 月第 1 版
印　　次　2018 年 12 月第 1 次印刷
ISBN 978 - 7 - 5432 - 2941 - 9/F·1173
定　　价　98.00 元